Robert Hettlage · Ludgera Vogt (Hrsg.)

Identitäten in der modernen Welt

Robert Hettlage · Ludgera Vogt (Hrsg.)

Identitäten in der modernen Welt

Westdeutscher Verlag

Die Deutsche Bibliothek – CIP-Einheitsaufnahme
Ein Titeldatensatz für diese Publikation ist bei
Der Deutschen Bibliothek erhältlich

1. Auflage August 2000

Lektorat: Dr. Tatjana Rollnik-Manke

Der Westdeutsche Verlag ist ein Unternehmen der Fachverlagsgruppe BertelsmannSpringer.

www.westdeutschervlg.de

Höchste inhaltliche und technische Qualität unserer Produkte ist unser Ziel. Bei der Produktion und Verbreitung unserer Bücher wollen wir die Umwelt schonen. Dieses Buch ist auf säurefreiem und chlorfrei gebleichtem Papier gedruckt. Die Einschweißfolie besteht aus Polyäthylen und damit aus organischen Grundstoffen, die weder bei der Herstellung noch bei der Verbrennung Schadstoffe freisetzen.

Umschlaggestaltung: Horst Dieter Bürkle, Darmstadt
Umschlagbild: Andrea Rojahn: Frau mit Vier Augen, 1989, Öl aW, 120 x 85
Druck und buchbinderische Verarbeitung: Lengericher Handelsdruckerei, Lengerich
Printed in Germany

ISBN 3-531-13217-2

Vorwort

Man sagt, „Bücher seien Möbel aus Papier". Die Fertigung dieses „Möbelstückes" war nur durch den kundigen und konzentrierten Einsatz vieler bewährter Fachkräfte möglich:

Caroline Märzweiler, Jenifer Jandl und besonders Brigitte Kaiser haben sich sehr beim Korrekturlesen engagiert. Für ihre aufmerksame Mitarbeit sei ihnen sehr herzlich gedankt.

Christine Zimmermann hat die Manuskripte aufeinander abgestimmt. Dafür war ein genaues Lesen und manche Rücksprache mit den Autoren nötig. Sie hat das souverän, ruhig und mit dem nötigen Nachdruck erledigt.

Birgit Schubert hat meine Vorarbeiten in ein lesbares Gesamtprodukt verwandelt. Darüber hinaus hat sie während der ganzen Zeit – wie immer mit leichter und bewährter Hand – im Hintergrund die organisatorischen Fäden gezogen.

Dr. Karl Kick hat das Manuskript formatiert und sich bei der technischen Herstellung des druckfertigen Gesamttextes – über das erwartbare Maß hinaus – für das Gelingen des Bandes eingesetzt.

Ohne deren hervorragende Mithilfe und Zusammenarbeit wäre der Band nicht zustande gekommen. Gleichzeitig möchten wir uns bei den Autoren für die große Geduld bedanken, mit der sie auf das Erscheinen des Bandes gewartet haben.

Wir hoffen sehr, dass das Endprodukt bei Ihnen allen Gefallen finden wird, sodass sich das Warten doch noch gelohnt hat. Der größte Lohn für uns alle wäre es wohl, wenn das Publikum mit dem „Möbel" etwas anzufangen wüsste.

Regensburg, im Juli 2000 Robert Hettlage, Ludgera Vogt

Inhalt

D. Institutionen und Akteure II: Wirtschaft, Kultur, Politik

E. Wohlfahrtskultur, Bedürfnisexpansion und Entsolidarisierung

F. Freizeitwelten

G. Entgrenzung und Reterritorialisierung

Schluss

Einleitung: Identitäten im Umbruch
Selbstvergewisserungen auf alten und neuen Bühnen

Robert Hettlage

„Wenn wir uns selber fehlen,
fehlt uns doch alles."
(J. W. Goethe: Werthers Leiden)

Das Nachdenken über das Selbst ist – aufs Erste gesehen – keine Haltung, die typisch für die Moderne wäre. Die Entwicklung unseres Selbstbewusstseins oder unserer Identität ist ein so fundamentaler Vorgang, dass er auch zu anderen Epochen beschäftigen musste. Allerdings zählte dieses Nachdenken jenseits des Alltags wohl zur „Arbeit" derer, die sich als Bürger einer Polis („idiotes") – der Mühen materieller Lebensvorsorge gänzlich enthoben – dem Welt- und Selbsterkennen hingeben konnten. Das waren immer nur Wenige und meist mehrfach Privilegierte. Für das „diskursive" Leben eines Sokrates (der selbst aber immerhin noch einem Brotberuf nachging) war nicht jeder gemacht, auch wenn dessen philosophisch-anthropologischer Anspruch durchaus ein allgemeiner war. Vorbildcharakter hatte sein Leben unter dem Motto: „Erkenne dich selbst!" dennoch. Als Zeugnis der Weltweisheit und als fächerübergreifendes Erkenntnisinteresse wirkt es immerhin schon seit 2 400 Jahren nach.

Andererseits ist das Fragen nach der Selbstwerdung des Menschen sozial- und wissenschafts-geschichtlich doch auch eine spezifisch moderne Attitüde. Denn die Identitätsformel „Sich Erkennen, Erkannt- und Anerkanntwerden" (Greverus 1978: 219 ff.) nimmt im Laufe der Zeit Fahrt auf und wird zum Leitmotiv von Individuen und Kollektiven, Fachdisziplinen und Künsten, Begüterten und weniger gut Ausgestatteten, ja sie dient zur Abgrenzung ganzer Epochen voneinander. Denn offensichtlich lässt sich nicht von allen Zeiten und Gesellschaftsordnungen, sondern nur von der „neuesten" Moderne sagen, sie sei einem Reflexionsschub sondergleichen unterworfen worden. Nie vorher waren die Lebensverhältnisse dergestalt, dass sich Einzelne oder Gruppen, Minderheiten oder Interessenverbände, Institutionen oder ganze Gesellschaften im Kampf oder Austausch miteinander so stark auf eine narzisstische Selbstvergewisserung – „Bin ich? Wer bin ich? Ich bin, ich bin ich!" – eingelassen haben. Kaum je glaubten mindestens so viele Menschen in ganz unterschiedlichen Soziallagen, schicksalhaft zu dieser Selbstreflexion und -darstellung gezwungen zu sein. Wenigstens behaupten das manche Beobachter.

Natürlich hat das Zeitalter der Introversion seine Vorläufer. Niemals war Innerlichkeit ganz aus dem Gesichtskreis der Öffentlichkeit verschwunden. Aber erst im

19. Jahrhundert hat das Bürgertum in Form von Briefwechseln, Tagebüchern, Biographien, Selbstportraits, Charakterstudien und kritischen Selbstprüfungen das Thema zum seinigen gemacht, zugleich aber auch den Modus, wie das Selbst die Welt wahrnimmt (Marx, Freud, Nietzsche), problematisiert. Das hat seiner Selbstversicherung wenig gedient, denn sie – die Bürger des nunmehrigen 20. Jahrhunderts – wurden in ihrem Eifer, das wahre Selbst zu entdecken, von der Subjektivität aller Wahrnehmung – auch der Selbstwahrnehmung – überrascht und müssen sich seither mit dem Problem herumschlagen, wie sie im Akt des Darstellens das Selbst – individuell wie kollektiv – überhaupt erst erschaffen (Gay 1999: 69 ff.).

Zugleich stellt sich die Frage, warum wir gerade heute so intensiv auf der Suche nach unserer Identität sind (Kap. 1). Die Antwort wird nicht gerade erleichtert durch die Erkenntnis, dass wir es aufgrund unserer komplizierten gesellschaftlichen Verknüpfung gar nicht mit einer einzigen und eindeutigen Identität, sondern mit verschiedenen Identitäten zu tun haben. Wie diese ausbalanciert und zu einem stimmigen Gesamtentwurf verbunden werden können, stellt sich jedem Einzelnen von uns und den Kollektivgebilden als dauernde Aufgabe (Kap. 2). Dabei muss man nachfragen, ob dieses Erfordernis in der sog. Postmoderne und zu Beginn des dritten Jahrtausends mit seinen charakteristischen Verunsicherungen durch ständig neue Identitätsangebote nicht besonders heikel geworden ist (Kap. 3). Wie immer die Antwort lauten wird, wir sind bei deren Ergründung auf umfangreiche Zeitdiagnosen verwiesen. Wie komplex und fraglich sie u. U. sein können, an welchen Lebensbereichen, sozialen Kräften und Akteuren sie festgemacht werden kann (Kap. 4), soll dieser Band illustrieren.

1. Die Frage nach der Identität heute

Bei der umfangreichen sozialwissenschaftlichen Bearbeitung der „Modernität" steht meist der rudimentäre Vergleich mit sog. „traditionalen Gesellschaften" im Vordergrund, denen überwiegend nur wenig differenzierte Sozialstrukturen zugebilligt werden. Dessen ungeachtet zeichnet sich dennoch – wohl seit Mitte des 19. Jahrhunderts – ein beschleunigter Differenzierungsprozess ab, in dem die gesellschaftlichen Sphären theoretischer, normativer und ästhetischer Ordnung des Lebens „eigengesetzlich" werden. Weber (1968b: 329 f.) schreibt dazu: „... eine Alltagsweisheit ist es, dass etwas sehr wahr sein kann, obwohl es nicht schön und nicht heilig und nicht gut ist. Aber das sind nur die elementarsten Fälle dieses Kampfes der Götter der einzelnen Ordnungen und Werte. ... Die alten vielen Götter, entzaubert und daher in Gestalt unpersönlicher Mächte, entsteigen ihren Gräbern, streben nach Gewalt über unser Leben und beginnen untereinander wieder ihren ewigen Kampf. Das aber, was gerade dem modernen Menschen so schwer wird, und der jungen Generation am schwersten, ist: einem solchen Alltag gewachsen zu sein. Alles Jagen nach dem ‚Erlebnis' stammt aus dieser Schwäche", „... so wenig natürlich das darin steckende, gewaltige Lebensproblem selbst damit zu Ende ist."

1.1 Bürgerliche Identität und Selbstzweifel

Dieses „Lebensproblem" erreicht zu Beginn des 20. Jahrhunderts im Bereich der Wissenschaft, Malerei, Literatur und Musik durch die Abkehr von bisher geltenden Themen, Ordnungsmaßstäben und Selbstbeschreibungen einen vorläufigen Höhepunkt. Lash (1989: 460 ff.) stellt dem vier gesellschaftliche Parallelphänomene an die Seite, die gleichfalls das Brüchigwerden von stabilen Geltungskriterien ankündigen:

- Die Entwertung des bisherigen Geschichts- und Fortschrittsverständnisses, denn statt Stabilität und Ruhe werden nun Bewegung und Veränderung thematisch zentral. Mitbedingt durch die Wirtschaftskrisen von 1871, 1885 und 1891 ff. ging auch der Glaube an eine erfolgreiche Zukunftsplanung und an die Sinngebungsmuster des eigenen, bürgerlichen Standes verloren. Auch wenn man sich ihm noch zugehörig fühlte, wuchsen doch die Statusunsicherheit und das Gefühl, dass das Standesbewusstsein angesichts der funktionalen Differenzierung der Gesellschaft obsolet geworden war.
- Die Ablösung stabiler Zeit- und Raumerfahrung durch die enorme Zunahme von Außenreizen und unpersönlichen, „offenen" Verstädterungsräumen (Bahnhöfen, Stadthallen, Warenhäuser, Großfabriken, Boulevards, U-Bahnen).
- Die Aushebelung des rational ordnenden Bewusstseins durch das Bekenntnis zu den libidinösen Energien. Das 19. Jahrhundert als Freuds „ureigenes Laboratorium" lehrte ihn, dass die gebieterischen aggressiven und sexuellen Triebwünsche des Individuums regelmäßig im Streit mit den Kulturerfordernissen der unmittelbaren und weiteren Umgebung liegen (Gay 1999: 17 f.). Dieser Widerstreit spielt sich teilweise sogar auf einer allgemeinen Bühne ab. Anreize und Ängste, Ideale und Bedrohungen tragen also zur Formung des Selbst ebenso – aber vielleicht nicht mehr – bei, als die aus inneren Energiequellen stammenden Triebbedürfnisse.
- Der Übergang der liberalen zur staatlich geregelten Marktgesellschaft und dem dadurch möglichen gesellschaftlichen Machtgewinn kleinbürgerlicher und proletarischer Schichten. Die damit verbundene Grenzverwischung zwischen den sozialen Schichten musste die bisherige Hegemonie des Adels und des aufstrebenden Bürgertums – mit ihren Vorstellungen von einer feststehenden nationalen, milieuspezifischen und individuellen Identität – ins Wanken bringen.

Diese soziale Erschütterung war einerseits Ursache, andererseits aber auch Treibriemen für die immer weitere Durchsetzung der Moderne als Lebensstil. „Die bis dahin unangefochtene gesellschaftliche und politische Hegemonie des Bürgertums galt vielen Zeitgenossen als Garantie für Ordnung und Stabilität, der gegenüber der Eindruck der organisierten, streikbereiten Arbeiterklassen als Ausdruck von Kontingenz und Chaos in einer geordneten Welt empfunden wurde. Das galt gleichermaßen für das Eingreifen der wachsenden kleinbürgerlich-antisemitischen Kräfte in der Politik. Die Anlage großer breiter Straßen und Boulevards sowie der Bau von Warenhäusern und Bahnhöfen rückten ‚das Volk' auch gesellschaftlich stärker ins bürgerliche Blickfeld und lösten es aus seinem traditionell eher unsichtbaren Ghetto heraus. Alle diese gesellschaftlichen Erscheinungen traten parallel zu typisch modernistischen Phänomenen im ästhetischen Bereich auf ..." (Lash 1989: 461 f.).

In der Wiener Modernität – mit ihrer noch starken Adelsdominanz – wurde dies vielleicht nur instinktiv als Bedrohung des Selbstbilds gespürt. Im Paris dieser Zeit hingegen war die Herausforderung wohl viel direkter, denn seit der Französischen Revolution und den Volksaufständen im frühen 19. Jahrhundert, dem Aufkommen der radikalen Parteien und dem intellektuellen Einfluss der Frühsozialisten spielten die „classes populaires" schon seit langem einen maßgeblichen gesellschaftlichen Part. Das Neue der Gesellschaft war offenbar ihre bisher ungeahnte Nivellierung im Kollektivbewusstsein, die „Kreuzung der sozialen Kreise" (Simmel 1890: 103), ohne sich einem dieser Kreise ganz zu verschreiben. Dadurch gewann der einzelne Freiräume für Individualität, „innere Zentriertheit, Eigenweltlichkeit, sich genügendes Selbst-Sein und Abhebung von einem Ganzen". Der Preis dieser Ortlosigkeit und Entteleologisierung ist das steigende Kontingenzbewusstsein, die rastlose tägliche Jagd des „Berufsmenschen" (Weber 1968c: 379), die Melancholie und Tristesse (Durkheim 1973: 239), aber auch die Suche nach Erleben und Genießen (vgl. Rammstedt 1985: 488 ff.). Diese Identitätsprobleme angesichts der „Multiperspektivität" werden an der deutschen Moderne (und Berlin als zentralörtlichem Typus) besonders virulent, denn sie mündeten wegen der starken Stellung des militärisch-bürokratischen Staates in den Kulturinstitutionen, wegen der schwachen Tradition des Hofadels und wegen der Dominanz eines staatsverbundenen Bildungsbürgertums in einem eigentümlichen Gegensatz von Staat und „Gesellschaft" (Lash 1989: 479 f.).

1.2 Identitätssuche als deutsches Problem

Wie von Krockow (1983: 181 ff.) bemerkt, scheint hierzulande jeder auf der Suche nach seiner verlorenen Identität zu sein. Sie hängt mit dem Mangel an oder dem Verlust von stabilen Trägergruppen und sozialen Milieus zusammen. Diese sind „über lange Zeiträume gewachsene und in ihnen gefestigte Lebensformen, die die Arbeitswelt, Familie, Generationen, Rangordnungen in der Gesellschaft wie die Normen des Verhaltens zur Einheit zusammenschließen und die das Selbstverständnis so selbstverständlich bestimmen und stabilisieren, wie sie ihm freilich auch Grenzen setzen" (a.a.O.: 126).

Zunächst ist an der deutschen Geschichte auffällig, dass innerhalb des 20. Jahrhunderts zu gegensätzliche Staatsformen einander ablösten, als dass sich ein Kontinuitätsverständnis ausbilden konnte. Eine historische Identität konnte nicht entstehen, weil außer dem Obrigkeitsstaat keine geschichtsübergreifende Tradition, etwa nach Art der Französischen Revolution, vorhanden war. Perspektivische Auslege- und Zukunftsarbeit für den neu zu gründenden Staat konnte so nicht geleistet werden. Das Fehlen einer modernen, weltbürgerlichen Komponente hat sich extrem gerächt. Denn Identitätsbildung fand nur im Rückgriff auf die provinzialistische Herkunft und die Tautologie "deutsch ist deutsch" statt (Greiffenhagen 1981: 135). Tatsächlich blieb die preußische Aufklärung ganz auf die engen Bedürfnisse der staatlichen Modernisierung, der Administrativtechnik und der Wirtschaftsleistung beschränkt. Nach der maßlosen Selbstüberschätzung und dem katastrophalen Zivilisationsbruch zwischen 1933 und 1945 ist der Rückgriff auf diese ganze Vergangenheit mit Recht verwehrt. „Was bis dahin der Identität gegenwärtigen politischen Selbstverständnisses gedient hatte, bildete nun den Stoff absoluter Nicht-Identität" (a.a.O.: 143). Die Wiedervereinigungshoffnung nach 1949 war auch noch keine Staatsidee; zudem kam der Europagedanke bisher mit der allgemeinen Renationalisierung in Konflikt und brachte die Bundesrepublik vollends in die Schwierigkeit, auch eine eigene (nationale) politische Identität zu suchen. Weil der Zugang zur Vergangenheit verbaut war, erhielten die Gegenwartsbezogenheit und die augenblickliche wirtschaftliche Leistungsstärke dabei ein Übergewicht (vgl. Hettlage 1990). Diese aber sind als Basis für gesellschaftliche Sinnorientierung eine zu schmale Vertrauensgrundlage. Sie können Identität nicht schaffen. Sie machen einerseits extrem unruhig, da die leisesten Schwankungen schon zu Nervosität verleiten und Zukunftsängste aufbauen. Andererseits verschafft auch wirtschaftlicher Wohlstand allein – individuell und kollektiv gesehen – kaum politische Anerkennung und wenig mittelfristige Lebensperspektiven oder Identifikationsangebote. So gesehen, hat von Krockow durchaus recht, wenn er das negativ Verbindende der deutschen Eigenart darin sieht, gerade *kein* selbstverständliches *nationales* Milieu zu besitzen: weder eine verbindliche konfessionelle Prägung, noch bürgerliche Leitbilder, noch verallgemeinerungsfähige Sozialrollen, sodass der Mangel in der Tendenz leicht durch Deutschtümelei und Abgrenzung gegen alles Fremde ausgeglichen wird.

Hinzu kommt, dass sich nach 1945 die *regionalen* Milieus, die einen Teil der Identitätsbedürfnisse immer hatten auffangen können, weitgehend auflösten und auch von den Massenorganisationen (Parteien, Verbände) nicht kompensiert wurden. Die Erfolge der Entregionalisierung im Hinblick auf Mobilität, Wirtschaftserfolg und politische Stabilisierung sind zwar unbestreitbar. Der damit verbundene Verlust an Lebensorientierung, Verhaltenssicherheit und damit Identifikationsmöglichkeiten wird aber meist übersehen. Wenn die Schutzfunktion der Milieus vor dem individualisierten Konkurrenzdruck ausfällt, dann nehmen auch die Ängste, Orientierungsschwächen und Nostalgiebereitschaften zu, wie sich u.a. an der Neuentdeckung des Lokalen, des „Nischenbewusstseins", aber auch an militanten Formen der Antimodernität zeigen lässt. Ein jüngstes Beispiel dafür ist die deutsche Wiedervereinigungsgeschichte nach 1990. Auch mehr als 10 Jahre nach dem Fall des „Eisernen Vorhangs" besteht die „Mauer in den Köpfen" fort. Es wird sogar eine „DDR-Ostalgie" und eine Abriegelung gegen die feindlich empfundene Außenwelt kultiviert. Bisher jedenfalls konnte eine gemeinsame Zukunftsdefinition und eine tragfähige Aufgabenperspektive für das neue Deutschland nach innen und für die neue

„Berliner Republik“ nach außen noch nicht gefunden werden. Diese Schwäche betrifft alle Institutionen des politischen, kulturellen und sozialen Systems.

1.3 Identität im Jahrhundert – Identität des Jahrhunderts

Kaum lagen die ersten Tage des neuen Jahres 2000 hinter uns, da hatte sich auch die im Jahr 1999 laufend gesteigerte Millenniumsraserei plötzlich wieder verloren. Wenn man die dahinter immer deutlicher zu Tage tretenden „pseudo-millenaristischen“ Marketing-Strategien einmal beiseite lässt, war es doch eine Zeit der besonderen Unruhe und Bilanzierung. Wie immer am Ende eines Jahrhunderts war man – schon aufgrund der „Magie der runden Zahlen“ – geneigt, auf das Gewesene zurückzublicken und die Aussichten auf eine Besserung der allgemeinen Lebensperspektiven im neuen Millennium abzuschätzen. Dabei tauchten die alten Menschheitsfragen wieder auf, wie sie Kant 1781 in der „Kritik der reinen Vernunft“ formulierte. 1. Was kann ich wissen? 2. Was soll ich tun? 3. Was darf ich hoffen? (1968a: 677). Auf unsere Fragestellung hin formuliert, lauten sie für den Einzelnen wie für die Gesellschaft: 1. Was können wir über uns wissen? 2. Wie können wir miteinander anerkennungsfähig handeln? 3. Was dürfen wir künftig voneinander erwarten? Diese Fragen werden und müssen im „Vernunftinteresse“ immer wieder neu gestellt werden. Sie gehen als Identitätsmotive in der Geschichte auch nicht verloren.

Der irritierend gesteigerte, gedankliche Umgang mit dem Millennium nun hat uns mit drei, keineswegs neuen, aber neu angepassten Identitätsoptionen konfrontiert:

1.3.1 Die Erwartung des ganz Anderen

Sieht man von den, nur mäßig in Mode stehenden, unmittelbaren Endzeit-Szenarien ab, so war doch eine säkularisierte Eschatologie-Hoffnung nicht ganz beiseite zu schieben gewesen. Zumindest fragte man sich, ob und welche Chancen es denn wirklich gäbe, über das „Jahrhundert der Gewalt“ oder auch nur über das Menschlich-Allzumenschliche hinauszugelangen. Immerhin war doch gerade die letzte Utopie des 20. Jahrhunderts – das kommunistische Weltsystem – zusammengebrochen. Vielleicht, so die eher verzagte und eher rhetorisch gemeinte Anmerkung, würden die Menschen lernfähiger und klüger werden, sodass ein „Reich der Vernunft“ in Freiheit doch endlich einmal zum Stehen käme. So recht wollte man daran aber doch nicht glauben. Gesellschaftsplanung und Wissenschaft, Erziehung und religiöse Unterweisung war – wie immer – rückblickend klug, im Vorausblick aber blind und vor allem mutlos. Die zweite Option schien deshalb mehr für sich zu haben.

1.3.2 Die Angst vor dem Niedergang

In schierem Gegensatz zur Zukunftshoffnung wurde hier offen mit der Angstlust auf Untergang und an (Selbst-)Bestrafung spekuliert. Wenn alles immer nur schlechter werden kann, wird man es wohl auch so verdient haben. Immer wieder wurde der Öko-Kollaps beschworen, aber es war nicht mehr so ernst wie ehedem. Eine geheime Rettungshoffnung hatte sich insofern Platz verschafft, als das Ozonloch – wider Erwarten – stabil blieb, der Komet Halley die Erde „verfehlt" hatte, und die Ölreserven doch noch ein Jahrhundert halten würden. Halbe Entwarnung! Das unverfängliche Spiel mit dem Ende der Ratio oder mit dem Faszinosum des Irrationalismus konnte weiterbetrieben werden. Das lässt sich bestens mit einer negativistischen Perspektive verbinden. Denn wenn es überhaupt keine rechtzeitig durchsetzbaren, vernünftigen Lösungen für die Menschheitsprobleme gibt, dann kann man sich entweder ganz dem Fatalismus überlassen, der im heroischen Aushalten eines höheren Schicksals kulminiert. Oder man sucht den Weg nach innen, die Weltflucht, das Anhalten der Geschichte wenigstens in der eigenen Seele, wenn nicht gar die Wiederverzauberung der Welt durch Magie, Hexerei und orgiastische Begeisterung. All diese Haltungen, die immer auch Identitätsentwürfe sind, erwiesen sich gegenüber dem Zynismus der Enttäuschten, Frustrierten und Gebremsten als wenig trendbildend. Wichtiger war wohl jene Attitüde, die lustvoll danach fragte, wen es wohl zuerst treffen mag. Wir alle „tanzen auf dem Vulkan" und schauen lächelnd in den glühenden Schlund, weil wir nicht wissen, wann er tatsächlich seine Glut ausspucken wird. Alle reiten wir auf dem „Rücken des reißenden Tigers" und wissen nur noch, dass wir davon nicht mehr absteigen können. So bleibt uns allein die Hoffnung, dass sich der Absturz auf ein Später verschieben lässt. Hoffentlich mögen wir und unsere Kinder gerade noch davonkommen! Deswegen vielleicht ertränken wir unsere „Rest-Unruhe" in einem gierigen Unterhaltungs- und Freizeitsog, einer größenwahnsinnigen Event- und Spaßkultur und einer Ego-Zentrierung, die Negativismus und Hilflosigkeit, Geltungswunsch und Verdrängung, Verzweiflung und Überlebenskampf in sich vereinigt.

1.3.3 Der evolutionäre Elan der Moderne

Auch wenn der Optimismus nicht mehr die Dynamik des 19. Jahrhunderts besitzt, lebt er doch weiterhin in manchen Teilen der westlichen Gesellschaften fort. Er nährt sich von der Haltung, dass die Schwarzmalerei der „professionellen Bedenkenträger" ein Ende haben müsse. So vieles sei doch bei uns – für viele unbestreitbar – besser geworden: die Mobilität, die Bildung, die Wohlfahrt, die Freizeitmöglichkeiten, die Kenntnis der Welt, die Farbigkeit des Lebens. Das Glas ist doch noch halb voll! Also: Jetzt erst recht! Das „Projekt der Moderne" (Habermas 1981) harrt deswegen auf seine entschlossene Weiterführung, hat vielleicht überhaupt erst so richtig begonnen. Wie immer wird man für die neuen Probleme des Jahrhunderts auch eine Lösung finden werden. Dieser Beruhigungsstrategie entsprechend, war die Millenniumseuphorie durchaus eine legitime Vermarktungsstrategie von optimistischem Rationalismus. Für Deutschland vor allem – so munkelte man – könnte die Jahrtausendwende die einmalige Chance bieten, die böse, unverdaubare Vergangenheit in eine Geschichte vor der Zeitenwende zu entsorgen und sich neue internationale Bewegungsspielräume zu erkämpfen. Die Zahlenmagie wirkt hier wenigstens soweit, dass sie auch einen Neuanfang suggeriert. Dahinter mögen bequeme Illusionen schlummern. Das Szenarium verschreibt sich jedoch ganz einer neuen globalen Interdependenz, aus der wir nicht ausbrechen können. Deswegen müssen wir, mit einem etwas unguten Gefühl zwar, erst einmal richtig einsteigen und uns auf dem alternativlosen Weg „nach vorne" möglichst optimistisch-dynamisch und wieder selbstbewusst behaupten. Die Megatrends der Industrialisierung, Globalisierung, Ökonomisierung, Verdiesseitigung und Autonomisierung sind dafür die Fahrspur.

In allen Fällen der neu-alten Reflexionen zum „Fin de Siècle" und zum Neuanfang von Zukunft – seien sie nun vom Negativismus, Utopismus, Zynismus, Irrationalismus oder „Meliorismus" geleitet – kamen die paradoxen, nicht-intendierten Nebenfolgen dieser Optionen hingegen kaum zum Zug. Es gibt jedoch keine Gesellschaftsveränderung, ohne dass nicht auch eine Selbst-Transformation mitbedacht werden müsste. Deswegen kommen wir um die inhaltliche Bestimmung der Identitätsformel – Erkennen, Erkannt- und Anerkanntwerden – auch für unsere kurze Lebensspanne nicht herum. Jeder individuelle und kollektive Zukunftsentwurf enthält zwingend eine Portion Zeit- und Identitätskritik.

2. Identität und Identitäten

Die Frage nach der Identität heute wird nicht leichter dadurch zu beantworten, dass – wie ansatzweise schon zu erahnen war – Identität weder historisch-biographisch noch von ihren Bestandteilen her ein einheitliches Gebilde ist. Unsere Umgangssprache führt uns hier manchmal in die Irre. Sie schreibt „Gegebenheiten" fest, die sich eigentlich in einem dauerhaften Veränderungsprozess befinden. Identität wird laufend auf-, ab- und umgebaut, sodass bei längs- und querschnittartiger Betrachtungsweise besser von *Identitäten* zu sprechen ist. Damit haben sich die Sozialwissenschaften seit langem intensiv auseinandergesetzt. Es geht im Folgenden nicht darum, diese Diskussionen noch einmal zu entfalten oder zu resümieren, sondern nur darum, einige für das Verständnis der heutigen Debatte bedeutsame Aspekte hervorzuheben:

2.1 Identität und Gesellschaft

Auf den ersten Blick erscheint es ganz einleuchtend, dass Identität – als selbstreflexive Leistung, als rückbezügliche „Selbstdefinition" und Selbstentwurf im Hinblick auf Zukunftsvorstellungen (vgl. Erikson 1973) – zunächst einem Individuum zugehört, das sich – gewöhnlich auch in krisenhaften Umbrüchen und auch anderen Menschen gegenüber – als einheitlich und handlungsfähig erlebt.

2.1.1 Selbsterkenntnis und Selbstbehauptung

Es ist durch Introspektion und Fremdverstehen gut verbürgt, dass sich die Individuen als ein jeweiliges Ich erkennen, das sich im Zeitablauf als Träger sinnvoller Handlungsketten – auch im beiläufig wahrgenommenen Alltag – durchhält. Schon daran sieht man, dass es sich nicht um eine statische Eigenschaft handeln kann, sondern dass sich unser Selbst alltäglich reproduziert. Das lässt einerseits auf eine zeitliche Dimension der Selbstbehauptung, andererseits auf eine räumliche Dimension von Innen- und Außenzonen schließen (Bahrdt 1996: 155 ff.). Unsere Alltagssprache reflektiert in Redewendungen – wie „außer sich sein", „aus der Haut fahren", „in sich gehen", „einen guten Kern haben" usw. – ein „Subjekt im Subjekt" (a.a.O.: 161), also ein doppeltes Ich oder eine Unterscheidung zwischen einem „Ich" als situationsbezogenem Träger eines Handelns und einem „Selbst", das zu diesem „Ich" in einem Verhältnis der Beobachtung und Korrektur steht. Diese Verdoppelung macht es auch, dass dem „Ich" eine innere Stabilität, ein Subjekt- und Ordnungscharakter *eigen* ist. Hier schon wird die Dialektik von Erkennen und Erkanntwerden deutlich. Sie geht aber viel weiter.

Auch gegenüber anderen und sogar gegenüber Gegenständen leisten wir Identifizierungs-Arbeit dadurch, dass wir sie – über Zeiten und Situationen hinweg – als „identische" Gegenstände und Personen erkennen. Allein schon die Wiedererkennung dieser „Objekte" ist ein Akt der Anerkennung, dass sie ihre individuellen Eigenschaften im Wandel der Ereignisse behalten haben. Das gilt stärker noch für Personen, denen man immerhin so viel Anerkennung schuldet, dass man sie allenfalls wieder erkennt („identifiziert") – und sei es wenigstens über ihre allgemeinen Rollencharakteristika. Je näher die Menschen mir stehen, desto mehr muss ich von ihrer unverwechselbaren Individualität anerkennen. Dazu gehört immer, dass es sich bei ihnen um ähnlich selbst-identische Subjekte in der Zeit und mit ähnlichen Innenräumen handelt, also (wie ich):

- mit der Fähigkeit ausgestattet, sich seines Selbst inne zu werden, d. h. sich trotz allen Situationswandels seiner Selbst gewiss zu bleiben und ein Bild von sich als Gesamtheit überdauernder Eigenschaften zu bewahren;
- im Einklang mit „von außen" herangetragenen Normen zu handeln und diese zu verinnerlichen, sich folglich verschiedenen Situationsanforderungen anzupassen und zum Bestandteil seines Selbst werden zu lassen, aber trotzdem sich darin nicht ganz zu verlieren.

2.1.2 Selbsterkennen und Anerkennung

Die Mehrdeutigkeit des Selbst-Verständnisses wird an dieser Dialektik schon ganz deutlich. Denn als Bestand im Bewusstseinsstrom und im historischen Ablauf ist Identität nicht ohne Auseinandersetzung und Anerkennung anderer, häufig verallgemeinerter Identitätsinstanzen zu gewinnen. Soziologisch gesprochen, ist die Identität eine „Grenzstruktur". Zwar bildet jeder Einzelne den Mittelpunkt seiner jeweiligen Lebenswelt, aber diese baut er nicht allein auf. Als Kinder bewohnen wir auch die Welt der Eltern, als ausgebildete Fachkräfte eine bestimmte Berufswelt, als Zeitgenossen eine Staatenwelt etc. Die persönliche Lebenswelt ist unabweisbar auch eine soziale, die den Horizont der anderen immer mitdenken muss. Denn voll lebensfähig kann sich nur der gestalten, der sich an anderen (also an „der" Gesellschaft mit ihren sozialen Strukturen) handelnd orientiert. Wer das nicht kann, wird autistisch und anomisch. Eine Gesellschaft, die solche Auseinandersetzungen gewaltsam homogenisierend einschränkt, schädigt die Daseinsmöglichkeiten der Einzelnen. Es ist die Besonderheit und der Gewinn der Moderne, dass sie den Individuen Entscheidungsspielräume – jenseits der Deckungsgleichheit von Lebenswelten – einräumt, also Individualität, Autonomie, Freiheitsgrade und Selbstverantwortung ermöglicht. Das gelingt ihr – paradoxerweise – dadurch, dass ihre subsystemischen Handlungssysteme der Politik, Wirtschaft, Kultur etc. arbeitsteilig auseinander fallen und dass die öffentliche von der privaten Sphäre abgegrenzt wird. Die Folge ist, dass auch die Menschen in diesen Bereichen auseinander gezogen werden (Reiterer 1998: 28) und ihre Selbstsicherheit gefährdet sehen.

Daran sieht man, dass Identität nur in der Synthese zwischen Individualität auf der einen und gesellschaftlichen Anforderungen auf der anderen Seite erarbeitet werden kann. Diesen Gedanken hat Mead in seiner berühmten Polarität von „I" und „Me" in einen gültigen Zusammenhang gebracht (1975: 216 ff.). Sie besteht in der Einsicht, dass das eigene Selbst erst in einem gegenseitigen Prozess der Kenntnisnahme und Anerkennung der jeweils bedeutsamen anderen („selves") erfahren wird. Der Entwurf des einen gelingt nicht ohne den Entwurf des anderen. Sie müssen sich aber nicht allein zur Kenntnis nehmen, sondern sogar – nach Art von stabilisierten Rollenerwartungen – arrangieren und integrieren. Mit anderen Worten: Identitäten einzelner sind – ohne die „ärgerlichen" gesellschaftlichen „Zumutungen" – undenkbar. Durchaus beachtlich ist nämlich, dass die eigene Geste zwar Reaktionen bei anderen auslöst – mehr aber noch, dass sie in mir ebenfalls Haltungen (Antizipationen, Vergleiche) hervorruft. Etwas mit den Augen anderer zu sehen und das eigene Tun daran auszurichten, formt die Kommunikation und die Rollen. Es wird somit zur Voraussetzung für das Bewusstwerden des eigenen Selbst-Bestands. Die Auseinandersetzung zwischen Ich und du, Individuum und Sozialwelt, ist von Mead als ein Interpenetrationsverhältnis gemeint: Denn „I" als das impulsive, vorsoziale, nicht durchgängig sozialisierbare, antriebsspontane „Ich" reagiert auf bzw. korrigiert und stabilisiert sich in den Vorstellungen, die sich andere vermutlich von mir gemacht haben und die mich drängen, meine Handlungen daran zu orientieren („Me", „Mich" oder *reflektiertes „Ich"* – vgl. Abels 1998: 34). Dieses ist die zugewiesene, kontrollierende, die Werthaltungen der sozialen Umwelt repräsentierende Identitätsseite, „das Fremde", das in ein Verhältnis zum „Eigenen" gebracht wird.

Rolle und Widerstand, Institution und Person (Schelsky 1965: 250ff.), aber auch Wandel und Differenzierung dieser „partial selves", die sich im Lauf der Biographie immer weiter ausfalten, bringen es mit sich, dass die Differenz zwischen „I" und „Me" einen Reflektionsspielraum (reflexives Bewusstsein) eröffnet und dass die *Gesamtidentität* ständig von neuem in einem Dialog der beiden Instanzen bearbeitet werden muss – ja, dass sie dieser Dialog *ist*. Angesichts der unvermeidlichen Spannungen steht es trotzdem außer Frage, dass eine stabilisierende Orientierung oder Synthese gefunden werden muss. Das ist gerade heute das drängende Problem. Denn vielleicht sind die Verhältnisse so, dass zwar „das Begehren des Subjekts nach sich selbst" (Friese 1998: 41 f.) groß ist, aber die Synthese eines Lebenslaufs nicht mehr so recht gelingen will, sodass wir eher wissen, was wir nicht sind, als was wir „wirklich" sind.

2.1.3 Selbstdarstellung und Selbstmanagement

Es war Goffmans Anliegen (1964), angesichts der Verletzbarkeiten dieser Kommunikationssituation, die Schwierigkeiten sozialer Anerkennung (*„soziale Identität"*) und damit das „Drama" des Subjekts (*„persönliche Identität"* eines Lebenslaufs) auszuloten. Er konnte zeigen, dass die Dialogsituation zwischen mir, den anderen und den Bildern, die ich mir von meiner Wirkung auf sie mache, innerhalb der institutionellen Möglichkeiten, die kulturellen Repertoires und der Alltagsroutinen als Erzählungs- oder Darstellungschoreographie erfolgt (sad stories, success stories, face-saving narratives). Die *„narrative Identität"* (Ezzy 1998: 245 ff.) formt sich nicht als freie Fiktion, sondern als komplizierte Interaktion zwischen Ereignissen, Routinen, Imaginationen, Selbstgesprächen und Widerständen signifikanter Anderer.

Sie kann daher auch nur als indirekte, annäherungsweise *Entwurfsidentität* gebildet werden. Der tiefste Grund liegt darin, dass jeder Zug in der Interaktion prinzipiell riskant und enttäuschbar ist, Normalität also niemals definitiv, sondern nur als vorläufiger Arbeitskonsens „bis auf weiteres" (vgl. Schütz 1971: 258) erlangt wird. Um dennoch eine praktikable Alltagssicherheit des Handelns zu erwirken, bedarf es – zu jeweils bestimmten Anlässen („Bühne") und vor bestimmten Teilnehmern („Publikum") – eines dramaturgisch vorgetragenen Selbstentwurfs. Goffman verwendet erhebliche konzeptuelle Energie darauf, um die verschiedenen Begegnungsarten (zentrierte und nicht-zentrierte) und Begegnungsregeln (Takt, Aufmerksamkeit), die Rituale und Symbole, die Orte und die Markierungen der Territorien, die Strategien und Kompetenzen des einzelnen in einer solchen Situation des „Sich-Selbst-Entwerfens" zu analysieren. Der Grund für all diese strategischen Vorkehrungen ist der, dass der urbanisierte, säkularisierte Mensch und sein ihm wichtiges

Selbstbild („face") heute – ganz im Sinne von Durkheims Religionssoziologie – zum letzten Heiligtum aufgerückt ist, das unbedingte Verehrung, also rituelle Entprofanisierung, verlangt (Goffman 1967: 19). Das *„heilige Selbst"* bedarf jeweils des besonderen Schutzes. Jede Begegnung mit anderen ist aber ein u. U. folgenreiches Risiko der Entweihung der eigenen Darstellungsbemühungen, sei es durch Entlarvungen, Täuschungen („fabrications"), situative Falscheinschätzungen, Unhöflichkeiten, Taktlosigkeiten, Bloßstellungen o. Ä. In der „Rahmenanalyse" beschäftigt er sich mit diesem brüchigen Charakter unseres Wissens (Goffman 1977). Als Folge jener existentiellen Unsicherheit ergibt sich für jeden Einzelnen die Notwendigkeit, wenigstens vorläufige, punktuelle Geltungen auszuhandeln, um der Gefahr vorzubeugen, sein Selbst ganz offen beschädigt zu sehen. Wer sein Gesicht verliert, hat nicht nur seine Ordnungssicherheit verloren, sondern seine soziale Existenz (*„soziale Identität"*) untergraben. Daraus ergibt sich, dass das Subjekt seine Anerkennung, also die Wahrung seines Gesichts durch vorsichtige Zug-um-Zug-Strategien der Begegnung und Auseinandersetzung abzusichern genötigt ist („impression management"). Denn keiner weiß, was der andere wirklich meint und beabsichtigt. So läuft jeder doch Gefahr, dass sich seine *Selbstdarstellung* als Selbstentfremdung entpuppt. Also darf die Situation wenigstens nicht so weit entgleisen, dass die – vielleicht nur vorgespielte und wiederum dabei sogar durchschaute – Akzeptanz des Augenblicks gefährdet ist.

2.1.4 Theater, Maske, Distanzierung

Die berühmt gewordene Theatermetaphorik fängt dieses Drama gar nicht richtig ein. Denn es geht nicht einfach um beliebige Bildproduktionen und Erzählungen, sondern um den Menschen als grundsätzlich „fremden Zeitgenossen", der seine Verletzungs- und Orientierungsrisiken antizipativ durch „ritual management" und „Heilungspraktiken" („remedial strategies") minimiert. Goffman (1967: 20 ff.) weist damit auf die Anomie der „ungeselligen Geselligkeit" (Kant 1968b: 37) und die Mehrdeutigkeit der Zeichen hin. Alle Interaktion ist vom Drama der Anerkennung und der davon mit beeinflussten Chance der Selbstkonstituierung durchzogen. So muss der Mensch gleichzeitig die Gesellschaft suchen und ihr doch auch Widerstand leisten (vgl. z. B. die „Rollendistanz"). Dieses Dilemma hat Wehrspaun (1989: 329 ff.) herausgearbeitet. Der sein Selbst „managende" Darsteller „strebt nach der Anerkennung rein subjektiver Individualität, kann diese aber nicht darstellen, da sie dann eben dadurch nicht mehr existiert. Aber offenkundig so zu sein wie alle anderen, stellt ebenfalls Subjektivität in Frage" (a.a.O.: 341). Die Paradoxie ist, dass Selbstdarstellungen verlangt werden, die keine sein dürfen oder als solche nicht durchschaut werden. Andernfalls würden sie sich selbst entwerten. Das Selbst, das zu offensichtlich um Anerkennung bittet, untergräbt genau diese. Dieses Dilemma mag es sein, das moderne Subjekte dazu verleitet, sich aus sozialen Objektivitäten herauszuziehen, „Masken der Kommunikation" vorzuschieben (Hettlage 2000b) und sich möglichst weitgehend auf die vermeintlich primäre Erfahrungswelt selbstbezüglicher Identifikation mit den eigenen Merkmalen (*„Ego-Identität"* – Goffman 1964) zurückzuziehen. Dennoch werden ihm eine Reihe von Balancen mit der Welt der anderen aufgenötigt.

2.2 Balancierte Identitäten

Der bisher dargestellte Prozess der Teilhabe der Anerkennung der Gesellschaft und durch die Gesellschaft an der Gewinnung von Selbsterkenntnis hat wesentlich massivere Implikationen, als durch den diffusen Begriff des „Anderen" zum Ausdruck kommt. Denn der „Fremd"-Anteil des Selbst wird von – konkreten oder verallgemeinerten – Anderen besetzt, die selbst Mitglieder *organisierter*, gesellschaftlicher Gruppen sind oder überhaupt als Kollektive (wie Familien, Abstammungsgemeinschaften, Milieus, Berufs- und Interessenverbände, Schichten oder Klassen, substaatliche Einheiten, Nationen) auftreten. Gerade in modernen Gesellschaften handelt es sich dabei um vielfältige, oft mit gegensätzlichen Anforderungen auftretende „soziale Kreise" (Simmel 1890), mit denen Kontakt gepflegt und bei denen Anerkennung gesucht werden muss. Diese Kollektiva sind oft so „seinsmächtig", dass sie keineswegs nur als Spiegel meiner eigenen Selbstfindung dienen. Sie fordern vielmehr ihrerseits vom Einzelnen eine planungssichere Einpassung, Loyalität, Konformität und Anerkennung. Sie falten in ihrer Pluralisierung deswegen auch das „eigene Ich" pluralistisch auf (vgl. Greverus 1995: 30). Erkennen, Erkannt- und Anerkanntwerden ist also nur in Form eines dynamischen Gleichgewichts eines, sich immer wieder stabilisierenden Selbstbewusstseins in Auseinandersetzung mit den Erwartungen anderer „Ichs" vorstellbar. Das kann man mit Krappmann (1973: 70 ff.) *„balancierende Identität"* nennen.

2.2.1 Verschiebung der Wir-/Ich-Balance

Elias (1987: 209 ff.) hat besonders hervorgehoben, dass dieses Verhältnis zwischen dem Ich und den Anderen als Bezugsgruppen („Wir") keineswegs unbeweglich ist, sondern sich in vielen Gesellschaften im Verlauf ihrer Modernisierungsgeschichte erkennbar verschoben hat. Vormoderne Lebensweisen sind bekanntlich stark auf Abstammungsgemeinschaften (Familie, Stamm) und Nachbarschaftsbeziehungen (Dorf) ausgerichtet und besetzen dabei habituell die persönliche „Wir-Identität" des einzelnen. Die Menschen sind so stark an die Wir-Identität gebunden, dass sie die „Ich-Identität" überlagert und die Balance zugunsten ersterer verschiebt. Menschen werden dementsprechend nach ihrem ererbten Status, ihrem Familien-Stammbaum oder einer bestimmten Gruppe zugeordnet und erlangen durch diese Anerkennung. Adlige bezogen einen Großteil ihres Selbstverständnisses aus ihrem Herkommen. Bürger gehörten Zünften an. Bauern waren an das Land und das Dorf gebunden etc.

In der Moderne – genauer seit der Renaissance – kehrt sich dieses Verhältnis geradewegs um. Nun wird die Wir-Identität durch die Ich-Identität des „emanzipierten" Zeitgenossen überformt, ohne erstere allerdings ganz aufzulösen. Dieser erste „Individualisierungsschub" (!) (Elias 1987: 264) geschieht dadurch, dass sich die Einzelnen aus den traditionalen Verbänden zu lösen und auf ihre eigene planerische Vernunft zu vertrauen beginnen. Je mehr sie aus dem Schatten einer dominanten *ethnischen Identität* heraustreten, desto mehr können diese Bindungen – trotz mancher Gegentendenzen, im Vergleich etwa zu den beruflichen Interessen oder den nationalen Bindungen – zurücktreten. Je größer der Spielraum für verschiedenartige Lebenserfahrungen wird, desto ausgeprägter ist auch die Chance der *Selbstprofilierung*. Diese Form der wir-losen „Ich-Identität" hat sich seitdem zum neuen Sozialtypus entwickelt und ist zum allgegenwärtigen Thema der zweiten Hälfte des 20. Jahrhunderts geworden, das in immer neuen kulturellen Ausprägungen die gleiche Figur des isolierten Menschen „in der Form des homo clausus oder des wirlosen Ich in seiner gewollten oder ungewollten Vereinsamung" beschwört (Elias 1987: 265 f.). Diese Vorstellung liegt wohl in dem Konflikt begründet, dass die Menschen Gefühlsbeziehungen zu anderen suchen, sich dabei aber wegen der gestiegenen „Impermanenz vieler Wir-Beziehungen" in Familie, Beruf, Freundeskreis usw. überfordert und verängstigt fühlen. Dieser Mangel wird durch höhere Selbstkontrolle und verringerte Spontaneität beantwortet, um aber desto stärker in Konflikt mit dem „irrationalen" Wunsch nach gelungener Wir-Identität zu geraten.

2.2.2 Geschichtete Identitäten

Bei dieser Entwicklung kommt der modernen Staatenbildung eine Schlüsselrolle zu. Während sich das Wir-Gefühl früherer Herrschaftsverbände eher auf die Mitglieder der Führungsschicht beschränkte und die breite Bevölkerung als marginalisiertes „Sie" behandelte, änderten sich im modernen Staat die Inklusions- und Exklusionsverhältnisse grundlegend. Neue Schichten – wie Bürger und Industriearbeiter – erhielten seit dem 18. und 19. Jahrhundert neue, aber lang umstrittene, politische und soziale Rechte (Marshall 1992: 33 ff.) und damit einen ungehinderten Zugang zu den gesellschaftlichen Institutionen. So wurden sie in die staatliche Wir-Identität integrierbar. Im kriegerischen 20. Jahrhundert akzentuierte sich diese Tendenz dadurch, dass der Nationalstaat sich als Verkörperung der Überlebenseinheit, der Sicherheit im Gruppenkampf und der Katastrophenvorsorge stilisieren konnte (*nationale Identität*). Die intensive Gefühlsbindung an die Nation wurde dadurch beträchtlich verstärkt, dass der Staat das Erziehungssystem in seine Hände nahm und ein durchgängiges Identitätsmanagement zur Kontrolle des kollektiven Gedächtnisses betrieb. Nicht unwesentlich für die Erzeugung eines nationalen Habitus war auch die Ausweitung der Staatsfunktionen. Als moderner Rechts- und Organisationsstaat obliegt es ihm immer unangefochtener, auf allen Ebenen die gesellschaftliche Ordnung zu prägen und sich als moderner Wohlfahrts- und Leistungsstaat mit seinen

Transfer-Einkommen für ständig mehr Menschen unentbehrlich zu machen. Erfahrungsgemäß verhindert das nicht, dass Menschen sich zugleich als Repräsentanten einer starken Wir-Gruppe und trotzdem als völlig vereinzelte Individuen erfahren. Beide Erlebnisse werden „gleichsam verschiedenen Abteilen ihres Wissens zugeordnet, und diese Abteile stehen in keiner oder allenfalls nur in höchst loser Verbindung miteinander“ (Elias 1987: 279).

Aus dieser Paradoxie wird ersichtlich, dass wir mit verschiedenen *Schichten* gesellschaftlicher Identitätsbildung – von der Familie, über ethnische Abstammungsgruppen bis hin zu modernen, nationalstaatlichen und überstaatlichen Zusammenschlüssen – zu rechnen haben, die sich keinesfalls stets deckungsgleich zueinander verhalten. Die Stärkung der einen (z. B. der staatlichen) bringt nicht zwingend die Schwächung, sondern häufig sogar die Revitalisierung anderer (z. B. vorstaatlicher) Identitätskomponenten mit sich, wie sich am Beispiel des „ethnic revival“ im Verlauf nachholender Modernisierungsverläufe gut dokumentieren lässt. Anscheinend sind Sprachgewohnheiten, Abstammung, Religion, Territorialität, historische Kontinuität und kulturelle Eigenheiten vom (über-)nationalen Wir nicht ohne weiteres und konfliktlos absorbierbar, lassen sich folglich nicht bedingungslos unter eine (supra-) nationale Zentralidentität ordnen. Auch hier ist eine Balance zu finden, die beweglicher ist, als sie auf den ersten Blick erscheint.

Mit anderen Worten: Es ist die Eigenart des 20. Jahrhunderts, dass sich Integrationsschübe auf mehreren Ebenen gleichzeitig vollziehen: globale und nationale, nationale und regionale, regionale und lokale Instanzen kämpfen um ihre Geltungschancen. Dabei haben die kleineren, erlebnisnäheren Einheiten den Vorteil, dass sie gegenüber den alltagsferneren, umfassenderen Bindungen ein lebendigeres historisches Gedächtnis, mögliche Verlusterfahrungen, wohlfeile Marginalisierungsrhetorik und sogar *„Identitätspanik“* mobilisieren können. Denn *„Identitätspolitik* ist immer Statuspolitik“ (Reiterer 1998: 269). Gegenüber der jeweils höheren Integrationsebene besitzen die niederen, „lokalen“ Identitäten eine erhebliche Beharrungskraft, die z. B. von „ethnischen Unternehmern“ sogar mit Bewegungscharakter und Gegendruck „gegen oben“ ausgestattet werden können. Da diese „Subnationen“ – aller regionalistischen Propaganda zum Trotz – häufig nicht für sich allein lebensfähig sind, müssen dennoch offenbar verschiedene Integrationsebenen gleichzeitig miteinander vernetzt werden. Der Nationalstaat des 19./20. Jahrhunderts hat einerseits seine Integrationskraft, andererseits aber auch sein Gefahrenpotential im Hinblick auf eine rigorose De-Ethnisierung und eine Verabsolutierung seiner genuinen und als exklusiv gedeuteten, *„überpersönlichen, kulturellen Identität“* hinlänglich unter Beweis gestellt. Er sah sich als den einzig möglichen „Behälter“, um (subnationale) *Teil-Identitäten* zu koordinieren. Die Europäische Union versucht, dieses Inselbewusstsein durch übergreifende, komplexere Identitätsschichten aufzubrechen. Wie diese europäische und globale Überformung als transnationale Synthese – und dennoch kulturell legitim und wir-identitätsbildend – gestaltet werden kann, wird das 21. Jahrhundert maßgeblich beschäftigen (vgl. Hettlage 1999b: 243 ff., Hettlage 2000a).

2.3 Das Gelingen der Identitätsbalancen

Die Tatsache, dass jeweils eine *Identitätssynthese* gebildet werden muss, wird kaum bestritten. Wie diese hingegen aussehen und gelingen soll, ist eine offene Frage. Das Problem liegt schon darin, dass man auch hier von Identitätsprozessen, also Identitäten im Zeitablauf, sprechen muss, sodass auch die Balancierung und Integration dieser verschiedenen Teil-Identitäten ein vielfältiger Vorgang ist.

2.3.1 Multiple Gleichgewichte

Eine Schwierigkeit ist die, dass Mitgliedschaft in einem umgreifenden Kulturkontext ein unverzichtbarer Bestandteil einer gelungenen Lebensführung und damit einer *persönlichen kulturellen Identität* ist. Nun ist die Mitgliedschaft in einer „Kultur" – als sprachlich organisierter Deutungsgemeinschaft – von anderer Natur als die Mitgliedschaft in Vereinen und Berufsgruppen. Aus ersterer leiten sich andere Ansprüche und Strategien ab, auch wenn diese letztlich „imaginiert" sind (Anderson 1983: 140). Immerhin werden auf diese Weise ein kollektives Verständnis der Vergangenheit, kollektive Erfolgs- und Leidensgeschichten, Ängste, Zukünfte und Zusammenhalt „durchgearbeitet" und in politische Ziele umgeschmolzen. Fierlbeck (1996: 12 ff.) hat jedoch gut herausgearbeitet, dass der Anspruch auf einen solchen „sicheren" Kulturkontext für kollektiv und individuell bedeutsame Wahlhandlungen mehr Fragen über diesen Kontext, seine Fließstruktur, seine Metamorphosen, inhomogenen Bestandteile und seinen Integrationscharakter aufwirft, als er Antworten zu geben vermag. Überdies: Nur wenn kulturelle Mitgliedschaften und die daraus erwachsenen Handlungen sozial verträglich sind, sind sie als Definitionselemente einer Person zu berücksichtigen. „Cultural membership is not a means in the pursuit of one's ends. It is rather the context within which we choose our ends, and come to see their value, and this is a precondition of self-respect, in the sense that one's ends are worth pursuing. And it affects our very sense of personal identity and capacity" (Kymlicka 1989: 176). Das ist für die *„Ich-/Wir-Balance"* ebenso bedeutsam wie für die *„Wir-/Sie-Balance"*.

Das Problem liegt einerseits beim Übergang von einer zur anderen Integrationsebene und bei den Loyalitäten, die dort jeweils investiert werden (müssen), auf der anderen Seite beim gesamtgesellschaftlichen Zusammenhang, den es – trotz der *multiplen, geschichteten Identitäten* – zu wahren gilt. An den Migranten etwa lässt sich zeigen, dass eine intensive *Identitätsarbeit* hinsichtlich der Einordnung, Erinnerung, Wiederherstellung oder Transformation einer kulturellen Ordnung geleistet werden muss. Sie kann entweder die Form einer exklusiven, beharrenden Ghetto-Kultur oder die Anerkennung eines „übergewaltigen ‚anderen Ich'" durch Assimilationsorientierung (Greverus 1995: 32) oder schließlich die einer schwankenden und partiellen Verbindung von Eigen- und Fremdkultur in Form von flexiblen *„Zwischenwelten"* (Hettlage-Varjas/Hettlage 1984) annehmen.

Das Problem der Identitätsbalancen birgt aber noch einen weiteren Aspekt in sich. Denn das Selbst umfasst – wie erinnerlich – eine beliebige Anzahl „anderer Ichs", die verhaltensprägende Ansprüche in Form von Regelkonformität und *Identifikation* erheben. Dazu gehören Geschlecht, Schicht, Beruf, Freizeitgestaltung, Sprachcodes etc. Je nach Situation tritt eine bestimmte Identitätsfacette dominant hervor. Wann und wie diese sich mit substaatlich-ethnischen, religiösen, nationalen oder anderen Zugehörigkeiten verbinden, lässt sich heute schwer vorhersagen, ist aber eine zunehmend genutzte Möglichkeit der Statuspolitik in multikulturellen Gesellschaften. Der Gefahr einer Übergewichtung ethnisch aufgeladener Ansprüche („ethnic absolutism") möchte man dadurch entgegenwirken, dass man – mit Hilfe unterschiedlichster Konfliktgruppen – die Ethnozentrierung in Einzelinteressen und *situative Gruppenidentitäten* zerlegt. Spezifisch modern daran ist, die Menschen als Rollenträger in verschiedenen Handlungssystemen zu begreifen und an die jeweils subsystemspezifischen Interessenlagen zu binden („De-Ethnisierung" der Konflikte; vgl. Reiterer 1998: 265 ff.).

2.3.2 Identitäts-Collage oder Basis-Identität

So einleuchtend dieses Bemühen ist, es wirft doch eine grundsätzliche Frage auf. Denn offensichtlich ist der Leitgedanke der, dass Menschen ein so *flexibles Selbst* besäßen, dass sie sich umstandslos in verschiedenste Gruppenbindungen fragmentieren könnten. Identität wäre demnach eine Form der „Collage" unterschiedlicher Zugehörigkeiten und Anforderungen, ohne diese unter einem synthetisierenden, tragfähigen, einzigartigen Lebensentwurf vereinheitlichen zu müssen. Meads Polarität von „I" und „Me" scheint den *„bricolage"-Typus von Identität* nahe zu legen (was von Shibutani allerdings bestritten wird – vgl. Helle 1996: 382). Dem hält Goffman entgegen (1967: 84), dass trotz aller geforderten Anpassung immer ein Stück einzigartiger „Persönlichkeit" porträtiert und gelebt werden muss (1959: 75). Das kann nur als zwar reflexive, aber doch synthetisierende Bewusstwerdung einer persönlichen Handlungskompetenz geschehen (vgl. auch Giddens 1991: 35 ff.). Denn „I" antwortet auf „Me" nicht in Form unkritischer Übernahmen von Fremddefinitionen, sondern durch Evaluierung nach Art einer *inneren Konversation* mit dem jeweiligen Selbstbild, die zur aktiven, produktiven Konstitution eines Selbst mit beiträgt. So ist Goffmans Aussage zu verstehen, Menschen hätten die Tendenz, einen Teil ihrer Welt von der Soziologie frei zu halten (1961: 151), d. h. trotz aller Einflüsse von außen und aller Verhandlungsnotwendigkeiten mit dem *„anderen Ich"* gibt es immer noch eine „Binneninstanz", die kognitive Aneignung (*Selbst-Identifikation*), Gefühlssteuerung (*Selbst-Definition*) und normative Evaluierung (*Selbst-Verantwortung*) und Kreativität zu einer sinnvollen Erfahrung macht (vgl. Rassool 1997: 191). Mag diese einzigartige Persönlichkeit auch immer in Auseinandersetzung mit und Zuspruch von anderen gewonnen – und damit dauernd „unterwegs" – sein (Greverus 1995: 37), sie muss immer auch eine „gekonnte" Collage sein – und das deutet darauf hin, dass *Identitätsdiffusion* nicht das letzte Wort sein kann. Die Menschen müssen bei „sich selbst" als Stützpfeiler der Weltbegegnung ankommen (wollen). Folglich steht nicht nur zur Debatte, wie ein Subjekt mit den jeweiligen Identitätsunterstellungen, die an es herangetragen werden, zurechtkommt, sondern auch, wie ein Subjekt sich zu sich selbst als hartem, widerständigen Kern verhält, nämlich als Instanz, die die verschiedenen Situationsbestandteile kontinuierlich zusammenhält und perspektivisch ordnet. Bahrdt (1996: 168) umschreibt diesen Aspekt der *Selbstvergewisserung*, der allen zeitlich ausgedehnten Situationen eigen ist, so:

„Es gibt eine elementare Basis-Identität, ohne die sich menschliches Leben in Situationen überhaupt nicht denken lässt. Dem Subjekt ist es möglich, vergangene Erlebnisse ohne Objektivationen seiner selbst und der vergangenen ‚ganzen Situation' nachzuerleben. Die früheren Ereignisse stehen anschaulich vor Augen, und zwar eindeutig als selbsterlebte und in der Perspektive des Erlebenden. Das Ich macht sich auf dieser Ebene nicht zum Objekt, sondern wird ‚seiner inne'. Ein ähnliches ‚Seiner-Selbst-Innewerden' gibt es auch bei der Antizipation zukünftiger Situationen, begreiflicherweise mit viel geringerer Anschaulichkeit. In dieser Weise kennzeichnet ‚Ich-Identität' jedes Erleben, das eine über mehr als eine Situation reichende Ausdehnung besitzt. Das gilt für alle Handlungen, die nicht reines Reagieren, sondern auch Gestaltung sind. Denn hier möchte ein Subjekt ja wissen, welche Ziele mit welchen Mitteln und welchem eigenen Kräfteeinsatz erreichbar sind. Das ‚Ich' oder sagen wir jetzt besser das ‚Selbst' ... wird zum Träger bleibender Eigenschaften. ... Sonst wäre es nicht möglich, die Eigenschaften des Selbst, die in verschiedenen Situationen auftauchen, als bleibende anzunehmen" (Bahrdt 1996: 169).

Wäre das Selbst nur eine fragmentarische Aneinanderreihung partieller Metamorphosen, Posen oder Theaterrollen, dann wären Authentizität, Würde und Anerkennung der Besonderheiten gegenstandslos (Taylor 1991: 68). Nur so bleibt auch erklärbar, warum das Selbst sich nicht nur über Bindungen an andere, sondern zugleich über Distanzierung (aber nicht Abschottung) von ihnen konstituiert. Innere Konsistenzanforderungen reiben sich unablässig an äußeren Reaktionsnotwendigkeiten. Die Umwelt ist nie ganz kalkulierbar, deswegen ist der Erfolg auch immer instabil. Weil die Menschen zugleich bewegende Subjekte und bewegte Objekte („makers and made" – Sumner 1906: 477) sind, bedarf es im sozialen Verkehr auch des rituellen Gleichgewichts zwischen Rücksichtnahme und Anerkennung. Ihr Einsatz hängt nicht unwesentlich von Machtpotentialen ab. Denn sie bestimmen, wie weit sich die *Basis-Identität* gegen die Zumutungen anderer durchhalten kann.

Das große Problem der „postmodernen" Epoche scheint es in den Augen vieler Zeitdiagnostiker zu sein, eine solche selbstmächtige Basis-Identität aufzubauen und durchzuhalten. Denn alle Aspekte der Collage und Fragmentierung, der Identifizierung und Authentizität, der Distanzierung und der diskursiven Macht treffen in der entwickelten Moderne als das ungelöste Orientierungs- oder Sinnproblem zusammen. Es erklärt, warum wir heute so unablässig nach dem Was, Woher und Wohin unserer Identität fragen müssen.

3. Identitäten in der „Postmoderne“

Die gängige Selbstbeschreibung unserer Epoche als „postmodern“ ist meist analytisch so unscharf, dass sie nicht recht weiterführt. Sie soll hier auch nicht vertieft werden. Das Konzept der Postmoderne genügt insoweit, als es besagt, dass die Moderne – aus ihrer globalen Entwicklungsdynamik heraus – einen kritischen Umschlag, wenn nicht gar eine diffuse, „unübersichtliche“ Zustandsveränderung der allgemeinen Lebensverhältnisse provoziert hat. Diese wird in auffälliger Übereinstimmung der Zeitdiagnostiker mit dem Präfix „post“ umschrieben (Reese-Schäfer 1999: 333 ff.). Fast durchgängig glauben sie, eine nachmoderne Entwicklung mit neuen Akteuren, Leitkonzepten, Diskursen, Legitimationsversuchen und Konflikten ausmachen zu können, die die „traditionelle“, schon klassisch gewordene Moderne entscheidend überbietet. Moderne und Postmoderne sind keine Gegensätze, sondern beziehen sich aufeinander und bedingen sich gegenseitig, wenn auch nicht unbedingt im Sinn einer linearen Weiterentwicklung.

3.1 Die Charakteristika der Postmoderne

Nachdem sich die Nebel der Diskussion zu lichten beginnen, kann man wohl davon ausgehen, dass die Postmoderne nicht eine „ganz andere“, sondern nur die konsequente Fortschreibung der Moderne ist. Typisch modern ist der Innovations- und Sendungsoptimismus, der sich als funktionale Differenzierung an die Strukturaspekte der Industrialisierung, Urbanisierung und Fundamentaldemokratisierung richtet und sich kulturell als Rationalismus, Säkularisierung, Wertpluralismus und Bildungsexplosion niederschlägt. Postmoderne besagt zunächst gar nichts anderes, als dass sich der darin eingebaute Entzauberungsprozess nun gegen die Axiome der Moderne – wie Aufklärung, Wissen, Fortschritt, Universalität – selbst zu richten beginnt und somit den Lebensoptimismus zum Einsturz bringt. Die Sinngebung wird nicht mehr in Religion, aber auch nicht mehr in Politik, Recht, effizienter Wirtschaft oder gar Wissenschaft gesucht, sondern in der Verfügung über Information, Netzwerke, Konsumgelegenheiten, Ausdrucksmöglichkeiten, Spiel mit Optionen und ereignisreiche Lebensstile. Eingeschlossen in diese „Offenheit“ ist nicht allein der Verzicht auf Erkenntnispräzision, Definition und Wertbehauptung, sondern – mehr noch – das bewusste Aushalten von immer neuen Deutungen und Stückwerk-Montagen aus heterogenen Verhaltenselementen. Positionen werden durch „Ansätze“ abgelöst (vgl. dazu Reese-Schäfer 1999: 447 f.). Der moderne Umbruch zur rationalistischen Dekonstruktion (vermeintlicher) Sicherheiten wird nur gierig weitergeführt, erzwingt dabei aber einen neuen Gesellschaftszustand, der sich (im Hinblick auf das Identitätsthema) in zwei Richtungen entfaltet – als Relativierung und hybride Vermischung aller Lebensentwürfe.

3.1.1 Die radikale Relativierung von Sinn

In seiner strengen Form ist der Postmodernismus Lyotards (1979) eine Herausforderung des modernen Glaubens an eine definitiv bestimmbare und erreichbare kollektive Vernunft. An seine Stelle tritt das Ende der großen Fortschritts-„Erzählung" und der Siegeszug der babylonischen Sprachverwirrung. Die vielfältigen Redeweisen und Definitionen gelten als nicht mehr universalistisch auflösbar. Nach Wissenschaft, Politik, Wirtschaft und Kunst ist auch das System „Sprache" autonom geworden. In der vernetzten Informationsgesellschaft sind wir zum Diskurspluralismus verdammt und müssen – nolens volens (und kräftig rationalisierend) – lernen, ihn als Individualitätsgewinn zu verbuchen. Wenn die modernen Rahmenmythen ihre integrierende Kraft verloren haben und es keine sakralen oder profaniert-sakralen, jedenfalls stabilen Deutungsschemata mehr gibt, sondern nur noch ein Gemenge und Gedränge verschiedener Ideen, Haltungen, Interpretationen, „Akzentuierungen" und „Sprachspiele", dann ist dies eine grundlegende, „dekonstruktive" Herausforderung an die klassische und – partiell – auch noch an die moderne Wissenschaft. Ihr Ideal der Erkenntnis- und Theoriefähigkeit, der Suche nach Begründungszusammenhängen und des Zwangs zum vernünftigen Argument degeneriert zum selbstbezüglichen Diskurs. Alle sind diskursfähig, aber nichts ist mehr entscheidbar. Auch die letzten kontrafaktischen Verstehensunterstellungen einer „idealen Kommunikationsgemeinschaft" (Habermas 1971: 136 ff.) sind über Bord gegangen.

Deswegen hat Mouzelis (1991: 10 f.) durchaus recht, wenn er der postmodernen Gesellschaft (und Soziologie) eine „relativistische Philosophie" bzw. Epistemologie der Unentscheidbarkeit unterstellt – ohne Anspruch auf selbstverpflichtende Stellungnahme, Klarheit, Eindeutigkeit und ohne Begründungzwang. Wegen dieser gewollten Diffusität spricht Ward von „Entphilosophierungstendenzen" (1995: 112 f.), was auch einer Art skeptizistischen und relativistischen Philosophie gleichkommt. Allerdings macht sie sich gegen die dann zwingende Rückbezüglichkeit des Relativismus auf den eigenen Relativismus immun: Nicht selbstreferentiell, sondern nur fremdreferentiell wird jede Aussage in semiotische Objekte, Texte oder rhetorische Formen transformiert. Da man allen Chancen auf realistische Weltbegegnung abgeschworen hat, gilt folglich das Wissen überhaupt als narrative und/oder politische Strategie. Was bei Kuhn (1962), Lakatos (1970) u.a. noch *partielle* Gruppenstandorte waren, die daher legitime (Wissenschafts-)Kritik ermöglichten, hat sich heute im Sinne von Mannheims „Totalideologie" (1965: 60 ff.) entgrenzt. Folglich muss Wissen durch Anmutung, Imagination und Schein ersetzt werden. Statt eines – wenigstens prinzipiell – möglichen Wahrheitsanspruchs bleiben nur noch strategische, soziale Rezepte, die man zu respektieren hat, „not in order to know the object but in order to be recognized as knowing the object" (Bourdieu u.a. 1991: 258). Sprache triumphiert über den Inhalt. Auf dem Weg zur Wirklichkeitserkenntnis bieten sich nur noch rhetorische Formen an. Sie sind Wegmarken ohne Weisungscharakter. Der Versuch, aus der unablässigen Produktion von „Literatur" auszubrechen, führt unabweislich in die Fortsetzung von Literatur zurück (De Man 1970:

162). Alles wird zum Kunstereignis, zum Kult und Event, zur Repräsentation, nicht zum verbindlichen Wissen, und sei dieser Anspruch auch nur einer, der „bis auf Weiteres" gelten kann. Ein solcher ist angesichts der radikalen Historisierung, Pluralisierung und Autonomisierung gar nicht mehr möglich. Er erscheint als so unnütz, dass man sich seiner achselzuckend („so what"!) entledigen kann. So bleibt alles im Raster der ironischen Sprachproduktion hängen (Rorty 1991).

Die Folgen der radikalisierten Beliebigkeit für die intellektuelle Konversation, für den Lebensstil und für das Selbstverständnis der postmodernen Menschen sind weitreichend. Denn auch die Ironie ist nicht garantiert. Vielmehr sind Verwirrung und Angst wohl unvermeidbar. Dazu schreibt Prisching (1998: 109 f.) mit einem seinerseits ironisierenden Unterton: „Jeder ist Kosmopolit, jeder ist befreit, jeder ist liberal und tolerant. Es gibt keine Tradition mehr, nur noch Traditionen, zwischen denen nicht entschieden oder gewertet wird. Es gibt viele Geschmackskulturen. Verschiedene Leute wollen Verschiedenes, die gleichen Leute wollen zu verschiedenen Zeiten Verschiedenes. Es herrscht Unordnung, ja Chaos und das ist gut so, denn es sichert Freiheit." Alles – auch das Gegensätzlichste – kann gleichzeitig geschehen. Alles ist im Fluss. Es gibt keinen festen Boden. Deswegen darf sich jeder gegen Kontrollzumutungen zur Wehr setzen. Niemand muss sich festlegen. Alles ist Vorurteil und damit auch wieder nicht. Absurdität wird Seriosität. Obszönität wird Gesellschaftskritik. Alles ist *in sich* gerechtfertigt. Jeder sehe für sich zu, dass er nicht falle.

3.1.2 Die kulturelle Hybridisierung der Lebensstile

Radikale Dekonstruktion bringt „Verbeliebigung" von Wirklichkeiten mit sich. Man ist nicht mehr gezwungen, seinem Leben eine bestimmte, gesellschaftlich normierte Form zu geben. Denn wenn alle Wirklichkeit Konstrukt ist, wenn sich alle gesellschaftlichen Teilbereiche verselbständigt haben, dann ist es auch nicht mehr möglich, das Wirkliche vom Imaginären, das Wahre vom Falschen, das Zeichen vom Bezeichneten, Bilder von ihren Originalen, Beobachter und Beobachtetes, Text, Bühne, Darstellung voneinander zu trennen. Vielmehr vermischt sich alles mit allem. Interessant ist nur noch der vitalistische Lebensimpuls der jeweiligen Darsteller, seien sie Einzelne oder Gruppen. Die Zeichentheorie von J. Baudrillard (1993) bringt diesen „cultural turn" auf den Punkt:

Anfänglich fasziniert von der Marx'schen Kritik am Warenfetischismus, wandte sich Baudrillard (1983) später der Semiologie zu und untersuchte die Macht der Bedeutungen, den Zeichenwert von Waren (z. B. von Prestigegütern) und den symbolischen Austausch. Von hier war es nur ein kleiner Schritt, um die Zeichentheorie vom Konsumsektor auf den Informationssektor zu lenken. Er glaubte, erkennen zu können, dass Zeichen als einzige Determinanten übrig geblieben sind, um zu bestimmen, was als wertvoll, real, wahr etc. zu gelten hat. Nicht der intrinsische Wert eines Objekts wird nämlich mit einem anderen verglichen, sondern nur der Wert von Zeichen in Beziehung zu anderen Zeichen. Wenn es aber wahr ist, dass Objekte durch Zeichen ersetzt werden, Realität also nicht mehr in der Authentizität eines Materials oder einer Form gründet, dann können Original und Kopie, Sein und Schein nicht mehr auseinander gehalten werden. Das Ergebnis ist eine Gesellschaft, in der *Simulation* zum Leitprinzip sozialer Beziehungen aufrückt. Simulationsmodelle des Realen ersetzen die Realität. Es geht nicht mehr um Imitation oder Replikation, sondern um Substitution der Wirklichkeit durch Zeichen (Baudrillard 1988: 167). Perfekte Simulationen sind „simulacra", d. h. Kopien ohne Original, von dem sie gewonnen werden könnten. Das erzeugt eine Art „Hyperrealität" des Entworfenen zu Lasten des Realen, welches seiner Relevanz als originäres, „richtiges" Objekt verlustig geht. Die Idee der Wirklichkeit fällt in sich zusammen, sodass man ein Ereignis nicht mehr nach seinem Wahrheitshintergrund befragen kann (Baudrillard 1993: 146). Interessant bleiben allein die „codes", mit denen die Menschen sich untereinander ausdrücken. Der Implosionsprozess sprengt aber nicht allein die Grenze zwischen Original und Simulation, sondern auch diejenige zwischen Politik und Darstellung von Politik, zwischen Information und Unterhaltung, Hoch- und Alltagskultur, Angebot und Manipulation, Subjekt und Objekt etc.

Paradoxerweise setzt sich so eine bestimmte Form von „Objektivität" durch: Wenn jeder Inhalt ohne Bezugsgröße geliefert wird, wenn nicht nur die Waren, sondern die Zeichen selbst fetischisiert werden, dann leben wir nicht länger in einer Welt der Entfremdung oder des schlechten Gewissens. Denn alles ist von nun ab aufgerufen, „to appear, just appear without worrying too much about being" (Baudrillard 1993: 41). Das ist der legitimatorische Freibrief dafür, dass alles und jedes miteinander gemischt, mit hypertrophem Design ausgestattet und mit kultureller Ästhetisierung beantwortet werden kann. Die Formel der postmodernen Kulturwende heißt: Sein ist Design (*designierte Identität*). Alle Stilelemente lassen sich beliebig kombinieren und zu einer Multikultur zusammenführen. Das gilt nicht nur für Mode, Architektur und Warenproduktion, sondern wird auch propagiert für das Zusammenleben von Gruppen unterschiedlichster Herkunft, für die Verbindung von Weltanschauungen und Religionen, für Denksysteme und Interaktionsformen. Alles ist Mischung, Zitat, Beliebigkeit. Das Lokale und das Globale, das Ernste und Heitere, Kreativität und Plagiat, Gefühl und Gedanke, Entsetzen und Unterhaltung, Distanz und Engagement, Öffentlichkeit und Privatheit – alle Gegensätze heben sich auf, verschwinden, werden belanglos und nivelliert, machen gleich betroffen und sind gleich gültig (also gleichgültig). Es gibt keinen Standpunkt und keinen sozialen Standort, weil es keine (Basis-)Identitäten, sondern nur noch Bezeichnungen gibt. Wenn auch nur ein Teil dieser kulturellen *„Kreolisierung"* (Hannerz 1992) empirischen Gehalt haben sollte und auch nur etwas vom postmodernen Lebensgefühl darin eingefangen wäre, dann müsste das auf erhebliche Schwierigkeiten hindeuten, sich überhaupt – auf der alltagsweltlichen Ebene des Einzelnen, der Lebensstilgruppen oder ganzer Ethnien – einen „Selbst-Stand" in dieser Epoche zu erarbeiten.

3.2 Der schwierige Kampf um eine postmoderne Identität

Ob man nun die sog. Postmoderne für die stärkere oder die schwächere Variante der Moderne hält, unbestreitbar bleibt, dass sie das Besondere gegenüber dem Allgemeinen unterstreichen bzw. „das Individuum vor jeder verpflichtenden Inanspruchnahme bewahren, das Subjekt von der Herrschaft der Vernunft, aus der Ordnung der Natur und schließlich von sich selbst befreien will" (Meier 1990: 10). Diese Hinwendung zum gesellschaftlichen laissez faire, zur Schranken- und Bindungslosigkeit sowie zur Fragmentierung und zum Nihilismus kommt jedenfalls einem Verlust der Wirklichkeit oder einem Verzicht auf deren *Rahmung* gleich.

3.2.1 Rahmung der Wirklichkeit und des Selbst

Goffman hat immer unterstrichen, dass das schon für die kleinste Interaktionsordnung katastrophal ist, denn dann würde man aus der Kaskade von möglichen Täuschungen und Irrtümern nicht mehr herausfinden. Eine solche Ordnung wäre schlichtweg nicht lebbar. Wer glaubt, dass man sich ohne Ziel und Ende in eine gänzlich offene Zukunft hineinkatapultieren könnte, überspielt nur das existentielle Problem, eine ontologische Sicherheit seiner sozialen Wirklichkeit erreichen zu müssen. Wer nicht weiß, was in einer Situation „eigentlich vor sich geht", kann einen Sinn nicht festlegen. Deshalb ist der Hinweis auf die *durchgängige* „bricolage" von Identitätsangeboten, Stilrichtungen und Rezepten für das Gebrauchswissen ziemlich überzeichnet und realitätsfern. Das Vertrauen in die heilende Kraft von Irrationalität und Bindungsabwehr ist illusionär. Identität lässt sich nur über die Definition, also die Eingrenzung, Einfassung und Darstellung des Selbst in der Interaktion, gewinnen.

Einen ähnlichen Gedanken verfolgt Charles Taylor (1994: 66 ff.), wenn er darauf verweist, dass Menschen nicht nur sich selbst interpretierende Lebewesen sind (ders. 1985), sondern diese Aktivität auch notwendig der Anderen bedarf. Überdies erfolgt die Selbst- und Weltdeutung immer auf der Grundlage transutilitärer, intrinsischer, „starker Bewertungen" eigener Wünsche und Ziele. Erst diese geben unserem Leben Richtung und Sinn, denn sie sagen uns annäherungsweise, was richtig und falsch, schön oder hässlich, besser oder schlechter, höher oder niedriger ist. Solche Entscheidungsmaßstäbe erlauben es, die Bedürfnisse moralisch zu beurteilen und sind konstitutiv für das Gelingen personaler Identität. Um eine derartige Lebensrichtung bestimmen zu können, bedarf es also einer „moralischen Landkarte" des Wichtigen und Unwichtigen, Wertvollen und Belanglosen, die Taylor (1991) den *„ethischen Rahmen"* nennt. Ohne Wegmarkierungen gibt es weder planvolles Handeln noch Selbst-Erfahrung. Wer nicht weiß, wohin er will, dem weht nie ein günstiger Wind. Ein Verzicht auf die Selbst-Inklusion in einen Rahmen wäre gleichbedeutend mit einem Überschreiten der Grenzen dessen, was wir noch als gelungenes Leben einer integralen, unversehrten Person bezeichnen könnten (Taylor 1994: 55). Mit anderen

Worten: Handeln, Denken, Persönlichkeit kann nur unter Berücksichtigung jener „Hypergüter" eines einheitlichen Lebensentwurfs gelingen (1994: 122 ff., 175 ff., 544 ff.). Sie besitzen einen quasi-ontologischen Rang, sind folglich *Konstitutionsgüter des Selbst.*

In dieser Hinsicht kann man deswegen dem Versuch der Postmodernisten wenig abgewinnen, das Selbst geradewegs über die Befreiung von den „Hypergütern" und deren Rahmenordnung konstituieren zu wollen. Wenn das aber die Empirie der heutigen Welt sein sollte, dann müsste sie eine Welt der *Identitätskrisen*, der Auflösung sozialer Kohäsion und der Entfremdung sein. Die Antwort derjenigen, die sich solchen Erfahrungen ausgesetzt sehen, könnte dann in verschiedener Richtung gesucht werden: in gesteigerter Selbststilisierung, im Eskapismus, in der öffentlichen Einklammerung privatistischer Wertungen oder in der erhöhten „Bindungsanfälligkeit" und Folgebereitschaft.

3.2.2 Selbststilisierung und Selbstästhetisierung

Goffman als Klassiker der zweiten Moderne hat immer wieder auf die Unerlässlichkeit und Dramaturgie der Selbst-Inszenierung hingewiesen. Dabei hat sich bei seinen Interpreten die Meinung verfestigt, es sei ihm hauptsächlich darum zu tun gewesen, zu zeigen, wie die Menschen – spielerisch und trickreich – einander umgarnen, um ein gewünschtes Image durchzusetzen. Übersehen wurde die viel ernsthaftere Hintergrundaussage, dass Menschen unter dem Eindruck, dass die Entscheidung über die „Hypergüter" des Lebens in der multiplex gewordenen Welt nicht mehr so leicht zu fällen ist, in eine Stresssituation hineingeraten, wie sie sich vor einer Verflüssigung ihrer Identität schützen können. Das ist die eigentliche ontologische Dramaturgie. Wenn stabile Weltbilder zerfallen, wenn Vernunft, Moral, Ästhetik entzaubert sind, wenn sich Solidaritäten verflüchtigen und Werte in Optionen „ohne Ligaturen" (Dahrendorf 1994: 41 ff.) aufgelöst werden, also die Stabilisierungsleistungen von Institutionen ausfallen, dann haben die (post-)modernen Menschen auf dem Weg zur Subjektivitätssteigerung ihre Handlungsrahmung gegen unsicheres Rezeptwissen und erhöhte Inkompetenzerfahrung eingetauscht. Zwar kann sich ein Rest an zweckdienlicher Routinisierung und Schematisierung, der aus unabweisbaren Interaktionszwängen stammt, im Hinblick auf eine momentane Integration durchaus beibehalten lassen. Überlagert wird er aber durch ein rastloses Kontingenzbewusstsein. Der Anomiegefahr muss also durch erhöhte *Selbststilisierung („self advertising")* und Identitätsmanagement vorgebeugt werden. Bleibt die übergreifende „große Erzählung" aus, dann muss der Verlust an Orientierungssicherheit durch desto stärkere Aufladung der „kleinen" Erzählung und *Selbst-Ethnographien* – rhetorisch und stilistisch überzeugend – kompensiert werden. Die Suche nach einer geeigneten neuen Bühne ist umso dringlicher, als die Sinnuniversen („Götter") der traditionalen und modernen Gesellschaft ausfallen. „L'homme c'est le style." Stil ist „sense-making activity". Die Auto-Präsentation und *Selbst-Ästhetisierung* soll die anderen bildhaft davon überzeugen, was in meinem Leben normativ von Wichtigkeit ist und experimentell und vorläufig „Halt" gibt. Ist das Bild erfolgreich zu vermitteln, dann läuft die gewählte explanatorische, pragmatische oder moralische Weltbeschreibung „bis auf Widerruf" weiter. Fällt der Entwurf ins Leere, dann sind Enttäuschung und Peinlichkeit die Folge. Nicht alle Darstellungen sind eben gleich überzeugend und interessant. Deshalb kann sich das Management der Identitäten nicht von seinem schwankenden Untergrund befreien, denn Verwirrung, Verletzung und Verkennung sind an der Tagesordnung. Der mögliche Zusammenbruch der Begegnung ist das zentrale Drama des sozialen Lebens schlechthin.

Wenn als Bezugspunkt der Sicherheit nur noch die gelungenen Interaktionen bleiben, dann darf man kein Spielverderber sein und muss jedem unter Wahrung höchster ritueller Sorgfalt („Respekt") seine Chance zum gelungenen, unverwechselbaren Selbstbild und zum „Individualitätsschub" einräumen. Völlige Indifferenz sich und anderen gegenüber ist nicht erlaubt. Insofern verkörpert sich Ordnung, die nicht mehr die Ordnung des „sakralen Kosmos" (Berger 1973: 26 ff.) oder der großen Erzählungen der Moderne ist, in den *Ritualen* der Begegnung. Selbstmanagement ist Management der Rituale. Erfolgsgarantien gibt es dabei nicht. Rituale sind aber die hier und jetzt mögliche Rahmungssicherheit, der Ersatz für den Verlust übergreifender Wertstrukturen und die Legitimierung kleinräumiger, interaktiver Sinnwelten. Sie müssen das Gegengewicht gegen eine immer schwerer zu bewältigende, weil „entbettete", öffentliche Makro-Ordnung bilden. Das Drama des postmodernen Menschen ist, dass er – allen „strukturellen" Unsicherheiten und Enttäuschungen zum Trotz – am Bild der gelungenen Autonomie und Subjektivität weiterarbeiten muss. Nimmt der Kontingenzgrad – auch der kleinen Welten – beträchtlich zu, dann kann man hier ebenfalls mit einer *Identitätspanik* rechnen.

3.3 Erlebnissucht zwischen Orgiasmus, Eskapismus, Voyeurismus und „Fun"

Die Tatsache, dass in der „nachbürgerlichen" Gesellschaft die „substantiellen Gehalte zunehmend neutralisiert, also praktisch ausgeschaltet (sind) und das ganze Schwergewicht auf Verhaltensweisen verlagert (ist), die einem optimalen Funktionieren von Zweckinstitutionen dienen" (von Martin 1956: 90), war schon früher auffällig geworden. Dass solche Entwicklungen ein Streben nach möglichst geringer Anstrengung – verbunden mit hohem Lebensstandard und nachlassendem Engagement für die Belange der Gesellschaft – fördern, blieb hingegen den damaligen Zeitdiagnostikern noch weitgehend verborgen.

Erst die Debatte um die postmoderne „Erlebnisgesellschaft" (Schulze 1992) hat die Aufmerksamkeit auf diesen Aspekt gelenkt. Sie fragt, ob sich heute nicht ein Sozialtypus herausbildet, der seine Identität aus dem Zusammenspiel zwischen sozio-technischer Einpassung und dauernden Ausbruchsversuchen in Form einer immer wieder neuen Suche nach dem wenigstens punktuell Außerordentlichen bezieht. Es soll möglichst „in Serie gehen". Dadurch kann vielleicht die Welt der harten

Gegebenheiten mit ihren Verreglementierungen, Herrschaftsordnungen und bürokratischen Einpassungen überspielt werden. Erstmals in der Geschichte scheint dies angesichts der Überfülle der Möglichkeiten sogar möglich zu sein. „In der Menü-Welt der Fernbedienungen, der Supermärkte mit 50.000 Artikeln ... in dieser Welt liegt nichts näher als die Frage: ‚Was will ich und wo bekomme ich es?'" (Schulze 2000b: 3). Also: „Was will ich?" statt: „Wer bin ich?", sich seine Welt wählen zu können bzw. diese Welt im Hinblick auf das Ich als „Erlebnismarkt" zu arrangieren, anstatt sich ihren Zwängen widerstrebend zu fügen, scheint das epochale „Projekt des guten und schönen Lebens" zu sein. Es dominiert das Innenleben vieler Menschen, ihrer verflüssigten Milieus, ihrer Selbst- und Zielbeschreibungen. Man will ganz in der Gegenwart („carpe diem") und ganz, wie es einem gefällt, leben. Maffesoli (1986) hat die sich darin ankündigende Ruhe- und Maßlosigkeit, die Übergewichtigkeit des Spielerischen und Unernsten, den festlichen Exzess, ja den Trend zur orgiastischen Raserei, den „Schatten des Dionysos" genannt. Die wenigstens zeitweilige (Wieder-)Verzauberung der Welt zu einer, auf der keine strengen Regelungen, Konventionen und Rangordnungen mehr lasten, ist ein alter Topos. In vielen Kulturen ist er als Karneval, Bacchanalien, Jugendlichkeitskulten, Sexualutopien, alkoholgestützte Enthemmungen, Schlemmereien, orgiastische Sportwettkämpfe beobachtbar. All das tritt uns in den heutigen Alltagspraktiken der „Dauerbefreiung" und der fortgesetzten Enttabuisierung massiv entgegen: „Die Relativierung der Arbeitsmoral, die Akzentuierung der Körperlichkeit, das polymorphe Nomadisieren, die Auflösung ideologischer Bindungen, weitverzweigende Liebes- und Freundschaftsbeziehungen, das Gewicht, das Kleidung und Kosmetik gewinnen – all diese Phänomene sind so bunt gemischt wie ein Warenkatalog" (Maffesoli 1986: 175). Der einzige Unterschied in der heutigen Epoche scheint zu sein, dass man sich der Illusion hingibt, den sinnfreien, „hitzigen Dionysos" zum institutionalisierten Lebensentwurf und nicht zur entlastenden Sondererscheinung, die das Ende ihrer Tage schon absehen kann, verdichten zu können. Straßer/Graf (2000: 8) stellen fest, dass es eine „vergleichbare Amüsierwut in Deutschland seit den zwanziger Jahren nicht mehr gegeben" hat. Sie beziehen diese auf die globalisierte Einebnung kultureller Differenzen („public culture"). Das rasende Tempo sich überstürzender „Trends" und kommerzialisierter Angebote, die kurzen medialen Zooms und Schnitte lassen die Öffentlichkeit unfähig zurück, Vorgänge und Probleme überhaupt noch an sich heranzulassen, geschweige denn, sie zu verstehen und ernsthaft zu diskutieren (vgl. Postman 1995: 235 ff.).Wir bescheiden uns deswegen zwangsläufig mit dem „presque rien sur presque tout". Zum Teil haben wir es mit Kunst- und Reproduktionswelten zu tun, die uns laufend suggerieren, dass es nirgends auf „harte" komplexe Inhalte, sondern überall nur auf „weiche" Form, Quantität und „Kommunikation" ohne argumentativen Tiefgang („nur nicht stressen"!), also auf Stimmung und Unterhaltung („fit for fun") – ganz wie bei erfolgreichen Partys („no politics, no religion") – ankomme.

Schon vor 40 Jahren erkannte von Martin (1962: 434) den aller inszenierten Hektik dennoch innewohnenden Trend zum inaktiven Voyeurismus: „Die früher spontanen Betätigungen des homo ludens sind größtenteils abgelöst durch ein Zuhören und Zuschauen bei (automatisch frei Haus gelieferten) für die Massennachfrage mechanisch reproduzierten Darbietungen von Spezialisten." Das gilt für den Sport ebenso wie für die Politik, die Talkshows ebenso wie für die Kriegsberichterstattung, für Virtuosen der Problematisierung („think tanks") ebenso wie für solche der Selbstinszenierung (Promis, VIP's). Auch Emotion und Betroffenheit wird über das Bild „gemacht", ist insofern zeitbegrenztes „event", also Stoff höchstens für „Small Talk". Alles ist dem Gesetz der beschleunigten *Selbstinflationierung* unterworfen. Die Überfülle rückt hautnah auf uns zu und entfernt sich sogleich wieder. Da scheint es sehr funktional zu sein, die „Welt" nicht ganz ernst zu nehmen, sich der Vereinnahmung innerlich zu entziehen und als Kompensation für „involvement without commitment" das „Ich-Programm" – aus Konsum, Werbung, Humor, Unterhaltung und Lustgewinn – einzuschalten.

3.4 Ambivalenz, Melancholie und Standardisierung

Nun kann nicht verborgen bleiben, dass die Theaterwelt der gierigen, ständig auf Übersteigerung ausgelegten „Erlebnisrationalität" und die „Ästhetisierung der Identität" die Orientierung im Leben und den „Selbststand" in keiner Weise erleichtert. Im Gegenteil: Sie ist auf dauernde Performanz, Zeichensetzung, Erscheinung (oder Schein) und Eindrucksbildung, also „Arbeit" an der Identität, ausgelegt. Manche Zeitdiagnostiker sind sich deswegen darin einig, dass eine solche permanente und serielle Weltkonstruktion tendenziell eine Identitätsangst in die nach innen gerichtete Selbstkontrolle hineintragen muss. Ein ent-institutionalisiertes, (dauer-)reflexives Leben ist, wie schon Schelsky (1965) dargelegt hatte, auf dem Treibsand der Frustration gebaut. Systemimmanent ist dabei die Figur des traurigen Mitspielers, wie ihn Sloterdijk (1983: 36 f.) als Grenzfall-Melancholiker beschreibt: Er wird illusionslos von der Macht der Dinge herabgezogen und sieht – wider besseres Wissen – nur die Wahl zwischen „loyal verpflichtetem Pessimismus" oder „heiterer Respektlosigkeit". Er lebt mit dem „Nichts im Auge" und versucht elastisch, seine Dauerzweifel zu bewältigen. Oder aber: Er „verkennt sich selbst und scheitert leicht mit den Handlungen, die auf diesem Missverständnis aufbauen." Mit anderen Worten: Man setzt meist die Ambivalenz der Subjektivität zu wenig in die Rechnung ein und d. h. „die Unklarheit der eigenen Wünsche, die Angst, etwas zu versäumen, die krampfhafte Vorspiegelung von Faszination, die Langweile im Reizchaos, den Stress des Wählenmüssens" (Schulze 2000b: 5).

Vor allem wird in der Identitätsdebatte übersehen, dass die Idee der dauernden Glückssteigerung durch Selbst-Akkumulation schon deshalb illusionär ist, weil die Menschen gegenüber diffusen und entgrenzten Zielen entweder abgestumpft ermüden oder unter dauerndem Erwartungsdruck und erhöhtem Enttäuschungsrisiko stehen. Geradezu absurd ist, dass die Menschen – trotz der gesteigerten Erlebnischancen – sich ihrem Ziel sogar durch „Erlebnisverarmung" zu entfernen scheinen

(Müller-Schneider 2000: 29 f.). Diese Dynamik ist von den globalisierten und zentralisierten Machern im Hintergrund für die nächste Runde der „ultimativen" *Ich-Versprechungen* natürlich schon eingeplant. Aber sie lassen sich nicht in die Karten schauen. Vor allem gelingt es ihnen ihrerseits, durch den ständigen Aufbau neuer Bühnenbilder zu verbergen, dass sie gar nicht an Individualitäten, sondern an *konfektionierten Identitäten* („prêt à porter – identities" – Hancock 1999: 165) interessiert sind.

Hier kündigt sich der nächste Widerspruch an. Je mehr sich die Gesellschaftsmitglieder in der Massenkultur zu individualisieren und segmentieren scheinen, desto mehr werden sie nach begrenzten Verhaltenstypen modelliert und unter dem Gesichtspunkt „more of the same" standardisiert. So wird der viel besprochene „Individualisierungsschub" im Grunde leer und schal (vgl. Kellermann 1992: 9). Das hatten Riesman u.a. (1968) schon in ihrem Klassiker „Die einsame Masse" beschrieben. Verdeckt wird der hegemoniale Herstellungscharakter der Spiele, „Top-Ereignissse", der Massenerlebnisse, des Spektakels und der Glücksfindung. Er ist gar nicht individueller Natur, sondern als Gemeinschaftsinszenierung von außen strategisch entworfen. Macht hat heute nicht nur der industriell-militärische, sondern auch der „industriell-kulturelle" Komplex. Nur merkt man ihm die kommerzielle Herkunft und den strategischen Ernst hinter der Unterhaltung nicht mehr an (vgl. Opaschowski 2000: 20 f.). Oder man nimmt sie als Teil des Erlebnisses schon als normal in das Wahrnehmungsraster auf. So gesehen, ist die postmoderne Kultur der Inbegriff von „Kulturindustrie", wie sie Horkheimer/Adorno schon 1944 (1969: 108 ff.) und Marcuse (1968: 147 ff.) beschrieben hatten. Sie ist die Stunde neuer (und alter) Identitätsanbieter.

4. Die Chance neuer Identitätsangebote (zugleich eine Synthese der Beiträge)

Die neuen „global players" – in sich schon ein bezeichnender Begriff für die neue Welt der Hybridisierung von Waren- und Kulturgütermärkten – haben die Zeichen der Zeit wohl richtig gedeutet, wenn sie auf die Manufaktur von *„multifarious identities"* setzten (Jarvis 1998: 129). Unternehmen sind aber nicht die einzigen Anbieter dieses neuen Kulturguts. Der Kampf um das Publikum auf den globalen und regionalen Märkten ist hart, denn – dem Gesetz der Bühne entsprechend – muss das Programm ständig aktualisiert werden. Zwei große gesellschaftliche Richtungen stehen sich gegenüber: diejenigen, die den sich universalisierenden, eskapistischen Kulturkonsum weitertreiben und diejenigen, die sich der Nivellierungssucht entziehen wollen und auf Gegentrends der Verankerung des Selbst in tieferen Existenzzonen setzen. Beispielhaft lassen sich diese „master narratives" (Jarvis 1998: 127) an den Betrieben und Medien sowie an den Trends zur Regionalisierung und Fundamentalisierung verdeutlichen. Beide operieren nicht ganz unabhängig voneinander. In den eher theoretischen Ansätzen der ersten drei Beiträge werden diese Fragen wieder aufgenommen.

4.1 Theoretische Perspektiven der (post-)modernen Identitätsarbeit

Gross fragt danach, wie wir angesichts des „Supermarkts" der Optionen und „möglichen Fehleinkäufe" alltagspraktisch überhaupt entscheiden können. Da wir auf keine homogenen Wirklichkeiten mehr treffen, läuft auch der rationale Entscheidungsansatz des gesunden Menschenverstands ins Leere. Mit der wachsenden Autonomisierung der Subjekte steigert sich auch die Ungewissheit der Welt. Die risikoreiche „Multioptionengesellschaft" ist nur zu bewältigen, wenn wir auf ein habitualisiertes Hintergrundwissen und ritualisierte Verhaltensweisen zurückgreifen, Ausweichstrategien mitbedenken und Vernetzungen eingehen können. Dadurch lässt sich das Risiko zwar verringern, aber nicht ausschalten. Von anderen autonomen Individuen überhaupt nicht gewählt zu werden, das ist die schwerste Prüfung des Subjekts in der modernen Welt. Wer ich bin, und ob ich wählbar bin, wird über sozialbefriedigende Interaktionen beantwortet. Identitätsarbeit bleibt deshalb ein lebenslanger Prozess.

Vogt vertieft den Zusammenhang zwischen Identitätsoptionen und sozialer Ungleichheit am Beispiel der Verfügbarkeit über verschiedene Sorten von (ökonomischem, kulturellem, symbolischem und sozialem) Kapital (vgl. Bourdieu 1983: 183 ff.). Sie gehören als Machtpotentiale zu den Rahmenbedingungen aller Interaktionen. Alle Kapitalien haben ihre eigene gesellschaftliche Dynamik, die das jeweilige Selbst- und Fremdbild mitprägt. Bei Geld und Bildung leuchtet das unmittelbar ein. Aber auch ideologische Orientierung, Kleidung, Familientraditionen spielen eine wichtige Rolle als Quelle der Anerkennung. Identitätsarbeit ist dabei abhängig von Interaktionsräumen, Vertrauen und stabilen Netzwerken (Sozialkapital), die gepflegt werden müssen. Das bringt einen hohen Investitionsaufwand, aber auch Verpflichtungen und Erwartungen mit sich. Netzwerkverluste sind Beziehungs- und Identitätsverluste. Waren Netzwerke früher aufgrund gegebener sozialer Einbettungen weitgehend unproblematisch, so werden sie heute infolge der mobilitätsbedingten Enttraditionalisierung immer instabiler. Wer die nötigen Investitionen in die Kontakte nicht leisten kann oder will, findet sich als marginalisierter Einzelkämpfer wieder („bowling alone"). Kapitalrestriktionen ziehen Identitätsrestriktionen nach sich und gefährden langfristig die soziale Integration überhaupt. Das zwingt die Gesellschaften heute dazu, diese Solidaritätsressourcen aktiver zu nutzen.

Koenen fragt nach den Chancen eines solchen (kommunitarischen) Ansatzes in der globalisierten Gesellschaft, die ja tendenziell jeder Identitätsbehauptung ihre Grundlage entzieht. Je heterogener die Verortung in verschiedenen Lebensbereichen ist, desto weniger können Individuen und Gesellschaften Rekurse auf ein dauerhaftes, unverwechselbares, konsistentes Selbst organisieren. Es finden überwiegend nur noch Anpassungen an Differenzierungsvorgänge statt. Diese Konflikte illustriert er an drei Fallbeispielen: einem Bildungsroman, dem Arbeitsmarkt und dem Internet. Immer zeigt sich, dass der Mensch in Gefahr steht, seinen Modernitätsgewinn mit einem Identitätsverlust zu bezahlen. Die Kosten der Identitätsarbeit sind jeweils hoch, da sich die institutionellen Einbettungen verflüchtigt zu haben scheinen. Deswegen werden klassische, „innengeleitete“ Existenzaussagen vermieden und der Weg in die unverbindlicheren Lebensstile, Moden und in die Warenästhetik gesucht. Das kann so weit gehen, dass man – wie im Internet – das Ich zeitweise sogar einklammern und damit *vagabundierende Identitäten* mit lustvollem Experimentalcharakter erzeugen kann, ohne allerdings die Spannungen zur unüberspielbaren biographischen Disziplinierung und Selbstunterscheidung ganz aufheben zu können.

4.2 Medien als Identitätsgeneratoren

Diese verschärfte Doppeldeutigkeit der Identitätsarbeit eröffnet den modernen gesellschaftlichen Akteuren und Institutionen erhebliche Chancen, sich mit ihren eigenen Programmen durch- und festzusetzen. Dazu gehören ohne Zweifel die modernen Leitmedien wie Fernsehen und Internet.

Reichertz setzt sich mit der Bedeutsamkeit des Mediums Fernsehen auseinander. Es konstruiert Wirklichkeiten, die parallel zum wirklichen Leben mitlaufen und in dieses mit Hilfe seiner Geschichten, seiner Wertsetzungen und seines Zeitregimes („Liturgie“) alltagssteuernd, lebensbewältigend und identitätsstiftend, also quasireligiös, eingreifen. Er meint nicht allein die Kanzelreden oder religiösen Magazine, sondern auch solche Serien und Filme, die nicht ausdrücklich religiös, aber doch alltagsethisch und pädagogisch gerahmt sind (z. B. Ratgebersendungen, Talk Shows). Hier werden Rat und Trost gespendet, Hilfe gewährt, Beziehungen geklärt, Wissen gedeutet und Werte (und Lebenssinn) vermittelt, während das Medium Rituale bereitstellt, die die Menschen zur Lebensgestaltung nutzen können. Das wird anhand so beliebter Sendungen wie „Traumhochzeit“, „Bitte melde dich“, Telekollegs, Wissenschaftsmagazinen, pädagogischen Kindersendungen, Tierfilmen, Familienserien illustriert. Sie alle sind zunächst Unterstützungsagenturen bei der autonomisierten Wirklichkeitskonstruktion. Die Chancen für „neue Propheten“ sind aber unübersehbar. Besonders die Werbung mit ihren kleinen Transzendenzen ist zur *Sinnstiftungsinstanz* der modernen Welt aufgerückt. Sie greift gesellschaftliche Bedeutungen auf, überhöht sie und gibt ihnen eine ästhetische Gestalt. Sie zeigt aber auch, wie schnell sich heute, „momentan passende“ Verbindlichkeiten wieder entzaubern lassen. Damit stellt sich das Problem der richtigen Lebensführung erneut.

Dörner fragt, inwiefern die Unterhaltungsöffentlichkeit politische Identitäten herausbildet. Ausgehend von der Tatsache, dass der deutsche Durchschnittskonsument heute etwa 6 Stunden pro Tag massenmedial kommuniziert, andererseits in den Fernsehprogrammen zunehmend die Unterhaltung dominiert, ist es nur folgerichtig, wenn U- und E-Bereiche immer stärker zusammenwachsen (Infotainment, Edutainment, Politainment). Der mediale Erlebnisbereich spricht mittlerweile alle Dimensionen politischer Identität an: Weltdefinitionen, Rollen, Werte und politische Zugehörigkeiten. Da durch die Medien das Soziale aus den herkömmlichen Raum- und Zeitgrenzen herausgelöst wird, muss man sich immer stärker mit dem „mediated generalized other“ auseinandersetzen. Die Medienkultur wird zur wichtigsten Ressource der politischen Identitätsbildung vor allem dadurch, dass sie deren unbewusste Dimensionen durch visuelle Habitualisierung anspricht. Die medial inszenierte, validierende und orientierend wirkende „Talk-Kultur" steht heute nicht allein einer Öffentlichkeitselite zur Verfügung. Die Medien bieten vielmehr eine verallgemeinerte Infrastruktur für gemeinsame Gespräche und auch die geeigneten Themen an. Sie fordern Rückmeldungen ein oder lösen diese aus (z.B. watchdog groups), betonen das moralisch Selbstverständliche (z.B. Ausländertoleranz) und stellen das politisch Gewollte in einen lebendigen, diskursiven Alltagszusammenhang. Deswegen nutzen Politiker heute die Unterhaltungskultur immer stärker für ihr strategisches Identitätsmanagement, sei es, um im Wahlkampf für sich (Clinton als Saxophonspieler) oder später für ihre Gesetzesvorlagen zu werben, sei es, um für bestimmte Institutionen imagebildend zu wirken (Pentagon, Bundesgrenzschutz) oder schließlich, um wichtigen Geschehnissen (z.B. dem Vietnamkrieg) die politisch gewünschte Bewertung zu verschaffen. Diese im „Spiel-Ernst" geführten Kämpfe um die kulturelle Deutungshegemonie dürfen nicht mehr unterschätzt werden.

Mit den Identitätschancen in den neuen computergestützten, „künstlichen, sozialen Zusatzräumen" setzt sich *Faßler* auseinander. Er sieht einen Gattungsumbruch der Kommunikation, eine Revolution der Techniken des Denkens – und damit auch der Identität – auf uns zukommen, dessen Tragweite wir noch kaum erfasst haben. Denn die bisherigen Ordnungsleistungen von Lebensbildern und Selbstbeschreibungen sinken angesichts der neu ermöglichten, beliebigen Umweltbezüge und der immer neuen Teilnahmemöglichkeiten radikal ab. Dasselbe gilt für die sich überstürzenden Unterschiedsanhäufungen, also die prinzipiell offenen Kommunikationsverläufe. Soziale Umgebungen sind nicht mehr ortsfest, territorial und über Abstandsordnungen geregelt, sondern entrücken unseren fünf Sinnen und erfordern vom einzelnen eine gesteigerte Fähigkeit, ihre Dynamik zu verstehen. Die Einbindung in Gruppen weicht losgelösteren Beziehungsmustern und konkurrierenden Netzsozietäten, da Medienräume sich frei machen von sozio-politischen Umweltvorgaben. Die Informationsgesellschaften entledigen sich ihrer stofflichen Voraussetzungen zugunsten einer Simulationskultur und einer *elektronischen Identität* mit hoch risikobeladenen Such- und Selektionsverfahren. Dauerhafte Selbstbeschreibungen versagen unter dem Zwang, immer neue On-/Off-Schaltungen für mögliche Plateaus des Meinungsaustauschs in Gang setzen zu müssen. Dass dennoch immer wieder zeitübergreifende Bestandsqualitäten gesucht werden, beweist, dass Identität innerhalb belastbarer Netzwerke unverzichtbar ist.

4.3 Die Rolle von Religion, Familie und Partnerschaft

Auch wenn die „Kultur abstrakter Sozialitäten" sich in vollem Aufbau befindet, dürfte es doch voreilig sein, das Ende der traditionellen Institutionen zu verkünden. Wohl unterliegen sie diesem „cultural turn", aber sie passen sich auch den neuen

Gegebenheiten der Subjektivierung an. Das zeigt sich im Bereich der Religion und der Geschlechterbeziehung.

Knoblauch untersucht den Aspekt der Religion. Die klassischen religiösen Institutionen stehen in modernen Gesellschaften vor dem Problem, dass anonymisierte Organisationen den Sinn der Handlungen vorgeben und von den persönlichen Beziehungen abkoppeln. Der Verpflichtungscharakter der Angebote nimmt ab. Persönliche Identität wird zur subjektiven Angelegenheit. Die Folge ist, dass der Gütemaßstab der Weltdeutungen nun über die subjektiven Präferenzen und Interessen ermittelt wird, also über die innere Fortentwicklung des Selbst bzw. die Suche nach außeralltäglichen Erfahrungen. Der Rückbezug auf die eigene Spiritualität verweigert sich überwiegend der kirchlichen Organisation. Das wird deutlich an der Ausbreitung der New Age-Bewegung und an den Spielarten der evangelikalen Gemeinden. Es kommt zur Entstehung eines *Marktes quasi-religiöser Anbieter*, der parallel zur Deregulierung moderner Kommunikationsmittel verläuft (Meditationszentren, Dianetik-Geschäfte, esoterische Buchhandlungen), die eine breite Klientel mit neuen sakralen Erfahrungsmöglichkeiten versorgen. Hier deutet sich die Wiederkehr einer postmodernen Religion an, die aber häufig – wegen ihrer Entkirchlichung und ihres Synkretismus – nicht als solche wahrgenommen wird.

Eine ähnliche Form der Subjektivierung im Rahmen traditioneller Diskurse beleuchten *Meuser* und *Loos* für die moderne „Gender"-Debatte. *Meuser* geht vom Individualisierungsdiskurs (Giddens 1991, Beck u. a. 1996, Beck-Gernsheim 1998) aus, der das Ende der Normalfamilie, die Pluralisierung der Familienformen und die Freisetzung von den traditionellen Geschlechtsrollen verkündet. Dem „homo optionis" ist u.a. auch sein Geschlecht zur Entscheidung und damit als diskursiv erarbeiteter Lebensstil aufgegeben. Dem setzt *Meuser* die verblüffende Empirie der überdauernden Geschlechterdifferenz entgegen. Offenbar gibt es einen *Geschlechtshabitus*, der u.a. deshalb auf Kontinuität angelegt ist, weil er sich in seiner latenten Wirkung dem Diskurs entzieht. Zumindest muss Persistenz im Wandel mitgedacht werden. Anders lässt sich kaum erklären, dass Männlichkeitsmuster von Männern selbst kritisiert, aber nicht verändert werden. Das individualisierte Milieu der oberen Mittelschicht orientiert sich zwar am Ideal der Autonomie der Subjekte, verlängert aber das konventionelle Muster geschlechtstypischer Arbeitsteilung in der Praxis. Die anderen Milieus folgen der Gleichheitsidee schon gar nicht, auch wenn sie sie aus pragmatischen Erwägungen sogar teilweise praktizieren. Oft schleicht sich aber die Geschlechtstypik wieder ein, wie die Verteilung der Hausarbeit, das Kochen als männliche Distinktion oder die Übernahme weiblicher Dienstleistungsrollen – auch in „geöffneten" Berufsfeldern – belegen.

Dass der Modernisierungsprozess höchst ambivalent verläuft, belegt auch *Loos* an seinen Untersuchungen über junge Männer, die eine erste, biographisch entscheidende Partnerschaft eingehen, sich also aus der alten Geschlechterstereotypie befreien wollen und sich in das neue Geschlechterverhältnis als eine zu bewältigende Aufgabe erst einleben müssen. Seine Studie über junge Männer unterschiedlicher sozialer Herkunft (Stammtische, Sportvereine, Herrenclubs, Männergruppen) bestätigt, dass die bürgerlichen Gruppen – infolge ihres verzögerten Berufseintritts – partnerschaftliche Bindungen vornehmlich als Autonomieverlust erleben, während das Arbeitermilieu den Autonomiegewinn gegenüber der beruflichen Fremdbestimmung betonen. Beide lehnen Geschlechterstereotype ab, aber mit unterschiedlichen Gründen: Facharbeiter haben ihre *sexuelle Identität* für sich geklärt und wollen ihre Beziehung von den gesellschaftlichen Rollenanforderungen frei halten. Das bürgerliche Milieu hingegen sieht sich zu moralischen Diskursen und Gedankenexperimenten genötigt. Sie folgen der theoretischen Individuierung, das Arbeitermilieu der praktischen. Die These vom zunehmenden Geschlechterkampf muss also milieuspezifisch relativiert werden.

4.4 Die Rolle der wirtschaftlichen, kulturellen und politischen „Unternehmer"

Gesinnungsproduktion wird aber nicht nur von Religion und Herkunftsmilieus betrieben, sondern ebenfalls von wirtschaftlichen, politischen und kulturellen „Unternehmern". Wirtschaftsunternehmen haben heute durchaus erkannt, dass sie die Identitätslücke bei ihren Mitgliedern füllen können. Überall beobachtet man, unter dem Modewort der „Unternehmenskultur" und *„corporate identity"*, das intensive Bemühen, den organisatorischen Zweckverband mit „gemeinschaftlichen" Elementen zu durchziehen. Neue Produktionskonzepte setzen auf den kreativen, selbstbewussten Mitarbeiter *und* seine Einbindung in ein Team. Was früher schon die HR-Bewegung mit dem Betriebsklima versuchte, kommt heute als Identitätsfrage des Betriebes und seiner Mitglieder wieder. Kultur und Identität gelten als neue Managementaufgabe. Der jeweilige Chef hat sich mit seiner funktionalen Autorität in das Team zu integrieren. Von Japan hat man so viel gelernt, dass Unternehmen mehr sein wollen (und müssen) als reine Erwerbsgelegenheiten. Vielmehr streben sie nach „Betriebsgemeinschaft" oder sogar familienähnlichen Strukturen und erwarten von den Mitgliedern des Verbandes deshalb auch ein ungeteiltes Engagement für den „eigenen" Betrieb, auch wenn andere Ansprüche dabei auf der Strecke bleiben. Als kollektive Identitätsagentur („Betriebsfamilie") aber nimmt man – „von oben" gesehen – den psychischen Betreuungs-, Beratungs- und Einpassungsaufwand sehr ernst. Die – typisch moderne – Trennung der Lebensbereiche wird tendenziell aufgehoben. Auch hier greifen Moderne und Traditionalität ambivalent ineinander.

Den politischen Großparteien gelingt die kollektive Identitätsbildung hingegen immer weniger. *Wiesendahl* macht darauf aufmerksam, dass die alten Massenparteien in ihren Milieugrenzen noch einen gemeinsamen Sinnhorizont für ihre Mitglieder ausleuchten konnten. Die modernen Allerweltsparteien hingegen versuchten, sich davon zu lösen, um ihre Wählerbasis zu verbreitern. Dadurch wurden sie in ihrer Selbstdarstellung diffus und in der Binnenintegration prekär. Der *Identitätsverschleiß* wurde durch die Kommerzialisierung der Parteien befördert. Entgegen der heutigen Tendenz in den Wirtschaftsunternehmen versuchten sie sich, als „reine" Unternehmen mit bestimmten Warenangeboten zu gebärden. In Verbindung mit den Wandlungstendenzen der 80er Jahre führte das zur dramatischen Entkernung der bisherigen parteispezifischen Identitätsbildungsprozesse. Nicht nur die Stammwählerschaft und die Klientelgruppen schrumpften. Sie sind auch keine Erlebnisgemeinschaften mehr, da die soziale Selbstverortung heute an den Parteien vorbeiführt. Vielleicht illusionär, aber doch organisationsdistant, versucht der Einzelne ein Leben auf eigene Rechnung. Damit schlägt den Parteien ein Desinteresse entgegen, das sich an Wahlverweigerung und vagabundierenden Protestpotentialen festmachen lässt. Der notwendige gemeinsame Symbolvorrat hat sich verflüchtigt, sodass der heutige, aufwendige Kampf um den Wähler immer richtungsloser, inkonsistenter, kurzatmiger und ertragloser erscheint.

Pankoke befasst sich mit dem Markt der Kultur und legt eine Typologie der Grenzgänger zwischen Macht, Geld und Sinn vor. In der Konsumgesellschaft erlangt auch Kunst – mit einigem Widerstreben zwar – Warencharakter. Auch der Künstler ist an Markterfolgen und Marktlücken interessiert. Wenn er nicht brotlos bleiben will, muss er mit dem Zeichensystem der kulturindustriellen Medien umgehen können. Sponsoren versuchen, den Aufmerksamkeitswert ihrer Produkte erfolgreich zu vermarkten, um selbst ihren Marktwert zu verbessern. Immer stärker bricht sich die Kunst an den Systemgrenzen des rein Wirtschaftlichen und bildet spezifische Kommunikationsformen und Positionen aus. Natürlich ist Kunst keine reine Ware, sondern auch ein Bildungs- und Beziehungsgut. Aber wer Kunst produziert, verkauft oder kauft, lässt sich auf eine kommunikative Beziehung ein. Diese verlangt den Einsatz verschiedener ökonomischer, sozialer, humaner und symbolischer Kapitalien. Stifter und Makler sind ebenso – wie die Kulturmanager – Grenzgänger zwischen den Systemen. Sie müssen eine schwierige (Identitäts-)Balance zwischen monetär-administrativen Kontrollen und Autonomiegarantien zustande bringen. Wie Innovation und institutionelle Verantwortung bei ganz inkongruenten Perspektiven gesichert werden können, wird zum Dauerproblem künftigen Kulturmanagements.

4.5 Wohlfahrtsgesellschaften, soziale Klassifizierungen und Distinktionskämpfe

Ein Teil der modernen Probleme hängt deshalb wohl mit der Frage zusammen, ob die Wohlfahrtsgesellschaften mit ihren hohen Sicherungsstandards für viele Menschen nicht gleichzeitig ein Paradox produzieren. Gesellschaftliche Wohlfahrt beruht auf einem politisch-rechtlich abgesicherten Solidarverhalten, das sich aber gleichzeitig den Boden unter den Füßen wegzieht, indem es durch den Umfang der Transferleistungen weitreichende Entsolidarisierungsvorgänge anstößt.

Prisching setzt sich mit der Wohlfahrtsgesellschaft und dem von ihr geformten Persönlichkeitstypus auseinander. Aus der Aufklärung kommend, definiert sich der moderne Staat durch die kollektive Ratio und die damit verbundene Planbarkeit von Wohlfahrt und Glück. Wer sich anstrengt, kann es zu etwas bringen. Wer schuldlos ins Abseits gerät, soll vor den schlimmsten Folgen bewahrt werden. Der rastlos arbeitende Leistungsmensch positioniert sich nach seinen Anstrengungen („*meri-*

tokratische Identität"). Der bürokratische Wohlfahrtsstaat hat aber die unbeabsichtigte Tendenz, dieses puritanische Ideal selbst zu untergraben und einen anspruchsgestützten Lebensstil zu erzeugen, der systemwichtige Verhaltensdispositionen tendenziell verschüttet. Denn es wird dauernd der Eindruck erweckt, als sei Leistung nebensächlich und als sei gesellschaftliche Teilhabe auch dann garantiert, wenn man sich gegen gemeinsame Arbeit entscheidet. Man wäre dumm, würde man sich aus den öffentlichen Kassen nicht bedienen, und wer nicht mithalten kann, ist immer ein Opfer, das Anspruch auf Reparationszahlungen hat. Auch die Vermarktlichung aller Lebensbereiche hat ihren Anteil daran. Sie zwingt die meisten in eine Normalarbeitnehmer-Rolle und verweist die „Randständigen" (Kinder, Alte) sofort auf die staatlichen Leistungssysteme (Kindergarten, Schulen, Pflegedienst, Krankenhaus). Verstärkend tritt das moralisierte Egalitätsbewusstsein hinzu, das jede Ungleichheit prinzipiell zur Ungerechtigkeit aufwertet, sodass der Kreis der möglichen „Opfer des Systems" unlimitiert ist. Der Sozialstaat arbeitet dabei an einem Habitus mit, der (Rest-)Risiken subtilisiert und nach oben delegiert („Verwohlfahrtsstaatlichung"). Paradox ist das Ergebnis: Je individualistischer die Gesellschaft am einen Ende wird, desto kollektivistischer wird sie am anderen. Denn die „reiche" Gesellschaft schafft sich einen ständig erhöhten Sockel an neuer, relativer Armut und einen wachsenden Bedarf an Wohlfahrtsstaalichkeit.

Nullmeier verfolgt einen anderen, ebenso folgenreichen Strang dieser Mentalitätsbildung. Er analysiert zunächst, wie der „alte" Sozialstaat darauf angelegt war, einen Statuserhalt beim Auftreten sozialer Risiken zu sichern und „normale" öffentliche Wertschätzung zu fixieren. Dadurch wurden die Konfliktlinien zwischen Arbeit und Kapital entschärft und die Leistungsgemeinschaft beruhigt. Diese Makromoral scheint neuerdings – durch das Übergewicht von Mikromoralen – in den Hintergrund gedrängt zu werden. Diese speisen sich aus dem Bedeutungsanstieg des sozialen Vergleichs und des Marktstatus in offenen, globalisierten, unsicher gewordenen Gesellschaften. Das *„funktionale Ich"* tritt in den Vordergrund, „das nichts mehr fürchtet, als den anderen unterlegen zu sein" (Neckel 1991: 174). Nicht zuletzt deswegen steigert es seine Eindruckstechniken. Ohne Milieustabilisierung ist aber jeder Identitätsentwurf prekär. Er gelingt nur noch über den eigenen Marktwert – jenseits des alten Schichtstatus. Das führt zu immer verfeinerten Techniken der Statussuche und Variabilitäten der Lebensführung. Die eigene Identität wird Gegenstand eines hochgradig agonalen, komparativen Unternehmens und zur Frage immer neuer Kategorisierung. Dies lässt sich an der öffentlich untermauerten Zweiteilung in (Globalisierungs-, Rationalisierungs-, Modernisierungs-)Gewinner und Verlierer, aber auch an der Klassifizierung in immobile Provinzler und mobile Eliten, „stayer" und „mover", Langsame und Schnelle etc. ablesen. Diese Dichotomisierung ist auf den Sozialstaat als moralischer Krieg der Generationen (der besitzstandwahrenden Alten gegen die Renditegerechtigkeit einfordernden Jungen) übergeschwappt. Diese agonalen Techniken der Steigerung des gruppenbezogenen Marktstatus haben sich von der solidarischen Makromoral gelöst und drängen den Sozialstaat selbst in die Position eines Verlierers.

Winkler ergänzt diese sozialen Rangklassifikationen durch die Analyse einer besonderen Kategorie von Gewinnern, die „neuen" Reichen, die – trotz ihres gehobenen Marktstatus und in vagen Anklängen an ihre einfache Herkunft – den Ruf nach Konsumverzicht und preisbewusstem, gesundem Leben erheben. Die neue Askese („Schnäppchenjagd" bei Aldi, Fabrikverkauf, „simple chic") ist aber nur Verzicht auf Markenware, die den „Verzicht auf Verzicht" verdeckt. Sie ist eine raffinierte Form der Distinktion („Habitus-Askese"). Als Erklärungshintergrund dient u.a. Webers Idealtypus des innerweltlichen Asketen, der sich von seiner religiösen Pflichtvorstellung frei macht und diese zu „Berufsmenschentum" und „methodischer Lebensführung" insgesamt umgestaltet. Andererseits überformt das persistente, ständische Element – vermischt mit einem utilitaristischen Lebensstil – die asketische Lebensweise zur Stilisierung des Güterkonsums bestimmter Schichten, was sich z. B. an der Geschichte der Mode zeigt. Die „neuen" Asketen flüchten in Esoterik und die einfachen Güter, suchen dabei aber die soziale Absetzung nach oben. Je höher die soziale Lage, desto mehr wird distinguiert. Die Aneignungs- und Distinktionsgewinne mittlerer Schichten werden durch Extravaganz („Distinktionskreativität") der Oberschichten aufgefangen, sodass die soziale Distanz wiederhergestellt wird. So bleiben Lebensstile und Identitätsbalancierungen in Bewegung.

4.6 Freizeitwelten zwischen Spaß und Kommerz

Ein gewichtiger Teil der Distinktionsarbeit spielt sich heute jenseits des „Reichs der Notwendigkeiten" ab. Wohlfahrtsgesellschaften bieten genügend Ausweich- und Kompensationsmöglichkeiten, um sich – wenigstens teilweise – von den Raum-, Zeit-, Motiv- und Herrschaftszwängen der leistungsorientierten Arbeitswelt frei zu halten. Menschen verfügen folglich über Integrationschancen, die jenseits der Arbeit im Reich der Freizeit und Freiheit liegen. Natürlich muss die Chance dazu erst einmal erwirtschaftet werden. Die Ausrichtung des Lebens an Selbstentfaltungswerten scheint aber dem Normgerüst des „Berufsmenschentums" zunehmend in die Quere zu kommen. „Alle sind wir doch in Arkadien geboren" (Schopenhauer 1999: 28) – und alle wollen wir dorthin zurück!

Deswegen fragt *Vester,* ob nun etwa die Freizeit das „wahre Leben" geworden sei. Identitäten werden in der Tat nicht mehr allein in der Sphäre der Arbeit, sondern auch in der Freizeitwelt gebildet. Sie setzen sogar eine Grenzüberschreitung zwischen den künstlich getrennten Lebensbereichen voraus, was heute mit Konzepten wie Risiko- (Beck 1986), Erlebnis- (Schulze 1992), Optionen- (Gross 1994) und Inszenierungsgesellschaft (Willems 1998) einzufangen versucht wird. Besonderer Prominenz erfreut sich Becks Individualisierungsthese. Diese nimmt Vester aufs Korn. Er wendet sich gegen die Vorstellung, „Identitätsbastler" wären weitgehend institutionenunabhängig geworden und würden die „Eigentlichkeit" des Lebens ganz jenseits von Beruf, Herkunft und Tradition suchen. Dieser These kann nur insoweit zugestimmt werden, als heute – auch und vermehrt in der Freizeit – tatsächlich wichtige Identitäts- und Distinktionsmarkierungen stattfinden. (Ein Gedanke übrigens, der in den USA schon ein halbes Jahrhundert alt ist und erst jetzt bei uns so modern wirkt.) Aber der ästhetisierte, konsumorientierte Lebensstil der „shopping malls", Erlebnisparks und modernen „Konsumtempel" zeigt, dass Freizeit keine Gegenwelt ist, sondern sich Kunst und Kommerz, Erlebnis- und Warenwelt engstens und transsektoral verschlingen. Auch Städte widmen sich in ihrem „Standortwettbewerb" (wie die Individuen) der Oberflächenästhetisierung, der Selbstinszenierung und dem „face lifting". Problematisch wird es, wenn diese Attitüde sich in der Tiefe ansiedelt und existentielle Wahrheitsansprüche durch die Erregungs-Ästhetik des standortlosen Flaneurs ersetzt werden. Empirisch ist das Ergebnis aber noch offen. Als Gegenevidenz bleibt bis dahin erhalten, dass die Arbeitswelt mit ihrer Normgebung der Verlässlichkeit und Beständigkeit immer noch einen Großteil des Lebens der großen Mehrheit dominiert. Moderne Selbstentwürfe werden weiterhin vor dem Hintergrund dieser und anderer, kollektiver Identifikationsflächen erzeugt – auch wenn diese heute vermehrt durch Freizeit Kontur gewinnen.

Hitzler / Pfadenhauer machen darauf aufmerksam, dass die Vermischung von Kommerz und Spaßkultur in Teilbereichen sich doch schon durchzusetzen beginnt. Ein von ihnen als „jugendlich" bezeichnetes Segment ist dabei, sich in der Freizeitkultur zu etablieren. Sie haben mit den biographisch „Jungen" (15–25 Jahre) und deren typischen Lebens- und Arbeitsproblemen wenig gemein. Jugendliche im hier gemeinten Sinn sind nicht die Vorstufe, sondern das Gegenbild des Erwachsenen. Sie leben „unerwachsen" als „mental kids" im Hier und Jetzt und bauen eine Optionenwelt nach dem Prinzip „Jugendlichkeit" – d. h. Arbeit durch Freizeit, Freizeit als Arbeit – auf. Anhand der Techno-Szene können die Autoren illustrieren, dass sich „Szenen" nicht über die klassischen Statusmerkmale wie Herkunft, Einkommen und Beruf, sondern über bestimmte Stile, Signale, Konsumgegenstände und Gesinnungen herausbilden. Identitäten sind nur punktueller Art. Sie aktualisieren sich in Form eines Teilzeit-Engagements an der jeweils konstituierten, thematischen „Verführungsgemeinschaft". Diese Szenen werden durchaus von Eliten aus demselben Milieu organisiert und kommerzialisiert. Nur ist der Unterschied zur alten „Kulturindustrie" der, dass Freizeitvergnügen zur Grundlage des eigenen Broterwerbs gemacht wird, nicht ohne den eigenen Spaß (daran) zu vergessen. Sie wissen durchaus mit Märkten, Sponsoren und Kalkülen umzugehen, wollen dies aber auf eine spielerisch-unverkrampfte Weise und mit Lust am eigenen Konsum und Professionalismus abwickeln. Sie könnten mit dieser Haltung, so die Autoren, durchaus die Pioniere einer anderen, dritten (?) Moderne sein, in der sich berufsförmige Leistung und Freizeit-Hedonismus verbinden. Oder hat nicht Bells These (1976: 109 ff.) doch mehr für sich, dass ein sich ausweitendes Spaßprogramm der Freizeitwelt unweigerlich in einen „kulturellen Widerspruch" mit dem Berufsernst der Arbeitswelt geraten muss? Der Verlust der „Gesprächswelt" wäre ein nicht unbeträchtliches Identitätsrisiko.

4.7 Reterritorialisierungen und Entgrenzungen

Identitätsreflexionen, die heute um die Konstitution von erlebnisbetonten, flüchtigen Vergesellschaftungen (d. h. moderne „Milieus“) kreisen, setzen sich leicht dem Vorwurf aus, sie würden damit den harten Fakten sozialer Strukturierung durch Herkunft, sozio-ökonomischem Status und sedimentierter kollektiver Selbstdeutungen ausweichen. Sie würden nach voluntaristischer Manier den Eindruck erwecken, Menschen könnten einfach so denken und handeln, wie sie wollten und ihre Biographie umstandslos als autonomes Projekt in die Welt setzen. Unbeachtet bliebe auch, dass der heute unbestreitbare Gewinn an Lebenschancen – wie immer zwischen Eliten und Nicht-Eliten, Zentren und Peripherien – ungleich verteilt ist. Schließlich würde der Zusammenhang zwischen individuellen und kollektiven Akteuren bei der Herstellung identifikatorischer Weltdeutungen nicht genügend ausgeleuchtet. Erst so ergäbe sich die Möglichkeit festzustellen, wie moderne Entgrenzungen und „Entbettungen“ laufend durch neue Grenzziehungen eingefasst würden. Diesen Aspekten gehen die nächsten beiden Beiträge nach:

Giordano beschäftigt sich mit der „Territorialisierung von Identität“ in Mittel- und Osteuropa. Während Westeuropa die Wiederkehr des Regionalen („ethnic revival“) als „Devolution“ des Nationalen betreibt, ging „der Osten“ Europas den traditionelleren Weg der Rückkehr des Nationalstaats. Beide berufen sich – angesichts der Globalisierung – auf die Produktion des Authentischen und Essentiellen. Die Lösungen sind hingegen ganz unterschiedlich. Das zeigt sich schon an den verwendeten Bezugsmodellen. Während die französische Variante auf den Nationalstaat als Vereinbarung von Staatsbürgern und damit auf eine (assimilatorisch gemeinte) „Wahlidentität“ abstellte, legte sich die deutsche Version bis heute auf die (exklusiv gemeinte) „ethnische Nation“ fest. Nach dem Zerfall des Sowjetimperiums (re-)konstituierten sich die ehemaligen Mitgliedsländer durchweg als „ethnokratische“ Nationalstaaten. Nach Art eines deutsch-französischen Mischsystems wird Fremdheit (Minderheit) nur annehmbar, wenn die ursprüngliche Identität aufgegeben wird und somit den ethnisch einheitlich gedachten Verband nicht stört. Diese Vorstellung hat in Mittel- und Osteuropa eine jahrhundertelange Tradition und führte – wann immer sich Gelegenheit bot (so auch nach 1915, nach 1940 und nach 1990) – zu Grenzverschiebungen, gelenkten Einwanderungen, Zwangsumsiedlungen und ethnischen „Säuberungen“. Die Gründe sind darin zu suchen, dass Ethnizität in diesen Staatsgebilden nicht kulturell, sondern deutlich territorial konnotiert ist und sich aus der Idealisierung der bäuerlichen Lebenswelt als Produktionsstädte nationaler Identität ableitete. Auch im neuen Jahrtausend, nach 50 Jahren der Mythologisierung des Proletariers, versucht man es wieder (oder immer noch) mit der Revitalisierung einer alten, familistischen, moralisierten Gemeinschaftsfiktion von Ruralität (die das „industrialistisch-globale“ Integrationsprogramm der EU zusätzlich vor große Probleme stellen wird).

Bis heute gibt es keine gangbare Alternative jenseits des historischen kollektiven und kulturellen Gedächtnisses nationaler Integration. Auch im Westen Europas wird der Nationalstaat deshalb nicht verschwinden, aber er wird wohl eine, durch intergouvernementale Mitregierung pazifizierte Form annehmen. Deswegen sucht *Schwengel* nach Ansätzen für eine *europäische Identität* im globalen Zeitalter. Europa wird kein „Europa der Nationalstaaten", aber auch kein Super-Nationalstaat sein; wohl aber ist es als „Union globaler Staaten" denkbar, indem das Globale – mit Albrow (1998: 411 ff.) gesprochen – in das Lokale eintritt und dieses sogar mit hervorbringt. Welche Art von Strukturbildung dadurch angestoßen wird, zeigt *Schwengel* an drei Phänomenen europäischer Globalisierung: an der Denationalisierung der bürgerlichen Lebensform, die in einen Dauervergleich mit anderen Kulturräumen (über Einkommen, Mobilität, Sicherheitsniveaus) hineingezwungen wird. Hinzukommt die Internationalisierung der tertiären Bildung, wie sie durch die globalisierten Organisationen, Unternehmen und Verbände, aber auch durch die mobilen Schichten selbst angestoßen wird. Sie führt zu einem beruflichen und wissenschaftlichen Wettbewerb der Werte, Normen und Themen, der die okzidentalen Kulturmuster aus ihrer europäischen Geschichte herauslöst und transnationale, „meritokratische Funktionseliten" begünstigt. Schließlich wird die weltweite Kultur- und Unterhaltungsindustrie neue Alltagsdeutungen hervorbringen und die Konkurrenz der Macht- und Werteliten um Kreativität und Vitalität (und Humanität?), um Hierarchie und Partizipation, um Homogenisierung und Variation verstärken. Ihr jeweiliges Identitätsmanagement dürfte zu neuen (europäischen, nationalen und regionalen) Institutionalisierungen und Differenzierungen führen, die die Chancen von Individualisierung ganz neu abstecken.

4.8 Zeitdiagnose als Identitätsarbeit (nicht nur) der Soziologen

Nimmt man all die verschiedenen Analysen über Identitätsumbrüche in modernen Gesellschaften zusammen, dann muss die Frage noch einmal aufgeworfen werden, was denn die Soziologie für die Selbsterkenntnis von Gesellschaften überhaupt leisten könne. *Weiß* steuert deshalb abschließend eine Betrachtung über die Leistungsgrenzen soziologischer Zeitdiagnosen bei. Als Krisenwissenschaft und historisch instruierte Gegenwartsanalyse („Vergangenheit der Gegenwart") mit Allgemeinheitsanspruch ist Soziologie immer ein theoretisches Unterfangen. Sie will aber auch durch resümierende Deutungen der gegebenen Lage, durch Ursachenforschung, durch die Skizzierung einer sich abzeichnenden Zukunft und möglicher Auswege aus „der" Krise in die Praxis hinein wirken. In dieser Hinsicht sind Theoretiker Zeitdiagnostiker. Allerdings stoßen sie dabei auf die unüberwindliche Schwierigkeit, dass sie „das Ganze" einer Gesellschaft und Kultur nie – und auch niemals allein soziologisch – erfassen können. Zudem müssen abstrakte Begriffe das Hier und Jetzt des Lebens notwendigerweise verfehlen. Schließlich lassen sich Werturteile über „die" eine gültige Praxis nur schwerlich fällen. Dennoch muss Soziologie immer die Grenzen überschreiten und die Lebenswelten mit ihren Bedürfnissen nach Selbstvergewisserung zurückholen. Denn es ist nicht *die* Gesellschaft, sondern es sind die

Menschen, die wissen wollen, wer sie sind, wo sie stehen und worauf sie hinauswollen. Insofern haben Zeitanalysen immer mit Selbstverortung (auch des Forschers), also mit Identität, zu tun. Das begründet auch das Interesse an ihnen. Zeitdiagnose ist zwingend Selbstanalyse und versuchte Selbsttherapie!

Und sie kann dann gut sein,

- wenn sie sich über ihre Reichweite, über die Komplexität der Determinanten, deren Dauer- und Tiefenwirkung keinen Illusionen hingibt,
- wenn sie sich also nicht auf Oberflächenphänomene beschränkt, sondern sich auch an die weniger sichtbaren und schwierigeren Zusammenhänge heranwagt,
- wenn sie sich nicht nur bei der Beschreibung eigener Lebensumstände und -erfahrungen des Forschers aufhält, sondern auch – und vor allem – „verstehend" auf die Bewusstseinslage „der Anderen" ausgreift und
- wenn sie dabei nicht nur mit griffigen Formeln und „Ein-Faktor-Theorien" nach öffentlicher Akzeptanz schielt, sondern auch die „Totems und Tabus des weißen Mannes" (Popper 1960: 99 f.) aufspießt.

Die Zeitdiagnose nicht dem Zeitgeist zu opfern, ist aber meist wenig öffentlichkeitswirksam und läuft den eigenen Identitätsbedürfnissen deswegen – gerade in Zeiten erhöhter, postmoderner Selbststilisierung – sogar zuwider. Der Leser mag nun beurteilen, ob es uns allen gelungen ist, dieses anspruchsvolle Programm – wenigstens nicht allzu weit – zu verfehlen.

Literatur

Abels, Heinz / Schimank, Uwe (1997): Thema: Identität. Reihe: Hagener Materialien zur Soziologie, Heft 1. Hagen.

Abels, Heinz (1998): Interaktion, Identität, Präsentation. Kleine Einführung in interpretative Theorien der Soziologie. Opladen.

Albrow, Martin (1998): Europa im globalisierten Zeitalter. In: Berliner Journal für Soziologie, Heft 3, 411–420.

Anderson, Benedict (1983): Imagined Communities. London.

Bahrdt, Hans Paul (1996): Grundformen sozialer Situationen. Eine kleine Grammatik des Alltagslebens. München.

Baudrillard, Jean (1983): In the Shadow of the Silent Majorities or, the End of the Social. New York

Baudrillard, Jean (1988): Selected Writings. (M. Poster Hrsg.). Cambridge.

Baudrillard, Jean (1993): Baudrillard Live: Selected Interviews. (Michael Gane Hrsg.). London.

Baudrillard, Jean (1994): The Illusion of the End. Cambridge.

Bauman, Zygmunt (1999): Unbehagen in der Moderne. Hamburg.

Beck, Ulrich (1986): Risikogesellschaft. Frankfurt/M.

Beck, Ulrich u.a. (1996): Reflexive Modernisierung. Frankfurt/M.

Beck-Gernsheim, Elisabeth (1998): Was kommt nach der Familie? Einblicke in neue Lebensformen. München.

Bell, Daniel (1976): Die Zukunft der westlichen Welt. Kultur und Technologie im Widerstreit. Frankfurt/M.

Berger, Peter L. (1973): Zur Dialektik von Religion und Gesellschaft. Frankfurt/M.

Bourdieu, Pierre (1983): Ökonomisches Kapital, kulturelles Kapital, soziales Kapital. In: Reinhard Kreckel (Hrsg.), Soziale Ungleichheiten. Göttingen, 183–198.

Bourdieu, Pierre u.a. (1991): The Craft of Sociology: Epistemological Preliminaries. New York.

Dahrendorf, Ralf (1994): Der moderne soziale Konflikt. Essay zur Politik der Freiheit. München

De Man, Henrik (1970): Masse und Kulturverfall. Eine Diagnose unserer Zeit, 3. Aufl. Bern, München.

Durkheim, Emile (1973): Der Selbstmord. Neuwied, Berlin (orig. 1887).
Elias, Norbert (1987): Die Gesellschaft der Individuen. Frankfurt/M.
Erikson, Erik H. (1973): Identität und Lebenszyklus. 3 Aufsätze. Frankfurt/M.
Ezzy, Douglas (1998): Theorizing narrative identity. Symbolic interactionism and hermeneutics. In: The Sociological Quarterly 39 (2), 239–252.
Fierlbeck, Katherine (1996): The ambivalent potential of cultural identity. In: Canadian Journal of Political Science 29 (1), 3–22.
Friese, Heidrun (1998): Identität: Begehren, Name und Differenz. In: Aleida Assmann, Heidrun Friese, Identitäten: Erinnerung, Geschichte, Identität, Bd. III. Frankfurt/M., 24–44.
Gay, Peter (1999): Die Macht des Herzens. Das 19. Jahrhundert und die Erforschung des Ich. Berlin.
Giddens, Anthony (1991): Modernity and Self-Identity. Stanford.
Goffman, Erving (1959): The Presentation of Self in Everyday Life. Garden City/NY.
Goffman, Erving (1961): Encounters. Two Studies in the Sociology of Interaction. Indianapolis.
Goffman, Erving (1964): Stigma. Notes on the Management of Spoiled Identity. Englewood Cliffs.
Goffman, Erving (1967): Interaction Rituals. Garden City/NY.
Goffman, Erving (1977): Rahmenanalyse. Ein Versuch über die Organisation von Alltagserfahrungen. Frankfurt/M.
Greiffenhagen, Martin (1981): Die Aktualität Preußens. Fragen an die Bundesrepublik. Frankfurt/M.
Greverus, Ina-Maria (1978): Kultur und Alltagswelt. Eine Einführung in die Fragen der Kulturanthropologie. München.
Greverus, Ina-Maria (1995): Die Anderen und Ich. Vom Sich Erkennen, Erkannt- und Anerkanntwerden. Kulturanthropologische Texte. Darmstadt.
Gross, Peter (1994): Die Multioptionengesellschaft. Frankfurt/M.
Habermas, Jürgen (1971): Vorbereitende Bemerkungen zu einer Theorie der kommunikativen Kompetenz. In: Jürgen Habermas, Niklas Luhmann, Theorie der Gesellschaft oder Sozialtechnologie? Frankfurt/M., 101–141.
Habermas, Jürgen (1981): Die Moderne – ein unvollendetes Projekt. In: Kleine Politische Schriften I-IV. Frankfurt/M., 444–464.
Habermas, Jürgen (1985): Die neue Unübersichtlichkeit. Frankfurt/M.
Habermas, Jürgen (1989): Vorstudien und Ergänzungen zur Theorie des kommunikativen Handelns, 3. Aufl. Frankfurt/M.
Hancock, Philip (1999): Baudrillard and the metaphysics of motivation. In: Journal of Management Studies 36 (2), 155–175.
Hannerz, Ulf (1992): Cultural Complexity. Studies in the Social Organization of Meaning. New York.
Helle, Horst J. (1996): The Developing Perspective of Tamotsu Shibutani. Identity Issues in an Age of Individuation. In: Kian M. Kwan (Hrsg.), Individuality and Social Control. Essays in Honor of Tamotsu Shibutani. Greenwich/CT, 375–398.
Hettlage, Robert (1990): Wirtschaft als Mythos: Wirtschaftsordnung, Wirtschaftsstruktur und Wirtschaftsentwicklung der Bundesrepublik. In: Robert Hettlage (Hrsg.), Die Bundesrepublik. Eine historische Bilanz. München, 57–87.
Hettlage, Robert (1997): Identitätsmanagement. Soziale Konstruktionsvorgänge zwischen Rahmung und Brechung. In: WeltTrends. Internationale Politik und vergleichende Studien 15, 7–23.
Hettlage, Robert (1999a): Erving Goffman (1922-1982). In: Dirk Kaesler (Hrsg.), Klassiker der Soziologie, Bd. 2: Von Talcott Parsons bis Pierre Bourdieu. München, 188–205.
Hettlage, Robert (1999b): European Identity – Between Inclusion and Exclusion. In: Hanspeter Kriesi u. a. (Hrsg.), Nation and National Identity: The European Experience in Perspective. Zürich, 243–262.
Hettlage, Robert (2000a): Politik- und Wertwandel sowie Vermittlung der „europäischen Dimension“. In: Klaus Schleicher, Peter J. Weber (Hrsg.), Zeitgeschichte Europäischer Bildung 1970-2000. Bd. I: Europäische Bildungsdynamik und Trends. Münster u. a., 371–410.
Hettlage, Robert (2000b): Masken der Kommunikation. Goffmans Hermeneutik des Selbst zwischen Nähe und Distanz. In: Alfred Schäfer, Michael Wimmer (Hrsg.), Masken und Maskierungen. (im Druck).
Hettlage, Robert / Lenz, Karl (Hrsg.) (1991): Erving Goffman – ein soziologischer Klassiker der zweiten Generation. Bern, Stuttgart.
Hettlage-Varjas, Andrea / Hettlage, Robert (1984): Kulturelle Zwischenwelten. Fremdarbeiter – eine Ethnie? In: Schweizerische Zeitschrift für Soziologie 10 (2), 357–403.
Horkheimer, Max / Adorno, Theodor W. (1969): Dialektik der Aufklärung. Philosophische Fragmente. Frankfurt/M. (orig. Amsterdam 1944).

Jarvis, Darryl S.L. (1998): Postmodernism: A Critical Typology. In: Politics and Society 26 (1), 95-142.
Kant, Immanuel (1968a): Kritik der reinen Vernunft. In: Kant Werke in 12 Bänden (Theorie-Werkausgabe), Bd. IV. Frankfurt/M. (Erstauflage 1781).
Kant, Immanuel (1968b): Idee zu einer allgemeinen Geschichte in weltbürgerlicher Absicht. In: Kant Werke in 12 Bänden, Bd. 11. Frankfurt/M., 31–50.
Kellermann, Paul (1992): Current European Transformations. In: Innovation in Social Science Research 5 (1), 5–10.
Krappmann, Lothar (1973): Soziologische Dimensionen der Identität. Strukturelle Bedingungen für die Teilnahme an Interaktionsprozessen, 3. Aufl. Stuttgart.
von Krockow, Christian Graf (1983): Scheiterhaufen. Straße und Elend des deutschen Geistes, 2. Aufl. Berlin.
Kuhn, Thomas (1962): The Structure of Scientific Revolutions. Chicago.
Kymlicka, Will (1989): Liberalism, Community, and Culture. Oxford.
Lakatos, Imre (1970): Falsification and the Methodoloy of Scientific Research Programs. In: Imre Lakatos, Alan Musgrave (Hrsg.), Criticism and the Growth of Knowledge. Cambridge, 91–196.
Lash, Scott (1989): Bürgerliche Identität und Moderne: Paris – Wien – Berlin. In: Soziale Welt 40 (4), 457–480.
Lyotard, François (1979): La condition postmoderne. Rapport sur le savoir. Paris.
Maffesoli, Michel (1986): Der Schatten des Dionysos. Zu einer Soziologie des Orgiasmus. Frankfurt/M.
Marshall, Thomas H. (1992): Bürgerrechte und soziale Klassen. Zur Soziologie des Wohlfahrtsstaates. Frankurt/M., New York.
Mannheim, Karl (1965): Ideologie und Utopie, 4. Aufl. Frankfurt/M. (Erstauflage 1929)
Marcuse, Herbert (1968): Gesellschaft und Kultur, Bd. 2, 5. Aufl. Frankfurt/M.
von Martin, Alfred (1956): Ordnung und Freiheit. Materialien und Reflexionen zu Grundfragen des Soziallebens. Frankfurt/M.
von Martin, Alfred (1962): Die Krisis des bürgerlichen Menschen. In: Kölner Zeitschrift für Soziologie und Sozialpsychologie 14 (3), 417–448.
Mead, George Herbert (1975): Geist, Identität, Gesellschaft aus der Sicht des Sozialbehaviorismus, 2. Aufl. Frankfurt/M.
Meier, Heinrich (1990): Die Moderne begreifen – die Moderne vollenden? In: Ders. (Hrsg.), Zur Diagnose der Moderne. München.
Mouzelis, Nicos (1991): Back to Sociological Theory. London.
Müller-Schneider, Thomas (2000): Die Erlebnisgesellschaft – der kollektive Weg ins Glück? In: Aus Politik und Zeitgeschichte B 12 vom 17.03.2000, 24–30.
Neckel, Sighard (1991): Status und Scham. Zur symbolischen Reproduktion sozialer Ungleichheit. Frankfurt/M., New York.
Opaschowski, Horst W. (2000): Jugend im Zeitalter der Eventkultur. In: Aus Politik und Zeitgeschichte B 12 vom 17.03.2000, 17–23.
Popper, Karl R. (1959): The Logic of Scientific Discovery. London.
Popper, Karl R. (1960): The Poverty of Historicism, 2. Aufl. London.
Postman, Neil (1985): Wir amüsieren uns zu Tode. Frankfurt/M.
Postman, Neil (1995): Keine Götter mehr. Das Ende der Erziehung. Berlin.
Prisching, Manfred (1998): Die Illusion der Politik. Politsoziologische Aspekte einer postmodernen Gesellschaft. In: Max Preglau, Rudolf Richter (Hrsg.), Postmodernes Österreich? Wien, 107-132.
Rammstedt, Otthein (1985): Zweifel am Fortschritt und Hoffen auf das Individuum. In: Soziale Welt 36 (4), 483–502.
Rassool, Naz (1997): Fractured or Flexible Identities? Life historys of „black" diasporic women in Britain. In: H.S. Mirza (Hrsg.), Black Feminism. A Reader. London, 187–204.
Rassool, Naz (1998): Postmodernity, Cultural Pluralism and the Nation-State. Problems of Language Rights, Human Rights, Identity and Power. In: Language Sciences 20 (1), 89–99.
Reese-Schäfer, Walter (Hrsg.) (1999): Identität und Interesse. Der Diskurs der Identitätsforschung. Opladen.
Reiger, Horst (1997): Face-to-Face Interaktion. Ein Beitrag zur Soziologie Erving Goffmans. Frankfurt/M. u. a.
Reiterer, Albert F. (1998): Soziale Identität. Ethnizität und Sozialer Wandel: Zur Entwicklung einer anthropologischen Struktur. Frankfurt/M. u. a.
Richter, Rudolf (Hrsg.) (1994): Sinnbasteln. Beiträge zur Soziologie der Lebensstile. Wien u. a.
Riesman, David u.a. (1968): Die einsame Masse, 12. Aufl. Reinbek bei Hamburg (orig. 1950).

Rorty, Richard (1991): Objectivity, Relativism, and Truth. Cambridge.
Sanders, Clinton R. (1995): Stranger than Fiction: Insights and Pitfalls in Post-Modern Ethnography. In: Studies in Symbolic Interaction 7, 89–104.
Schelsky, Helmut (1965): Ist Dauerreflexion institutionalisierbar? In: Ders., Auf der Suche nach Wirklichkeit. Gesammelte Aufsätze. Düsseldorf, Köln, 250–275.
Schopenhauer, Arthur (1999): Die Kunst, glücklich zu sein. Dargestellt in 50 Lebensregeln. (Franco Volpi Hrsg.). München.
Schulze, Gerhard (1992): Die Erlebnisgesellschaft. Kultursoziologie der Gegenwart, 2. Aufl. Frankfurt/M.
Schulze, Gerhard (2000a): Kulissen des Glücks. Streifzüge durch die Eventkultur, 2. Aufl. Frankfurt/M., New York.
Schulze, Gerhard (2000b): Was wird aus der Erlebnisgesellschaft? In: Aus Politik und Zeitgeschichte B 12 vom 17. 03. 2000, 3–6.
Schütz, Alfred (1971): Über die mannigfaltigen Wirklichkeiten. In: Ders., Gesammelte Aufsätze, Bd. 1. Den Haag, 237–298.
Simmel, Georg (1890): Über soziale Differenzierung. Soziologische und psychologische Untersuchungen. Leipzig.
Sloterdijk, Peter (1983): Kritik der zynischen Vernunft, Bd. 1. Frankfurt/M.
Straßer, Herrmann / Achim Graf (2000): Schmidteinander ins 21. Jahrhundert. Auf dem Weg in die Spaß- und Spottgesellschaft? In: Aus Politik und Zeitgeschichte B 12 vom 17. 03. 2000, 7–16.
Sumner, William Graham (1906): Folkways. A Study of the Sociological Importance of Usages, Manners, Customs, Mores and Morals. Yale University.
Taylor, Charles (1985): Philosophical Papers. Bd. 1: Human Agency and Language. Bd. 2: Philosophy and the Human Sciences. Cambridge.
Taylor, Charles (1991): The Ethics of Authenticity. Cambridge/MA, London.
Taylor, Charles (1994): Quellen des Selbst. Die Entstehung der neuzeitlichen Identität. Frankfurt/M.
Ward, Steven (1995): The Revenge of the Humanities Reality, Rhetoric, and the Politics of Postmodernism. In: Sociological Perspectives 38 (2), 109–128.
Weber, Max (1968a): Die Objektivität sozialwissenschaftlicher Erkenntnis. In: Max Weber, Soziologie, Weltgeschichtliche Analysen, Politik. Stuttgart, 186–262.
Weber, Max (1968b): Vom inneren Beruf zur Wissenschaft. In: Max Weber, Soziologie, Weltgeschichtliche Analysen, Politik. Stuttgart, 311–339.
Weber, Max (1968c): Asketischer Protestantismus und kapitalistischer Geist. In: Max Weber, Soziologie, Weltgeschichtliche Analysen, Politik. Stuttgart, 357–381.
Wehrspaun, Michael (1989): Kommunikation, öffentliche Ordnung und das projektive Selbst. Die Bedeutung von Erving Goffmans Ökologie der sozialen Situation für die Analyse der Moderne. In: Zeitschrift für Soziologie 18 (5), 329–345.
Willems, Herbert (1998): Inszenierungsgesellschaft? In: Herbert Willems, Martin Jurga (Hrsg.), Inszenierungsgesellschaft. Opladen, 23–80.

A. Identität in der Gegenwartsgesellschaft: Theoretische Perspektiven

Außer Kontrolle?! Individualisierung, Pluralisierung und Entscheidung

Peter Gross

„Wir befinden uns in einem Zustand von Wanderern, die lange Zeit über einen gefrorenen See marschierten, dessen Spiegel sich bei veränderter Temperatur in große Schollen aufzulösen beginnt."

(Ernst Jünger 1960)

1. Die Verflüssigung der Gesellschaft

Wenn es darum geht, ein soziologisches Vokabular für das zu finden, was, angesichts dieses doch einzigartigen welthistorischen Vorgangs, etwas prosaisch unter dem Titel Modernisierung in den gesellschaftswissenschaftlichen, sozialhistorischen und sozialphilosophischen Arbeiten firmiert, dann konstituieren die Begriffe „Pluralisierung" und „Individualisierung" einen semantischen Operationsraum, in dem nicht wenige der die Heraufkunft moderner Gesellschaften begleitenden Erscheinungen ihren Platz finden können. Platz darin finden auch jene Splitter und petites récits, die die Suche nach umfassenden Konzeptionen mit globalen Ausblicken, spektakulären Kollisionen und ubiquitären Zyklen ablehnen und das Schlingernde, Heterogene und Unberechenbare der Modernisierung in den Vordergrund rücken. Gerade die Rede von Pluralisierung impliziert eine endlose Zersplitterung und Fragmentierung, ein kulturelles Patchwork, welches das Navigieren auf jeder Ebene, auch auf der wissenschaftlichen, ziemlich erschwert. In äußerst verkürzter Form könnte man die *Pluralisierung* als jene Bewegung oder Dynamik verstehen, die aus einer singulären Wirklichkeit eine Pluralität, ein, in den Worten von Clifford Geertz (1996), „allgegenwärtiges Flickwerk" von Weltauffassungen macht, die homogene Wirklichkeit samt ihren Wertehimmeln zerstückelt und klein hackt. Und in ebensolcher Verkürzung könnte man die *Individualisierung* als jenen Vorgang bezeichnen, in dem sich der Mensch zum Weltveränderer und Welteroberer aufschwingt, der die gegebene Wirklichkeit nicht nur aneignet, sondern zu verändern sucht und dementsprechend egologisches Handlungszentrum mit der Fähigkeit und Notwendigkeit zum Entscheiden wird. Pluralisierung der Weltauffassungen und Individualisierung sind, folgt man diesem Verständnis, aufs Engste ineinander verzahnt. Individualisierung ist Realisierungswille, denn Weltveränderung erfolgt auf dem Boden der Tatsachen oder des „Verdachts", wie Waldenfels (1985: 80 f) sagt, dass die gegebene „so unverbrüchliche und allumfassende" Ordnung nur mehr als eine unter möglichen anderen erscheint. Und wenn eine Ordnung nur mehr als eine der möglichen Ordnungen erscheint, dann wandelt sich auch die gegebene Ordnung. Sie ist von diesem Punkt an aufgegeben und damit transformier- und veränderbar. Und Pluralisierung der Wirklichkeiten wiederum ist auch ein Resultat des Denkenkönnens in Möglichkeiten, an denen die Wirklichkeit gemessen und ausgerichtet, und entsprechend schäbig erscheint.

Der dritte nun, im Zusammenhang mit Modernisierungsprozessen immer wieder genannte Begriff, der die Rede von der Pluralisierung und der Individualisierung in idealer Weise komplettiert, weil mit ihm der vormoderne Mensch aus festen lokalen, sozialen und zeitlichen Vorgaben, Gewissheiten und Selbstverständlichkeiten entlassen, „frei" und eben Individuum wird, ist der Begriff der *Emanzipation.* Die, wie Simmel es ausgedrückt hat, „Sprengung" der überkommenen, gültigen Lebensformen, die den vormodernen Menschen gebunden und gepresst haben, ist eine Bedingung der Möglichkeit, so könnte man es ausdrücken, überhaupt Möglichkeiten zu erfahren und zu sehen. Spirituell liegen die Anfänge der kulturellen, politischen und wirtschaftlichen Freisetzungsvorgänge mit lokalen und thematischen Phasenverschiebungen teilweise viel weiter zurück als in der soziologischen Theoriebildung angenommen und lassen sich entsprechende Vorgänge, etwa in der bildenden Kunst und der Literatur, schon um die Jahrtausendwende ansetzen (vgl. Dumont 1991; Ullmann 1974). Im Mittelalter lagen, dem großen Historiker Jacob Burckhardt zufolge, die „beiden Seiten des Bewusstseins – nach der Welt hin und nach dem Inneren des Menschen selbst – wie unter einem gemeinsamen Schleier träumend und halb wach ... In ganz Italien zuerst verweht dieser Schleier in die Lüfte; es erwacht eine *objektive* Betrachtung und Behandlung des Staates und der sämtlichen Dinge dieser Welt überhaupt; daneben aber erhebt sich mit voller Macht das *Subjektive,* der Mensch wird geistiges *Individuum* und erkennt sich als solches" (1919: 112). Augustinus schreibt um das Jahr 400 die erste Autobiographie und Signorelli lässt im 13. Jahrhundert die Toten in der Auferstehung von Orvietto aus festen Hinter- und Untergründen frei.

Vielleicht lassen sich die Modernisierungstheoretiker nicht nur danach systematisieren, welchen Lebensbereich oder welches gesellschaftliche „Subsystem" sie in den Vordergrund ihrer Überlegungen rücken, sondern gerade so gut danach, welchen der drei genannten und ineinander verzahnten Prozesse sie als – zumindest für ihre Arbeit – ausschlaggebend betrachten. Und vielleicht tut man Theoretikern wie Ralf Dahrendorf, Thomas Luckmann, Karl-Otto Hondrich, Richard Münch, Ulrich Beck, Louis Dumont, Stefan Breuer oder Ronald Hitzler Unrecht, wenn man sie am einen oder anderen, oder an zweien der drei Pole verortet und behauptet, die soziologische Modernisierungstheorie habe die Triade von Enttraditionalisierung, Optionierung und Individualisierung, bzw. von abnehmendem Selektionsdruck der Traditionen, Kontingenzerhöhung und resultierendem Dezisionismus *nie* konsequent in ihrem komplexen Zusammenwirken behandelt. Jedenfalls ist, bei der vorläufigen Akzeptanz dieses doch eingespielten und eingeschliffenen Vokabulars, die unmittelbare Abhängigkeit der Prozesse voneinander, also das sich gegenseitig verstärkende und antreibende Ineinander von Enttraditionalisierung, Optionensteigerung und Individualisierung, evident. Im Rahmen dieses, die ursprünglich okzidentale Sonderentwicklung kennzeichnenden, heute aber ubiquitären Vokabulars, könnte man die Individualisierung auch als ein aus den Prozessen der Emanzipation oder Enttraditionalisierung und der Steigerung der Optionen resultierendes Moment denken. Das Ich drängt sich, nach dem Abfall von Gott, ähnlich einem Gestirn, das sich vor die Sonne schiebt, in den Vordergrund. Im heilsgeschichtlichen Prozess, der jetzt irdisch vorangetrieben wird, erhält das Individuum die bedeutsame, ja entscheidende Rolle zugesprochen (vgl. Gross 1997b).

Ob nun heilsgeschichtliche Überhöhung dieses Vorganges als Erlösung oder Selbsterlösung, oder als kulturkritische Deutung dieses Prozesses als Verhängnis, Entbettung und Vereinzelung: Die Geschichte entlässt oder stößt den Menschen der Moderne in eine Moderne, die ihm aufgibt und aufzwingt, sich im kolossal gesteigerten Zuwachs von Erlebens-, Erfahrungs-, Handlungs- und Lebensmöglichkeiten zurechtzufinden (vgl. Gross 1994). Damit wird das Vokabular von Enttraditionalisierung, Optionierung und Individualisierung anschlussfähig an eine weitere Begriffsschiene, die zunächst eher in der politischen Philosophie bzw. Theologie, in der Existenzphilosophie und in der konservativen Kulturtheorie sowie in den Wirtschaftswissenschaften als in der Soziologie beheimatet ist. Der moderne Mensch, immer wieder in der Wolke der Ungewissheit, Unübersichtlichkeit und Orientierungslosigkeit verschwindend, sich in sie zurückziehend, muss, selbst wenn er dies tut und sogar um dies zu tun, *wählen* und *entscheiden*. Und das geschieht auch dann, wenn er sich, wie sein eigener Zauberer, durch Nichtstun verschwinden lässt. Wenn sich die Zukunft nicht mehr von selbst aus der Vergangenheit ergibt, muss entschieden werden. Die Verknüpfung von Gegenwart (bzw. Vergangenheit) und Zukunft erfolgt individuell durch Entscheiden. Die Zukunft lässt man sich nicht mehr durch die Vergangenheit garantieren, sondern durch Entscheidungen oder durch Entscheidungen für Organisationen, die Entscheide abnehmen und Unsicherheiten absorbieren. Garantien ergeben sich, in einem vormodernen Sinne, für das was kommt aber gerade nicht. Man landet mit dieser Begrifflichkeit einerseits in der wirtschafts- und betriebswirtschaftlichen *Entscheidungstheorie* und andererseits im existenzphilosophischen und politisch-theologischen *Dezisionismus.* Man betritt also einerseits ein ziemlich langweiliges, erst neuerdings mit dem Eingang von Komplexität und Unbestimmtheit in die Entscheidungstheorie sowie der Umstellung von präskriptiver zu deskriptiver Fragestellung spannenderes Tableau von betriebswirtschaftlichen Versuchen und Modellen (vgl. March 1994), andererseits ein mit Minen und Fundamentalismen gespicktes Feld der politischen Theorie und Theologie (vgl. von Krockow 1990).

Während die traditionelle betriebswirtschaftliche Entscheidungstheorie das Entscheiden in eine verlässliche Logik von Zielen und Mitteln einbetten will, also normativ ist und damit das Entscheiden zu einem Rechnen und Berechnen macht (vgl. Brosziewski 1998), rückt der *Dezisionismus* das Entscheiden aus allen objektiven und normativen Bestimmungen heraus und versteht sich als radikaler Gegenpol zu allen soziologischen Einbettungsversuchen und normativen Kalkülen. Die wirkliche Entscheidung ist frei von Normativem – die Entscheidung ist, wie Schmitt es ausdrückt, „normativ gesehen, aus dem Nichts geboren" (1922: 31) – und auch frei von allen anderen Bedingtheiten, die historisch oder soziologisch denkbar sind und als Bedingungsfaktoren herausgearbeitet werden können. Individuum ineffabile est. Die menschlichen Lebensordnungen können wie auch die sie hervorrufenden Entscheidungen nicht abgeleitet, sondern nur existentiell verstanden werden, sie sind weltgeschichtlich gesehen *Ausnahmen*. In dieser Sichtweise lebt sogar die Regel und die Regelmäßigkeit von der Ausnahme und nicht umgekehrt. Rationalität wird zum Mythos und Soziologie verunmöglicht, es sei denn, sie würde existenzialistisch umgeschrieben (vgl. Hitzler 1996).

2. Die Notwendigkeit der Entscheidung

Je mehr entschieden werden muss, desto instabiler wird die Welt und desto ungewisser wird die Zukunft. Die Gesellschaft wird in Schwingung gehalten durch Interaktionen, die weder mehr festen Gewissheiten noch autoritativen Befehlen folgen. In diesem Punkt ist die subjektorientierte Handlungstheorie von Max Weber bis Alfred Schütz unzureichend. Max Weber stand ja der heroischen Geisteshaltung und auch der Diagnose der Moderne, wie sie etwa Ernst Jünger und vor allem Oswald Spengler vertreten haben, nicht allzu fern. Zur von ihm konstatierten Zunahme der Rationalisierungszwänge tritt ein Antagonismus tödlich konkurrierender Werte. Während Ernst Jünger immer wieder das Brüchigwerden der Gegenwart beschreibt („Wir befinden uns in einem Zustand von Wanderern die lange Zeit über einen gefrorenen See marschierten, dessen Spiegel sich bei veränderter Temperatur in große Schollen aufzulösen beginnt" – 1960: 158) und die von Max Weber perphorreszierte nachmetaphysisch-utilitaristisch-rationalistische Zeit des „letzten Menschen" als Durchgangsstadium zu einem neuen Menschen ansah, ist der Mensch, Weber zufolge, gerade und erst dann frei, wenn er sich nicht aus dem Determinationszusammenhang der Gesellschaft herausnimmt, sondern sich *bewusst* in diesen hineinstellt. Alfred Schütz seinerseits pflegt bezüglich seines methodologischen Ausgangspunktes eine eher überkommen betriebswirtschaftliche Sicht der Dinge, was, wenn man sich das Erscheinungsjahr seiner Überlegungen zum Wählen vergegenwärtigt, auch kein Wunder ist (nämlich 1951). Auch die modernsten Fortschreibungen dieses Ansatzes und der Versuch einer Verschmelzung der schützschen Lebensweltanalysen mit dem methodologischen Individualismus der Mikroökonomie greifen, angesichts des rasanten Fortschreitens einer nunmehr globalisierten Moderne, *ins Leere* (vgl. Esser 1991; Eberle 1997).

Beide Versuche sind mit einer Theorie der Modernisierung im hier vertretenen Sinne wenig kompatibel. Sie betten Entscheiden nicht in eine sich gerade unter subjektorientierten Gesichtspunkten zunehmend verflüssigende und ihre Kontingenz erhöhende Gesellschaft ein. Sie gehen, in der Sprache der Devisenhändler, von einem „toten" Markt aus (vgl. Brügger 1998: 13) *Handeln* lässt sich zwar theoretisch als Transformation einer Situation in eine andere konstruieren. Und normalerweise versteht sich die Welt oder der Ausschnitt der Welt, in der gehandelt wird, von selbst. Dann ist die Welt verlässlich. Man kann diese Welt unterschiedlich benennen, als verlässliche Welt, als traditionsbestimmte Welt, als Lebenswelt, als *mundane* Welt (vgl. die Entfaltung dieser Begriffe bei Honer 1993). In so genannten *Gewohnheitsgesellschaften*, in denen Kierkegaard zufolge die Verzweiflung aus dem sich Abstrampeln in Notwendigkeiten rührt, ist das Leben der Menschen durch zahllose traditionelle Bindungen und Einbettungen bestimmt, die Lebenswelt ist gegliedert in „small communities", die territorial klar umgrenzt, erwartungssicher und so gefestigt sind, dass sich der Mensch in ihnen „fraglos" zu Hause fühlt (vgl. Luckmann 1980). Auch in modernen *Organisationsgesellschaften* sind viele Welten, etwa die Welt des Einkaufs, des sonntäglichen Ausflugs, die Welt der Speisekarten, der Berufe, des Studierens und vieles andere, nach wie vor mehr oder weniger verlässlich geregelt. Aber nicht „gewiss". Die moderne Welt ist fluid, bewegt, volatil. Und viele Möglichkeiten sind neu, unerforscht und müssen, ohne Erfolg zu versprechen, realisiert werden.

Organisationen machen nicht die Welt fester, sondern begründen und routinisieren Entscheidungen. Organisationen können verstanden werden als intendierte Konstrukte, als Kompensationen verlorener Gewissheiten. Sie resümieren nachtraditionale Gewissheiten, die, wenn sie lange genug prozessiert werden, absinken und Selbstverständlichkeiten (und damit auch blinde Flecken) werden. Man könnte vielleicht sogar sagen, dass die Organisation ein sichtbares Gerüst auf unsichtbaren Fundamenten darstellt, den kulturellen Gewissheiten, die, wie man betriebswirtschaftlich zu sagen pflegt, informell und als „tacit knowledge" im Sinne Polanys die organisatorischen Strukturen erst ermöglichen. Es ist schon erstaunlich, wie dieser Unterschied von Tradition und Organisation im zeitgenössischen soziologischen Schrifttum verwischt ist. In Reglementen und Ordnungen objektiviert, kann man auf diese verweisen und ist von langen Begründungen entlastet. Selbstverständlich sind sie auch einer Dauerreflexion und Dauerbefragung unterworfen und ihre schriftliche Fixiertheit lässt es zu – wie prototypisch am Beispiel der Gesetzgebung zu beobachten –, dass man deren Regelungen und Einschränkungen neuen Gegebenheiten anpaßt. Die Geschichte der Moderne, so Anthony Giddens, besteht „zum großen Teil aus der Rekonstruktion von Traditionen, die sie auflöst" (1996: 175). Zum anderen Teil, vielleicht sogar zum größeren, konstruiert die moderne Gesellschaft in ihren entsprechenden „legislativen" Organen eben neue Ordnungen für neue Gegebenheiten, für die überkommene Regeln nicht ausreichen! Dann kommt auch der Entscheidungsbegriff ins Spiel. Während Handeln (sagen wir vorsichtshalber in aller Regel) ohne Entscheidungen auskommt oder auf längst vergangenen und vergessenen (sofern sie nicht ein Historiker rekonstruiert) Entscheidungen beruht, Handeln also einen stark rituell geprägten, routinisierten und typischen Verlauf nimmt, sind Entscheidungen erst dann notwendig, wenn *Neues* auftritt, das sich gegen eine fraglos-automatische Bearbeitung und Behandlung im Handeln sperrt. Die Grenze des Tolerierbaren, „die von den alten Gesetzen festgelegt wurde“, gilt dann nicht mehr, wenn „etwas Untolerierbares auftritt, das es noch nie gegeben hat“ (Eco 1998: 116). Die alten Regeln der Bearbeitung beim Auftreten neuer Wege, Mittel und Sachlagen sind dann nicht mehr anwendbar.

Es gibt mithin keine Kongruenzen von Entscheidung und Handlung in dem Sinne, dass „jede Handlung eine Entscheidung erfordere und umgekehrt jede Entscheidung ihre Durchführungshandlung“ (Luhmann 1981: 337). Entscheidungen unterscheiden sich, Niklas Luhmann zufolge, von Handlungen durch einen „anderen Bezugspunkt ihrer Identifikation und eine andere Erfassung von Kontingenz“ (1981: 337). Zwar kann voll routinisiertes Handeln zweifellos als Wiederholung einer einmal getroffenen Entscheidung aufgefasst werden. Eine Entscheidung ist gerade das Gegenteil eines wiederkehrenden oder typischen Ablaufes. Sie bestimmt sich durch die Wahl *zwischen* Möglichkeiten und der Auswahl *einer* der Möglichkeiten, um eine Ordnung zu schaffen, die vielleicht von da ab Routinen und Wiederholungen ermöglicht. Wie der auf die Straße gemalte Kreidepfeil bei einer Schnitzeljagd die Richtung aller Jagenden festlegt.

Konsequenterweise kann nun die Moderne, insofern sie tagtäglich eine gigantische Zahl von Möglichkeiten kreiert, aus sich entlässt und aus den Erfindungs- in die Produktionsstätten und von dort auf die Märkte schickt und mittels der modernen Medien allüberall verbreitet, eine *Zeit der Entscheidung* (oder gar der Entscheidungsnotstände!) genannt werden. Zu entscheiden ist, wo Traditionen, Routinen und Organisationen, eingeschlossene Ordnungen und Gesetze nicht in der Lage sind, das Handeln zu lenken, zu befehlen und zu führen, wo Alternativen gegeben, die Operationsräume abgeschritten und bewertet und eine Möglichkeit gewählt wird, während die anderen, jedenfalls für den Moment der Entscheidung, verblassen. Entschieden werden muss, wenn Unsicherheiten und Ungewissheiten eintreten. Wir können, um Heinz von Foerster zu paraphrasieren, nur jene Fragen entscheiden, die prinzipiell unentscheidbar sind (1993: 351). Mit anderen Worten: Was nicht berechenbar und in den Ursachen und Folgen unterschiedlich interpretierbar ist, muss entschieden werden. Gewiss lässt sich die „Zeit der Entscheidung“ im Sinne von Oswald Spengler oder Carl Schmitt auch als *einzigartige* historische Situation auffassen, wo die Vergangenheit zu Ende (und deshalb aus dem „Nichts“ heraus entschieden werden muss) und die Zukunft offen ist und damit die Entscheidung für ganze Zukünfte sich aufdrängt. Damit ist nicht die kleine Entscheidung in den kleinen Welten von Supermärkten anvisiert, sondern die große, die politische, letztlich die transzendentale Entscheidung, die selber sogar noch über das Entscheidenwollen entscheidet (vgl. Heintel 1986).

Die große Politik „als die Kunst des Möglichen fern von allen Systemen und Theorien, als die Meisterschaft, mit den Tatsachen als Kenner zu schalten, die Welt wie ein guter Reiter durch den Schenkeldruck zu regieren“ (Spengler 1933: 14), die Zeit der Cäsaren also, wie sie auch Carl Schmitt herbeisehnte, und bei ihm in der fundamentalen Unterscheidung (im Sinne einer Entscheidung) von *Freund* und *Feind* beginnt, ist angesichts des globalen Ausgriffs des abendländischen Fortschrittsprogramms möglicherweise erneut virulent. Durch die Spannungen und Risse, die eine gleich einem Dschagganath-Wagen vorwärts drängende westliche Kultur (vgl. Giddens 1995) in der Gegenwartsbeschleunigung bekommen hat, wird vielleicht bald und an verschiedenen Orten gleichzeitig die Kultur zur Kulturkrise und in ihrer Reflexion als Ganzes der Entscheidung überantwortet (vgl. von Krockow 1990: 155).

Aber was sich, von Krockow zufolge, notwendigerweise einstellt nach dem „Fraglichwerden und schließlich im Verfall einer übergreifenden, anerkannten Ordnung" (von Krockow 1990: 155), wo sich die einzelnen Lebensbereiche verselbständigen und „je für sich absolut setzen", und eine Aufspaltung in Welten des Religiösen, des Politischen, der Kunst, der Wissenschaft und der Wirtschaft erfolgt, ist heute, und nicht erst in der so genannten Post-Moderne, aber in dieser besonders offensichtlich, allermassivste Gegenwart. Aber von der Notwendigkeit, aufgrund einer neuartigen metaphysischen Heimatlosigkeit gewissermaßen in eine radikale, letztliche Entscheidung hineingeführt zu werden (vgl. auch Boros 1993), ist derzeit wenig zu spüren. Der philosophische und politische Dezisionismus, der Entscheidungen zwischen Freund und Feind, zwischen Gut und Böse und zwischen Gegensätzen will, ist, wie alle binären Schematismen, in einer Wolke postmoderner *Inkommensurabilitäten* verschwunden.

Und damit tritt das alltagspraktische Entscheiden zwischen Alternativen und entsprechenden Überlegungen und Theorien in den Vordergrund, von den betriebswirtschaftlichen Entscheidungsmodellen bis hin zu mikroökonomischen Überlegungen, wie Entscheidungen unter zunehmender Unsicherheit (bzw. wie Unsicherheit erst Entscheidungen erfordert) möglich sind. Insofern in der modernen Gesellschaft auch wegen der Globalisierung (ein besonders anschauliches Beispiel ist das Wachstum des Internets) die Kontingenz ansteigt und gleichzeitig die Gewissheiten verblassen, haben die klassischen, hierarchischen Entscheidungsmodelle und -bäume, die von festen Angeboten, festen Präferenzen und feststehenden Mitteln ausgehen, ausgedient. Ausgedient hat damit auch der alte Rationalitätsglaube von Max Weber bis zu Friedrich Jonas, der mit der Annahme fester Ziele, fester Mittel, fester Wege und daraus resultierender berechenbarer Wirkungen und Unglücke operiert hat. Und in Frage gestellt werden muss die überkommene Vorstellung von Verantwortungsethik. Mit dem Vorteil, dass das *Gehäuse der Hörigkeit,* in welches die domestizierende Rationalisierung aller Lebensbereiche und allen Handelns einmündet, ebenso wenig, wie immer sie perhorresziert wurde, eintritt. Vielmehr weicht die disziplinierende und glättende Rationalisierung einer zunehmend Möglichkeiten freisetzenden Individualisierung. Kurz: Auch die Rationalität bzw. die Annahmen über rationales Handeln, verantwortbare Folgen, feste Ziele, Mittel und Wege werden individualisiert.

Der methodologische Individualismus wird damit nicht obsolet, aber selber individualistisch. Auch wenn alle rational handeln, so besagt das noch gar nichts über die Folgen; auch wenn alle nach Rom wollen, aber viele Wege dorthin führen, so ist nur beschränkt voraussagbar, welche Wege genommen werden. Jede Entscheidung verändert den Möglichkeitsraum; auch in den kleinen Lebenswelten und in Subsystemen lassen sich keine homogenen Wirklichkeiten mehr mit verbindlichen Ordnungen und Kodierungen antreffen. Nicht nur darum, weil – wie in einem Supermarkt – andauernd Neues hinzukommt, sondern weil sich die Grenzen der lange als geschlossen gedachten, sich nun aber gegeneinander öffnenden Entscheidungsräume samt ihrer inhärenten Ordnungen koppeln, überlappen, kurzschließen. In dieser zunehmend instabilen Welt, muss sich eine neue Logik einspielen – oder erfunden werden.

3. Wohin soll ich mich wenden ...

Aber wie soll dies geschehen? Wie soll entschieden werden, wenn der Entscheid selber den Operationsraum, der bei der Entscheidung als gegeben angesetzt wurde, *verändert*? Wie soll entschieden werden, wenn sich aufgrund der nach einer Entscheidung ändernden Gesamtlage auch die – um in alten Kategorien von Zwecken und Mitteln zu denken – Mittel bzw. die Wege, die zum Ziel führen, ändern? Wenn sich unterwegs neue Sollwerte einstellen? Und wenn neue, noch nie gesehene, geschweige denn erprobte Mittel und Wege auftauchen? Wenn alle Wege nach Rom führen, ist es zwar rational sich für den kürzesten zu entscheiden. Wenn sich alle, aus rationalen Gründen, für diesen entscheiden, wird er zum umständlichsten Weg. Wenn alle auf den Zehenspitzen stehen, sieht keiner weiter. Vielleicht. Durch den Entscheid verändert sich die Entscheidungssituation und es muss, je nachdem, wie entschieden wird, anders entschieden werden. Und wenn, wie im ziemlich altmodischen Beispiel des beklagenswerten Schicksals vom Tanaland (Dörner 1989), die Fern- und Nebenwirkungen von Entscheidungen Prozesse generieren, welche die Tanaland nach getroffenen Entscheidungen so verändern, dass sein Schicksal beklagenswert wird, dann stellt sich die Frage, wie Entscheidungsprozesse so umzustellen sind, dass dergleichen nicht passiert.

Für Dietrich Dörner kommt es darauf an, den „gesunden Menschenverstand" einzusetzen (1989: 30); einen gesunden Menschenverstand, der allerdings in der „richtigen" Weise einzusetzen ist, in Zeitabläufen, in vernetzten Systemen, in Langzeitwirkungen – die alte Machbarkeitsillusion. Zu diesem Zweck sind die Entscheidungssituationen computertechnisch zu simulieren. Obwohl einmal dieses, einmal jenes wichtig ist, lässt sich, so Dörner, der Umgang mit verschiedenen Situationen, die verschiedene Anforderungen stellen, lernen, was freilich auf der gleichen Seite wieder zurückgenommen wird. Denn was, so Dörner, vernetztes oder systemisches Denken genannt wird, ist keine „isolierte Fähigkeit", sondern „ein Bündel von Fähigkeiten und im Wesentlichen ist es die Fähigkeit, sein ganz normales Denken, seinen gesunden Menschenverstand auf die Umstände der jeweiligen Situation einzustellen" (1989: 309). Für Frederic Vester muss die Frage, wann und ob eine Ölkrise eintritt, zurücktreten hinter der Frage, was zu tun wäre, wenn sie eintreten würde

(1998). Es könnte sein, dass das, was Modernität genannt wird und versehen ist mit Eigenschaften wie Komplexität, Vernetztheit, Wirkungszusammenhängen und Ähnlichem mehr, bis zu einem gewissen Grade auch nichtmoderne Gesellschaften auszeichnete. Erst die Verengung auf einen rationalen Entscheidungsbegriff und die Fokussierung auf die Entscheidungsprozesse objektivierende und legitimierende moderne Organisationsgesellschaft hat die Sichtweise von Entscheidungen so vereinfacht, dass sie, computertechnisch simuliert, genau jene Eigenschaften hervorbringen, die zur Grundausstattung des Menschen gehören, nämlich mit komplexen Systemen mehr oder weniger Erfolg versprechend umgehen zu können. Mit anderen Worten: Es muss umgestellt werden von der Frage, wie entschieden werden *soll*, auf die Frage, wie etwas entschieden *wird* (vgl. March 1994). Vielleicht lassen sich Muster des Umgangs mit einer flüssigen Welt erkennen.

Gewiss gehen auch nicht-menschliche Lebewesen erfolgreich mit Komplexität um, aber in vergleichsweise langen Zeiträumen, in denen über Mutation, Selektion und Reproduktion evolutionäre Anpassungen erfolgen (vgl. Esser 1993: 185 ff). Seine Ausstattung ermöglicht es dem Menschen, Mutations-, Selektions- und Revisionspotential situativ, gleichsam in einem Zeitraffer zu entwickeln und komplexe Situationen völlig unterschiedlichen Zuschnitts zu bewältigen. Ob man mit Plessners anthropologischem Minimum oder mit Gehlens Mängellage operiert: „Seine von der unmittelbaren Korrelation mit dem verbalen, gelösten und dadurch weltoffen gewordenen Sinne stellen ihn reizüberflutet in ein Überraschungsfeld, das er durcharbeiten und sich verfügbar machen muss. Wo das Tier im beschränkten Kreis immer schon weiß, was ein Jegliches bedeutet und von ihm fordert, strömen zwecklos von allen Seiten ungeordnete und desorientierende Eindrücke auf ihn zu" (Landmann 1975: 152). Mit anderen Worten: Wir müssen wieder lernen, so mit komplexen Situationen umzugehen, wie wir immer mit ihnen umgegangen sind; wir können versuchen, die Regeln dieses Umgangs zu beschreiben und für die modernen Organisationen und für das Management, für jede Art von Situationen, wo entschieden werden muss, ins Berechenbare zu bringen. Die präskriptive Entscheidungstheorie, die Entscheidungsregeln bereitstellt, fußt mit anderen Worten auf einer intuitiven „Theorie" oder Vorgehensweise, deren Deskription Anhaltspunkte dafür liefert, wie mit der Ungewissheit der Zukunft umgegangen werden könnte.

Beobachtung ist nicht immer auch Selbstbeobachtung, aber man kann aus der Selbstbeobachtung viel lernen. Stellt man sich die Frage, wie man im Alltag mit der Waren- und Wissensflut, mit dem *„Flow"*, fertig wird, so zeigt sich, dass die neuartige Gesamtlage implizit gewiss ist und die Reaktionsweisen darauf implizite Reaktionen auf ungewisse Zukünfte darstellen. *Tacit Knowledge* im Sinne Polanys! Dabei rührt die Ungewissheit im Grunde genommen nicht daher, dass man zu wenig, sondern dass man zu viel weiß, aber dass man vermutlich nicht weiß, dass eine millionenfach individuell gestaltete Zukunft die Ungewissheit der Zukunft sogar noch vergrößert. Das fundamentale *Paradox* der Moderne besteht darin, dass mit der zunehmenden Autonomie und der vermehrten eigenmächtigen Machbarkeit der Welt sich die Ungewissheit der Welt (weil wir immer weniger wissen, wie die anderen handeln) steigert. Und parallel vergrößert sich auch die Anstrengung der überkommenen Theoriebildung, doch noch gemeinsame Ordnungen aufzufinden; Cluster, die sich um Lebensstile ballen, resistente, mich gegen außen abschließende Milieus, oder aber die Ordnung im „in Ordnung bringen" durch die Handelnden selbst zu thematisieren. Und parallel zu den Anstrengungen der Theorie wachsen die Anstrengungen, menschlichem Handeln Ansichten, Motive, Gründe zu unterstellen – am besten einem allen Handeln und Verhalten gemeinsamen Zweck, wie Nutzenmaximierung, Altruismus, Überleben und Ähnliches mehr (vgl. Schütz 1971; Eberle 1997). Es ist, wie Richard Sennett bemerkt, eine „Art akademischer Traum" von Strategien und Plänen, von Kosten und Nutzen auszugehen (1998: 116). Ebenso gut könnte die „Furcht davor, nichts zu tun", elementare Antriebskraft sein. Gleichviel, ob die Qual der Wahl aus tausend Einzelprodukten in einem durchschnittlichen Supermarkt, oder die Qual der Wahl aus zehn Anzügen oder zwanzig Krawatten oder dreißig Hemden oder vierzig Paar Socken besteht – wenn alle ohne feste kulturelle Traditionen (was, wann, wo, wie) einkaufen, anziehen, eben wählen und entscheiden, ist insgesamt immer weniger voraussagbar, was morgen oder schon heute Abend gegessen, getragen und demonstriert wird. Jedes Treffen mit Kollegen, Kameraden, alten Bekannten, sei es zu einem Gartenfest, zu einer Klassenzusammenkunft, zu einem Seminar, zu einer Arbeitssitzung, erfreut (oder ärgert) mit einer wilden Vielfalt von Lebensstilen, von den geäußerten Meinungen bis zum Outfit.

Manchmal freuen wir uns, manchmal ärgern wir uns – über uns. Denn die Konfrontation mit Anderem konfrontiert mit nicht gewählten, aber prinzipiell wählbaren Möglichkeiten. Man spürt die unhintergehbare Riskanz, die in jeder Entscheidung liegt. Wenn man entscheiden kann, entscheidet man sich für etwas und gegen anderes. Die Riskanz des Wählenkönnens besteht nun darin, dass mit großer Wahrscheinlichkeit in der Konfrontation mit anderen nicht gewählten Möglichkeiten die bange Frage wach wird, ob man richtig und klug gewählt habe. Dieses Problem tritt selbst dann auf, wenn man sich gegen die Riskanz von Entscheidungen versichert. Eine Versicherungsgesellschaft geht mit einer Versicherung das Risiko ein, dass der Schadensfall eintritt, der Versicherungsnehmer umgekehrt, dass er nicht eintritt (vgl. Luhmann 1996: 273). Die Einrichtung von Versicherungen produziert also paradoxerweise nicht Sicherheit, sondern neue Risiken. Die Riskanz der Moderne hat gewiss mit der Riskanz von Großtechnologien zu tun, aber Riskanz ist eigentlich schon eine Folge von Wahlmöglichkeiten. Oder mit Luhmann ausgedrückt: „Risiken (sind) eine unvermeidbare Komponente des Entscheidens" (1996: 275). Und insofern Versicherungen neue Wahlmöglichkeiten präsentieren, produzieren sie neue Riskanz. Auch im medizinischen Bereich produzieren neue diagnostische und therapeutische Optionen neue Risiken. Die alten Risiken, etwa die der pränatalen Diagnostik, werden durch die Technik der präimplantativen Diagnostik nicht ausgeräumt, sondern durch neue ersetzt. Insofern versuchen hochkulturelle oder versuchten archaische Gesellschaften die Riskanz durch Ausschaltung der Wahlmöglichkeiten (entweder durch Befehlskulturen oder Gewissheitsgesellschaften) zu verringern. Eine religiöse Bearbeitung der im Entscheiden verborgenen Riskanz kann selbstverständlich auch durch die Annahme eines *Deus absconditus*, eines verborgenen Schöpfers und Steuermanns, einer wie immer gearteten Teleologie, diese gegen Null tendieren lassen. Aber das ist nicht unser Thema, obwohl sich Schließungsvorgänge dieser Art derzeit an allen Ecken und Enden der Welt, auch der kleinen Welten zeigen lassen.

Diese also gar nicht typisch moderne, sondern typisch menschen- und situationsgemäße Riskanz lässt sich nicht nur am Beispiel der Partnerschaften, an diesen aber besonders drastisch demonstrieren. Die zeitgemäße, nun global ausgreifende („Pakistanisches Gericht erlaubt Heirat gegen den Willen des Vaters") Praxis der Neigungs- und Liebesehe oder -partnerschaft macht, gerade weil sie die Wahlmöglichkeit des Individuums groß schreibt, Partnerschaften und insbesondere Heiraten im bürgerlichen Sinne (bis dass der Tod euch scheidet) riskant und umso riskanter, je umfassender und globaler die Operationsräume werden. Die Bekanntschafts-, Partnerschafts- und Heiratsmärkte haben sich in wenigen Jahrzehnten global etabliert. Während noch vor einem halben Jahrhundert hierzulande (in der Ostschweiz) sogar gemischt-konfessionelle Heiraten als riskant eingestuft worden sind, sind heute gemischt-rassige oder homosexuelle Ehen gang und gäbe. Aber je größer die Palette und je breiter die Wahlmöglichkeiten, desto höher die Riskanz. Wenn die einander gefundenen Paare sich mit anderen selbstgefundenen Paaren zusammenfinden, in Clubs, Erlebnis-Hotels oder wo auch immer, taucht natürlich die Frage auf, im Angesicht der rundum schönen Frauen oder attraktiven Männer, ob die eigene Wahl die richtige war. Die Riskanz wird dann gesteuert durch die Vorstellung, dass die Trennung und unterdessen auch die Scheidung leicht ist, oder dass der Seitensprung unterdessen sogar im schweizerischen Bundesparlament allen Ernstes anstelle der Handhabung von Reproduktionstechnologien empfohlen wird, oder dass der heimliche oder in so genannten Swinger-Clubs öffentliche Partnertausch die Riskanz möglicherweise abmildert (vielleicht aber sogar verstärkt).

Wie im Supermarkt die Fehleinkäufe nicht deshalb stattfinden, weil es zu wenig gibt, sondern zu viel, und damit gleichzeitig das Gefühl steigt, dass wir zu wenig wissen, um entscheiden zu können, steht es in allen Lebensbereichen. Ob Tee oder Zahnseide, ob Sinn oder Theorie – die Orientierungslosigkeit rührt daher, dass wir immer weniger in der Lage zu sein scheinen, die einzelnen Varianten zu kennen, geschweige denn auszuprobieren. Auch im Bereich der soziologischen Theoriebildung werden Ansätze so komplex, dass man ein Leben bräuchte, um an dieser wirklich Anteil zu nehmen. Die Multioptionsgesellschaft ist spirituell oder virtuell, ihr Kennzeichen ist nicht die faktische Realisierung von allem durch alle, sondern der Realisierungswunsch und das Wissen um die in Multioptionsgesellschaften prinzipiell mögliche Realisierung. In dem 1917 erstmals gehaltenen und 1919 publizierten Vortrag Max Webers „Wissenschaft als Beruf" heißt es: „Die zunehmende Intellektualisierung und Rationalisierung" bedeutet zwar nicht schon allgemein bessere „Kenntnis der Lebensbedingungen", aber doch „das Wissen davon oder den Glauben daran: dass man, wenn man nur wollte, es jederzeit erfahren könnte" (1991: 250). Das Wissen darum und der Glaube daran, dass man prinzipiell *könnte* – das ist die Multioptionsgesellschaft. Wie weit sich die Optionsprogramme weltweit verwirklichen lassen, ist eine andere Frage. Und inwiefern es auf irgendeinem Niveau einen Marschhalt gibt oder gar die Paradiesträume der Menschen verwirklicht sind, die angesichts des verweltlichten christlichen Futurismus, der die diesseitige Utopie oder die Ideologie oder die Intopie an die Stelle des Himmels und der Hölle im Jenseits gesetzt hat, bleibe ebenfalls dahingestellt (vgl. Weber 1991; Luhmann 1998). Alle Teilsysteme produzieren und projektieren immer weitergehendere Beglückungen, seit das Jenseits nicht mehr im Jenseits, sondern im Diesseits erreicht werden will, ohne Stop-Programme, auf hunderttausend individualisierten, verheißungsvoll blinkenden Pfaden. Dennoch: Alle Wege führen zwar nach Rom, aber das Ziel ist beweglich, es rückt mit jedem Schritt, dem man ihm näher kommt, gleichweit in die Ferne.

4. Wie entscheiden, wenn entschieden werden muß?

Also noch einmal: *Wie entscheiden, wenn entschieden werden muss?* Trotz zunehmenden und beklagten Entscheidungsnotständen in der modernen Gesellschaft verlangt nach wie vor nicht jede Handlung eine Entscheidung. Entschieden werden muss, wenn Gewissheiten, Routinen oder auch Imperative und Befehle versagen. Und das ist immer häufiger der Fall. Immer mehr muss entschieden werden – immer mehr Entscheidungen passieren. Und immer häufiger tritt ein, dass etwas bestimmt oder getan oder erreicht werden will oder muss, die dazu verfügbaren Mittel aber vielfältig, unterschiedlich und teilweise hinsichtlich ihrer Effektivität zur Zielerreichung mehr oder weniger unbekannt sind. Die fraglos gegebene Welt, die von vornherein Bestand hat, in der die Reziprozität der Perspektiven unterstellt, die Übereinstimmung der Relevanzsysteme nicht nur idealisiert, sondern weitgehend realisiert sind, und die Standpunkte im sich Hineinversetzen in den anderen gleich bleiben, wird ja zunehmend abgelöst oder überschichtet durch in jeder Beziehung multioptionale Wirklichkeiten mit neuen konkurrierenden Wirklichkeitsbereichen (wie den Internet- und Cyberwelten) und nie gesehenen Möglichkeiten. Die überkommenen Gewissheiten greifen in solchen Sachlagen wie die betriebswirtschaftliche Logik der Mittel, Ziele und Wege. Alles ist neu, alles ist anders. Vielleicht nicht so arg, wie in Paul Austers Roman „In the Country of Last Things" (1987), wo jeden Morgen alle Straßen anders, alle Häuser verschoben, alle Karten veraltet sind. Aber täglich ändern sich die Börsenkurse, die Menüs, die Sonderangebote, die Anrufe, und nicht nur Wind und Wetter. Es muss, wie auf dem „Trading Floor", mit einer instabilen Welt gerechnet werden. Die Tagespläne werden revidiert, die Agendas komplettiert, die Aufsätze, an denen man gerade schreibt, korrigiert. Wie also ist zu entscheiden und wie also wird entschieden, wenn sich das Terrain, auf dem man sich bewegt, dauernd ändert, wenn die Ziele, die man sich gesetzt hat, anderntags nicht mehr erstrebenswert erscheinen und wenn die Maßnahmen, die vorgesehen waren, deshalb verworfen und neu gefunden werden müssen?

Auch die avanciertesten Lösungsvorstellungen in den modernen Sozialwissenschaften, wie etwa Alfred Schütz' Theorie sozialen Handelns (zumindest seine „Theorie der Wahl", auf die wir uns hier ausschließlich beziehen) oder die mikroökonomische „Rational Choice-Theorie" stoßen, wie oben angemerkt, an ihre selbstgesetzten Grenzen. Nicht nur, dass dort alle kleinen Entwürfe und Pläne ein System bilden, das sich einem Lebensplan als umfassendsten Plan unterwirft (die alte Hierarchie) und somit jede Wahl auf Wahlen höherer Ordnung verweist (Schütz 1971: 107 f). Mehr oder minder ist auch eine Konsistenz der Rahmenbedingungen des Wählens und Entscheidens, sei es nun eine feststehende Rangordnung von Werten oder seien es feststehende, subjektive Präferenzen, vorausgesetzt. Die alte Rationalisierungsvorstellung triumphiert. Selbst der Entwurf von Neuem impliziert, dass „das entworfene Handeln, sein Zweck und seine Mittel mit jenen typischen Elementen der Situation verträglich und konsistent bleiben, die uns bisher aufgrund unserer während des Entwerfens verfügbaren Erfahrung die Ausführbarkeit, wenn nicht gar den Erfolg von typisch ähnlichem Handeln gewährleisten" (Schütz 1971: 84). Und das mikroökonomische Verhaltensmodell des *methodologischen Individualismus*, das wie auch die hier vertretene Position (wie auch die der phänomenologisch orientierten Soziologie) davon ausgeht, dass Entscheidungen von Individuen das Verhalten und Handeln prägen (vgl. Kirchgässner 1991; 1997), ist in ähnlicher Weise der Kontingenz der modernen Welt und der Autonomie der Individuen nicht gewachsen. Nicht nur sind, wenn auch bei weitem nicht alle, so doch noch viele Verhaltensweisen nicht auf Entscheidungen rückführbar. Man denke etwa an die mehr oder weniger großen Bestände von routinisiertem und tradiertem, möglicherweise sogar in Ritualen und Kulten umgesetztem Handeln, die in modernen Gesellschaften, in denen der Wertewandel eigentlich darin besteht, dass Vorgaben entzaubert und zu Aufgaben werden, als Wahlmöglichkeiten und nicht mehr als Gewissheiten gesehen werden. Wie beim Devisenhandel ist dem Akteur der Zweck klar und sind die Mittel und Operationsräume bekannt. „Ein Händler weiß, dass er Positionen nehmen muss, wenn er Gewinne erzielen will, aber er weiß nicht welche" (Brügger 1998: 63). Weil die Devisenwelt instabil ist, weiß er immer erst im Nachhinein, ob die Mittelwahl die richtige war. Außerdem wird zwar von Nutzenmaximierung unter Nebenbedingungen gesprochen, insofern sie in einem durch Restriktionen begrenzten Handlungsspielraum operieren, über den (und möglicherweise auch über ihre eigenen Zielvorstellungen) sie nur unvollständig informiert sind. Aber sie haben klare Präferenzen und verhalten sich „bei ihrer Entscheidung systematisch rational" (Kirchgässner 1997: 8).

Was den Status einer Theorie der Entscheidung, die der Moderne adäquat ist, betrifft, erscheint ein epistemologisches Konzept, das jegliche essentialistische oder transzendentalistische Position verwirft, erleichtert von Kontroversen um die wahren Gründe, Motive oder Ursachen von Entscheiden (und auch um letzte, bindende Kriterien, an denen sich Entscheiden auszurichten hat!), die seit eh und je die Theorien des Handelns belasten, einzig Erfolg versprechend. Die Frage, ob es eine eigentliche oder letztendliche Wahrheit gibt, sei es nun der subjektiv gemeinte Sinn oder was die Menschen wirklich denken, fällt, was die Antwort betrifft, immer unterschiedlich aus, selbst wenn ein endloses Iterationsverfahren wie etwa die *objektive Hermeneutik* herangezogen wird. Und auch erleichtert von der Frage nach dem schlussendlichen Erfolg. So bleibt eigentlich nur die Frage invariant und man könnte alle bisherigen Lösungsmöglichkeiten als Variationen ansehen, zwischen denen man sich, wie zwischen anderen, wenn es Not tut, entscheiden muss. Auch theoriebezüglich sind die alten Gewissheiten entfallen. „Paradigm lost" (Luhmann 1990) und neue Optionen entstanden, etwa die Systemtheorie, die Chaostheorie, die hyperarchischer Netzwerke. Ein zeitgemäßes und dieser Theoriesituation Rechnung tragendes Konzept hätte diese Situation in sich aufzunehmen und zu spiegeln und sich selber als eine Variante in den Theoriestrom einzuspeisen. Davon gibt es unterdessen mehr als genug: von Spencer Johnsons Weg zur „besten Entscheidung", dessen Generalplan für Entscheidungen letztendlich auf Intuition setzt (Johnson 1993), bis hin zu „hyperarchischen" Entscheidungstheorien, die eine Herausforderung für alle Hierarchien darstellen, egal ob sie auf Logik oder Macht zurückgehen (vgl. Evans/ Wurster 1998), oder ob sie mit informationstechnischen Navigations- und Suchsystemen, Netguide (http://netguide.de), Yahoo! (http.//www.yahoo.com), Magellan (http://mckinley.com), mit Filefinder, Decision Explorern, und „Links" für die Wissensbestände im Internet (unterdessen auch mit Metasuchsystemen) operieren. Letztendlich demonstrieren die wirtschafts- und betriebswirtschaftlichen Entscheidungstheorien und Entscheidungslogiken (die statistische Entscheidungstheorie, die Ökonometrie, die Spieltheorie und das Operations Research) die Kontingenzerhöhung für jenes Instrumentarium selber, das zum Zwecke der Komplexitätsreduktion entwickelt worden ist und weiter entwickelt wird.

Daraus ergeben sich die Forderungen an den Status einer modernen Theorie der Entscheidung. Sie muss erstens *selbstbezüglich* sein. Im Selbstbezug wird sie freilich das gleiche Problem der Unübersichtlichkeit, der Komplexität, der Vernetzung von allem mit allem, kurz das Problem der Kontingenzerhöhung entdecken. Sie wird demzufolge in einem echten Sinne *interdisziplinär*, insofern nämlich als die generelle, in alle Funktionssysteme einer modernen Gesellschaft eingedrungenen Kontingenzerhöhung in sie selber eingebaut ist (vgl. Gross 1997a). Und zweitens hat sie, obwohl antiessentialistisch, einen *sinnhaften Bezug* (nicht im Sinne einer letztlichen Fundierung) aufzuweisen: das Entscheidungsdenken, wie es tagtäglich milliardenfach weltweit passiert, ob im Supermarkt der Waren oder der Theorien, ob beim Kochen oder beim Managen. Die in der phänomenologisch orientierten Soziologie geforderte Sinnadäquanz versucht (essentialistisch) den subjektiv gemeinten Sinn als Letztbezug auch der Theorie der Wahl und der Entscheidung aufzufinden. Die hier anvisierte „schwache" Adäquanz unterstellt als dritte Notwendigkeit für eine moderne Theorie der Entscheidung nicht mehr aber auch nicht weniger als Orientierungsgehalt. Orientierungsgehalt, der die Entscheidungsprozedur in einem den Wählern und Entscheidern plausiblen Sinne veranschaulicht und damit vielleicht Vorarbeit leistet, um die Prozedur für das Management von Entscheidungen ins Berechenbare zu bringen. Nicht im Sinne eines Rezeptes, aber im Sinne einer Vergegenwärtigung nachahmenswerten strategischen Verhaltens in komplexen Situationen. Die immer wieder verkannte, aber einfachste Rezeptur oder Praxeologie besteht nun einmal in der Vergegenwärtigung eines gekonnten und eines weniger gekonnten „Handelns", im Wählen und Entscheiden und in der Imitation oder Objektivierung des Könnens.

5. Wie entschieden wird

Eine nicht-essentialistische, selbstreferentielle und das Entscheidungsdenken vergegenwärtigende, darüber hinaus deskriptiv und präskriptiv brauchbare Analyse des Entscheidungsdenkens lässt sich, entgegen den lebenspraktischen Erfahrungen (nicht zuletzt wegen dem linearen Charakter der Schrift), nur linear als Stufen- oder Schrittfolge konzipieren. Nicht nur dass im Entscheidungsdenken der gesamte Prozess oder einzelne Schritte mehrfach durchlaufen werden, bevor eine Entscheidung (der „Entschluss") getroffen wird! Entscheidungen sind in den seltensten Fällen das Ergebnis einsamen Denkens, sondern das Resultat gemeinsamer Anstrengungen. Die Frage nach den richtigen Entscheidungen hat sich durch die *Ich-Entdeckung* und die damit einhergehende *Selbst-Verantwortlichkeit* zweifellos verschärft. Auch deswegen sind in modernen Gesellschaften – gewissermaßen kompensatorisch – entscheidungsabnehmende Organisationen an die Stelle von Selbstverständlichkeiten und Gewissheiten gesetzt worden. Insofern münden Vergegenwärtigungen und Plausibilisierungen praxeologisch gewendet in modernen Gesellschaften zwangsläufig in organisatorische Umsetzungen.

Ausgangspunkt jedes Entscheidungsdenkens ist eine problematische Situation, eine Unterbrechung des normalen, routinisierten Handelns, ein Zweifel, eine Irritation, ein Bruch im „Undsoweiter", eine Frage. Entscheidung absorbiert und reduziert Unsicherheit. Innerhalb der fraglos gegebenen Welt wächst im Sinne der Kontingenzerhöhung moderner Gesellschaften der Raum der offenen Möglichkeiten; also erwachsen auch Fragen. Die richtige Frage stellen heißt, die Situation definieren und sich ein „Big Picture" verschaffen (vgl. Brügger 1998). Der Raum „offener" Möglichkeiten verwandelt sich dadurch in ein mehr oder minder geschlossenes Feld „problematischer" Möglichkeiten, in welchem, mit den Worten von Schütz, „Wahl und Entscheidung möglich werden" (1971: 96). Die Frage, die sich aus einer solchermaßen problematisch gewordenen Situation heraus aufdrängt und stellt, von Mitmenschen gegebenenfalls gestellt und an andere herangetragen wird, ist jedenfalls in einer Weise zu präzisieren, die sie weder zu trivial (etwa: wie komme ich in den Himmel), noch zu konkret (etwa: wie komme ich in den Himmel, wenn gleichzeitig A, B, C, D, E, F … N erfüllt sein müssen) ausfallen lässt, sodass ein Feld von „modi potentiali" zur Wahl steht. Und vor allem wird, da mit zunehmender Modernisierung immer mehr problematisch, immer mehr unterbrochen, immer mehr zur Diskussion gestellt sein wird, es auch notwendig sein, sich nicht andauernd irritieren zu lassen, nicht in eine Art permanenten Ausnahmezustand und Entscheidungsnotstand zu verfallen, sondern Fragen weiterzugeben, in die Zukunft zu verschieben (oder auch einmal über sie hinweg zu gehen). Fragen regen zum Nachdenken und zum Suchen nach Lösungen und zum Entscheiden an, aber sie nötigen nicht dazu. Man kann sich auch, das zeichnet ja den Menschen gerade aus, gegen das Fragen und Entscheiden, man könnte auch sagen, gegen sich entscheiden, die Kontingenzerhöhung nicht akzeptieren, sich also, wie Heintel (1986) es nennt, „transzendental" gegen das Entscheidenkönnen entscheiden.

In einem *zweiten* Schritt ist nun allerdings der Operationsraum der problematischen Möglichkeiten, die mögliche Antworten enthalten, *einzuschränken*. Wer das nicht versucht, geht im Chaos der Möglichkeiten unter, stirbt im Overkill an Optionen. Entscheidung bedeutet Selektion und Reduktion durch eine wie auch immer geartete Bewertung oder Abschätzung der Möglichkeiten in Bezug auf ihre Effektivität, ihre Konsequenzen, ihre Begründungen. Aber wie soll diese Selektion vonstatten gehen? Schon einfachste Situationen wie etwa das Eierkochen, das Putzen von Schuhen, ob das Entscheidungsdenken nun routinisiert oder durch neue Schuhcreme irritiert wird, zeigen, dass der Entwurf der Situation, vielleicht könnte man auch sagen, das Ziel oder der Zweck, der zu erreichen versucht wird, und der erst in eine fragliche und offene Situation geführt hat, wieder in den Vordergrund tritt und in der Regel mit einem Abwägen der vorhandenen Mittel, Kompetenzen, Stärken zu einer weiteren Einschränkung des Möglichkeitsraumes führt. Was man auswählt ist abhängig von den eigenen Möglichkeiten, der eigenen Sicht der Dinge, Festlegungen, Strukturen, Kompetenzen, Fähigkeiten vom Dazwischentreten anderer, dem Auftreten neuer Storys, News (ähnlich wie beim „Trading Floor" der Devisenhändler) und gewiss auch davon, was man erreichen will. Ob es die, wie es Schütz nennt, „biographisch bestimmte Situation" oder eher Um-zu-Motive, Absichten und gegebene Kompetenzen sind, die zur Auswahl relevanter Möglichkeiten führen, bleibe dahingestellt.

Der Einschränkung des Operationsraumes aufgrund des eigenen Wollens und Könnens folgt nun *drittens* die eigentliche Realisierung, das *fiat*, wie Alfred Schütz es nennt. Schon die Rede vom Entscheid suggeriert, dass man sich nun für eine und nur eine Sache, einen Gegenstand, einen Weg, ein Mittel, einen Partner zu entscheiden habe. Insofern dem grundlegenden Paradox der Moderne zufolge die Zukunft in jeder Beziehung immer ungewisser wird, gerade weil immer mehr entschieden werden muss, mit anderen Worten auch die Erwartungssicherheit insgesamt absinkt, werden, wie auch in den lebenspraktischen Entscheidungen deutlich sichtbar, Entscheide als Entscheide für ein „und" und nicht für ein „entweder oder" getroffen. Zumindest gedanklich werden auch in trivialen Situationen Dispositive vor- und Optionen offen gehalten, Entweich- und Ausweichmöglichkeiten antizipiert, sollte sich die zunächst gewählte Möglichkeit als problematisch oder gar als nicht realisierbar erweisen. Vieles, was sich im Alltag und im Geschäftsleben antreffen lässt, ist exakt in diesem Sinne interpretierbar: das Menü im Restaurant, das Portfolio im Anlagegeschäft, die Wendejacke beim Spazieren, die Übersetzungen beim Fahrrad. Wie Robert Musil am Ende seines „Mann(es) ohne Eigenschaften" bemerkt: „Den

Möglichkeitssinn schärfen. Die geschlossenen Ideologien durch eine offene ersetzen. Induktion als Zielsetzung“ (1952: 1584).

Gewiss kann Gesehenes nicht rückgängig gemacht werden, lassen sich die Toten nicht auferwecken und abgebrannte Häuser nicht wiederherstellen (vgl. Luhmann 1996). Und man kann sich auch nicht nur gegen finanzielle Verluste schützen. Wer in Möglichkeiten denkt, denkt an andere Häuser, an alternative oder ähnliche Gräber, an andere Freunde, wenn einer verstorben ist. Dadurch lässt sich auch die in jedem Wahlhandeln prinzipiell eingebaute Riskanz abmildern. Jede Wahl, jede Entscheidung reduziert und zeichnet eine der vielfältigen Möglichkeiten aus. Sie ist ein Scheidungsprozess, in dem eine oder mehrere Handlungsmöglichkeiten ausgezeichnet, andere zurückgelassen und verloren werden. Wenn ich jetzt am Computer sitze und schreibe, habe ich das Schreiben gegenüber dem Spazierengehen, dem Frühstück, dem Besuch der Pinakothek oder des zoologischen Gartens vorgezogen. Aber die anderen Möglichkeiten begleiten mich bei jeder Unterbrechung, jedem Zweifel an dem, was ich schreibe, selbst bei diesem Satz. Genau besehen ist sogar eine Art Realrestitution möglich. Wir sind die nicht gewählten Möglichkeiten nicht los, sie begleiten uns, sie müssen bei jeder Unterbrechung weggeschoben werden, die Scheidung gelingt immer nur partiell, das Ausgeschlossene lebt mehr oder weniger bewusst in uns weiter. „Ständig bleiben daher unsere Entscheidungen ‚von innen her‘ *befragt* und unsere Sicherheit in ihnen gefährdet“ (Heintel 1986: 152). Entscheidungen, so Luhmann, reduzieren Unsicherheiten. Es gibt, könnte man Luhmann paraphrasierend sagen, nicht nur keine „oszillationsfreie Zukunft“, sondern auch keine oszillationsfreien Entscheidungen. Fügen wir hinzu: nur vorläufig, nur bis zu dem Moment, wo das Entschiedene sich nicht als das herausstellt, wofür man sich entschieden hat.

Statt dass alle anderen, außer einer Möglichkeit, verworfen werden, stellt man sich auf die Ungewissheit der Zukunft mit einem *Portfolio* von realisierten oder zumindest als Dispositiv vorgehaltenen Möglichkeiten ein. Die in der Entscheidungstheorie *Unvollkommenheitssituation* genannte Entscheidungslage, in der nicht alle Alternativen bekannt sind und auch in den bekannten sich nicht eindeutige Konsequenzen bestimmen lassen, läuft ebenfalls darauf hinaus. Intuitiv in der Lebenspraxis (etwa, wenn wir uns auf der Landkarte Ausweichmöglichkeiten zurechtlegen). Es wird äußerst differenziert angewendet in der Finanztheorie bezüglich unterschiedlicher Risiken (etwa Kursrisiken, Teuerungsrisiken, Währungsrisiken, Zinsrisiken, Bonitätsrisiken), im Financial Behavior und im Wertschriftengeschäft. Strategisch durchdacht wird es in den „Schubladen-Strategien“ militärischer Führung. Unterdessen ist es auch übliche Praxis in den Strategien zur Steigerung des Unternehmenswertes durch die Akkumulation unterschiedlicher Geschäftsfelder oder durch Allianzbildungen, Kopplungen und Fusionen von und mit anderen Unternehmungen. Ein systematisches Portfolio-Management macht es möglich, durch geeignete *und*-Strategien das Risiko einer Entscheidung durch Verteilung der Risiken einzuschränken. Vester paraphrasierend fragt man nicht danach, ob es morgen regnet, sondern was man tut, *wenn* es regnet und dies in die Entscheidungen mit einschließt. Nur am

Rande sei hier vermerkt, dass die praktizierte und einer freiheitlichen, offenen Gesellschaft entsprechende Neigungs- und Liebesehe in der westlichen Welt bei gleichzeitigem Festhalten an der Monogamie naturgemäß ein äußerst konfliktuöses Programm darstellt. Einerseits. Andererseits lassen sich, wenn man sich an Ethik, den Katechismus oder an Autoritäten hält, allenfalls Katastrophen minimieren: Die „Entscheidung hatte zwar katastrophale Folgen, aber sie war moralisch einwandfrei" (Luhmann 1996: 280).

Viertens nun gilt es, wenn sich die Ziele, die Mittel, die Wege, die vorausgesehenen Konsequenzen andauernd ändern, und zwar nicht zuletzt aufgrund des nur mehr beschränkt zu antizipierenden Verhaltens der anderen, flexibel auf die neuen Situationen und Konstellationen zu reagieren. Die vorgehaltenen Dispositive kommen zum Einsatz, zwischen den Geschäftsfeldern werden die Gewichte verschoben, es werden andere Mittel, andere Wege gesucht, Umschichtungen, Revisionen, Korrekturen sind an der Tages- und Sitzungsordnung. Revidieren erfordert *Revisionspotential*. Aber übersetzen kann nur, wer Übersetzungen hat. Gewichtsverschiebungen im Portfolio lassen sich nur bewerkstelligen, wenn ein Portfolio vorgehalten ist, um flexibel, mit Revisionspotential zu reagieren. Das kann routiniert von statten gehen (wenn es aufwärts geht, schalte ich automatisch in einen niederen Gang) oder aber durch systematisches Beobachten der Umwelt (sog. Updating), durch ständiges Abgleichen des Entwurfs mit der Realisierung, durch den Einsatz von Sensorsystemen und Bewegungsmeldern.

Und *fünftens* schließlich, und auch das ist wie die anderen strategischen Schritte eine neue, wenn auch meist implizit bleibende Selbstverständlichkeit, versucht man sich intuitiv gegen die Riskanz einer Entscheidung und deren „gnadenlosen" Folgen, das heißt gegen selbstverantwortetes Misslingen (ohne Gnadenstand) und gegen die in einer Gesellschaft mündiger Individuen nur mehr beschränkt externalisierbare Schuld abzusichern. Im Vokabular der Managementlehre könnte man auch sagen, dass die Konzentration auf Kernkompetenzen zum Zwecke der Einschränkung des Operationsraumes das Bewusstsein, auf anderes verzichten zu müssen, schärft und sich deshalb die Frage stellt, wie man sich diese anderen, möglicherweise wichtigen Kompetenzen beschafft. Und in der Sprache der Finanzanlagen geht es um das so genannte „Hedging", um effiziente Absicherungsstrategien bezüglich der Marktbewegungen und -risiken, beispielsweise durch Derivate. Sowohl die Versicherung gegen eine zunehmende Riskanz einer selbstverantworteten Entscheidung als auch die bei der Konzentration auf Kernkompetenzen notwendigen Abscheidungen und das Loslassen von relevanten Handlungsmöglichkeiten erzwingt logischerweise *Vernetzung*, Kopplung, Anbindung, Allianzbildung, Fusion, Gemeinschaftlichkeit, kurz: Miteinander. Abmilderung der Riskanz durch den Einbezug von Anderen! Während man im Alltag mit Vorteil die Nähe von Menschen sucht, die etwas wissen, was man nicht weiß, oder können, was man nicht kann oder, etwas haben, was man nicht hat und damit in Situationen, in denen etwas passiert, was man nicht kennt, besser zurechtkommt, baut man in Organisationen systematisch feedback-Elemente ein oder versucht, sich der Stärken anderer durch Netzwerkbildung, Virtualisierung und was der Kopplungstechniken mehr sind zu versichern.

Fassen wir zusammen: Die handlungs- und entscheidungstheoretischen Überlegungen, Konzepte, Rezepte und Paradigmen haben nicht Schritt gehalten mit der Theorie der Modernisierung, deren Dynamik sich mit dem Vokabular von Enttraditionalisierung (Emanzipation, abnehmender Selektionsdruck von Traditionen), Optionierung (Steigerung der Kontingenz, Kontingenzerhöhung) und Individualisierung (Ich-Entdeckung, Steigerung der Selbstverantwortlichkeit) akzeptabel beschreiben lässt. Die aus dieser Situation resultierende Orientierungslosigkeit und das Festhalten an überkommenen Denkmustern ist längst Bestand kulturkritischer Überlegungen und auch alltagspraktischer Situationen. Je mehr entschieden werden muss und kann, desto größer wird leider die Ungewissheit der Zukunft. Die alten Entscheidungsmodelle gehen von hierarchischen Entscheidungsbäumen und einer festen Lage, feststehenden Präferenzen und festen Mitteln und Wegen aus. In einer modernen Sicht auf die Gesellschaft ändert sich dieses wie alles andere andauernd. Eine Theorie der Entscheidung hat davon auszugehen. Es müssen Entscheidungen getroffen werden, die gegen die Ungewissheit der Folgen, der Mittel, der Wege und gegen den Wechsel der Zielsetzungen *versichern*, nicht nur Unsicherheit absorbieren. Darüber hinaus hat eine entsprechende Theorie antiessentialistisch, sachadäquat und praxeologisch verwendbar zu sein. Wie adäquat mit offenen Situationen umgegangen wird und wie dieser Umgang ins Berechenbare transformiert werden könnte, wurde dargelegt.

Und zum Schluss: Entscheiden ist vielleicht zu wichtig, als dass man es dem Einzelnen und seiner Intuition überlassen soll. Die Zukunft erfordert einen neuen Umgang mit ihr. Individualisierung und Entscheidung gehören zusammen. „Entscheiden wir uns nicht, so können wir zwar die Sicherheit haben, es uns mit dem Sein zunächst noch nicht verdorben zu haben, wir sind auch direkt nicht zur Verantwortung zu ziehen; unsicher macht uns aber wohl zweierlei: Erstens verlieren wir unsere (Selbst-)Bestimmung, wissen wir nicht, wer wir sind (andere entscheiden über uns), zweitens müssen wir uns auch zum Nicht-Entscheiden entscheiden, das lassen wir uns nicht geschenkt sein. Unsicher macht uns also sowohl der Gedanke, unsere Selbstbestimmung zu versäumen, als auch eine Vor-Entscheidung zum Nicht-Entscheiden getroffen zu haben, über deren eigentliche Motive und Hintergründe wir uns hinwegschwindeln" (Heintel 1986: 152). Über die eigentlichen Hintergründe lässt sich trefflich streiten und vielleicht schwindelt jener, der die eigentlichen Hintergründe zu kennen vorgibt.

Unstrittig ist allerdings die Sachlage, dass wer entscheidet, sich zu entscheiden, vor Problemen steht, die die alten Gewissheits- und Befehlsgesellschaften vielleicht kannten, aber über die konsequente Etablierung von Gewissheiten und Selbstverständlichkeiten (und deren Einübung und Wiederholung in Routinen und Ritualen) auszuräumen versuchten und deshalb nicht hatten. Sie haben die Unsicherheiten der modernen Welt durch Verhaltensregeln, Normen, Werte, Ordnungen, Gesetze, definierte Zuständigkeiten, Hierarchien – was auch immer – gemildert und vergessen lassen. Moderne Gesellschaften sind dazu solange nicht in der Lage, als die *Freiheit* und ihre Voraussetzungen, nämlich wählen zu können und frei wählen zu können, höchster Wert ist. Die gerade derzeit sich weit öffnenden und in diese Öffnung die Reste von Traditionen und die noch verbliebenen Gewissheitsgesellschaften hineinziehende Moderne muss, als Bedingung der Möglichkeit der Freiheit, das Wählen können und das Freisein von unaufgeklärten Notwendigkeiten oder Autoritäten wollen. Daraus resultiert freilich, was für Kierkegaard die zweite Form der Verzweiflung darstellt: ein immer wieder verzweifeltes Sich-Abstrampeln in Möglichkeiten, der Zwang, wählen zu müssen, eine *neue* in die erste, zweite oder dritte Moderne eingebaute *Notwendigkeit*. Wie andere Selbstverständlichkeiten gerät auch diese in Gefahr, aus der Beobachtung zu verschwinden, zu einem blinden Fleck zu werden und zu übersehen, dass ausgerechnet dann, wenn dem Individuum Selbstverantwortung, Autonomie und Mündigkeit zugebilligt wird, er diese selber nur sehr eingeschränkt wahrnehmen kann, weil Mittel und Wege unsicherer und die Folgen (weil andere ebenso autonom zu handeln versuchen!) unabsehbarer werden. Und (vielleicht ist das der blindeste Fleck!) aus der zunehmenden Ungezwungenheit des Wählens und Entscheidens resultiert, dass das Risiko wächst, selber in die Lage zu geraten, nicht gewählt, sitzen gelassen zu werden. Das ist vermutlich die schwerste Prüfung, die unsere moderne Welt dem autonomen Individuum zumutet, eine Prüfung, die eine vormoderne Welt, mit fest definierten Verhältnissen und Kodierungen nicht kannte.

Literatur

Auster, Paul (1987): In the Country of Last Things. New York.

Beck, Ulrich/Beck-Gernsheim, Elisabeth (1994): Individualisierung in modernen Gesellschaften – Perspektiven und Kontroversen einer subjektorientierten Soziologie. In: Dies. (Hrsg.), Riskante Freiheiten. Individualisierung in modernen Gesellschaften. Frankfurt/M., 10–39.

Boros, Ladislaus (1993): mysterium mortis. Der Mensch in der letzten Entscheidung. Mainz.

Breuer, Stefan (1992): Die Gesellschaft des Verschwindens. Hamburg.

Brosziewski, Achim (1998): Rationalität, Unsicherheit und Organisation – zu einer Revision organisationssoziologischer Annahmen in der Professionssoziologie. In: Achim Brosziewski, Christoph Maeder (Hrsg.), Organisation und Profession. Rorschach, St. Gallen, 1–15.

Brügger, Urs (1998): Wie handeln Händler? MS. Universität St. Gallen.

Burckhardt, Jacob (1919): Die Kultur der Renaissance in Italien. Leipzig.

Dahrendorf, Ralf (1979): Lebenschancen. Anläufe zur sozialen und politischen Theorie. Frankfurt/M.

Derrida, Jacques (1976): Die Schrift und die Differenz. Frankfurt/M.

Dörner, Dietrich (1989): Die Logik des Misslingens. Reinbek.

Douglas, Mary/Nildawsky, Aron (1982): Risk and Culture. Berkeley.

Dumont, Louis (1991): Individualismus. Zur Ideologie der Moderne. Frankfurt/M., New York.

Eberle, Thomas S. (1997): Lebensweltanalyse und Rational Choice. MS. Universität St. Gallen.

Eco, Umberto (1998): Vier moralische Schriften. München, Wien.

Esser, Hartmut (1991): Alltagshandeln und Verstehen. Tübingen.

Esser, Hartmut (1993): Soziologie – Allgemeine Grundlagen. Frankfurt/M., New York.

Evans, Philip B./Wurster, Thomas, S. (1998): Die Internet-Revolution. Alte Geschäfte vergehen, neue entstehen. In: Harvard Business Manager 2, 51–63.

Foerster, Heinz von (1993): Mit den Augen des anderen. In: Ders., Wissen und Gewissen. Frankfurt/M., 350–371.

Frankl, Viktor E. (1996): Zeiten der Entscheidung. Freiburg/Br. u.a.

Geertz, Clifford (1996): Welt in Stücken. Kultur und Politik am Ende des 20. Jahrhunderts. Wien.
Gehlen, Arnold (1940): Der Mensch. Seine Natur und seine Stellung in der Welt. Berlin.
Giddens, Anthony (1991): Modernity and Self-Identity. Cambridge.
Giddens, Anthony (1995): Konsequenzen der Moderne. Frankfurt/M.
Giddens, Anthony (1996): Leben in einer posttraditionalen Gesellschaft. In: Ulrich Beck u.a., Reflexive Modernisierung. Frankfurt/M., 113–115.
Gross, Peter (1994): Die Multioptionsgesellschaft. Frankfurt/M.
Gross, Peter (1997a): Komplexität und Option. In: Heinrich W. Ahlemeyer, Roswita Königswieser (Hrsg.), Komplexität managen. Strategien, Konzepte und Fallbeispiele. Frankfurt/M., 347–361.
Gross, Peter (1997b): Individualisierung als Verhängnis? In: Karl Gabriel u.a. (Hrsg.), Modernität und Solidarität. Konsequenzen gesellschaftlicher Modernisierung. Freiburg/Br., 135–151.
Gross, Peter (1998): Das Management von Fusionsrisiken. In: Hans Siegwart u.a. (Hrsg.), Mega-Fusionen. Bern u.a., 315–335.
Gross, Peter (1999): Ich-Jagd. Frankfurt/M.
Gross, Peter/Honer, Anne (1990): Multiple Elternschaften. In: Soziale Welt 41 (1), 97–117.
Heintel, Peter (1986): Über Entscheidung. In: Wiener Jahrbuch für Philosophie. Bd. XVIII. Wien, 150–170.
Heirs, Ben/Farnell, Peter (1989): Entscheidungsmanagement. München.
Hettlage, Robert (1992): Familienreport. Eine Lebensform im Umbruch. München.
Hitzler, Ronald (1996): Zur (impliziten) Relevanz des Existenzialismus für (ein ‚anderes') soziologisches Denken. MS. München.
Hitzler, Ronald/Honer, Anne (1994): Bastelexistenz. Über subjektive Konsequenzen der Individualisierung. In: Ulrich Beck, Elisabeth Beck-Gernsheim (Hrsg.), Riskante Freiheiten. Individualisierung in modernen Gesellschaften. Frankfurt/M., 307–315.
Hondrich, Karl-Otto (1997): Wie werden wir die sozialen Zwänge los? Zur Dialektik von Kollektivisierung und Individualisierung. In: Merkur, Heft 577, 283–292.
Honer, Anne (1993): Lebensweltliche Ethnographie. Wiesbaden.
Johnson, Spencer (1993): Ja oder Nein. Der Weg zur besten Entscheidung. Hamburg.
Junge, Matthias (1997): Georg Simmels Individualisierungstheorie. In: Sociologica Internationalis 35 (1), 1–27.
Jünger, Ernst (1960): Über den Schmerz. In: Ders., Essays. Bd. 1. Stuttgart, 149–201.
Kelly, Kevin (1995): Out of Control. The Rise of neo-biological Civilization. Reading/Mass. u.a.
Kierkegaard, Sören (1962): Die Wiederholung. Reinbek.
Kirchgässner, Gebhard (1991): Homo Oeconomicus. Das ökonomische Modell individuellen Verhaltens und seine Anwendung in den Wirtschafts- und Sozialwissenschaften. Tübingen.
Kirchgässner, Gebhard (1997): Der methodische Ansatz des Homo Oecnomicus. In: Schweiz. Arbeitskreis für ethische Forschung (Hrsg.), Arbeitsblätter 1, 5–29.
Kondylis, Panajolis (1992): Planetarische Politik nach dem Kalten Krieg. Berlin.
Krockow, Christian Graf von (1990): Die Entscheidung. Eine Untersuchung über Ernst Jünger, Carl Schmitt, Martin Heidegger. Frankfurt/M., New York.
Landmann, Michael (1975): Philosophische Anthropologie. Berlin.
Luckmann, Thomas (1980): Persönliche Identität als evolutionäres und historisches Problem. In: Ders., Lebenswelt und Gesellschaft. Paderborn, 123–142.
Luhmann, Niklas (1981): Organisation und Entscheidung. In: Ders., Soziologische Aufklärung 3. Opladen, 335–389.
Luhmann, Niklas (1990): Paradigm lost. Über die ethische Reflexion der Moral. Frankfurt/M.
Luhmann, Niklas (1996): Das Risiko der Versicherung gegen Gefahren. In: Soziale Welt 47 (3), 273–283.
Luhmann, Niklas (1998): Die Gesellschaft der Gesellschaft. Frankfurt/M.
Malik, Fredmund (1996): Strategie des Managements komplexer Systeme. Ein Beitrag zur Management-Kybernetik evolutionärer Systeme. 5. Erweiterte und ergänzte Auflage. Bern u.a.
Malik, Fredmund (1997): Wirksame Unternehmensaufsicht. Corporate Gouvernance in Umbruchzeiten. Frankfurt/M.
Makropoulos, Michael (1997): Modernität und Kontingenz. München.
March, James G./Heath, Chip (1994): A Primer in Decision Making. How Decisions Happen. New York u.a.
Münch, Richard (1984): Die Struktur der Moderne. Frankfurt/M.
Musil, Robert (1952): Der Mann ohne Eigenschaften. Hamburg.
Plessner, Helmut (1975): Die Stufen des Organischen und der Mensch. Berlin.

Schmitt, Carl (1922): Politische Theologie. München, Leipzig.
Schütz, Alfred (1971): Das Wählen zwischen Handlungsentwürfen. In: Ders., Gesammelte Aufsätze. Bd. I. Den Haag, 77–113.
Sennett, Richard (1998): Der flexible Mensch. Berlin.
Simmel, Georg (1984): Das Individuum und die Freiheit. In: Ders., Das Individuum und die Freiheit. Essays. Berlin.
Spengler, Oswald (1933): Jahre der Entscheidung. München.
Ullmann, Walter (1974): Individuum und Gesellschaft im Mittelalter. Göttingen.
Vester, Frederic (1998): Unsere ökologische Zukunft. Die Chance eines nicht-deterministischen Paradigmas. In: Sascha Spoun u.a. (Hrsg.), Universität und Praxis. Zürich, 401–423.
Voegelin, Eric (1996): Die politischen Religionen. München.
Wagner, Peter (1995): Soziologische Moderne. Frankfurt/M., New York.
Waldenfels, Bernhard (1985): Das Geregelte und das Ungebärdige. In: Ders., In den Netzen der Lebenswelt. Frankfurt/M., 79–93.
Weber, Max (1991): Wissenschaft als Beruf. In: Ders., Schriften zur Wissenschaftslehre. (Herausgegeben und eingeleitet von Michael Sukale). Stuttgart, 237–275.

Identität und Kapital
Über den Zusammenhang von Identitätsoptionen und sozialer Ungleichheit

Ludgera Vogt

1. Identitätsbildung und Kapitalausstattung

Jedes Individuum gewinnt seine spezifische Identität im Prozess der aktiven Auseinandersetzung mit seiner sozialen Umwelt. In diesem Prozess werden Antworten gefunden auf die Fragen: Wer bin ich? Was unterscheidet mich von den anderen und was habe ich mit ihnen gemeinsam? Welche Rollenerwartungen werden an mich herangetragen und welche Erwartungen richte ich an die anderen? Welches ist meine Position im sozialen Raum, wem bin ich über- und wem bin ich untergeordnet? Welcher Gruppe gehöre ich an und wer sind „die anderen", die dieser Gruppe gegenüberstehen?

Identität, so lassen sich die klassischen Arbeiten der Identitätsforschung von Mead bis zu Berger und Luckmann auf einen kurzen Nenner bringen, ist ein Interaktions- und Kommunikationsprodukt[1]. Je nach dem Kontext, in dem ich mich bewege, fallen also die Antworten auf die gerade aufgeführten Fragen anders aus. Und dieser Prozess einer interaktiven Auseinandersetzung mit verschiedenen Gegenübern ist keineswegs auf die frühen Phasen in der Herkunftsfamilie beschränkt, auch wenn hier besonders wichtige und nachhaltige Prägungen erfolgen.

Identitätsarbeit erfolgt, das zeigt die neuere Sozialisationsforschung, lebenslang (vgl. Hurrelmann 1995). Besonders wird dies an den Stellen deutlich, wo biographische Umbrüche erfolgen: der Eintritt ins Schul- und Arbeitsleben, Partnerschaften und Gruppenzugehörigkeiten, die kontinuierlich oder sehr wechselvoll gestaltet sind, Krankheiten, Arbeitslosigkeit oder räumlich-soziale Kontextveränderungen, der Verlust oder auch der Gewinn von wichtigen Personen. Die Weisheit der deutschen Schlagerpoesie – „Eine neue Liebe ist wie ein neues Leben" – lässt sich in der Alltagswelt immer wieder aufs Neue erfahren.

Nun ist jedoch schnell einsehbar, dass eine rein interaktionistische Sicht der Dinge zu kurz greift, wenn sie strukturelle Rahmenbedingungen von Identitätsbildungsprozessen nicht in die Betrachtung einbezieht. Das betrifft zum einen die institutio-

1 Siehe vor allem Mead (1973) und Berger/Luckmann (1969).

nellen Kontexte, in denen wir uns bewegen, und die oft einen ausgesprochen weitgehenden Einfluss auf die Konturen der Identität ausüben können. Familien, Schulen, Betriebe sind nur die sichtbarsten Formen der allgegenwärtigen institutionellen Arrangements. Zum anderen aber wird unser Interaktionsradius und damit das Spektrum möglicher Identitäten durch sozialstrukturelle Gegebenheiten definiert. Dieser Zusammenhang von sozialer Ungleichheit und Identitätsoptionen soll im Folgenden in sechs Schritten aufgezeigt werden: Im ersten Schritt wird die theoretische Erweiterung des ökonomischen Kapitalkonzepts um die Varianten des kulturellen, sozialen und symbolischen Kapitals bei Bourdieu diskutiert. Im zweiten Schritt werden die neueren Konzepte des Sozialkapitals in den Blick genommen, wie sie von Coleman und Putnam entwickelt wurden. Hier wird der Blick von den rationalen Kalkülen von Individuen auf die Perspektive von Kollektiven ausgeweitet. Nach diesen theoretischen Grundlegungen erfolgt in den folgenden Schritten eine konkrete Beschreibung der identitätsgenerierenden Funktionen, die jeweils verfügbare ökonomische, kulturelle, symbolische und soziale Kapitalressourcen für individuelle und kollektive Akteure ausüben können.

2. Die Ausweitung des Kapitalkonzepts bei Bourdieu

Pierre Bourdieu hat zur differenzierteren Beschreibung jener Strukturen, die uns den Rahmen der Identitätsbildung vorgeben, eine soziologische Theorie des Kapitals entwickelt. Umfang und Art der verschiedenen Kapitalien, über die ein Individuum verfügt, bestimmen demnach seine Stellung im sozialen Raum (vgl. grundlegend Bourdieu 1983, 1985). Diese Kapitalien, so lässt sich die Grundaussage dieses Ansatzes auf die vorliegende Thematik zuspitzen, bestimmen in starkem Maße, wann ich wie lange in welchem Kontext mit wem (und mit welchen Konsequenzen) interagieren und kommunizieren kann. Sie stellen somit entscheidende Instrumente und Restriktionen für die Identitätskonstruktion dar.

Um die mitunter sehr subtil erscheinenden Formen der Ungleichheit als Ausdruck einer hierarchisch angeordneten Klassengesellschaft sichtbar zu machen, hat Bourdieu den traditionell marxistischen Ansatz aufgegriffen und gleichzeitig drastisch verändert. An die Stelle einer simplen Gegenüberstellung von „Kapitalisten“, die die Herrschaft über die Produktionsmittel haben, und „Lohnabhängigen“, die ihre Arbeitskraft zu für sie ungünstigen Bedingungen verkaufen müssen, ist eine differenzierte Analyse getreten. Zu diesem Zweck erweitert Bourdieu den herkömmlichen ökonomischen Kapitalbegriff um folgende Varianten (vgl. vor allem Bourdieu 1983 und 1985)[2]: kulturelles, soziales und symbolisches Kapital. Das kulturelle Kapital besteht zunächst einmal aus Bildung, d. h. Kenntnissen und Fähigkeiten aller

2 In späteren Publikationen hat Bourdieu das Spektrum noch erweitert und jeweils feldspezifische Kapitalsorten identifiziert: wissenschaftliches Kapital, politisches Kapital etc. In ihren Grundfunktionen sind diese spezifischen Kapitalsorten jedoch immer auf die Grundsorten rückbeziehbar.

Art, die man Gewinn bringend einsetzen kann. Die institutionalisierte Form dieses Kapitals sind Abschlüsse und Titel, d. h. es handelt sich hier um eine gesellschaftlich anerkannte und beglaubigte Form von Wissen.

Das soziale Kapital definiert Bourdieu als „Gesamtheit der aktuellen und potentiellen Ressourcen, die mit dem Besitz eines dauerhaften Netzes von mehr oder weniger institutionalisierten Beziehungen gegenseitigen Kennens oder Anerkennens verbunden sind". In anderen Worten handelt es sich um „Ressourcen, die auf der Zugehörigkeit zu einer Gruppe beruhen" (Bourdieu 1983: 190). Soziales Kapital bildet sich in der Praxis auf der Grundlage von materiellen oder symbolischen Tauschbeziehungen: Ich gebe einer anderen Person etwas (eine Hilfeleistung, etwas Materielles oder eine Information) und erhalte dafür eine Gegenleistung, sei es in Form einer direkten Gegengabe oder, wichtiger, in Form einer Verpflichtung, die ich dann später bei Bedarf abrufen kann (ich habe bei jemandem „etwas gut"). Daraus entwickeln sich ganze Netzwerke von Tausch- und Verpflichtungsbeziehungen, die teilweise auch in Form von Mitgliedschaften institutionalisiert sind: in einer Familie, einem Stamm, einer Partei, einem Club oder einer „Seilschaft".

Entscheidend ist nun, wie die verschiedenen Kapitalien sich zueinander verhalten. So ist es nach Bourdieu für den Aufbau eines effektiven Beziehungsnetzes von zentraler Bedeutung, wie viel ökonomisches und kulturelles Kapital ich dort investieren kann: Mitgliedschaften und Gefälligkeiten können Geld kosten, gebildete Plaudereien erfordern entsprechendes Wissen. Soziale Gruppen, innerhalb derer sich Beziehungsnetzwerke entfalten, achten in der Regel auch sehr genau darauf, dass eine gewisse Homogenität der Mitglieder gewahrt bleibt. Um also Zugang zu einem exklusiven Club zu erlangen, um das entsprechende Sozialkapital der Beziehungen nutzen zu können, muss man die notwendigen Ressourcen haben: sei es in Form von Geld, Bildung oder auch Prestige.

Auf der anderen Seite kann Sozialkapital jedoch auch einen „Multiplikatoreffekt" für die anderen Kapitalsorten ausüben. Je mehr Beziehungen ich also aufweisen kann, umso mehr kann ich mit meinem ökonomischen Kapital und mit meiner Bildung machen. In gewisser Hinsicht ist freilich das Sozialkapital auch eine unbequeme Kapitalsorte, da sein Funktionieren fortlaufende „Institutionalisierungsarbeit" erfordert, damit das Beziehungsnetz erhalten und jederzeit abrufbar bleibt. Diese Arbeit kann im konkreten Fall bestehen aus langen Telefonaten, Einladungen zu Partys und Dinners, Ausdenken und Organisieren von originellen Geschenken.

Alle drei Formen – ökonomisches, kulturelles und soziales Kapital – finden ihren sichtbaren und sozial anerkannten Ausdruck in einer vierten Form: im symbolischen Kapital. Damit ist die Zeichenebene der sozialen Welt angesprochen. Ehre, Prestige, Renommee sind typische Erscheinungsweisen dieser Zeichenebene des Kapitals. Das symbolische Kapital stellt die sinnlich wahrnehmbare Ebene all jener Positionen und Hierarchien dar, die aufgrund der ungleichen Kapitalausstattung im sozialen Raum entstehen. Seine wichtigste Funktion ist also die Sichtbarmachung der „feinen Unterschiede". Indem Hoch und Niedrig, Mächtig und Machtlos mit bestimmten symbolischen Erscheinungsweisen verknüpft werden, erscheinen diese Unterscheidungen als etwas Gegebenes und grundsätzlich Gerechtfertigtes. Symbolisches Kapital verschafft bestehenden Machtverhältnissen ihre Legitimation und die Hierarchien im sozialen Raum treten hier als immer schon anerkannte Hierarchien zutage.

Symbolisches Kapital wirkt wie ein Kredit: Man unterstellt dem Träger besondere Eigenschaften oder Fähigkeiten, ohne dass er sie aktuell unter Beweis stellen muss, und bringt ihm entsprechende Gaben dar – man lädt ihn ein, bedenkt ihn mit Aufmerksamkeiten oder öffentlicher Huldigung – und erhofft sich bei Gelegenheit eine Gegengabe, durch die man von den unterstellten Eigenschaften oder Fähigkeiten der entsprechenden Person profitieren kann.

Nun ist ein solches Kapitalkonzept nur dann mehr als eine bloße Metapher, wenn man auch die Investitions- und Umwandlungsprozesse präzise beschreiben kann. Alle Kapitalsorten sind Bourdieu zufolge ineinander konvertierbar. Ökonomisches Kapital kann zum Erwerb aller anderen Kapitalsorten verwendet werden, es ist dann jedoch „Transformationsarbeit“ zu leisten. Konkret heißt das: Um soziales Kapital zu erwerben, muss man sowohl Zeit als auch Geld und Arbeit investieren.

Bei all diesen Transformationsprozessen muss immer bedacht werden, dass es auch zu Schwund oder Fehlinvestitionen kommen kann. Wenn ich beispielsweise durch bestimmte kleine Gaben ein Beziehungsnetz aufbauen will, muss ich die Absicht dieser Gabe immer auch ein wenig verschleiern, da eine zu offen sichtbare Tauschlogik für viele Menschen nicht akzeptabel ist oder doch zumindest als unfein gilt. Ich muss, in den Worten Bourdieus, „Euphemisierungsarbeit“ leisten, die wahren Absichten verschleiern und somit gleichsam Interesselosigkeit vortäuschen.

Wenn ich jedoch zu stark verschleiere, kommt die Botschaft möglicherweise gar nicht an, d. h. es entsteht bei meinem Gegenüber gar kein Verpflichtungsgefühl und ich warte auf eine Gegengabe vergebens. Ich kann letztlich nie sicher sein, wie jemand auf meine Anstrengungen reagiert. Freilich sind Fehlinvestitionen auch in der Wirtschaft nicht selten. Aber es besteht doch ein wichtiger Unterschied darin, dass soziales Kapital immer an konkrete soziale Handlungszusammenhänge gebunden und somit weniger abstrakt-anonym steuerbar ist als beispielsweise ein Kauf mit Geld, wo ich ohne Abhängigkeit von persönlichen Faktoren, von Sympathie und Antipathie das Ergebnis meiner Investition recht sicher vorhersehen kann.

Festzuhalten bleibt jedenfalls, dass der Aspekt der sozialen Ungleichheit bei Bourdieu im Mittelpunkt steht. Nur derjenige kann investieren und akkumulieren, der schon über eine bestimmte Kapitalmenge verfügt. Hier gilt die Weisheit des Matthäus-Evangeliums: Wer hat, dem wird gegeben. Soziale Ungleichheit und hierarchische Machtverhältnisse entstehen und verfestigen sich also dadurch, dass die Menschen unterschiedliche Mengen verschiedener Formen von Kapital für ihre jeweiligen Handlungsziele verfügbar haben.

3. Das Kapitalkonzept bei Coleman und Putnam

Parallel zu Bourdieus Bemühungen, den Kapitalbegriff soziologisch auszuweiten und nutzbar zu machen, wurden auch im Paradigma der Rational-Choice-Theorie neue Kapitalkonzepte entwickelt. War in den 1960er Jahren das Konzept des „Humankapitals" in die wirtschaftswissenschaftliche Terminologie eingeführt worden, um die Bedeutung der Qualifikation von Mitarbeitern für den Erfolg von Unternehmen (und später auch von ganzen Volkswirtschaften) herauszuarbeiten (vgl. vor allem Becker 1964), so stellte man bald fest, dass es letztlich unzureichend ist, Humankapital isoliert zu betrachten. Die Entwicklung und Entfaltung von bestimmten Fähigkeiten, so haben empirische Studien zeigen können, ist hochgradig abhängig von der sozialen Einbettung der Akteure. Humankapital, so vor allem die Folgerung von James S. Coleman, kann nur dann aussichtsreich angelegt werden, wenn ein entsprechendes Sozialkapital vorhanden ist (vgl. Coleman 1988, Coleman/Hoffer 1987 sowie Teachman u. a. 1997).

Was versteht Coleman nun genau unter sozialem Kapital? Kapital wird allgemein durch seine „handlungsbegünstigende" Wirkung definiert: Mit der Hilfe dieser Ressource kann ich mein Handlungsziel besser erreichen als ohne sie. Im Unterschied zu physischem Kapital (Körperkraft) oder auch zum Humankapital stellt aber das soziale Kapital eine Ressource dar, die streng relational zu denken ist. Man „hat" es nicht im gleichen Sinn wie man eine Maschine oder auch ein bestimmtes Wissen hat, sondern es stellt sich her als eine Beziehung zwischen Personen (Coleman 1991: 394). Das hat zur Folge, dass die Verfügbarkeit und somit auch die Tauschbarkeit im Vergleich zum ökonomischen Kapital sehr begrenzt ist. Soziales Kapital ist in diesem Sinne unveräußerlich.

Die wichtigste Form von sozialem Kapital sind Verpflichtungen und Erwartungen (Coleman 1991: 396 ff). Verpflichtungen funktionieren wie eine Art Gutschrift, die man bei einem Gegenüber einlösen kann, um eine bestimmte Leistung zu erhalten. Soziales Kapital stellt hier also eine Kreditmasse dar: Je mehr Verpflichtungen sich ein Akteur offen hält, umso größer ist das Kreditvolumen, auf das er im Bedarfsfall zurückgreifen kann. Voraussetzung für das Funktionieren ist allerdings, dass das Vertrauensverhältnis intakt ist und kein Vertrauensmissbrauch vorliegt. Das wäre der Fall, wenn man sich in jemandem getäuscht hat, der nun seinen Verpflichtungen einfach nicht nachkommt. Vertrauen ist also eine wichtige Bedingung dafür, dass diese Form von sozialem Kapital sich herausbilden und stabilisieren kann. Das bedeutet zum Beispiel, dass in einem sozialen Kontext, der stark anonymisiert und atomisiert ist, soziales Kapital nur schwerlich aufgebaut werden kann. In engen sozialen Netzwerken dagegen ist es ein üblicher Faktor, mit dem jeder Akteur rechnen kann.

Bis dahin sind die Bestimmungen denen Bourdieus sehr ähnlich, wobei Coleman das Informationspotential eines Beziehungsnetzwerks noch besonders herausstellt. Interessanter aber sind nun die anderen Erscheinungsformen des sozialen Kapitals.

Kaum verwunderlich ist, dass auch Organisationen als Sozialkapital angesehen werden, stellen doch organisierte Strukturen die stabilste Form von gegenseitigen Verpflichtungen und Erwartungen dar. Was jedoch auf den ersten Blick überraschend wirkt, ist die Tatsache, dass Coleman auch soziale Normen unter die Kategorie des Sozialkapitals subsumiert (Coleman 1991: 403). Hier scheint der Begriff zunächst überdehnt zu sein. Wenn man allerdings bedenkt, dass Coleman die Definition des Kapitals rein funktional vornimmt, nämlich als Ressource, die zur Erreichung bestimmter Zielstellungen nutzbar gemacht werden kann, erscheint der Vorschlag schon plausibler.

Coleman verweist auf das Beispiel einer Familie, die aus einer amerikanischen Großstadt in eine israelische Großstadt umzieht und dort die Erfahrung macht, dass die Kinder ganz allein ihren Schulweg bewältigen können, weil in Israel jeder Erwachsene mit darauf aufpasst, dass Kindern nichts zustößt. Gegenüber der amerikanischen Situation bedeutet dies also eine enorme Einsparung von Kosten, weil die Kinder in dieser Zeit nicht betreut werden müssen. Hier wird deutlich, dass anerkannte Normen ein wichtiges Element der Steuerung von menschlichem Verhalten sind. Wenn es also gelingt, bestimmte Normen so zu stabilisieren, dass sie ein bestimmtes Verhalten erwartbar machen, ist ein äußerst effektives Einflussmittel zur Hand.

Eine wirksame Norm kann sogar Verhaltensweisen abrufen, die man mit Hilfe anderer Ressourcen, etwa mit Geld, gar nicht abrufen kann. Das trifft beispielsweise zu für Engagement und soziale Kreativität. Coleman erläutert dies wie folgt: „Eine präskriptive Norm, die eine besonders wichtige Form des sozialen Kapitals innerhalb eines Kollektivs darstellt, ist die Norm, dass man Eigeninteressen zurückstellen sollte, um im Interesse des Kollektivs zu handeln. Eine Norm dieser Art, die durch soziale Unterstützung, Status, Ansehen und andere Belohnungen untermauert wird, ist das soziale Kapital, aus dem junge Nationen aufgebaut werden (und das sich im Laufe der Zeit auflöst), das Familien in Gestalt von führenden Familienmitgliedern bestärkt, selbstlos im Interesse der Familie zu handeln, das die Entwicklung neu entstehender sozialer Bewegungen aus einer kleinen Gruppe engagierter, nach innen orientierter und sich gegenseitig belohnender Personen begünstigt und im allgemeinen Personen dazu bringt, für das öffentliche Wohl zu arbeiten“ (Coleman 1991: 403).

Man sieht dabei, dass auch diese Form des sozialen Kapitals verschiedener Investitionen bedarf, um aufgebaut und genutzt werden zu können. Die Akteure müssen positiv sanktioniert, d. h. konkret belohnt werden, damit sie weiter die Normen befolgen. Es ist ohne weiteres einsehbar, dass solche Normen, wie sie hier skizziert werden, eine wichtige Ressource von Gruppen und Gesellschaften sind. Dies wird nicht nur bei der heutigen Diskussion um die Krise des ehrenamtlichen Engagements deutlich, sondern auch bei der vielfach beschworenen Krise der Politik. In einer Gesellschaft, in der individuelle Nutzenmaximierer den dominanten Typus repräsentieren und kaum Normen gemeinwohlorientierten Engagements gültig sind, können die politischen Institutionen wie beispielsweise die kommunale Selbstverwaltung nicht mehr in der Weise funktionieren, wie dies ursprünglich intendiert war.

Robert D. Putnam hat an Colemans Konzept angeknüpft und empirische Untersuchungen durchgeführt, die den gesellschaftlichen Nutzen von sozialem Kapital in den Mittelpunkt stellen. Putnam versteht unter Sozialkapital Formen von gemeinsamen Ressourcen wie Netzwerke, Normen und Vertrauen, die es einer Gruppe ermöglichen, gemeinsame Ziele effektiver zu erreichen (Putnam 1995: 664). Putnam führte eine umfangreiche Studie über die Funktionsweise und Effektivität demokratischer Selbstverwaltungsinstitutionen in den italienischen Regionen durch. Dort hatte die Einführung neuer Formen der politischen Partizipation quasi-experimentelle Verhältnisse für eine Untersuchung geschaffen. Putnam stellte ein erhebliches Nord-Süd-Gefälle fest: Während die demokratischen Institutionen im Norden sehr gut funktionieren und die Partizipationsbereitschaft der Menschen groß ist, weist der Süden ein entgegengesetztes Bild auf (Putnam 1993). Der entscheidende Unterschied liegt in der „Bürgertugend" der Norditaliener, in ihrer Bereitschaft zum bürgerlichen Engagement, die mit einem grundsätzlichen Vertrauen in die demokratischen Institutionen einhergeht. Dieses Engagement zeigt sich auch in Clubs und Kulturorganisationen, während der Süden noch stärker auf traditional-hierarchisch strukturierte Organisationen wie Kirche und Mafia orientiert ist. Putnam konnte schließlich nachweisen, dass das soziale Kapital der engagementbereiten Bürger historisch langfristig gewachsen ist, da im Norden schon im Mittelalter kommunale Republiken mit horizontalen Netzwerken und Partizipationsmöglichkeiten entstanden, während im Süden hierarchische Königreiche mit vertikalen Strukturen dominierten.

Putnam führte später auch empirische Untersuchungen zum Sozialkapital in der amerikanischen Gesellschaft durch (Putnam 1995, 1996). Er konstatiert auf der Grundlage empirischer Daten von 1974 bis 1994 eine dramatische Erosion des Sozialkapitals in den USA. Das „civic engagement" der Bürger, ihre Teilhabe am öffentlichen Leben, aber auch das soziale Vertrauen und sogar die Bereitschaft zu geselligem Freizeitvergnügen sei in den letzten 25 Jahren stark gesunken. Putnam macht dies konkret fest an der Mitgliedschaft in Vereinen, Clubs und Verbänden – von den Gewerkschaften über das Rote Kreuz bis zu Bowling-Vereinen –, aber auch am konkreten Zeitbudget der Menschen: Besucht man Parteiversammlungen, Meetings in der Town Hall oder in Schulen oder meidet man derartige Zusammenhänge (Putnam 1996: 35 f)? Vereinsmitgliedschaften, soziale Netzwerke, politische Aktivitäten sind den Daten zufolge deutlich auf dem Rückzug. Putnam spricht hier zusammenfassend vom „Bowling-Alone-Phänomen", das eine Passivierung und Atomisierung der Gesellschaft anzeige[3].

3 Bernd Meier (1996) versucht im Anschluss an Putnam die Gültigkeit der „Bowling Alone"-These für Deutschland zu überprüfen, indem er empirische Indikatoren des Sozialkapitals benennt und anhand von Umfragedaten aus unterschiedlichen Studien quantitativ erfassen will. Dazu zählen u. a. Daten zum sozialen und politischen Engagement (als Wert und als reale Tätigkeit), zum Freizeitverhalten und zum Familienleben. Da das Datenmaterial sehr heterogen ist, lassen sich daraus allerdings keine

Diese Befunde stimmen in vielen Punkten auch mit anderen Studien überein, die in den USA eine zunehmende Dominanz individualistischer Einstellungen und eine abnehmende Bereitschaft zum gemeinschaftlichen und politischen Engagement diagnostizieren (vgl. etwa Bellah u. a. 1987). Die Bewegung der Kommunitaristen hat daraus bekanntlich die Schlussfolgerung gezogen, dass es erheblicher politischer Anstrengungen zur Förderung gemeinschaftlicher Werte sowie sozialen und politischen Engagements bedarf, wenn die Gesellschaft nicht auseinander brechen soll.

Vor dem Hintergrund dieser theoretischen Bestimmungen kann nun genauer analysiert werden, in welcher Weise die unterschiedlichen Kapitalformen und ihre Distribution auf den Prozess der sozialen Identitätsbildung Einfluss nehmen.

4. Ökonomisches Kapital und Identität

Die erste Kapitalform, die den Raum der Identitätsbildung prägt, ist die des ökonomischen Kapitals. Das Einkommen und der Besitz an Geld- und Sachwerten wirkt weichenstellend für den gesamten Handlungsraum, der einem Akteur zur Verfügung steht. Die entscheidende Frage lautet hier jeweils: Was kann man sich leisten? In welchem Haus, in welcher Wohnung verbringe ich meine Lebenszeit und in welchem Wohnumfeld bewege ich mich dabei? Davon ist nicht nur mein unmittelbares Wohlbefinden abhängig, sondern auch das Spektrum der Kontaktmöglichkeiten in der Nachbarschaft. Viele Entscheidungen für Wohnungen und Häuser werden in starkem Maße von der Nachbarschaft und dem Wohnumfeld abhängig gemacht, da sich hier recht genau kalkulieren lässt, aus welchem Milieu künftige Nachbarn und mögliche Freunde kommen werden. Ohne das entsprechende Kapital aber sind Häuser in entsprechenden Vierteln nicht zu erlangen.

In gleichem Maße ist ökonomisches Kapital auch die Voraussetzung für weitere Gestaltungsmöglichkeiten der eigenen Alltagswelt: Inneneinrichtung, Autos, Hobbys, Urlaube, Kleidung, Schmuck oder auch die Art und Weise der Auswahl meiner Speisen – all diese Faktoren des persönlichen Lebensstils sind nur dann uneingeschränkt realisierbar, wenn das entsprechende Geld vorhanden ist. Und auch hier sind beide Dimensionen der eigenen Identität betroffen: Zum einen die Frage, wie ich selbst mich in einem frei nach eigenen Wünschen und Bedürfnissen gestalteten Umfeld fühle – dabei ist nicht zuletzt auch das Selbstwertgefühl tangiert –, und zum anderen die Frage, welche Kontaktmöglichkeiten und somit welche Interaktionsräume mir zur Identitätsbildung zur Verfügung stehen. Nicht jeder kann es sich leisten, in die besten Restaurants und Gaststätten einzukehren, teure Hobbys auszuüben (noch immer ist der Golfplatz unter Nutzengesichtspunkten einer der viel versprechendsten Begegnungsräume) und seinen Urlaub an den exklusivsten Erholungsorten der Welt zu verbringen. Wohlgemerkt, diese Überlegungen gelten zu-

eindeutigen Aussagen gewinnen. Meier kommt jedoch bei aller Vorsicht zu dem Ergebnis, dass es in der deutschen Situation für einen dramatischen Verfall des Sozialkapitals kaum Belege gibt.

nächst einmal ungeachtet der Frage, ob ein Akteur diese Urlaube, Hobbys und Freizeitgestaltungen überhaupt nutzen *will*. Entscheidend ist, dass ihn das ökonomische Kapital dazu in die Lage versetzt, dahingehend überhaupt wählen zu *können*.

Der bloße Besitz eines besonderen Gegenstandes, etwa eines teuren Autos, einer Segeljacht oder einer schönen Villa hat innerhalb der sozialen Welt eine identitätsdefinierende Funktion: Ich *bin* der Besitzer des Porsche, der Jacht, der Villa, und werde *als solcher* von meinen Mitmenschen und auch von mir selber wahrgenommen. Der Besitz ist nicht bloßes Beiwerk, sondern ein Merkmal meiner Person, anhand dessen ich mich selbst identifiziere und von den anderen identifiziert werde.

Größe und Ausstattung der Wohnung sind nicht unwichtig für die Frage, wie viele und welche Personen ein Akteur bewirten und beherbergen kann. Mit einem schlecht bestückten Ein-Raum-Appartment wird es kaum möglich sein, große Geselligkeiten auszurichten oder über längere Zeit hinweg ganze Familien zu Gast zu haben. Kontakte und Kontaktqualitäten – beispielsweise intensive Freundschaften auch über weitere Entfernungen hinweg – sind also durchaus von der ökonomischen Kapitalausstattung abhängig.

Je nachdem, über welche Form des ökonomischen Kapitals jemand verfügt, kann auch sein Zeitbudget unterschiedlich gestaltet sein. Wenn man beispielsweise einträglichen Besitz hat und von den entsprechenden Renteneinkünften leben kann, eröffnen sich dadurch mehr Erfahrungsmöglichkeiten als dort, wo jemand einen Großteil der Tageszeit mit Arbeit verbringen muss.

Diese Zeitdimension greift allerdings nicht nur in den Sphären des ökonomischen Reichtums, sondern ist auch in mittleren Besitz- und Einkommenslagen oft von Belang. Man denke hier nur an den ‚klassischen' Fall jener ehrenamtlich tätigen Ehefrauen, die aufgrund eines ausreichenden Gehaltes der Ehemänner nicht gezwungen sind, selber eine Erwerbstätigkeit auszuüben und stattdessen ihre Zeit in freiwilliges Engagement investieren können. Solche Tätigkeiten eröffnen viel intensivere soziale Erfahrungen als etwa eine Tätigkeit am Fließband oder als Reinigungskraft in öffentlichen Gebäuden. Noch deutlicher wird diese Diskrepanz, wenn man diejenigen Ehefrauen sieht, die ihre Identitätsbildung durch Selbsterfahrungsgruppen oder im Bereich des kreativen Gestaltens fördern können. Dem mögen zwar durchaus Defizite (z. B. Anerkennungsdefizite) durch fehlende Arbeitsverhältnisse gegenüberstehen, aber es ist unübersehbar, dass die hier aufgezeigten Identitätspotentiale und die damit verbundenen Wahlmöglichkeiten direkt abhängig sind von adäquaten ökonomischen Ressourcen.

Die Zeitdimension ist schließlich auch in einer weiteren Hinsicht relevant. Ein hohes Einkommen wie der Besitz an Geld- und Sachwerten sind erhebliche Faktoren von sozialer Sicherheit. Gerade in einer Zeit, in der wohlfahrtsstaatliche Sicherungssysteme angesichts knapper öffentlicher Haushalte reduziert werden, kann ökonomisches Kapital ein Gefühl biographischer Sicherheit vermitteln. Der Abgesicherte kann beispielsweise auch Gefahren wie schwere Krankheiten oder Behinderungen beruhigter entgegenblicken, weil er stets weiß, dass er sich in diesen Fällen die beste medizinische und psychosoziale Betreuung leisten kann sowie von bestimmten Folgeproblemen verschont sein wird. Die Identität kann in dieser Dimension als eine weniger gefährdete Identität erfahren werden, auch wenn man dadurch nicht gegen jegliche Schicksalsschläge gefeit ist. Eine eigene Sicherungsfunktion üben auch zu erwartende Erbschaften aus[4]. Dieses Kapital ist zwar in der Gegenwart noch nicht verfügbar, vermittelt aber zumindest ein Gefühl zukünftiger Handlungsoptionen und ökonomischer Absicherung, das sich positiv auch schon auf die Gegenwart auswirkt.

Der Blick in die Zukunft – man denke hier nur an die derzeit diskutierten Umbrüche im Rentenalter – gerät insgesamt vor dem Hintergrund von Wohlhabenheit sehr viel gelassener. Die Akteure wissen hier, dass all jene identitätsbildenden Größen, die oben benannt wurden: Wohnung und Wohnumfeld, Freizeitoptionen und Lebensstiläußerungen, auch im Alter erhalten werden können.

Ökonomisches Kapital ist, so Bourdieu, ein wichtiges, vielleicht das wichtigste Machtmedium in kapitalistischen Marktgesellschaften. Mit ökonomischem Kapital kann ein Akteur vieles bewegen und bewirken. Er erfährt sich als Individuum, das über Machtressourcen verfügt und seine Umwelt in vieler Hinsicht aktiv gestalten kann, anstatt zum Spielball der kleineren und größeren Mächte zu werden. Diese Erfahrungsmöglichkeit prägt nachhaltig das Selbst- und Fremdbild.

5. Kulturelles Kapital und Identität

Bei einigen der im vorangehenden Abschnitt genannten Größen lässt sich in der Perspektive der Bourdieuschen Analyse des sozialen Raums schnell deutlich machen, dass das ökonomische Kapital allein noch nicht ausreicht, um eine weitreichende identitätsbildende Kraft zu entfalten. All jene Elemente des Lebensstils, von der Wohnungseinrichtung über die Kleidung bis zum exklusiven Hobby, verlangen neben der erforderlichen Geldmenge auch ein entsprechendes Know-how, um die toten Gegenstände zum identitätsformenden Moment der Alltagswelt werden zu lassen. An dieser Stelle kommt das kulturelle Kapital ins Spiel. Gemeint ist Bildung, das Wissen darüber, wie „man" sich gut kleidet, gepflegt isst, intelligent Konversation treibt. Erst in der Kombination von ökonomischer Potenz und Bildungskapital öffnet sich auch ganz das Spektrum jener Kontaktmöglichkeiten, die oben bereits angesprochen wurden. Wenn ein Akteur beispielsweise ein großes Haus mit exzellenter Ausstattung hat, wird sich die Neigung potentieller Gäste zur Annahme einer Einladung trotzdem dann in Grenzen halten, wenn der Gastgeber sich als ebenso ungehobelter wie ungebildeter Klotz erweist. Zugang zu gebildeten oder zu interessanten Kreisen erhält man in aller Regel nur dann, wenn man selbst auch Bildung oder intellektuelle Attraktivität in die Waagschale werfen kann.

Dieser Aspekt ist nun keineswegs nur auf einer oberflächlichen Ebene der Eitelkeit wichtig, sondern auch im Kern der Identitätsbildung. So sind etwa Freunde, die kognitiv und von ihrer sozialen Intelligenz her in der Lage sind, uns einen Spiegel

4 Die Logik des Erbens wird aus soziologischer Sicht erstmals empirisch untersucht bei Szydlik (1999).

zu bieten, uns partiell in Frage zu stellen oder aber auch konkrete Hilfestellungen bei ernsthaften Problemen der Selbstfindung und der Selbstverortung im sozialen Umfeld zu geben, eine ausgesprochen wertvolle Ressource bei der Identitätsarbeit. Solche Freundschaften wird man aber nur dann auf Dauer stellen können, wenn man als Gegengabe auch entsprechende Fähigkeiten anzubieten hat. Die Ökonomik der sozialen Welt ist hier oft mit rigiden Regeln der Reziprozität versehen, deren Nichteinhaltung schnell geahndet wird.

Wie beim ökonomischen Kapital gibt es auch beim kulturellen neben der Außenseite, die interaktiv relevant wird, eine Innenseite, die an der Identitätsbildung beteiligt ist. Die Bildung, die ich mir angeeignet habe, ist als Instrument bei der Arbeit an der eigenen Identität direkt verwendbar. Das beginnt bei der Sprachfähigkeit, die es mir ermöglicht, das eigene Selbstbild, Selbstentwürfe und Fremdbilder möglichst differenziert und präzise zu benennen. Es setzt sich fort in der kognitiven Fähigkeit zur Analyse der psychischen und sozialen Situation, in der ich mich befinde. Bei dieser Analyse kann ein Wissen über entsprechende (populäre oder wissenschaftliche) Theorieangebote sehr hilfreich sein. Auch ästhetische Erfahrung mit Literatur und bildender Kunst bietet oft ein geeignetes Forum der Selbstreflexion. Hier werden Als-Ob-Welten zur Verfügung stellt, in denen man ohne direkte alltagspraktische Konsequenzen Befindlichkeiten, soziale Konstellationen, Entscheidungen und Lebenswege durchspielen kann. Dieser fiktionale Reflexionsraum ermöglicht es, die eigene Welt in ihrem Status Quo kontingent zu setzen und alternative Wirklichkeiten zu erleben (vgl. Luhmann 1995: 229 ff). Man kann sich mit Identitätsmustern anderer Personen in anderen Kontexten konfrontieren, ohne doch wirklich den eigenen Kontext verlassen zu müssen. Das Repertoire, mit dem sich die eigene Identität reflektieren und bearbeiten lässt, wird durch ein gut entwickeltes Bildungskapital erheblich breiter. Wer differenziert über sich selbst nachdenken und dabei die eigenen Fähigkeiten und Schwächen genau erkennen kann, verbessert insgesamt die eigene Zufriedenheit. Und es darf dabei nicht vergessen werden, dass auch die Kommunikation mit anderen Menschen, in der sich die eigene Identität ausbildet und weiterentwickelt, durch solche Bildungsressourcen – seien sie nun theoretischer oder ästhetisch-fiktionaler Art – erheblich vielfältiger und differenzierter gestaltet werden kann. Nicht zuletzt die Möglichkeit der Rollendistanz wird durch entsprechende Reflexionsprozesse besser zugänglich, da ich in der Lage bin, die Erwartungen, die an mich gestellt werden, kritisch zu durchdenken und im Hinblick auf eine Veränderung zu bearbeiten.

Zwei Dinge sind dabei freilich zu beachten: Zum einen besagt die Möglichkeit, Bildung für Identitätsprozesse zu nutzen, noch nichts über die tatsächliche Wahrnehmung dieser Möglichkeiten. So kann auch ein hochgebildeter Akteur sich als unreflektiert und konturlos erweisen, wenn er die Optionen des Kulturkapitals nicht umsetzt. Zum anderen ist der Blick vom Kulturkapital im engeren Sinne, wie es Bourdieu verwendet, auf bestimmte Kompetenzen auszuweiten, die ebenfalls strategisch eingesetzt und auch in ökonomisches Kapital konvertiert werden können, obwohl sie nicht in dem Maße klassenspezifisch verteilt sind wie die Bildungsressourcen im engeren Sinne: kommunikative und soziale Kompetenz. Auch wenig „gebildete" Akteure mit geringem Einkommen können in großem Ausmaß über solche Kompetenzen verfügen. Gleichwohl gilt, dass der größte strategische Nutzen erst dann entfaltet werden kann, wenn sie mit Bildungskapital verknüpft eingesetzt werden können.

Die Art und Weise, wie man mit sich selbst umzugehen gelernt hat, beeinflusst auch die Form, in der man mit anderen umgeht. Akteure, die über Bildung sowie kommunikative und soziale Kompetenzen verfügen, werden für andere Menschen schnell zu einem attraktiven und gesuchten Gesprächspartner. Und mit jeder Nutzung des Kapitals, mit jedem intensiven Gespräch, das geführt wird, steigt die Qualität des Kapitals weiter an. Diese Form der Nutzung führt also nicht zur Erschöpfung, sondern zur Stärkung und Verbesserung der Ressource. Problemlösungsstrategien, die man mit und für andere entwickelt hat, sind dann immer auch für eigene Problemlösungen einsetzbar. Wenn man in dieser Weise im eigenen Umfeld gesucht wird und immer wieder Kompetenz beweist, ist man in der Lage, sich als aktiver Gestalter der (sozialen) Welt zu erfahren. Es geht vielleicht zu weit, hier im engeren Sinne von Macht zu sprechen, aber es ist zumindest plausibel, den entsprechenden Akteuren ein erhebliches Quantum an Einfluss zuzuschreiben.

An dieser Stelle wird auch deutlich, wie sehr kulturelles Kapital in diesem Sinne eine wichtige Voraussetzung von erfolgreichem Identitätsmanagement darstellt. Je genauer ich um die Dynamiken der Identitätsbildung durch Interaktion und Reflexion weiß, umso präziser kann ich meine eigene Identität formen oder, was in strategischer Hinsicht oft noch wichtiger ist, ein bestimmtes Bild meiner selbst bei den anderen etablieren. Identitätsmanagement geht hier direkt in *impression management* über.

Nun hat Bourdieu dem Bildungskapital als inkorporierter Form des kulturellen Kapitals auch die Variante des institutionalisierten Kulturkapitals gegenübergestellt. Titel und Stelle sind es hier, die die Position der Akteure im sozialen Raum bestimmen. Der Titel ist insofern relevant, als er zu attraktiven – und das heißt in der Regel auch: zu einflussreichen – Stellen führen kann (vgl. Bourdieu u. a. 1981). Titel und Stelle definieren in starkem Maße meinen beruflichen Interaktionsraum. Erfahre ich mich dort in der Regel als Befehlsempfänger, als kleines Rädchen im großen Getriebe, oder bin ich in maßgebender Position als Gestalter der Dinge tätig? Muss ich tagein, tagaus anspruchslose Arbeiten verrichten oder kann ich mein kreatives Potential zur Geltung bringen? Setze ich am Fließband einen Handgriff an, der sich tausendfach wiederholt und dessen Bedeutung im Produktionsprozess mir gar nicht sinnlich vor Augen geführt wird, weil ich das Endprodukt in der Regel gar nicht zu Gesicht bekomme? Oder aber kann ich das Produkt von Anfang bis Ende betreuen und erhalte sogar für die Fertigstellung noch eigene Anerkennung?

Aus all diesen Aspekten ergibt sich schließlich die entscheidende Frage, ob man den Arbeitsprozess als ein sinnvolles, erfüllendes und gestaltendes Tun erfährt oder ob es sich um eine sinnentleerte – in marxistischer Perspektive „entfremdete" – Praxis handelt, die der eigenen Identität bestenfalls nichts hinzufügt, meist aber eher als degradierend und deformierend erfahren wird. Die mechanische, instrumentell herstellende Tätigkeit kann idealtypisch der sinngeleiteten und sinnbildenden Aktivität gegenübergestellt werden. Arbeit ist im letzteren Fall von den Individuen als Medium der Selbstverwirklichung nutzbar.

Als identitätsbildend kann dabei auch angesehen werden, inwiefern und in welcher Weise während der beruflichen Tätigkeit mit anderen Akteuren kommuniziert wird. Die Arbeit an der einsamen Drehbank oder auch am Bildschirm ist hier als weitgehend kommunikationsfreier Raum anzusehen, der von daher wenig Optionen zur interaktiven Identitätsarbeit bietet. Auf der anderen Seite ist die Arbeit mit Menschen, sei sie erziehender, beratender, bildender oder therapierender Art, voll von Chancen, die Erfahrungen aus diesen Prozessen auch für die eigene Identitätsbildung zu nutzen.

Es erweist sich also, dass die Verfügungsgewalt über kulturelles Kapital – sei es in inkorporierter oder in institutionalisierter Form – eine zentrale Ressource der Identitätsbildung darstellt. Dabei ist stets zu bedenken, dass die Generierung kulturellen Kapitals oft abhängig ist von dem Vorhandensein ökonomischer Kapitalien. Bildung, die sich später in institutionalisiertes Kapital ummünzen lässt, kostet Geld. Das ist nicht nur dort der Fall, wo sie durch entsprechende Investitionen etwa in Privatlehrer, Nachhilfe, besondere Lehrmaterialien oder kostspielige Studienreisen erworben wird. Jeder längere Schulbesuch bedeutet Verzicht auf ein frühes Einkommen, und dieser Verzicht muss durch das Familienbudget finanzierbar sein. Dieser ökonomische Aspekt des Kulturellen ist vollends sichtbar dort, wo der Erwerb des Kulturkapitals jenseits der Institutionen, *en passant* im familiären Kontext geschieht. Der selbstverständliche Museumsbesuch – auch in Paris, Madrid oder London –, der obligatorische Musikunterricht, vor allem aber das objektivierte Kulturkapital in der eigenen Wohnung: Gemälde, Skulpturen, eine gut bestückte Bibliothek, all das ist ohne ausreichendes Geld nicht zu haben.

6. Symbolisches Kapital und Identität

Es ist leicht einsehbar, dass dieser symbolischen Ebene des Kapitals für den Prozess der Identitätsbildung besondere Relevanz zukommt. In der Distribution des symbolischen Kapitals, die im Prozess der sozialen Interaktion erfolgt, drücken sich die vorhandenen sozialen Anerkennungsverhältnisse aus[5]. Den Individuen wird ein konkretes Bild von der sozialen Ordnung und von ihrem jeweils eigenen Ort innerhalb dieser Ordnung vermittelt.

Für die Identitätsbildung der Individuen heißt das konkret, dass das symbolische Kapital einen Wertmaßstab und eine Orientierungsgröße darstellt:

Zum einen nämlich wird angezeigt, ob die anderen Akteure meine Identität als gelungene Identität anerkennen. Wenn diese Anerkennung vorhanden ist, dann wer-

5 Zum Kampf um Anerkennung als Movens der sozialen Welt vgl. grundlegend Honneth (1992).

den die entsprechenden Selbstbilder, Werte, Verhaltensweisen und Rollenmuster deutlich verstärkt. Ich werde dem generativen Grundmuster meines Identitätsentwurfs weiter folgen, da es mir die Orientierungssicherheit sozialer Bestätigung verschafft. Anerkannte Identitäten können einen gesellschaftlich institutionalisierten Ausdruck finden, beispielsweise in Prominenz oder im Honoratiorenstatus[6]. Gesellschaftliche Anerkennung ist dabei stabil auf Dauer gestellt.

Zum anderen ergibt sich aus der für jeden Akteur beobachtbaren Distribution des symbolischen Kapitals in der Gesellschaft eine Wertigkeit und somit ein Vorbildcharakter bestimmter Identitätsmodelle. Einzelne Individuen übernehmen diese Modelle, weil diese Übernahme bei einer gelungenen „Aufführung" der im Modell angelegten „Partitur" soziale Anerkennung verspricht. Deutlich sichtbar wird dieser Prozess dort, wo Personen, die ein bestimmtes Modell verkörpern, durch Ehrungen aus der Menge der Akteure herausgehoben und mit einem außeralltäglichen Glanz versehen werden (vgl. Vogt 1996, 1997b). Ehrungen und Auszeichnungen fungieren hier als ein Ritual, in dem Identitäten und die damit verknüpften Werte öffentlich inszeniert werden.

Freilich funktioniert dieser Inszenierungsprozess der Identitäten nicht deterministisch – zumal in pluralen gesellschaftlichen Kontexten, wo verschiedene Werthierarchien und Identitätsmodelle miteinander konkurrieren. Jedes Individuum hat grundsätzlich die Möglichkeit, die jeweils dominante Prestige- und Anerkennungsordnung zu negieren und eigene Akzente zu setzen. Aber dies hat in der Regel Konsequenzen, die unbeschadet zu überstehen mitunter ein erhebliches Maß an sozialer und psychischer Stabilität erfordern. Eine solche abweichende Identitätspolitik von Akteuren wird am ehesten dort erfolgen, wo der Orientierungsrahmen von dem gesellschaftlich dominanten abweicht. Das ist beispielsweise dann der Fall, wenn der Akteur einer soziokulturellen Minderheit angehört, starke Familientraditionen wirksam sind oder religiöse und ideologische Orientierungssysteme eine hinreichend starke Quelle von Anerkennung darstellen, die dem Akteur einen Verzicht auf die Anerkennung durch das Gros der sozialen Gruppe ermöglichen. So kann man in einer Gesellschaft, in der das Streben nach Reichtum angesehen ist, ein Identitätsmodell der Askese und Armut verfolgen oder in einer Gesellschaft, wo Gewaltbereitschaft und die Kraft des Stärkeren bewundert wird, als Pazifist leben. Schließlich kann die Abweichung auch selbst zur zentralen Norm werden – etwa im Identitätsmodell des „Exzentrikers" oder in der amerikanischen Tradition des „expressiven Individualismus" (Bellah u. a. 1987: 52 ff), die von den Akteuren jeweils eine Originalität und Innovativität der eigenen Lebensführung einfordert.

Symbolisches Kapital als Voraussetzung einer sozial anerkannten Identität steht häufig in engem Zusammenhang zum ökonomischen und zum kulturellen Kapital. Die Ökonomie ist relevant, wo das soziale Prestige mit einem finanziell aufwendigen Lebensstil verbunden ist. In diesem Sinne hat Thorstein Veblen (1986) den Life Style der „Leisure Class" in den USA der Jahrhundertwende beschrieben, die

6 Zum sozialen Phänomen der Prominenz vgl. jetzt systematisierend Peters (1996).

große Summen Geldes in den demonstrativen Konsum teurer Güter, in Lakaienscharen oder in den stellvertretenden Konsum durch Ehefrauen investierten. Auch die „Feinen Leute“ der Adelsgesellschaft benötigen zur Aufrechterhaltung ihrer repräsentativen Standards erhebliche Beträge (vgl. Girtler 1989). Aber auch die mittleren und unteren Ebenen der sozialen Hierarchie sind von Prestigegesten durch teuer erworbene Konsumgüter nicht frei, wie man von den teilweise ruinösen Wettbewerben unter Nachbarn weiß. In den Vereinigten Staaten wiederum verschaffen sich die Superreichen in der Gegenwart vor allem durch große Spendensummen ihr Ansehen, da sie den Appeal ökonomischen Erfolgs so mit der Tugend sozialer Caritas oder auch politischen Engagements verbinden können, wie kürzlich die Milliardenspende des Medienmoguls Ted Turner an die UNO zeigte.

Das kulturelle Kapital wiederum ist da besonders wichtig, wo es darum geht, tatsächlich die als besonders legitim geltenden, distinguierten Ausdrucksformen im Bereich der Lebensstile zu finden und so die Anerkennung der eigenen Identitätsentwürfe sicherzustellen. Nur derjenige, der die Codes der gehobenen kulturellen Praxis beherrscht, kann sich auch entsprechend inszenieren und Prestige erlangen. Zwar lässt sich dies zum Teil auch einfach erkaufen, indem man sich beispielsweise einen Innenarchitekten mit entsprechenden Fähigkeiten anheuert, um das Haus prestigeträchtig einzurichten. Aber diese Strategie stößt immer da an ihre Grenzen, wo man sich in dem Ambiente auch adäquat bewegen und im Bereich von Kleidung, Manieren und Konversation entsprechend stilsicher auftreten muss. Auf dieser Ebene kann man nur dann erfolgreich sein, wenn man die notwendige Zeit und das erforderliche Geld in eine angemessene „Ausbildung“ investiert.

7. Soziales Kapital und Identität

Identität, so wurde eingangs ausgeführt, ist im Wesentlichen ein Interaktionsprodukt. Die spezifische Ausprägung, die eine Identität findet, ist hochgradig abhängig vom Interaktionsraum, der ihr zur Verfügung steht. Daher ist unschwer zu erkennen, dass dem sozialen Kapital – also demjenigen Kapital, das sich als streng relational zwischen zwei oder mehreren Akteuren konstituierte Größe verstehen lässt – bei der Identitätsbildung die zentrale Rolle zukommt. Soziales Kapital bildet sich in Interaktionsprozessen heraus. Jeder Akteur muss Zeit und Interaktionsarbeit investieren, damit sich ein stabiles Netz von Beziehungen herausbildet. Dieses Netz wiederum steckt den Raum ab, der mir für zukünftige Interaktionen offen steht. Interaktionsprozesse, so kann der Zusammenhang auf eine kurze Formel gebracht werden, generieren Sozialkapital und Identität.

Das bedeutet nun nicht notwendig, dass die Quantität des Sozialkapitals direkt mit der Stabilität der Identität korreliert. Hier kommt es vielmehr darauf an, welcher Art das konkrete Beziehungsnetzwerk ist. Handelt es sich beispielsweise um ein dicht geflochtenes, lokal eng begrenztes und mit hohem Grad von emotionaler Unterstützung ausgestattetes Netzwerk, dann wird die Identität der beteiligten Akteure eher eine stabile, eng umgrenzte Identität sein (vgl. dazu Keupp 1987: 29 ff). Handelt es sich dagegen um ein geographisch breit gestreutes, locker gekoppeltes Netzwerk oder sogar um mehrere, teilweise sich berührende, ansonsten aber weit voneinander entfernte und heterogene Netze, dann wird die Identität eher vielfältiger, aber auch instabiler und in sich spannungsreicher geraten. Diese Logik entspricht der von homogenen oder heterogenen Rollenerwartungen, die in einem sozialen Kontext an einen Akteur herangetragen werden. Bei heterogenen, eventuell sogar sich widersprechenden Erwartungen muss das Individuum erheblichen Aufwand betreiben, um das alles zu einer aushaltbaren und funktionsfähigen Identität zu integrieren.

Die elementarste Ebene, auf der sich soziales Kapital konstituiert, sind *Verpflichtungen* und *Erwartungen*. Diese sind in je eigener Weise identitätskonstituierend. So gewinne ich durch Verpflichtungen, die andere Akteure mir gegenüber haben, sozialen Einfluss und mitunter sogar Macht. Dort, wo jemand bei mir „tief in der Kreide steht“, kann ich von ihm Hilfen und Dienstleistungen erwarten, die er normalerweise gar nicht zu erbringen gewillt wäre. Ich kann also, je mehr dieser Verpflichtungen ich akkumuliere, ein erhebliches Quantum an Macht anhäufen. Coleman verweist darauf, dass amerikanische Politiker durch solche gegenseitigen Gefallen und Bitten im Laufe der Zeit das erforderliche Sozialkapital aufbauen, um dann ein entsprechendes Vorhaben im Kongress durchbringen zu können (Coleman 1991: 399). Im deutschen System wäre entsprechendes im Bereich der eigenen Partei bzw. der eigenen Fraktion erforderlich, um die angezielten Mehrheiten zu erreichen. Durch den üblich gewordenen Fraktionszwang kann man über die Beeinflussung einzelner Abgeordneter jenseits der Fraktionsgrenzen in der Regel keine Mehrheiten mehr verändern.

Auch mafiose Organisationsstrukturen mit ihren je eigenen Machtknoten funktionieren im Wesentlichen auf der Grundlage rigider Verpflichtungs- und Erwartungsnetze (vgl. Gambetta 1988). Aber auch im unspektakulären Alltagsleben „normaler“ Akteure wirkt soziales Kapital macht- und einflussgenerierend. Die identitätsbildende Wirkung liegt dabei vor allem darin, dass derjenige Akteur, der viel Kapital erworben hat, sich als jemand erfährt, der sein „Schicksal“ in der eigenen Hand hält. Demgegenüber bauen Akteure mit wenig Sozialkapital in diesem Sinne eher die Identität eines passiven, von den Außenmächten gesteuerten Wesens auf. Sozialkapital ist also eine wichtige Voraussetzung für die Erfahrung von individueller Autonomie.

Der wichtigste Aspekt eines funktionierenden *Netzwerks* ist wohl der der *Sicherheit*. So hat Elizabeth Bott (1953) das engmaschige soziale Netzwerk eines Londoner Arbeiterbezirks als ein funktionales Äquivalent für eine Sozialversicherung beschrieben, weil in jedweder Krisensituation die hohe Verbindlichkeit der gegenseitigen Bindungen unverzüglich zu wirksamen Hilfeleistungen führt. Die Mitglieder solcher Netzwerke, die meist lokal eng umgrenzt sind, können aufgrund ihrer schnellen Verfügbarkeit sofort eingreifen und die von der Krise betroffenen Akteure mit Sach- und Dienstleistungen oder mit emotionaler Zuwendung unterstützen.

Diese Versicherungsfunktion der Netzwerke greift in ganz unterschiedlichen Belastungssituationen, bei finanziellen Engpässen oder dem Verlust des Arbeitsplatzes ebenso wie im Falle einer Krankheit und beim Tod von Angehörigen. Im Bewusstsein eines solchen „Auffangnetzes" vermögen die Akteure eine ausgesprochen stabile Identität zu entwickeln, da sie nicht ständig in der Angst leben, die ökonomische Grundlage ihrer Handlungsmöglichkeiten und den vertrauten sozialen Interaktionskontext zu verlieren.

Dies kann man sich am Beispiel des Verlusts eines Ehepartners gut veranschaulichen. Zunächst einmal stellt dieser Verlust ja einen erheblichen Einschnitt dar, da man hier normalerweise seine wichtigste Hilfe in alltäglich-sachlichen wie in emotionalen Angelegenheiten vermisst. In jeder Ehe haben sich spezifische Arbeitsteilungen eingespielt und wenn der eine Partner wegfällt, ist der andere in vielen Situationen des Alltagslebens oft hilflos. Hinzu kommt, dass mit dem Partner häufig auch ein Teil des gemeinsamen Netzwerks wegbricht – beispielsweise die Arbeitskollegen des Ehemanns. In dieser Situation wirkt es sich ausgesprochen positiv aus, wenn man zuvor ein eigenes Netzwerk aufgebaut hat. Man kann sich Hilfe holen, man erfährt emotionale Zuwendung und man bleibt im vertrauten Kontext. Solche Netzwerke wirken identitätssichernd, indem sie Kontinuität gewähren (vgl. Keupp 1987: 32).

Allerdings ist dabei zu beachten, dass diese enge Einbindung auch als behindernd erfahren werden kann, wenn ein Akteur beispielsweise nach dem Verlust des Partners einen ganz neuen Lebensabschnitt beginnen, einschneidende Veränderungen in der Lebensführung durchführen oder seinen sozialen Kontext verändern will. Da bieten dichte und enge Netzwerke deutlichen Widerstand, während hier eher locker gekoppelte Zusammenhänge entsprechende nützliche Optionen zur Verfügung stellen können. Der Identitätseffekt des Netzwerks hängt also engstens zusammen mit seiner spezifischen Konfiguration. Wichtig ist, dass ein Netzwerkverlust immer auch einen Identitätsverlust nach sich zieht. Gleich aus welchem Grund man sein gewohntes Netz aufgibt – ein Umzug, der Verlust oder Wechsel des Arbeitsplatzes, ein Ausscheiden als Sanktion für einen Regelverstoß – man verliert seinen gewohnten Interaktionsraum. Die Folge ist, dass man sich, oft unter viel Anstrengung (d. h. durch Investition von Zeit, Geld und Arbeit), einen neuen Bewegungskreis aufbauen muss.

Wenn man in ein Netzwerk eingebunden ist, dann stellen die im Netz erfolgenden Interaktionen einen ständigen Prozess von Geben und Nehmen, von Gabe und Gegengabe dar. Dies ist in zweierlei Hinsicht für die Möglichkeiten der Identitätsbildung relevant. Zum einen stellt eine Gabe, die ich empfange, für mich den Ausdruck einer Wertschätzung dar. Wertvolle Hilfen, Dienstleistungen oder Geschenke geben mir das Gefühl, „etwas wert zu sein" – vor allem dann, wenn die Euphemisierungsmechanismen, die den direkten Zusammenhang von Gabe und Gegengabe in der Wahrnehmung der Akteure überdecken, gut funktionieren (vgl. Bourdieu 1976: 372). Dennoch bleibt die soziale Logik des Tausches natürlich stets unerbittlich in

Geltung: Wer nicht selbst in wertvolle Gaben investiert, wird in aller Regel auch keine erhalten.

Zum anderen stellt aber auch das Geben einen identitätskonstituierenden Akt dar. Wenn ich um Hilfe gefragt werde, habe ich die Möglichkeit, mich als wichtig und wertvoll zu erfahren: Ich werde gebraucht. Mein Selbstwertgefühl wird also durch eine solche Inanspruchnahme meiner Hilfe gesteigert. Außerdem können viele Individuen durch diesen Prozess des Gebrauchtwerdens auch das elementare Sinnproblem jeder Existenz bearbeiten. Anderen zu helfen ist in den meisten Gesellschaften als sinnvolles Tun anerkannt. Die eigene Identität wird also als eine sinnerfüllte Identität erfahrbar, auch wenn ein exzessives Ausleben dieser Helferidentität, das sich als „Helfersyndrom" ausprägt, zum Problem werden kann (vgl. Schmidbauer 1977). Die Tatsache jedenfalls, dass man mit jeder geleisteten Hilfe über den positiven Selbstwerteffekt hinaus bei den anderen auch „etwas gut hat", macht diese Form der Einbindung für die Akteure noch attraktiver: Sie verleiht zusätzliche Sicherheit.

Die Identitätsoptionen, die durch das Sozialkapital eröffnet werden, hängen insgesamt in starkem Maße ab von den jeweiligen *Netzwerkeigenschaften* (vgl. dazu Schenk 1984: 250 f). So ist beispielsweise zu betrachten, welche spezifischen Austauschmedien die Interaktion prägen: Gefühl und Sympathie, Einfluss und Macht, Wissen und Information oder Güter und Dienste. Weiterhin sind die Eigenschaften der Verbindungen relevant. Handelt es sich um symmetrische oder asymmetrische bzw. nicht-symmetrische Relationen? Wie sind die Rollen der einzelnen „Knoten" im Netzwerk definiert? Auf wie viele Arten sind die Teilnehmer miteinander verbunden und wie stark sind die einzelnen Verbindungen ausgeprägt? Wie groß ist das Netzwerk insgesamt? Gibt es innerhalb des Zusammenhangs Clusterbildungen und ist das Netzwerk offen zu anderen Netzwerken? Wie stabil sind die Relationen im Zeitverlauf, gibt es Hierarchien, wo liegt das Zentrum und wo die Peripherie? Lassen sich „Stars" mit besonders vielen Verbindungen ausmachen, gibt es Brückenmitglieder, die eine Verbindung zwischen verschiedenen Clustern innerhalb des gleichen Netzwerks oder aber zwischen verschiedenen Netzwerken herstellen? Je nachdem, wie das Netz strukturiert ist und wie meine eigene Position und Rolle definiert ist, wird sich meine Identität anders entwickeln.

Nun zeigt sich beim Sozialkapital, dass sich im Zuge der weitergehenden gesellschaftlichen Modernisierung wichtige Veränderungen ergeben. Waren die Netzwerke früher in starkem Maße „gegeben" aufgrund von stabilen familiären und verwandtschaftlichen Verbänden, aufgrund von enger Milieubindung, von klassenspezifischen oder – im Sinne Webers – von ständischen Verkehrskreisen, wuchsen die Akteure also weitgehend in traditional geprägte Netze hinein, so hat sich die Situation grundlegend gewandelt. Enttraditionalisierung und Individualisierung sind die Stichworte für entsprechende Entwicklungen: Die soziale und die räumliche Mobilität nimmt zu, fest gefügte Klassen und Milieus sind kaum vorzufinden, Familien werden immer kleiner (durch sinkende Kinderzahlen) und instabiler, soziale Wert- und Normhierarchien werden im gleichen Maße wähl- und gestaltbar wie biographische Verlaufsmuster. Patchworkfamilien und „Bastelbiographien“ prägen die soziale Landschaft (vgl. Beck/Beck-Gernsheim 1993).

Die Folgen auf der Ebene des sozialen Kapitals sind leicht zu beschreiben: Netzwerke müssen zunehmend hergestellt und konstruiert werden. Das Individuum wird hier immer mehr zu einem Unternehmer seiner eigenen sozialen Beziehungen, in die er nach eigener Einschätzung Arbeit investiert, um sie aufzubauen und aufrechtzuerhalten (vgl. dazu schon Boissevain 1974: 7). Wenn nämlich traditional gewachsene Einbindungen zunehmend verblassen und der Einzelne zum „Bastler“ seiner eigenen Biographie verurteilt ist, dann muss er auch sein Beziehungsnetz ohne viele Vorgaben selbst konstruieren und durch die Investition von Zeit, Arbeit und Geld verwirklichen: „Das durch Mobilität etc. entstehende, soziale ‚Beziehungsvakuum‘ setzt zu seiner Ausführung das Subjekt als entscheidenden und aktiven Initiator und Gestalter seiner eigenen Kontakt-, Bekanntschafts-, Freundschafts- und Nachbarschaftsbeziehungen voraus“ (Beck 1983: 50).

Dabei wäre es freilich ein erhebliches Missverständnis, wenn man aus diesen neuen „riskanten Freiheiten“ (Beck/Beck-Gernsheim 1994) der individuellen Akteure schließen würde, dass hier keine sozialstrukturellen Restriktionen mehr bestehen würden. Gerade in dem Maße, in dem die Akteure zum Beziehungsunternehmertum verdammt sind, sind sie auch auf die notwendigen Ressourcen zum Aufbau von sozialen Netzwerken angewiesen. Um erfolgreiche Beziehungsarbeit leisten zu können, muss man Zeit und Geld investieren. Hilfs- und Dienstleistungen kosten Zeit (und diese Zeit kann an anderen Stellen zur Geldbeschaffung fehlen); Einladungen zu Geselligkeiten und Geschenke kosten Geld. Außerdem braucht der Akteur kulturelles Kapital, um in Netzwerken einen „attraktiven Knoten“ darzustellen, dem die anderen Akteure sich interessiert zuwenden. Wirksames Identitätsmanagement erfordert Bildung und Know-how, wie oben bereits ausgeführt wurde.

Grundsätzlich lassen sich für unterschiedliche Netzwerktypen auch unterschiedliche Voraussetzungen bei der Kapitalausstattung formulieren. Ein lokal eng umgrenztes, dichtes Netzwerk, das hauptsächlich emotionale Unterstützung bietet, hängt nur in geringem Maße von ökonomischem oder kulturellem Kapital ab. Demgegenüber erfordert der Aufbau von großen, offenen und räumlich breit gestreuten Netzwerken oft erhebliche Kapitalinvestitionen. Auch die Qualität und Differenziertheit der zu erwartenden Dienst- und Hilfeleistungen hängt von dem Quantum der zuvor eingebrachten Kapitalien ab. Empirische Studien haben diesen Zusammenhang zwischen Sozialkapital und sozialstrukturellen Variablen (bzw. ökonomischen und kulturellen Kapitalien) nachweisen können:

„Je höher der Bildungsstand einer Person ist, desto größer sind ihre Netzwerke, desto mehr sozialen Begleitschutz hat sie, desto vertrauter sind die Beziehungen und desto weiter ist die geographische Reichweite der Beziehungen. Mit dem Einkommen steigt die Zahl der vertrauten Personen, die nicht aus der Verwandtschaft stammen und es wächst auch die Qualität und die Sicherheit der von diesen Personen erwartbaren praktischen und gemeinschaftlichen Unterstützung. Die Ergebnisse stellen die romantischen Vorstellungen von der Gesellschaftlichkeit in Arbeiter- und

Unterschichten gründlich in Frage. Den Armen fehlten nicht nur Freunde, sie hatten außerdem weniger Verwandschaftskontakte als Angehörige der Mittelschichten" (Keupp 1987: 39 f).

Vor dem Hintergrund der Bourdieuschen Analyse lässt sich weitergehend formulieren, dass die Optionen der Akteure im sozialen Raum abhängig sind von ihrer jeweiligen Kapitalausstattung. Nur derjenige kann investieren und akkumulieren, der schon über eine bestimmte Kapitalmenge verfügt: Wer hat, dem wird gegeben. Außerdem bringt die Lage des Sozialkapitalnetzes in der Hierarchie des sozialen Raums erhebliche Unterschiede im Hinblick auf den zu erzielenden Nutzwert mit sich. Wenn ein Akteur im Besitz eines großen Kapitalvolumens ist und sich infolgedessen in einer oberen sozialen Schicht bewegt, dann existiert eine hohe Wahrscheinlichkeit, dass er Beziehungen zu Politikern, Managern, Bankern oder Staranwälten aufbauen kann. Das Sozialkapital, gemessen in Macht oder Einfluss, ist auf dieser Ebene also enorm hoch. Vergleicht man dies mit dem Beziehungsnetz etwa eines Busfahrers oder eines vergleichbaren Akteurs, so finden sich hier eher Arbeiter, Handwerker oder Verkäufer. Diese können zwar durchaus auch nützliche Verbindungen darstellen: Der Arbeiter hilft mir beim Renovieren der Wohnung, der Handwerker legt mir die elektrischen Leitungen, der Verkäufer verschafft mir Rabatt; aber Macht oder Einfluss im sozialen Raum ergibt sich auf dieser Ebene wohl kaum. Der Angehörige der oberen Schicht kann sich diese Dienstleistungen problemlos beschaffen, der Angehörige der unteren Schicht ist jedoch im Gegenzug nicht in der Lage, den Staranwalt um einen Rat in einem Rechtsstreit zu bitten. Mit Blick auf den engen Zusammenhang zwischen Interaktionsoptionen, Sozialkapital und Identitätsbildung lässt sich daher formulieren: *Kapitalrestriktionen* bringen auch *Identitätsrestriktionen* mit sich.

Wenn man nun mit Coleman über den engen Bereich des Sozialkapitals im Sinne von Verpflichtungen und Erwartungen hinausgeht und auch die *Normen* in den Blick nimmt, werden weitere identitätsrelevante Effekte des Sozialkapitals sichtbar. Verbindliche Normen stellen ein wichtiges Element der personalen Identität dar, an ihnen richten sich Rollenvorstellungen und Verhaltensroutinen aus. Je verbindlicher in einer Gruppe gemeinsame Normen gelten, umso eher wirken sie identitätsstabilisierend. Das Gleiche gilt für stabile Vertrauensbeziehungen in Gruppen. Sie geben Verhaltenssicherheit.

Bei all dem ist freilich auch zu beachten, dass Sozialkapital im Sinne von Netzwerken nicht immer nur positive Effekte zeitigt. Diese „dunklen Seiten" des Sozialkapitals haben erstmals Portes und Landolt (1996) systematisch aufgezeigt[7]. Das *erste* Negativum ergibt sich unmittelbar als Kehrseite der Integrationsleistung des sozialen Kapitals. Die enge Schließung des Kreises kann ihre positiven Effekte für die Mitglieder nämlich nur erfüllen, weil andere von den Segnungen ausgeschlossen

7 Lenci (1997: 3) spricht hier von der Januskopfigkeit des sozialen Kapitals und führt aus: „Associationism and migrant networks, lobbies of hidden power and ‚pizza connection' are the two sides of the same coin".

bleiben. Die Inklusion setzt immer eine Exklusion voraus. Nun mag man diesem Sachverhalt aus der Sicht des Individuums, das „dazugehört", durchaus auch Positives abgewinnen, denn die Existenz von anderen, nicht dazugehörigen Akteuren ist grundsätzlich als Abgrenzungsmöglichkeit ein identitätsgenerierendes Moment.

Ein *zweiter* problematischer Aspekt ist der hohe Konformitätsdruck, der in geschlossenen Gemeinschaften mit hohem Sozialkapital beobachtet werden kann. Hierzu sind empirische Studien über ethnische Gruppen durchgeführt worden, die diesen Druck herausgearbeitet haben. So weist etwa die Struktur von Chinatown in San Francisco rigide Regeln auf, die auch jedwede ökonomische Innovationen zuverlässig unterbinden (Portes/Landolt 1996: 20). Einen ähnlichen Konformitätsdruck, der vor allem auch Fragen von Moral und Lebensstil betrifft, kennt man auch aus hochintegrierten dörflichen Gemeinschaften oder Nachbarschaften. Der Nachteil besteht dabei in einer weitgehenden Verkarstung, d. h. in einer mangelnden Flexibilität der sozialen Strukturen, die ausgesprochen veränderungsresistent sind und gegebenenfalls auf gewandelte Außenbedingungen und Herausforderungen nicht adäquat reagieren können.

Eine weitere Variante von Konformitätsdruck mit negativen Auswirkungen für Individuen ist schließlich gegeben, wenn die vertikale soziale Mobilität von Gruppenmitgliedern durch die Gruppe behindert wird. Dabei ist etwa zu denken an Mitglieder von jugendlichen Gangs und Peer Groups, die von ihren Genossen unter Druck gesetzt werden, nicht auf weiterführende Schulen zu gehen oder überhaupt schulische Erfolge zu erlangen, die mit entsprechenden Berufsaussichten verbunden wären. Die Gruppe sieht darin Gefährdungen für die Solidarität und für die Selbstachtung der anderen Mitglieder, sodass entsprechende Bestrebungen untersagt werden. In diesen Fällen wird also die Bildung von Humankapital durch ausgeprägtes Sozialkapital *nicht* gefördert, wie in Colemans Perspektive, sondern behindert.

Nun ist bislang ausschließlich die Ebene des Sozialkapitals als individuelle Ressource betrachtet worden. Mit dem Verweis auf Normen und Vertrauen, der bei Coleman angelegt ist und von Putnam weiterentwickelt wurde, kann der Blick nun ausgeweitet werden auf *Sozialkapital als kollektive Ressource*. Putnam hat in seinen Studien Einstellungen und Wertmuster der Individuen untersucht, die aus der Sicht der Gesellschaft eine wichtige Integrationsressource darstellen. Die Soziabilität der Bürger, ihr Vertrauen gegenüber anderen Menschen und gegenüber Institutionen, ihre Geselligkeitsneigung in der Freizeit und vor allem ihre Bereitschaft zu freiwilliger Assoziation und sozialem Engagement ist nicht nur ein zentrales Moment von politischer Kultur, sondern prägt auch Identitätsmodelle. Um dies exemplarisch zu verdeutlichen, kann man mit Blick auf die von Putnam untersuchte amerikanische Situation idealtypisch zwei antipodische Identitätsmodelle gegenüberstellen (vgl. dazu Dörner 2000): Auf der *einen* Seite steht das privatistische Modell des individuellen Nutzenmaximierers, das gemäß der liberalistischen Tradition einem negativen Freiheitsbegriff verpflichtet ist[8]. Das Gelingen der Identität wird hier als eine mög-

8 Zu den zwei Freiheitskonzeptionen vgl. grundlegend Berlin (1995).

lichst weitgehende Freiheit *von* Vorgaben anderer Akteure oder des Staates verstanden. Auf der *anderen* Seite befindet sich das öffentlichkeitsbezogene republikanische Identitätsmodell, das am positiven Freiheitsbegriff orientiert ist. Freiheit ist hier immer eine Freiheit *zu*, nämlich zur Teilhabe an den *res publica*, zum Engagement für die Mitgestaltung der politischen und sozialen Verhältnisse. Die gelungene Identität verwirklicht sich hier immer im Rahmen der Gemeinschaft, als deren aktives Mitglied man sich definiert.

Während das liberalistische Identitätsmodell mit Individualismus, wenig Vertrauen und wenig Bereitschaft zum Engagement wie zur politischen Partizipation einhergeht, weist das republikanische Identitätsmodell hier jeweils sehr hohe Werte auf. Das Verständnis von Sozialkapital als Ressource der Gemeinschaft vermag hier deutlich zu machen, wie Identitätsmodelle und gesellschaftliche Integration zusammenhängen. Eine Gesellschaft individueller Nutzenmaximierer weist immer Tendenzen zur Desintegration auf, wenn nicht kompensatorische Mechanismen vorhanden sind[9]. Eine Gesellschaft der republikanischen Identitäten hingegen tendiert zu einem hohen Integrationsgrad. Der Zusammenhalt der Gemeinschaft und die gegenseitige Solidarität ist stark ausgeprägt.

In der Regel weisen Gesellschaften eine Mischung zwischen diesen Identitätsformen auf, aber es lassen sich im internationalen oder interkulturellen Vergleich auch deutliche Unterschiede herausarbeiten (vgl. etwa Fukuyama 1995, Putnam 1993). Putnam (1995) konstatiert, dass die USA im weltweiten Vergleich noch immer das größte Quantum an integrativem Sozialkapital aufweisen. Seine Untersuchungen machen allerdings auf einen Prozess der Erosion des sozialen Kapitals aufmerksam, der – wenn er sich von der Tendenz her bewahrheiten sollte – erhebliche Konsequenzen für die Stabilität der amerikanischen Gesellschaft haben würde. Im Hinblick auf den Zusammenhang von Identität und Kapital lässt sich also hier folgende Aussage treffen: Nicht bestimmte Kapitalien beeinflussen Identitäten, sondern die Identitäten stellen selbst ein Kapital dar, auf das eine Gesellschaft langfristig kaum verzichten kann, will sie nicht Gefahr laufen, in Anomie, Desintegration und Auflösung zu versinken.

Identitätsbildung und Kapital, dies konnte in den vorangehenden Überlegungen gezeigt werden, sind in der sozialen Welt engstens miteinander verknüpft. Natürlich bleibt insbesondere im Hinblick auf eine systematische empirische Forschung noch vieles offen, zumal die hier verwendeten Kapitalkonzepte noch einige Unklarheiten und Operationalisierungsprobleme bergen, auf die hier nicht näher eingegangen werden konnte[10]. Gleichwohl sollte der enge Zusammenhang zwischen Kapitalbesitz und Identität in der weiteren Diskussion über soziale Ungleichheiten ebenso wie in der Biographie- und Sozialisationsforschung stärkere Berücksichtigung finden, um ein genaueres Bild der jeweiligen sozialen Prozesse zu gewinnen.

9 Vgl. dazu die ausführliche Debatte zwischen Liberalismus und Kommunitarismus, die im letzten Jahrzehnt in den Vereinigten Staaten geführt worden ist (siehe dazu u. a. Honneth 1993).

10 Siehe dazu die Ausführungen in Vogt (1997a: 123 ff) und Haug (1997: 31 ff).

Literatur

Beck, Ulrich (1983): Jenseits von Stand und Klasse? Soziale Ungleichheiten, gesellschaftlicher Individualisierungsprozess und die Entstehung neuer sozialer Formationen und Identitäten. In: Reinhard Kreckel (Hrsg.), Soziale Ungleichheiten. (Soziale Welt, Sonderband 2). Göttingen, 35–74.
Beck, Ulrich/Beck-Gernsheim, Elisabeth (1993): Nicht Autonomie, sondern Bastelbiographie. In: Zeitschrift für Soziologie 22, Heft 3, 178–187.
Beck, Ulrich/Beck-Gernsheim, Elisabeth (Hrsg.) (1994): Riskante Freiheiten. Individualisierung in modernen Gesellschaften. Frankfurt/M.
Becker, Gary S. (1964): Human Capital. A Theoretical and Empirical Analysis, with Special Reference to Education. New York.
Bellah, Robert N. u. a. (1987): Gewohnheiten des Herzens. Individualismus und Gemeinsinn in der amerikanischen Gesellschaft. Köln.
Berger, Peter L./Luckmann, Thomas (1969): Die gesellschaftliche Konstruktion der Wirklichkeit. Eine Theorie der Wissenssoziologie. Frankfurt/M.
Berlin, Isaiah (1995): Freiheit: vier Versuche. Frankfurt/M.
Boissevain, Jeremy (1974): Friends of Friends. Manipulators and Coalitions. Oxford.
Bott, Elizabeth (1953): Family and Social Network. Roles, Norms, and External Relationships in Ordinary Urban Families. London.
Bourdieu, Pierre (1976): Entwurf einer Theorie der Praxis auf der ethnologischen Grundlage der kabylischen Gesellschaft. Frankfurt/M.
Bourdieu, Pierre (1983): Ökonomisches Kapital, kulturelles Kapital, soziales Kapital. In: Reinhard Kreckel (Hrsg.): Soziale Ungleichheiten (Soziale Welt, Sonderband 2). Göttingen, 183–198.
Bourdieu, Pierre (1985): Sozialer Raum und 'Klassen'. Leçon sur la leçon. Zwei Vorlesungen. Frankfurt/M.
Bourdieu, Pierre u. a. (1981): Titel und Stelle. Über die Reproduktion sozialer Macht. Frankfurt/M.
Coleman, James S. (1988): Social Capital and the Creation of Human Capital. In: American Journal of Sociology 94 (Supplement), 95–120.
Coleman, James S. (1991): Grundlagen der Sozialtheorie. Bd. 1. Handlungen und Handlungssysteme. München.
Coleman, James S./Hoffer, Thomas B. (1987): Public and Private High Schools. The Impact of Communities. New York.
Dörner, Andreas (2000): Politische Kultur und Medienunterhaltung. Zur Inszenierung politischer Identitäten in der amerikanischen Film- und Fernsehwelt. Konstanz.
Fukuyama, Francis (1995): Trust: The Social Virtues and the Creation of Prosperity. New York.
Gambetta, Diego (1988): Mafia: the Price of Distrust. In: Ders. (Hrsg.), Trust: Making and Breaking Cooperative Relations. Oxford, 158–175.
Girtler, Roland (1989): Die Feinen Leute. Von der vornehmen Art, durchs Leben zu gehen. Frankfurt/M., New York.
Haug, Sonja (1997): Soziales Kapital. Ein kritischer Überblick über den aktuellen Forschungsstand. Mannheimer Zentrum für Europäische Forschung, Working Papers AB II, Nr. 15. Mannheim.
Honneth, Axel (1992): Kampf um Anerkennung. Zur moralischen Grammatik sozialer Konflikte. Frankfurt/M.
Honneth, Axel (Hrsg.) (1993): Kommunitarismus. Eine Debatte über die moralischen Grundlagen moderner Gesellschaften, Frankfurt/M., New York.
Hurrelmann, Klaus (1995): Einführung in die Sozialisationstheorie. Über den Zusammenhang von Sozialstruktur und Persönlichkeit. 5. Auflage. Weinheim, Basel.
Keupp, Heiner (1987): Soziale Netzwerke. Eine Metapher des gesellschaftlichen Umbruchs? In: Heiner Keupp, Bernd Röhrle (Hrsg.), Soziale Netzwerke. Frankfurt/M., New York, 11–53.
Keupp, Heiner/Röhrle, Bernd (Hrsg.) (1987): Soziale Netzwerke. Frankfurt/M., New York.
Lenci, Sergio (1997): Social Capital? From Pizza Connection to Collective Action. An Inquiry into Power, Culture and Civil Society. Institute of Social Studies, Working Paper No. 244. The Hague.
Luhmann, Niklas (1995): Die Kunst der Gesellschaft. Frankfurt/M.
Mead, George Herbert (1973): Geist, Identität und Gesellschaft aus der Sicht des Sozialbehaviorismus. Frankfurt/M.
Meier, Bernd (1996): Sozialkapital in Deutschland. Eine empirische Skizze. Köln.
Peters, Birgit (1996): Prominenz. Eine soziologische Analyse ihrer Entstehung und Wirkung. Opladen.

Portes, Alejandro/Landolt, Patricia (1996): The Downside of Social Capital. In: The American Prospect 26, May–June, 18–26.
Putnam, Robert D. (1993): Making Democracy Work. Civic Traditions in Modern Italy. Princeton.
Putnam, Robert D. (1995): Tuning In, Tuning Out. The Strange Disappearance of Social Capital in America. In: PS: Political Science & Politics 28, 664–683.
Putnam, Robert D. (1996): The Strange Disappearance of Civic America. In: The American Prospect 24, 34–49.
Schenk, Michael (1984): Soziale Netzwerke und Kommunikation. Tübingen.
Schmidbauer, Wolfgang (1977): Die hilflosen Helfer. Über die seelische Problematik der helfenden Berufe. Reinbek.
Szydlik, Marc (1999): Erben in der Bundesrepublik Deutschland. Zum Verhältnis von familialer Solidarität und sozialer Ungleichheit. In: Kölner Zeitschrift für Soziologie und Sozialpsychologie 51, Heft 1, 80–105.
Teachman, Jay D. u. a. (1997): Social Capital and the Generation of Human Capital. In: Social Forces 75, Heft 4, 1343–1359.
Veblen, Thorstein (1986): Theorie der feinen Leute. Eine ökonomische Untersuchung der Institutionen. Frankfurt/M.
Vogt, Ludgera (1996): Ehrungen im Systemwechsel. Zur Ehre und ihren sozialen Funktionen unter Bedingungen radikalen politischen Wandels. In: Berliner Journal für Soziologie 6, Heft 1, 69–90.
Vogt, Ludgera (1997a): Zur Logik der Ehre in der Gegenwartsgesellschaft. Differenzierung – Macht – Integration. Frankfurt/M.
Vogt, Ludgera (1997b): Zeichen der Anerkennung. Orden als Medien sozialer Differenzierung und gesellschaftlicher Integration. In: Soziale Welt 48, Heft 4, 187–205.

Nach der „Identität“

Elmar J. Koenen

1. Vom Widerstand der Identitäten zur Selbst-Darstellung für Inklusionen

Personale „Identität“ in moderner Gesellschaft erscheint heute wie von individualisierungssüchtigen Distinktionsbemühungen verdrängt. Es hat den Anschein, als wären die Label von Sportartikelherstellern, Bundesligavereinen oder Internet-Chatgroups an die Stelle der ehemals identitätsstiftenden Symbole für Volk, Nation und Staat, für Armee und Kirche, für Beruf, Stand und Klasse getreten. Dabei ist überhaupt nicht sicher, ob die Identitätsspiele mit den Symbolen neuester „corporate identities“ überhaupt noch andere, „erstmoderne“ Identitätsbildungen verdecken. Zumindest aber haben diese ihre einstige Dramatik eingebüßt, der Kampf des bürgerlichen Individuums um eine gleichsam „identische Identität“ ist zum Mythos verblasst und hat inzwischen therapeutische Formen angenommen. Diese kann man verstehen als Versuche, auch in individualisierten Verhältnissen, d. h. unter den erschwerenden Bedingungen zunehmender personaler Selbstreferenz, an sich als einem bestimmbaren Selbst nicht nur festzuhalten, sondern auch zu arbeiten.

Jenseits solcher Bewegungen an den Oberflächen wird personale Identität wieder mehr als Resultat einer spezifischen Selbst-Unterscheidung deutlich, ohne die (moderne) Vergesellschaftung von Individuen kaum rekonstruierbar ist.

Zur Beschreibung dieser Konstellation skizziere ich zunächst ein *Bezugsproblem*, das v. a. auf der Ebene der „politischen Identitäten“ sichtbar geworden ist. Es betrifft eine tiefgreifende Wende der Gesellschaftsgeschichte, die die Bedingungen für die Ausbildung personaler Identitäten in veränderter Beleuchtung erscheinen lässt.

Nach den heroischen Zeiten der Hochbürger des ausgehenden 19. Jahrhunderts und nach den politischen Systembrüchen in diesem Jahrhundert (v. a. auf dem Gebiet des Deutschen Reiches), die das politisch kaum bewusste Bürgertum zu einem differenzierten Milieu individuierter Kleinbürger transformiert haben, ist das Drama der (kollektiven und individuellen) Selbst-Behauptungen allmählich zu einem vorläufigen Ende gekommen. Hatten sich vor allem seit der Reichsgründung die Identitäten der männlichen Hochbürger an politischer und ökonomischer, aber auch künstlerischer und intellektueller Handlungsfähigkeit kristallisiert, so profilierten sich die gesellschaftspolitischen Identitäten großer Teile der kleinbürgerlichen Bevölkerung immer wieder *gegen* neue und wechselnde Zumutungen moderner Vergesellschaftung (Arbeiterbewegung, Jugendbewegung, nationalkonservative und völkische Bewegungen, Antiamerikanismus und Antimodernismus).

Inzwischen sind mit dem Abklingen der sozialen Bewegungen, dem Ende des Systemkonflikts und den globalisierenden Vernetzungen die nahe liegenden Möglichkeiten geschwunden, Identitäten auf grundsätzliche politische *Gegen*profilierungen gleich welcher Thematik zu gründen. Das betrifft „alte" soziale Bewegungen, die ökonomische und soziale Differentiale politisieren genauso wie „neue" soziale Bewegungen, die askriptive Differenzen (Frauenbewegungen), Risiken und Nebenfolgen der Industriemoderne (Ökologiebewegungen) oder bedrohliche Paradoxe internationaler Sicherheitspolitiken skandalisieren (Friedensbewegungen).

Entsprechend sind, z. T. bis heute – vor allem in der handlungstheoretischen und der neomarxistischen Tradition – weite Teile der sozialwissenschaftlichen Literatur von der Sorge um die Handlungsfähigkeit der – nun kleinbürgerlich individuierten – Akteure motiviert. Ob Wähler, Investoren, Frauen, Angehörige von Randgruppen, ob der „gut informierte Bürger" oder der „breite Mann von der Straße" wieder zur Sprache und zur Geltung kommen sollten – immer schienen sie von den Zwängen der Strukturen, von den Risiken der Systeme und der Übermacht der Institutionen bedroht (Hitzler/Koenen 1994). Diese verbreitete Vorstellung hatte nahe gelegt, die Identitätsbildung unter einen mit Individualisierungs- und Autonomieansprüchen begründeten Dauervorbehalt zu stellen und zu versuchen, sie dem Zugriff der Verhältnisse zumindest teilweise zu entziehen.

Spätestens die Wende hin zur integrierten Kommunikations- und Handelswelt hat solchen erstmodernen Vorbehalten, Verweigerungen und Gegenbewegungen, die für sich einen „archimedischen Punkt" gleichsam außerhalb der Gesellschaft reklamierten, die Geschäftsgrundlage entzogen.

Einmal mehr ist damit die Identitätsbildung unwiderruflich auf eine „Selbst-Bestimmung" *innerhalb* der gegebenen gesellschaftlichen Verhältnisse zurückverwiesen. Diese zeigen inzwischen ein neues, vermutlich folgenreiches *innergesellschaftliches* Innen-Außen-Verhältnis. Neben die Wahrnehmung der hergebrachten, aber bereits längst inkludierenden Ungleichheiten der Stände und Klassen, der Schichten und Milieus sowie der Existenz- und Reproduktionsrisiken treten *neue* Erfahrungen von Exklusion und Exkommunikation[1] (vgl. z. B. Luhmann 1995). So weist die neuere Sozialpolitikforschung deutlich darauf hin, dass die historische Phase der Programme wohlfahrtsstaatlicher Vollinklusion gerade zu Ende geht (z. B. Kaufmann 1997). Auch die viel diskutierte „Globalisierung" stellt dabei keine Ausnahme dar: Als neues Vollinklusionsmodell wäre sie mißverstanden oder nur in ihrer ideologischen Dimension wahrgenommen. Vielmehr fungiert sie als Chiffre für die Suche nach neuen, *effektiveren* Selektionsstrukturen entlang der Kombination

1 In einer Gesellschaft, die durch eine hochelaborierte Kommunikationskultur gekennzeichnet ist, bedeutet „Exklusion" nicht nur ein Vorenthalten von materiellen Ressourcen, Reproduktions- und Aufstiegschancen, sondern v. a. auch von Information, Wissen und sozialen Bezügen und Beziehungen, also von Substraten, die nur kommuniziert werden können. Es liegt daher nahe, von „Exkommunikation" in einem analytischen und säkularisierten Sinn zu sprechen.

von neuen ökonomischen Interessen, technologischen Möglichkeiten und individuierten Motiven.

Solche Entwicklungen nehmen einer Identitätsbehauptung, die sich dem vorherrschenden Stil der Vergesellschaftung zu widersetzen sucht, jede Grundlage. Wo die Angewiesenheit der „Systeme“ auf das „variable Kapital“ von Arbeitskräften und auf die politische Zustimmung von Bürgern abnimmt und die moralische Verpflichtung der politischen Gesellschaft für die Wohlfahrt ihrer Bevölkerung abgekoppelt werden kann, stellen Ambivalenz, Verweigerung und kritische Abgrenzungen der Individuen gegen die „Systeme“ keine effektiven Machtpotentiale mehr dar.

Damit sind der Identitätsbildung zwei traditionell wichtige Dimensionen verwehrt: Weder kann sie, auf gleichsam außergesellschaftliche, in die Zukunft projizierte Möglichkeitsräume ausweichen, noch erwartet sie innergesellschaftlich eine zuverlässige Inklusion, die als Basis einer Selbst-Konstruktion dienen könnte.

In dieser neuen Machtkonstellation haben sich die Motive völlig verwandelt. Für Individuen (wie für Nationen) geht es nun darum, bei jeglichem gesellschaftlichen Projekt dabei zu sein und zu bleiben. Sich der globalisierten Vergesellschaftung anzubieten, wird damit zum zentralen Projekt. Es gilt, das eigene Angebot, das schließlich in der eigenen Identität bestehen kann (sei das in Form der politischen Überzeugung oder der Währung), in einer Weise zuzurichten, dass es eine Chance bekommt, öffentlich wahrgenommen oder ökonomisch angenommen zu werden.

Wie entwickeln sich die Muster der Identitätsbildung angesichts solcher in grundlegender Weise veränderter Bezugsprobleme? Wie gestaltet sich die Selbstsuche im Schatten drohender Exklusion und Exkommunikation? Wie versuchen die Individuen durch Selbst-Unterscheidung (!) an sich selbst festzuhalten, während die globale Vergesellschaftung ihnen immer umwegigere Vermittlungen aufnötigt und komplexere Abstimmungen mit ihren Umwelten abverlangt?

Der folgende Text versucht sich an Fragen dieser Art zu orientieren. Der zweite Teil entwickelt ein begriffliches Instrumentarium, das den Zusammenhang des Textes und der Beispiele gewährleisten soll. Der dritte Teil präsentiert drei Fallbeispiele, die den analytischen Rahmen plausibilisieren und die Ausgangsvermutung des Texts – „The Decline of Identity“ (Huston 1999) – illustrieren sollen. Er beginnt mit einem literarischen „Fall“ aus dem 19. Jahrhundert; dem folgen Beispiele aus dem Bereich der Erwerbsarbeit und Aussagen über Identitätserfahrungen im Internet. Der kurze Schlussteil versucht, einige der Interpretationslinien zusammenzuführen.

2. Identität in Gesellschaft

Die moderne Vergesellschaftung hat die „Identität“ ins Paradox getrieben. Ihr Begriff ist in der Spannung zwischen zwei Polen zerbrochen, die in der gesellschaftlichen Bewegung in Gegensatz zueinander geraten sind. Der eine ist gekennzeichnet von der Selbigkeit des einzelnen Gattungswesens, von denen jedes unmittelbar sich selbst (und erst in zweiter Linic andere) materiell und ideell reproduzieren muss.

Der andere Pol bezeichnet jenes moderne, „außer sich" geratene Individuum, das seine Identität vergeblich sucht, noch nie „bei sich" war oder sich zumindest früh verloren hat. Nimmt es sich als Individuum ernst, versucht es an sich festzuhalten und stellt die Selbstsuche auf Dauer (z. B. in der Form der Teilhabe an Therapiekultur, Esoterik oder Religiosität). Damit ist es der Erfahrung unaufhebbarer Nicht-Identität ausgesetzt, die die Phantasie freisetzt, dass „Ich" ein Anderer sein müsse, eine Fata Morgana, die von einer *entfremdeten* Gesellschaft vorgespiegelt wird. Dort aber bleibt die Vorstellung, sich selbst zu begegnen, mit Angst besetzt. Adornos Kritische Theorie sucht diesen Entfremdungsschmerz zu lindern mit der Utopie einer Gesellschaft, in der man „ohne Angst ein anderer sein könnte".

Das philosophische Spiel mit der Nicht-Identität (Thyen 1989), angesiedelt zwischen Not und Koketterie, beutet das Paradox aus, dass die Behauptung von Nicht-Identität eine zugrunde liegende, anspruchslose „Identität" des Sprechers bereits voraussetzen muss. Psychologisch lässt sich das Paradox mit der Vorstellung einer personalen Spaltung lösen; soziologisch führt der Weg durch die Labyrinthe der gesellschaftlichen Vermittlungen. Diese nicht ganz einfache Theorielage hat oft zu verkürzten Verständnissen geführt.

So scheint „Identität" immer in Versuchung, sich als Bezeichnung für eine Gleichung misszuverstehen und dabei ihre Eigenart als Ausdruck eines asymmetrisch dargestellten Unterschieds zu verkennen. „Ich, das ist ein anderer", formuliert bereits Rimbaud eine moderne Erfahrung. Ins Soziologische übersetzt heißt das: „Ich", das bin ich als (modern) vergesellschaftetes Individuum nicht mehr einfach selbst. In Anlehnung an Mead könnte man auch sagen, dass das gängige Verständnis von „Identität" nicht in der Lage ist, zwei Arten der Selbstreferenz, „Me" und „I", zu unterscheiden. Die damit bezeichnete Asymmetrie im Selbstverhältnis hat Mead mit jener Unterscheidung von „I" und „Me" ebenso festgehalten wie Lacan in der Konstruktion seines Spiegel-Ich[2].

Das Selbst dagegen, das allein die Selbigkeit repräsentiert, wird damit zu einem Dritten, das die Realität des Angesichts und sein Abbild vergleichbar macht, aber selbst nicht in Erscheinung tritt.

Das unsichtbare Dritte, die scheinbar fehlende Vermittlung, stellt sich, für den Sozialwissenschaftler nicht ganz überraschend, als das Soziale heraus und wird dabei aber meist zu „Anerkennung" verkürzt[3]. In jedem Fall jedoch macht „Identität" von Individuen nur in irgendeiner Art von Sozialität Sinn. „Es wäre ohnehin, wie wir von Wittgenstein hörten, unsinnig zu sagen ‚einer ist identisch'. Eine Identität der Menschen ist nur ... in einer Gemeinschaft sich wechselseitig anerkennender Personen (möglich). Jeder kann sich nur mit anderen zu dem machen, was nur er ist" (Vossenkuhl 1995: 214).

2 „‚Ich' ist also etwas, das, im Moment bestimmter Wahrnehmungen, *aus zweien wird*, aus ‚mir' und einem ‚andern', wie Lacan sagt" (Theweleit 1988; vgl. dazu näher Lacan 1980).

3 Sehr ausgeprägt und in der deutschen Diskussion bei Honneth (1992).

„Mit anderen" kann natürlich praktisch auch bedeuten: in Abgrenzung gegen andere. Neben die Fälle von „Anerkennung" treten dann die vielleicht ebenso häufigen Beispiele, in denen Gegnerschaft, Konkurrenz und Missachtung „Identität" vermitteln.

Aber auch eine solche Ausweitung hält noch an „Identität" als einem letzten zu bezweckenden Zweck fest und verhindert damit die Frage nach ihrer Funktion. Sie stilisiert „Identität" als Bedürfnis und ordnet ihm dann z. B. Gemeinschaftlichkeit als notwendiges Mittel zu.

Setzt man umgekehrt „Identität" kontingent und fragt nach ihren Bedingungen, wird man wieder an „Gesellschaft" zurückverwiesen. Diese ist dann als jene Struktur von Differenzen beobachtbar, die „Identität" für den Einzelnen zum einen *notwendig* macht (um sich in der Vielfalt möglicher und realer Bezüge durchhalten zu können), zum anderen *möglich* macht (um die Ressource von Bezügen vorzufinden, aus der sich das Selbst selegiert), und schließlich *begrenzt* (indem sie verhindert, dass der Kurzschluss einer identischen Identität real wird). Sie garantiert jene Asymmetrie, die nur Ähnlichkeiten von Bildern und Abbildern zulässt.

In diesem strukturellen Sinn stellt „Identität" nur ihre ganz allgemeine Form der Selbststabilisierung, Selbstbestimmung und Selbstlimitierung dar. Die Beobachtung, dass diese Form schon lange nicht mehr „in Form" sei, wird seit Mitte des vorigen Jahrhunderts zunehmend der Gesellschaft zur Last gelegt.

2.1 Was bedroht die Identität?

Identitätsbedrohung und Identitätsverlust sind literarisch und philosophisch dicht belegt. Die frühe Neuzeit, die die Identitäten mit der Auflösung der Gewissheiten eines unbestrittenen, kosmologischen Weltbilds bedroht, setzt mit Shakespeare, Locke und Hume ein.

Die literarische Reihe reicht zumindest von Rimbaud, Kafka, Max Frisch bis zu Imre Kertész (1998)[4]. Dieses große Interesse ist oft als Symptom einer Krise der Identität gedeutet worden. Die Erfahrung ihrer Nicht-mehr-Selbstverständlichkeit schickt den vereinzelten Einzelnen auf Selbstsuche, deren Erfolg aber unsicher bleiben muss. Dabei entsteht verbreitet ein Gefühl der Rechtfertigungsbedürftigkeit, auf das vor allem seit dem vorigen Jahrhundert mit autobiographischen Darstellungen reagiert wird[5].

Ein großer Teil der Literatur, auch der sozialphilosophischen, steht unter dem Einfluss der Vorstellung von Identitätsbedrohung durch gesellschaftlich bedingte (Selbst)Entfremdung. „Identität" gilt dabei als faktische Gattungsbestimmung, als eine Art Naturzustand, der durch gesellschaftliche Randbedingungen irritiert wird[6].

4 Der Titel seines Romans „Ich – ein anderer" spielt auf Rimbaud an.
5 Vgl. unten den „Fall" des Grünen Heinrich.
6 Auch Teile der soziologischen Rollentheorie haben sich in diesem Sinn ausgelegt.

Dass demgegenüber „Identität" ein Verhältnis, eine Relation zum Ausdruck bringt, war Hegel (1969: 40), dem die (missverstandene) Entfremdungsfigur meist zugerechnet wird, im Unterschied zu vielen seiner Epigonen sehr wohl bewusst: „Sie ist somit die Identität als der mit sich identische Unterschied". „Identität" könnte von daher eine Entsprechung der Individuum/Gesellschafts-Differenz im Innenverhältnis einer Person zu derjenigen in seinem Außenverhältnis bedeuten. Das kommt in die Nähe der Vorstellung einer Balance von personaler und sozialer Identität, wie sie Lothar Krappmann (1969) seinerzeit entwickelt hat[7].

Unter *soziologischen* Gesichtspunkten zeigt die Entwicklung von „Identität" spezifische Spannungsverhältnisse.

Auf der einen Seite steht die Selbst-Behauptung in der und für die Interaktion, die sich dort als rekursfähiges dauerhaftes Selbst bewähren kann. Das wird zum Ansatzpunkt für strukturbildendes Vertrauen, wenn die Interaktionspartner ihrerseits der Erwartung auf Stabilität ihrer Identitäten entsprechen.

Die Interaktionspartner können auch als „Publikum" der eigenen Distinktionen fungieren. Die gelingende Selbst-Inszenierung und Dramatisierung *eigener* Selbigkeit (z. B. von Führungskräften in Organisationen: „ich bin unersetzbar") oder *fremder* Selbigkeit (z. B. in Liebesbeziehungen: „niemand anderes") setzt die soziale Anerkennung individuierter Besonderheit voraus und zielt auf Nicht-Austauschbarkeit.

Auf einer anderen Seite bedeutet die individuelle Selbst-Behauptung den Widerstand gegen die generalisierenden Vereinnahmungen durch Organisationen und Gesellschaft. Als Beispiel gilt die gegen Kapital getauschte Lohnarbeit; ihr wird unterstellt, dass sie Austauschbarkeit zwischen gleich (un)qualifizierten Lohnarbeitern herstellt und damit deren Identitäten negiert. An solchen Beispielen wird auch deutlich, wie ungleich Identitätsprobleme in der Gesellschaft verteilt sind.

Überhaupt scheint bisher das Verhältnis von „Identität" und „sozialer Ungleichheit" noch kaum in den Blick gekommen zu sein. Es hat den Anschein, dass „Identität" v. a. in Prozessen vertikaler Mobilität zunächst an den Rändern von Schichten, Klassen und Milieus auftaucht und daher zu einem Spezialproblem von Mittelschichten avanciert. Deren „Angst vor dem Abstieg"[8] hat Identität traditionell mit sozialem Status verknüpft und dort Selbstdisziplin und Leistungsbereitschaft motiviert.

Die Transformation der „Arbeitsgesellschaft" wirft nun eher die Frage auf, wie man die identitätsbildende gesellschaftliche Anerkennung ohne Rekurs auf Disziplin, Produktivität und Leistung konzipiert.

Antworten auf solche Fragen sind dadurch erschwert, dass vor allem die späte Moderne alle Phasen und Momente von Zyklen, Verläufen, Konjunkturen und Moden gleichsam nebeneinander stellt. So findet sich neben der seit den 80er Jahren

7 Krappmann greift selbst nicht auf Hegel, sondern auf G. H. Mead zurück. Allerdings hat sich Mead, der u. a. in Berlin studierte, intensiv mit Hegel beschäftigt.

8 Das ist der Titel der deutschen Übersetzung der Studie von Barbara Ehrenreich (1989).

individualisierungstheoretisch gestützten Feier der Entscheidungsfreiheit der Akteure[9] und dem Furor ihrer Selbstvergewisserungsversuche die Erschöpfung solcher Motive und ein abnehmendes Interesse an der Frage, inwiefern wir uns individuell als dieselben fortsetzen. Ins Zentrum der Aufmerksamkeit ist stattdessen „Der flexible Mensch“ (vgl. Sennett 1998) gerückt, der sich den Luxus der traditionellen Identität nicht länger leisten kann; er muss seine von ihm abverlangten Selbstveränderungen als ein – oft therapeutisch gestütztes – Identitätsmanagement betreiben, das auf das Bedürfnis nach der Selbigkeit des (Selbst-)Seins keine Rücksicht mehr nehmen kann. Dort mischen sich dann heterogene Elemente aus Berufs-, Traditions-, Freizeit-, Interesse- und Erwerbsbereichen zu divers zusammengesetzten Identitäten.

Der Zwang, bei der fortlaufenden Selbstselektion die Muster ständig zu wechseln, könnte freilich attraktiver erscheinen, wenn diese nicht in der Eindimensionalität einer neoliberalen Selbstvermarktung vorgegeben wären.

2.2 Die Identitäten des „Dividuums“

Dass Individuen (trotz der mit diesem Namen behaupteten Unteilbarkeit) als jene homogenen Einheiten, als die sie gerne erscheinen, gesellschaftlich nicht existenzfähig sein würden, muss früh beobachtet worden sein. Rekonstruktionen der damit notwendigen *Binnendifferenzierungen* der Individuen gehören nämlich zu den älteren kulturellen Beständen und Selbstverständnissen[10]. Zu den populärsten solcher Modelle für Binnendifferenzierung von Individuen zählt die (früher auch für die Sozialwissenschaften zentrale) Metapher der „Rolle“. Die andere vor allem für die Soziologie folgenreiche Meadsche Unterscheidung von „I“ und „Me“ gilt dagegen bis heute[11] als Ausgangspunkt entscheidender disziplinärer Entwicklungen.[12]

Das Hantieren mit solchen Binnendifferenzierungen konnte solange als kalkulierbares Risiko behandelt werden, wie die Einheit des Differenten mitrepräsentiert war. Die Zentrifugalkräfte, die von den Spaltungsenergien jener Differenzierungen ausgingen, konnten als von zugrunde-liegenden Einheitskonzepten wie „Selbst“, „Ich“ oder eben „Identität“ aufgefangen gelten.

Diese Auffangkonzepte sind nun inzwischen selbst von Differenzierung affiziert. Das lässt sich z. B. an den semantischen Bewegungen ablesen, die ins Selbst-Konzept gekommen sind. Fortgeschrittene Selbstbeschreibungen beanspruchen heute

9 Zu den im Rückblick wohl einflussreichsten Studien zählt hier Beck (1983).

10 Siehe z. B. die Hinweise bei Foucault (1989) mit Material aus der Geschichte der Individuierung im christlichen Abendland, aber auch Soeffner (1992) mit Überlegungen zu analogen Entwicklungen seit der Reformation.

11 Die deutsche Rezeption ist – nach den frühen, lang übersehenen Hinweisen von Tenbruck und Plessner – vor allem geprägt durch die einschlägigen Studien von Joas, siehe z. B. (1980).

12 Trotz der Einwände von Luhmann/Schorr (1982: 231): „Das I des Mead ist nicht das Ei des Kolumbus.“ Luhmann vermisst bei Mead eine Klärung der Theorieentscheidungen, die das Konzept „Identität“ tragen.

nicht länger, Selbstbestimmungsformeln mitzuliefern, die Selbstfestlegungen und Selbstverpflichtungen beinhalten würden. Die laufenden Selbstbezüge rekurrieren inzwischen auf einen Horizont von Selbstentwürfen, aus dem je nach Situation ausgewählt werden muss. Die Selbstfortsetzung hat fragmentierte Formen angenommen; entsprechend zerfällt die autobiographische Reflexion in eine Reihe von eher unzusammenhängenden Geschichten.

Die Bewegungen der Selbstveränderungen reagieren nicht mehr auf die Alternative Anpassung vs. Autonomie. Dem Selbstbestimmungsrekurs fehlen die archimedischen Bezugspunkte genauso wie der Anweisung, sich anzupassen. Einer Selbstbestimmung ohne Selbst entspricht eine Anpassung an die Unmöglichkeit, sich anzupassen.

In einer solchen Semantik bleiben die Tatbestände freilich so kompakt, dass die daraus folgenden Konsequenzen zu Recht als überzogen erscheinen müssen. Identitäten bilden sich natürlich nach wie vor heraus, jedoch in veränderter, gleichsam nicht-identischer Form; Anpassungen finden nach wie vor statt, aber eben nicht an Zustände, sondern an Differenzierungsprozesse. Und auch Selbstbestimmungen werden weiterhin versucht, nur dass eben der Inhalt der Bestimmung eine Unbestimmtheit bzw. Unbestimmbarkeit darstellt, die nur als Abstraktionsprodukt, als Form, als Bewegung oder Chiffre darstellbar ist.

2.3 Die Wahlen des Selbst

Versucht man, zu etwas tiefenschärferen Klärungen zu kommen, sieht man sich gezwungen, enger und abstrakter zugleich anzusetzen. Die Unüberschaubarkeit des thematischen Feldes (und auch der entsprechenden Literatur[13]) legt eine Beschränkung auf den semantischen Kern des Identitätsbegriffs nahe, die auch nahe liegende Mischformen und Assoziationsfelder unberücksichtigt lässt. So muss die Konzentration auf das zentrale Moment der *selbst hergestellten und reflektierten „Selbigkeit"*[14] auf die Einbeziehung der oft konnotierten Aspekte der „Einheit", der „Selbstbestimmung", des „Eigenen" und des „Inneren" zunächst verzichten.

Abstrakter setzt ein solcher Versuch an, indem er einen Mechanismus benennt, durch den „Identitäten" sich bilden und reproduzieren (und damit von anderen, ebenfalls plausiblen, absieht). Weiterhin muss eine (hauptsächliche) Funktion ange-

13 Vgl. z. B. den instruktiven Überblick von Straub (1991). Das interdisziplinäre Interesse am Thema repräsentiert nach wie vor eindrucksvoll (mit deutlichem Schwerpunkt in der Literaturwissenschaft) und mit einer Tiefenschärfe, die hier nicht dargestellt werden kann, der Band von Marquard/ Stierle (1979). Er enthält u. a. Arbeiten von Gumbrecht, Henrich, Imdahl, Jauss, Kosellek, Lübbe, Luckmann, Luhmann, Pannenberg, Preisendanz und Starobinski.

14 Luhmann (1997: 46f) begründet an einer entsprechenden Stelle (auf „Identität" im allgemeinen bezogen) folgendermaßen: „Identitäten ‚bestehen' nicht, sie haben nur die Funktion, Rekursionen zu ordnen, so dass man bei allem Prozessieren von Sinn auf etwas wiederholt Verwendbares zurück- und vorgreifen kann. Das erfordert selektives Kondensieren und zugleich konfirmierendes Generalisieren von etwas, was im Unterschied zu anderem als Dasselbe bezeichnet werden kann."

geben werden, auf die die Herausbildung von „Identität" bezogen wird (hier: von natürlichen Personen in „modernen" Gesellschaften).

Zur Frage des *Mechanismus* der Herausbildung und Reproduktion von „Identität" kann man, unter Berufung auf Levins (1973) und Luhmann (1982, 1997), die Operation der *Selbstselektion* vorschlagen. Überfordert von der Vielfalt seiner verschiedenen Seiten und der Uneinheitlichkeit seiner Elemente etc. hat das Individuum gelernt, diese Komplexität auf eine Auswahl einiger positiv besetzter und kompatibler Teile symbolisch zu reduzieren. Die Bündelung dieser, in langen Interaktionserfahrungen gleichsam ausgehandelten[15] Auswahl zu einem Selbstbild begründet eine Identitätsstruktur, die – im unproblematisch gedachten Fall – in ständigen rekursiven Prozessen reproduziert wird.

Die Frage der zentralen *Funktion* von „Identität" lässt sich unter Verweis auf Überlegungen zu symbolisch generalisierten Kommunikationsmedien[16] in Richtung „Zurechnung" bzw. „*Zurechenbarkeit*" beantworten. Handlungen, Verhalten, sichtbar gewordene Motive und Intentionen, die nicht auf Rollen und Rollensegmente bezogen werden können, müssen sich individuierte Personen auf ihre „Identität" zurechnen und zurechnen lassen[17]. Damit ist zugleich eine hier wesentliche doppelte, psychische und soziale Referenz benannt. Sowohl die Selbstzurechnungen als auch die Fremdzurechnungen nehmen als Referenzpunkt eben nicht die ganze Person, geschweige den Menschen, sondern jenen (wie gesagt: nicht gänzlich autonom bestimmten) ausgezeichneten Teil fürs Ganze, dem im Zweifel Erleben und Handeln, Erfahren und Verhalten zugerechnet werden kann. Und dies mit einer Verbindlichkeit, die die sachliche Zurechnung in die moralische Verantwortung hinein extrapoliert[18].

2.4 Die Dauer der Selbigkeit im gesellschaftlichen Umbruch

Die Rekonstruktionen der heute vorherrschenden Lage der Identität leiden an einer Art Überlastung. Die Gleichzeitigkeit der Veränderungen in den verschiedenen Di-

15 Sehr früh hat auf diesen Aspekt Erikson (z. B. 1946) ausdrücklich hingewiesen.

16 Luhmann (1997: 333) diskutiert an einer analogen Stelle die Kommunikation von unwahrscheinlichen Selektionen durch Zurechnungen.

17 Luhmann (1982: 243) stilisiert Identität sogar zur Interaktionsreserve für existentielle Notfälle, die in der Moderne zunehmend seltener geworden sind. Die Friedens- und Konsenszivilisation macht solche Rückgriffe nur noch ausnahmsweise nötig. Das Funktionsfeld der immer schon vorausgesetzten, latent mitlaufenden und durch ständige Rekurse reproduzierte Selbst-Unterscheidung ist damit freilich ausgeblendet.

18 Das hat unter der in modernen Gesellschaften typischen, hohen funktionalen Vernetzung von Verhaltenssequenzen und Handlungsketten sowie unkontrollierbarem Nebenfolgenwachstum zu typischen Überlastungen und Debalancierungen der Identitätskonstrukte geführt. Auf diese Entwicklungen reagieren Entlastungs- und Selbstversicherungsversuche, die einen privaten Raum gesteigerter Entspannung („zu sich selbst finden") gegen die unkalkulierbaren Ereignisse in der gesellschaftlichen Unübersichtlichkeit und ihre Folgen abschirmen sollen. Die rechtlichen Zurechnungen erfolgen dagegen vorwiegend über externe Identitätskonstruktionen (Täter/TäterIn).

mensionen verweigert sich einer transparenten, nachvollziehbaren Darstellung. So sind in der *sachlichen* Dimension die Grenzen der vorherrschenden Vorstellungen von Normal-Identität unscharf geworden (Individualisierung, Pluralisierung, Multikulturalität).

Zugleich sind in der *sozialen* Dimension die in den Nachkriegsjahrzehnten gewachsenen Selbstverständlichkeiten der wechselseitigen Anerkennung auch unterschiedlicher Identitäten unsicher geworden (Ausweitung der Migrationen, Diffusion der sozialen und kulturellen Milieus).

Vielleicht sind aber die gleichzeitigen Veränderungen in der *zeitlichen* Dimension am gravierendsten. Das Funktionieren von „Identität" als identisch reproduzierende Selbstselektion, die Zurechnungen erlaubt, setzt Zeit voraus, in der Identität als dieselbe dauert. Sie zeigt darin ihre quasi institutionelle Seite. Für die Ermöglichung von sozialem Handeln ist die (passive) Zurechnungs*fähigkeit* der Beteiligten strukturell vermutlich noch wichtiger als die Reihe je akuter Zurechnungen. Erst die Erwartungssicherheit bezüglich der auf Dauer gestellten Identitäten schafft die Möglichkeit von „erfolgreichem", nicht bloßen Zufällen ausgesetztem Handeln[19]. Nur auf einer solchen Grundlage bleiben Strategien, lange Handlungsketten, Kooperationen, Kumulation von Erfahrung und Wissen möglich sowie die entsprechenden Rekonstruktionen in Form von Systemgeschichten und Biographien nachvollziehbar.

Der amerikanische Politikwissenschaftler Karl W. Deutsch hat einmal mit seiner Definition der gesellschaftlichen Moderne den Beginn jener Destabilisierung gekennzeichnet, die heute den Bestand von starren, gleichsam identischen „Identitäten" in Frage stellt. Er lässt die Moderne in jenem historischen Moment beginnen, in dem der gesellschaftliche Wandel ein Tempo erreicht hat, das für den Einzelnen (trotz gestiegener durchschnittlicher Lebenserwartung) erfahrbar wird. Diese Erfahrung kann als typisch für jene Epoche verstanden werden, in der die Einzelnen ihre „Identität" in eine selbst nicht identisch bleibende gesellschaftliche Umwelt versetzt sehen. Doch schon bald reicht es nicht mehr, auf solche Erfahrungen (wie der Richter von Zalamea (1651) bci Calderon) mit dem depressiven Satz zu reagieren: „Ich verstehe die Welt nicht mehr".

2.5 Die Konstruktion der „Identität" – eine Skizze der Selbst-Unterscheidung

Vor dem Versuch, einige Aspekte und Probleme von personaler „Identität" an ein paar wenigen Beispielen zu illustrieren, sollen im Folgenden die wichtigsten Züge dieses Konzepts so, wie es hier als nicht-psychologisches verstanden wird, kurz resümiert werden.

19 Kontrasterfahrungen mit typischer (nicht-personaler) Nicht-Identität betreffen z.B. bestimmte Charaktere, die als „unzuverlässig" oder „launenhaft" beschrieben werden, dann alles, was mit Schicksal, Zufall, Börsenkursen und göttlichen Ratschlüssen zu tun hat und schließlich: das Wetter.

Auf der Suche nach personaler Identität in der Gesellschaft wird – praktisch wie theoretisch – klar, dass sie nicht einfach vorzufinden oder als Gegebenheit aufzusuchen ist. Sie erscheint vielmehr als Produkt einer selbstselektiven Operation, die einen Unterschied zwischen einem eher unmittelbaren Selbstsein und einem vermittelten, institutionalisierten Selbstbild erzeugt und reproduziert. Diese objektivierte Seite, (die traditionell als Gegenstand einer „Selbstfindung" missverstanden wird,) kann als „Identität" bezeichnet werden. Der durch Selbstselektion erzeugte Unterschied steht unter der strikten Restriktion, Ähnlichkeit der unterschiedenen Seiten sicherzustellen und damit eigenes und fremdes Wiedererkennen wahrscheinlich zu machen. So bestätigt (und korrigiert bei Bedarf) der ständige Rekurs auf die eigene Identität ihren Zusammenhang und vergewissert sich ihrer Selbigkeit. Zugleich fungiert sie damit als Identifizierungspunkt für Selbst- und Fremdzurechnungen von Erleben, Handeln und Verhalten.

Die durch laufende Selbstselektion rekursiv hergestellte Selbstobjektivierung ist in mindestens zweifacher Weise als Reaktion und Folge von Prozessen (moderner) Vergesellschaftung rekonstruierbar. Das Motiv, an sich selbst als identisch festzuhalten, zielt zum einen – gegen die generalisierenden Effekte der Vergesellschaftung – auf die Aufrechterhaltung einer Kenntlichkeit als (individualisierte) Identität; zum anderen – gegen den Differenzierungsdruck und die Spaltungsdrohung der Vergesellschaftung – auf die Einheit und relative Konsistenz der Identität.

In einer mehr handlungstheoretischen Sicht kann die objektivierte Selbigkeit auch als Rationalisierung der Selbststeuerung, als Dispositiv der operativen Einheit von Akteuren verstanden werden.

In diachroner Perspektive wird Identität dabei zum Selektionsmuster für das erinnernde autobiographische Arrangement einerseits, zum Orientierungsrahmen für Selbstentwürfe in gegenwärtige Zukünfte andererseits.

3. Fallbeispiele

3.1 Identitätsprobleme eines negativen Helden

Die mehr oder weniger schöne Literatur hat neben vielen anderen gesellschaftlich relevanten Themen immer auch Individuations- und Identitätsphänomene und -probleme beobachtet; dies natürlich vor allem in der Form der Beschreibung von Karrieren diverser HeldInnen. Gerade für den deutschsprachigen Bereich ist hier der sog. Bildungsroman einschlägig; sein verallgemeinerbares Thema ist in gewissem Sinn die Herausbildung der personalen Identität bürgerlicher Individuen. „Der grüne Heinrich" von Gottfried Keller gilt als ein herausragendes Beispiel dieser Gattung. Die entsprechend breite Diskussion verdankt der Roman nicht zuletzt der Tatsache, dass er in zwei Fassungen vorliegt. Deren Differenz bezeichnet einen für den Übergang in hochbürgerliche Verhältnisse in der zweiten Hälfte des vorigen Jahrhunderts symptomatischen Übergang in der Identitätskonstruktion[20].

Nur in der ersten Fassung des Romans (1854/55) lässt Keller seinen negativen Helden Heinrich Lee – getreu dem autobiographischen Vorbild – scheitern; dessen moderne Identitätssuche führt ihn ins Elend. 25 Jahre später, in der von Keller autorisierten Fassung, *scheint* die Selbst-Bestimmung des „Grünen Heinrich" zu gelingen. Seinen dazu notwendigen Anpassungsleistungen entsprechen auf Seiten des Autors zusätzliche Probleme der Perspektivierung und Rahmung.

Die Schwierigkeit bestand vor allem darin, eine individuell sinnstiftende Biographie im Kontext grundlegender ökonomischer, politischer und sozialer Umwälzungen zu rekonstruieren. Damit steht Keller als einer der ersten deutschsprachigen Erzähler vor dem Problem der Darstellung einer Figur, die sich im Horizont der beginnenden gesellschaftlichen Moderne erstmals selbst bestimmen muss: „... und er fühlte sich durch einen klaren notwendigen Verlauf der Dinge, durch die Erfüllung eines jeden Teilchens seiner Selbstbestimmung und Verschuldung an das ferne Elend gefesselt, während alle seine Gedanken mit tiefer Sehnsucht nach der Heimat zogen, wo er unaufhörlich das Bild seiner Mutter ... sah." Aber für das moderne Projekt der individuellen Selbstbestimmung sind noch keine generalisierten und legitimierten Formen ausgebildet, fehlen noch fast alle Austausch- und Kommunikationsmedien, die den Widerspruch zwischen Anspruch und Zwang zur individuellen Selbstbestimmung mit den Mächten der Genealogie und der Herkunft vermitteln.

Und noch ist jene Verbindung zwischen dem Gelingen einer bürgerlichen Existenz und dem gesellschaftlichen Aufstieg intakt. (Ein Zusammenhang, den der moderne individualisierte Arbeitsmarkt zum strategischen Einsatz von „sozialem Kapital" (Bourdieu) ausdünnen wird): „Die Moral meines Buches ist: dass derjenige, dem es nicht gelingt, die Verhältnisse seiner Person und seiner Familie im Gleichgewicht zu erhalten, auch unbefähigt sei, im staatlichen Leben eine wirksame und ehrenhafte Stellung einzunehmen" (Keller, zit. in Kayser 1964: 219). Oder an anderer Stelle, abstrakter und bündiger: „Er (Heinrich Lee, d. Verf.) hat keine Vergangenheit und verliert eben deswegen das Recht auf die Zukunft" (Keller, zit. in Heselhaus 1978: 795).

Unter Schmerzen und Schuldgefühlen löst sich der Grüne Heinrich aus der Herrschaft traditionaler Sozialformen; er sieht noch nicht das Risiko, das in dem Versuch liegt, den Selbstbestimmungsanspruch auf eine praktische Unabhängigkeit wörtlich zu nehmen. Als Künstler – er ist, wie der Erzähler in seiner Jugend, Landschaftsmaler – hat er keine andere Wahl. Doch ahnt er nichts von den begrenzenden modernen Formen der von ihm angestrebten Selbstentfaltung. Der Erzähler dagegen ist sich dieser Problematik bewusst: „Ich hatte die doppelte Tendenz: einesteils zu zeigen, wie wenig Garantien auch ein aufgeklärter und freier Staat, wie der Zürcher-

20 Ich greife hier auf Überlegungen zurück, die ich im Rahmen eines Vergleichs zwischen der Figur des „Grünen Heinrich" und der des „Ulrich" aus Musils „Mann ohne Eigenschaften" entwickelt habe (Koenen 1993).

sche, für die sichere Erziehung des einzelnen darbiete ... und anderenteils den psychischen Prozess in einem reich angelegten Gemüte nachzuweisen, welches mit der sentimental-rationellen Religiosität des heutigen, aufgeklärten aber schwächeren Deismus in die Welt geht und an ihre notwendigen Erscheinungen den willkürlichen und phantastischen Maßstab jener wunderlichen Religiosität[21] legt und darüber zugrunde geht“ (Keller, zit. in Grabert/Mulot 1959: 333). Der Inhalt jener Religiosität ist an der oben zitierten Stelle bereits benannt: als Verknüpfung von „Selbstbestimmung und Verschuldung“. Die semantische Doppeldeutigkeit von „Verschuldung“ verweist auf eine neue Art der Selbstbestimmung, die nun die individuelle Verantwortung für das ökonomische wie für das moralische Geschick übernehmen muss. Diese „Doppelbelastung“ kann als eine Bedingung für das individuelle Scheitern in der frühen Moderne verstanden werden.

Eine halbe Generation später, 1880, nach der „Tendenzwende“ der Reichsgründung, erscheint der „Grüne Heinrich“ in veränderter Beleuchtung. Die Autobiographie, die der junge Mann mit der grünen Joppe, Sohn eines Steinmetzen und einer Pfarrerstochter, nun in der Ichform erzählt, ist zur Winner-Story geworden. Zwar stirbt auch hier der Vater allzu früh, verarmt die Mutter, an die er zeitlebens gebunden bleibt, scheitert seine Karriere als Maler, jedoch erscheint alle Endgültigkeit und Tragik relativiert: Judith, eine Geliebte, kehrt nun zurück, der sterbenden Mutter kann er noch die Augen schließen und ein Graf kauft den Rest seiner Arbeiten zu einem Preis auf, der ihn für Jahre aller materiellen Not enthebt. Diese Erfahrung stärkt aber nun keineswegs sein künstlerisches Motiv. Im Gegenteil: er gibt die Malerei auf und wird Verwaltungsbeamter.

Auch die Sinnfragen und die erkenntniskritischen Probleme sind nun anscheinend gelöst: Der Positivismus der in der Technikkultur aufblühenden industriellen Naturbeherrschung und der Historismus der reichsdeutschen Nationalität[22] verdrängen die letzten Reste der bürgerlich-revolutionären Ansätze der 48er-Paulskirchen-Generation, mit der sich der Heinrich der Erstfassung noch versuchsweise identifiziert hatte. Auf halbem Weg zum historischen Subjekt kehrt er gleichsam um, bleibt zwar das „menschlich bewegte Subjekt“[23] der Erstfassung, das aber nun vom retuschierenden und rationalisierenden Icherzähler dominiert wird. Mit dem Kunst-Griff nach der *Form* gesteigerter Authentizität, der Ich-Erzählung, versucht er, die Realismus-Verluste, die die Rationalisierungen des „positiven/positivistischen Denkens“ erzwingen, zu kompensieren.

21 Dass diese Religiosität „wunderlich“ werden musste, erläutert Hörisch (1992) in seinem erhellenden Aufsatz „Ein wenig Wein und ein wenig Brot: Der grüne Heinrich im Konfirmationsunterricht“.

22 Walter Benjamin über Keller in der fünften geschichtsphilosophischen These: „‚Die Wahrheit wird uns nicht davonlaufen‘ – dieses Wort, das von Gottfried Keller stammt, bezeichnet im Geschichtsbild des Historismus genau die Stelle, an der es vom Historischen Materialismus durchschlagen wird“ (vgl. dazu Benjamin 1955: 284 ff, zit. nach Heselhaus 1978: 781).

23 „Gottfried Keller ließ allerdings den grünen Heinrich an der angeführten Stelle nicht als historisches Subjekt reflektieren, sondern noch als ein menschlich bewegtes Subjekt, das der ‚Flüchtigkeit und Beschränktheit‘ des Lebens schmerzlich inne wurde“ (Heselhaus 1978: 780 f).

Darin kündigt sich eine Krise der autobiographischen Erzählung an, die die Beobachtung der inneren Natur nahe legt. Dabei wird es um die „Rationalisierung" der psychischen Innenräume gehen. Freuds erste Aufzeichnungen, Entwürfe und Briefe zur Psychoanalyse datieren aus dem Jahr 1887 (vgl. Freud 1950).

Der nahe liegende Griff nach der höchsten Form der Authentizität, der Versuch, selbst die eigene Identität auszusagen, löst das Problem der autobiographischen (Selbst)-Identifikation nicht, macht es aber umso sichtbarer. Im Horizont der Moderne schneiden sich die von den in Bewegung geratenen Umwelten zurückgeworfenen Linien der Reflexion nicht mehr in einem Brennpunkt, einem Subjekt-Pol, einem Ich. Erst die – psychoanalytisch informierte bzw. psychotherapeutisch angeleitete – biographische Rückprojektion verspricht jene scharfen Bilder, die die schreckliche, verdrängte Wahrheit der wirklichen Geschichte der je eigenen Individuierung, das Scheitern bei der Herstellung einer eigenen, gesellschaftlich vermittelten Identität, zeigen sollen[24].

Schon in ihren verspäteten deutschen Anfängen zeigt die (klein)bürgerliche Selbstherstellung eine charakteristische Zwieschlächtigkeit von eigensinnigem Projekt und gesellschaftlichem Schicksal. Der Grüne Heinrich macht offenbar, dass sie in beiden Hinsichten zum Scheitern disponiert ist: Es ist gerade die abstrakte Freiheit und Zufälligkeit seiner Berufswahl, die ihn in jene Abhängigkeiten und „Verschuldung" geraten lässt, die dem Projekt individueller Selbstbestimmung diametral entgegensteht. Aber Individuierung als jener zwangsläufige Prozess, in dem „ein Individuum alles neu erwerben, aneignen und sich einrichten muss" und ihre Stabilisierung als Identität wollen auch nicht gelingen: Der kleinbürgerliche Held findet keinen legitimen gesellschaftlichen Ort mehr. Herausgefallen aus den Ordnungen seiner Herkunft, eingeholt von der Erinnerung an die Verpflichtungen ihrer Sittlichkeit, ohne Recht auf Zukunft und nach der verpassten Chance, sich im rechten Augenblick „dem Zug angeschlossen zu haben"[25], (be)endet (er) sein (bisheriges) Leben (in der zweiten Fassung durch Anpassung an eine Verwaltungstätigkeit).

Die deprimierenden Retuschen, Verdrängungen und „Rationalisierungen" der zweiten (von Keller autorisierten) Fassung kann man auch als Symptome eines grundlegend veränderten Stils der Selbstselektion lesen. Die neue „Rahmung" (der erstmodernen Ordnung des II. Reiches) und die neue „Perspektive" (der fingierten Selbstaussagen der Ich-Erzählung) verwandeln den negativen Helden der Erstfassung in eine Durchschnittsgestalt der – damaligen – gesellschaftlichen Gegenwart. Seine Modernität muss er freilich mit seiner Identität bezahlen: Er ist *nicht* mehr derselbe. Im neuen gesellschaftlichen Rahmen gibt Keller seiner dezimierten

24 Vgl. dazu z. B. die Arbeiten von Miller (1979); für den vorliegenden Zusammenhang v. a. Muschg (1977), dessen Biographie „Gottfried Keller" als psychoanalytischer Versuch angelegt ist.

25 Dieses Bild nimmt Kellers Überlegungen zur Rolle des Künstlers auf: „... und der Seher ist erst das ganze Leben des Gesehenen, und wenn er ein rechter Seher ist, so kommt der Augenblick, wo er sich dem Zug anschließt ..." (Keller 1978: 391). Übrigens fällt hier eine unerwartete Parallele zur konstruktivistischen Beobachtungstheorie auf: Auch dort werden Beobachter erster Ordnung zum konstitutiven Teil des Beobachteten.

Figur Stil und Inhalte seiner Selbstselektion vor. Für die modernisierte Figur des Grünen Heinrich tritt das Motiv der Selbstsuche, mit dem er als bürgerlicher Held beginnt und seine Identität den Verhältnissen gleichsam abringt, hinter der generalisierten, doppelten Verpflichtung zu formeller Individuierung und Anpassung allmählich zurück.

Die Verwandlung des tragisch gescheiterten „Grünen Heinrichs“ der ersten Fassung zu der unauffällig angepassten Figur der zweiten Fassung hatte das durch Mimikry allein nicht lösbare Identitätsproblem auf die lange Bank dieses Jahrhunderts geschoben. Während es dort liegen geblieben war, bot dann die gesellschaftliche Entwicklung Anpassung in Form massenhafter Individuierung an[26].

„Dass solche Fragestellungen am Ende des 18. Jahrhunderts und, nach ideologischen Verunsicherungen verstärkt am Ende des 19. Jahrhunderts auftauchen, ist kein Zufall. Als literaturfähige Semantik entspricht diese Auflösung und Rekombination des Individuums der Erfahrung einer hochkomplexen Gesellschaft, die jedem Individuum eine andere Biographie, ein anderes Rollen-Set, eine andere Verteilung von Zufällen, Chancen und Verdiensten zuteilt.“ (Luhmann 1994: 194) Er erwähnt in diesem Zusammenhang auch, dass damit die Experten für die Identität der Individuen, die Psychiater und die Therapeuten auf den Plan treten. Die systematische, wissenschaftlich angeleitete Arbeit am Selbst kann beginnen.

3.2 Die Arbeit an der Identität

„Identität“ ist, wie vieles andere auch, inzwischen zum Objekt von Arbeit und von Politik geworden; das sind zugleich jene Bereiche, die als klassische Definitionsressource für (männliche) Identitäten gelten.

Die Vorherrschaft des Operationsstils „Arbeit“ und die generalisierende Transformierung der Wirklichkeit zu ihren Objekten hat natürlich die Form der Selbstselektion nachhaltig affiziert. „Identität“ konstituiert sich dort vor allem auch aus Elementen effektiver Operationen, aus der Vorstellung und Darstellung der Bewirkung von Wirkungen. Und zwar nicht nur solcher, bei denen die Wirkungen vorgegeben bzw. intendiert sind und ein hoher, aber ökonomischer und kompetenter Mitteleinsatz deutlich wird, sondern auch da, wo sich der Träger der Identität selbst zum Mittel gemacht hat.

Darüber hinaus hat, wie gesagt, das Prinzip „Arbeit“ auch die „Identität“ selbst erreicht. Seit Anfang der 90er Jahre forscht z. B. eine Gruppe von Sozialpsychologen im Münchner Sonderforschungsbereich 333 zum Thema „Identitätsarbeit“. Es geht dabei um die veränderte Bedeutung von Erwerbsarbeit bei der Identitätsbildung

26 Als in den 60er Jahren dieses Jahrhunderts meist jüngere Teile der Bevölkerung anfingen, den Individuations-Teil dieses Angebots beim Wort zu nehmen, entstand ein kultureller Dauerkonflikt („Wertewandel“, „68er-Bewegung“ etc.), der die kulturelle Modernisierung über einen längeren Zeitraum hinweg beschleunigte. Ihre Folgen werden seit einigen Jahren erstmals bilanziert (Bude 1995; Kraushaar 1998; Schulenburg 1998).

Jugendlicher. Dass diese nach wie vor möglich ist, steht für die AutorInnen außer Frage. Wie hochabstrakt die Selbst-Konstruktion aber heute angelegt sein muss, zeigt z. B. das hier herangezogene Konzept des „sense of coherence“ (Antonovsky 1987).

Die mühevolle Arbeit trifft die „Identität“ nicht ohne Grund. In den Jahrzehnten des sog. Wertewandels (Inglehart 1971) war die Beobachtung vorherrschend, dass die Identität der „Identitäten“ lädiert und daher aufwendige Restaurierungsarbeiten notwendig geworden seien. Eine dieser Bemühungen, die zwischenzeitlich modisch gewordene Diagnose „Patchworkidentität“ (Keupp 1988[27]), die als durchaus identifikationsfähig angesehen wurde, zeigt sich im Rückblick eher als kritische Durchgangsphase denn als stabile nachmoderne Form.

Nach den Bemühungen einer Stabilisierung der kritisch gewordenen „Identität“ durch einen robusten Begriff (wie bei Mead oder Erikson) erscheint nun das Programm, sie zum Gegenstand individueller Bearbeitung zu machen wie ein Symptom für einen kritischer gewordenen Zustand.

Sollte eine solche „Arbeit an der Identität“ nicht die erhofften Stabilisierungseffekte zeitigen, lässt sich schon jetzt ein Disengagement voraussagen, das sich mit „Identitätskosten“ begründen könnte und „Identität“ als Quelle von Risiken und Unsicherheiten ausmacht. Darauf deuten bereits neuere Diskurse hin, die unter der Chiffre „Identity Politics“[28] die Praktiken der Selbstselektion als „politisches“ Projekt auffassen. Man kann sie als Versuche lesen, die Ambivalenz der Resultate des Identitätsmanagements aufzufangen. Das Scheitern der Arbeit an der eigenen Identität lässt sich in der Semantik einer Identitätspolitik, die kalkulierte Risiken immer mitformuliert, einfacher akzeptieren und darstellen.

Die Frage ist nun: Hat sich die Herausbildung von „Identität“ in einem gesellschaftsstrukturell relevanten Sinn verändert? Haben die gesellschaftlichen Entwicklungen die Muster der Selbstselektion der Individuen verändert? Haben die Identitäten ihre Funktion(en) behalten, sind neue hinzugekommen und: sind andere abgegeben worden?

Unterscheidet man z. B. mit Ulrich Beck eine „erste“ von einer „zweiten“ Moderne, heben sich die beiden folgenden Typen der Selbstselektion voneinander ab:

Der *Erste* wäre dadurch gekennzeichnet, dass hier eine soziologische Beschreibung von personalen Identitäten deutliche gesellschaftliche Strukturen, Ordnungen, Kategorien und Subsumtionsmöglichkeiten vorfindet, die auf der *einen* Seite eine eindeutige Identifizierung der Individuen sowohl ermöglicht als auch erzwingt. Klassen-, Standes- und Schichtzugehörigkeit, Geschlecht, sozialer Status, ethnische und landsmannschaftliche Herkunft, Wohnort, Beruf und gesellschaftliche Position, Familienstand, weltanschauliche und ideologische Einstellung, religiöse und politische Zugehörigkeit etc. stellen solche Dimensionen dar, in denen personale Identitäten im Bezugsrahmen einer ersten Moderne soziologisch beschreibbar werden. Die

27 Zur Kritik z. B. Straub (1991).
28 Vgl. z. B. Rommelspacher (1997) und Bondi (1993).

je spezifische Kombination der Merkmalsausprägungen konstituiert eine unverwechselbare Selbigkeit (genauer: jene konstituiert eine Besonderheit, die als Individualität beschreibbar ist und die als Selbigkeit des Einzelnen auf stoffliche und symbolische Dauer gestellt wird und damit später als dieselbe identifizierbar bleibt).

Die Definitionsräume für Identität, denen die Merkmale typischerweise entnommen werden, sind in einer Studie von Frey und Haußer (1987) zusammengestellt. Sie zählen auf: Familie, Ausbildungssystem, Arbeitswelt, Freizeit und die Qualität der entsprechenden Rollen, Kompetenzen und Qualifikationen, sowie die damit verbundenen bewertenden Gefühle. Darüber hinaus werden als einschlägige Teilbereiche u. a. immer wieder genannt: Geschlecht, Körper, Gesundheit/Leistungsfähigkeit, Jugend/Alter, Nationalität/Ethnie und Religionszugehörigkeit.

Auf der *anderen* Seite hat, worauf u. a. Zygmunt Bauman (1992) hinweist, gerade der rationalistisch motivierte, identifizierende Zugriff der modernen Gesellschaft auf ihre Individuen bei ihnen jene Ambivalenzen und Widerstände erzeugt, die sie zu außergesellschaftlichen Selbst-Bestimmungen motiviert haben. Die Entstehung der Sphären der modernen Privatheit, der Freizeit, der Kultur und der Weltanschauung als Bezugsfelder der Identitätsbildung muss in diesem Zusammenhang gesehen werden.

Die *zweite* Formation, die neben die erste tritt (und diese nicht einfach ablöst), hat eine längere Vorgeschichte in den Problemen der „ersten" Moderne. Der dort typischen Steigerung der Identitätsansprüche folgen wachsende Zweifel an der Möglichkeit, die eigene unverwechselbare Selbigkeit zu konstituieren und zu stabilisieren, wie ein Schatten (vgl. dazu oben den Fall Grüner Heinrich). Vor dem Hintergrund der entstehenden Massengesellschaft gewinnen solche Zweifel allmählich die Überhand. Erich Fromm (1987) beschreibt bereits 1936 die sozialökonomische Demontage des männlichen Hochbürgers, die der Dramatisierung einer sozialstrukturell begründeten Identität den Boden entzieht. Die Identitätsbehauptungen weichen damit in die Sphäre der Sozialmilieus und Lebensstile (Kracauer 1971) aus, verwandeln sich allmählich in Distinktionsbemühungen auf sozialästhetischer Ebene. Sie überblenden und verdecken schließlich die tradierten Zuordnungen der Individuen zu Ständen und Klassen sowie zu den genannten sozialdemographischen Mustern.

Entscheidend ist schließlich, dass inzwischen einige zentrale der oben genannten „Definitionsräume für Identität" zwar nicht weggefallen sind, so doch in einer Weise an Stabilität, Autorität und Kontinuität verloren haben, dass sie als Referenzsystem und Ressource für Identitätsbestimmungen immer weniger geeignet erscheinen und in Anspruch genommen werden. Es genügt zur Illustration an den gesellschaftspolitisch folgenreichen Bedeutungsverlust folgender Bereiche zu erinnern: „Beruf", „Geschlecht", „Nationalität", „politischer Standort", „Religionszugehörigkeit". Alle diese (und weitere) Institutionen haben in diesem Jahrhundert durch Pluralisierung, Privatisierung, Relativierung oder Diffundierung eine Sklerose erfahren, die sie als

Ressource für robuste Identitätsbestimmungen untauglich gemacht haben[29]. Es erstaunt nicht, dass in den liquide gewordenen Verhältnissen die frei gewordenen Funktionsstellen nicht neu besetzt worden sind.

So hat die Schwächung jener identitätsbegründenden Institutionen zur Folge gehabt, dass sich die Suche nach dem Selbst auf sehr veränderliche Phänomene der Gesellschaft ausgeweitet hat. Solche Selbst-Unterscheidungen, die sich an Moden und Modi von Waren und von Habitus orientieren, fungieren zwar als Distinktionen, verzichten aber auf dauernde Selbigkeit, auf ein in der Zeit sich durchhaltendes Selbst.

Noch deutlicher wird die Kontrastierung der beiden Modernen, wenn man die Unterscheidung z. B. am Bereich der Erwerbstätigkeit konkretisiert. Hier waren die Möglichkeiten einer konsistenten Identitätsbestimmung – qua qualifizierter Berufsausübung – traditionell auf männliche Erwerbstätige der (unteren) Mittel- und Oberschichten beschränkt. Unterschichten betrafen sie in dem Maße, wie sie aufgrund qualifizierter Erwerbsarbeit im ersten Arbeitsmarkt inkludiert waren. Ausgeschlossen von dieser typisch klassisch-modernen, sozioökonomisch begründeten Kernidentität sind damit zum einen die quantitativ nicht unerhebliche Gruppe der Un- und Angelernten beiderlei Geschlechts mit ihren oft chaotischen Beschäftigungsbiographien, die Langzeit- und Mehrfacharbeitslosen sowie große Teile der weiblichen Bevölkerung, die über ihre Funktionen in Haus und Familie meist nur eine abgeleitete sozioökonomisch begründete Identität (mit geringerem Statuswert) haben ausbilden können.

Angesichts massenhaft neuer biographisch relevanter Erfahrungen haben solche sozialökonomischen, aber auch große Teile der sozialdemographischen Merkmale an Orientierungswert eingebüßt. Die erzwungenen Orts- und Berufswechsel, die Auflösungen von Beziehungen und Familien, die lebenslange Flexibilität, die ewige Drohung von Unterbeschäftigung und Freisetzung, der Zwang zu immer neuem Lernen und wiederholten Umschulungen, aber auch die freiwillige und unfreiwillige Mobilität lassen die Aufgabe eines sozialdemographisch bestimmbaren, biographisch durchgehaltenen, homogenen Selbst kaum mehr lösbar erscheinen.

Die eher ästhetisierenden, reflexiv und ironisch gebrochenen und eben auch veränderbaren Identitätsbehauptungen[30] bedeuten nun keine Existenzaussagen im klas-

29 Vielleicht muss man zur Kategorie „Geschlecht" daran erinnern, dass die Frauenbewegungen in einem solchen rekonstruktiven Zusammenhang als sekundäre Reaktion auf die primäre Relativierung der Geschlechterdifferenz durch die systematische Einbeziehung der weiblichen Arbeitskraft in Qualifizierung, Erwerbsarbeit und gesellschaftliche Produktion verstanden werden muss.

30 So stellen z. B. Göbel und Clermont (1997: 31) in ihrer Zeitgeiststudie den „Lebensästheten" zentral, dem die Vielfalt von Gelegenheiten einerseits und Kompetenzen andererseits eine Unabhängigkeit sichert, die als Flexibilität darstellbar ist, als Anpassung erscheint, ohne doch eine sein zu wollen. „Arbeit bedeutet (scil.: für den Lebensästheten) vor allem, an sich selbst zu arbeiten." Reflexivität ist damit alltagspraktisches Existenzprinzip geworden. Auf moralphilosophischer Ebene hat Rorty (1989) in einem seiner letzten Bücher die „Ironikerin" als normative Figur ausgezeichnet. Ihr kommt es vor allem darauf an, Grausamkeit zu vermeiden.

sisch-modernen Sinn[31] mehr. Früher zielte z. B. die Frage nach der Berufstätigkeit (beim männlichen Erwachsenen) auf ein Essential seiner Existenz und konnte (im mittelschichtorientierten Sozialmilieu) Peinlichkeit auslösen, wenn sie seriös nicht zu beantworten war. Aus der Selbstdarstellung ausgeschlossen blieb jedenfalls das empirisch verbreitete, ambivalente Verhältnis zur eigenen (Berufs)tätigkeit, dem auch früher eine nur teilweise Identifikation zugrunde lag.

Heute dagegen sind solche Ambivalenzen darstellbar geworden. Auf entsprechende Fragen antwortet nun auch bei männlichen Erwerbstätigen öfter die distanzierte Beschreibung einer Tätigkeit, die deutlich macht, dass die Identität zumindest nicht ganz auf der zugehörigen (Berufs)Rolle beruht. Vor dieser zweitmodernen Folie präsentiert sich gerade die (scheinbar oder dennoch) funktionierende, traditionelle Berufskarriere zunehmend mit Understatement. Peinlich wirken nun v. a. offen auftrumpfende, nicht reflexiv gebrochene Erfolgs- und Identitätsbehauptungen.

Empirisch untersucht sind analoge Ambivalenzen z. B. bei berufstätigen Frauen. So haben die Sozialforscherin Helga Krüger und ihre MitarbeiterInnen zwischen 1988 und 1993 Frauen nach der „Bilanz ihres Lebenslaufs“ befragt[32]. Viele der dabei entstandenen Aussagen kann man auch als Antworten auf Fragen nach der (beruflichen) Identität lesen.

Eine Frisörin kommentiert nach 20-jähriger Berufstätigkeit ihre Schwierigkeiten, in Formularen bei der Frage nach dem Beruf „Frisörin“ einzutragen:

„Hm, das ist meine Frage auch. Was trag ich da ein? Ich bin ja Friseuse gewesen... Und das jedes Mal – ich trage ‚Hausfrau‘ ein, natürlich. – Ich weiß nicht, ob das natürlich ist ...“

Eine 60-jährige Schneiderin mit fünf erwachsenen Kindern und wechselnder Berufstätigkeit und zur Zeit der Untersuchung als freie Mitarbeiterin einer Zeitung beschäftigt, auf die Frage nach ihrem Beruf:

„Schreib ich immer nur: ‚Hausfrau‘. Es ist ja eigentlich mein Beruf. Ich weiß es nicht. Manchmal denke ich: Warum schreibe ich eigentlich nichts anderes? ... Schade, ich denk’ manchmal so, es steckt doch ’ne ganze Menge dahinter, – aber schreiben wir: ‚Hausfrau‘, ich bin nur Hausfrau. ... Ja, ich denke, das erwartet man von uns, oder? Was würden Sie schreiben? Geben Sie mir mal ’nen Rat!“

Eine gelernte kaufmännische Angestellte, zur Zeit des Interviews Dozentin an einer Volkshochschule auf die entsprechende Frage:

„Ich könnte ja ‚Hausfrau‘ reinschreiben, ich fühl’ mich nicht als Hausfrau, nicht nur. Das lass’ ich lieber offen. ... Dann gibt es für meine jetzige Tätigkeit das Wort ‚Dozentin‘, – was ich unpassend finde, weil da dozere-lehren drinsteht. Also ‚Dozentin‘ finde ich ein furchtbares Wort. ... Das sind die Leute, die an der Universität tätig sind – das waren früher so die Privatdozenten“(vgl. Krüger 1993a).

31 Auf diese zielte noch Adornos 1944 formulierter polemischer Aphorismus: „Bei vielen Menschen ist es bereits eine Unverschämtheit, wenn sie Ich sagen“ (Adorno 1997: 55).

32 Grundlage sind folgende Projekte des SFB 186 der Universität Bremen: Krüger u. a. (1991): „Statussequenzen von Frauen zwischen Erwerbsarbeit und Familie“ sowie Krüger u.a. (1993): „Erwerbsverläufe als Innovationsprozess für Familienrollen“.

Die zitierten weiblichen Reaktionen zeigen eine modernisierungstheoretisch interessante Figur: Die männlich präformierte Identitätsform wird angestrebt, aber nicht erreicht; die weitere sozioökonomische Entwicklung erweist aber gerade jene angestrebte, klassische Identitätsform als gesellschaftsgeschichtliches Auslaufmodell. Somit stellt das hier zitierte unsichere Identitätsbewusstsein sich nicht, wie man vermuten könnte, als Ausdruck noch nicht voll vergesellschafteter Lebensformen heraus, sondern als Symptom fortgeschrittener Verhältnisse. Lebenslanges Lernen, Flexibilisierung, fragmentierte Erwerbsbiographien, Teilzeit, Job-Sharing etc. haben die für den männlichen Typus der organisierten Berufstätigkeit identitätsstiftenden Leistungen erodiert. Und weil der weit überwiegende Anteil der (älteren) männlichen Erwerbstätigen wichtige Kernbereiche ihrer Identität traditionell aus der organisierten Berufstätigkeit gewonnen haben, sind es vor allem sie, die die Folgen der Deregulierung der Arbeitsmärkte am empfindlichsten treffen. Im Unterschied zu den weiblichen Erwerbstätigen haben sie nicht gelernt, mit fragmentierten beruflichen Identitäten umzugehen.

Während sich die Dominanz der Erwerbsarbeit mit der Verringerung des bezahlten Teils des Arbeitsvolumens abschwächt, ist es zu einer Generalisierung der Arbeits*form* gekommen. Das Konzept „Arbeit" hat daher, in welch metaphorischer Verdünnung auch immer, die Chance, zentraler Bezugspunkt für Identitätsbildungen zu bleiben. Wie Orio Giarini und Patrick M. Liedke (1998) kürzlich noch einmal zusammengefasst haben, differenziert sich der Arbeitsbereich mehr oder minder für jeden Einzelnen in drei Sphären, die als Domänen der Identitätsbildung einige Bedeutung gewinnen können: 1. Ein vom Staat angebotenes Tätigkeitsfeld begründet sozialstaatliche Sicherungsansprüche. 2. Eine traditionell privatwirtschaftliche Sphäre sichert die Entfaltungsmöglichkeiten für individuelle Initiativen. 3. Ein dritter Sektor beinhaltet jene reproduktiven Leistungen (z. B. Erziehung, Haushalt, Pflege), ohne die die beiden anderen Bereiche nicht existieren könnten. Für die Identitätsbildung ist diese dreifache Struktur deswegen von Bedeutung, weil die Autoren in ihrem Szenario davon ausgehen, dass jede(r) Einzelne in allen drei Bereichen (und zwar mehr oder minder gleichzeitig) tätig sein wird. Diese kämen damit gleichrangig als gesellschaftliche Referenzpunkte für die Herausbildung von personaler Identität in Betracht. Elemente der sozialen Sicherheit, der privatunternehmerischen Initiative und der praktischen Reproduktion hätten gleichermaßen Chancen, bei der Selbstselektion Berücksichtigung zu finden.

3.3 Plurale Identität im Internet

Auf den Spuren der Veränderungen spätmoderner Identitätsbildungen experimentieren immer mehr AutorInnen mit neuen Mustern der individuellen Binnendifferenzierungen. An den klassischen, psychopathologisch definierten Grenzen zur Schizoidität, Schizophrenie und Polyphrenie zwingt sie die Konsequenz der theoretischen Radikalisierung zur Entpathologisierung der Spaltungskategorie[33]. Die US-amerikanische Soziologin Sherry Turkle hat auf einer analogen Theoriegrundlage empirisches Material im Bereich der Internet-Nutzung erhoben. Doug, ein College-Student aus dem mittleren Westen, beschreibt das Muster seiner Binnendifferenzierung folgendermaßen:

„Ich spalte mich auf. Das gelingt mir immer besser. Ich kann mich als zwei, drei oder mehr Jemande betrachten. Beim Wechsel von einem Fenster zum anderen aktiviere ich jeweils einen anderen Teil meiner Persönlichkeit. Während ich in einem Fenster in eine Art Streitgespräch verwickelt bin, versuche ich mich im MUD (Multi User Dungeon bzw. Domain, Internet Kommunikation in einer virtuellen Gemeinschaft [d. Verf.]) eines anderen Fensters an ein Mädchen ranzumachen, während vielleicht in einem wieder anderen Fenster ein Tabellenkalkulationsprogramm oder irgendeine andere technische Sache abläuft ... Und dann erhalte ich eine Echtzeitmeldung (die auf dem Bildschirm erscheint, sobald sie von einem anderen Systembenutzer abgeschickt wurde), und ich vermute, dass es RL ist (Real Life, d. Verf.). Es ist schlicht ein weiteres Fenster. ... RL ist nur ein Fenster unter vielen, und es ist gewöhnlich nicht mein bestes" (Turkle 1998: 16).

Sofort fällt hier auf, dass Doug das „Ich", mit dem er sich objektiviert, gerade *nicht* spaltet oder pluralisiert, sondern (ausdrücklich als Akteur) als gleichsam identische Selbstbeobachtungsposition durchhält. Damit stellt sich natürlich auch hier die Frage der Unterscheidung eines „identischen" von einem „nicht-identischen" Bereich. Ist es nur die Sprachlogik, die ihn zwingt, das Subjekt seiner Sätze identisch zu halten, oder macht sich darin ein Eigensinn der Selbstreferenz geltend, die kein Nicht-Identisches zulässt, ohne auf irgendein Identisches rückzuverweisen? Die einzige Alternative bestünde darin, von einer der (beiden) Seiten der Spaltung aus die jeweils andere als anderes „Ich-Fragment" zu beschreiben.

Neben seiner nicht-pathologisierenden Selbstbeschreibung als (offenbar nur teilweise) gespaltene Identität wird hier auch seine ganz selbstverständliche Einführung virtueller Definitionsräume für Identität wichtig. Obwohl der Geltungsanspruch dieser Räume ausschließlich auf einer – und nur einer! – individuellen Realitätsbehauptung beruht, haben sie in der Konkurrenz mit dem „real life" offenbar längst gewonnen. Vergleichbare Überlegungen finden sich in der deutschen Diskussion z. B. bei Werner Helsper (1989).

Sherry Turkle versucht solche Tendenzen unter Rückgriff auf psychoanalytische Überlegungen plausibel zu machen:

„Unter dem Banner einer Rückkehr zu Freud erklärt Lacan das Ich zu einer Illusion. Damit verknüpft er die Psychoanalyse mit dem postmodernen Versuch, das Selbst als einen Ort des Diskurses darzustellen, statt es als reales Gebilde oder dauerhafte geistige Struktur zu definieren. In den vorhergehenden Kapiteln haben wir

33 Unter Rückbezug auf postmoderne Klassiker wie Deleuze, Guattari, Lyotard, für die deutsche Diskussion v. a. Kamper (1980) und aus anderer Sicht Welsch (1990).

gesehen, in welcher Weise die Informatik zu dieser neuen Interpretation beigetragen hat. Ihre distributiven, parallelen und emergenten Bottom-up-Geistmodelle haben die informationsverarbeitenden Top-down-Modelle ersetzt.

Zur Idee einer multiplen Identität hat auch das Internet beigetragen. Seine Benutzer können sich ein Selbst schaffen, indem sie durch viele verschiedene Identitäten vagabundieren. Im Interview erklärt mir eine Innenarchitektin nervös, sie habe heute nicht ihren besten Tag, weil sie unmittelbar vor dem ersten realen Zusammentreffen mit einem Mann stehe, mit dem sie in einer Chat Box bei America Online monatelang virtuelle Intimitäten ausgetauscht habe. Sie sei sich ziemlich sicher, sagte sie, dass es sich bei ihrem elektronischen Liebhaber um einen Mann handle (und nicht um eine Frau, die vorgebe, ein Mann zu sein), weil sie glaube, dass ‚er' ihr sonst kein Treffen vorgeschlagen hätte. Allerdings befürchtet sie, dass sie beide nicht genügend Ähnlichkeit mit ihren äußerst attraktiven Cyber-Ichs haben könnten:

‚Ich habe ihn in keinem bestimmten Punkt direkt angelogen, aber ich fühle mich online einfach ganz anders, gehe mehr aus mir heraus und bin weniger gehemmt. Fast so, als wäre ich mehr ich selbst, aber das ist natürlich paradox. Ich fühle mich eher so, wie ich zu sein wünsche. So kann ich nur hoffen, dass es mir gelingt, ein bisschen von dem Online-Ich in die reale Begegnung hinüberzuretten'" (Turkle 1998: 287).

Bei dieser Beschreibung fällt auf, dass das „real life" nicht als irgendeine weitere Realität in die Reihe der anderen virtuellen Realitäten eingeordnet wird. Es behält seine Besonderheit, allerdings eine Besonderheit, deren Desillusionierungspotential, die Gefahr der Entzauberung und Vereindeutigung als irritierend und störend erfahren wird. Trotzdem enthält das Angebot zu einem real-life-Test zu viel Reiz, als dass es wegen seiner Risiken kategorisch abgelehnt würde.

Das Spiel mit der eigenen Identität, ihre Verstellung und Verkleidung, all das, was bisher ausnahmsweise auf Reisen, in Ferien, allein in fremden Städten, Bars und Kneipen, an den Rändern der biographischen Kontinuität zu beobachten war[34] und was seinen besonderen institutionellen Ort auf den Beziehungs- und Heiratsmärkten hatte (Habermas 1970), scheint zu einem fortgeschrittenen Teil des kommunikativen Alltags zu werden.

Was hat sich nun aber dadurch gesellschaftsstrukturell verändert? Sherry Turkle weist auf Erweiterungen, Steigerungen, Beschleunigungen, Deregulierungen und Selbstexperimente hin, doch die Behauptung einer völlig neuen Situation versucht sie zu vermeiden:

„Früher war ein so rasanter Wechsel der Identitäten nicht leicht zu bewältigen. So bezeichnete man die Identität im früheren 20. Jahrhundert als ‚zusammengeschmiedet'. Mit ihrer betonartigen Festigkeit beschwor die Metapher den zentralen Wert

34 In diesem Sinn auch Luhmann (1991: 175): „Man kann die Versuchung spüren, mal nicht man selbst zu sein, Urlaub zu machen, incognito zu reisen, an der Bar stories zu erzählen, die keiner prüfen kann ..." Und er fährt fort mit dem Hinweis auf die entgegengesetzte Haltung: „... oder man kann schaudernd vor solchem Sich-selbst-Entkommen zurückschrecken. Personsein ermöglicht beides ..."

der Kernidentität, die der Soziologe David Riesman et al. (1956) seinerzeit als innengeleitet bezeichnet hatten. Natürlich nahmen die Menschen auch früher verschiedene soziale Rollen und Masken an, doch war ein derartiger Wechsel für die meisten durch die lebenslange Bindung an Familie und soziale Gruppe ziemlich strengen Kontrollen unterworfen. Einige empfanden das als lästig und suchten sich Rollen in gesellschaftlichen Randbereichen, wo der Wechsel zu bestimmten Lebensweisen dazugehörte. In Stammesgesellschaften konnte der Rollenwechsel des Schamanen bedeuten, dass er von Göttern und Geistern besessen war. In moderner Zeit gab es den Hochstapler, den Heiratsschwindler, den Transvestiten, die ‚gespaltene Persönlichkeit‘, Dr. Jekyll und Mr. Hyde. Heute, in postmoderner Zeit, sind multiple Identitäten bei weitem nicht mehr so marginal. Eine weit größere Zahl von Menschen erleben Identität als ein Repertoire von Rollen, die sich mischen und anpassen lassen und über deren verschieden Anforderungen verhandelt werden muss. Viele Sozialwissenschaftler und Psychologen haben versucht, die neue Identitätserfahrung theoretisch zu erfassen. Proteisch nennt sie Robert Jay Lifton (1993), während Kenneth Gergen (1996) die Vervielfältigung der Masken als übersättigtes Selbst bezeichnet. Für Emely Martin (1994) ist das flexible Selbst eine moderne Eigenschaft von Organismen, Personen und Organisationen. Das Internet ist zu einem wichtigen Soziallabor für Experimente mit jenen Ich-Konstruktionen und -Rekonstruktionen geworden, die für das postmoderne Leben charakteristisch sind“ (Turkle 1998: 289).

Das lange und zähe Festhalten an „Identität“, die Verpflichtung der Selbstselektion auf Kohärenz, Einheit, Selbigkeit und Kompatibilität hat die Funktion der Dynamik der individuellen Binnendifferenzierung lange latent gehalten und ihre Extreme pathologisieren und damit ausgrenzen können. Spaltungen besaßen nicht die Legitimität des Normalen. Dieser Druck, traditionelle Identitäten mit hohen Konsistenzansprüchen vorzuweisen, scheint selbst in den Mittelschichten abgenommen zu haben. Das macht auch krasse Identitätsbrüche auf individueller Ebene unter gesellschaftsstrukturellen Gesichtspunkten beobachtbar: Sie erscheinen dann als unterschiedliche Systemreferenzen, die sich für die Einheit und inhaltliche Kompatibilität der Selbstselektionen unempfindlich zeigen (Schneider/Ruff 1988). Der Unterschied besteht damit zum einen in der *Unvermitteltheit*, mit dem im Individuum verschiedene Systembezüge koexistieren, zum anderen in der *Sichtbarkeit* und Offenbarkeit dieser Struktur. Es scheint nunmehr möglich und legitim, das unvermittelte Nebeneinander auch von traditionell als inkompatibel angesehenen Systemreferenzen mehr oder minder öffentlich darzustellen.

Bis jetzt ist nicht absehbar, welche Folgen und Effekte der Verzicht auf die durch „Identitätsbehauptungen“ gewahrte Latenz der konkurrierenden Systembezüge für eine Interaktionskultur haben kann. Die Offenlegung der Systembezüge würde zumindest die Behauptung einer „Identität“ überflüssig machen, die sich als Adresse für eine Kommunikation mit einem „toten Briefkasten“ anbietet.

4. Vom Eigentum an der Identität zum identischen Eigensinn

Das Projekt der modernen Individuierung steht seit langem in der Spannung zwischen zwei Motiven: Zum einen dem Motiv, auch gegen die wachsende Dynamik der individuellen Binnendifferenzierungen *an sich selbst festzuhalten* und bei der Selbstselektion einen Anspruch auf Mitbestimmung zu behaupten; zum anderen dem Motiv, auch gegen den autoritativen Zwang zur identitären Konsistenz und biographischen Disziplin „ohne Angst ein anderer sein" zu können.

Seit einiger Zeit verschieben sich die Gewichte und Faktoren dieses komplexen Spannungsverhältnisses: Viele versuchen, dem weiter zunehmenden Druck der Differenzierungen auszuweichen, während ihr Motiv, an sich festzuhalten, abnimmt, die Lust an der Selbstmanipulation aber gleichzeitig wächst. Die Aversion gegen die Zumutungen des identitären Konsistenzzwangs lebt sich in vielen modischen Varianten aus, während dieser unerkannt weiterwirkt. Und das Motiv, ein anderer sein zu können, wird zugleich, z. B. im Internet ganz technisch, ohne jeden transzendierenden Überschuss ausgelebt.

Nach wie vor stellen „Identität" und „Nicht-Identität" keine Alternativen dar und daher auch keine Größen für Nullsummenspiele. Der vielfach behauptete „shift" der „shifting identities" in Richtung „Nicht-Identität" ist vermutlich eher Resultat einer Beobachtung, die den identitären Hintergrund der selbst-losen Bewegungen und damit deren Relation vernachlässigt. Statt einander abzulösen haben „Identität" und „Nicht-Identität" bisher eher dazu tendiert, sich gegenseitig zu steigern.

Vielleicht sind sie gerade im Begriff, diesen Mechanismus umzupolen und sich gegenseitig zu binden: Eine nicht länger idealisierte und daher nicht mehr krampfhaft festgehaltene Identität würde dann den erstmodernen Verdacht, eigentlich ein ganz anderer zu sein, ebenso begrenzen, wie die entsprechende Nicht-Identität in Form einer nurmehr instrumentell-technischen Kommunikationsroutine das Motiv dämpfen könnte, aus Not an sich wie an einem Eigentum festzuhalten.

Literatur

Adorno, Theodor W. (1997): Minima Moralia. (Bd. 4 der Gesammelten Schriften). Frankfurt/M.

Antonovsky, Aaron (1987): Unraveling the Mystery of Health. San Francisco.

Bauman, Zygmunt (1992): Moderne und Ambivalenz. Das Ende der Eindeutigkeit. Hamburg.

Beck, Ulrich (1983): Jenseits von Stand und Klasse. In: Reinhard Kreckel (Hrsg.), Soziale Ungleichheiten. (Soziale Welt, Sonderband 2). Göttingen, 35–74.

Beck, Ulrich/Beck-Gernsheim, Elisabeth (1991): Das ganz normale Chaos der Liebe. Frankfurt/M.

Benjamin, Walter (1955): Schriften. Bd. 2. Frankfurt/M.

Bondi, Liz (1993): Locating Identity Politics. In: Michael Keith, Steve Pile (Hrsg.), Place and the Politics of Identity. London, New York, 84–101.

Bude, Heinz (1995): Das Altern einer Generation. Die Jahrgänge 1938–1948. Frankfurt/M.

Ehrenreich, Barbara (1989): Fear of Falling. New York.

Erikson, Erik H. (1946): Ego-Development and Historical Change – Clinical Notes. In: The Psychoanalytical Study of the Child 2, 359–396.

Erikson, Erik H. (1973): Identität und Lebenszyklus. Frankfurt/M.

Foucault, Michel (1973): Das ist keine Pfeife. München.

Foucault, Michel (1989): Sexualität und Wahrheit. Bd. 3. Die Sorge um sich. Frankfurt/M.

Freud, Sigmund (1950): Aus den Anfängen der Psychoanalyse. Briefe an Wilhelm Fliess. Abhandlungen aus den Jahren 1887–1902. London, Frankfurt/M.

Frey, Hans-Peter/Haußer, Karl (1987): Entwicklungslinien sozialwissenschaftlicher Identitätsforschung. In: Dies. (Hrsg.), Identität. Entwicklungen psychologischer und soziologischer Forschung. Stuttgart, 3–26.

Fromm, Erich (1987): Sozialpsychologischer Teil (der Theoretischen Entwürfe über Autorität und Familie). In: Max Horkheimer u. a. (Hrsg.), Studien über Autorität und Familie. Forschungsberichte aus dem Institut für Sozialforschung. 2. Auflage. Reprint d. Ausgabe Paris, 1936. Lüneburg, 77–135.

Gergen, Kenneth (1996): Das übersättigte Selbst. Identitätsprobleme im heutigen Leben. Heidelberg.

Giarini, Orio/Liedke, Patrick M. (1998): Wie wir arbeiten werden. Der neue Bericht an den Club of Rome. Hamburg.

Göbel, Johannes/Clermont, Christoph (1997): Die Tugend der Orientierungslosigkeit. Berlin.

Grabert, Willy/Mulot, Arno (1959): Geschichte der deutschen Literatur. München.

Habermas, Jürgen (1970): Arbeit, Erkenntnis, Fortschritt. Aufsätze 1954–1970. Amsterdam.

Hegel, Georg Wilhelm Friedrich (1969): Wissenschaft der Logik. Bd. 2. Frankfurt/M.

Helsper, Werner (1989): Selbstkrise und Individuationsprozess. Subjekt- und sozialisationstheoretische Entwürfe zum imaginären Selbst der Moderne. Opladen.

Heselhaus, Clemens (1978): Nachwort. In: Gottfried Keller, Der grüne Heinrich (Erste Fassung). München, 771–797.

Hitzler, Ronald/Koenen, Elmar (1994): Kehren die Individuen zurück? Zwei divergente Antworten auf eine institutionentheoretische Frage. In: Ulrich Beck, Elisabeth Beck-Gernsheim (Hrsg.), Riskante Freiheiten. Individualisierung in modernen Gesellschaften. Frankfurt/M., 447–465.

Hörisch, Jochen (1992): Ein wenig Wein und ein wenig Brot. Der grüne Heinrich im Konfirmationsunterricht. In: Ders. (Hrsg.), Brot und Wein. Frankfurt/M., 29–40.

Honneth, Axel (1992): Kampf um Anerkennung. Frankfurt/M.

Huston, Nancy (1999): The Decline of Identity. Erscheint in: Salmagundi.

Inglehart, Ronald (1971): The Silent Revolution in Europe. Intergenerational Change in Post-Industrial Societies. In: American Political Science Review, 65, 991–1017.

Joas, Hans (1980): Praktische Intersubjektivität. Frankfurt/M.

Kamper, Dietmar (1980): Die Auflösung der Ich-Identität. In: Friedrich A. Kittler (Hrsg.), Austreibung des Geistes aus den Geisteswissenschaften. München, 79–86.

Kaufmann, Franz-Xaver (1997): Geht es mit der Integrationsfunktion des Sozialstaates zu Ende? In: Stefan Hradil (Hrsg.), Differenz und Integration. Die Zukunft moderner Gesellschaften. Verhandlungen des 28. Kongresses der Deutschen Gesellschaft für Soziologie in Dresden 1996. Frankfurt/M., New York, 135–153.

Kayser, Wolfgang (1964): Das sprachliche Kunstwerk. Eine Einführung in die Literaturwissenschaft. 10. Auflage. Bern, München.

Keller, Gottfried (1947): Sämtliche Werke. (Herausgegeben von Jonas Fränkel und Carl Helbling) Erlenbach-Zürich.

Keller, Gottfried (1978): Der grüne Heinrich (Erste Fassung). München.

Kertész, Imre (1998): Ich – ein anderer. Reinbek.

Keupp, Heiner (1988): Auf dem Weg zur Patchwork-Identität? In: Verhaltenstherapie und psychosoziale Praxis 4, 425–438.

Keupp, Heiner/Höfer, Renate (Hrsg.) (1997): Identitätsarbeit heute. Frankfurt/M.

Koenen, Elmar J. (1993): Heinrich und Ulrich. Einige poetisch-hermeneutische Hinweise zur Individualisierung in der Geschichte der Moderne. In: Joachim Hohl, Günter Reisbeck (Hrsg.), Individuum, Lebenswelt, Gesellschaft. München, 86–106.

Kracauer, Siegfried (1971): Die Angestellten. Frankfurt/M.

Krappmann, Lothar (1969): Soziologische Dimensionen der Identität. Stuttgart.

Kraushaar, Wolfgang (1998): Die Protestchronik. Bd. 2. Frankfurt/M.

Krüger, Helga u. a. (1991): Statussequenzen von Frauen zwischen Erwerbsarbeit und Familie. Teilprojekt B1 des SFB 186 „Statuspassagen und Risikolagen im Lebensverlauf“ der Universität Bremen.

Krüger, Helga (1993a): Bilanz des Lebenslaufs. Zwischen sozialer Strukturiertheit und biographischer Selbstdeutung. In: Soziale Welt 44 (3), 375–391.

Krüger, Helga u. a. (1993b): Erwerbsverläufe als Innovationsprozess für Familienrollen. Zur Interdependenz von Passagengestaltungen und Verarbeitungsmustern bei Ehepaaren. Projekt des SFB 186 „Statuspassagen und Risikolagen im Lebensverlauf“ der Universität Bremen.

Lacan, Jacques (1980): Das Seminar von Jacques Lacan. Buch II. Das Ich in der Theorie Freuds und in der Technik der Psychoanalyse. (Herausgegeben von Norbert Haas). Olten, Freiburg/Br.
Levins, Richard (1973): The Limits of Complexity. In: Howard H. Pattee (Hrsg.), Hierarchy Theory. The Challenge of Complex Systems. New York, 109–127.
Lifton, Robert Jay (1993): The Protean Self. Human Resilience in an Age of Fragmentation. New York.
Luhmann, Niklas (1991): Die Form ‚Person'. In: Soziale Welt 42 (2), 166–175.
Luhmann, Niklas (1994): Copierte Existenz und Karriere. Zur Herstellung von Individualität. In: Ulrich Beck, Elisabeth Beck-Gernsheim (Hrsg.), Riskante Freiheiten. Individualisierung in modernen Gesellschaften. Frankfurt/M., 191–200.
Luhmann, Niklas (1995): Jenseits von Barbarei. In: Ders., Gesellschaftsstruktur und Semantik. Bd. 4. Frankfurt/M., 138–150.
Luhmann, Niklas (1997): Die Gesellschaft der Gesellschaft. 2 Bde. Frankfurt/M.
Luhmann, Niklas/Schorr, Karl Eberhard (1982): Personale Identität und Möglichkeiten der Erziehung: In: Dies., Zwischen Technologie und Selbstreferenz. Frankfurt/M., 224–261.
Marquard, Odo/Stierle, Karlheinz (Hrsg.) (1979): Identität (Bd. 8 der Reihe 'Poetik und Hermeneutik'). München.
Martin, Emely (1994): Flexible Bodies. Boston.
Miller, Alice (1979): Das Drama des begabten Kindes und die Suche nach dem wahren Selbst. Frankfurt/M.
Muschg, Adolf (1977): Gottfried Keller. München.
Riesman, David u. a. (1956): Die einsame Masse. Darmstadt.
Rommelspacher, Birgit (1997): Identität und Macht. Zur Internalisierung von Diskriminierung und Dominanz. In: Heiner Keupp, Renate Höfer (Hrsg.), Identitätsarbeit heute. Frankfurt/M., 250–269.
Rorty, Richard (1989): Kontingenz, Ironie und Solidarität. Frankfurt/M.
Rutschky, Michael (1983): Wartezeit. Ein Sittenbild. Köln.
Schneider, Peter K./Ruff, Erich (1988): Therapie der Verrücktheit. Ein kognitives Modell zur Aufhebung des schizophrenen Verhaltens. Frankfurt/M.
Schulenburg, Lutz (Hrsg.) (1998): Das Leben ändern und die Welt verändern. Hamburg.
Sennett, Richard (1998): Der flexible Mensch. Berlin.
Soeffner, Hans-Georg (1992): Luther – der Weg von der Kollektivität des Glaubens zu einem lutherisch-protestantischen Individualitätstyp. Die Ordnung der Rituale. Die Auslegung des Alltags. Bd. 2. Frankfurt/M.
Straub, Jürgen (1991): Identitätstheorie im Übergang. In: Sozialwissenschaftliche Literatur Rundschau 23, 49–71.
Straus, Florian (1991): Alltägliche Identitätsarbeit. Ein strukturorientiertes Modell. In: Materialien Nr. 12 des Teilprojekts A6 des Sonderforschungsbereichs 333 der LMU. München.
Theweleit, Klaus (1988): Buch der Könige. Bd. 1. Orpheus (und) Euridike. Frankfurt/M.
Thyen, Anke (1989): Negative Dialektik und Erfahrung. Rationalität des Nichtidentischen bei Adorno. Frankfurt/M.
Turkle, Sherry (1998): Leben im Netz. Identität in Zeiten des Internet. Reinbek.
Vossenkuhl, Wilhelm (1995): Eigenes ‚Ich'. Ein Essay über die menschliche Identität. In: Ulrich Beck u. a. (Hrsg.), Eigenes Leben. München, 194–215.
Welsch, Wolfgang (1990): Identität im Übergang. In: Ders., Ästhetisches Denken. Stuttgart, 168–200.
Welzer, Harald (1993): Transitionen. Zur Sozialpsychologie biographischer Wandlungsprozesse. Tübingen.
Westwood, Sallie (1994): Racism, Mental Illness and the Politics of Identity. In: Ali Rattansi, Sallie Westwood (Hrsg.), Racism, Modernity and Identity on the Western Front. Cambridge U. K., 247–265.

B. Medien als Identitätsgeneratoren

Das Fernsehen (und die Werbung) als neue Mittel zur Fest-Stellung von Identität

Jo Reichertz

1. Zur Bedeutsamkeit des Fernsehens

Vom ersten Moment seiner Existenz an war das Fernsehen schon mehr als nur das berühmte ‚Fenster zur Welt', also ein Medium der Fernanwesenheit, das dem Nutzer erlaubt, auch das zu sehen, was sich in weiter Ferne ereignet. Fernsehen war auch immer mehr als nur ein kommerzielles ‚Schaufenster', in dem die Waren dieser Welt und die an sie gehefteten Glücks- und Heilsversprechungen ausgestellt wurden. Das Medium ‚Fernsehen' liefert mit seinen vielen Vollprogrammen rund um die Uhr, über das Jahr und die Welt hinweg allen Fernsehzuschauern (und mittelbar auch denen, die über kein Fernsehen verfügen) eine parallel zum wirklichen Leben strukturiert mitlaufende ‚Fernsehwirklichkeit'. In sie kann man sich ständig und immer wieder einklinken. Und im Gegensatz zum unübersichtlich gewordenen *real life* ist die übersichtliche Ordnung in der jenseitigen Medienwelt dem Betrachter gut vertraut. Im Fernsehen dauern Geschichten eine bestimmte Zeit und sie haben ihre Zeit (morgens, abends, nachts). Die versendeten Formen und Formate haben einen festen Rhythmus, manche Sendungen ihren festen Platz. Fernsehen ereignet sich in festen Zyklen. Diese sind dauerhaft, vertraut und verlässlich. Das Medium ‚Fernsehen' hat eine Liturgie konstituiert (vgl. Thomas 1996), welche den Tag und das Jahr gliedert. Sagten ehemals die Kirchenglocken, was die Stunde geschlagen hatte, so zeigt einem heute ein Blick ins Fernsehen nicht nur die Tageszeit, sondern auch die Jahres- und Festzeit (Weihnachten, Ostern, Karneval) an. Das Fernsehen ist zu einem wichtigen sozialen Zeitgeber (vgl. Neverla 1993) unserer Tage geworden.

Das Fernsehen ist wie die Geisteswissenschaften ein unvermeidliches Produkt der Moderne. Der Niedergang der ‚emphatischen Eindeutigkeit' und der Aufstieg der ‚Kultur der Vieldeutigkeit' (Marquard 1986: 109) ist zugleich Produkt als auch Nährboden für Geisteswissenschaften und Medien. Denn moderne Menschen „brauchen viele Geschichten (und viele Bücher und viele Deutungen), um Individuen zu sein" (ebd.: 110). Das Medium ‚Fernsehen' versendet in einer solchen Situation eine Fülle von Geschichten, in die eine Vielzahl von Identitätsentwürfen und eine Vielzahl von moralischen Deutungsmustern eingelassen sind. Es liefert mithin ein beachtliches Angebot von Möglichkeiten zur Sinn-, Norm- und Identitätsbildung – egal für wie wertvoll, nützlich oder moralisch wertvoll man solche Handlungsorientierungen findet. Fernsehen bot seit jeher den Menschen vor dem Bildschirm große und kleine Orientierungen, Zerstörung von Ordnung und deren Einrichtung, Glaubhaftes und Unglaubliches, Verbotenes und Erwünschtes, aber auch Rezepte, Formeln und Praktiken, mit deren Hilfe Menschen, Tiere und auch die Natur fügsam gemacht werden können bzw. sollen.

Die immense Bedeutung des Fernsehens zu Zeiten der ‚Nachmoderne' wird insbesondere sichtbar an vier Zeiterscheinungen (vgl. Reichertz/Unterberg 1998): (1) So findet sich im westlich beeinflussten Kulturraum fast in jeder Wohnung ein Fernseher, oft auch noch eine Maschine zur Aufzeichnung von Fernsehprogrammen und kleinere Zweitfernseher im Kinderzimmer. Diese Geräte werden von Erwachsenen, Kindern und Jugendlichen, von Reichen und Armen, von Gebildeten und Ungebildeten regelmäßig und oft auch ausgiebig genutzt. (2) Mithilfe der zahlreichen täglichen 24-Stunden-Programme liefert das Fernsehen eine immer währende und endlose Zeitachse, welche den Tages- und auch den Jahresrhythmus strukturiert. (3) Die Inhalte und Botschaften der Fernsehprogramme beziehen sich mittlerweile auf fast alle Bereiche des alltäglichen Lebens. Es gibt kaum mehr eine Handlungssituation, zu der das Fernsehen nichts sagt und keine Beispiele für falsches oder richtiges Verhalten zeigt. Das Fernsehen äußert sich zu allem und richtet sich an jeden. Aber Fernsehen versendet nicht mehr allein via Kabel und Satellit Wissen über Welt an alle, sondern es lädt (4) heute unter anderen auch diejenigen in die Studios ein, die ‚mühselig und beladen' sind, und ermöglicht ihnen die Gestaltung ihres Lebens mit Hilfe des Fernsehens. Fernsehen bezieht sich also nicht mehr auf einzelne (und meist wenig relevante) Teile des alltäglichen Lebens (Freizeit), sondern es ist an jedem Ort des Alltags und zu jeder Zeit zu finden und: Es äußert sich zu fast allen Aspekten menschlichen Lebens, und mit seiner Hilfe lässt sich eigene (und auch fremde) Identität formen und verändern!

Kurz: Fernsehen erbrachte und erbringt Hilfen bei der Lebensführung – eine Leistung mithin, die bislang vor allem von der Religion, aber auch von der Pädagogik fast exklusiv verwaltet und angeboten wurde. Fernsehen stellt (so die Behauptung) somit nicht nur, aber auch (und das zunehmend) ein funktionales Äquivalent zu diesen (im Prozess der funktionalen Differenzierung) entstandenen Institutionen dar. Im Weiteren möchte ich diese These zuerst mit Bezug auf die Religion, dann mit Bezug auf die Pädagogik weiter ausführen und erläutern.

2. Fernsehen als Ergänzung und als Ersatz von Religion

Das Fernsehen bietet (und bot von Beginn an) den Menschen auch etwas zutiefst Religiöses an. Allerdings gilt diese These nur, wenn man bereit ist, das Religiöse nicht substantiell über den festen Bestand religiöser Inhalte, sondern über die Funktion zu definieren – wie dies z. B. Th. Luckmann tut (Luckmann 1991). Die zentrale Funktion von Religion besteht demnach darin, „Mitglieder einer natürlichen Gattung in Handelnde innerhalb einer geschichtlich entstandenen gesellschaftlichen Ordnung zu verwandeln. Religion findet sich überall dort, wo aus dem Verhalten der Gattungsmitglieder moralisch beurteilbare Handlungen werden, wo ein Selbst sich in einer Welt findet, die von anderen Wesen bevölkert ist, mit welchen, für welche und gegen welche es in moralisch beurteilbarer Weise handelt" (Luckmann 1991: 165).

Entschließt man sich, dieser Umgrenzung von ,Religion' zu folgen, dann leistet Religion eine unverzichtbare Hilfe bei der kollektiven wie individuellen Identitätsfindung, bei der Entwicklung individueller und sozial geteilter Handlungsorientierung, bei der Bearbeitung gesellschaftlicher wie individueller Problemlagen und auch bei der Bewältigung von Kontingenz und Transzendenz. Entscheidend ist für die Beurteilung, ob eine organisierte Handlung für das Leben im Alltag die Funktion des Religiösen besitzt, ob sie also in wichtigen Teilen so wirkt wie Religion, dass sie also Sinn stiftet; nicht nur die Welt nach Gutem und Bösem ordnet, sondern auch die Zeit einteilt; Mythen als Bearbeitungsmuster für zentrale gesellschaftliche Konfliktlagen bereitstellt; die Erfahrung von Transzendenz bearbeitet und den Einzelnen in diese ihn übersteigende Welt eingliedert.

Allerdings sollte man bei dem Sinnbegriff drei Verweisungen deutlich voneinander unterscheiden: a. ,Sinn' als subjektiv gemeinter Handlungssinn (Ich gebe, um zu bekommen.), b. ,Sinn' als Ausdruck einer gesellschaftlich etablierten Kultur (Es macht Sinn, erwirtschaftetes Kapital neu zu investieren.) und c. ,Sinn' als Ausdruck eines die Kultur begründenden und rechtfertigenden Zusammenhangs (Das Lebensziel des Menschen ist im Jenseits bzw. im Diesseits zu suchen.). Nur der zuletzt genannte Sinnbegriff vermag es, die menschliche Erfahrung von „großen Transzendenzen" (Luckmann 1991: 168 f) zu erfassen und zu vermitteln. Ein solcher ,transzendenter Sinn' ist zwar *Teil* der Kultur einer Gesellschaft, doch ein *besonderer*: Nur er vermag es, die jeweilige Kultur und die aus ihr resultierenden Handlungsoptionen zu begründen. Aus dem Umstand, dass bislang vor allem die Religionen diesen ,transzendenten Sinn' zur Verfügung gestellt haben, folgt nicht, dass dies auch notwendigerweise so sein muss (wie z. B. Berger 1994), sondern es spricht einiges dafür, dass fast jede Institution in der Lage ist, solchen Sinn bereitzustellen (siehe auch Luckmann 1991).

Dieser ,transzendente Sinn' konstituiert eine Ordnung durch Symbole und ermöglicht damit auch erst eine Ordnung der Symbole. Metaphorisch gesprochen: Sinn stellt Wegweiser zur allgemeinen Orientierung im privaten wie im öffentlichen Raum bereit, stabilisiert soziales Handeln und Zusammenleben, ermöglicht deshalb wechselseitige Orientierung und gemeinsame Standards der Lebensführung. Abgelagert ist ,Sinn' in Erzählungen aller Art. Besonders handlungsrelevant wird ,Sinn' dann, wenn er entweder von charismatischen Führern vertreten oder von bestimmten, in der Gesellschaft für bedeutsam eingeschätzten Institutionen (z. B. der Kirche, dem Staat, der Wissenschaft) als ,ausgezeichnet' behandelt oder von einer Gruppe kollektiv verbürgt wird. ,Sinn' ermöglicht es dem Subjekt, sich in der Zeit und in der Gesellschaft ,festzustellen', und das in zweifacher Weise: zum einen festzustellen, wer man (für andere und sich) ist, zum Zweiten, sich an diesem Platz (für sich und andere) auch fest verankern zu können. ,Sinn' hilft also, sich nicht nur die Fragen zu beantworten: Wer bin ich, woher komme ich, wohin gehe ich? (vgl. hierzu Oevermann 1995), sondern auch die nicht minder wichtige Frage: *Weshalb* soll ich das eine tun und das andere lassen?

In den letzten zwei Jahrtausenden halfen vor allem die christliche Religion und die Institution ‚Kirche' bei Ermittlung des Lebenssinns und bei der Bewältigung von Grenzübergängen und Transzendenzen (Tod, Hochzeit, Geburt, Sinn des Schmerzes, des Lebens etc.).

Wenn hier nun behauptet wird, Fernsehen versende unter anderem auch viel Religiöses, dann ist damit zwar auch, aber nicht alleine gemeint, dass Geistliche von der Fernsehkanzel das *Wort zum Sonntag* sprechen, dass immer wieder festliche Pontifikalämter live versendet werden, dass der Papst zu jedem Neujahrsfest via TV seinen Segen der Weltöffentlichkeit zukommen lässt und dass christliche Fernsehmagazine (überwiegend in den dritten Programmen, bei 3SAT und ARTE) die Botschaft Christi in zeitgemäßer Form übermitteln wollen. Diese Formen sollten und sollen vor allem die Zuschauer zu Hause vor dem Bildschirm (jenseits und zusätzlich zu der ‚communio' in der steinernen Kathedrale) zur Kommunikation einladen, und natürlich wollen solche Formen auch verkündigen. Wenn man so will: Die Kirche verlässt mit solchen Sendungen ihr Haus und sucht die Medien auf. Besonders erfolgreich im Hinblick auf die vermehrte Übernahme christlichen Glaubens waren diese Sendungen allerdings nicht. Christliche Themen, Praktiken, Personen, Requisiten, Zeiteinteilungen mussten sich (und das gilt insbesondere für religiöse Magazine wie *Himmel und Hölle* oder *Gott und die Welt*) oft dem Medium anpassen und veränderten sich dabei unter der Hand. Oder wie Soeffner (wenn auch in Bezug auf das Medium ‚Kirchentag') formuliert: „Sie gestaltet den nun von ihr genutzten Raum kaum mehr um, sondern benutzt stattdessen eine Gestalt, die nicht von ihr stammt, die ihre eigenen Gesetze hat und diese Gesetze dem neuen Nutzer diktiert" (Soeffner 1993b: 196).

Damit sind auch die Filme wie *Quo vadis*, *Die Zehn Gebote*, *Ben Hur* und auch die groß angelegte Neuverfilmung der Bibel durch Leo Kirch adressiert, die das biblische Geschehen mit den Mitteln Hollywoods inszenieren und damit zumindest implizit auch die christliche Botschaft versenden. Allerdings muss auch hier die Botschaft dem Medium ihren Tribut zollen. So stellt Hickethier bei seiner Ausdeutung der Bibel-Neuverfilmung durch Kirch eine sehr starke Dramatisierung, Emotionalisierung, Exotisierung und Sexualisierung der biblischen Erzählungen fest. Dies führt dazu, dass biblisches Geschehen im Format der TV-Movies daherkommt. „TV-Movie meint eine das Emotionale groß herausstellende, vor allem mit den Attributen von Sex und Gewalt operierende Erzählform. Intensiv werden Effekt-Mittel wie stark emotionalisierende Musik, schnelle Schnitte, farbige Filter, Lichteffekte, Unschärfen eingesetzt. Im Prinzip erscheint die Bibel nur als Variante der Sparte ‚Gefährliche Leidenschaften' oder ‚Der große Liebesfilm'" (Hickethier 1996: 51).

Zudem sind drittens auch solche Filme und Serien gemeint, welche den Zuschauern einen kurzen und kurzweiligen Einblick in den seelsorgerischen Alltag evangelischer wie katholischer Würdenträger gewähren. So betreut und berät der kirchlich bestallte Hirte in *Schwarz greift ein* nicht nur seine Gemeindeschäfchen, sondern er jagt auch nach Kleinkriminellen. So zeigt die Gemeindearbeit einer katholischen Nonne in *Wie gut, dass es Maria gibt* nicht nur die Probleme mit den männlichen Kollegen in der Pfarrei, sondern es werden zudem Probleme diskutiert, welche von pastoraltheologischer Bedeutung sind. Gleiches gilt für die Serien *Mit Leib und Seele* und *Oh Gott, Herr Pfarrer.* Allerdings ist auch hier die Botschaft um Wesentliches reduziert. „Die Transzendenzlosigkeit des Glaubens im Gewand der Unterhaltung zielt auf eine allgemeine Welt- und Menschenverbesserung, die die Radikalität der Kreuzbotschaft abgelegt hat und dem Menschen nichts mehr ‚zumutet', weil sie ein Christentum ‚zum Probieren' vorstellen will." (Hurth 1995: 59) Alle diese Arten audiovisueller Versendungen sind (bei aller Verschiedenheit) doch nur die sichtbaren Formen des explizit Kirchlichen und Religiösen im Fernsehen.

Neben diesen ausdrücklich als ‚religiös' gerahmten Formen und Formaten strahlt das Fernsehen an die verstreute Fernseh-Gemeinde von Beginn an aber auch Botschaften aus, die sich erst bei näherer Betrachtung als ‚religiös' erweisen. So kamen im Fernsehen immer wieder und kommen auch heute noch in den unterschiedlichsten Ratgebersendungen ‚Experten' (Wissenschaftler, Journalisten, Theologen, Autodidakten, Sexberater etc.) zu Wort, die ausdrücklich formulier(t)en, was vernünftig, richtig, gut bzw. unsinnig, falsch und böse ist. Hier wird auch zur Besinnung aufgerufen, zur Umkehr, zur Askese und manchmal auch zum Opfer.

Zudem erzählt das Fernsehen schon immer – wenn auch mit (neuen) Mitteln und Bildern – die alten Geschichten von der Herausforderung des Guten durch das Böse, von Probe und Bewährung, von Schuld, Leid, Schmerz, Elend, Tod und Verzweiflung, aber auch von Sühne, Vergebung, Hoffnung, Glück und Liebe. In Spielfilmen und neuerdings vor allem in Serien (*Melrose Place, Beverly Hills, Lindenstraße, Gute Zeiten – Schlechte Zeiten* etc.) versendet das Fernsehen eine durchaus positive Alltagsethik: Gewalt wird (aller gegenteiligen Befürchtungen zum Trotz) durchweg abgelehnt, das Unmoralische führt nicht zum Erfolg und im Übrigen sind „nur die guten Eigenschaften des Menschen im ethisch-moralischen Sinn (...) für das Publikum mehrheitsfähig" (Kottlorz 1996: 91). Insofern liefert(e) das Fernsehen frei Haus vieles von dem, was früher vor allem von den Priestern im Gotteshaus zu erlangen war: Lebensorientierung und Lebenssinn, oder anders: Fernsehen besitzt durchaus das Potential, „als ethische Vermittlungsinstanz" (Kottlorz 1993: 175) auftreten zu können. Fernsehen liefert (im strengen Sinne des Wortes) also für alle Menschen vor dem Schirm unter anderem auch Sinnstiftung und ethische Maßstäbe.

Ob dieses spezifische Angebot auch angenommen wird, ist erst einmal ohne Belang. Entscheidend ist, dass die Möglichkeit geschaffen wird, sich im Hinblick auf die angebotene Ethik zu verhalten, sich mit ihr auseinanderzusetzen. Denn auch der Entschluss, völlig anders zu verfahren, orientiert sich an dem Abgelehnten. Es ist nicht möglich zu entscheiden, das einmal zur Kenntnis Genommene nicht zur Kenntnis zu nehmen. Man kann sich dann nicht nicht entscheiden. Dieser Zwang, sich für oder gegen die gezeigte Ethik zu entscheiden (und sei die Entscheidung noch so implizit), sie also widerspruchslos hinzunehmen, ihr beizupflichten oder sie zu verwerfen, konstituiert notwendigerweise auch die Identität des Entscheidenden. Denn in der ‚Identität' der Entscheidungen erkennt der Entscheidende sich wieder bzw. kann von anderen wiedererkannt werden.

Schlussendlich bietet (vor allem seit der Einführung des Privatfernsehens) das Medium seinen Nutzern/Innen neben der Sinnstiftung, der Vermittlung ethischer Normen, der Bereitstellung einer dauerhaften und verlässlichen Liturgie und der Auratisierung der in ihm Erscheinenden eine Fülle neuartiger Serviceleistungen an: Es spricht nämlich nicht mehr nur zu dem verstreuten Fernsehvolk, sondern es hat die Pforten zu den Fernsehstudios für (fast) jedes Gemeindemitglied weit geöffnet. Das Medium ‚Fernsehen' empfängt einzelne Menschen mit offenen Armen, hört viele an, gibt Rat und Trost (manchmal auch Geld), vermittelt bei Konflikten, bahnt Beziehungen an und ‚segnet' sie medial ein, und das Medium stellt Formen und Rituale bereit, die Menschen benutzen können, ihr Leben zu gestalten und zu ändern.

- So können z. B. Mann und Frau sich mittlerweile im Fernsehen (fast) ‚richtig' trauen lassen (*Traumhochzeit*). Ein Fernseh-Standesbeamter spricht in dieser Sendung vor laufender Kamera die (rechtlich völlig unverbindlichen) Worte „Hiermit sind Sie Mann und Frau", und die so Angesprochenen tauschen Eheringe und fühlen sich danach ‚richtig' verheiratet (vgl. Reichertz 1993, 1994a, 1995). Den Mitspielern/Innen bei der *Traumhochzeit* geht es dabei vor allem um die Lösung eines für die einander Liebenden keinesfalls unbedeutenden Problems – nämlich um die Auf-Dauer-Stellung ihrer auf gegenseitiger Liebe basierenden Zweiergemeinschaft. Zu Zeiten der (Post)Moderne parieren die Kandidaten der Sendung ‚Traumhochzeit' das Problem der zweifelhaft gewordenen Kontinuitätssicherheit von Paarbeziehungen mit einem modernen Medium (nämlich dem Fernsehen), wenn auch mit alten, teils archaischen, teils magischen Mitteln (Zeugenschaft, Dokumentation, Symbolaktivierung, Ritualisierung, magische Praktiken, Transzendenzerzeugung). Die Nutzung des Fernsehens durch die Mitspieler an der Sendung ‚Traumhochzeit' ist also letztlich als magische Handlung zu begreifen, welche eine Segnung der Paarbeziehung herbeirufen will, und sie ist – im Hinblick auf dieses Ziel – in den neunziger Jahren des 20. Jahrhunderts möglicherweise effizienter als das Werfen mit Reis, das Durchsägen eines Baumstammes oder sogar die Trauung durch den Priester.
- Die fernsehöffentliche Beichte in *Verzeih mir*, *Nur die Liebe zählt*, etc. wird vor allem von denen genutzt, die Schuld auf sich geladen haben, aber nicht mehr an die reinigende Kraft des priesterlichen ‚ego te absolvo' glauben (können), aber dennoch der Vergebung bedürfen. Das Fernsehen bietet ihnen den Raum für das öffentliche Bekenntnis, für die befreiende Beichte und erteilt die (meist bußfreie) Absolution in schönen und freundlichen Worten (vgl. Keppler 1994; Reichertz 1994b). Manchmal lassen sich auch Talk-Shows wie *Meiser*, *Ilona Christen (!)*, *Fliege* (letzterer ein amtierender Pfarrer) für die öffentliche Beichte nutzen. Meist fühlen sich die so ‚Beichtenden' nach der öffentlichen Ausstrahlung ‚ihrer' Sendung ‚befreit'. Aber in Talk-Shows kann man nicht nur beichten, man kann sich

auch öffentlich bekennen („ich bin schwul"), sich selbst-verpflichten („ich werde zu meiner Entscheidung stehen"), sich an die Nahestehenden wenden, die einem im Alltag schon lange nicht mehr zuhören („Vater, akzeptier mein Anderssein"), man kann anderen Mut zusprechen, um Unterstützung bitten und auch Gleichgesinnte suchen.

- Wer will, kann Wunder erbitten und auch erleben (*Lass dich überraschen, Bitte melde dich, Surprise, Surprise*). So kann der, welcher sich z. B. öffentlich und tränenreich darüber grämt, dass er die geliebte Mutter (oder andere nahe Verwandte) im fernen Chile, Australien etc. schon seit zwei Jahrzehnten nicht mehr gesehen habe, das Wunder erleben, dass ebendiese Personen plötzlich neben ihm Gestalt annehmen. Sendungen wie *Surprise, Surprise* oder *Lass dich überraschen* zeigen immer wieder, dass auch heute noch Mirakel und Wunder möglich und machbar sind: dass somit das Leben (egal, wie ausweg- und trostlos es manchmal erscheinen mag) niemals ohne Hoffnung auf Heilung und Glück ist. Somit liefern solche Shows auch Trost, Verheißung und Zuversicht, ohne die das Leben etwas schwerer zu ertragen ist.
- Wer von nahen Angehörigen freiwillig oder unfreiwillig verlassen wurde, und alle normalen Mittel der Suche ausgeschöpft hat, kann sich an *Bitte melde dich* oder *Vermisst*! wenden. Kann selbst das Fernsehen als ultimative Instanz den Verschwundenen nicht wieder herbeibringen, dann können auch andere Mittel nichts mehr bringen. Mit dem Bewusstsein, alles Menschenmögliche getan zu haben, kann der Zurückgebliebene guten Gewissens den Trauer- und Ablösungsprozess einleiten bzw. auch abschließen (vgl. Jochlik 1997).
- Wer Freude am Helfen hat, kann dies ausgiebig tun, wenn eine (seit einer Steuersache nicht mehr so) erfolgreiche Moderatorin ihrer ‚Gemeinde' einfühlsam vom schweren Schicksal bestimmter Personen berichtet. Spenden aller Art (Geld, Blut, Wohnungs- und Arbeitsangebote etc.) werden eingeworben und auch gerne genommen. Und natürlich können auch die vom Leid Betroffenen im Fernsehstudio Trost, Hoffnung und Unterstützung erlangen (*Schreinemakers*). Diese Sendung der ehemaligen Schwesternschülerin ist oder genauer: war im Übrigen ein schönes Beispiel christlicher Gemeindearbeit zu Zeiten allgegenwärtiger Fernsehpräsenz. *Schreinemakers* demonstrierte eindrucksvoll, dass man/frau zu Zeiten leerer Kirchen und kleiner werdenden Kirchengemeinden im Falle konkreter und akuter Not besser nicht den örtlichen Pfarrer um Hilfe angeht, sondern dass es sehr viel effektiver ist, sich stattdessen in ein Fernsehstudio zu begeben und sich von der Fernsehgemeinde helfen zu lassen. Diese hilft in der Regel schneller und großzügiger. Und neben der Unterstützung erhielten die, welche mit Leid beladen zur Moderatorin kamen, auch Worte des Trostes und der Zuversicht.

Alle diese Sendungen sind durchtränkt mit der Neuen Guten Botschaft des Fernsehens: Das Fernsehen ist für alle da, und egal, was du getan hast, es gibt jemanden (im Fernsehen), der dir zuhört, dich versteht und dir auch hilft! Fernsehen bietet mithin vieles (also nicht alles[1]) von dem, was bislang die Religion geboten hat, und Fernsehen hilft dort, wo bislang vor allem die Kirche geholfen hat. Verheißung, Vergebung, Verkündigung, Trost, Caritas und Magie haben (wenn auch in neuen Kleidern) ein neues Heim gefunden: Nicht mehr (allein) in der Kirche sind sie ansässig, sondern (auch) im Fernsehstudio

3. Fernsehen als Ergänzung und als Ersatz von Pädagogik

Auch bei der Erörterung der Frage, ob das Fernsehen (zu Teilen) die Pädagogik ersetzt oder ergänzt, ist es sinnvoll, die Pädagogik nicht über spezifische Inhalte zu bestimmen, sondern über die Funktion. Aber was ist die Funktion der Pädagogik? Auf welche Frage(n) gibt sie als Fach eine Antwort, welche Aufgabe hat sie sich im Zuge der funktionalen Differenzierung von Gesellschaft zu Eigen gemacht, für welche Arbeiten hat sie welche Institutionen geschaffen?

Aus soziologischer Sicht ist die Pädagogik ein legitimes Kind der Moderne, denn sie hat sich (ganz im Sinne der europäischen Aufklärung) vor allem der systematischen Optimierung von Prozessen der Weltauslegung angenommen. Konstitutiv für die Pädagogik ist dabei die Unterstellung, dass das Wissen von ‚Welt' weder dem Menschen bei der Geburt übergeben wird, noch sich von selbst unverhüllt zeigt, noch sich dem Menschen ungefragt aufdrängt.

‚Welt' meint in diesem Gebrauch immer ‚Natur' und ‚Kultur' zugleich. Und da eine solche Unterscheidung immer kulturspezifisch ist, gehört zum Wissen von ‚Welt' auch das Wissen darum, was im Einzelnen der Natur und was der Kultur zuzurechnen ist. Zur ‚Kultur' werden hier nun nicht nur solche Produkte wie die Kunst oder Architektur einer Gesellschaft verstanden, sondern *alle Ergebnisse menschlicher Selbstauslegung*, also auch das Wissen darum, was Gesellschaft ist und was sie von dem Einzelnen erwartet und fordert, also was die Bedeutung des einzelnen Lebens bzw. die Bedeutung des Lebens des Einzelnen ist.

Weil dieses komplexe ‚Wissen von Welt' sich nun nicht von selbst offenbart, muss die Welt ausgelegt werden. Was ‚Welt' ist und was sie für das jeweilige Leben bedeutet, hat deshalb jeder Gattungsangehörige sich ausnahmslos und unwiderruflich in einem langwierigen und mühseligen Prozess zu erarbeiten. In diesen Prozess greift hilfreich vermittelnd die Pädagogik bzw. pädagogisch geschultes oder zumindest pädagogisch informiertes Personal ein[2]. Das Interesse der Pädagogik richtet sich

1 Fernsehen liefert z. B. nicht ein Äquivalent zur communio und dem Abendmahl im Kirchenhaus, aber auch keines zur christlichen Auferlegung von Normen, deren Überwachung und der Ahndung von Normverletzungen.

2 Damit gehört die Pädagogik zweifellos auch zu den hermeneutisch arbeitenden Kulturwissenschaften. Denn die konstitutive Unterstellung der Hermeneutik behauptet die Zweiteilung der Welt. Demnach gibt es immer eine Oberfläche und eine dahinter liegende 'wirklichere' Welt: die Marionetten auf der Vorderbühne und die Fädenzieher im Hintergrund, die sichtbare Welt des Scheins und die steuernde Realität der Strukturen. Die daraus erwachsene Haltung des generellen Verdachts unterstellt, dass das Sichtbare nicht das Wirkliche ist (You can't judge a book by looking at its cover). Hermeneutik ist das

deshalb (aus soziologischer Sicht) vor allem auf die Klärung der Frage, ob und wie dieser Aneignungsprozess von ,Welt' aufgrund theoretisch angeleiteter Systematisierung in jeder Hinsicht (im Auftrag und Interesse der Gesellschaft oder des Einzelnen) optimiert werden kann. Die Pädagogik ,stellt' sich also zwischen die verhüllte Welt und den einzelnen Menschen, sie vermittelt Nichtwissenden in sinn-voll geordneter Weise das, was sie wissen *möchten*, aber auch das, was sie wissen *sollten*. Dabei gilt es, die individuellen und gesellschaftlichen Hindernisse bei der Weltauslegung aufzuspüren und zu beseitigen und zugleich erkenntnisfördernde Möglichkeiten gezielt einzusetzen. Die Pädagogik besteht dabei aus der widersprüchlichen Einheit von im Wesentlichen *drei* (nicht einfach zu verbindenden) Teilaufgaben.

- Zum einen ermittelt sie eine (sich dabei des Wissens anderer Wissenschaften bedienend) jeweils historisch relevante Weltauslegung, also einen Wissensvorrat dazu, *was Welt ist* und welche Bedeutung diese Welt für den Menschen hat. In Erfüllung dieser Aufgabe steht die Pädagogik in der Tradition der Wissenschaft.
- Zum Zweiten sucht die Pädagogik auch nach Antworten auf die Frage, wie unter In-Rechnung-Stellung der Bedeutung (des Sinns) menschlichen Lebens in der jeweiligen Welt *gelebt werden soll*. Hier sucht sie nach Maßstäben für ein sinnvolles Leben, wobei sich die Pädagogik vor allem auf das Leben im Diesseits in seiner Gänze konzentriert. Das *ganze* Leben soll Sinn haben, nicht nur mehr oder weniger kurze Lebensabschnitte. Dennoch gründet dieser transzendente Lebenssinn nicht im Jenseits, sondern meist (also nicht immer) im Diesseits. In Erfüllung dieser Aufgabe steht die Pädagogik in der Tradition der Religion.
- Zum Dritten untersucht die Pädagogik den Prozess der Vermittlung der Weltauslegung (plus die Vermittlung der Normen, mit dieser Welt umzugehen) mit dem Ziel, Formen und Praktiken zu finden, wie dieser Vermittlungsprozess *individuell und gesellschaftlich effizienter organisiert* werden kann. In Erfüllung dieser Aufgabe hat die Pädagogik einen eigenen Gegenstandsbereich, der oft als ,Didaktik' gescholten wird, gefunden und eine eigene Tradition etabliert.

Die Pädagogik antwortet also auf die Fragen, welche Weltauslegungen aus welchen Gründen angeeignet werden sollen und wie dieser Aneignungsprozess gesellschaftlich und effektiv organisiert werden kann. ,Pädagogisch' ist demnach ein Handeln, das sich auf das Gesamt der oben benannten drei Wissensgebiete bezieht bzw. Ausdruck dieses Wissens ist. ,Pädagogisch' ist also ein Handeln nicht automatisch deshalb, weil es von Menschen ausgeübt wird, die sich als ,Pädagogen' verstehen und offiziell auch so genannt werden, sondern weil es sich auf pädagogische Handlungsprobleme bezieht. Pädagogische Institutionen wie die Schule, die Hochschule, der Kindergarten und alle Formen der Erwachsenenbildung sind typische und gesellschaftlich akzeptierte Formen der Bearbeitung pädagogischer Fragestellungen, und lange Zeit galten sie auch als die exklusiven und zentralen gesellschaftlichen Agen-

Mittel, von der Oberfläche zum Kern zu gelangen, von der Fassade zur inneren Struktur des Baus, von der Ideologie zur Wahrheit, von der Verblendung zur Einsicht.

turen der Übermittlung von Weltauslegungen. Aber neben diesen, von pädagogischen Experten informierten, organisierten und legitimierten gesellschaftlichen Vermittlungsinstanzen von Wissen gab und gibt es natürlich immer auch andere Formen der Aneignung von Weltauslegung. Schon immer hat man sich nicht nur in der Schule (Kindergarten, Hochschule etc.) Weltauslegungen angeeignet, sondern auch in der ‚Freizeit' – im Gespräch, im Theater, in der Kirche und auch im Kino. Allen diesen Aneignungsformen war natürlich auch eine Didaktik inhärent, wenn auch oft keine explizite.

In Verfolgung ihrer didaktischen Aufgabenstellung hat die Pädagogik (als Fach) sich viele Gedanken darüber gemacht, welche Medien sich wie und für welche Formen der Weltaneignung nutzbar machen lassen, also wozu Mensch-Medien (wie Eltern, Lehrer, Erzieher etc.) besonders gut taugen, aber auch Schrift-Medien wie das Buch. Als vor etwa einem halben Jahrhundert das Fernsehgerät in die Wohnzimmer kam und (nicht nur) das Arrangement der Möbel massiv veränderte, beschäftigte sich die Pädagogik anfangs kaum und später nur zögerlich und meist mit großen Ressentiments (hierin den Kirchen gleich) mit dem neuen Medium.

Mit der verspäteten Reflexion der didaktischen Nutzungspotentiale des Fernsehens ist auch die historisch wohl einmalige Tatsache angesprochen, dass Kinder, Jugendliche und auch Erwachsene ‚unkontrollierten' Zugang zu einem zentralen Übertragungs-Medium unserer Kultur haben und hatten, nämlich dem Fernsehen. (Ähnliches gilt heute verstärkt für die Computer). Gingen frühere Medien (Schrift, Buch) von der Hand der Erwachsenen in die Hand der nachfolgenden Generation über (nachdem die Erwachsenen die Medien erst geprüft, sie dann für die Jugend lizensiert und schließlich die Jugend in den angemessenen Umgang mit ihnen eingeübt hatten), so hat der Markt der Waren der Gesellschaft das Fernsehen (und den Computer) in die Hand gegeben, ohne diese vorher via Mediensozialisation in den Gebrauch dieser Medien einzuweisen. Erst langsam bieten die klassischen Sozialisationsagenturen (Schulen, Volkshochschulen) unter dem Druck der Kinderzimmer pädagogisch reflektierte Formen der Mediennutzung an (Medienerziehung, Internetzugang in der Schule). Insofern sind diese Medien zu großen Teilen für die Nutzer ‚bedeutungsoffen' – d. h. sie können und müssen sich sowohl auf das *Medium selbst* als auch auf die versendeten *Medieninhalte* ihren Reim machen bzw. können diese auch dazu nutzen, ihre Probleme *in und mit dem Alltag der Moderne* zu parieren.

Die pädagogische Auseinandersetzung mit dem Fernsehen als Medium der Aneignung von Weltauslegungen fand nicht nur verspätet statt, sondern sie war von Beginn an mit teils massiven Ressentiments belastet. Denn die besorgten Pädagogen hatten bei ihrer Durchleuchtung des Mediums ‚Fernsehen' dieses gewogen und für ‚zu leicht' befunden. Richtiger Medienumgang wurde und wird dabei meist am Text-Lesen, also einer Fähigkeit der Erwachsenen gemessen. Diese Orientierung stellt sich als leiser, wenn auch erkennbarer Nachhall des Jahrhunderte alten Disputs zwischen der Bildkultur einerseits und der Textkultur andererseits bzw. (katholischer) Bilderfrömmigkeit und (evangelischer) Textexegese dar. Und natürlich führt sie auch den Streit weiter, was ernste und ernst zu nehmende Kultur ist bzw. was nicht. Die herrschende Kultur hat sich dabei bislang vor allem über Texte, also die Alphabetisierung und Vertextung von Welt definiert. Diese Kultur ruht einer Wissenschaft auf, welche die Welt in Texte transformiert. Zugang zu diesen Texten hat nur der ausgebildete Schriftkundige, und auch er muss sich die Texte aktiv und teilweise mühevoll aneignen. Fernsehen war stets – wegen der enormen Wertschätzung des askesearmen Aneignungsvorganges – der Lieblingsgegner und natürlich auch der Hauptkonkurrent von Wissenschaft, Pädagogik und E-Kultur. Deshalb gab und gibt es (auch und vornehmlich von Seiten der Pädagogik) immer wieder Bemühungen, die Nutzung des Fernsehens prinzipiell zu ächten.

Unstrittig ist dagegen, dass (aller gegenteiligen Bemühungen zum Trotz) das Fernsehen viele *Formen, Praktiken und Inhalte des Pädagogischen* an Millionen von Zuschauern versendet. Zudem ist unstrittig (ob ausgesprochen oder nicht), dass das Fernsehen in sehr viel größerem Maße als das Buch und in kaum zu unterschätzender Weise von den Zuschauern dazu genutzt wird, Wissen von Welt zu erwerben.

- Damit sind zum Ersten auch (aber nicht nur) Sendungen gemeint, die meist in den Frühstunden des Wochenendes von den dritten Programmen ausgestrahlt werden, und die mit dem Charme des klassischen Schulunterrichts dem Publikum ermöglichen, Kenntnisse in diversen Schulfächern (Deutsch, Englisch, Mathematik etc.) zu erwerben, aufzufrischen oder zu vertiefen. Aber man kann sich solche Sendungen nicht nur ansehen, sondern man darf und soll auch mitmachen, und diese Hausarbeit dient z. B. in den Fällen *Telekolleg* und den Kursen der *Fernuniversität* als Vorbereitung für echte Prüfungen im realen Leben. Die Pädagogik nutzt in solchen Fällen das Fernsehen nicht nur dazu, Weltwissen zu zeigen, sondern ‚Fernsehen' wird als ‚Verlängerung' des Lehrers in einen systematisch aufgebauten Lernprozess integriert. Das Fernsehen lädt auf diese Weise Bildungswillige aller Art dazu ein, statt auf der harten Schulbank auf der Couch Platz zu nehmen.
- Zum Zweiten sind auch solche Sendungen gemeint, die nicht ganz so ausdrücklich, aber immer noch erkennbar im Gewande der Schulung und der Bildung daherkommen, wie Wissenschaftsmagazine, Reportagen oder die pädagogisch sinnvollen, teilweise immer noch der kompensatorischen Erziehung verpflichteten Kindersendungen wie *Sesamstraße*, *Sendung mit der Maus*, *Löwenzahn* usw.
- Damit sind zum Dritten auch (aber nicht nur) die vielen Filme und Serien gemeint, in denen pädagogische Institutionen und das Leben in ihnen unterhaltsam bis problematisierend aufgeführt werden (z. B. *Dr. Specht* oder *Nicht von schlechten Eltern*). Gezeigt wird in solchen fernsehgerechten Inszenierungen des Handelns von Berufspädagogen, wie sie mit schwierigen Schülern in Unterricht und Freizeit umgehen, welche Sorgen und Nöte mit der Planung und Durchführung von Unterricht einhergehen und wie es ihnen trotz allem gelingt, den ihnen Anvertrauten auch eine Lebensorientierung zu vermitteln.

Alle diese medialen Versendungen zeigen, „dass das Fernsehen nicht nur der Ort pädagogisch strukturierter Wissensvermittlung ist, sondern dass pädagogisches Wissen selbst in diesem Medium anzutreffen ist" (Kade/Lüders 1996: 898 f). Mit der Behauptung, dass Fernsehen auch ganz entschieden dazu verwendet wird, sich

Weltwissen anzueignen, sind vor allem jedoch andere Sendungen, nämlich solche gemeint, die außerhalb einer als ‚pädagogisch' erkennbaren Rahmung unterhaltsam erzählen und auch zeigen, wie die Welt ist, was sie für den Einzelnen bedeutet und wie in ihr (auch pädagogisch angemessen) gehandelt werden soll[3]. Hier eine kleine Auswahl solcher Formate, die nicht ‚pädagogisch ausgeflaggt' sind, dennoch dazu gezählt werden müssen.

- So wird z. B. in allen Familienserien (von *Hesselbach* bis *Lindenstraße*, von *Dallas* bis *Beverly Hills* von *Ich heirate eine Familie* bis *Verbotene Liebe*) nicht nur ein alltagspraktisches Handlungsfeld ausgeleuchtet, auf dass die Zuschauer lernen können, wie die Lebenswelt der Ärzte, Schiffkapitäne, Lehrer etc. aussieht, sondern in ihnen werden zugleich auch immer pädagogische Probleme angesprochen und spezifische Lösungen (teils mit expliziten Verweisen auf pädagogische Konzepte) vorgestellt und durchgespielt. Die Mutter beantwortet die Unbotmäßigkeit des Sohnes mit Klagen und Taschengeldentzug, der Vater droht für den Wiederholungsfall körperliche Züchtigung an (wofür er sich kurz später wieder entschuldigt), die Großmutter steckt dem Enkel heimlich einen Geldschein zu, während der auf diese Weise sanktionierte Sohn sich bei seiner ihm beipflichtenden Freundin darüber beklagt, dass ‚die Alten' absolut kleinlich seien. „Wie auch immer Zuschauer auf diese Erfahrungen reagieren, ob mit Abwehr, Aufgeschlossenheit und der Bereitschaft zu lernen, in jedem Fall kann davon ausgegangen werden, dass die Auseinandersetzung mit diesen medial vermittelten Erfahrungen die eigenen Erziehungsvorstellungen tangieren und die Kommunikation über diese verändern – sei es in Form einer Verhärtung und Immunisierung der eigenen Überzeugungen und Praktiken, sei es in Form von Veränderungen" (Kade/Lüders 1996: 903).
- Aber auch in anderen Sendeformaten werden die Zuschauer ‚hinterrücks' gebildet. So zeigen (um stellvertretend für viele nur einen Wirklichkeitsbereich anzusprechen) Flirtshows wie *Herzblatt*, *Je t'aime* oder *Allein oder fröhlich* nicht nur, dass man (und frau) das Single-Dasein mit Hilfe des Fernsehens abstellen können, sondern sie führen (fast nebenbei) vor, wic imprcssion-management und Anmache aussehen können bzw. auszusehen haben, um erfolgreich zu sein. Sie „vermitteln verdeckt Verhaltensmuster, die Menschen bei der paradoxen Aufgabe der Entwicklung einer sozial akzeptierten Individualität helfen sollen" (Nolda 1996: 28). Sendungen wie *Traumhochzeit* oder *Nur die Liebe zählt* demonstrieren, wie Liebende sich einander ihre Liebe anzeigen und wie sie sich ihr vergewissern können, auf dass andere daran gemessen werden können (Reichertz 1994a; 1994b).
- Seit der Einführung des Reality-TV (*Notruf*, *Retter*) sind im Fernsehen nicht nur ‚reale' Menschen in Not zu sehen, sondern das Fernsehen zeigt auch, was hilfsbe-

3 Ähnlich argumentiert auch Kade: „Aufklärung etwa im Medium des Fernsehens ist inzwischen in hohem Maße und dabei höchst unterschiedlich pädagogisch strukturiert, so dass man bei vielen Akteuren des Fernsehens, seien es Kommissare, Nachrichtensprecher oder Moderatoren in Unterhaltungssendungen und Talkshows, von verkleideten Pädagogen sprechen kann, im Unterschied etwa zu den Lehrern in verschiedenen Spielfilmserien, wie z. B. *Unser Lehrer Dr. Specht*, die eher Unterhaltungskünstlern ähneln, die sich als Pädagogen verkleidet haben" (Kade 1997: 1).

reite Samariter tun können bzw. tun sollten. Ausführlich wird dabei nicht nur die jeweilige Gefahr ausgeleuchtet, sondern genauso detailreich wird über den richtigen Handgriff, die passende Beratungsstelle und die zuständige Organisation informiert.

- Nicht vergessen werden darf in diesem Zusammenhang, dass die *Mini-Playback-Show* keineswegs der Arbeit von Talentsuchern nachkommt. Vielmehr ermahnt sie seriell und auch im Sommer nicht nur die in ihr auftretenden (sondern auch die nur zuschauenden) Kinder, die Eltern zu ehren und ihnen zu gehorchen. Erst wenn die Kinder dies der freundlichen Moderatorin gelobt haben, dürfen sie in den Kleidern ihrer Stars deren Lieder singen. Diese Show verrichtet also mit dieser moralisierenden Belehrung die Arbeit, die der hl. Nikolaus nur einmal im Jahr am 6. Dezember zu erfüllen hat.
- Die daily Talk-Shows mit den großen und kleinen Lichtern des Alltags, die über ihre Beziehung zum Partner und über ihr Sexualleben in der gleichen Art und Stimmlage sprechen wie über die Einrichtung ihres Wohnzimmers (*Fliege*, *Meiser*), leuchten jede Pore und Hautfalte der Alltagspraxis aus und zeigen dabei, dass Gewöhnliches („Schweißfüße") und Ungewöhnliches („Mein Mann ist eine Frau") durchaus ‚sinnvoll' sein können und niemand sich für seine Art des Lebens zu schämen hat. Aber auch die nichttäglichen Talk-Shows vermitteln Pädagogisches pädagogisch verpackt. So kann bei Erich Böhme in *Talk im Turm* der Zuschauer in der Regel einer Lehrstunde in Sachen politischer Aufklärung teilnehmen, während in *Boulevard Bio* der Moderator versucht, den Fern-Anwesenden die Erfahrungen seiner Gäste zu übermitteln (vgl. auch Kade 1997)[4].

Allerdings nehmen die daily Talk-Shows im Angebot der ‚heimlich' pädagogischen Sendungen eine Sonderstellung ein. Dies vor allem aus *vier* Gründen: zum Ersten unterbreiten die einzelnen Talk-Moderatoren/innen ein recht unterschiedliches Interaktionsangebot, weshalb sie nicht alle ‚über einen Kamm zu scheren sind', zum Zweiten streuen die Themen und damit auch die Funktionen sehr stark, zum Dritten hat sich die tägliche ‚Talk-Schiene' zu einer verlässlichen „ebensbegleitenden Öffentlichkeit" (Kade/Lüders 1996: 895) gemausert, die zum Vierten zu allen Themen befragt und gegebenenfalls auch für eigene Zwecke instrumentalisiert werden kann.

Die Moderatoren/innen der daily Talk-Shows, die ausnahmslos den Shows ihren Namen (manchmal den Vornamen, manchmal den Nachnamen, manchmal Vor- und Nachnamen) gegeben haben und damit auch in besonderer Weise mit ihrer Person dafür einstehen und bürgen, machen zwar mit ihrer Person dem Zuschauer ein typisches Interaktionsangebot, doch innerhalb dieses Typus kommt es oft zu beträchtlichen Variationen. Auch wenn *Meiser* sich vor allem als Journalist in Szene setzt,

4 Talk-Shows wie *Bärbel Schäfer*, *Vera* oder *Kerner* bilden ein anderes Format. Hier lassen sich (in der Tradition von Trash-Shows) Menschen oft an den Pranger stellen bzw. werden an diesen gestellt. Das Publikum wird ermuntert, die Bekenntnisse der Kandidaten möglichst 'vernunftfrei' zu kommentieren und ihren Gefühlen lautstark Lauf zu lassen. Die euphemistische Bezeichnung für solche Veranstaltungen lautet 'Audience Participation Show'.

so kann er sich doch bei entsprechendem Anlass (z. B. bei Kindesmisshandlung) sehr schnell in einen zornigen Volkstribun verwandeln. *Fliege* mit seiner Vorliebe für schrankenlose Nähe gibt sich zwar gerne und überwiegend als Pfarrer mit therapeutischen Ambitionen, aber er kann sich auch schnell die Attitüde eines Angestellten der Stiftung Warentest zulegen, z. B. wenn es darum geht, den Zuschauer vor überhöhten Handwerkerrechnungen zu warnen. Allein *Domian* macht ein relativ stabiles Interaktionsangebot: Er gibt fast immer den Kumpel von nebenan, dem man in der Kneipe alle möglichen Sorgen und Geschichten erzählen kann, der zuhört, lacht, kritisiert, zustimmt, bestärkt, aber nie Gesprächswillige von sich weist und verurteilt. Insofern bildet er kein Äquivalent zu den offiziell bestallten Seelsorgern der traditionellen Konfessionen, sondern er leistet(e) das, was Freunde und Bekannte in der ‚Kneipe um die Ecke' leisteten.

Wegen dieser Unterschiedlichkeit des Interaktionsangebotes lässt sich nur schwer etwas allgemeines über Talk-Shows sagen: Nie kommt dort nur die pädagogische Perspektive zu Wort, sondern immer auch die psychologische, die religiöse, die journalistische, die nachbarschaftliche, die juristische und viele andere mehr.

Diese Vielfalt spiegelt sich auch in der Themenauswahl der daily Talk-Shows. Hier hören sich Showmoderatoren/innen und Zuschauer/innen tagtäglich von ganz normalen Menschen nämlich nicht nur außergewöhnliche Geschichten an, dass z. B. man noch nie mit einer Frau, dafür aber schon mit einer Vielzahl von Schafen und Pferden Geschlechtsverkehr gehabt habe, oder dass frau bislang noch keinen Orgasmus bekommen hätte, jedoch mit ihrem Mann nicht darüber sprechen könne, oder dass man das gemeinsame Geld und Haus verspielt und/oder vertrunken habe, oder dass man die Frau und diese wiederum die eigenen Kinder misshandelt habe. Talk-Shows, die solche Themen behandeln und die die Grenzen des (heute) Normalen zu deren Normalfall erklären, ‚entkernen' (aus soziologischer Sicht) in gewisser Weise die Gesellschaft. In früheren Zeiten wurden deutliche Abweichungen (in Bezug auf Verhalten, Ansichten und Körperbau) ausgegrenzt und oft auch auf Jahrmärkten ausgestellt, auf dass die Zuschauer ihre Normalität aufgrund ihrer Distanz zur Abweichung erkennen. Solche Talk-Shows machen dagegen mittels stellvertretender Deutung des Außergewöhnlichen dieses verständlich. Die dort auftretenden und von der Gesellschaft bestallten Experten gemeinden das Außergewöhnliche ein, auf dass die Zuschauer durch die Aufnahme des Ungewöhnlichen ihre normative Mitte verlieren. Und oft blähen solche Talk-Shows auch das Banale zum Exorbitanten auf und leisten somit der Bildung grandioser Selbstmissverständnisse bei den Akteuren Vorschub.

Aber das ist nur eine Seite der Talk-Shows. Oft, sogar meist behandeln die Shows dagegen alltägliche und weit verbreitete Probleme, für die viele eine ‚Lösung' suchen und manchmal auch mithilfe der Sendung finden. So wird jedes der Themen ‚Familie', ‚Beziehungen', ‚Gesellschaft/Wirtschaft' und ‚Charakter/Lebensart' z. B. in *Fliege*, *Meiser* und *Christen* weitaus häufiger behandelt als das Thema ‚Sex' (vgl. Bente/Fromm 1997: 94 ff, aber auch Schilcher 1996). Diskutiert werden Themen wie ‚Bin ich eine gute Mutter?', ‚Wie geht man mit autistischen Kindern um?',

‚Hilft Eigen-Urin dabei, Krankheiten zu bekämpfen?‘ und viele andere, sehr ähnliche. Den Zuschauern geht es bei solchen Themen-Nachmittagen offensichtlich nicht um die spektakuläre und seltene Tabuverletzung und die Ausstellung des Monströsen (Peinliches ist geradezu verpönt), sondern die daily Talk-Shows werden von ihnen „in bedeutsamem Maße als Informationsquelle über relevante Bereiche des Lebens betrachtet (...). Den höchsten Wert erreichte ein Beitrag aus der Sendung *Fliege* (...), in dem ein Gast sowohl als Betroffener als auch als Experte einen umfassenden Überblick über Amalgam in der Zahnmedizin vermittelt" (Bente/Fromm 1996: 41).

Auch wenn man nicht weiß, wie viele Menschen sich Talk-Shows aneignen, so weiß man doch, dass die Zahl der Nutzer in die Millionen geht. Und man kann auch mit großer Sicherheit sagen, dass es nicht nur eine bestimmte Gruppe (z. B. der Pädagogen, Soziologen) ist, die vor den Fernsehschirmen sitzt, wenn täglich getalkt wird, sondern es ist buchstäblich ‚jedermann‘ (wenn auch etwas älter und öfter weiblich als der Durchschnitt). Der weitgehend voraussetzungslose Talk für jedermann ist zweifellos auch Belehrung und Bildung für jedermann. Er fördert den Prozess der Selbstvergewisserung, der Bewusstwerdung, aber auch der Abgrenzung.

Das Serielle dieser Talk-Shows, der feste Sendeplatz und auch der Umstand, dass dahinter immer eine identifizierbare Person steht, haben bewirkt, dass sich mit den Talks fast unbemerkt eine neue ‚lebensbegleitende Öffentlichkeit‘ (Kade/Lüders) etabliert hat. An die Stelle eines (die öffentlichen Belange kritisch reflektierenden) Diskurses gebildeter Bürger ist der tägliche Talk zu allem und jedem getreten. Und: (fast) jeder kommt zu Wort. Damit stellen (gut gemachte) Talk-Shows auch ein Gegengewicht dar zu den politisch korrekten „Verlautbarungen der Amtsinhaber, zu den Erklärungen, Statements und Interviews derer, denen die Medien sowieso offen stehen" (Bose 1996: 63). Eine Talk-Show „kann den Prozess der politischen Meinungsbildung nicht ersetzen, aber sie kann ihn – im Idealfall – unterstützend begleiten (...). Die Talkshow kann vielleicht etwas leisten, was in der Antike das Forum im weitesten Sinne geleistet hat: Markt zu sein, auf dem die Probleme von öffentlichem Interesse verhandelt werden" (ebd.).

Aber der Wirkungskreis dieser Talk-Shows ist längst nicht mehr auf das Fernsehstudio begrenzt. Die Moderatoren/innen mischen sich öffentlich in private und gesellschaftliche Probleme (Kindesmissbrauch, Rückenmarkspenden) ein, laden Kontrahenten vor die Kamera, fordern von Parteien, Gruppen und Institutionen Rechtfertigungen oder Taten, sie beraten bei der Einrichtung diverser Selbsthilfegruppen oder rufen notfalls selbst Initiativen ins Leben. So wurde von *Schreinemakers TV* angesichts des defizitären institutionellen und staatlichen Suchangebots nach vermissten Kindern kurzerhand die Aktion ‚Wir helfen suchen‘ ins Leben gerufen (vgl. Jochlik 1997: 281 f). Kurz: die daily Talk-Shows bestehen nicht nur aus Gesprächsrunden zu unterschiedlichen Bereichen der Lebensführung und Weltauslegung, sondern sie sind Institutionen mit einer ‚corporate identity‘, an die man sich wenden und an denen man sich reiben kann. Manchen haben sie etwas zu sagen. Und den vielen, denen sie nichts zu sagen haben, sagen sie gerade deshalb sehr viel.

Fernsehen beliefert somit zweifellos die Zuschauer mit Bildung, mit Wissen um die Welt. Fernsehen offeriert Modelle, wie in der Welt zu leben ist, wie man sie sich aneignen kann und wie der Aneignungsprozess optimiert werden kann. Damit erbringt das Fernsehen zweifellos auch eine Leistung, die bislang die Pädagogik und deren Institutionen erbrachten. Manchmal erbringt das Fernsehen im Auftrag oder mit Billigung der Pädagogik diese Leistung, meist jedoch nicht. Die pädagogischen Vorbehalte gegenüber der Bildung via TV richten sich dabei nur selten gegen die offiziellen Inhalte und den sichtbaren Lehrplan.

Meist ergibt sich der Stein des Anstoßes aus dem ‚hidden curriculum' des Fernsehens, denn wie bei der Aufnahme religiöser Inhalte und Praktiken in das TV-Programm hat das Medium auch dem Pädagogischen seine eigene Botschaft eingeschrieben. Bildung muss – so die Botschaft des Fernsehens – nicht mühsam erarbeitet werden, sondern Bildung stellt sich fast nebenbei ein, wenn man sich die unterhaltsamen, schnell geschnittenen und mit dramatischer Musik unterlegten Bilder anschaut. Bildung ist auch nicht das, was sich dem argwöhnischen, hinter die Fassade schauenden Blick zeigt, sondern das, was an der Oberfläche sichtbar wird[5]. Bildung resultiert nicht aus einer von Pädagogen entworfenen Systematik und Didaktik, sondern aus dem medial gebotenen Feuerwerk beeindruckender Augen-Erlebnisse. Als Bildung gilt nicht das in einem diskursiven Prozess erworbene und hinterfragte Wissen, sondern das im Fernsehen Gezeigte erhält seine besondere Aura allein dadurch, dass es im Fernsehen auftaucht. Und in jeder Sendung leuchtet stets die gleiche Botschaft auf, die da lautet: *Jeder ist seines Glückes Schmied! Alles ist erlern- und machbar. Alles und jeder ist veränderbar- und das (fast) ohne Mühe*[6]. *Alles wird gut!*

4. Exkurs: Die Frohe Botschaft (in) der kommerziellen Werbung

Die Pädagogik, aber vor allem die christlichen Kirchen haben meist ein sehr angespanntes Verhältnis zu einem anderen Sinnanbieter – nämlich der kommerziellen Werbung. Dass dies so ist, resultierte wohl auch aus dem Umstand, dass die Werbung oft die Religion bzw. religiöse Themen und Bilder für ihre Zwecke (aus)nutzte. Werbung hat sich nämlich (seit es sie als eigenen Geschäftsbereich gibt) stets aus

5 Die in einer früheren Fußnote geäußerte Vermutung, die Pädagogik sei eine hermeneutische Disziplin, scheint somit auf die Fernseh-Pädagogik nicht zuzutreffen. Denn der Verdacht von der generellen Doppelbödigkeit scheint sich erledigt zu haben. Die Welt hat keine Tiefe mehr, denn das, was ist, zeigt sich an und in seiner facettenreichen Oberfläche (What you see is what you get). Die Zweiteilung der Welt ist einer Zersplitterung der Welt in Perspektiven gewichen – die Zentralperspektive ist verlorengegangen, statt dessen fasziniert die Multiperspektivität von Oberflächen.

6 Vor allem in diesem Punkt unterscheiden sich die Heilsbotschaften des Fernsehens und der Pädagogik sehr wesentlich voneinander. Zwar verkündigt auch die Pädagogik die Machbarkeit irdischen Glücks, denn es geht nicht um die Frage *ob*, sondern vor allem um die Frage, *wie* das Glück erreicht werden kann. Doch hat die Pädagogik vor die Erreichung dieses Glücks ernste und meist langzeitige Askese und sehr viel harte Arbeit gestellt – auch hierin christlicher Tradition folgend.

der Zeugkammer des Religiösen bedient, was fast automatisch vehemente Kritik nach sich zog. Vorgetragen wurde diese Kritik in der Regel mit dem Ton eines wehmütigen und besorgten Bedauerns ob der Entwertung des Religiösen oder gar mit dem Ton des offenen Abscheus angesichts der Skrupellosigkeit, mit der die Werbung die Insignien des Heiligen und Göttlichen allein des schnöden Mammons wegen entweiht.

Aber kommerzielle Werbung ‚beutete' nicht nur die christliche Botschaft aus, sondern sie stellte ihr (wenn auch implizit) eine andere Frohe Botschaft entgegen. Die herkömmliche und klassische Werbung erzählt(e) nämlich nicht nur (wenn auch sehr viel) von wundersamen Dingen, z. B. wie mithilfe von Meister Propper elend aussehende Fliesen sich im Nu in gut riechende Spiegelflächen verwandeln, sondern diese Art der Werbung lehrt auch (und das ist die entscheidende Botschaft) die prinzipielle Erreichbarkeit irdischen Glücks – und die Bedeutungslosigkeit des jenseitigen! *Nicht mehr im Jenseits findet sich die Befreiung von Leid und Sorgen, also das Paradies bzw. der Himmel, sondern bereits im Diesseits auf Erden.* Erlangen lässt sich dieses Glück, indem man dem Kaiser gibt, was des Kaisers ist: Gehorsam, Nachfolge (in Maßen) und materielle Opfer – auf den Punkt gebracht: irdisches Glück gegen irdische Geld-Gaben. Und die Werbung ‚arbeitet' (hierin durchaus mit den christlichen Kirchen vergleichbar) mit der Gleichzeitigkeit von Heilsversprechen und Unheilsdrohung: So kann z. B. die schlaue Hausfrau aufgrund des Einsatzes des richtigen Waschmittels vom Ehemann den siebten Himmel erleben, während die ungläubige durch Nichtbeachtung Schaden an ihrer Identität nimmt. Aber, und das ist entscheidend: von der Werbung in Aussicht gestelltes Heil und Unheil war durchweg diesseitig. Hic Rhodus, hic salta.

Die klassische Werbung schrieb und schreibt in dieser Interpretation die Gute Botschaft, also das Evangelium weiter bzw. konsequent zu Ende: Diese Frohe Botschaft imaginiert nicht mehr die erhoffte Befreiung vom Leid und die Korrektur irdischer Ungerechtigkeit in einem U-topos, also Nicht-Ort des Jenseits, sondern stellt in Aussicht, dass Glück auf Erden machbar und für jeden erreichbar ist (vgl. auch Cöster 1995). Klassische Werbung liefert(e) also angesichts der immer noch erlebbaren Realität des Nicht-Erlöstseins das mit Sehnsucht gewünschte Bild „einer völlig heilen Welt, die von Optimismus, Gesundheit, Fortschritt, Schönheit, Seriosität, Farbigkeit und Eleganz geprägt ist" (Ronte/Bonus 1993: 253).

Aber seit einigen Jahren geht es in der Konsumgüterwerbung auch anders: Neuere, moralisch daherkommenden Werbekampagnen (Benneton, Otto Kern, Deutsche Bank, Shell u. v. a. m.) malen ein völlig anderes Weltbild – sie verweigern sich ausdrücklich (im Übrigen wider Erwarten der Kritiker der Bewusstseinsindustrie) der „Affirmation des Bestehenden" und auch den „ästhetischen Erwartungen des Spießbürgers" (vgl. Ehmer 1971: 174). In den moralisch eingefärbten Werbekampagnen existiert mittlerweile wieder jede Art von lebensgefährdender Krankheit, der Tod wird nicht verschwiegen, die Umwelt erscheint bedroht, aber auch bedrohlich, Verbrechen werden in großem Umfang begangen und Armut kann jeden treffen. Angesichts dieses Jammertals können (so die Botschaft) auch Gott bzw. die Rück- und

Neubesinnung auf die von ihm gegebenen Werte der christlichen Menschlichkeit und Nächstenliebe helfen.

Diese Art von Werbung imaginiert *nicht mehr allein* mit Geld bezahlbare Wunschträume, welche letztlich Materialismus und Egoismus weiter fördern, sondern sie fordert zunehmend dazu auf, anderen Menschen zu helfen und der Natur Gutes zu tun. Greenpeace oder amnesty international u. a. wissen aus leidvoller Erfahrung, dass es nicht mehr ausreicht, nur Gutes zu tun. Sie handeln mittlerweile nach der Maxime, dass der, welcher Gutes tun will, auch gezielt und öffentlichkeitswirksam über das Gute reden muss, will er denn weiter Gutes tun können.

In Auftrag gegeben sind solche Werbebotschaften von (durchaus ökonomisch handelnden und auf das Eigeninteresse bedachten) weltlichen Unternehmen. Aber diese Unternehmen artikulieren nicht nur ausdrücklich zentrale kulturelle und moralische Werte und Normen, sondern sie nehmen auch für sich in Anspruch, sich selbst nach diesen zu richten. Als es in Mölln nicht nur verbrannte Häuser, sondern auch Tote gab, setzte, um ein Beispiel zu nennen, ein Großunternehmen (nämlich Opel) unbürokratisch und lange Zeit vor den staatlichen Stellen für Hinweise auf die Täter ein beachtliches Preisgeld aus. Dass man die betroffenen Ausländer ebenfalls unbürokratisch und lange Zeit vor den staatlichen Stellen beim Aufbau ihrer Häuser finanziell unterstützte, war auch nicht selbstverständlich. Benneton unterstützt(e) viele AIDS-Initiativen (auch finanziell) und Otto Kern spendet(e) sechsstellige DM-Beträge für die Völker-Verständigung.

Notwendig ist dieses Unternehmenshandeln vor allem deshalb, weil sie sich erst einmal als moralische Botschafter legitimieren müssen – was angesichts des Umstandes, dass Wirtschaftsunternehmen vielerorts als kapitalistische Ausbeuter des kleinen Mannes, als Verschmutzer der Umwelt und als skrupellose Profitmaximierer verrufen sind, keine leichte Aufgabe ist. Gerade weil die Unternehmen in diesem Ruf stehen, haben sie einen erhöhten Legitimierungsbedarf. Kirchen haben in dieser Hinsicht einen beachtlichen Wettbewerbsvorteil.

Unternehmen, die moralische Kommunikation mittels von ihnen bezahlter kommerzieller Werbung betreiben, erbringen, indem sie (a) sich als moralische Instanz legitimieren, (b) eine bestimmte Welt beschreiben und (c) auch formulieren, wie in dieser Welt gehandelt werden soll, eine ganz spezifische Leistung: Sie ‚liefern' – so meine Behauptung – Sinn. Überzogen und in bestimmter Hinsicht auch falsch wäre m. E. jedoch die Aussage: „Werbung ist das Primärmedium zur Sinnstiftung in der Welt geworden." (Seeßlen 1987: 12) Überzogen, weil auch weiterhin andere und bedeutsame Institutionen existieren, die Sinnangebote unterbreiten, falsch, weil (im engen Sinne des Wortes) Werbung nicht Sinn stiftet, sondern Werbung greift in der Gesellschaft vorhandenen (meist gewünschten und auch schon mal ersehnten) Sinn auf, und gibt ihm eine markante und auf Überhöhung, Verklärung und Entrückung zielende (neuerdings auch ästhetische) Ausdrucksgestalt.

Damit kommt, wenn auch in einem sehr viel geringeren Maße, neben dem Fernsehen auch die oben beschriebene Unternehmenswerbung einer Aufgabe nach – so die Behauptung –, die jahrhundertelang (neuerdings aber immer weniger) von der Kirche verwaltet und durch eine spezifische Ausformung von Religion und Religiosität bearbeitet wurde. Das sehen manche Firmen durchaus genauso – so im März 1995 auch der Vorstandsvorsitzende der Deutschen Shell AG: „Immer mehr Menschen haben das Gefühl, dass mit unserer Gesellschaft – also dem Gemeinwesen – etwas nicht in Ordnung ist und dass der Staat, die Parteien und die Kirchen offenbar nicht in der Lage sind, entscheidende gesellschaftliche Probleme zu lösen. Und sie waren der Meinung, dass große Unternehmen wie die Deutsche Shell nicht nur eine Verpflichtung, sondern auch die Kraft hätten, hieran etwas zu ändern" (Shell 1995: 2).

Fazit dieser Überlegungen: Der Werbung haftet zwar leicht, aber nicht notwendigerweise – das sollte der kurze Exkurs zu früheren Formen kirchlicher Werbung gezeigt haben – der Hautgout der Diesseitsorientierung an. Vor allem (aber nicht nur) *eine Form* der Werbung ist damit kontaminiert: nämlich die kommerzielle Produktwerbung einer blühenden Industrie- und Dienstleistungsgesellschaft. Allerdings gilt auch: von kommerziellen Werbern entwickelte und durchgeführte Kommunikationskampagnen ziehen durchaus nicht (mehr) automatisch den Lug- und Betrugsvorwurf nach sich – vor allem dann nicht, wenn sie neben bunten Bildern und schnittigen Texten auch mit guten Handlungen werben.

5. Religion, Pädagogik und Fernsehen – Konkurrenten auf dem Sinnstiftungsmarkt[7]

In den letzten zwei Jahrtausenden halfen vor allem die christliche Religion und die Institution ‚Kirche' bei Ermittlung des Lebenssinns und bei der Bewältigung von Grenzübergängen und Transzendenzen (Tod, Hochzeit, Geburt, Sinn des Schmerzes, des Lebens etc.). Mittlerweile sind die Kirchen jedoch bis auf wenige Feiertage fast leer, und christliche Handlungsnormen sind porös geworden. Den Katechismus schlägt kaum einer einmal auf der Suche nach Weisungen auf, die klassischen religiösen Rituale und Symbole erreichen selten die Augen und die Ohren, aber noch seltener die Körper der Menschen. Noah, Moses, Stephanus, Daniel oder Simon Petrus sind Jugendlichen meist unbekannt, geben also auch keine Lebens- und Bewegungsvorbilder mehr ab, erleuchten und belehren mithin nicht (siehe auch Albrecht 1993:

7 Natürlich konkurrieren das Fernsehen bzw. die audio-visuellen Medien auch mit anderen gesellschaftlichen Institutionen wie z. B. in der *Lindenstraße* mit der Politik (vgl. Dörner 1998, Dörner/Vogt 1996). Verbrauchersendungen wie *Mit mir nicht, Jetzt reichts* oder *Wie bitte*? schreiten immer dann ein, wenn die legale Bereinigung eines Konflikts mithilfe der Instanzen des formalen Rechts dem Bürger illegitim erscheint. Der Volkstribun, das Femegericht und der Pranger werden in solchen Sendungen dann revitalisert und für eine volksnähere Konfliktlösung instrumentalisiert. Der Justiz leistet das Fernsehen mit Sendungen wie *Verkehrsgericht, Wie würden Sie entscheiden* und *Ratgeber: Recht* leicht verdauliche Konkurrenz. Mit Magazinen wie *Aktenzeichen XY ... ungelöst* oder *Fahndungsakte* mischt sich das Fernsehen in die polizeiliche Verbrechensdetektion ein, und in *Schreinemakers* betätigte sich die Moderatorin als Volksheilerin. Vor allem die Apotheker/innen freuen sich über diese Sendung, da sie regelmäßig am Tag nach der alternativen medialen Gesundheits- und Heilungsbelehrung einen stark erhöhten Warenabverkauf registrieren können. Und natürlich konkurriert eine Fülle von Sendungen auch mit der Wissenschaft und der Therapie (z. B. *Lämmle live*).

108 ff). Biblische ‚plots‘ haben angesichts des massenmedialen Angebots viel von ihrer Faszinationskraft eingebüßt, und die Choreographie christlicher Messen besitzt für nicht wenige nur noch den Charme des Trachtentanzes. Diese Entwicklung ist (auch) ein Ergebnis einer seit mehreren Jahrhunderten schon andauernden und sich immer noch fortsetzenden Säkularisierung der gesellschaftlichen Kultur, die im Übrigen auch die Nachfolger(innen) der Religion betraf.

Eine wichtige Konkurrentin der Religion, zumindest in Fragen der Sinnstiftung, ist seit ihrem Bestehen die (Sozial)Wissenschaft und hier insbesondere die Pädagogik. Denn Wissenschaft und insbesondere die Pädagogik sind neue, wenn auch spezifische Ersatzformen des Religiösen. So löste die (Sozial)Wissenschaft mit Einsetzen der Aufklärung die Religion(en) in Bezug auf die Bereitstellung von Weltdeutungen ab, und dies gleich in zweifachem Sinne: Einerseits ‚tötete‘ sie die Religion, indem sie den Glauben an einen Gott und dessen Gebote als vermeidbaren Irrtum bzw. böswillige Täuschung entlarvte, andererseits beerbte sie die Religion. Bruchlos übernahm sie deren Aufgaben, indem sie den Gott ‚Vernunft‘ gebar und die Gebote der Vernünftigkeit in steinerne Tafeln schlug (vgl. Tenbruck 1984: 101 ff). Dem Wissenschaftler oblag demnach die Pflicht, das Wahre, das Vernünftige zu suchen und von ihm zu künden. Der wissenschaftliche Gralssucher mag auch manchmal in einen heiligen Krieg gegen die Unwissenheit und für den rechten Glauben gezogen sein. Dabei ging und geht es immer darum, der Vernunft zu ihrem Recht zu verhelfen – auf jeden Fall war man sich gewiss, das Rechte zu tun – und das zum Besten aller. Wenn man so will (und ganz im Sinne der Worte Max Webers, die Religionen hätten in der Moderne die Tendenz, sich zu verweltlichen, ohne dabei jedoch ihre Normen aufzugeben): Wissenschaft als innerweltliche Religion und der Wissenschaftler als Priester der Vernunft – und der Antrieb, Wissenschaft zu betreiben, ergäbe sich dann aus der sublimierten oder profanisierten religiösen Energie. Wissenschaft bzw. die wissenschaftlich begründete Kultur (und natürlich auch die Pädagogik) sind demnach zu bewerten „nicht lediglich als verständig gewordene Nachfahrin der alten Mythen, sondern auch als Nachfolgereligion christlich-jüdischer und antiker Weltbilder“ (vgl. Soeffner 1994: 304).

Ähnlich sieht das auch Bourdieu in einem Vortrag von 1982: „In dem Kampf um die Durchsetzung der richtigen Weise, Leben und Welt zu erleben und zu sehen, wandelt sich die Stellung des Geistlichen tendenziell von einer dominanten in eine dominierte, zugunsten von Intellektuellen, die unter Berufung auf die Wissenschaft Wahrheiten und Werte durchsetzen, die offensichtlich häufig nicht mehr und nicht weniger mit Wissenschaft zu tun haben als die der religiösen Autoritäten der Vergangenheit“ (Bourdieu 1992: 235). Doch – so muss man die Sozialgeschichte der Wissenschaft weiterschreiben – die aufklärende (Sozial)Wissenschaft ging mit Instrumenten an ihr Werk, die auch vor der Religion der Aufklärung nicht Halt machten. Die wissenschaftliche Selbstreflexion, die Anwendung der (Sozial)Wissenschaft auf sich selbst (vor allem in Wissens- und Wissenschaftssoziologie) brachte die Vernünftigkeit der Vernunft gründlich in Verruf. Die neuen Priester erlebten und erleben den Gewissheitszerfall, der einst die alten Priester verunsicherte, nun am eigenen Leib (vgl. Reichertz 1986: 304 f).

Es gehört nun zum soziologischen Allgemeinwissen, dass diese Säkularisierung der Kultur neben der Auf*klärung* auch die Auf*zehrung* der religiösen, aber auch der pädagogischen ‚Gewissheiten' brachte. Die Halbwertszeiten gesellschaftlich etablierter und tradierter Handlungsmöglichkeiten und deren Legitimationen haben sich drastisch verkürzt. Die tradierten, ehemals relativ stabilen und großflächigen Weltdeutungen (und die darin eingelassenen Handlungsrezepte, -optionen und -normen) sind in den modernen westlichen Gesellschaften weitgehend zerbrochen, und soweit sie noch vorhanden sind, besitzen sie nur für kleine gesellschaftliche Gruppen Verpflichtungs- oder Orientierungscharakter. Der gesellschaftlich bereitgestellte und vorgehaltene, von Institutionen abgesicherte und der Gemeinschaft verbürgte Sinn ist mittlerweile zu wesentlichen Teilen ‚entheiligt' und ‚entobligatisiert'. Gewachsen ist eine kaum mehr zu überschauende Fülle von Optionen, zwischen denen das handelnde Subjekt die Wahl zu treffen hat (Vgl. Gross 1994)[8]. „Die Aufzehrung, die Auflösung und Entzauberung der kollektiven und gruppenspezifischen Sinnquellen (...) [führt] dazu, dass nunmehr alle Definitionsleistungen den Individuen selbst zugemutet oder auferlegt werden" (Beck 1993: 40). Eine Zumutung, die sowohl für Erwachsene, aber vor allem für Jugendliche schwerwiegende und weitreichende Handlungsprobleme mit sich bringt. Zu dieser ‚Risikogesellschaft' mit ihrer „strukturellen Individualisierung und Partialisierung nicht nur der ‚Lebenslagen' und ‚Lebensstile', sondern auch der Religion" (Soeffner 1994: 296) gibt es vorerst keine Alternative – sie ist allen auferlegt und kann nicht abgewählt werden.

Dieser Säkularisierungsprozess hat nicht nur das Fundament der Religionen und der von ihnen vertretenen Auffassung von einer diesseitigen und einer jenseitigen Welt ausgeschwemmt, sondern auch das der Pädagogik. Er hat das Problem der ‚richtigen' Lebensführung erneut und sehr viel entschiedener dem handelnden Subjekt überantwortet. Die klassischen Sozialisationsagenturen (Eltern, Schule, Kirche, Staat) vermitteln in den spät- oder nachmodernen Gesellschaften nämlich immer weniger Handlungsnormen, welche *fest* an Klasse, Schicht, Stand, Alter, Geschlecht etc. gebunden sind und deren legitimierende Verankerung in religiös-transzendentalen Sinnhorizonten verankert ist, sondern die Mitglieder dieser Gesellschaften werden in eine Welt entlassen, in der es schier endlose Wahlmöglichkeiten, aber kaum mehr intersubjektiv geteilte Kriterien für eine Wahl gibt.

8 „Die religiösen Wirklichkeiten, jenseitige heilige Kosmen, sind mit der Säkularisierung wie Gletscher abgeschmolzen. Das Schmelzwasser ist in die Täler geströmt und versickert, die Religion wurde unsichtbar und stückchenweise privatisiert" (Gross 1994: 379). Vgl. auch die Diagnose von Habermas aus dem Jahr 1971: „In den industriell entwickelten Gesellschaften beobachten wir heute zum ersten Mal den Verlust der, wenn schon nicht mehr kirchlich, so doch immer noch durch verinnerlichte Glaubenstraditionen abgestützten Erlösungshoffnung und Gnadenerwartung als ein *allgemeines* Phänomen" (Habermas 1981: 36). Ähnlich ist die Argumentation von Lübbe, wenn er von dem ‚Prozess der abnehmenden Mächtigkeit religiöser Institutionen' (Lübbe 1986) spricht.

Der Mensch muss in dieser Situation innehalten, da er sich dem Zwang ausgesetzt sieht, sich selbst durch eigene Kraft und eigene Entscheidung festzustellen – zu ermitteln, wer er ist und wo er ist, welche Religion für ihn Gültigkeit besitzt, welches Lebensprojekt er entwirft und an welchen Zielen und Normen er sein Leben (und das Leben mit anderen) orientiert. Kurz: er ist gefordert, vor dem Hintergrund eines transzendenten Sinns über den Sinn *seines* Lebens und die daraus folgenden Lebensformen und -normen selbst zu entscheiden, sich also selbst an bestimmte Handlungsentwürfe zu binden und von anderen loszusagen. *Zunehmend vermögen es die Kirche und die Schule, aber auch das Elternhaus immer weniger, zu binden und zu verpflichten, stattdessen obliegt diese Macht bzw. diese Pflicht immer mehr dem Einzelnen.*

Allerdings suchen (und das scheint auf den ersten Blick ein Paradox zu sein) bei diesem Prozess der Selbstbindung immer mehr Menschen nach Halt und Unterstützung von außen. Denn eine solche Bindung an die eigene Entscheidung ist nicht kostenfrei zu haben. So hat der Rationalisierungsschub der Moderne und speziell der in den 60er Jahren, der sich anschickte, menschliche Beziehungen (auch intime) und auch menschliche Grundbefindlichkeiten (Liebe/Hass; Leben/Tod; Bindung/Freiheit; gut/böse) vor allem diskursiv und kognitiv zu bearbeiten und mithilfe von Vernunft und Verträgen zu gestalten und abzusichern, in den 90er Jahren (auch aufgrund der schlechten Erfahrung mit der ‚Bindungskraft' von Rationalität) deutlich an Überzeugungskraft verloren. Die diskursive Suche nach guten Gründen hat in der Regel nicht eine Lösung erbracht, sondern vor allem die Erkenntnis, dass es für fast alles viele gute Gründe gibt, aber nur für sehr wenig einen ‚besseren' Grund. Gesucht werden deshalb nicht nur Personen, sondern auch *Institutionen*, die als Institution für das bürgen, was sie vertreten. Der Einzelne sucht deshalb auch in den Institutionen Hilfe bei der Selbstbindung, jedoch keine Unterordnung.

Gesucht werden wieder neue (und häufig: alte) *Werte, Rituale und Mythen*, welche nichtdiskursiv, direkt und affektiv Verbindlichkeiten, Hoffnungen, Befürchtungen und auch Ängsten Gestalt(en) geben und damit die unübersichtlich gewordene Lebenspraxis in eine sinnstiftende Transzendenz einordnen. Dieses Phänomen und die oben beschriebene Entwicklung sind nun – so eine Vermutung – Ausdrucksformen eines umfassenden gesellschaftlichen Wandlungsprozesses, der sich zunehmend und in vielen gesellschaftlichen Bereichen beobachten lässt: nämlich des Prozesses der umfassenden *Re-Mythisierung der Lebenspraxis*. Diese Re-Mythisierung ist ihrerseits Reflex auf eine als riskant und unübersichtlich erlebte Moderne.

Aber: gesucht wird zurzeit gewiss nach (unter)-stützenden Institutionen und nach neuem Sinn. Unterstützung sucht man dabei allerdings nicht (oder doch nur sehr begrenzt) bei den alten Institutionen ‚Kirche', ‚Schule' oder ‚Elternhaus', und neuen Sinn glaubt man nicht (oder doch nur begrenzt) in der Revitalisierung eines fundamentalistischen Glaubens oder traditioneller Erziehungsideale zu finden. Gesucht wird vor allem nach einer *neuen Institution* und einer *neuen Art* von sinnvoller Ordnung. Eine gute Zeit mithin für neue Propheten einer neuen Ordnung und eines neuen Sinns: unter ihnen auch die Medien – vor allem das Fernsehen[9] und natürlich auch die Werbung. Die traditionellen Konkurrenten auf dem Markt der Sinnstiftung (Priester, Wissenschaftler/Intellektuelle, Pädagogen, Politiker, Therapeuten) konnten – so die These – bislang die durch die Modernisierungsprozesse entstandene Sinnstiftungslücke nicht überzeugend schließen und haben auch deshalb weiter an Überzeugungskraft verloren. Die klassische Religion (begrenzt gilt dies auch für die Pädagogik) mit ihrem Monopol auf *zentrale*, *stabile*, *verbindliche* und fast universelle Normsetzung verschwimmt immer mehr, wird ‚unsichtbarer'.

Neue und nicht nur postmoderne Künder sind herangewachsen. Es sprießen Surrogate des Religiösen und Pädagogischen, aber auch Verwandtes und Gleichwertiges: Das Fernsehen und die Werbung waren schon genannt, andere Mitbewerber auf diesem Markt sind vor allem die verschiedenen organisierten Spielarten der auf das persönliche Glück des einzelnen gerichteten Körperkulte (Gesundheit, Fitness, Sex, Schönheit, Geld, Esoterik) und die ebenfalls institutionalisierten Formen der glücksverheißenden Kollektivkulte (z. B. Greenpeace, Scientology, Popgruppen, Sportler und Fußballvereine). Alle diese neuen Masken (und manchmal auch Zerrbilder) des Religiösen liefern spezifische Angebote, wie die Welt, die anderen, man selbst und natürlich auch der eigene Körper zu sehen und zu behandeln sind, was richtig und was ‚des Teufels' ist. Kurz: sie formulieren überindividuelle und institutionell auch verbürgte Prinzipien der Lebensführung und der Weltinterpretation, somit artikulieren sie Sinn. Und da dieser Sinn (zumindest dem Anspruch nach) die Kultur der jeweiligen Lebenspraxis strukturiert und auch begründet, ist er auch transzendent. Aber das wichtigste Merkmal all dieser Angebote transzendenten Sinns ist, dass *sie im Diesseits gründen und auf das Diesseits gerichtet sind.*

Aber nicht nur dieses Merkmal unterscheidet diese Sinnentwürfe von ihren traditionellen Vorgängern: Zudem sind die neuen Angebote *dezentral*, *flexibel*, auf *bestimmte Gruppen* bezogen und meist *nur für kurze Zeit* verbindlich – und: Diese Sinnentwürfe werden dem Verbraucher medial *angeboten*, auf dass dieser (je nach persönlicher Präferenz) auswählen und bei Bedarf kurz ‚überziehen' kann. Sinnentwürfe werden auf diese Weise zunehmend privatisiert, somit auch atomisiert und können von Situation zu Situation variieren. Aufgrund dieser Eigenschaften sind sie – so eine Vermutung – besonders gut den Erfordernissen einer Risikogesellschaft (Beck 1986) angepasst.

Besonders ‚gut' an diesen wenig verbindlichen und flexiblen Normen ist aus der Sicht der Nutzer zudem, dass ihre Einhaltung in der Regel mit wenig Schweiß und Askese verbunden ist und dass es auch keine Institution mehr gibt, welche die Un-

9 „Herkömmliche Religion kanalisiert elementare, unmittelbare Erfahrungen, bietet Symbole und Rituale, garantiert, dass man trotz allem die Verbindung nach hinten, zur Harmonie und Konsonanz nicht verliert. Dies alles garantieren die elektronischen Medien in einer kompliziert werdenden Welt auf eine neue, überraschende Weise auch. Die Medien schützen vor dem elementaren Einbruch unmittelbarer Erfahrung. Sie sind damit unbestreitbar ein Stück neuer, schützender Heimat" (Schmidt 1991: 116).

terordnung unter die Norm überwacht und gegebenenfalls zu Lasten des Nutzers ahndet (keine Strafandrohung, keine Beichte und keine Buße, aber auch kein Lernen, keine Leistungskontrolle und kein Zeugnis mehr). Die gewählten Werte, Ideale und Sinnorientierungen müssen deshalb auch nicht mehr mit aller Konsequenz gelebt werden, sondern es ist ausreichend, sie *für sich passend zu reklamieren* und sie – vor allem an der Außenhülle/Oberfläche/Kleidung – zu *zeigen*. Aus dem riesigen Angebot an Sinn von den unterschiedlichsten Anbietern kann der Einzelne (passend zu Lebensphase, Zeit und Ort) sich seine *Instant-Religion* und seine *Ad-hoc-Pädagogik* schnell und mühelos mixen[10], um sie dann entsprechend der Umgebung und dem angestrebten Ziel zu gebrauchen.

Fernsehen (und auch Werbung) tritt zunehmend an die Stelle von Religion und Pädagogik, da es bei der Weltauslegung und deren Aneignung hilft. Fernsehen bietet dem Zuschauer auch Sinn an, unterstützt also dabei, sich in der Welt und an anderen zu orientieren. Religion und Pädagogik vermittelten stets nur eine (nämlich die ‚richtige') Orientierung, das Fernsehen versendet dagegen eine Vielzahl zur freien Auswahl. Das treibt zwar die Gesellschaft (betrachtet man die Medieninhalte) auseinander, verbindet sie jedoch auf der Ebene der sinnstiftenden Medien wieder miteinander. Das Fernsehen mag ja für viele Menschen und Gruppen unterschiedliche Botschaften anbieten, aber es ist mittlerweile fast ausschließlich das Fernsehen, das den Menschen die Botschaften überbringt.

Literatur

Albrecht, Horst (1993): Die Religion der Massenmedien. Stuttgart.

Beck, Ulrich (1986): Risikogesellschaft. Auf dem Wege in eine andere Moderne. Frankfurt/M.

Beck, Ulrich (1993): Von der kritischen Theorie der Gesellschaft zu einer Theorie gesellschaftlicher Selbstkritik. In: Sozialwissenschaftliche Literatur Rundschau 26, 38–53.

Bente, Gary/Fromm, Bettina (1996): Affektfernsehen. Zwischenbereicht. Köln.

Bente, Gary/Fromm, Bettina (1997): Affektfernsehen. Motive, Angebotsweisen und Wirkungen. Opladen.

Berger, Peter (1994): Sehnsucht nach Sinn. Frankfurt/M.

Bose, Dorothee von (1996): Palaver ohne Ende? In: Eichstätter Materialien zur Journalistik 6, ‚Sprechstunden des Fernsehens'. Eichstätt, 50–64.

Bourdieu, Pierre (1992): Rede und Antwort. Frankfurt/M.

Cöster, Oskar (1995): Werbung – Frohe Botschaft. In: Thomas Klie (Hrsg.), ... der Werbung glauben. Mythenmarketing im Zeitalter der Ästhetisierung. Loccum, 14–25.

Dörner, Andreas (1998): Zivilreligion als politisches Drama. In: Herbert Willems, Martin Jurga (Hrsg.), Inszenierungsgesellschaft. Ein einführendes Handbuch. Opladen, 543–564.

Dörner, Andreas/Vogt, Ludgera (1996): Die Präsenz des Politischen. In: Wilhelm Hofmann (Hrsg.), Sinnwelt Film. Baden-Baden, 123–158.

10 Trotz der scheinbaren ‚Oberflächlichkeit' ist diese Instant-Religion (was die Funktion betrifft) mit der ‚Zivilreligion' verwandt. „Die Funktion der Zivilreligion zielt einerseits auf die Bearbeitung von den im Leben des Individuums anfallenden Restkontingenzen (von keiner Therapie bearbeitbare Verluste, das eigene oder nahe Sterben, Unglücksfälle). Der Mensch bleibt auch nach der Aufklärung trostbedürftig" (Siller 1994: 123).

Ehmer, Hermann K. (Hrsg.) (1971): Visuelle Kommunikation. Beiträge zur Kritik der Bewußtseinsindustrie. Köln.
Gross, Peter (1994): Die Multioptionsgesellschaft. Frankfurt/M.
Habermas, Jürgen (1981): Philosophisch-politische Profile. Frankfurt/M.
Hickethier, Knut (1996): Bibel im TV-Movie-Format. In: medien praktisch 2, 47–51.
Hurth, Elisabeth (1995): Botschaften aus dem TV-Himmel. In: medien praktisch 2, 95–59.
Jochlik, Daniela (1997): Veröffentlichung und Bewältigung von Vermissungserlebnissen. Zur psychologischen Funktion der TV-Suchsendungen ‚Bitte melde dich' und ‚Vermisst'. Diplomarbeit. Universität Köln.
Kade, Jochen (1997): Boulevard Bio. Die Pädagogik einer Talkshow. In: Klaus Kraimer (Hrsg.), Die Fallrekonstruktion – Beiträge zur Wirklichkeitskonstruktion sozialen Lebens. Frankfurt/M (im Druck).
Kade, Jochen/Lüders, Christian (1996): Lokale Vermittlung. Pädagogische Professionalität unter den Bedingungen der Allgegenwart medialer Wissensvermittlung. In: Arno Combe, Werner Helsper (Hrsg.), Pädagogische Professionalität. Frankfurt/M, 887–923.
Keppler, Angela (1994): Wirklicher als die Wirklichkeit? Das neue Realitätsprinzip der Fernsehunterhaltung. Frankfurt/M.
Kottlorz, Peter (1993): Fernsehmoral. Ethische Strukturen fiktionaler Fernsehunterhaltung. Berlin.
Kottlorz, Peter (1996): Und die Moral von der Geschicht... In: Peter Bubmann, Petra Müller (Hrsg.), Die Zukunft des Fernsehens. Stuttgart, 88–101.
Luckmann, Thomas (1991): Die unsichtbare Religion. Frankfurt/M.
Lübbe, Heinrich (1986): Religion nach der Aufklärung. Graz.
Marquard, Odo (1986): Apologie des Zufälligen. Stuttgart.
Neverla, Irene (1993): Fernsehzeit. München.
Nolda, Sigrid (1996): Verdeckte Vermittlung. Zur Pädagogik von Partnervermittlung im Fernsehen. In: medien praktisch 4, 26–28.
Oevermann, Ulrich (1995): Ein Modell der Struktur von Religiosität. In: Monika Wohlrab-Sahr (Hrsg.), Biographie und Religion. Frankfurt/M, 27–102.
Reichertz, Jo (1986): Probleme qualitativer Sozialforschung. Frankfurt/M.
Reichertz, Jo (1993): „Ist schon ein tolles Erlebnis!" Motive für die Teilnahme an der Sendung ‚Traumhochzeit'. In: Rundfunk und Fernsehen 3, 359–377.
Reichertz, Jo (1994a): „Ich liebe, liebe, liebe dich!" Zum Gebrauch der Fernsehsendung 'Traumhochzeit' durch die Kandidaten. In: Soziale Welt 1, 98–119.
Reichertz, Jo (1994b): ‚Nur die Liebe zählt'. Zum Verhältnis von Fernsehen und Kandidaten. In: Stefan Müller-Doohm, Klaus Neumann-Braun (Hrsg.), Kulturinszenierungen. Frankfurt/M, 114–140.
Reichertz, Jo (1995): „... da war ich verheiratet." Magische Elemente in der Sendung ‚Traumhochzeit'. In: Schweizerische Zeitschrift für Soziologie 3, 705–740.
Reichertz, Jo/Unterberg, Thomas (1998): Tele-Kulturen. Fernsehen und Gesellschaft. Berlin.
Ronte, Dieter/Bonus, Holger (1993): Werbung. In: Erhard Kantzenbach u. a. (Hrsg.), Hamburger Jahrbuch für Wirtschafts- und Gesellschaftspolitik. Tübingen, 243–259.
Schilcher, Jutta (1996): Seelenstriptease für Voyeure oder Lebenshilfe für Jedermann. In: Eichstätter Materialien zur Journalistik 6, ‚Sprechstunden des Fernsehens'. Eichstätt, 8–49.
Schmidt, Wolf-Rüdiger (1991): Fernsehen als Religion? In: Claus Eurich, Imre de Haen (Hrsg.), Hören und Sehen. Stuttgart, 113–118.
Seeßlen, Georg (1987): Die Werbung sagt immer die Wahrheit. In: medien concret 1, 12–19.
Shell (1995): Rede von Peter Duncan, Vorstandsvorsitzender der Deutschen Shell AG am 1. März 1995. Hamburg.
Siller, Hermann (1994): Bildschirmreligiosität – Thesen aus theologischer Sicht. In: Eckhard Bieger u. a. (Hrsg.) (1994), Zeitgeistlich. Religion und Fernsehen in den neunziger Jahren. Köln, 121–127.
Soeffner, Hans-Georg (1993): Der Geist des Überlebens. In: Jörg Bergmann u. a. (Hrsg.), Religion und Kultur. Opladen, 191–205.
Soeffner, Hans-Georg (1994): Das ‚Ebenbild' in der Bilderwelt – Religiosität und die Religionen. In: Wolfgang Sprondel (Hrsg.), Die Objektivität der Ordnungen und ihre kommunikative Konstruktion. Frankfurt/M, 291–317.
Tenbruck, Friedrich (1984): Die unbewältigten Sozialwissenschaften oder Die Abschaffung des Menschen. Graz.
Thomas, Günter (1996): Die Wiederverzauberung der Welt? Zu den religiösen Funktionen des Fernsehens. In: Peter Bubmann, Petra Müller (Hrsg.), Die Zukunft des Fernsehens. Stuttgart, 113–139.

Politische Identität in Unterhaltungsöffentlichkeiten. Zur Transformation des Politischen in der medialen Erlebnisgesellschaft

Andreas Dörner

1. Die neue Intimität zwischen Politik und Unterhaltungskultur

Im Zeitalter der medialen Erlebnisgesellschaft kommt auch die Politik nicht mehr umhin, sich mit Unterhaltungswert in Szene zu setzen. „Politainment", unterhaltende Präsentation der Politik scheint unumgänglich, wenn es gilt, Wählerstimmen, Akzeptanzen, Loyalitäten und Legitimitäten zu gewinnen. Dies wird besonders deutlich im Kontext von Wahlkampfkommunikation, wo das Werben der politischen Akteure alle anderen Dimensionen des Politischen dominiert. Auch im letzten Bundestagswahlkampf dieses Jahrhunderts ließ sich beobachten, dass der tradierte Rahmen politischer Kommunikation immer häufiger mühelos transzendiert wird. Zwar waren auch frühere Wahlkämpfe ohne starke Anleihen bei den Techniken der Werbewirtschaft nicht ausgekommen, und mitunter hatten Prominente aus der E- und U-Kultur – von Günter Grass über Hans-Joachim Kulenkampff bis zu Heino – mit ihrer Parteipräferenz nicht hinter dem Berg gehalten, um Wählerstimmen zu akquirieren. Dies sind jedoch pittoreske Marginalien, wenn man die Situation mit der neuen Qualität unterhaltender politischer Kommunikation am Ende der 90er Jahre vergleicht.

So gelang es dem Regisseur und Talkmaster Christoph Schlingensief, mit Hilfe von schrillen Happenings und medienwirksamen Aktionen, nicht zuletzt durch die Unterstützung von Fernsehgrößen wie Harald Schmidt und Alfred Biolek, die von ihm gegründete Partei „Chance 2000" binnen weniger Monate auf einen Stand von 16.800 Mitgliedern zu bringen. Die Inszenierung von Politik als populärkulturellem Event war allerdings schon zwei Jahre zuvor dem Gastwirt Karl-Heinz Mierswa gelungen, der mit seiner „Liste ALZ" in Anspielung auf die Alzheimersche Krankheit den Regensburger Kommunalwahlkampf dominiert und als viertstärkste Gruppe den Sprung ins Stadtparlament geschafft hatte. Der Unterhaltungswert des Wahlkampfes war hier von vielen Bürgern offenbar als so relevant angesehen worden, dass die inhaltliche Aussagelosigkeit des Gastwirts seiner Wahl nicht im Wege stand[1].

Gerhard Schröder, Kanzlerkandidat der SPD, ließ es sich nicht nehmen, im Mai 1998 eine Rolle in der Fernseh-Seifenoper *Gute Zeiten, Schlechte Zeiten* (RTL) zu spielen, um auf diese Weise erfolgreich Presseschlagzeilen als agiler Medienmensch zu machen. In seiner Schauspielerfunktion befindet sich Schröder exakt auf den Spuren des erfolgreichen Wahlkämpfers Bill Clinton, der schon in mehreren Fernseh- und Kinofilmen mitgewirkt hat. Dass diese Orientierung an amerikanischen Mustern kein Zufall war, zeigte schließlich vor allem der SPD-Parteitag, der im April des Jahres in Leipzig stattfand. Hier wurde erstmals eine vollständig professionalisierte Entertainment-Inszenierung des Politischen vorgeführt. Die von journalistischen Beobachtern als „Krönungsmesse“ titulierte Veranstaltung operierte mit moderner Lichtarchitektur, ästhetisch aufbereiteten Bildern, die auf dem Großbildschirm gezeigt wurden, und mit einer populär-pathetischen Musik, die dem Hollywood-Film *Airforce One* entnommen war. Gerhard Schröder schritt zu dieser Musik mit Weichzeichner und Videoclip-Ästhetik in seinem Büro einher, sodass die Aura des Films, in dem der attraktive Schauspieler Harrison Ford in der Rolle eines dynamischen US-Präsidenten im Alleingang eine ganze Gruppe von Terroristen besiegt, auf den Bundeskanzler in spe übertragen werden sollte. Hier war deutlich zu spüren, dass SPD-Wahlkampfmanager Bodo Hombach bei amerikanischen Campaign-Profis in die Lehre gegangen ist.

Schröder, der bereits 1992 in dem TV-Mehrteiler *Der große Bellheim* mitgewirkt hatte, gilt als besonders mediengängiger politischer Akteur, der sich in verschiedensten Sendeformaten souverän zu bewegen weiß (vgl. Kurt 1998). Aber auch Helmut Kohl, der nicht als sonderlich telegen gilt und auch immer deutliche Distanz zum „Medienspektakel“ der SPD verlautbaren ließ, hat die Fernsehunterhaltung als Forum der politischen Selbstdarstellung gesucht. So ist er schon vor zwei Jahren u. a. in der Sendung *Gefragt* aufgetreten, die nach dem Muster der amerikanischen „Electronic Townhall” eine Diskussion mit ausgesuchten Jugendlichen inszenierte. Und in Alfred Bioleks Talk Show *Boulevard Bio* plauderte Kohl eine ganze Stunde lang als „Privatmann” über Freizeitgewohnheiten und Kochrezepte[2].

Die PDS ging schließlich noch einen Schritt weiter und veranstaltete durch ihren Vorsitzenden Lothar Bisky in Berlin eine ganze Talk-Show-Reihe selbst. „Bei Bisky“ trafen sich u. a. die Geheimdienstchefs Markus Wolf und Elmar Schmähling zum deutsch-deutschen Erfahrungsaustausch. Und Gregor Gysi nutzte den Erfolg des Musiktherapeuten und Schlagersängers Guildo Horn auf dem Wahlparteitag der PDS in Rostock dazu, die eigenen Erfolgsaussichten nach dem Motto „Wunder gibt

1 Die „Liste ALZ“ konnte am 10. März 1996 4,8 Prozent der gültigen Stimmen auf sich vereinigen. Insgesamt 127.110 Wähler haben die Alzheimer-Leute ins Stadtparlament gewählt – das waren ungefähr dreimal so viele Stimmen wie die FDP bekam.

2 Zur Präsentation von Politikern in den Medien vgl. Laux/Schütz (1996); Medienauftritte nehmen mittlerweile einen erheblichen Raum in der Alltagspraxis eines jeden Parlamentariers ein – ohne eine gewisse Medienkompetenz ist politische Legitimität kaum noch zu sichern (vgl. Patzelt 1995: 18 ff).

es immer wieder" besonders rosig auszumalen: „Wenn ein Guildo Horn den deutschen Schlagerwettbewerb gewinnen kann, dann wird auch die PDS mit mehr als fünf Prozent der Zweitstimmen in den Bundestag einziehen" (Berliner Morgenpost, 6.4.1998).

Was hier anhand einiger Schlaglichter aus der Wahlkampfkommunikation aufgezeigt wurde, ist freilich keine deutsche Erfindung. Vor allem Bill Clinton hatte in seinen erfolgreichen Kampagnen 1992 und 1996 Maßstäbe für eine gezielte Nutzung unterhaltungskultureller Mittel durch politische Akteure gesetzt und war als „Sitcom President" bezeichnet worden (vgl. Hoberman 1994). Tony Blair war ihm auf diesem Weg gefolgt und hatte insbesondere mit zahlreichen Anleihen bei der britischen Popmusik Stimmung für „New Labour" gemacht[3].

Auch diese Kampagnen waren letztlich nur der besonders gut sichtbare Ausdruck einer strukturellen Entwicklung, durch die Politik und Entertainment eng zusammengerückt sind. In einem Zeitalter, in dem die klassischen Cleavages im politischen Feld zunehmend verblassen und somit auch deren Institutionalisierungen in Form der tradierten Parteien und Verbände problematisch werden (vgl. Wiesendahl 1998), wird politische Identität immer häufiger durch Medienunterhaltung konstruiert und vermittelt. Dies wiederum verdankt sich primär der Tatsache, dass in den modernen Gegenwartsgesellschaften Medienunterhaltung und Freizeit von der Peripherie ins Zentrum gerückt sind.

Nicht nur ökonomisch stellt der Sektor der Unterhaltungsmedien heute einen zunehmend wichtigen Faktor dar, wie der Aufstieg der großen Medienkonzerne Time Warner, Disney oder Bertelsmann zeigt. Auch die Sinnwelten der Bürger werden immer deutlicher durch unterhaltungskulturelle Angebote strukturiert. Zu Beginn der 90er Jahre hat der deutsche Durchschnittskonsument jeden Tag über sechs Stunden massenmedial, jedoch nur ca. eineinhalb Stunden personal kommuniziert (vgl. Berg/Kiefer 1992: 328). Den dominanten Part bei dieser Medienkommunikation nimmt das Fernsehen ein, und der Anteil dieses Mediums am Zeitbudget der Bürger steigt weiter an[4]. In den USA werden im Schnitt über vier Stunden täglich vor dem Fernseher verbracht, wobei das Gerät rund sieben Stunden pro Tag – also auch als „Hintergrundrauschen" – eingeschaltet ist (Ansolabehere u. a. 1993: 15). In den Fernsehprogrammen aber dominiert in zunehmendem Ausmaß das Unterhaltende. Der Trend zur Unterhaltung und die Abkehr von politischen Informationssendungen geht einher mit der starken Zuwendung der Zuschauer zu den privaten Fernsehanbietern (vgl. Berg/Kiefer 1996: 227), die wiederum auch die öffentlich-rechtlichen Anstalten unter Druck setzt, den Unterhaltungstrend mitzumachen. Angesichts dieser Entwicklung müssen sich auch Informationssendungen als Infotainment, Docu-

3 Zum britischen Wahlkampf vgl. Cloonan/Street (1997); zu Clintons Kampagne, auf die später noch genauer zurückzukommen sein wird, vgl. Rybarczyk (1997) sowie Just u. a. (1996).

4 Siehe dazu die aktuellen Befunde aus der Langzeitstudie von Berg und Kiefer (1996). War zwischenzeitlich ein Trend beobachtbar gewesen, demzufolge die Menschen stärker außerhäusliche Freizeitaktivitäten suchen, so hat sich dieser Trend in den vergangenen fünf Jahren wieder eindeutig zugunsten des Fernsehkonsums umgekehrt (Berg/Kiefer 1996: 115 ff).

tainment oder Edutainment präsentieren, um auf dem Medienmarkt bestehen zu können[5]. Kein Wunder, dass die Politiker im „Politainment" ihr Glück suchen.

Freizeit und Unterhaltung strukturieren die soziale Ordnung der Gesellschaft, wie neuere Forschungen zu Lebensstilen und Sozialstrukturen zeigen können[6]. Sinnstiftung und Identitätsvermittlung sind am Ende des 20. Jahrhunderts aus dem klassischen Bereich religiöser und politischer Institutionen in die Unterhaltungsdimension des öffentlichen Lebens verschoben worden. Vor diesem Hintergrund erscheint es nur konsequent, dass politische Akteure sich diesem Bereich zuwenden, um unter veränderten Rahmenbedingungen politische Legitimität und, ganz konkret, Wählerstimmen zu gewinnen.

Im Folgenden soll zunächst eine Perspektive auf politische Identitäten in der medialen Erlebnisgesellschaft entwickelt werden. In einem zweiten Schritt wird das Konzept der Unterhaltungsöffentlichkeit eingeführt, um heutige Formen der politischen Identitätskonstruktion genauer verorten zu können. Dabei werden zunächst die Öffentlichkeitsfunktionen von Medienunterhaltung als Institution bestimmt. Danach wird untersucht, wie Akteure das unterhaltungskulturelle Instrumentarium gezielt für das politische Identitätsmanagement nutzen. Zur Plausibilisierung der hier entwickelten Thesen wird auf Beispiele aus dem amerikanischen und deutschen Kontext zurückgegriffen.

2. Politische Identität in der medialen Erlebnisgesellschaft

Identitäten, gleich ob individuelle oder kollektive, sind zunächst einmal Grenzziehungen[7]. Diese Grenzziehungen unterscheiden „mich" oder „uns" von den „anderen". Wo und aufgrund welcher Kriterien der Grenzverlauf sich konstituiert, das ist jeweils ein Resultat von Zeichen- und Kommunikationsprozessen. Wir handeln die Identität mit unseren Gegenübern aus und bedienen uns dabei der Zeichenwelten, in die hinein wir geboren und sozialisiert werden[8]. Aus der Sicht der politischen Semiotik sind Identitäten fassbar als relativ stabile soziale Konstruktionen, die sich im Prozess der unendlichen Semiose, der Interpretation von Zeichen durch Zeichen, herausbilden[9]. Die Frage, wer ich bin, als was ich mich begreife, wo ich Zugehörigkeiten oder Ausschlüsse erfahre, wird jeweils beantwortet durch Bedeutungszuschreibungen, die im Prozess der Semiose erfolgen.

5 Siehe dazu u. a. Keppler (1994) und Wittwen (1995).

6 Vgl. dazu vor allem Berger/Hradil (1990), Schulze (1992) und Müller (1992); zum Zusammenhang von Politik und Lebensstil siehe jetzt auch Ritter (1997).

7 Vgl. zum Folgenden auch die Ausführungen in Dörner (1998a).

8 Zum interaktions- und kommunikationsbezogenen Konzept der Identitätsbildung vgl. Mead (1973), Berger/Luckmann (1969) und Lindesmith/Strauss (1983). Eine Verbindung zwischen Meads Ansatz und Bourdieus Theorie der Habitualisierung findet sich bei Wittpoth (1994).

9 Vgl. zu diesem semiotischen Konzept in der Nachfolge des Philosophen Charles Sanders Peirce die Ausführungen von Umberto Eco (1977: 99 ff).

Die einzelnen Interaktionsprozesse bewegen sich dabei in einem immer schon vorhandenen Zeichenraum. Dieser Zeichenraum umgibt uns in der normalen Alltagspraxis wie eine quasi-natürliche „Semiosphäre“ (Lotman/Uspenskij 1984), die uns gar nicht bewusst ist, weil wir uns in ihr im Modus der Selbstverständlichkeit bewegen. Der soziale Zeichenraum, der uns Orientierung und Selbstverortung überhaupt erst ermöglicht, ist jeweils institutionell verfestigt, sodass er uns als eine „gegebene“ Größe entgegentritt. Gleichwohl zeigt eine diachrone Betrachtung, dass er sich in Abhängigkeit von konkreten Interaktionen stets verändern kann.

Zeichenräume sind daher immer zugleich Institution und Instrument (vgl. Dörner 1991): Einerseits treten sie uns als auskristallisierte Objektivationen von Bedeutung gegenüber, deren Logik wir kennen und zu einem gewissen Grad befolgen müssen, um überhaupt kommunizieren zu können. Andererseits aber können wir uns dieser Logik auch bedienen, um unsere Ziele zu erreichen und letztlich die Zeichenwelten zu verändern, wenn diese Änderungen von den Kommunikationspartnern akzeptiert werden. Die Möglichkeit, Bedeutungen, Codes oder auch ganze Zeichensysteme auf Dauer zu verändern, ist letztlich abhängig von der Benennungsmacht, die Akteure jeweils geltend machen können (vgl. Bourdieu 1985). Hierin liegt die große Relevanz der Zeichendimension des Politischen: Sie ist eine zentrale Schaltstelle von Bewahrung und Veränderung[10].

Auch die Zuschreibungsmuster von Identitäten sind in diese Spannung zwischen Institution und Instrument eingebunden: Zum einen müssen wir uns zunächst immer ein Stück weit den in das soziale Zeichensystem eingelassenen Identitäts- und Rollenangeboten fügen, um wahrnehmbar zu sein und agieren zu können. Zum anderen aber können wir allmählich auch Distanz aufbauen und die Angebote ablehnen oder sie nach unseren Vorstellungen umgestalten. Auch hier ist es letztlich eine Frage der sozialen Benennungsmacht, ob dies gelingt oder nicht.

Wie bestimmt sich nun die *politische* Dimension der Identität? Hier lassen sich vier Bereiche benennen, die den Ort des Individuums – und dann auch den Ort einer Gruppe – auf dem politischen Feld bestimmen: 1. Spezifische *Wahrnehmungsweisen* und *Weltdefinitionen*: Was konstituiert für mich die politische Welt, welches sind ihre Triebkräfte und inneren Logiken, welche Handlungsgrößen bestimmen das Geschehen (etwa das Individuum, die Klasse, der Staat oder die Nation). 2. *Handlungsnormen* und *politische Rollensets*: Wie verhalte ich mich adäquat als politischer Akteur – etwa indem ich wähle oder nicht wähle, demonstriere oder einer Partei beitrete, mich „einmische“ oder politische Profis „machen lasse“. 3. *Werte* und *Sinnkonstrukte*: Welche Werte sollen die politischen Zielsetzungen bestimmen, worin liegt der Sinn meiner politischen Existenz (etwa im Gemeinschaftserlebnis oder im individuellen Streben nach Glück). 4. *Zugehörigkeiten, politische Heimaten,*

10 Daher rührt auch die große Bedeutung von symbolischer Politik, d. h. von strategisch betriebenem Zeichenmanagement; vgl. dazu schon die klassischen, freilich zu eng ideologiekritisch ausgerichteten Analysen von Murray Edelman (1976 und 1988), sowie für den deutschen Sprachraum Sarcinelli (1987) und Meyer (1992); ein reflektiertes Konzept von symbolischer Politik wird entwickelt in Dörner (1996).

kollektive Identitäten: Diese Bindungen sind von großer Relevanz, da das politische Feld in hohem Maße durch politische Gemeinschaften und kollektive Akteure strukturiert wird. Politische Identität ist eng gekoppelt mit kollektiver Identität (vgl. Norton 1988: 28 ff), sei es die einer Nation, einer Ethnie, einer Klasse oder eines politischen Milieus, einer Generation oder eines Geschlechts. Es ist hier also jeweils entscheidend, welche „Cleavages" die verschiedenen Gruppen voneinander abgrenzen und so das politische Feld strukturieren (vgl. Lipset/Rokkan 1967); es kann sich um ethnische, sozialstrukturelle, konfessionelle oder weltanschauliche Konfliktlinien handeln. Kollektive Identitäten prägen, *als was* ich mich in der politischen Welt bewege. Um solche Zugehörigkeiten stabil auf Dauer zu stellen, sind kontinuierlich tradierte Zeichenpraktiken erforderlich. Es muss unhinterfragt geltende Symbole und Rituale als Erkennungszeichen geben, damit stabile politische Identitäten ausgeformt werden können.

Nun ist jedoch erkennbar, dass in der Gegenwartsgesellschaft fest gefügte traditionale Identitäten knapp geworden sind. An die Stelle von gegebenen Bindungen ist eine Vielzahl von Optionen getreten, zwischen denen man sich entscheiden muss. Identitäten sind in größerem Maße wählbar und verfügbar geworden, mit allen Chancen und Problemen, die das für die zur Freiheit verdammten Individuen mit sich bringt (vgl. dazu u. a. Beck/Beck-Gernsheim 1994).

Der Prozess der Auflösung traditionaler Bindungen und Einbettungen ist begleitet worden vom unaufhaltsamen Aufstieg der elektronischen Massenmedien, die zum großen Teil an die Stelle der traditionellen Identitätsagenturen getreten sind. Die Bildwelten und kommunikativen Infrastrukturen sind nachhaltig durch Medienprogramme geprägt, und auch die verbleibende Face-to-face-Kommunikation bedient sich häufig der Materialien, die wir uns bei der Mediennutzung aneignen. Vor allem das Fernsehen ist heute in der Alltagskonversation zu einem Faktor geworden, wie ihn früher das Wetter darstellte (Meyrowitz 1985: 147).

Wenn Identitäten Kommunikationsprodukte sind, dann erscheint die Annahme plausibel, dass auch die elektronische Massenkommunikation maßgeblich an der modernen Identitätsbildung beteiligt ist. Die Entbettung des Sozialen durch Medien, die sich von herkömmlichen Raum- und Zeitgrenzen weitgehend abgelöst haben, bewirkt, dass wir uns immer stärker mit einem „mediated generalized other" auseinandersetzen müssen. „The new mediated generalized other bypasses face-to-face encounters in family and community and is shared by millions of others" (Meyrowitz 1985: 132; vgl. auch Grodin/Lindlof 1996).

Verhaltensstandards, Werte und Überzeugungen, die jenseits der traditionalen Gruppenzugehörigkeiten entstehen, werden an uns herangetragen, und wir müssen in selektiver Aneignung dieser Materialien unsere eigene soziale Verortung vornehmen. Soziale und politische Normalitäten als Orientierungsmarken, an denen wir unser eigenes Denken und Handeln ausrichten, werden uns massenmedial vermittelt. Die populäre Medienkultur stellt somit in der heutigen medialen Erlebnisgesellschaft, in der nicht nur die ökonomische Bedeutung der Unterhaltungsindustrie, sondern auch ihr Beitrag zur Gestaltung der alltagsweltlichen Zeichenräume ständig zunimmt, eine der wichtigsten Ressourcen der Identitätsbildung dar[11].

Vermittlung und Erwerb von politischen Identitäten vollziehen sich im Prozess der politischen Sozialisation. Nun sind Sozialisationsprozesse insgesamt immer von zwei Seiten zu betrachten: Auf der einen Seite handelt es sich um Prägungen, die sich dem Einfluss von sozialen und politischen „Umwelten" verdanken. Die Sozialisationsinstanzen wirken auf das Individuum ein. Auf der anderen Seite jedoch ist das Individuum keine Tabula Rasa und kein rein passives Objekt der Beeinflussung, sondern es setzt sich mit den aus der Umwelt kommenden Einflüssen auseinander. Sozialisation ist daher immer auch ein selektiver Aneignungsprozess durch den Menschen, der sich aktiv auf die Umwelt zu bewegt und die äußeren Reize immer zu den Bedingungen seiner inneren Relevanzstruktur verarbeitet[12]. Semiotisch betrachtet heißt das, dass wir die Zeichenkonventionen und Sprachen nicht alle in gleicher Weise lernen, sondern mit Varianzen: mit all jenen spezifischen Eigenheiten, Akzentuierungen und Idiosynkrasien, die sich während unseres biographisch jeweils unterschiedlich verlaufenden, individuellen Erfahrungsprozesses herausbilden.

Den Interaktionsaspekt von Sozialisationsprozessen hat George Herbert Mead (1973) herausgearbeitet. Identität bildet sich demnach in einem intersubjektiven Prozess der Auseinandersetzung mit den anderen heraus. Für Mead ist Sozialisation immer ein weitgehend kognitiver, bewusst ablaufender Prozess der Aneignung. Demgegenüber hat Pierre Bourdieu in seiner Theorie des Habitus die unbewusste Dimension der Identitätsbildung betont. Habitus ist für Bourdieu eine Matrix von Denk-, Wahrnehmungs- und Handlungsmustern, eine Art generative Grammatik des Sozialen, die unser Denken und Handeln steuert, ohne dass wir uns überhaupt einer solchen Steuerungsgröße bewusst wären. Im Prozess der Habitualisierung, so Bourdieu, vollzieht sich eine Inkorporierung gesellschaftlicher und politischer Strukturen in den Menschen hinein (vgl. Bourdieu 1982: 278).

Habitualisierung ist gerade deshalb so effektiv, weil sie ‚hinter dem Rücken der Akteure' erfolgt. Nicht bewusste Erziehung, sondern die kleinen, unbewussten Prozesse im Alltag sind es, die unsere innere Steuerungsmatrix prägen (vgl. dazu Wittpoth 1994: 100). Der wichtigste Modus der Habitualisierung ist das Vertrautwerden mit den Regeln der jeweiligen Kultur, das sich wie der Erwerb der Muttersprache hauptsächlich im täglichen, oft unbewussten Mit-Tun vollzieht. Nicht explizites Regellernen, sondern implizites „learning by doing" leistet hauptsächlich die Verinnerlichung der Regeln. Wir eignen sie uns als unbewusste generative Regeln an und sind dadurch jederzeit in der Lage, die kulturellen Selbstverständlichkeiten und Normalitäten zu reproduzieren.

In einer weitgehend visualisierten Kultur vollzieht sich daher politische Sozialisation primär als visuelle Habitualisierung. Wir bewegen uns ständig in Bildwelten, die uns ganz nebenbei im Prozess der Medienkommunikation die Grundregeln unse-

11 Siehe dazu auch die Befunde der neueren Forschung, die in Dörner (1997) diskutiert werden.
12 Zu dieser Bipolarität von Sozialisationsprozessen siehe ausführlich Hurrelmann (1995).

rer politischen Kultur vermitteln: Vorstellungen, Werte, *Ways of Life*, die eine politische Identität konstituieren, werden im Prozess der visuellen Habitualisierung zu einer „zweiten Haut", die uns so selbstverständlich ist, dass wir sie als quasi-natürliche Größe gar nicht mehr wahrnehmen. Die visuelle Habitualisierung, die wir in unserer alltäglichen Medienkommunikation durchlaufen, inkorporiert uns die tradierten Sinngehalte und stellt deren Evidenz als unhinterfragter Bedingungsrahmen unseres Wahrnehmens, Denkens und Handelns auf Dauer.

Die Strukturhomologien, die all jene Medienprodukte des kulturellen Mainstreams – Blockbuster-Filme, Fernsehshows und populäre Serien – aufweisen, finden sich daher als Strukturhomologien zwischen medialen Bildwelten und politisch-kulturellen Vorstellungswelten in den Köpfen der Menschen wieder. Die Stabilität dieser Homologien verdankt sich nicht zuletzt einer eingespielten Abstimmung von Angebot und Nachfrage: Die Anbieter produzieren hauptsächlich das, was die Nachfrager als Selbstverständlichkeit erwarten. Und die Nachfrager wiederum wenden sich primär denjenigen Produkten zu, die ihren Erwartungen entsprechen.

3. Verfall des öffentlichen Diskurses?

Wenn nun Identitätsbildung und Habitualisierung sich heute zu großen Teilen im medienkulturellen Bereich vollziehen, dann sind sie ein Bestandteil von Öffentlichkeit geworden. In der Medienkultur aber hat sich, wie einleitend schon angesprochen wurde, in den vergangenen 10–15 Jahren, hier in Deutschland vor allem seit der Einführung des dualen Rundfunksystems, eine deutliche Dominanz des Entertainments herausgebildet. Das bedeutet, dass massenmediale Öffentlichkeit in weiten Teilen zur Unterhaltungsöffentlichkeit geworden ist. An dieser Stelle ist nun die Frage aufzuwerfen, welche Implikationen die Konstruktion politischer Identitätsmodelle in Unterhaltungsöffentlichkeiten generiert. Diese Frage ist nur beantwortbar, wenn man öffentlichkeitssoziologische Perspcktiven mit denen der politischen Soziologie und der politischen Kulturforschung verbindet.

Zunächst einmal scheinen negative Einschätzungen und Verfallsszenarien die Diskussion über heutige massenmediale Öffentlichkeiten zu bestimmen. Das bekannteste und wichtigste dieser Szenarien stammt ohne Zweifel von Richard Sennetts Traktat über die „Tyrannei der Intimität" und den Niedergang des „public man" (Sennett 1983). Sennett entwirft in einer Verbindung von Sozialphilosophie und historischer Soziologie ein Bild der „Verdrängung der res publica durch die Annahme, gesellschaftlicher Sinn erwachse aus dem Gefühlsleben der Individuen" (Sennett 1983: 426). Wie im nach-augustinischen Rom, so die Diagnose, ist heute für die meisten Menschen das öffentliche Leben zu einer Formalität und lästigen Pflicht geworden, der man sich nach Möglichkeit entzieht, um seine Energien in die Privatsphäre zu investieren. Fatal erscheint vor allem die Vermischung der im Aufklärungszeitalter wohlweislich klar voneinander geschiedenen Sphären: „Auf der Basis von Gefühlsregungen betreiben die Menschen öffentliche Angelegenheiten, mit denen angemessen nur auf der Grundlage von nicht-personalen Bedeutungen umgegangen werden kann" (ebd. 1983: 18). Einen nicht unbeträchtlichen Anteil an diesem Prozess haben Sennett zufolge im 20. Jahrhundert die elektronischen Medien. Diese Medien, namentlich das bald alles beherrschende Fernsehen, haben eine paradoxe Situation von Sichtbarkeit und Isolation produziert, in der zwar nahezu jeder Bereich der Gesellschaft visibilisiert wird, jedoch gleichzeitig der Sphäre sozialer Interaktion verwehrt bleibt. Daraus folgt politisch: „Die Massenmedien steigern das Wissen der Menschen von dem, was in der Gesellschaft vor sich geht, erheblich, zugleich jedoch schränken sie die Fähigkeit, dieses Wissen in politisches Handeln umzusetzen, erheblich ein" (Sennett 1983: 358). Die Medien befestigen somit das, was sich schon im 19. Jahrhundert mit der Publikumskultur von Konzert und Theater vorbereitet hatte: das Schweigen der Menge.

Zunächst einmal gilt, dass die bei Sennett präsentierten, in vieler Hinsicht idealisierten Darstellungen der Vergangenheit aus historischer Sicht kaum haltbar sind (vgl. Maresch 1995: 401). Die historische Wirklichkeit war komplexer, als es die glatten Verfallsszenarien glauben machen wollen. Dies soll aber hier nicht weiter erörtert werden. Stattdessen ist zu fragen, inwieweit die Gegenwartsbeschreibungen zutreffen. Das Bild von der „schweigenden Menge" muss nämlich durchaus relativiert werden. Zum einen haben zahlreiche qualitative Studien zur medienbezogenen Kommunikation – nicht zuletzt im Kontext der Cultural Studies – zeigen können, dass das Schweigen weitgehend eine Fiktion der Kulturkritiker ist[13]. In der begleitenden und anschließenden Kommunikation zur Mediennutzung wird über das, was man gesehen oder gehört hat, ausgiebig diskutiert (siehe dazu jetzt auch Dahlgren 1995: 148 ff). Hier findet in sozialer Interaktion sehr wohl Meinungsbildung und Meinungsäußerung statt, die dann auch in politisches Handeln münden kann[14]. Die „schweigende Menge" besteht in Wirklichkeit aus vielen Individuen, denen durchaus ein weites Spektrum der Entgegnung auf die kommunikativen Angebote der Medien zur Verfügung steht. So kann man auch mit Protest auf Sendungen oder Filme reagieren, und dieser Protest muss sich nicht in Zuschauer- oder Leserbriefen erschöpfen. Protest ist seinerseits wieder organisierbar und kann sich als Demonstration oder als Aktion einer „Watchdog Group" äußern, wie sie in den USA üblich sind.

Selbst die ausufernde Talk-Kultur im Fernsehen, die auf den ersten Blick mit ihren Themen der Intimität Sennetts These voll zu stützen scheint – hier werden oft „freimütig" Themen aus dem Sexual- und Innenleben der Gäste entfaltet –, ist ein Indiz dafür, dass die Menge keineswegs nur schweigt. Immer mehr Menschen suchen den Weg ins Fernsehen, um ihre Meinung auch zu genuin politischen, öffentlichen Themen in der neuen Form von Talk-Öffentlichkeit zur Debatte zu stellen. Zwar vermischt sich hier mitunter Öffentliches und „Privates", aber ein Verschwinden des

13 Vgl. zu den zahlreichen Publikumsstudien der Cultural Studies u. a. Morley (1992), Fiske (1994) sowie Turner (1996: 131 ff).

14 Siehe dazu vor allem die empirischen Studien von Gamson (1992).

öffentlichen Diskurses ist daraus nicht ohne weiteres abzuleiten. Genauer formuliert heißt das: Der klassische, physisch konstituierte „öffentliche Raum“ ist in einer Zeit der elektronisch vermittelten „Politics of Pictures“ zunehmend geringer; aber dieser Raum konstituiert sich im Bereich der Medienkommunikation anders neu (vgl. dazu Hartley 1992: 35).

Ein großes Missverständnis der Medienkommunikation scheint mir darin zu liegen, dass Sennett ausdrücklich von einer dyadischen Konstellation spricht (1983: 359). Der Fernsehzuschauer stehe also dem, was ihm auf der Mattscheibe geboten werde, isoliert und letztlich machtlos gegenüber. Das aber ist nicht der Fall. Abgesehen davon, dass auch heute noch Fernsehnutzung keineswegs immer allein erfolgt, sondern oft auch in der Familie oder im Freundeskreis, ist sich der Mediennutzer stets bewusst, dass das, was er gerade sieht, zur gleichen Zeit von vielen anderen Menschen auch gesehen wird[15]. Und aus diesem Wissen entspringt schließlich die Möglichkeit, kritische Distanz zu entwickeln und später im Gespräch mit anderen Zuschauern auszuprobieren. Damit soll nicht bestritten werden, dass ich, wenn ich mir im Fernsehen etwa eine Parlamentsdebatte ansehe, in der Regel keine Möglichkeit habe, direkt dazwischen zu rufen oder zu antworten. Daraus jedoch ein kollektives Schweigen und eine Interaktionslosigkeit der sozialen Welt zu folgern, ist nicht plausibel. Die Dinge liegen komplizierter, als es Sennetts einfache Formel unterstellt.

4. Funktionen von Medienöffentlichkeit

Um die Diskussion genauer führen zu können, müssen erst einmal grundsätzlich deskriptiv die Charakteristika heutiger, massenmedial vermittelter Öffentlichkeiten erörtert werden. Weiterhin ist es erforderlich, die normativen Erwartungen an Öffentlichkeit in der heutigen Gesellschaft genauer zu formulieren. Erst dann kann man genauer abwägen, welches die Implikationen der gegenwärtigen, durch Unterhaltungsangebote dominierten medienkulturellen Identitätskonstruktionen sind.

Öffentlichkeit kann zunächst einmal verstanden werden als „offenes Kommunikationsforum für alle, die etwas sagen oder das, was andere sagen, hören wollen“ (Neidhardt 1994: 9). Dieses Forum kann sich als Versammlungsöffentlichkeit konstituieren, und auch im heutigen Medienzeitalter sind solche Versammlungsöffentlichkeiten sowohl für soziale Bewegungen als auch für etablierte politische Parteien vor Ort durchaus wichtig. Aber im Zentrum moderner Gesellschaften steht zweifelsohne die massenmedial vermittelte Öffentlichkeit. Sozialwissenschaftliche Theorien von Öffentlichkeit haben nun verschiedene Funktionen identifiziert, die wiederum jeweils mit normativ begründeten Maßstäben für empirisch vorfindbare Öffentlichkeiten verbunden sind (Neidhardt 1994: 8 f):

15 Die Medienforschung spricht hier von virtueller Vergemeinschaftung, vgl. u. a. Merten (1977: 147) und Wehner (1997: 101 ff).

1. Die *Transparenzfunktion*: Sie betrifft die Offenheit des Forums für verschiedene Akteure, Gruppen, Themen und Meinungen. Hier ist jeweils die spezifische Selektivität zu erfassen: Wer kommt mit welchem Thema in welchem Ausmaß zu Wort? Empirische Studien haben das *Agenda Setting* und Prozesse der Themenfokussierung ebenso beschrieben wie die Voraussetzungen dafür, dass bestimmte Sprecher überhaupt Zugang zum Forum erhalten. Dabei spielt das soziale Kapital, das Renommee und die Prominenz der Sprecher ebenso eine wichtige Rolle wie die eingeschliffenen Routinen von Medienredaktionen, die gerne auf „bewährte" und bekannte Stimmen zurückgreifen[16]. Die Transparenzfunktion ist vor allem in systemtheoretischer Perspektive als entscheidende herausgestellt worden. Öffentlichkeit und Medien fokussieren den Diskurs, institutionalisieren Themen und machen dadurch Gesellschaft für sich selbst beobachtbar (vgl. Marcinkowski 1993 und Gerhards 1994).

2. Die *Validierungsfunktion*: Hier steht die Art und Weise des Umgangs mit Äußerungen und Sprechern im Mittelpunkt. Werden primär Verlautbarungen gesetzt, wird die eigene Meinung agitatorisch verfochten, oder gibt es eine rationale, argumentative Auseinandersetzung mit den im Forum vorhandenen Äußerungen? Empirisch ist festgestellt worden, dass in weiten Teilen die Verlautbarungs- und Agitationskommunikation dominiert, d. h. es wird vornehmlich monologisch oder polemisch geredet. Diese Kommunikationsweisen sind wiederum in starkem Maße durch die institutionalisierten Sprecherrollen in der öffentlichen Sphäre präfiguriert (vgl. Peters 1994: 57 f). So legt vor allem die Rolle des Repräsentanten (Partei- oder Verbändevertreter) und des Advokaten (Personen, die „im Namen" einer Gruppe sprechen) die monologische oder polemische Sprechweise nahe.

Gleichwohl gibt es darüber hinaus auch Rollen, die andere Modi begünstigen: den Experten mit einer wissenschaftlich-technischen Sonderkompetenz, den Intellektuellen mit sozial-moralischen Sinnfragen und schließlich den Journalisten als Kommentator. Diese relativ neutral definierten Rollen und die Tatsache, dass auch das Publikum (sprich: das Elektorat) immer weniger von vornherein festgelegt und lagermäßig gebunden ist, begünstigen immer wieder die öffentliche Einforderung von diskursivem Kommunikationsverhalten[17]. Das Publikum, das nicht vorab entschieden ist, ist eher geneigt, nach guten Argumenten statt nach polemischen Pointen zu suchen. Die Validierungsfunktion ist vor allem von den Diskursmodellen der Öffentlichkeit in den Mittelpunkt gestellt worden (vgl. Peters 1994). Über die bloße

16 Zum sozialen Kapital der Sprecher vgl. Neidhardt (1994a), zu den Mechanismen von Prominenz in der Mediengesellschaft Peters (1996). Die Steuerungsleistungen journalistischer Routinen sind am Beispiel von Einladungen amerikanischer Nachrichten- und Magazinsendungen untersucht worden von Croteau und Hoynes (1994).

17 So kommt auch Benjamin Page (1996) aufgrund seiner Untersuchungen zur amerikanischen Medienöffentlichkeit zu dem Befund, dass diese im Hinblick auf die für Demokratien so wichtige öffentliche Erörterung von politischen Problemen weitaus besser ist, als ihr gemeinhin schlechter Ruf bei progressiven wie konservativen Kritikern vermuten ließe.

Offenheit für Sprecher und Themen hinaus werden hier die Möglichkeiten öffentlichen Argumentierens untersucht.

3. Die *Orientierungsfunktion*: Öffentlichkeit erschöpft sich nicht in Visibilisierung und (argumentativer) Verarbeitung von Themen und Meinungen, sondern kristallisiert auch Orientierungsmarken heraus. Die Frage ist, inwiefern sich aus dem Diskursgewimmel empirisch jeweils „öffentliche Meinungen“ als verdichtete, weithin akzeptierte Meinungen herausbilden. Unter öffentlicher Meinung wird dabei also nicht ein demoskopisch erhobenes, statistisches Aggregat von abgefragten Bevölkerungsmeinungen – oder besser: von standardisierten Antworten auf Fragebögen[18] – verstanden, sondern Meinungen, die so geäußert werden, dass sie von einem großen Publikum wahrgenommen und akzeptiert werden können. Öffentliche Meinung ist ein „kollektives Produkt von Kommunikationen, das sich zwischen den Sprechern als ‚herrschende Meinung‘ darstellt“; es handelt sich um eine „Konsonanz öffentlicher Meinungsäußerungen“ (Neidhardt 1994: 26; vgl. auch Glasser/Salmon 1995).

Dies ist vor allem in denjenigen Bereichen möglich, die jenseits der relevanten Konfliktlinien liegen und so etwas wie einen Konsens des legitimen Diskurses markieren. Ein solcher Verdichtungsbereich ist für die Integration moderner Gesellschaften von großer Wichtigkeit. Für die Bundesrepublik konnte beispielsweise herausgearbeitet werden, dass sich in der Ablehnung von antisemitischen Einstellungen und Äußerungen nicht nur eine stabile öffentliche Meinung auf Dauer gestellt, sondern dass diese öffentliche Meinung auch dauerhaft die Bevölkerungsmeinung geprägt hat. Die Negation des Antisemitismus ist zu einem stabilen Konsenskern der deutschen Nachkriegsgesellschaft geworden (vgl. Bergmann 1994). Bei der Herausbildung von öffentlicher Meinung sind wiederum die Faktoren Prestige und Prominenz von großer Wichtigkeit. Wenn die Prominenz als „Öffentlichkeitselite“ (Peters 1996) bestimmte Meinungen immer wieder repetiert, dann ist die Chance für eine Institutionalisierung als Konsens hoch. Demokratietheoretisch ist eine solche Konsonanz der Meinungen vor allem im Bereich derjenigen Werte und Normen wichtig, die in der Verfassung festgehalten sind. „Verfassungspatriotismus“ als politischer Integrationsfaktor ist eine Größe, die im amerikanischen Kontext schon sehr stabil etabliert ist, im deutschen Kontext – zumindest in der alten Bundesrepublik – immerhin stetig weiter stabilisiert wurde.

Bernhard Peters (1994) verweist dabei auf ein nicht unerhebliches Problem moderner Öffentlichkeiten insgesamt. Diese nämlich weisen Asymmetrien und Ungleichheiten etwa in der Sichtbarkeit von Sprechern und Meinungen auf, beim Einfluss von Sprechern im Feld und bei den Wissensvoraussetzungen, die in den Prozess eingebracht werden. Da Aufmerksamkeit und Sendezeit grundsätzlich knappe Güter sind, wird selegiert. Kapitalien wie Geld, Prestige, Bildung und das soziale Kapital einflussreicher Netzwerke sind wichtige Steuerungsgrößen, die den Zugang zum öffentlichen Forum steuern. Als weiteres Problem kommt hinzu, dass nicht nur

18 Zur Kritik dieser als „öffentliche Meinung“ deklarierten Bevölkerungsumfragen vgl. ausführlich Champagne (1991).

das Publikum, sondern das symbolische Universum insgesamt weitgehende Differenzierungsprozesse durchläuft. Dies sind zum einen Prozesse der funktionalen Differenzierung von Gesellschaft, die immer mehr Teilbereiche zu relativ autonomen Subsystemen transformiert, welche ihren jeweils eigenen Logiken folgen. Und es sind zum anderen Prozesse der kulturellen Pluralisierung. Die Vielzahl der verschiedenen Sonder- und Subkulturen mit ihren eigenen Lebensstilen und Kommunikationskulturen scheint Öffentlichkeit als gemeinsames Forum zu gefährden. Es fehlt dann ein von allen geteilter Verständnishorizont, der eine vernünftige Erwägung von Entscheidungen und Zielsetzungen überhaupt erst ermöglicht.

5. Die Spezifik von Unterhaltungsöffentlichkeiten

Vor dem Hintergrund dieser Bestimmungen stellt sich nun die Frage, wo die Charakteristika von Unterhaltungsöffentlichkeiten liegen. Die vorhandene Forschung lässt uns darüber weithin im Unklaren. Im Spektrum von Neidhardt (1994), das in etwa den *State of the Art* wiedergibt, finden sich dazu keine Aussagen. Peters (1994: 65) erwähnt immerhin kurz das Vorhandensein von Film oder Musik als „expressive Kommunikationsformen", betont jedoch, dass er diesen Bereich in seinen Betrachtungen außen vor lässt. Es soll daher im Folgenden vor dem Hintergrund der bislang entwickelten Theorieperspektiven versucht werden, die Besonderheit von Unterhaltungsöffentlichkeiten, wie sie für die heutige populäre Medienkultur charakteristisch sind, zu skizzieren. Dabei erweist sich, dass hier im Sinne der normativen Definition von demokratischer Öffentlichkeit ungeachtet einiger Defizite durchaus positive Effekte zu verzeichnen sind.

Der erste Punkt knüpft an dem von Peters aufgezeigten Problem an, dass in der ausdifferenzierten modernen Gesellschaft die Gefahr einer Fragmentierung und des Verlustes von gemeinsamen Verständigungshorizonten droht. Die populäre Medienkultur mit ihren Unterhaltungsangeboten nimmt, so würde ich argumentieren, in dieser Situation die Funktion eines Interdiskurses wahr. Interdiskurse stellen eine gemeinsame Zeichenwelt zur Verfügung, die einzelne Spezialdiskurse transzendiert und so eine Infrastruktur für das gemeinsame Gespräch zur Verfügung stellt (vgl. Link/Link-Heer 1990). Die Bildwelten und einfachen Geschichten der Unterhaltungskultur bieten einen solchen überaus anschaulichen Interdiskurs.

Fernsehsendungen zur Prime Time und erfolgreiche Filme werden von sehr vielen Menschen gesehen und man kann sich auf diese Bilder und Erzählungen beziehen, wenn man ein Problem veranschaulichen oder über Lösungswege nachdenken will. Deshalb auch greifen, vor allem in der nachhaltig visualisierten politischen Kultur der USA, politische Akteure gern auf solche Medienvorlagen zurück, um bestimmte Missstände oder Zukunftshoffnungen der Gesellschaft zu thematisieren.

Unterhaltungsöffentlichkeiten sind also in gewissem Maße dazu geeignet, den Fragmentierungstendenzen des öffentlichen Diskurses entgegenzusteuern und somit gemeinsame Foren der politischen Identitätsbildung zur Verfügung zu stellen. Hinzu kommt, dass soziale Asymmetrien in der gesellschaftlichen Wissensverteilung, die als Exklusionsmechanismus von Öffentlichkeit beobachtbar sind, in diesem Bereich weniger greifen. Ein Film von Steven Spielberg ist Professoren und Politikern ebenso bekannt wie Angestellten, Arbeitern und Schülern. Will man also beispielsweise bestimmte Probleme der Gentechnologie erörtern, kann man sich getrost auf die anschaulichen Bildwelten dieses kommerziell erfolgreichen Films beziehen. Die Erreichbarkeit der Kommunikationsteilnehmer ist in Unterhaltungsöffentlichkeiten besonders groß.

Zweitens wirken Filme und erfolgreiche Fernsehserien an der Fokussierung und Setzung von öffentlichen Themen mit. In einer Zeit der Informations- und Reizflut ist Aufmerksamkeit ein besonders knappes Gut. Daher müssen die Bildwelten, an denen sich eine identitätsbildende Reflexion anschließen kann, bewirtschaftet und knapp gehalten werden. Die Marktmechanismen der populären Medienkultur leisten eine solche Verknappung, indem ein relativ kleines Segment der insgesamt produzierten Angebote jeweils so in den Mittelpunkt rückt, dass sehr viele Menschen ihre knappe Zeit und Aufmerksamkeit diesem Angebot zuwenden. Nehmen wir das Beispiel von Spielbergs *Jurassic Park*. Der Film hat im Jahre 1993 weltweit eine Summe von weit über 900 Mio. Dollar eingespielt, das ist mehr als doppelt so viel wie der zweiterfolgreichste Film in diesem Jahr und liegt um ein Vielfaches über dem Ergebnis der anderen Filme, die in dieser Zeit produziert und auf den Markt gebracht wurden.

Titanic hat in der Saison 1997/98 sogar weit über 1 Milliarde Dollar erwirtschaftet und weltweite Diskussionen nicht nur über die den Tod überwindende romantische Liebe, sondern auch über den Fortschrittsmythos am Ende des 20. Jahrhunderts ausgelöst. Die anderen Filme kennen oft nur Spezialpubliken, während es in der amerikanischen wie in der deutschen Gesellschaft nur relativ wenige Menschen gibt, denen *Jurassic Park* oder *Titanic* nicht bekannt sind. Die Marktstruktur der Film- und Fernsehkommunikation generiert also Mainstream-Bereiche, die Themenfokussierung erleichtern.

Der dritte wichtige Aspekt von Unterhaltungsöffentlichkeiten wurde oben in der Auseinandersetzung mit Sennetts Verfallserzählung schon kurz angesprochen. Massenmediale Kommunikation ist keineswegs eine Einbahnstraße, an deren Ende eine „schweigende Menge“ steht. Die Menge, oder besser: die Pluralität der Mediennutzer setzt ihre Medienerlebnisse in kommunikative und interaktive Praxis um. In der amerikanischen Öffentlichkeit sind Politiker öffentlich auf die Fernsehserien *The Cosby Show*, *Murphy Brown* und *The Simpsons* eingegangen, um politische Kommunikation mit ihren Wählern zu betreiben. Auch in Deutschland hat beispielsweise die damalige Bundesfamilienministerin Ursula Lehr eine Folge der populären Serie *Die Schwarzwaldklinik* zum Anlass genommen, um das dort gezeigte negative Bild von arbeitenden Frauen öffentlich zu kritisieren[19]. Dies sind Situationen, in denen

19 Die Ministerin hatte Folge 61 der *Schwarzwaldklinik* selbst gesehen und das dort gezeigte Rollenmuster für berufstätige Mütter, demzufolge das Kind unter der Berufstätigkeit leidet, heftig kritisiert:

Rezipienten (die Politiker, oder wahrscheinlicher: ihre Mitarbeiter) ein Medienerlebnis nutzen, um Themen und Meinungen in der Öffentlichkeit zu lancieren und somit die interdiskursive Funktion der Unterhaltungskultur in Anspruch zu nehmen.

Diese Möglichkeit ist jedoch keineswegs auf professionelle Öffentlichkeitsakteure, auf „Repräsentanten" und „Advokaten" beschränkt. Auch soziale Gruppen oder Privatpersonen können in der Anschlusskommunikation aktiv werden. Das Spektrum der Handlungsmöglichkeiten beginnt bei Protest- und Leserbriefen, geht aber weit darüber hinaus. So hat, um nur ein Beispiel zu nennen, die wohlhabende Hausfrau Terry Rakolta aus Michigan eine regelrechte Kampagne gegen die Fernsehserie *Married ... With Children* durchgeführt. Die dort gezeigten Figuren und ihre Äußerungen verletzten die konservativen Family Values der Dame so stark, dass sie öffentlich aktiv wurde. Sie brachte viele Zuschauer ebenso dazu, sich gegen die Serie zu äußern, und entfaltete schließlich derartigen öffentlichen Druck, dass mehrere große Firmen wie McDonald's, Procter & Gamble oder Coca Cola ihre Werbeaufträge zurückzogen bzw. eine schärfere Prüfung der Sendungen zusagten. Die Produktionsfirma entschuldigte sich öffentlich für einige Inhalte der Sendungen (vgl. Fiske 1996: 117 f). In Deutschland kam es immerhin während des sich abzeichnenden Scheidungsprozesses der Eheleute Beimer in der *Lindenstraße* zu Demonstrationen, die forderten, dass diese Scheidung nicht vollzogen werden solle (Geißendörfer 1995).

Protest kann sich wiederum politisch organisieren und so ein besseres Fundament für die kommunikative Sichtbarkeit im öffentlichen Diskurs schaffen. So haben sich in Amerika zahlreiche Watchdog Groups gebildet, die das Fernsehprogramm überprüfen und bei nicht genehmen Inhalten öffentlich Protest erheben. Christliche Gruppen haben mitunter bis zu 10.000 Mitgliedern mobilisieren können, um gegen bestimmte Sendungen vorzugehen. Insgesamt hat sich in der amerikanischen Medienkultur ein relativ stabiler Zusammenhang von medienbezogener öffentlicher Kommunikation herausgebildet, in dem Interessengruppen und Verbände aller Art Stellung nehmen, protestieren oder auch Sendungen unterstützen (vgl. dazu ausführlich Montgomery 1989).

In den frühen 80er Jahren hat man nicht weniger als 250 fernsehbezogen aktive Interessengruppen in den USA gezählt. Schwerpunkte dieser Bewegungsöffentlichkeit bilden zum einen Minderheiten, Frauenrechtsgruppen, Schwule, Senioren und Behinderte; weiterhin sind aktiv konservative religiöse Gruppen wie die „Moral Majority" und die „National Federation for Decency" sowie zahlreiche soziale Themengruppen, von der Befürwortung der Sonnenenergie bis zur Anti-Gewalt-

„Als Entwicklungspsychologin, die sich sehr intensiv mit der Frage der Betreuung von Kleinkindern beschäftigt hat, kann ich zu dieser Sendefolge nicht schweigen", nahm Frau Lehr öffentlich Stellung. „Angesichts der sehr sympathisch dargestellten und an echter Forschung interessierten Frau Dr. Brinkmann müsse die Folge äußerst schädliche Wirkungen in bezug auf die spätere Lebensplanung und -gestaltung junger Mädchen und Frauen haben" (Westdeutsche Allgemeine Zeitung, 24. Januar 1989).

Bewegung. Die Interventionsformen reichen vom öffentlichen Protest auf der Straße oder in der Presse über Briefkampagnen bis zum Lobbying bei den Networks.

Anlässlich der Ausstrahlung des Fernsehfilms *The Day After*, in dem die Folgen eines Nuklearkrieges drastisch vorgeführt werden, gab es umfassende öffentliche Aktionen durch Gegner von Atomwaffen aus über 1000 kleinen Organisationen im ganzen Land. Man führte Märsche und Mahnwachen durch, lancierte Anzeigenkampagnen in der Presse und provokative Spots im Fernsehen. Dem standen Aktionen der „Moral Majority" gegenüber, u. a. eine Briefkampagne mit ca. 80.000 Briefen an den verantwortlichen Sender. Im Fernsehen fand schließlich eine ausführliche Podiumsdiskussion mit prominenten Befürwortern und Gegnern der nuklearen Aufrüstung statt (Montgomery 1989: 3 ff).

Einerseits ist kaum zu übersehen, dass diese Anschlusskommunikationen dort, wo sie hauptsächlich von Politikern oder von organisierten Gruppen betrieben werden, häufig den gleichen Restriktionen unterliegen, wie sie allgemein für heutige Öffentlichkeiten benannt worden sind: ein Vorherrschen der Verlautbarungs- und Agitationskommunikation und ein Vorherrschen von Akteuren, die genügend Sozialkapital oder Prestige und Prominenz einbringen, um sich Zugang zum Forum zu verschaffen. Gleichwohl ist aber auch nicht zu übersehen, dass sich durchaus diskursive Kommunikation anschließen kann wie im Fall Dan Quayle gegen Murphy Brown, wo das Für und Wider von allein erziehenden Eltern öffentlich erörtert wurde (vgl. dazu Dörner 1997: 831).

Der vierte Aspekt von Unterhaltungsöffentlichkeiten ist die Konsonanzbildung, die gerade für die stabile Herausbildung politischer Identitäten sehr wichtig erscheint. Die Orientierungsfunktion, die öffentlicher Meinung im Sinne von herrschender Meinung zukommt, wird durch Unterhaltungsöffentlichkeiten in starkem Maße unterstützt. Die Bildwelten von Film und Fernsehen führen uns den Bereich des politisch Selbstverständlichen und des politisch-moralisch „Richtigen" immer wieder vor. So haben Fernsehserien in Deutschland einen erheblichen Anteil an der Herausbildung eines öffentlichen Meinungskonsenses gehabt. Toleranz gegenüber Minderheiten aller Art, die Ablehnung von Antisemitismus, Ausländerfeindlichkeit und Rechtsradikalismus wird beispielsweise in der *Lindenstraße* vorgeführt, die das Hauptsprachrohr der linksliberalen „politischen Korrektheit" darstellt. Diese Serie behandelt – teils eingewoben in die Spielhandlung, teils durch Kommentare von Figuren – nahezu alle Themenbereiche, die irgendwie öffentlich relevant erscheinen. Vom Alt- und Neonazismus über Aids und Umweltprobleme reicht die Palette bis zum Ausländerwahlrecht und der Asylpolitik.

Aber auch in ganz unverdächtig einherkommenden Sendungen wie der *Tatort*-Reihe in der ARD wird ständig ein politisch korrektes Alltagshandeln sowie eine in der deutschen Tradition keineswegs selbstverständliche Zivilcourage gezeigt. Selbst das vor dem Hintergrund deutscher Obrigkeitsstaatlichkeit so wichtige Muster der Insurrektion gegen Befehle und Vorgaben von Vorgesetzten, das für die amerikanische Kultur noch immer viel mehr Selbstverständlichkeit besitzt, ist in den 80er und 90er Jahren im deutschen Krimi üblich geworden. Eine Art „ziviler Ungehorsam" bringt Kommissare wie Schimanski oder das Münchener Paar Leitmayr und Batic immer wieder dazu, entgegen den Befehlen und gesetzlichen Vorgaben zu handeln, um eine vernünftige oder humane Lösung für ein Problem zu finden[20]. Selbst in der Heimatserie *Forsthaus Falkenau* hat Förster Rombach schon im Namen der Vernunft und des Umweltschutzes gegen die Vorgaben seiner Behörde gehandelt[21].

Der fünfte und letzte Punkt ist aus der Sicht der politischen Kulturforschung besonders wichtig. Politisch-kulturelle Vorstellungswelten sind, wenn sie identitätsbildend bleiben sollen, auf eine stetige Aufführung und zeitgemäße Neuinszenierung ihrer „Partitur" angewiesen. Traditionslinien drohen zu verblassen, wenn ihre Grundmuster nicht immer wieder in der öffentlichen Bildwelt vorgeführt werden. Es muss daher Medien und Formen geben, die den Kern der Traditionen immer wieder aufgreifen und ins Forum der Öffentlichkeit stellen. Dies kann in der „klassischen" Form des Museums geschehen, durch gesellige Veranstaltungen oder auch durch den Schulunterricht. Dabei ist es auch ganz gleich, ob es sich um „authentisch" gewachsene, volkskulturell vermittelte Traditionen oder um „erfundene" Traditionen im Sinne von Hobsbawm und Ranger (1983) handelt. Unterhaltungskultur ist einer der wichtigsten Bereiche moderner Gesellschaften, wo eine solche Institutionalisierung von Traditionen in der Gegenwart geleistet wird. Die populäre Medienkultur macht politisch-kulturelle Traditionen sichtbar, und aus dieser Visibilität erwächst die Möglichkeit, dass diese Traditionen im öffentlichen Diskurs aufgenommen, thematisiert, reflektiert und auch kritisiert werden. Film und Fernsehen sind Medien des kulturellen Gedächtnisses, in denen das politische Imaginäre auf Dauer gestellt und so als Ressource politischer Identitätsbildung bereitgehalten wird.

Dies kann auf ganz unterschiedliche Weise erfolgen. Traditionen können explizit thematisiert werden, etwa in Dokumentations- und Bildungssendungen im Fernsehen. Weiterhin können Traditionen bewusst zelebriert werden; das ist beispielsweise dort der Fall, wo man im fiktionalen Unterhaltungssektor Ereignisse oder Figuren aus der Vergangenheit, die als traditionsbegründend gelten, in aufwendig produzierten Spielfilmen in Szene setzt. Die spezifischen Tugenden der historischen Helden werden als Charaktereigenschaften der Filmhelden lebendig vorgeführt. Eine solche visuelle Zelebration von Traditionen findet sich etwa in den Revolutionsfilmen von Sergej M. Eisenstein, in deutschen Historienfilmen über den „Alten Fritz" und natürlich auch in dem großen Bürgerkriegsepos *The Birth of a Nation* von

20 Ein typisches Beispiel ist der Beitrag *Frau Bu lacht* vom Bayerischen Rundfunk (1995, Regie Dominic Graf). In dieser Sendung geht es um internationalen Mädchenhandel. Die Kommissare setzen sich hier explizit über rechtliche Regelungen hinweg, um eine Mörderin, die jedoch aus großer Not heraus gehandelt hatte, vor dem Zugriff der Justiz zu bewahren und ihr die Ausreise aus Deutschland zu ermöglichen.

21 So in der Folge *Der Jagdkönig*, gesendet am 16. Februar 1996, wo Förster Rombach sich den Weisungen seiner Vorgesetzten widersetzt, die für eine Diplomatenjagd tier- und umweltschädigende Maßnahmen verlangen.

D. W. Griffith (1915), der den visuellen Grundstein für die Entwicklung des politischen Films in Amerika legte.

Der wirklich interessante Bereich liegt jedoch jenseits dieser expliziten Ebenen von Traditionsinszenierung. Er liegt dort, wo in Filmen und Serien ganz andere Dinge und Probleme thematisiert und doch Traditionsbestände von politischer Kultur wirksam sind: in der Art und Weise, wie die Welt konstruiert wird, wie die Akteure handeln und welche Problemlösungen als sinnvoll und erfolgreich gezeigt werden. Gerade dort, wo nicht historische Sujets behandelt werden, sondern Alltagsprobleme der Gegenwartsgesellschaft, die wir alle aus unserer eigenen Erfahrung kennen, erweist sich die populäre Medienkultur als wichtiger Persistenzgenerator von Traditionen, denn diese werden als im Hier und Jetzt präsent und wichtig gezeigt. Die mediale Evidenz von politisch-kulturellen Traditionen liegt also darin, dass die Bildwelten uns zeigen, wie diese Muster heute, in unserer eigenen imaginären Gegenwart, noch funktionieren[22].

Dies darf freilich nicht dazu führen, mögliche negative Effekte der Unterhaltungskultur zu überdecken. Als Motor der kulturellen Visualisierung wird der sprachliche Diskurs, auf den vernünftiges Argumentieren elementar angewiesen ist, nicht gestärkt. Bilder haben oft verkürzende Effekte, wenn sie nicht weiter kommentiert oder diskutiert werden. Und Bildwelten neigen oft dazu, den Verlautbarungs- oder Agitationsmodus von Kommunikation visuell zu verstärken sowie mit Hilfe von ästhetischen Gestaltungsmitteln noch effektiver zu machen. Entscheidend ist jeweils, was die Nutzer und was die anderen Öffentlichkeitsakteure mit diesen Bildwelten machen. Möglichkeiten einer stetigen Übersetzung der medienkulturellen Angebote in Reflexion und Diskussion sind jedenfalls vorhanden und werden vielerorts auch genutzt.

6. Politisches Identitätsmanagement

Nun ist das Augenmerk auch auf jene Bereiche zu richten, in denen politische Akteure unterhaltungskulturelle Materialien und Genres für strategisches Identitätsmanagement nutzen. Einleitend ist schon auf die Wahlkampfkommunikation im Deutschland des Jahres 1998 hingewiesen worden. Paradigmatisch ausgeprägt wurde diese Form des Wahlkampfs in Amerika, und Bill Clinton hat zu Beginn der 90er Jahre eine ausgesprochene Virtuosität in der Instrumentalisierung des Entertainments entwickelt.

Das Clinton-Team setzte von Beginn an auf eine Strategie, welche die etablierten seriösen Medien weitgehend im Hintergrund beließ und stattdessen auf den direkten

22 Siehe dazu ausführlich die Analysen in Dörner (2000). Dort wird gezeigt, wie die amerikanischen Traditionen des Republikanismus, des biblischen Diskurses, des utilitaristischen und expressiven Individualismus die aktuelle Film- und Fernsehwelt prägen. Kommerziell erfolgreiche Filme wie *Home Alone*, *Dances with Wolves* oder *Terminator 2* inszenieren die klassischen Traditionsbestände der amerikanischen politischen Kultur im unterhaltenden Modus immer wieder neu.

Kontakt des Kandidaten mit der Bevölkerung sowie auf Unterhaltungsmedien setzte (vgl. dazu Rybarczyk 1997: 132 ff und Just u. a. 1996). So waren Talk Shows, insbesondere auf den Sendern MTV und CNN, das bevorzugte Forum Clintons. Hier konnte er ohne Filterung durch die journalistische Elite Washingtons direkt zu seinen Wählern sprechen in Fernsehformaten, die diesen aus ihrer alltäglichen Medienpraxis gut vertraut waren (Rosenstiel 1993: 54). Clinton kreierte mit dem Konzept der Electronic Townhall ein populistisches Instrument des Wählerkontaktes, auf das auch Ross Perot und George Bush später zurückgriffen. Die Kandidaten präsentierten sich in Shows wie *Larry King Live*, *Donahue*, aber auch *Choose or Loose* auf MTV, um Fragen des Studiopublikums zu beantworten. Neben dem Direktkontakt zu den Wählern unter Umgehung der professionellen Journalisten lag ein entscheidender Aspekt dieser TV-Formate in ihrem Unterhaltungscharakter (vgl. Nimmo 1994: 209). Dieser Kommunikationsmodus wurde auch nach der Wahl konsequent fortgesetzt – das erste Exklusiv-Interview mit Clinton als Präsident bekam wiederum der Musiksender MTV zugesprochen.

Das Clinton-Team hat sich die Kommunikationsmaterialien der populären Medienkultur ganz bewusst als Instrumente des Wahlkampfes angeeignet (vgl. Rosenstiel 1993: 174 f). Clinton suchte nicht nur systematisch die Nähe bekannter Hollywood-Stars, die seinen Wahlkampf mit erheblichen Geldsummen unterstützten[23]. Die Band Fleetwood Mac zeichnete für das Wahlkampflied des demokratischen Kandidaten verantwortlich, das mit Mainstream-Pop und einem Text mit Aufbruchstimmung („Don't Stop Thinking About Tomorrow") vor allem die jüngeren Wählerschichten ansprach. Clinton bezog sich in seinen Äußerungen oft auf Elvis Presley, den Rock'n Roll Star, der für die Generation Clintons ein wichtiger Sozialisationsfaktor gewesen war. Elvis symbolisiert eine unkonventionelle und nonkonformistische Kultur, die sich von der älteren Generation kaum noch etwas sagen ließ. Dieses Image des Rebellen ließ sich rhetorisch gut verbinden mit der Proklamation des Wechsels, die in Clintons Motto „Time for a change in America" Ausdruck fand (vgl. Hurm 1993). Nicht zufälligerweise wurde Clinton durch einen Klassiker der Popkultur, durch die Zeitschrift „Rolling Stone", explizit und massiv unterstützt.

Der Höhepunkt dieser medienkulturellen Kampagne fand Anfang Juni des Jahres 1992 statt, als Clinton mit Sonnenbrille einen musikalischen Auftritt in der populären *Arsenio Hall Show* hatte. Er spielte hier auf seinem Saxophon Elvis Presleys Hit „Heartbreak Hotel", und mit diesen Bildern des Präsidentschaftskandidaten als Popstar, das in allen Medien rund um die Welt verbreitet wurde, gewann Clinton die Offensive in der amerikanischen Medienkultur zurück, die er zuvor an Ross Perot verloren hatte.

Auch während der Präsidentschaft setzte sich das Kommunikationsmuster weiter fort. Clinton konnte dabei auch Imagevorteile aus einigen Präsidentenfilmen ziehen,

23 Diese Entwicklung hat sich im Wahlkampf des Jahres 1996 konsequent fortgesetzt. Regisseure und Schauspieler haben hier insgesamt rund 18 Mio. Dollar für die Unterstützung der Clinton-Kampagne gesammelt.

die Hollywood in dieser Zeit produzierte. So ist der fiktive Präsident Shepherd, der in dem Film *The American President* als Witwer und allein erziehender Vater eine Romanze mit einer Umweltaktivistin erlebt, öffentlich mit der Figur Clintons identifiziert worden (vgl. Hoberman 1995). Das Bild eines relativ jungen, attraktiven Präsidenten, der nicht nur politisch erfolgreich, sondern auch im Privatleben sympathisch ist und so eine attraktive, intelligente Frau gewinnt, war leicht mit dem Clinton-Image zu koppeln (vgl. Rybarczyk 1997: 147). Auch in weiteren Filmen spielten junge, attraktive Männer die Rolle des US-Präsidenten, der in dieser Zeit in der Bildwelt des Hollywood-Films eine erstaunliche Aufwertung erfuhr: Kevin Kline in *Dave* (1993), Bill Pullman in *Independence Day* (1996) und Harrison Ford in *Air Force One* (1997) führten den Präsidenten nicht nur als schön, sondern auch als durchsetzungsstark und moralisch integer vor. Da vermag es kaum zu verwundern, dass Clinton selbst mittlerweile auch Rollen in Spielfilmen und Fernsehserien nicht nur angeboten bekam, sondern auch angenommen hat[24].

Jenseits der Wahlkampf- und Präsidialkommunikation findet ebenfalls politisches Identitätsmanagement durch populärkulturelle Massenmedien statt. Institutionen können ihr Image in einer Weise gestalten und verbessern, dass sich die Bürger mit ihnen identifizieren und somit Loyalität, Akzeptanz und Legitimität gesichert werden. Akteure der fiktionalen Welt werden als vorbildliche Identitätsmodelle inszeniert, die zur Nachahmung anregen. Und es werden kollektive Identitäten vorgeführt, die Politik als gelungenen Prozess erscheinen lassen, an dessen Sinnpotentialen auch der einzelne Bürger teilhaben kann.

Beispiele für korporatives Identitätsmanagement finden sich in den USA schon früh. So hat das Pentagon stets gern Material und Menschen für Filme zur Verfügung gestellt, in denen die Streitkräfte als besonders erfolgreich oder als besonders moralisch, in jedem Fall aber als politisch notwendig erschienen. So wurde auch jenseits der offiziellen Kriegspropaganda etwa während des zweiten Weltkriegs, zu der prominente Hollywood-Regisseure wie John Ford oder Frank Capra verpflichtet wurden, Werbung und Legitimationsarbeit für die Landesverteidigung gemacht. Werbung ist hier mitunter sogar in einem weitergehenden Sinn zu verstehen, denn bei populären Filmen wie *Top Gun* (1986) konnte sogar nachgewiesen werden, dass die Freiwilligenmeldungen zu den Marinefliegern nach dem Film sprunghaft anstiegen (vgl. Kellner 1995: 80). Der Film hatte in attraktiv gestalteten, ästhetisierten Bildern und schwungvoller populärer Rockmusik das Leben des Marinefliegers als eine einmalige Karrierechance inszeniert, bei der die Helden nicht nur Geld und Frauen, sondern auch das befriedigende Gefühl des Dienstes an der Gemeinschaft erwerben können. Das Militär als Kontext einer in allen Belangen gelungenen Existenz konnte hier als attraktives Identitätsangebot fungieren.

24 So ist Clinton an der Seite von Mel Brooks, Billy Chrystal, Michael J. Fox und Tom Hanks zu sehen in *I am Your Child* (1997, Regie Rob Reiner) sowie in *First Kid* (1996, Regie David M. Evans), in dem ein Präsidentensohn im Mittelpunkt der Handlung steht. Darüber hinaus spielt Clinton sich selbst in einer Folge der Militärserie *J.A.G.* (1995).

Weniger spektakulär, aber nicht minder wirksam waren auch die Bemühungen, die J. Edgar Hoover in den 60er Jahren zur Verbesserung des Images des FBI unternahm. Er förderte massiv Detektivserien, in denen FBI-Agenten die Helden waren, und diese wurden wiederum auch in der internen Schulung den Mitarbeitern als vorbildlich vorgeführt. So gelang es, eine neue Corporate Identity nach innen wie nach außen zu entwickeln. Schon in den 30er Jahren hatten übrigens die G-Men im Hollywood-Gangsterfilm das Image der Regierungspolizei, die erfolgreich den Kampf gegen das organisierte Verbrechen führt, erheblich verbessert (vgl. Powers 1975 und 1994).

Auch in Deutschland hat televisionäre Identitätsarbeit korporativer Akteure stattgefunden. So schickte beispielsweise das Entwicklungshilfe-Ministerium den altgedienten Seriendarsteller Klausjürgen Wussow, der schon in der Seifenoper *Die Schwarzwaldklinik* viele, vor allem ältere Zuschauer begeistert hatte, als medizinischen Entwicklungshelfer in die *Klinik unter Palmen* (1996). In die Produktion dieses Dreiteilers investierte man immerhin nicht weniger als 276.000 DM, das sind ca. 7 % des jährlichen Gesamtetats, um ein sinnhaftes Bild der ministeriellen Arbeit zu entwerfen. Später wurde u. a. ein Tatort-Krimi gesponsert, in dem das Thema des Kinderhandels aufgegriffen wurde. Und der Bundesgrenzschutz stellte ein ganzes Schiff zum Billigtarif zur Verfügung, damit in der Vorabendserie *Küstenwache* ein positives Bild von der Institution entworfen werden konnte.

Auch jenseits dieser im engeren Sinn politischen Akteure findet politisches Identitätsmanagement mit den Mitteln der populären Medienkultur statt. Produzenten und Regisseure agieren hier im Kontext der politischen Deutungskultur, die Bilder der gegenwärtigen politischen Realität, der Vergangenheit und der Zukunft produziert, um den Geschehnissen Sinn und Bewertung zu geben. Durch diese politischen Bildwelten, die in einem ständigen Kampf um die öffentliche Benennungsmacht stehen, werden individuelle und kollektive Identitätsangebote inszeniert, deren Erfolg oder Misserfolg weitreichende Konsequenzen nicht nur für die gesamte politische Kultur eines Landes, sondern auch für konkrete politische Weichenstellungen haben kann.

So war in den USA der massenmediale Bilderstreit um den Krieg in Vietnam von großer Bedeutung. Hier wurde um die Frage gerungen, ob die Niederlage die Folge einer schwächlichen Regierung war, die ihre Kämpfer im Stich ließ und durch ihre Inkonsequenz den sonst sicheren Sieg verschenkte; ob das Vietnam-Engagement der gezielten Strategie eines skrupellosen militärisch-industriellen Komplexes entsprang, das selbst vor Politikermorden nicht zurückscheute und mit seinem falschen Patriotismus auch integere junge Menschen moralisch korrumpierte; oder aber ob hier ein tragischer Sündenfall der gesamten Nation vorlag, die sich zuvor immer als Sieger in moralisch gerechtfertigten Kriegen fühlen konnte[25].

25 Vgl. zu den filmischen Auseinandersetzungen und öffentlichen Diskussionen um das Vietnam-Trauma, bei dem die Extreme durch Filme wie *Rambo: First Blood Part II* (1985) oder *Missing in Action* (1984) einerseits, durch die Werke Oliver Stones (*Platoon* (1986), *Born on the Fourth of July* (1989), *JFK* (1991) und *Heaven and Earth* (1993)) andererseits markiert wurden, Louvre/Walsh (1988) und Ryan/Kellner (1988).

Jenseits dieser großen Konflikte wurde der Kampf um eine kulturelle Hegemonie von Links oder Rechts in den normalen Prime Time-Programmen fortgeführt. So setzte vor allem der Produzent Norman Lear seit den 1970er Jahren mit verschiedenen Serien einen linksliberalen Kontrapunkt zu den zahlreichen konservativen Law-and-Order-Helden[26]. Der proletarische Antiheld Archie Bunker, Hauptfigur der Serie *All in the Family*, versuchte mit seinen erkennbar dummen reaktionären Kommentaren zur Tagespolitik das gesamte rechte Spektrum in der Unterhaltungsöffentlichkeit zu delegitimieren. Einen ähnlichen Bias gegen das konservative Establishment, freilich verbunden mit viel linker Selbstironie, zeigt auch die populäre Zeichentrickserie *The Simpsons* von Matt Groening, die nun schon seit acht Jahren die Quoten des Fox Network hoch hält und immer wieder politische Diskussionen provoziert[27].

In der deutschen Szene ist es vor allem Hans W. Geißendörfers *Lindenstraße*, die das zentrale Sprachrohr von linksliberaler Politik und *Political Correctness* darstellt. Die positiven Identitätsmodelle der Serie sind couragierte Alltagsmenschen, die keine Scheu vor unkonventionellen Lebensstilen haben und dann, wenn es auf sie ankommt, auch politisch aktiv werden. Das Andere dieser Identität sind Spießer, Neonazis und Ewiggestrige sowie skrupellose Geschäftemacher, die der kommunitären Gemeinschaft der alternativen Kleinbürger ablehnend gegenüberstehen. Als der jugendliche Serienheld Benny Beimer im November 1990 in der fiktionalen Welt der *Lindenstraße* zu einem kurzzeitigen symbolischen Stromboykott als Protestaktion gegen die Kernenergie aufrief, folgten ihm Tausende reale Zuschauer, indem sie alle Geräte und Lichtquellen in ihrer Wohnung abschalteten.

Die angeführten Beispiele, deren Reihe sich noch erheblich verlängern ließe, verdeutlichen, welcher Stellenwert massenmedialen Unterhaltungsöffentlichkeiten in der modernen Gegenwartsgesellschaft zukommt. Hier ist ein Forum entstanden, das zwar gegenüber abwägenden Expertendiskussionen mancherlei Verkürzungen und vielleicht auch Verzerrungen enthalten mag, das jedoch auch den nicht politisch uninteressierten Bürger auf sanftem Wege in politische Auseinandersetzungen hineinzieht und somit einen hohen Inklusionswert hat. Unterhaltungsöffentlichkeiten bilden in weitgehend ausdifferenzierten Gesellschaften einen gemeinsamen Interdiskurs, der Fragmentierungstendenzen gegensteuert; sie setzen und fokussieren dadurch Themen und steuern knappe Aufmerksamkeiten; sie bieten zahlreiche Möglichkeiten kritischer Anschlusskommunikation; sie bilden Konsonanzen sowie orientierende „Normalitäten"; und sie sind schließlich ein Garant für die Persistenz von politisch-kulturellen Traditionsbeständen, da in stets neuem Gewand immer wieder gegebene Selbstverständlichkeiten dargeboten werden.

26 Zu diesen kommerziell ausgesprochen erfolgreichen Serien von Norman Lear zählen *All in the Family* (1971–1979), *Sanford and Son* (1972–1977), *Maude* (1972–1978), *The Jeffersons* (1975–1985) und *One Day at a Time* (1975–1984); zu Norman Lear vgl. Marc/Thompson (1992: 45 ff).

27 Zur politischen Semantik der *Simpsons*, die das Identitätsmodell eines unkonventionellen, aber dennoch der politisch-kulturellen Tradition verpflichteten expressiven Republikanismus inszenieren, siehe Dörner (1998b).

Die deutschen Beispiele verweisen freilich auch darauf, dass Unterhaltungsöffentlichkeiten den sozialen und politischen Wandel verstärken können. Neue, in bestimmten Milieus entwickelte Lebensstile, Wertpräferenzen und Partizipationsbereitschaften werden in die medialen Bildwelten aufgenommen und dort als neue Normalität vorgeführt. Die Normalisierung des Neuen kann eher unbewusst erfolgen, indem man einfach bestimmten Trends in der Gesellschaft gerecht werden und dadurch bestimmte Zuschauergruppen erschließen will; sie kann aber auch als bewusstes identitätspolitisches Projekt erfolgen wie im Beispiel *Lindenstraße*[28].

Unterhaltungsöffentlichkeiten können also gezielt zum Instrument strategischen Identitätsmanagements gemacht werden, das Images verbessert und politisch gewünschte Identitätsmodelle lanciert, um Legitimation zu erheischen oder Wählerstimmen zu gewinnen. Viele professionelle politische Akteure haben die Relevanz von Unterhaltungsöffentlichkeiten längst erkannt[29]. Die Sozialwissenschaften sollten dem damit verbundenen „Strukturwandel der Öffentlichkeit" nun ebenfalls mehr Aufmerksamkeit widmen, um genauer erfassen zu können, wie im Zeitalter der medialen Erlebnisgesellschaft politische Identitäten konstruiert, inszeniert und ausgehandelt werden.

Literatur

Ansolabehere, Stephen u. a. (1993): The Media Game. American Politics in the Television Age. New York, Toronto.

Beck, Ulrich/Beck-Gernsheim, Elisabeth (Hrsg.) (1994): Riskante Freiheiten. Individualisierung in modernen Gesellschaften. Frankfurt/M.

Berg, Klaus/Kiefer, Marie-Luise (1992): Massenkommunikation IV. Eine Langzeitstudie zur Mediennutzung und Medienbewertung 1964–1990. Baden-Baden.

Berg, Klaus/Kiefer, Marie-Luise (1996): Massenkommunikation V. Eine Langzeitstudie zur Mediennutzung und Medienbewertung 1964–1995. Baden-Baden.

Berger, Peter A./Hradil, Stefan (Hrsg.) (1990): Lebenslagen, Lebensläufe, Lebensstile. (Soziale Welt, Sonderband 7). Göttingen.

Berger, Peter L./Luckmann, Thomas (1969): Die gesellschaftliche Konstruktion der Wirklichkeit. Eine Theorie der Wissenssoziologie. Frankfurt/M.

Bergmann, Werner (1994): Effekte öffentlicher Meinung auf die Bevölkerungsmeinung. Der Rückgang antisemitischer Einstellungen als kollektiver Lernprozess. In: Friedhelm Neidhardt (Hrsg.), Öffentlichkeit, öffentliche Meinung, soziale Bewegungen. (Kölner Zeitschrift für Soziologie und Sozialpsychologie, Sonderheft 34). Opladen, 296–319.

Bourdieu, Pierre (1982): Die feinen Unterschiede. Kritik der gesellschaftlichen Urteilskraft. Frankfurt/M.

Bourdieu, Pierre (1985): Sozialer Raum und ‚Klassen'. Leçon sur la leçon. Zwei Vorlesungen. Frankfurt/M.

28 Die Popularisierung und Normalisierung neuer Identitätsmuster ist um so eher möglich, wenn diese Muster in importierten Medienprodukten ohnehin schon eine gewisse Verbreitung erfahren haben. So sind die expressiv-republikanischen Identitäten, wie sie etwa in der *Lindenstraße* inszeniert werden, schon durch zahlreiche amerikanische Film- und Fernsehwelten vorbereitet worden (vgl. dazu auch Dörner 1999).

29 Siehe dazu auch die Ausführungen, die Peter Radunski (1992), selbst politischer Profi, vor wenigen Jahren formuliert hat.

Champagne, Patrick (1991): Die öffentliche Meinung als neuer politischer Fetisch. In: Berliner Journal für Soziologie 2, 517–528.
Cloonan, Martin/Street, John (1997): Politics and Popular Music. From Policing to Packaging. In: Parliamentary Affairs 50, 223–234.
Croteau, David/Hoynes, William (1994): By Invitation Only. How the Media Limit Political Debate. Monroe.
Dahlgren, Peter (1995): Television and the Public Sphere. Citizenship, Democracy and the Media. London u. a.
Dörner, Andreas (1991): Politische Sprache – Instrument und Institution der Politik. In: Aus Politik und Zeitgeschichte 17, 3–11.
Dörner, Andreas (1996): Politischer Mythos und symbolische Politik. Der Hermannmythos: zur Entstehung des Nationalbewusstseins der Deutschen. Reinbek.
Dörner, Andreas (1997): Politik in der medialen Erlebnisgesellschaft. Neuere Literatur zu den politischen Funktionen der Unterhaltungskultur. In: Politische Vierteljahresschrift 38, 831–843.
Dörner, Andreas (1998a): Medien als politische Identitätsgeneratoren. Zur Inszenierung des Republikanismus in der amerikanischen Medienkultur. In: Politische Vierteljahresschrift 39, 3–27.
Dörner, Andreas (1998b): Die Simpsons – Zivilreligion im Fernsehformat. In: Medien Praktisch 22, 2, 27–31.
Dörner, Andreas (2000): Politische Kultur und Medienunterhaltung. Zur Inszenierung politischer Identitäten in der amerikanischen Film- und Fernsehwelt. Konstanz.
Eco, Umberto (1977): Zeichen. Einführung in einen Begriff. Frankfurt/M.
Edelman, Murray (1976): Politik als Ritual. Die symbolische Funktion staatlicher Institutionen und politischen Handelns. Frankfurt/M., New York.
Edelman, Murray (1988): Constructing the Political Spectacle. Chicago, London.
Fiske, John (1994): Audiencing. Cultural Practice and Cultural Studies. In: Norman K. Denzin, Yvonna S. Lincoln (Hrsg.), Handbook of Qualitative Research. Thousand Oaks u. a., 189–198.
Fiske, John (1996): Media Matters. Race and Gender in U.S. Politics. Revised Edition. Minneapolis, London.
Gamson, William A. (1992): Talking Politics. Cambridge u. a.
Geißendörfer, Hans W. (1995): Die Serie wird so furchtbar ernst genommen. Interview. In: Das Parlament 33–34, 11./18. August, 9.
Gerhards, Jürgen (1994): Politische Öffentlichkeit. Ein system- und akteurstheoretischer Bestimmungsversuch. In: Friedhelm Neidhardt (Hrsg.), Öffentlichkeit, öffentliche Meinung, soziale Bewegungen. (Kölner Zeitschrift für Soziologie und Sozialpsychologie, Sonderheft 34). Opladen, 77–104.
Glasser, Theodore L./Salmon, Charles T. (Hrsg.) (1995): Public Opinion and the Communication of Consent. New York, London.
Grodin, Debra/Lindlof, Thomas R. (Hrsg.) (1996): Constructing the Self in a Mediated World. Thousand Oaks u. a.
Hartley, John (1992): The Politics of Pictures. The Creation of the Public in the Age of Popular Media. London, New York.
Hoberman, J. (1994): It's the Mr. Bill Show. In: Village Voice, 25. Jan. 1994, 23–25.
Hoberman, J. (1995): Dating Our Dad. In: The Village Voice, 21. Nov. 1995, 20.
Hobsbawm, Eric/Ranger, Terence (Hrsg.) (1983): The Invention of Tradition. Cambridge u. a.
Hurm, Gerd (1993): 'It's Time for a Change in America': Die Rhetorik Bill Clintons. In: Paul Goetsch, Gerd Hurm (Hrsg.), Die Rhetorik amerikanischer Präsidenten seit F. D. Roosevelt. Tübingen, 363–375.
Hurrelmann, Klaus (1995): Einführung in die Sozialisationstheorie. Über den Zusammenhang von Sozialstruktur und Persönlichkeit. 5. Auflage. Weinheim, Basel.
Just, Marion R. u. a. (1996): Crosstalk. Citizens, Candidates, and the Media in a Presidential Campaign. Chicago.
Kellner, Douglas (1995): Cultural Studies, Identity and Politics Between the Modern and the Postmodern. London, New York.
Keppler, Angela (1994): Wirklicher als die Wirklichkeit? Das neue Realitätsprinzip als Fernsehunterhaltung. Frankfurt/M.
Kurt, Ronald (1998): Der Kampf um Inszenierungsdominanz. Gerhard Schröder im ARD-Politmagazin *ZAK* und Helmut Kohl im *Boulevard Bio*. In: Herbert Willems, Martin Jurga (Hrsg.), Inszenierungsgesellschaft. Ein einführendes Handbuch. Opladen, 565–582.
Laux, Lothar/Schütz, Astrid (1996): „Wir, die wir gut sind". Die Selbstdarstellung von Politikern zwischen Glorifizierung und Glaubwürdigkeit. München.

Lindesmith, Alfred R./Strauss, Anselm L. (1983): Symbolische Bedingungen der Sozialisation. Eine Sozialpsychologie. 2 Bde. Frankfurt/M. u. a.

Link, Jürgen/Link-Heer, Ursula (1990): Diskurs/Interdiskurs und Literaturanalyse. In: Zeitschrift für Literaturwissenschaft und Linguistik 20 (77), 88–99.

Lipset, Seymour Martin/Rokkan, Stein (Hrsg.) (1967): Party Systems and Voter Alignments. Cross-National Perspectives. New York.

Lotman, Jurij M./Uspenskij, Boris A. (1984): The Semiotics of Russian Culture. Ann Arbor.

Louvre, Alf/Walsh, Jeffrey (Hrsg.) (1988): Tell Me Lies about Vietnam. Cultural Battles for the Meaning of the War. Milton Keynes, Philadelphia.

Marc, David/Thompson, Robert J. (1992): Prime Time, Prime Movers. Boston u. a.

Marcinkowski, Frank (1993): Publizistik als autopoietisches System. Politik und Massenmedien. Eine systemtheoretische Analyse. Opladen.

Maresch, Rudolf (1995): Mediatisierte Öffentlichkeiten. In: Leviathan 23, 394–416.

Mead, George Herbert (1973): Geist, Identität und Gesellschaft aus der Sicht des Sozialbehaviorismus. Frankfurt/M.

Merten, Klaus (1977): Kommunikation. Eine Begriffs- und Prozessanalyse. Opladen.

Meyer, Thomas (1992): Die Inszenierung des Scheins. Essay-Montage. Frankfurt/M.

Meyrowitz, Joshua (1985): No Sense of Place. The Impact of Electronic Media on Social Behavior. New York, Oxford.

Montgomery, Kathryn C. (1989): Target Prime Time. Advocacy Groups and the Struggle over Entertainment Television. New York, Oxford.

Morley, David (1992): Television, Audiences, and Cultural Studies. London, New York.

Müller, Hans-Peter (1992): Sozialstruktur und Lebensstil. Der neuere theoretische Diskurs über soziale Ungleichheiten. Frankfurt/M.

Neidhardt, Friedhelm (1994): Öffentlichkeit, öffentliche Meinung, soziale Bewegungen. In: Friedhelm Neidhardt (Hrsg.), Öffentlichkeit, öffentliche Meinung, soziale Bewegungen. (Kölner Zeitschrift für Soziologie und Sozialpsychologie, Sonderheft 34). Opladen, 7–41.

Neidhardt, Friedhelm (1994a): Die Rolle des Publikums. Anmerkungen zur Soziologie politischer Öffentlichkeit. In: Hans-Ulrich Derlien u. a. (Hrsg.), Systemrationalität und Partialinteresse. Festschrift für Renate Mayntz. Baden-Baden, 315–328.

Nimmo, Dan D. (1994): The Electronic Town Hall in Campaign '92. Interactive Forum or Carnival of Buncombe? In: Robert E. Denton (Hrsg.), The 1992 Presidential Campaign. A Communication Perspective. Westport, London, 207–226.

Norton, Anne (1988): Reflections on Political Identity. Baltimore, London.

Page, Benjamin I. (1996): Who Deliberates? Mass media in Modern Democracy. Chicago.

Patzelt, Werner J. (1995): Abgeordnete und ihr Beruf. Interviews, Umfragen, Analysen. Berlin.

Peters, Bernhard (1994): Der Sinn von Öffentlichkeit. In: Friedhelm Neidhardt (Hrsg.), Öffentlichkeit, öffentliche Meinung, soziale Bewegungen. (Kölner Zeitschrift für Soziologie und Sozialpsychologie, Sonderheft 34). Opladen, 42–76.

Peters, Birgit (1996): Prominenz. Eine soziologische Analyse ihrer Entstehung und Wirkung. Opladen.

Powers, Richard Gid (1975): J. Edgar Hoover and the Detective Hero. In: Journal of Popular Culture 9, 257–278.

Powers, Richard Gid (1994): From Camelot to Graceland. History and Popular Culture Studies from the Perspective of the Twenty-First Century. In: Marylin F. Motz u. a. (Hrsg.), Eye on the Future. Popular Culture Scholarship into the Twenty-First Century. Bowling Green, 133–148.

Radunski, Peter (1992): The Show Must Go On. Politiker in der Fernsehunterhaltung. In: Bertelsmann-Briefe 128, 76–78.

Ritter, Claudia (1997): Lebensstile und Politik. Zivilisierung, Politisierung, Vergleichgültigung. Opladen.

Rosenstiel, Tom (1993): Strange Bedfellows. How Television and the Presidential Candidates Changed American Politics. New York.

Ryan, Michael/Kellner, Douglas (1988): Camera Politica. The Politics and Ideology of Contemporary Hollywood Film. Bloomington.

Rybarczyk, Christoph (1997): Great Communicators? Der Präsident, seine PR, die Medien und ihr Publikum. Eine Studie zur politischen Kommunikation in den USA. Hamburg.

Sarcinelli, Ulrich (1987): Symbolische Politik. Zur Bedeutung symbolischen Handelns in der Wahlkampfkommunikation der Bundesrepublik Deutschland. Opladen.

Schulze, Gerhard (1992): Die Erlebnisgesellschaft. Kultursoziologie der Gegenwart. Frankfurt/M., New York.

Sennett, Richard (1983): Verfall und Ende des öffentlichen Lebens. Die Tyrannei der Intimität. Frankfurt/M.

Turner, Graeme (1996): British Cultural Studies. An Introduction. 2. Aufl. London.

Wehner, Josef (1997): Interaktive Medien – Ende der Massenkommunikation? In: Zeitschrift für Soziologie 26, 96–114.

Wiesendahl, Elmar (1998): Parteien in Perspektive. Theoretische Ansichten der Organisationswirklichkeit politischer Parteien. Opladen.

Wittpoth, Jürgen (1994): Rahmungen und Spielräume des Selbst. Ein Beitrag zur Theorie der Erwachsenensozialisation im Anschluss an George H. Mead und Pierre Bourdieu. Frankfurt/M.

Wittwen, Andreas (1995): Infotainment. Fernsehnachrichten zwischen Information und Unterhaltung. Bern u. a.

Künstliche Umwelten und Identität

Manfred Faßler

> „Wenn wir in der Lage wären, auf natürlichere Weise mit Computern zu interagieren, dann wäre ein quasi-sensibler Raum sicherlich ein Ort, wo die Kommunikation zwischen uns und der von uns geschaffenen neuen globalen Elektronikkultur möglich sein könnte."
>
> H. Rheingold (1992: 169)

1. Vom Gebrauch des Künstlichen

Das Thema, mit dem ich mich beschäftige, hat traditionell einen guten Klang: Identität. Die Vorstellungen, die dieses Thema bewegen, reichen von Körpererfahrung oder Körperferne, über Entfernung von oder Annäherung an die anderen, bis zur „Sensibilität für das Telematische" (Kamper 1994: 236); von namentlicher Identifikation (vom Einwohnermeldeamt bis zur Autorenschaft), über personale Zurechenbarkeit, Ich-Identität, bis zu Freiheitsassoziationen in grenzenlosen elektronischen Netzwerken oder lebensgeschichtlicher Integrität im Anonymen der Städte – wenn man sich auf die einzelmenschlichen Dimensionen bezieht. Nimmt man soziale Selbstbeschreibungen oder nationale und kulturelle Identitätsbestimmungen hinzu, öffnen sich zudem noch ganz andere Assoziationsfelder u. a. in Richtung Globalität, Transkulturalität (Reimann 1992) oder nationaler Kultur- und Medienpolitik.

Unstrittig ist, *dass Identität eine Unterscheidungsleistung* ist, in der sich die Verschiedenheit zwischen einem Menschen und anderen Menschen oder nicht-menschlichen Umgebungen organisiert. Wie dies erfolgt, ist gerade unter Bedingungen der Mensch-Computer-Interaktivitäten und deren Netztechnologien einmal mehr strittig. Es geht darum,

- ob für die Unterscheidungsfähigkeit nur direkte, zwischenmenschliche Kommunikation gelten soll oder mediale (unpersönliche) Prozesse, künstliche Welten und daran entwickelte Wahrnehmung und
- ob Identität eine geschlossene Form der Selbstorganisation darstellt oder eher einen instabilen Prozess der lernenden Anpassung des Selbst eines Menschen an seine verschiedenen, heterogenen Umwelten (an Menschen, an städtische, industrielle, mediale Landschaften, an Institutionen, an Fundamentalismen).

1.1. Künstliche Räume, künstliche Zeiten

Ich werde mich hier auf die Bedeutung des Gebrauchs der elektronischen Medien und mithin auf den Gebrauch programmierter künstlicher Umwelten beziehen.

Künstlich meint hier nicht die digitalen Codierungen. Eine digitale Schaltung *ist* keine Farbe, ein Speichersektor auf einer CD-ROM *ist* weder Information noch Kommunikation. Weder aus der Struktur der Programmiersprachen noch aus den gerätetechnischen Netzumgebungen sind die optionalen, szenischen und verbindlichen Beziehungen erklärbar, die die *immaterielle soziale Umwelt* bereits wirtschaftlich, politisch, kulturell, künstlerisch, psychisch oder kommunitär ordnen. Es geht mir um jene elektronischen Texte, Bilder, Räume, Ereignisse oder Szenen, jene Anwesenheiten, Erreichbarkeiten, virtuelle Begegnungen und Handschläge, die durch sie möglich sind, sich aber nicht aus dem Maschinencode herleiten lassen.

Künstlich bezieht sich auf eine immer reichhaltigere, komplexere und mächtigere elektronische Mediensphäre, deren Verkörperung flüchtig ist und deren Wahrnehmung eine neue *Kultur der* (militärisch, warenwirtschaftlich und individuell wirksamen) *Imagination und des Entwerfens* erfordert.

Dieses *Künstliche* ist dreifach gebunden:

- an die Algorithmisierungen und Imaginationen bei seinem Anfangs-Entwurf zur Erstellung von Software (also durch Formalisierung);
- an die informationellen, unterhaltsamen oder Optimierungs-Erwartungen bei seinem individuellen Gebrauch (über Kompetenzen);
- sowie an den Verbreitungsgrad dieser Medientechnologie, an das Größenspektrum netztechnologischer Ausstattungen und an deren soziale resp. globale Verknüpfungen (vermittels Kapazitäten).

Übersetzt man dies in die Anwendung des *Virtuellen* – also in die Applikation der der Möglichkeit nach vorhandenen Realitäten –, dann bekommen die künstlichen Welten identifizierbare Körper, orientierende Umgebungen, elektronisch persistente Gesichter, auswählbare Adressen: Sie werden Momente realer Bewegung. Ebenso wichtig ist, dass das programmierte Virtuelle nicht nur figürlich oder räumlich ist, sondern neue Dimensionierungen von Zeiten enthält: Zwischen den menschlich nicht wahrnehmbaren Nano- und Femtosekunden der Schaltungen, den Zeiten, die ich benötige, um eine e-Mail zu schreiben, und den Zeitachsenmanipulationen bei digitalen Videoaufnahmen entsteht eine neue Ökonomie der Zeiten. Im elektronisch Virtuellen kann nun die ‚eigene' Schaltungsgeschichte geschrieben, gespeichert und als Systemgedächtnis aufgerufen werden. Das Künstliche schreibt seine eigene künstliche Geschichte. Das virtuell Reale bekommt seine eigenen Zukünfte, weltweit.

Die nun ‚möglichen' Zeithorizonte lösen sich in ihrer Veränderbarkeit, in ihrem Zeitenmix rund um den Globus, in ihrer Verschaltung von On-Line-Kommunikation und sehr unterschiedlichen bildlichen, textlichen, tonalen Speichern usw. von den bisherigen Zeitweisen sozialer Ordnungen ab. Künstliche Zeit und jeder von ihr berührte Gegenstand scheinen sich zu beschleunigen. Die Bewegung, eine der zentralen Beschreibungen der industriellen und transporttechnischen Moderne, wird aus dem sozialen Gebilde des Natürlichen in den Bereich des Künstlichen überführt.

Um dies verstehen zu können, kann man die Geschichte und Zukunft des Künstlichen nicht länger im Stil der Seinsgeschichte entwickeln (Sloterdijk 1996: 53). Es entstehen elektronische, informationelle und kommunikative Umwelten. Ihre Geschwindigkeiten sind nicht nur durch die elektromagnetischen Schaltungen bestimmt, aus denen man nichts Soziales gewinnen kann. Sie hängen von *den Stilen der Mensch-Computer- oder Mensch-Medium-Interaktivität* ab, in denen diese Umwelten genutzt, gedeutet, erhalten und verworfen werden. Sie sind in den vielfältigen Wechselwirkungen eingewoben, die durch computervermittelte Kommunikation entstehen.

Die *Dimensionen, Kontinuitäten, Dichte, Grenzen und Krümmungen der virtuellen Räume* hängen entscheidend von der Intensität ihrer Nutzung und ihrer gebrauchskulturellen Einbindung ab – also auch davon, wie sich in ihnen *Unterschiede* benennen und ordnen lassen und wie sich in ihnen Momente von *Identität* bilden und halten können.

1.2. Künstliche Umwelten und Menschen

Grundsätzlich wird hier angenommen, dass die *sinnlich-geistigen Bedingungen menschlicher Existenz analog* sind und *nicht digital.* Fließende gedankliche und situative Übergänge, Integrität der Wahrnehmung, die Erwartung und Hoffnung, immer ‚vollständig' körperlich anwesend zu sein, erweitern diese Bedingungen. An ihnen ist schon erkennbar, dass die Beobachtung des Körperlichen nicht ohne ihre soziale Konstruktion, nicht ohne vorherige soziale Selbstbeschreibung möglich ist.

Damit steht jede einzelmenschliche Selbstbeschreibung, jede Selbstorganisation in Wechselwirkungen mit Umwelten, die nach anderen Regeln aufgebaut sind und agieren, als die lebensgeschichtlich gebahnten Wahrnehmungs- und Handlungsfähigkeiten. Wechselwirkung heißt dann, dass analoge und digitale Szenarien, dass das *real Reale* (in der Sprache der Netzwerke: Off-Line) und das *virtuell Reale* (On-Line) in dichte, vernetzte Beziehungen gebracht werden. Die Frage nach Identität in diesem On-Line-/Off-Line-Gewebe berührt die sozial anerkannten und unverzichtbaren Maßstäbe der ‚künstlichen' Wechselwirkungen, der Bedeutung der Anwesenheit im Netz, der anerkannten Folgen für sozialen Status, für Biographie usw., also die Gründe, etwas für wahr zu nehmen.

Inzwischen gibt es eine Fülle von Arbeiten, die sich mit den spezifischen computer-medialen Wechselwirkungen befassen. Dies reicht von „CyberSociety"(Jones 1995; oder auch Bühl 1996) über globale Medien und „Spaces of Identity" (Morley/Robins 1995) bis zu „Virtual Culture. Identity & Communication in Cybersociety" (Jones 1997) und „Cyber-Modernität" (Faßler 1998). Fragen nach den politischen Netzwerken werden ebenso behandelt, wie die nach den Chancen für kollektive Identität, homosexueller Identität im Cyberspace (Shaw 1997) oder dem „second self" und dem „life on the screen" (Turkle 1995). Die Blüte der internationalen Identitäts-Debatten zeigt den enormen Bedarf an, sich nicht nur im virtuellen, künstlichen Raum (jenseits der Handbücher) zurecht finden zu können. Sie zeigt auch, dass es dringlich ist, die *mediale Individualisierung* nicht nur empirisch zu beschreiben. Es geht darum, die *sozio-kulturelle Bedeutung und die Identitätsbezüge* dieser Individualisierung zu verstehen.

Ich beziehe mich hier nur auf einen Bereich: auf die Frage, wie die *dynamischen Wechselwirkungen von künstlichen Umwelten und einzelnem Menschen* beobachtbar gemacht werden können.

Angenommen ist, dass sie eine besondere Bedeutung für die Entstehung von einzelmenschlicher Identität haben. Sie stellen besondere Formen und Prozesse der *Interaktivität von Anwesenheit und Abwesenheit* dar, von medialer Telepräsenz und verteilten künstlichen Nachbarschaften, Gemeinschaften, Marktplätzen, Klassenzimmern, Universitäten oder Sozialitäten. Durch diese Interaktivität werden Raum und Zeit nicht nur in historisch beispiellose Beziehungen zueinander gestellt. In ihnen entwickeln sich auch neue Maßstäbe der Raumevidenzen und Zeitsicherheiten.

2. Eingrenzungen

Sechs Eingrenzungen sind wegen der gebotenen Kürze nötig.

– Ungegenständliche Umwelten: Die großtechnischen Projekte, zu denen auch die Computertechnologie gehört, beziehen sich *immer weniger auf große stoffliche, gegenständliche Umwelten*. Ihre Komplexität lässt sich nur noch entwerfen und handhaben, indem die materielle Welt zu einer intelligenten, hypertextuellen, multisensorischen Bilderwelt wird und die Bedeutung der Techniken des Denkens zunimmt. Hierauf bezieht sich die grundlegende Position *der Entmaterialisierung von Kommunikation* in der Informatik oder den Computer Sciences.

– Immersion / Interaktivität: Der Gebrauch der elektronischen Medien setzt voraus, dass jede/jeder sich handelnd in eine Beziehung zum Medium begibt. Diese Beziehung wird geläufig als *Interaktivität* bezeichnet. Zu ihr gehört, dass der Mensch in den formativen Raum des Mediums eintreten muss, um ihn nutzen zu können. Man öffnet ein elektronisches Fenster, tritt in eine Newsgroup ein (medial und sozial) usw. Interaktivität ist also zugleich Immersion.

– Massenindividualmedium: Die dritte Vorbemerkung betrifft einen der interessantesten Punkte. Obwohl die Computertechnologie ein globales, massenhaft verbreitetes Medium geworden ist, ist sie im Kern ein Individualmedium, ein Massen-*individual*medium. S. Papert sieht hierin einen „gewaltigen Beitrag" der digitalen Medien, dass sie „auf den Einzelnen zugeschnitten sind und eine große Bandbreite intellektueller Stile zulassen" (1994: 22). Das Massenindividualmedium führt über die bisherige Bindung von Gesellschaft und Individualität zu einem Nexus von energetischer, bildreicher, künstlicher Welt und Individualität. Die damit einhergehenden Wechselverhältnisse sollten Soziologie zunehmend interessieren.

– Kommunikation: Der mediale Individualisierungsprozess verändert die Verfassung sozialer Kommunikation. Immer mehr Bereiche der arbeits-, freizeit-, verteilungs- oder planungsorientierten Kommunikation finden als netzgestützte oder On-Line-Kommunikation statt. Sie ist von den herkömmlichen zeitlichen und räumlichen Beschränkungen entbunden und erzeugt ihre eigenen Exklusivitäten, als-ob-Sozialitäten und Vertrautheiten.

– Fragmentierungen: Die netztechnologischen Kommunikationsumgebungen bewirken neue Zeit- und Raumökonomien. Dies erscheint so, als lösten sie die überlieferten Bindungen von räumlicher, zeitlicher, institutioneller oder ökonomischer Integration auf. Menschen erleben dies als Fragmentierung, als Zerreißen ihrer eingelebten Gemeinschaften. Biographische und soziographische Standards und Konventionen verlieren ihre Bindungsfähigkeit. Dennoch sollte man auch hier genau hinschauen, um welchen Prozess es sich handelt. Die erlebte Fragmentierung bezieht sich auf den festen, geographischen oder euklidischen Raum, auf Übersicht, Ansässigkeit, Ort und Stelle. Zugleich werden im virtuell Realen neue Räume und Kontinuitäten gebildet. Fragmentierung muss also mit dem gleichzeitigen Prozess der Vernetzung gedacht werden. Für die lineare, modularisierte Zeiterfahrung würden diese Prozesse keine allzu erheblichen Veränderungen erzeugen, blieb es bei der Fortsetzung der Synchronisierung durch Uhr, durch linearisierende Rationalisierung mit nun elektronischen Mitteln. Aber der Hinweis auf die einhergehende Vernetzung und erst Recht der Hinweis auf fraktale Fabriken, flache Hierarchien, Abbau der Stab-Linien-Systeme in Betrieben zeigen an, dass die überlieferten Zeitökonomien nicht mehr greifen. Für zyklische Zeiterfahrungen und für biographische Ausprägungen des Zeit-Raum-Nexus bedeuten die oben schon angesprochenen künstlichen Zeiträume eine starke Irritation.

– Zusatzräume: Aus der Nutzung der programmierten, künstlichen Kommunikationsbedingungen entstehen immer mehr Zusatzräume, in denen Menschen anzutreffen sind, sich versammeln, sich erreichbar machen, ob nun pseudonym, mit wirklichem Namen oder anonym. Es entstehen neue Formen kultureller und zivilisatorischer Präsenz, neue Formen von Kommunalität und von Sozialität. Technologisch sind es Verbindungen mit sehr unterschiedlichen Hard- und Software-Hintergründen. Aber sie begründen keineswegs die Entstehung sozialer Zusatzräume; diese entstehen erst durch die hinreichend komplexe Erwartung, mit künstlichen Welten individuelles Leben und soziale Zusammenhänge erzeugen, gestalten und erhalten zu können (Faßler 1996).

3. Wirklichkeitsindustrien

Die medien- und kommunikationssoziologische Bedeutung dieser Veränderungen ist enorm. Immer mehr kommunikative Situationen in Arbeitsverhältnissen (EDV-

Arbeitsplatz, Terminal am Arbeitsplatz, PC-Lösungen, Vernetzungen), bei der Regelung von Alltäglichkeiten, bei der Suche nach komplexen Informationen o. Ä.. sind durch die *dichte Wechselwirkung von menschlichen und nicht-menschlichen Kommunikationsträgern* bestimmt.

Die *Mensch-Computer-Interaktivität* oder generell: die *Mensch-Medien-Interaktivität*, die vom Personal Computer über Settop-Boxen, interaktives digitales Fernsehen, interaktive computerunterstützte Kunst bis hin zu OTTO-Online oder NUR-Online reicht, verändert nicht nur die individuelle Bedeutung und soziale Geltung medientechnologischer Kommunikations-Umwelt. Sie beeinflusst die Art und Weise, wie einzelmenschliche Identität verfasst ist, worauf sie sich wie bezieht, mit welchen Kontinuitäten sie operiert oder auf welche heterogenen Informationshintergründe sie sich einstellen kann.

- Ein medienpädagogisches Pilotprojekt wie COMENIUS (Panton Media Lab Hannover), das Schulen in Berlin vernetzt, um ein multimediales Lernen in einem vernetzten Kommunikationssystem zu erproben, in dem Bilder nicht nur zu didaktischen Zwecken, sondern als Wissensspeicher eingesetzt werden,
- Projekte wie ‚Polikom', in denen die Text-Bild-Kommunikation zwischen Ländervertretungen und Bundesministerien in Bonn und Berlin entwickelt wird,
- der dynamische Markt von Datenbanksystemen, deren Ziel die Ersetzung der Funktion von realen Bibliotheken sein soll,
- Modelle vom ‚gesprächigen Schreibtisch', in den eine berührungsempfindliche Monitoroberfläche eingebaut ist, über die gemeinsame, simultane Aktivitäten im selben Gebäude oder global möglich sind,
- Konzepte von virtuellen Universitäten, in denen in Echtzeit oder asynchron Menschen studieren können, die irgendwo in Europa oder in den USA leben u. v. a. m.,

sind Blitzlichter auf eine elektronische Mediasphäre, die bereits begonnen hat, Umwelten, also Wirklichkeiten zahlreicher kommunikativer Verläufe zu bilden.

Je reichhaltiger (an Informationssektoren, deren Verknüpfung, an Konnektivitäten, an Text-Bild-Integrationen usw.) die multimediale Ausstattung digitalisierter Kommunikationsumgebungen und je intensiver die multisensorische ‚Ansprache' der medientechnologischen Systeme wird, umso deutlicher wird: Computer sind nicht nur Werkzeug, Gerät oder Instrument. Ihre Verbindung (Vernetzung) hat einen medialen Zusammenschluss und einen sozialräumlichen Zusammenschluss erzeugt, der erlaubt, von einer *sozial-konstitutiven Funktion des Mediums Computertechnologie* zu sprechen. Es ist eine als angewandte Virtualität organisierte Infrastruktur des Wissens, globaler Umgebungen und heterotoper Raum-Zeit-Verbindungen entstanden.

Sicher ist diese Situation relativ ‚jung', vergleicht man sie mit urbanen Traditionen, mit der langen Geschichte der Zeitungen, mit der Wirkungsmacht der Massenmedien oder der grundlegenden Bedeutung des Text-Welt-Bezuges, der die zurückliegenden Jahrhunderte prägte. Aber die Durchsetzungs- und Wirkungsgeschichte von Computertechnologie ist nicht mehr so ‚jung', als dass man auf soziologiefähige Konzepte von künstlichen Wirklichkeiten, künstlicher Gesellschaft, global verteilter künstlicher Sozialität oder Netz-Knoten-Theorie verzichten dürfte. Und die Tatsache, dass der elektronisch-digitale „wirklichkeitsindustrielle Komplex", wie H. Rheingold (1992) es benennt, derzeit weltweit mehr als den doppelten Bruttoumsatz macht als es die Autoindustrie erreicht, müsste die Notwendigkeit offen legen, *hinreichend komplexe und belastbare Theorien künstlicher Sozialitäten* zu entwickeln.

Bleiben wir bei der sozialen Durchsetzung von Computertechnologie. Der gegenwärtige Status erlaubt, wie ich meine, sehr wohl, Computertechnologien mit der Frage nach Identität zu verbinden.

3.1. Mediengeschichtliche Meilensteine

Eine in groben Strichen skizzierte technologiegeschichtliche Reihung kann dies erläutern.

Die zivile Nutzung von elektronischer Datenverarbeitung (EDV) begann in den 1950ern in den Kellern von Banken und Versicherungen. Großrechenanlagen, ausgebaut wie Hochsicherheitstrakte, magnetisch abgeschirmt, profilierten einen neuen Berufszweig, den EDV-Spezialisten. Es war eine gerätetechnische Ansammlung hochspezialisierter Leistungsfähigkeit.

1956 wurde in Dartmouth im Verlauf einer interdisziplinären Konferenz das Vorhaben ‚Künstlicher Intelligenz' ausgelobt. Seitdem gab es verschiedene Entwicklungszyklen, erheblichen Schulstreit und manchen Rückschlag: An der Idee einer programmierten, global verteilten künstlichen Intelligenz, an den Modellen von Künstlichem Leben und an den Versuchen, Künstliche Intelligenz biotechnisch mit Natürlicher Intelligenz zu verbinden, hat sich grundsätzlich nicht viel geändert.

Über annähernd drei Jahrzehnte ändert sich am Modell der EDV nicht viel. *Der größte Entwicklungsschritt* erfolgte mit der Markteinführung des Personal Computers/PC Anfang der 1980er durch IBM und McIntosh/Apple. Der Schritt zur Alltäglichkeit war getan; anfangs mit sehr niedrigen Rechenkapazitäten. Aber dies änderte sich rasch, wie jeder weiß, und ändert sich noch weiter. Der *Personal Computer leitet die Individualisierung elektronischer Informations- und Kommunikationsumgebungen* ein.

Den nächsten großen Schritt bildete die Öffnung des US-amerikanischen Forschungsnetzes INTERNET für weltweite wissenschaftliche Kommunikation (Uni Dortmund schließt sich 1984 als erste dem INTERNET an). Damit entstehen eine immer leistungsfähigere Netzsoftware-Produktion und eine exponentiell wachsende Nutzerpopulation, weltweit. Zugleich werden Netztechnologien für sehr unterschiedliche Leistungsprofile ausdifferenziert, wie das USENet, das FIDONet, das kommerzielle World Wide Web usw. (Faßler 1997b).

Durch die *multimediale und multisensorische Integration* von Spielen, Fernsehen, Texten, durch die audiovisuelle Qualitätssteigerung von Hypertexten, durch die verbesserten On-Line-Kapazitäten entstehen aus der technologischen Vernetzung allmählich mediale Zusammenhänge und mit ihnen die Potentiale für mediale soziale Räume. In ihnen sammeln sich die Cybernauten, „Techno-Eschatologen“ (Dery 1996: 16), Gesprächssuchende oder Forscherinnen und Forscher. *Das ‚Netz‘ wird Kult- und Kulturraum,* virtueller Treffpunkt und Nachbarschaft, virtuelles Großraumbüro und Telepolis, Speicherraum für den päpstlichen Segen ‚urbi et orbi‘ und virtuelles politisches Gremium oder ebensolche Bewegung. Die immer dichteren Netzwerke führen zur Etablierung eines Bereiches der digitalen Massenindividualmedien innerhalb der virtuellen sozialen Zusatzräume.

Der letzte hier zu erwähnende große Schritt ist das großtechnologische Vorhaben *globaler Vernetzung* und *netztechnologischer Standardisierung*, mit dessen Hilfe sog. *transkulturelle Kommunikation* auf eine für 1 Milliarde Menschen nutzbare und ökonomisch verwertbare technologische Basis gestellt werden soll (Globale Netzprojekte wie Globalstar, Iridium oder Teledisc sind hierfür Beispiele).

Ich will die medientechnologischen Aspekte hier nicht vertiefen.

3.2. Krise der Wirklichkeit

Die Skizze lässt schon vermuten, dass die *konstitutionellen Folgen digitaler Medialität* zunehmen werden. Für die Menschen stehen *neue Ökonomien und Kulturen der Unterscheidungen* an. Sie müssen lernen, in den *künstlichen* Welten ebenso Unterscheidungen, Bedeutungen, Inklusionen zu entwickeln, wie in so genannten *natürlichen* Welten.

Die Pointe des Worts vom *wirklichkeitsindustriellen Komplex* liegt darin, dass (computer-) industriell immer mehr potentielle Wirklichkeiten erzeugt werden. Ob und wie sie genutzt werden, ob sie gebraucht werden, ob sie weiter entwickelt werden, ist damit noch nicht entschieden. Zurzeit sind nur 3 % der weltweit geschriebenen Software in Gebrauch, und jeden Moment veralten ganze Softwarepakete. U. a. aus diesem Grunde bin ich skeptisch, ob der Terminus „globale Kulturindustrien“, den Scott Lash in Anlehnung an *Kulturindustrie* von Horkheimer und Adorno einführt, die *Struktur von Massindividualmedien* und deren interne gebrauchskulturelle Differenzierungen, die heute schon erkennbar sind, trifft. Die Befürchtungen, die ich zu erkennen glaube, bestehen wohl darin, dass Gesellschaft und Identität in die automatisierte Buchhaltung der Energie und Informationen geraten. Die Verbindung zum Weber'schen (stählernen) Gehäuse der Hörigkeit ist erkennbar.

Die softwaretechnologische Erzeugung von Wirklichkeiten zwingt im Gegenteil die Soziologie, die ausdrücklichen Bedingungen (also die algorithmischen Programme und deren maschinentechnologische Laufumgebungen) von Wahrnehmung und deren Übersetzung in identitätsbeschreibende Beobachtung theoretisch aufzunehmen.

Die *inflationäre Präsenz von möglichen Wirklichkeiten* entwertet nicht die ausdrückliche Auswahl, die ich treffe, um kognitiv und kommunikativ für mich zurecht zu kommen. Der *realities overload,* der in den vielen, der Möglichkeit nach vorhandenen (= virtuellen) Wirklichkeiten angeboten wird, erzeugt nicht vorrangig eine

Krise der Identität, sondern eine Krise der einen Wirklichkeit. Hieraus wird erst dann eine Krise der Idee von Identität, wenn es die hygienische Selbstverpflichtung gibt, sich nur auf *eine* Wirklichkeit, d. h. auf *einen* Beobachtungsmodus zu beziehen.

Das spannende der audiovisuellen Ausstattung der vielen möglichen Wirklichkeiten ist, dass sich die programmierten optischen Räume selbst zur Schau stellen. Sie werden intelligente Umgebungen, wenn man in sie eintritt. In ihnen treten mir – Vernetzung vorausgesetzt – *virtuelle Körper* und *virtuell unterlegte Identitäten* fremder Kommunikationspartner entgegen. Sie sind schon da oder tauchen plötzlich als *avatar* (als bildnerischer oder montierter gegenständlicher künstlicher Platzhalter für elektronische Anwesenheit), als Tarnname (Pseudonym) oder als namentlich sich ausweisende Person auf. Sie *verändern in jeder Situation den Raum evolutionär*, d. h., dass die soziale Wirklichkeit des Virtuellen sich in jeder Sekunde durch die Bewegungen und Aktionen der Interaktivitätsträger verändert.

3.3 Der intelligente Niemand?

Um dies nochmals zu betonen: nicht die medien*technologisch* möglichen Welten für sich verändern die Beobachtung von Wirklichkeit und deren Bewertung. Es ist die Gebrauchs*kultur*, die durch die selektive Nutzung dieser Wirklichkeiten entsteht. Sie macht die Veränderungen manifest. Technologie ist nichts ohne diese Kultur; virtuelle Welten werden erst beobachtbar, indem man in sie eintritt. Tritt man in sie ein, umgibt einen eine mehr oder weniger ‚intelligente' künstliche Umwelt.

Fred Forest beschrieb dies anhand der Bildkonzepte als ‚Krise der Wirklichkeit':

> „Die Bilder, so scheint es, werden ‚intelligent'... Gestern haben wir sie noch betrachtet, heute beobachten sie uns bereits. In einer interaktiven Relation, in der keineswegs klar ist, ob wir noch das Privileg der Initiative und der Kreativität besitzen, testen sie unsere Fähigkeiten, Antworten zu geben. Die Bilder fordern ihre eigene Identität und kämpfen um ihre Autonomie." (1991: 326)

Nimmt man den subjektivierenden Überschuss des ‚die Bilder fordern' heraus, und verbindet diese Beobachtung mit der Interaktivität in virtuellen Räumen, so wird ein soziologisch interessanter Schuh daraus: Die von anderen Nutzerinnen und Nutzern belebten virtuellen Wirklichkeiten und Cyberspaces werden wegen der ihnen eigenen Mensch-Computer-Interaktivität/MCI zu intelligenten Umgebungen. Sie „fordern ihre eigene Identität" als Club, als virtuelle Nachbarschaft, als virtuelles Unternehmen usw. Das ist der Hintergrund für meine Rede von den sozialen Zusatzräumen.

Die Krise der herkömmlichen (territorialen, geographischen, institutionellen, kultureinheitlichen, impliziten) Wirklichkeitskonzepte wird in dem Maßstab größer, wie immer mehr ‚natürliche', ‚zwischenmenschliche' oder ‚selbstverständliche' Handlungsverläufe zu computergestützten und -verstärkten Interaktivitäten werden. So wird die *Narration* in der Textform der *Multi User Dungeons* und ihren Folgegenerationen medial eingebunden; dasselbe trifft für *räumliche Orientierung* (durch dreidimensionale Programmierungen), für *Bewegung* (durch Virtuelle Realitäten) und für komplexe, so genannte *,intelligente' Kombinatorik* (Hypertext, Hypermedia), für *Wissenserhalt* (globales Datenbankmanagement), für *Überlieferung* (Systeme mit selbst geschriebener ,eigener' Geschichte), für *Pädagogik* (auf einzelne Menschen und Gruppen bezogene virtuelle Lernräume) zu.

Menschen werden immer öfter in diesen Umgebungen fern-anwesend und erreichbar sein. Als was? Als Pseudonyme, als ID-Nummern, als Adressaten im Internet-Protokoll. H. Nowotny kommentierte dies kritisch als „Erfindung der Zwischenwelt":

> „Die doppelte Absetzbewegung von Jemand zu Niemand und die korrespondierende Aufwertung der vielen Niemande zu vielen Jemanden, die jeder und jedem ihre oder seine Individualität zugesteht, ist in eine neue Phase der Komplexität getreten. Es ist eine Phase der beispiellosen Vermischung, die sowohl als Mélange, als Mestizentum der kulturellen Demokratie auftritt, wie als intensivierte Hybridisierung der wissenschaftlich-technischen Zivilisation. Die Hybridisierung des Selbst ist in vollem Gang." (1996: 21)

Weil sie in virtuellen Büros an virtuellen Schreibtischen arbeiten, weil sie sich Kochrezepte für Känguru-Gulasch von down under Australia holen, weil sie Planungsprozesse als Computer Supported Cooperative Work/CSCW durchführen, ist es unausweichlich, die Idee von Identität hierauf zu orientieren: auf die ständige interaktive Veränderung der Umwelten und die Veränderung der Selbstbeschreibungen der Menschen. Der Wechsel von der Schau zur interaktiven Nutzung, von der zentralperspektivischen Wahrnehmung zur Bewegung in virtuellen Räumen, ist der wichtigste Übergang, der mit MCI angezeigt wird.

Diese dynamischen Wechselwirkungen legen die Überlegung nahe: Identität ist eine Vorstellung, die der Mensch von sich selbst entwickelt, die aber weder als Schicksal noch als Anweisung gelebt werden sollte.

4. Wechselwirkungen

Die hier vorgeschlagene Sichtweise geht davon aus, dass dic Menschen Umgebungswesen sind.

Durch ihre sinnlich-geistigen Wechselwirkungen zu den wahrgenommenen Unterschieden entwickeln sie die Fähigkeit, sich selbst zu benennen, selbst zu organisieren und zu beobachten. Diese Denkweise geht u. a. zurück auf die verschiedenen Theorietraditionen, die mit Margret Mead, Gregory Bateson, Heinz v. Foerster, Paul Watzlawik, Humberto Maturana und Ernst v. Glasersfeld verbunden sind. Interessante Berührungspunkte gibt es da sicherlich auch zu George Herbert Meads Konzept von I, me, self.

Akzeptiert man die Idee der ständigen Wechselwirkung, so wird die Bedeutung der Unterscheidungsfähigkeit für Identität gerade auch im Verlauf des medienevolutionären Schubs deutlich. Die Wechselwirkungen mit medialen, abstrakten, virtuellen Umgebungen werden zu immer wichtigeren Wirklichkeitserfahrungen. Je vielfältiger die computergestützten Kommunikationsumgebungen z. B. in die beruflichen, außerberuflichen, freizeit- und unterhaltungsbezogenen Erfahrungen eingefügt werden, umso dringlicher wird es, ein Identitätskonzept zu entwickeln, das die intensiven Wechselwirkungen mit künstlichen Welten oder vielen möglichen Wirklichkeiten beobachtbar macht.

Wir sehen uns sozialen Umgebungen und Gestaltungsverläufen gegenüber, die nicht mehr dauerhaft planbar, vorausberechenbar und symbolisch belegbar sind. Die Resonanzen, die früher erlaubten, von Identität zu reden, sind dissonant geworden. Was soll denn mit Identität beschrieben werden angesichts unfester (instabiler), nicht eindeutiger (komplexer) und flüchtiger (dynamischer) Prozesse?

Im Gegensatz zu Identität, für die eine Beschreibung gilt, die sicherlich ihre Schichtungen nach Vorlieben, Eigenarten, Entscheidungen, Funktionen usw. haben kann, sind für komplexe Zustände mehrere gleichwertige Beschreibungen erforderlich. Und wie es scheint, nimmt die Bedeutung komplexer Zustände in Ökonomie, Politik, Ästhetik, Design und nicht zuletzt im Prozess der Medienevolution zu; ungünstig für die Ideen einer mehr festen, dauerhaften Identität. Markiert dies eine Identitäts-Krise? Zumindest ist die historische Sicht, *Identität als den etwas früher geborenen Zwillingsbruder der rationalen Kalkulation und Planung* der bürgerlich-warenwirtschaftlichen Eltern zu beschreiben, *überholt.*

Allerdings meine ich nicht, dass *der Charme der Komplexität* gegenüber dem *Charme der Identität* obsiegt. Für jeden Menschen abendländischer Herkunft bleibt der Wunsch, mit sich selbst zurecht zu kommen und dies in zielgerichtetes Handeln und in Differenzen zur Umwelt einzubringen, unverzichtbar. Identität von Komplexität abzugrenzen kann auch nicht gelingen. Dies schließt nicht aus, dass Trutzburgen des Eigensinns oder dauerhafte Sinninseln erdacht werden.

5. Netz: Begegnung mit seinem virtuellen Körper

Die gegenwärtigen Verkehrs- und Produktionsverhältnisse ebenso wie die Informations- und Kommunikationsverhältnisse sind auch für Identität triftig. Allerdings stellt sich die Frage nach der Beobachtbarkeit von Identität in *produktionsindustriell institutionalisierten Gesellschaften* anders als in *Systemen informationeller Simulation.* Also: die Frage nach Identität muss nicht erst erfunden, sondern besser verstanden werden.

Dass dies in einer Zeit nicht leicht fällt, in der verschiedene Elemente von multivalenten und multiplen Prozessen (ob unter Postmoderne, reflexive Moderne oder Zweite Moderne gefasst) eine Neubestimmung der beobachtbaren Dimensionen von Identität erfordern, ist vorausgesetzt. Im weiteren Text werden einige Momente entstehender *computergestützter Kultur und Netzzivilisation* aufgegriffen. Vorrangig wird die Mensch-Computer-(Mensch-)Interaktivität als ein technologischer und kognitiver Kommunikationsraum bedacht. Identität wird auf diesem Wege forschungspragmatisch behandelbar.

Eine wichtige Annahme lautet: Die einzelmenschliche Fähigkeit, bestimmte affektive, reflektierte, erinnerte Dimensionen als Identität zu benennen, ist die Folge *offener Kommunikationsverläufe*. Ob nun als angesichtige verbale und nonverbale Kommunikation, ob als postalische oder techno-mediale Fernanwesenheit oder unter Bedingungen systematischer Unkenntnis der realen Körperlichkeit des Gegenübers: Erst aus der „Begegnung zwischen Daten und Beobachtern", die M. Wheatley (1997: 88) als Kommunikation beschrieb, entsteht die Unterschiedserfahrung und die Fähigkeit, einen Unterschied zu machen, egal wie komplex er dann ist. Dasselbe trifft auch für die wissenschaftliche Beobachtung zu.

Damit ist die überlieferte Grundidee der Identitäts-Modelle angefragt: *die Mimesis an sozial Dauerhaftes*. Da innerhalb elektronischer Umgebungen die soziale Verkörperung, die normative Körperschaftlichkeit oder auch ihr architektonisch-symbolischer Ausdruck (wie z. B. repräsentative Gebäude und ihre räumlich-zeitlichen Verhaltenseinflüsse) als Bezugs- und Identifizierungskapital entfallen, *verliert die mimetische Theorie von Identität an Überzeugungskraft*.

Nun könnte man umgekehrt die These aufstellen, dass die Situation der Computer-Netz-Nutzung zu einer Konfiguration in Maschine und Mensch führe, und diese entweder als Bestätigung der Mimesis-Hypothese zu verstehen sei oder als Beleg für eine direkte Kopplung. In der Tat ist dieses Wechselverhältnis, das allgemein mit dem Ausdruck Mensch-Computer-Interaktivität bezeichnet wird, noch nicht gründlich erforscht. Aber die Tatsache, dass es sich dabei um eine Form von Interaktion handelt, mindert die Chance, dies mimetisch (letztlich deterministisch) deuten zu können. Zu weit ist der Übergang von Mimesis zur Simulation getrieben (Jung 1995).

Identität, die menschliche Selbstbeschreibung über den Tag hinaus, hat wieder Raum, um sich auf die Zukunft des Gegenwärtigen zu beziehen.

Dies ist kein Verrat an der Trennung von Identität und Anpassung. Es ist die Forderung, die instabile Ausstattung beider ernst zu nehmen.

Fast bin ich geneigt, von einem evolutionären Wechselverhältnis zu sprechen, von einer engen wechselseitigen Verknüpfung netztechnologischer Strukturen und individuellen Kommunikations- sowie Unterscheidungsverhaltens. Die Informations- und Kommunikationsökonomien bilden die *morphogenetischen Felder* für einen gründlichen Bruch mit den Modellen humanistischer, industrieller und bürokratischer Bestückung von Identität.

6. Neue Abstandsordnungen

Der gründliche Bedeutungsumschwung von sozialen Umgebungen, die ortsfest, ansässig, gebaut und handfest sind, aus denen Abstandsordnungen, feste Hierarchien, Gewaltstrukturen und Solidaritäten entstanden, zu sozialen Umgebungen, die nicht territorial, in Netzwerken zwischen Servern oder Personal Computern beweglich sind und liquide erscheinen, ist das Signum der Gegenwart.

6.1. Infrastruktur und Individualität

Es handelt sich um ein *intensiver werdendes Wechselverhältnis von Infrastruktur und Individualität.* Die globalen Informationsökonomien und ihre regionalistischen Teilsysteme, genannt ‚Gesellschaft', sind unverzichtbar darauf angewiesen, dass Erkenntnis, Wissen, deren Speicherung und Wiederverwendung, Kreativität und Gestaltung an die zeitliche, geistige, semantische und pragmatische Flexibilität des einzelnen Menschen oder (einfacher, nicht auf Dauer eingerichteter) Gruppen gebunden werden (Faßler 1997a).

Ich verstehe diese stärker werdende *pragmatische Verbindung von Infrastruktur* (Telepräsenz, Immaterialität, Netzwerke, Cyberspace, globale Gruppenarbeiten) und *Individuum* als ein wichtiges Beschreibungselement unserer Gegenwart. Selbstverständlich beinhaltet dies, den einzelnen Menschen in seinen konstitutionellen (vorgegebenen) und konstruktiven (ausgewählten) Wechselverhältnissen zu beobachten. Womit zugleich gesagt ist, dass eine hohe Form der Identität, die der Gegenwart enthoben und dauerhaft ist, hier nicht mitgedacht wird.

Mit dem Verschwinden der hohen Kunst metaphysischer Identitätsbegründung fällt der Wunsch, mehr zu sein als im Moment, sozusagen in den Schoß der Kommunikation zurück.

Über die soziologische Bedeutung dieser nach-metaphysischen Kommunikation haben Niklas Luhmann und Jürgen Habermas trefflich jahrzehntelang gestritten. Die elektronischen Bedingungen von Kommunikation radikalisieren jene Veränderungen, die schon vor einiger Zeit einsetzten und von N. Luhmann (1984) als zunehmende „Reflexionslast" und von C. Offe (1996) als „Abstraktionspflicht" beklagt wurden.

Folgende wichtige Ebenen beschreiben die gegenwärtige Situation:

- die kommunikativen Voraussetzungen werden abstrakter, sie werden künstlich. Die digitale Speicherung jedes expliziten Wissens setzt ein explizites mathematisches Modell voraus, das auf bestimmten Maschinen (oder vielleicht allen) ‚lauffähig' ist;
- die elektronischen Informationsumgebungen entrücken dem Gehör-, Geruchs-, Getast- und Gesichtssinn;
- man muss in die elektronischen Umgebungen eintreten, um in ihnen das virtuell Reale nutzen zu können;
- eine eigenwertige Ökonomie der Unterschiede entsteht (ob nun Nettiquette, Identitätsspiele, virtuelle Liebeserklärung oder virtuelle Hochzeiten).

Erweitern lässt sich diese Liste mit folgenden Aspekten:

- die sich ständig neu zusammensetzende Komplexität des elektronisch zur Verfügung stehenden potentiellen Wissens;
- die wachsende einzelmenschliche Fähigkeit, dies zu verstehen und in dynamischen Mustern telepräsenter Kommunikation zu handeln;
- der größer werdende Bedarf in Ökonomie, Wissenschaft, Architektur, Dienstleistung, diese Fähigkeit hinreichend komplex und flexibel zu nutzen.

6.2. Im Schutze des Virtuellen

Durch die medientechnologischen Entwicklungen, die unter Telefonie, virtuelle Realitäten, programmierte Umgebungen oder Cyberspace gefasst werden, entstehen ‚als-ob'-Sozialitäten. Sie können zu jeder Zeit regional oder global verteilt sein, können mit bidirektionalen Strukturen oder polydirektionalen Netzen verbunden sein. Die Netze sind dabei nicht nur ‚Wirte' für anderswo zu realisierende Realität. Sie sind virtuell Reales, das ohne den ständigen funktionalen und normativen Rückbezug auf die gegenständlich-soziale Realität auskommt. Für viele rassisch, körperlich oder ökonomisch diskriminierte Menschen ist dieses Potential der On-Line-Realität Erleichterung, Schutz vor Verachtung oder auch Befreiung.

Die überlieferten Formen gesellschaftlicher Verständigung und ihre institutionellen Bindungen (in Schule, Hochschule, in Familie, in Nachbarschaften) erhalten starke *Kommunikations-Konkurrenz*, dergegenüber sie immer weiter zurückzufallen scheinen. Die *lokal, regional und global* eingesetzten und gebrauchten digitalen Medienstrukturen öffnen einen neuen sozialen und Weltenhorizont. Sie definieren das, was regional und lokal ist, zu *Knoten oder Provinzen* in den elektronischen Netzen um; sie sind bereits zu mächtigen Strukturen der geordneten, weltweit verteilten und verwendbaren Nachrichtenspeicherung und -verarbeitung geworden.

Diese Medienstrukturen sind dabei, zu einer Art *schwebender oder verteilter künstlicher Institutionalisierung* zu werden – durch virtuelle Bibliotheken, virtuelle Universitäten, virtuelle Banken, virtuelle Polizeien. Diese sind, sofern sie als national-soziale Lösungen entworfen sind, ein Verteidigungsgeschäft – ohne Erfolg. Denn die Kommunikationsverläufe, über die heute bereits komplexe geordnete Datenbereiche in Informationen übersetzt und in Netzkommunikation oder in gegenständliches Handeln eingebracht werden, haben mit den bisherigen Lern-, Wissens- und Informationsbildungen ebenso wenig gemein wie die Kontrollbedarfe und -interessen.

Jene institutionellen (d. h. normativen und körperschaftlichen) Funktionen, die Prozesse verlangsamten, Deutungen bereithielten und Entscheidungsmuster bereitstellten oder schlicht Bedenkzeiten und rechtlich geregelte Partizipation ermöglichten, reichen nicht mehr bis an die Nutzungs-, Partizipations- und Figurationsprozesse heran, die durch die Matrix von Mensch-Computer-Mensch-Computer-...Interaktionen erzeugt werden.

6.3. Handeln ohne stoffliche Voraussetzung

Das Arbeitsvorhaben der Computer Sciences, immer mehr Kommunikationsbereiche zu *de-materialisieren* und das Faktum, dass das informationelle Handeln sich von konkreten Gegenständen befreit, leitet einen markanten Prozess ein: den Übergang von einer *rollengesteuerten* zu *einer informell und medial strukturierten Interaktivität.* C. J. Tully notiert, dass in ‚Informationsgesellschaften' weitgehend unter

Absehung stofflicher Voraussetzungen gehandelt werde (1994: 74). Dieses *informationelle Handeln*, also die zielgerichtete Mensch-Computer-Interaktivität, muss sich nicht mehr auf den existentiell, industriell und bürokratisch unverzichtbaren direkten Zusammenhang von Stoff und Ort der Handlung beziehen. Oder anders gesagt: dieser Rückbezug ist unsinnig. Über die angesprochene Dematerialisierung und ihre Programmierbarkeit bereitet sich eine „culture of simulation" (Turkle 1995) vor.

Bislang gibt es keinen unterscheidungsreichen Diskurs über den Gegenwartsstatus von Medien- und Informationstechnologien. Dies hängt eng damit zusammen, dass eine kategoriale und empirische Klärung des Übergangs vom individuellen Medien*betrachter* zur strukturell erforderlichen Medien*nutzung* noch aussteht. Damit ist die Interaktivitätssituation benannt, auf die S. Turkle, A. Bruckman u. a. hinweisen und über die sie die Diskussion um ‚electronic identity' und ‚identity mix' im kybernetischen Raum führen. Dabei geht es nicht um die Anmutung einer vollständigen ‚Virtualisierung des Ich', sondern darum, dass ein Bereich „fluider Identitäten" (Schlese 1993) eingeräumt wird, der affektive, emotionale, kognitive, letztlich selbstorganisatorische Folgen für das Individuum haben kann.

Das *Tele-Virtuelle* (als mediale Matrix und als kommunikativer Status) ist aus der gesteigerten Komplexität der sozialen Verständigung entstanden. In ihr drückt sich der allmähliche *Wandel von festen Speichern* zu *strategischen Kalkülen* und schließlich *zur Taktik* aus.

Es ist der Übergang von Systemen biographisch stabiler Zusicherungen zu regelgerechtem, risikobeladenem Such- und Selektionsverhalten. Entlang dieser Fähigkeiten werden sich in Zukunft die Chancen anschlussfähiger Identität entscheiden. Anschluss bezieht sich auf die beobachtbaren Ebenen von Mensch-Computer-Interaktivität und Immersion.

7. Fazit: Identity goes Internet?

Die Nachrichtenlage über *Identitätschancen in computergestützten Kommunikationsumgebungen* ist gegensätzlich. Identität verschwindet nicht *im* Netz, aber geht *ans* Netz. Und: ‚wer sich nicht ins Netz begibt, kommt darin um', lautete einst ein Verkaufsslogen für Netzsoftware.

Betrachten wir zum Abschluss die Schlagzeilen der Nachrichtenlage.

7.1. Die ‚gute' Nachricht lautet:

Entgegen den Befürchtungen, Computertechnologien würden ‚dem Menschen' den Raum zum Handeln und die Zeit zum Bedenken nehmen, spricht man eher von der wachsenden Bedeutung des einzelnen Menschen (Tully 1994) in den sich ausdehnenden elektronischen Sozialräumen und Informationsökonomien.

In der elektronisch-digitalen Medienevolution ist ein bemerkenswertes *Nutzungsgefüge* entstanden: Jeder Nutzer, jede Nutzerin muss, wie es heißt, *in das Medium eintreten*, um es zu nutzen. Diese *immersive Struktur* und *Situation* wird gemeinhin als Mensch-Computer-Interaktivität bezeichnet. In ihr wird der Betrachter zum Benutzer, die Beobachterin zur Navigatorin. Selbst dann, wenn ein Sender innerhalb eines Netzes ‚an alle' im Netz sendet, tritt zwischen Masse & Medium der einzelne ‚eintretende' Mensch; das Querschnitts- und Weltmedium Computer wird Massen-*individual*medium.

Darüber hinaus erfordern die gerade durch die digitale Entwicklung erzeugten Zeitökonomien eine *enorm rasche Nutzungsanpassung*, die nicht über Institutionen und pädagogische Programme vorbereitet wird. Sie kann nur über die *Partizipationsbereitschaft und -kompetenz* der massenhaft einzelnen Menschen erreicht werden. Ohne den einzelnen Menschen, ohne sein kreatives, lernfähiges, erneuerndes, entwerfendes oder schlicht dialogisches Handeln sind weder die *pragmatischen Zeitökonomien* sog. ‚instantaner' Kommunikation noch die *globale Konkurrenz* innerhalb der Informationsökonomie aufrechtzuerhalten. Soweit die ‚gute' Nachricht.

7.2. Die ‚schlechte' Nachricht lautet:

Für eben jene Menschen, deren Selbstwahrnehmung und Selbstverständnis durch die Zeitweisen vorelektronischer Umgebungen geprägt sind und die hierin ihre *biographische Identität* finden, ist der tief gehende Umbau der beruflichen, konsumistischen und privaten Informations- und Kommunikationsfelder bedrohlich. Dies meine ich nicht nur ökonomisch.

Der *infographische Aufbau* der neuen Umwelten, der abstrakte, mathematisch-physikalische Aufbau, seine programmierten virtuellen Wirklichkeitsformate, werden nicht selten als *äußere Fragmentierung* erfahren, die ihre Resonanz im Menschen zu haben scheinen; so als verfalle der Mensch – mal wieder. Wie einen *coup de communication*, einen kalten (anfänglich staatsfreien) Kommunikations- oder Digitalisierungsstreich, erfahren Menschen *den Aufbau neuer Kommunikationsumgebungen*, die mit herkömmlichen symbolischen Zusicherungen und semantischen Selbstverständlichkeiten kaum mehr zu ordnen sind (Sagawe 1994).

Ihr Markenzeichen ist, dass sie immateriell, aber nicht gegenstandslos, dass sie übergreifend, aber mathematisch eineindeutig, dass sie bereichsunspezifisch und doch von hoher nutzungsgebundener Dichtigkeit sind. Es sind multifunktionale Informations- und Kommunikationsfelder, deren Verbindung in der für alle gleichen virtuellen Lokalisierung im Medium Computer besteht. Das ist die Eigenart der Digitalisierung. Für einzelmenschliche Identität, die sich auf die schwerindustriell-bürokratische Trennung von Produktion und Kommunikation, Massenmedien und privater Post, Telefonie und Videogeschäft eingestellt hat, stellt diese Entwicklung eine dramatische Zurückweisung erbrachter Orientierungs- und Anpassungsleistungen dar.

Es ist die Zurückweisung von Lebensbildern, Ordnungsmaßen und Selbstbeschreibungen.

7.3. Die pragmatische Nachricht lautet:

Der weltweite Technologiepopulismus, über den die Durchsetzung der Digitalisierung erfolgte, hat etwas Revolutionäres, aber nichts Radikales. Das Revolutionäre liegt darin, dass diese medientechnologische Entwicklung keiner originalen, vorherigen Wirklichkeit mehr bedarf. Es ist eine Revolution in der gedanklichen, also abstrakten und künstlichen Herstellung von Welt und der Nutzung informatisch standardisierter und normierter Umwelten (Höller 1993). Es ist eine umfassend verstandene „Revolution des Lernens" (Papert 1994).

Die echtzeitige Verbindung von Maschinencode, Basiscodierungen, Übersetzerprogrammen und Kombinationsbefehlen kann alle möglichen Welten generieren (also maschinentechnisch erzeugen). Die Interaktivität zwischen Mensch und Computer geht an keine Wurzel; sie konstruiert *ein künstliches Universum beliebiger Abstandsordnungen – virtuelle Gegenwart und Anwesenheit*. Gerade dieser *Aufbau einer elektronischen Informationsarchitektur* bedient die immer reichhaltiger und komplexer werdenden Kommunikationsbedingungen gegenwärtiger sozialer und globaler Systeme.

Das *programmiert Virtuelle* (vom Textprogramm über die DB-Fahrpläne über Videospiele bis zu komplexen Simulationsprogrammen) hat längst einen *festen Status* in den sozialen Systemen erhalten. Das *Virtuelle ist zum Potential* geworden, also zu einer zu bedenkenden Größe sozialen Handelns. *Virtuelles* wird als *Gegenwartspotential* und, durch seine Nutzung, als *Formgeschehen von Anwesenheiten* wichtig. Nichts anderes sagt Telepräsenz. Hierüber wird es für Identitätsbeschreibungen wichtig. Die Kommunikationsumgebungen ändern sich nicht nur historisch – was sie immer taten. Keine agrarische Struktur, kein Wegesystem, keine Marktplatzordnung, keine innerstädtische Architektur oder häusliche Architektur war ‚für immer'. Sie veränderten sich durch den Umbau der materiellen Gestalt, durch eine *Stilveränderung*. Die e-Mails, Newsgroups, inter relay chats, virtuellen Nachbarschaften, virtuellen Gemeinschaften oder elektronischen Agenten stellen *einen Gattungsumbruch von Kommunikation* dar – mit noch umfangreicher zu erforschenden Folgen für Identität.

Literatur

Bühl, Achim (1996): Cybersociety. Mythos und Realität der Informationsgesellschaft. Köln.

Dery, Mark (1996): Escape Velocity. New York.

Faßler, Manfred (1996): Mediale Interaktion. Speicher Individualität Öffentlichkeit. München.

Faßler, Manfred (1997a): Was ist Kommunikation? München.

Faßler, Manfred (1997b): Denk ich an's Netz. Überlegungen und Fakten zur Infrastruktur sozialen Wissens. In: SWS-Rundschau, 2. Wien, 169–190.

Faßler, Manfred (1998): Cyber-Modernität. Medienevolution, globale Netzwerke und die Künste, zu kommunizieren. Wien, New York.
Forest, Fred (1991): Die Ästhetik der Kommunikation. Thematisierung der Raum-Zeit oder der Kommunikation als einer schönen Kunst. In: F. Rötzer (Hrsg.), Digitaler Schein. Frankfurt, 323–333.
Höller, Heinzpeter (1993): Kommunikationssysteme – Normung und soziale Akzeptanz. Braunschweig, Wiesbaden.
Jones, Steven G. (1995): CyberSociety. Computer-mediated Communication and Community. London.
Jones, Steven G. (Hrsg.) (1997): Virtual Culture. Identity & Communication in Cybersociety. London.
Jung, Werner (1995): Von der Mimesis zur Simulation. Hamburg.
Kamper, Dietmar (1994): Das Mediale – das Virtuelle – das Telematische. Der Geist auf dem Rückweg zu einer transzendentalen Körperlichkeit. In: M. Faßler, W. Halbach (Hrsg.), Cyberspace. Gemeinschaften. Virtuelle Kolonien. Öffentlichkeiten. München, 229–238.
Luhmann, Niklas (1984): Soziale Systeme. Grundriss einer allgemeinen Theorie. Frankfurt/M.
Morley, David / Robins, Kevin (1995): Spaces of Identity. Global media, electronic landscapes and cultural boundaries. London.
Nowotny, Helga (1996): Die Erfindung der Zwischenwelt. Zwischenräume, Zwischenzeichen, Zwischen Niemand und Jemand. In: Brigitte Felderer (Hrsg.), Wunschmaschine Welterfindung. Wien, New York, 8–23.
Offe, Claus (1996): Moderne ‚Barbarei': Der Naturzustand im Kleinformat? In: M. Miller, H.-G. Soeffner, (Hrsg.), Modernität und Barbarei. Frankfurt/M., 258–289.
Papert, Seymour (1994): Revolution des Lernens. Hannover.
Reimann, Horst (Hrsg.) (1992): Transkulturelle Kommunikation und Weltgesellschaft. Opladen.
Rheingold, Howard (1992): Virtuelle Welten. Reisen im Cyberspace. Reinbek bei Hamburg.
Sagawe, Helmuth (1994): Einfluss ‚intelligenter' Maschinen auf menschliches Verhalten. Opladen.
Schlese, Michael (1993): Hinter dem Rücken der Technik: Informelle Kulturentwicklung im Medium globaler Computerkommunikation? In: B. Schäfers (Hrsg.), Lebensverhältnisse und soziale Konflikte im neuen Europa. Verhandlungen des 26. Deutschen Soziologentages in Düsseldorf. Frankfurt/M., New York, 441–449.
Shaw, David F. (1997): Gay Men and Computer Communication: A Discourse of Sex and Identity in Cyberspace. In: S. G. Jones (Hrsg.), Virtual Culture. Identity and Communication in Cybersociety. London, 133–145.
Sloterdijk, Peter (1996): Neuzeit – Tatzeit – Kunstzeit. In: H. Klotz (Hrsg.), Die Zweite Moderne. Eine Diagnose der Kunst der Gegenwart. München, 42–56.
Tully, Claus J. (1994): Lernen in der Informationsgesellschaft. Informelle Bildung durch Computer und Medien. Opladen.
Turkle, Sherry (1995): Life on the Screen. Identity in the Age of the Internet. New York u. a.
Wheatley, Margret J. (1997): Quantensprung der Führungskunst. Reinbek bei Hamburg.

C. Institutionen und Akteure I: Religion, Familie, Partnerschaft

„Jeder sich selbst sein Gott in der Welt"
Subjektivierung, Spiritualität und der Markt der Religion

Hubert Knoblauch

1. Persönliche Identität und die Privatisierung der Religion

1.1. Der Begriff der persönlichen Identität

Persönliche Identität ist lange Zeit in einem Sinne gebraucht worden, der wesentlich vom abendländischen Begriff des Subjekts und dem bürgerlichen Verständnis des autonomen Individuums geprägt war. Es ist zu Recht beanstandet worden, dass diese ethnozentrischen Vorstellungen keineswegs für alle Kulturen gelten. Dennoch wäre es unangemessen, persönliche Identität nur noch sozusagen ex negativo als Folge von Zuschreibungen von Identität durch anderes erfassen zu wollen (Luhmann 1997: 1016 ff). Der Begriff der Identität gründet zwar anthropologisch im enorm hohen Grad der Individuierung der einzelnen Wesen innerhalb der Gattung Mensch. (Wie die Primaten-Forschung zeigt, ist dieser hohe Grad an Individuierung keineswegs auf Menschen beschränkt, sondern lässt sich auch bei Schimpansen finden.) Der Begriff der Individuierung meint, dass einzelne Wesen der Gattung als Einzelne erkannt, wiedererkannt und entsprechend behandelt werden. Da persönliche Identität Individuierung voraussetzt, umfasst sie also zum einen tatsächlich Prozesse der Zuschreibung von Handlungen auf einzelne Wesen – und vor allem von Verantwortung für Handlungen. Daneben aber bezieht sich dieser Begriff auch auf die – in dieser Zuschreibung vorausgesetzte – ebenfalls anthropologische Fähigkeit des Organismus zur langfristigen Selbststeuerung seines Verhaltens als eines Handelns (Luckmann 1979). Diese Selbststeuerung erfordert eine Art reflektiven Bewusstseins, die Plessner mit dem Begriff der exzentrischen Positionalität umschrieben hat. Erst auf der Grundlage der langfristigen Verhaltenssteuerung sind Handlungsentwurf, Erinnerung, gezielte Kooperation und auf Zeichen beruhende Kommunikation mit anderen möglich.

Persönliche Identität besteht also aus einem zweiseitigen Prozess: der Selbststeuerung von Verhalten und der Zuschreibung von Handlungen. Aufgrund dieser Zweiseitigkeit ist vermutet worden, dass persönliche Identität auf einem gleichsam dialektischen Wechselspiel zwischen sozialen Zuschreibungen und individuierter Verhaltenssteuerung beruht (Berger/Luckmann 1970: 191). Tatsächlich hat diese dialektische Vorstellung der persönlichen Identität den Vorteil, dass sie besondere Holzwege früherer Identitätstheorien umgeht. Zum einen kann sie die von Locke begründete substantialistische Vorstellung der Identität umgehen, die eine lange und erfolglose Suche nach ihrem ‚eigentlichen' Wesen auslöste. Andererseits müssen wir auch nicht, wie etwa Durkheim, von der Annahme eines gewissermaßen in zwei Naturen gespaltenen Menschen, eines Homo duplex, ausgehen. Gerade vor dem Hintergrund dieser dualistischen Konzeption wirft die dialektische Vorstellung der persönlichen Identität jedoch die Frage auf, was denn unter der Dialektik verstanden werden soll, die zwischen Selbststeuerung und Handlungszuschreibung vermittelt. Die bislang plausibelste Antwort auf diese Frage lautet, dass sich das Wechselspiel zwischen Selbststeuerung und Fremdzuschreibung in der Interaktion verwirklicht: Auf der Grundlage der Reziprozität der Perspektiven, der wechselseitigen Spiegelung, des „taking the role of the other" und ähnlicher (von Mead, Dewey und Cooley beschriebener) Vorgänge bildet sich persönliche Identität in wechselseitigen Handlungen aus. Und weil sich diese wechselseitigen Handlungen mehr oder weniger elaborierter Zeichensysteme bedienen – von der einfachen nonverbalen ‚conversation of gestures' bis zu komplexen Konversationen – dürfte es angemessener sein, dieses Wechselspiel mit dem Begriff der Kommunikation zu umschreiben. Kommunikativ also vollzieht sich die Vermittlung zwischen Individuierung und Sozialisierung. (Weil der einzelne Organismus durch Interaktion an einer ihn überschreitenden Ordnung teilhat und damit zugleich einen Abstand zu sich gewinnt, ist dieser Prozess als Grundlage des Religiösen angesehen worden.[1])

1.2. Persönliche Identität und der historische Wandel der Sozialstruktur

Allerdings überlassen Gesellschaften die Ausbildung persönlicher Identitäten selten der Zufälligkeit vorübergehender kommunikativer Handlungen. Sie versuchen vielmehr, kommunikative Formen und soziale Institutionen zur Verfügung zu stellen, die persönliche Identitäten an ihre Anforderungen anpassen. Insbesondere Weltansichten, symbolische Legitimationen und religiöse Deutungsmuster – also Religion im weiteren Sinne – dienen dazu, eine bestimmte persönliche Identität aufzubauen, zu prägen und zu stützen. Diese Weltansichten, symbolischen Wirklichkeiten und religiösen Deutungsmuster bedürfen nicht nur der kommunikativen Konstruktion und Vermittlung. Sie setzen vielmehr besondere Wissens- und Kommunikationsexperten voraus, deren Sonderstellung in der institutionellen Struktur der Gesellschaft angelegt und gesichert wird. Deswegen steht die Ausbildung der persönlichen Identität in einem engen Zusammenhang mit der Struktur gesellschaftlicher, besonders auch religiöser Institutionen. (Dies gilt freilich auch für die Be-

1 Vgl. dazu Luckmann (1991). Den sich an Luckmann anlehnenden Begriff des Religiösen habe ich an anderer Stelle schon erläutert (Knoblauch 1997).

stimmung und Festlegung der Situationen kommunikativer Vermittlung - besonders herausgehobener Zeremonien - und der Auswahl derjenigen Kategorien von Personen - Frauen, Männer, Jugendliche usw. –, an die bestimmte Versionen des Wissens vermittelt werden.)

Wenn eine gewisse Vereinfachung erlaubt ist, dann kann man sagen, dass *archaische, segmentäre Gesellschaften* eine mehr oder weniger konsistente, im Großen und Ganzen aber einheitliche und gesellschaftlich festgelegte Weltansicht vermitteln. Weil die Ausbildung der Identität durch Face-to-face-Interaktionen in einer weitgehend durch Verwandtschaft organisierten Struktur erfolgt, zeichnet sich auch die persönliche Identität durch Stabilität, Einheitlichkeit und eine wenig individualistische Bindung an das Kollektiv aus.

Hochkulturen weisen dagegen deutlich zentralisierte Institutionen auf. Obwohl die politischen und ökonomischen Institutionen schon mehr oder weniger bürokratisch organisiert sind und zur Anonymität neigen, bildet sich Identität noch immer in davon weitgehend unberührten gemeinschaftlichen Beziehungen aus. Darüber hinaus schafft die einsetzende funktionale Differenzierung die Option für spezifisch religiöse Deutungssysteme, die eine allmähliche Individualisierung der persönlichen Identität ermöglichen. So entwickelte sich etwa in der ägyptischen Gesellschaft eine religiöse Forderung nach persönlicher Frömmigkeit aus, die biographisch langfristige Handlungsverantwortung fordert und zur Entstehung dessen führt, was man als „Gewissen" bezeichnen kann. Ausdifferenzierte Formen der Religionen erlauben eine reflexive Integration der menschlichen Handlungen in eine Biographie (Wohlrab-Sahr 1995). Wie Hahn (1982) am Beispiel der Beichte zeigt, ermöglicht Religion auch eine zunehmende individualisierte Selbstkontrolle der eigenen Handlungen.

1.3. Ausdifferenzierte Gesellschaften und die Patchwork-Identität

In den *modernen, funktional differenzierten Gesellschaften* sind die meisten vom Selbst zu steuernden Verhaltensweisen von den Anforderungen der institutionell spezialisierten, ‚rationalen' Bereiche der Wirtschaft, der Herrschaft, der Wissenschaft usw. abhängig. Hochanonymisierte, von Face-to-face-Beziehungen abgekoppelte Organisationen geben den Sinn der Handlungen vor. Wegen ihrer besonderen funktionalen Ausrichtung sind die Sinnhorizonte dieser verschiedenen Teilsysteme nicht mehr an persönliche Identitäten gebunden, ja man kann sogar sagen, dass sie sich u.a. gerade dadurch auszeichnen, dass die persönliche Identität der Handelnden austauschbar sein oder wenigstens in den Hintergrund treten muss. Die zunehmende Rationalisierung aber bedeutet, dass diese Institutionen an einer über sie hinausgehenden Bedeutung einbüßen und die Fähigkeit verlieren, sinnhaft und sinnstiftend zu wirken, und zwar auch innerhalb der Funktionsbereiche der Politik, der Wissenschaft und - wenn wir der Erforschung der Einstellungen vor allem protestantischer Geistlicher Glauben schenken dürfen – sogar der Religion. Wenn jedoch die Verrichtungen in den meisten institutionellen Bereichen entpersönlicht werden, dann wird auch die persönliche Identität nicht mehr entscheidend von ihnen geformt. Darüber hinaus werden aber auch die Institutionen, die den Privatbereich prägen, zunehmend eingeschränkt: Die Familie etwa gibt einen Einfluss nicht nur an (ihrerseits immer mehr rechtlich „kolonialisierte") Erziehungseinrichtungen, sondern auch an die Massenmedien, die Kinder- und Jugendkultur u.a.m. ab. Weil damit der Verpflichtungscharakter der einzelnen Angebote abnimmt, wird die persönliche Identität deswegen zu einer subjektiven Angelegenheit: „Die Produktion persönlicher Identität verlagert sich also in kleine Unternehmungen privater Hand, nämlich in das menschliche Individuum" (Luckmann 1980: 138). Parallel zu dieser Privatisierung verläuft eine weitere Entwicklung: Weil die Weltauffassung nicht mehr fest in der Sozialstruktur verankert ist, kommt es zur Pluralisierung von Weltauffassungen, deren Struktur mit einem freien Markt verglichen wird. Aus diesem Markt beziehen die Individuen ihre Inhalte zur Konstruktion ihrer persönlichen Identitäten. Als Produzenten auf diesem Markt treten die Größen auf, die wir als „Sekundär-Institutionen" bezeichnen, also Massenmedien, religiöse Organisationen und ‚therapeutische' Einrichtungen, die keinem Funktionssystem eindeutig zugeordnet sind. Wie Berger und Luckmann (1980) vermuteten, führen Privatisierung und religiöser Markt zur Ausbildung einer „Patchwork"-Identität, deren Gestalt einem Fleckerlteppich gleicht.

Auch wenn sich die Nützlichkeit dieses Begriffes heutzutage erst so recht erweist (Hitzler 1996), bleiben doch einige Fragen offen: Zeichnet sich diese „Patchwork"-Identität nun durch eine postmoderne Beliebigkeit aus, die tatsächlich die Frage aufwirft, ob wir denn überhaupt noch von Identität sprechen dürfen? Wie hat man sich die sekundären Institutionen und den „religiösen Markt" vorzustellen? Und was ist mit dem Begriff der Privatisierung gemeint? Diese Fragen sollen in diesem Beitrag behandelt werden. Im nächsten Abschnitt soll zunächst geklärt werden, was wir unter Privatisierung verstehen können. Dabei möchte ich mich auf einen besonderen Aspekt der Privatisierung, die Subjektivierung der Religion, konzentrieren. Im darauf folgenden Kapitel werden dann die Umrisse des „Marktes der Religion" skizziert. Im abschließenden Teil soll der Zusammenhang zwischen Subjektivierung und dem Markt der Religion aufgezeigt und seine Folgen für die persönliche Identität mit den Begriffen der Individualisierung und der Spiritualität umrissen werden.

2. Die Subjektivierung der Religion[2]

2.1. Der Begriff der Privatisierung

Der Begriff der Privatisierung ist sehr vieldeutig und kann sogar in die Irre führen. Deswegen ist es ratsam, ihn differenziert zu behandeln. Indem er die Bewegung in eine Sphäre des Privaten bezeichnet, die sich nicht nur deutlich gegen die primären Institutionen, sondern auch gegen die sekundären Institutionen abgrenzt, weist die Privatisierung einen Aspekt dessen auf, was auch als *Entinstitutionalisierung* bezeichnet wird. Tatsächlich ist es kaum zu übersehen, dass sich die Religiosität zunehmend von den großen religiösen Organisationen, ihren Lehren und Praktiken entfernt. Die Ablösung von institutionellen Vorgaben kann zudem mit einer *Enttraditionalisierung* verbunden sein, wenn die eingespielten Traditionen es nicht mehr erlauben, die dem raschen sozialen Wandel ausgesetzte individuelle Lebensführung zu bewältigen. Entinstitutionalisierung und Enttraditionalisierung sind zwar die Voraussetzungen der *Individualisierung der Religion*, müssen aber analytisch von ihr geschieden werden (Gabriel 1996). Weil nämlich das Individuum an den verschiedensten Bereichen der ausdifferenzierten Gesellschaft teilnimmt und über das Ausmaß seiner Teilnahme an den unterschiedlichen religiösen und sozialen Gruppen, Organisationen und Bereichen zunehmend frei entscheidet, wird es selbst, seine Vorlieben und Interessen zur letzten determinierenden Instanz der Biographie. Die Individualisierungsthese besagt einmal, dass individuelle Biographien nicht mehr von Schichten und Klassenzugehörigkeiten bestimmt werden, dass die Lebensläufe flexibel werden und dass sich der Zusammenhang zwischen religiösen Bindungen und individuellen Handlungsorientierungen aufgelöst hat. Sie enthält aber auch einen weiteren Aspekt, den ich hier mit dem Begriff der *Subjektivierung* erfassen möchte.

2.2. Die Subjektivierung der Religion

In dem Maße nämlich, wie sich die persönliche Identität von der Abhängigkeit von Institutionen und herkömmlichen Traditionen löst, werden subjektive Erfahrungen, Präferenzen und Interessen zum Maßstab, Leitfaden und zur Quelle für Weltauffassungen. Weil der Begriff der religiösen Erfahrung in der Tradition eines protestantisch-individualisierten Religionsverständnisses steht, sollte auch betont werden, dass religiöse Erfahrungen nicht nur mit Handlungen verbunden sein können, sondern sich auch gerade in gemeinschaftlichen Aktivitäten und Ritualen ausdrücken können, was im Englischen als »hot religiosity« bezeichnet wird (Hervieu-Léger

2 Die folgenden zwei Abschnitte stützen sich auf Knoblauch (1997) sowie Knoblauch (im Druck).

1993). Die als Subjektivierung bezeichnete meist emotionale Betonung der individuellen Erfahrung und die auf subjektiven religiösen Erfahrungen basierenden Gemeinschaftsbildungen sind keine neuen Phänomene, sondern kennzeichnen schon historisch denjenigen Typ religiöser Vergemeinschaftung, den Troeltsch mit dem Begriff der ‚Mystik' zu erfassen suchte (1965: 967).[3] Während Troeltsch diese Form der Erfahrungs-Religiosität auf besondere Bevölkerungsgruppen beschränkt sah, bezeichnet die Subjektivierung jedoch die Tendenz einer wachsenden Zahl von Gesellschaftsmitgliedern, die eigene religiöse Erfahrung als Quelle, Evidenz- und ‚Güte'-Kriterium ihrer Religion anzusehen. Man könnte geradezu von einer Universalisierung des Charismas sprechen, denn nunmehr gelten nicht mehr nur wenige als ‚religiös musikalisch'. Vielmehr erheben mehr und mehr Menschen den Anspruch, solche Erfahrungen gemacht zu haben oder machen zu können.

2.3. Fundamentalismus, New Age und die Selbsthilfe-Bewegung

Dabei sollte betont werden, dass die Tendenz zur Subjektivierung keineswegs die gesamte Gesellschaft betrifft. Sie ist aber deswegen von besonderer Bedeutung, weil sie gerade diejenigen religiösen Bewegungen kennzeichnet, die die Grundlage für die Diagnose einer „Resakralisierung" bilden. Dazu zählen in unserer Gesellschaft sicherlich die fundamentalistischen Bewegungen.[4] Schon die amerikanische Pfingstbewegung der Jahrhundertwende wollte das Christentum mit einem Enthusiasmus beleben, indem es das Wirken des Heiligen Geistes in jedem Menschen beschwor. Auch noch in gegenwärtigen neupfingstlerischen Bewegungen ist es der einzelne Mensch, der am eigenen Leib und Geist die Erfahrung der Transzendenz in der Konversion erlebt, der Zungenrede, wundersame Krankenheilungen und Weissagungen praktiziert. (Dabei sollte auch der Einfluss der amerikanischen Neugeist-Bewegung („New Thought") nicht übersehen werden, in der mit besonderer Intensität und Konzentration versucht wird, ‚Zeichen und Wunder' herbeizubeten.) Die charismatischen Bewegungen, die sich seit den sechziger Jahren auch in den traditionellen Kirchen und Denominationen ausbreiten, betonen besonders stark das religiöse Gefühl, wunderbare Erfahrungen, ungewöhnliche Bewusstseinszustände, die Zungenrede, das Ruhen im Geiste, intuitives Reden, inneres Hören, Visionen, Prophetien und Wunderheilungen als Glaubenserlebnisse. Evangelikale Gemeinden legen ebenso Wert auf die persönliche ‚Erfahrung des Heils' im Sündenbekenntnis, in der Buße, der Bekehrung und der Wiedergeburt.

3 Man sollte bedenken, dass das im Titel angeführte Zitat von Herder (1878) stammt. Man könnte vermuten, dass vor allem die Romantik wesentlich an der Prägung und Ausbreitung der Subjektivierung beteiligt war.

4 In Anlehnung an Giddens (1991: 206f) verwende ich Fundamentalismus auch mit Bezug auf die Religion als einen Oberbegriff für diejenigen Bewegungen, die sich durch die Zuwendung zu einer 'Tradition' gegen die Modernisierung wenden.

Es deckt sich durchaus mit dem Begriff der „sekundären Institutionen“, dass sich diese stark auf religiöse Erfahrungen bauenden Bewegungen skeptisch über die großen Kirchen äußern und sich gegen die eigene Organisierung wehren. Diese Tendenz zeigt sich ausdrücklich an einer Bewegung, die unter den Titeln ‚New Age‘, ‚Esoterik‘ und ‚neuer Okkultismus‘ geführt wird (Knoblauch 1989; Bochinger 1994). Es mag gewagt klingen, diese Bewegung in einem Atemzug mit dem Fundamentalismus zu erwähnen, der sie als diametral entgegengesetzt und „widergöttlich“ betrachtet. Doch gerade hinsichtlich der Subjektivierung können beide Bewegungen als besondere Reaktionen auf die Spätmoderne angesehen werden. Die eine wendet sich gegen die Moderne einer (sehr zeitgemäß dargestellten) Tradition zu, die andere zielt gegen die Moderne in eine (ebenso zeitgemäß entworfene) spätmoderne Zukunft. Und beide suchen die Religion im Selbst und seinen Erfahrungen.

Denn mit den Titeln Esoterik, New Age und Okkultismus werden besondere Erkenntniswege und Handlungsformen gefasst, in denen die Rolle der subjektiven, oft außergewöhnlichen Erfahrung betont wird, die sich einer rationalen Mitteilbarkeit und intersubjektiven Überprüfbarkeit entzieht. Die Transpersonale Psychologie etwa sucht ihre Erkenntnis in Bewusstseinszuständen zu finden, die außerhalb des normalen Alltagsbewusstseins angesiedelt sind, also in außersinnlichen Wahrnehmungen, Gipfelerlebnissen und anderen mystischen Erfahrungen. Diese Erfahrungen sollen nicht nur dazu dienen, das Leben der Menschen zu verbessern, sie werden auch als Beleg für die Existenz besonderer Kräfte gedeutet. Daraus erklärt sich die Verbindung zur Astrologie, also dem Einfluss der Sterne auf das menschliche Geschick, und zu anderen Formen des Okkultismus, Spiritismus und magischer Traditionen (Hellsehen, Kartenlegen, Pendeln u. Ä..).

Es überrascht nicht, dass im Kern des New Age eine Vorstellung der inneren Fortentwicklung des menschlichen Selbst steht, die auch als *Spiritualität des Selbst* bezeichnet wurde (Heelas 1996). Das Selbst ist der Ort, dem sich die verschiedenen außergewöhnlichen Erfahrungs- und Handlungsmöglichkeiten verdanken und in dem eine spirituelle Dimension, ja die eigene Göttlichkeit entdeckt werden kann (die starke weibliche Züge aufweist, wie sie etwa in der Hexen- und „Goddess“-Bewegung zum Ausdruck kommen). Diesem Zwecke dienen die sich ausbreitenden östlichen Meditationstechniken wie auch verschiedene westliche psychologische Techniken. Dazu zählen Biofeedback-Techniken, die eine Rückkoppelung körperlicher Vorgänge (Gehirnwellentätigkeit, Muskeltätigkeit, Hauttemperatur) ermöglichen, Autogenes Training, das den Körper zum „Atmen“ bringen soll.

Das Selbst steht auch im Zentrum einer dritten Bewegung, die in diesem Zusammenhang oft übersehen wird: der Selbsthilfebewegung. Die Selbsthilfebewegung ‚behandelt‘ gewissermaßen die Schattenseite der Selbstzentrierung, indem sie die moralischen Fehler in temporären Gemeinschaften behandelt. Dabei sollte beachtet werden, dass ein beträchtlicher Teil dieser Bewegung den Prinzipien der „Zwölf Schritte“ der Anonymen-Bewegung folgt. Die Zwölf Schritte weisen nicht nur deutliche religiöse Züge auf, sie fordern auch von jedem Mitglied eine besondere Erfahrung der Konversion, durch die das Selbst sich von seinem Makel befreien kann.[5]

Wie schon erwähnt, bezeichnet Subjektivierung auch die Tendenz der zunehmenden sozialen Verbreitung des „Charisma“, also der Fähigkeit zu außeralltäglichen Erfahrungen und Handlungen. Für die quantitative Zunahme gibt es eine Reihe von Hinweisen. Freilich muss eingeräumt werden, dass etwa der quantitative Umfang der Selbsthilfebewegung aufgrund ihres schwachen Organisationsgrades ebenso schwer einzuschätzen ist wie der des Fundamentalismus oder des New Age. Dennoch kann schon für das Jahr 1980 davon ausgegangen werden, dass es in der BRD etwa 80.000 Selbsthilfegruppen gab, von denen die Hälfte den Prinzipien der Zwölf Schritte folgte. Die Zahl der Fundamentalisten ist schwer einzuschätzen. Immerhin aber wird geschätzt, dass allein die Pfingstbewegung weltweit rund 300 Millionen Mitglieder umfasst. Deutlichere Konturen zeigt die Ausbreitung des New Age, die auf den ersten Blick als sehr gering erscheint. So findet etwa Mayer (1993: 278) in einer Untersuchung der New-Age-Gruppen in der Schweiz eine Zahl, die kaum mehr als wenige tausend umfasst. In einer amerikanischen Umfrage wird die Zahl der Aktivisten Anfang der 80er Jahre auf etwa 4% geschätzt, eine Zahl, die gegen Ende der 80er Jahre auch für den deutschsprachigen Raum zutreffen könnte. So gering diese Zahlen anmuten mögen, so weit scheinen die Inhalte des New Age verbreitet zu sein. So gelten 12% der Schweizer Bevölkerung als „Neureligiöse“, die sich mit den Inhalten des New Age-Komplexes identifizieren, ohne Teil des ‚New Age‘ zu sein: Sie grenzen sich deutlich gegen das traditionelle, kirchlich-konfessionelle Christentum, aber auch gegen den Atheismus ab und verbinden die Vorstellung von einer allgemein gefassten transzendenten höheren Macht mit der Annahme übersinnlicher Kräfte im Universum und dem Bild eines ewigen Kreislaufs zwischen Mensch, Natur und Kosmos (Krüggeler 1993). Und auch in Österreich bestätigt sich diese Beobachtung, dass nämlich „auch ohne Wissen um N[ew]A[ge]-Konzepte und aktivem NA-Engagement Grundzüge des im NA verdichteten Weltbildes im Bewusstsein der Menschen verankert sind“ (Mörth 1989: 306 f). In Deutschland liegen ähnliche Ergebnisse vor. Danach haben 1992 etwa 28% Erfahrungen mit ‚außerchristlichen Religionspraktiken’ gemacht, 6% sprechen dabei ausdrücklich vom New Age (Pollack 1996). Es kann also davon ausgegangen werden, dass sich Vorstellungen, Praktiken und Erfahrungen des New Age bei einer breiten Bevölkerungsgruppe finden lassen.

Einen weiteren Beleg für die Verbreitung der verschiedensten, keineswegs nur auf das ‚New Age‘ beschränkten Erfahrungsformen bieten zahlreiche Umfragen, die bezeichnenderweise meist im angelsächsischen Raum durchgeführt wurden. Schon in den 70ern hatten 73% der Nordkalifornier ‚veränderte Bewusstseinszustände‘ angegeben, und international angelegte Untersuchungen in Großbritannien, Island, Schweden u.a. zeigen, dass ein Großteil der Bevölkerung westlicher Gesellschaften über ähnliche Erfahrungen berichten kann und ihnen eine große Bedeutung beimisst

5 Zum religiösen Charakter der Selbsthilfebewegung vgl. Knoblauch (1995; 1998).

(Haraldsson 1985; Hay/Morisy 1978). So geben mindestens 60% der Befragten in einer Reihe westlicher Gesellschaften an, ungewöhnliche Erfahrungen (wie außerleibliche Zustände, Kontakte mit Toten, Poltergeistern usw.) gemacht zu haben. Unter den Erfahrenden finden sich sowohl Angehörige verschiedener religiöser Gruppierungen (Mormonen, Mohammedaner, Anhänger östlicher Religionen) wie auch Personen, die nicht in religiösen Gemeinschaften verankert sind. Allein der Anteil der Menschen, die eine so genannte Todesnäheerfahrung gemacht haben, wird auf etwa 4–5% der Gesamtbevölkerung geschätzt.[6]

Diese Umfragen scheinen auch die These einer Zunahme der Subjektivierung zu bestätigen. Wie mehr als zwanzig zu diesem Thema in den USA durchgeführte Untersuchungen zeigen, nahm der Anteil derer, die über außergewöhnliche Erfahrungen berichteten, in den letzten dreißig Jahren enorm zu, und auch die Zahl derer, die über im engeren Sinne religiöse Erfahrungen berichten, stieg im Zeitraum von 1970 bis 1987 von knapp 20% auf über 50% (Yamane/Polzer 1994). Auch in den fundamentalistischen Bewegungen ist eine quantitative und qualitative Steigerung (ekstatischer Phänomene) besonders in der letzten Zeit auffällig.

3. Der Markt der Religion

3.1. Die Metapher vom religiösen Markt

Die persönliche Identität in der späten Moderne tendiert zwar deutlich zum Subjektivismus. Das bedeutet jedoch keineswegs, dass sie sich von sozialen Strukturen befreien und in postmoderne Beliebigkeit auflösen würde. Wie schon der meist in feste soziale Gemeinschaften eingebundene Fundamentalismus zeigt, bemisst sich zwar die Güte und Akzeptanz einer Religion an subjektiven Kriterien. Gerade auch die subjektiv als außeralltäglich erlebten Kollektivveranstaltungen (Durkheims berühmte „Efferveszenz") deuten ja darauf hin, dass sie nicht die soziale Form individualisierter Praxis annehmen müssten. Wie schon Berger und Luckmann (1980: 159) bemerken, sind zwar die religiösen Angebote an einer „Welt des radikalen Subjektivismus" ausgerichtet. Diese aber werden von „Sekundär-Institutionen" bereitgestellt, die marktmäßig organisiert und die in der Lage sind, eine breite Verbraucherschicht anzusprechen. Was aber bedeutet es, wenn wir von ‚Markt der Religion' sprechen?

Schon in den sechziger Jahren hat Peter L. Berger (1965) argumentiert, dass die Organisationsform der religiösen Institutionen zumindest in den Vereinigten Staaten zunehmend die Gestalt eines Marktes annimmt. Auch Luckmann (1991: 151 ff)

6 Dies deuten zumindest die ersten Ergebnisse einer repräsentativen, bundesweiten Umfrage an, die ich derzeit zusammen mit Ina Schmied und Bernt Schnettler durchführe.

verglich das ‚thematische Warenlager des modernen heiligen Kosmos' mit einem Markt, dessen Ausbildung die Betonung des autonomen Individuums erklärte, doch trug der Begriff meist noch die Züge einer Metapher. Erst mit der Entstehung des „New Paradigm" der Religionssoziologie wurde diese Metapher zu einem Modell weiterentwickelt, das die ökonomische Theorie des Marktes konsequent auf die Religion anzuwenden versuchte.

3.2. Das Marktmodell der Religion im ‚Neuen Paradigma'

Das Marktmodell des ‚Neuen Paradigmas' geht von der Annahme aus, dass Menschen sich am ökonomischen Prinzip der Nutzenmaximierung orientieren (Iannaccone 1992). Individuen gewichten ihre Entscheidungen nach den antizipierten Kosten und Erträgen ihrer Handlungen so, dass sie ihre Nettoerträge maximieren. Das gilt auch für die Religion, die sich dadurch auszeichnet, dass für die diesseitigen Einsätze (finanzielle Unterstützung, aktive Beteiligung, Zeitaufwand und Einsatz für religiöse Organisationen) jenseitige ‚übernatürliche' Erträge ‚angeboten' werden.

In der „religiösen Ökonomie" stellen die einzelnen religiösen Organisationen demnach ‚Firmen' dar, die Angebote für ihre ‚Kunden' offerieren. Wie die Angebote große Unterschiede aufweisen, sind auch die ‚Kunden' dieser Firmen in ‚Marktsegmente' von Gruppen unterteilt, die ähnliche religiöse Präferenzen haben und sich im Sinne des Prinzips der Nutzenmaximierung an ihnen orientieren. So neigen Angehörige höherer Schichten zu Religionen, die weniger Ansprüche stellen und besser in die Gesellschaft integriert sind als Angehörige benachteiligter sozialer Gruppen. Weil er es ermöglicht, für die stark differenzierten, in viele Gruppierungen aufgeteilten Gesellschaften ein ebenso vielfältiges religiöses Angebot zu bieten, fördert der marktförmig organisierte religiöse Pluralismus den höchsten Grad der Religiosität.

Im Rahmen des ‚Neuen Paradigmas' wurden zahlreiche empirische Belege für diesen Marktmechanismus vorgebracht, demzufolge die Konkurrenz zwischen religiösen Organisationen auf einem freien Markt zu ihrem dauerhaften Fortbestand, ja zur verstärkten Religiosität der Menschen beitrage (Stark/McCann 1993; Warner 1993). Allerdings gibt es auch Hinweise darauf, dass dieses Modell selbst für die USA, auf die es besonders gemünzt ist, nur bedingt zutrifft. Denn auch dort bestehen gebietsweise weiterhin religiöse Monopole. Besonders in den Gebieten, in denen religiöse Monopole eine Kommunikation über den religiösen Bereich hinaus ermöglichen und Beziehungen zu anderen sozialen Einflussbereichen herstellen, stoßen sie in der breiten Bevölkerung auf große Resonanz und verhindern damit einen freien Wettbewerb (Blau u. a. 1992).

3.3. Markt und Kommunikation

Solche Mängel liegen unter anderem darin begründet, dass das Neue Paradigma dem ideologisch vorbelasteten Rational-Choice-Modell eines freien, deregulierten Marktes folgt, das davon ausgeht, dass sowohl die Nachfrage wie das Angebot über egoistische Kosten-Nutzenkalküle reguliert werden. Nach dem Vorbild der ‚invisible hand' werden die (‚rational' entscheidenden) Individuen durch den freien Wettbewerb der Religionen in die jeweiligen religiösen Gemeinschaften integriert, indem sie ihre eigenen, rational kalkulierten Zwecke verfolgen. Dabei aber übersieht das Neue Paradigma oftmals, dass ein Markt nur dort funktioniert, wo eine ungehinderte Information über die Marktangebote – also Kommunikation – möglich ist, und zwar auf der Seite des Angebots wie der Nachfrage. Markt ist also von der Struktur der gesellschaftlichen Kommunikation abhängig, die ihrerseits, wie schon anfänglich bemerkt, einen entscheidenden Einfluss auf die Konstruktion der Identität hat.

Tatsächlich verläuft die Entstehung des religiösen Marktes parallel zur enormen Ausbreitung und Deregulation moderner Kommunikationsmittel. Die abnehmende Bedeutung der religiösen Institutionen und die zunehmende Ausweitung und Verdichtung der Kommunikation (Literarisierung, Schulen, Universitäten), die Grundlage eines Marktes ist, hängen insbesondere mit dem Übergang von der Handschrift zur Druckschrift und der anschließenden Ausbildung einer Druck- und Medienindustrie zusammen. Die frühen Druckerpressen waren großenteils kommerzielle Unternehmen, die sich kapitalistisch organisierten. (Das unterscheidet auch die europäische Druckerpresse vom zentralistisch verwalteten chinesischen – und begründet vermutlich seinen Erfolg.) Die Entwicklung der Presse wurde damit zu einem wesentlichen Teil der Ausbildung einer kapitalistischen Wirtschaft im späten Mittelalter und der frühen Neuzeit. Zugleich wurde dieser Medienmarkt selbst zu einer symbolischen Macht, deren Stellung zu religiösen Institutionen auf der einen Seite und zu den politischen Einrichtungen der neuen Nationalstaaten auf der anderen Seite noch wenig geklärt war. Das Wachstum der Druckerpresse führte zur Entstehung neuer Zentren und Netzwerke der symbolischen Macht, die sich zunehmend außerhalb der Kontrolle des Staates und der Kirche befanden.

Der Zusammenhang zwischen der religiösen Literarisierung der Bevölkerung durch den Protestantismus und der Individualisierung ist schon seit längerem bekannt (Eisenstein 1979). Weniger bekannt aber ist, dass die Entstehung eines Marktes für Druckwerke sich zunächst und vor allem in den angelsächsischen Gebieten auf religiöse Literatur konzentrierte. Und während langsam auch weltliche Literatur marktmäßig vertrieben wurde, war besonders die amerikanische Religion offen für neue Wege der religiösen Kommunikation: Von der Massenzeitung über das Radio und das Fernsehen bis zum Internet (das besonders von Neuen Religiösen Bewegungen gerne benutzt wird) nutzte sie auf sehr schöpferische Weise alle jeweils verfügbaren Mittel der Marktkommunikation.[7] So ist z. B. auch die wachsende Bedeutung des amerikanischen Fundamentalismus u. a. darauf zurückzuführen, dass er auf eine gewachsene, ausgebaute Kommunikationsstruktur innerhalb des Medienbereichs, die „Electronic Church", zurückgreifen kann, die ihm und den anderen christlichen Sendern eine deutliche Monopolstellung verleiht.

3.4. Der Markt jenseits der Kirchen

Freilich ist die Marktorientierung der Religion in den USA stärker ausgeprägt als in unserer Gesellschaft. Und es kann auch kaum einen Zweifel daran geben, dass die Religion in den deutschsprachigen Gesellschaften noch in einem beträchtlichen Ausmaß von den großen Institutionen bestimmt wird. Doch auch wenn die politisch und rechtlich als religiös ausgewiesenen Organisationen den Kern der religiös spezialisierten Institutionen bilden, verlieren sie seit Jahrzehnten nicht nur Mitglieder – sie büßen auch an Einfluss auf die religiösen Glaubensvorstellungen, Handlungsmuster und Erfahrungsweisen ihrer Mitglieder und der restlichen Gesellschaft ein. Dagegen breiten sich besonders am Rande und vor allem außerhalb dieses Kerns Vorstellungen aus, die offenkundig auf eine breite Marktkommunikation zurückzuführen sind. Dies zeigt sich nicht nur in der unübersehbaren Zunahme quasireligiöser Anbieter (Therapie- und Meditationszentren, Dianetik-Geschäfte, esoterische Messen und Buchhandlungen etc.), die eine breite Klientele versorgen. Ein deutliches Indiz für die Bedeutung der Marktkommunikation und ihrer globalen Dimension ist auch, dass fast alle neueren religiösen Themen, die sich seit dem zweiten Weltkrieg in unserer Gesellschaft ausgebreitet haben, vor allen Dingen aus dem angelsächsischen Raum und seinem religiösen Markt importiert wurden. Das gilt nicht nur für die Palette religiöser und außergewöhnlicher Erfahrungen (von UFOs über Nahtodeserfahrungen bis zur neueren Engels-‚Mode'), sondern auch für nahezu alle Neuen Religiösen Bewegungen, weite Teile der fundamentalistischen Bewegungen, für das ‚New Age' und die über den angelsächsischen Raum vermittelte dritte Rezeptionswelle östlicher Religionen.

7 Für die Ausbildung des religiösen Marktes in den USA und ihr Zusammenhang mit der Entwicklung der Kommunikationsmedien vgl. Moore (1994).

4. Spiritualität, Individualisierung und das Paradox der kirchlichen Religion

4.1. Das Paradox der kirchlichen Religion

Obwohl die kirchlich organisierten Institutionen einen – zum Teil staatlich und vertraglich gesicherten - privilegierten Zugang zu den verschiedenen Mitteln der Kommunikation (vom staatlichen Fernsehen über das Radio, Zeitschriften und Zeitungen bis hin zu über Steuern finanzierten Veranstaltungsorten) haben, kann kaum übersehen werden, dass die Inhalte der außerhalb der Kirche geführten Marktkommunikation Verbreitung auch bis weit in die inneren Kreise der Kirchen selber finden. Dennoch führt die kommunikative Hegemonie der Kirchen (die besonders in der – stellvertretend von Politikern geführten – Auseinandersetzung mit Neuen Religiösen Bewegungen deutlich wird) zu einem eigenartigen Paradox. Auf der einen Seite nämlich führt die Hegemonie dazu, dass Religion selbst von denjenigen, die nicht auf der Seite der Kirchen stehen, meist mit kirchlicher Religion gleichgesetzt wird.[8] Zugleich aber ist die Hegemonie auch dafür verantwortlich, dass diejenigen religiösen Bewegungen, die andernorts für eine „Wiederkehr der Religion" sorgen, in unseren Breiten gar nicht als religiös angesehen werden. Aufgrund der hegemonialen Stellung der Kirchen wandern diese religiösen Angebote gewissermaßen aus dem Geltungsbereich dessen aus, was als Religion angesehen wird. Dies findet sich etwa darin bestätigt, dass die ‚religiösen' subjektiven Erfahrungen von vielen Befragten gar nicht mehr als religiös bezeichnet werden.

4.2. Formen der religiösen Individualisierung

Weil sich die verschiedenen religiösen Bewegungen zum Großteil außerhalb der großen religiösen Institutionen entwickeln und besonders weil sie von einem Markt relativ frei zugänglicher religiöser Kommunikation zehren, fördern sie zum einen die verschiedenen Formen der religiösen Individualisierung. Dabei sollten jedoch verschiedene Formen der religiösen Individualisierung unterschieden werden. So besteht einmal die im Begriff der Patchwork-Identität angelegte Möglichkeit des *religiösen Synkretismus*: Individuen konstruieren entweder gewissermaßen ihre eigene Religion aus dem vorhandenen Bestand religiöser Sinnsysteme und bilden daraus individuell ansprechende Mischungen aus Elementen verschiedener Religionen. Oder sie können als „*Suchende*" nacheinander von einer Religion in eine andere wechseln, wobei sie jeweils auch ihre Vorstellungen und Teile ihrer Identität

8 Dies ist nicht nur ein gesellschaftlicher Grund dafür, den Begriff der Transzendenz zu verwenden, sondern vermutlich auch dafür, dass die Theorie der „unsichtbaren Religion" bei uns noch immer relevant ist, während sie vor allem in den USA an Aktualität eingebüßt hat.

verändern (Knoblauch 1989). Die verschiedenen Sinnsysteme müssen jedoch nicht unbedingt in eine stimmige individuelle Weltsicht integriert werden, Menschen müssen nicht nur eine Religion haben, sondern können das bilden, was man eine *proteische Religiosität* nennen könnte. Je nach subjektiv relevanten Umständen können etwa katholische Kirchgängerinnen auch an die Reinkarnation oder an kosmische Energien glauben, zur Beichte gehen oder nach östlichem Vorbild meditieren, Yoga betreiben oder ganz pragmatisch und positivistisch alle nichtalltägliche Transzendenz bestreiten.

4.3. Spiritualität und spirituelle Gemeinschaften

Man würde der gegenwärtigen religiösen Situation jedoch nicht gerecht, würde man davon ausgehen, die Subjektivierung führe lediglich zur hochgradigen Individualisierung. Tatsächlich wird die charakteristische Form der gegenwärtigen religiösen Identitätsbildung sehr viel treffender mit einem Begriff umschrieben, der nicht zufällig schon im Zusammenhang mit der zunehmenden Subjektivierung erwähnt wurde: Spiritualität. Denn der Begriff der *Spiritualität* erlaubt es zum einen, auf eine religiöse Wirklichkeit Bezug zu nehmen, ohne an institutionell definierte Vorstellungen des Religiösen anschließen zu müssen. Dies gelingt ihm, zum anderen, gerade deswegen, weil er auf die Dimension der subjektiven Erfahrung der Transzendenz rekurriert.

So individuell sich die Spiritualität auch immer ausnehmen mag (und so undogmatisch individualistisch sich die Engel heutzutage auch immer geben mögen), so ist es doch keineswegs notwendig, dass sie sich lediglich in Formen der Individualisierung verwirklicht. Vielmehr kann sie zur Ausbildung dessen führen, was als *spirituelle Gemeinschaften* bezeichnet werden kann. Grob gesagt können darunter jene religiösen Gemeinschaften verstanden werden, die sich um subjektive Themen, Interessen und Präferenzen herum kristallisieren. So können ‚issue-orienticrte‘ Gemeinschaftsbildungen um die verschiedenen Themen der Subjektivierung kristallisieren (Gruppen, die sich mit Themen wie ‚Umgang mit dem Tod‘, ‚Todesnäheerfahrungen‘, ‚innere Heilung‘ u. Ä.. beschäftigen). Zum Zweiten ist zwar der Zugang zum Markt der religiösen Kommunikation relativ frei. Es wäre jedoch mehr als verfehlt, die erstaunlich ausgeprägten Strukturen dieses Marktes (und seiner eigenwilligen politischen Ökonomie der Kommunikation[9]) zu übersehen. Die Teilnahme an der Marktkommunikation führt fast automatisch zur Eingliederung in soziale Strukturen. Dies zeigt sich am offensichtlichsten in der Bildung von (oft mit Massenmedien organisierten) „Event-Gemeinschaften“ bei religiösen Massenveranstaltungen, die dem Muster der Populär- und Massenkultur folgen. Dabei kann die besondere Eigenart dieser spirituellen Gemeinschaften darin bestehen, dass die Einzel-

9 In den USA existierten schon 1987 über 220 christliche Fernsehstationen; in Brasilien dagegen verfügt die katholische Kirche über 122 Rundfunkstationen.

nen vor allen Dingen deswegen zusammenkommen, um ein besonderes Gemeinschaftserlebnis zu machen. Schließlich tritt auch die Möglichkeit auf, dass bestehende Gemeinschaften quasi benutzt werden, um die eigene Spiritualität zu erleben. So deuten etwa Untersuchungen in herkömmlichen religiösen Institutionen (Klöstern, Kirchengemeindegruppen, kirchlichen Zeremonialgemeinschaften) auf eine deutliche Tendenz zur Subjektivierung und Spiritualisierung hin.

Im Unterschied zur Individualisierung erlaubt der Begriff der Spiritualität nicht nur, neben den individualisierten Formen auch diese Vergemeinschaftungen subjektivierter Erfahrungen zu erfassen. Er weist überdies darauf hin, dass die Identität auch in der späten Moderne noch immer sehr deutlich religiöse Züge trägt. Und damit streicht er auch einen besonderen Zug spätmoderner Identitäten heraus: Obwohl die Moderne die Religion und die Postmoderne das Subjekt für tot erklärt hatten, haben beide offenbar dennoch überlebt, und zwar dadurch, dass sie sich auf eine besondere Weise in der Spiritualität verbündet haben. Diese Weise ließe sich als Sakralisierung des Individuums umschreiben. Freilich erstreckt sich diese Sakralisierung nicht auf alle Individuen. Sie zieht jedoch so weite Kreise in die gegenwärtige Moral, den Umgang mit Körpern oder die Auffassungen des Selbst, dass sie auch als Beleg für die noch immer anhaltende Kulturbedeutung der Religion in der späten Moderne verstanden werden kann.

Literatur

Berger, Peter L. (1965): Ein Marktmodell zur Analyse ökumenischer Prozesse. In: Internationales Jahrbuch für Religionssoziologie 1, 235–249.

Berger, Peter L./Luckmann, Thomas (1970): Die gesellschaftliche Konstruktion der Wirklichkeit. Frankfurt/M.

Berger, Peter L./Luckmann, Thomas (1980): Soziale Mobilität und persönliche Identität. In: Thomas Luckmann (Hrsg.), Lebenswelt und Gesellschaft. Paderborn, 142–160.

Blau, Judith R. u. a. (1992): The Expansion of Religious Affiliation: An Explanation of the Growth of Church Membership in the United States, 1860–1930. In: Social Science Research 21, 329–352.

Bochinger, Christoph (1994): ‚New Age' und moderne Religion. Gütersloh.

Eisenstein, E. L. (1979): The Printing Press as an Agent of Change: Communications and Cultural Transformations in Early Modern Europe. Cambridge.

Gabriel, Karl (Hrsg.) (1996): Religiöse Individualisierung oder Säkularisierung. Biographie und Gruppe als Bezugspunkte moderner Religiosität. Gütersloh.

Giddens, Anthony (1991): Modernity and Self-Identity. Self and Society in Late Modern Age. London.

Hahn, Alois (1982): Zur Soziologie der Beichte und anderer Formen institutionalisierter Bekenntnisse: Selbstthematisierung und Zivilisationsprozess. In: Kölner Zeitschrift für Soziologie und Sozialpsychologie 34, 407–434.

Haraldsson, Erlendur (1985): Representative National Surveys of Psychic Phenomena: Iceland, GB, Sweden, USA and Gallups Multinational Survey. In: Journal of the Society for Psychical Research 53, 145–158

Hay, David/Morisy, Ann (1978): Reports of Ecstatic, Paranormal or Religious Experience in Great Britain and the United States – a Comparison of Trends. In: Journal for the Scientific Study of Religion 17, 3, 255–268.

Heelas, Paul (1996): The New Age Movement. Oxford.

Herder, Johann Gottfried (1878): Sämtliche Werke Bd. 3. Hrsg. Suphan. Berlin.

Hervieu-Léger, Danièle (1993): Present-day Emotional Renewals: The End of Secularization or the End of Religion? In: William H. Swatos (Hrsg.), A Future for Religion? New Paradigms for Social Analysis. Newbury Park, 129–148.

Hitzler, Ronald (1996): Orientierungsprobleme: Das Dilemma der Kirchen angesichts der Individualisierung der Menschen. In: Leviathan. Zeitschrift für Sozialwissenschaft, 24, 2, 272–286.

Iannaccone, Lawrence R. (1992): Religious Markets and the Economics of Religion. In: Social Compass 39, 1, 123–131.

Knoblauch, Hubert (1989): Das unsichtbare neue Zeitalter. „New Age“, privatisierte Religion und kultische Milieus. In: Kölner Zeitschrift für Soziologie und Sozialpsychologie, 41, 3, 504–525.

Knoblauch, Hubert (1995): Raucher beichten. Das religiöse Repertoire der ‚Anonymen‘. In: Hubert Knoblauch (Hrsg.), Kommunikationskultur. Die kommunikative Konstruktion kultureller Kontexte. Berlin, New York, 211–233.

Knoblauch, Hubert (1997): Die Sichtbarkeit der unsichtbaren Religion. Subjektivierung, Märkte und die religiöse Kommunikation. In: Zeitschrift für Religionswissenschaft 5, 181–204.

Knoblauch, Hubert (1998): Bekehrung zum Nichtrauchen? Die Konversion in einer ‚unsichtbaren Religion‘ am Beispiel von „Nicotine Anonymous“. In: H. Knoblauch u. a. (Hrsg.), Beiträge zur Soziologie der Konversion. Konstanz, 247–269.

Knoblauch, Hubert (im Druck): Artikel „Privatreligion“. In: Hubert Mohr u. a. (Hrsg.), Metzler Lexikon Religion. Stuttgart.

Krüggeler, Michael (1993): Inseln der Seligen: Religiöse Orientierungen in der Schweiz. In: Alfred Dubach, Roland J. Campiche (Hrsg.), Jede/r ein Sonderfall? Religion in der Schweiz. Zürich, Basel, 93–132.

Luckmann, Thomas (1979): Personal Identity as an Evolutionary and Historical Problem. In: M. v. Cranach u. a. (Hrsg.), Human Ethology: Claims and Limits of a New Discipline. Cambridge, 56–74.

Luckmann, Thomas (1980): Lebenswelt und Gesellschaft. Paderborn.

Luckmann, Thomas (1991): Die unsichtbare Religion. Frankfurt/M.

Luhmann, Niklas (1997): Die Gesellschaft der Gesellschaft. Frankfurt/M.

Mayer , Jean-Francois (1993): Les nouvelles voies spirituelles. Enquête sur la religiosité parallèle en Suisse. Lausanne.

Moore, R. Laurence (1994): Selling God. American Religion in the Marketplace of Culture. New York, Oxford.

Mörth, Ingo (1989): New Age – neue Religion? In: M. Haller u. a. (Hrsg.), Kultur und Gesellschaft. Frankfurt/ M., New York, 297–320.

Pollack , Detlef (1996): Individualisierung statt Säkularisierung? In: K. Gabriel (Hrsg.), Religiöse Individualisierung oder Säkularisierung? Gütersloh.

Stark, Rodney / McCann, James (1993): Market Forces and Catholic Committment: Exploring the New Paradigm. In: Journal for the Scientific Study of Religion 2, 111–124.

Troeltsch, Ernst (1965): Die Soziallehren der christlichen Kirchen und Gruppen. Aalen.

Warner, Stephen (1993): Work in Progress Toward a New Paradigm for the Sociological Study of Religion in the United States. In: American Journal of Sociology 98, 1044–1093.

Wohlrab-Sahr, Monika (Hrsg.) (1995): Biographie und Religion. Zwischen Ritual und Selbstsuche. Frankfurt/M., New York.

Yamane, David/ Polzer, Megan (1994): Ways of Seeing Ecstacy in Modern Society: Experiential-expressive and Cultural Linguistic Views. In: Sociology of Religion 55, 1–15.

Entgrenzte Geschlechterverhältnisse? Enttraditionalisierung und habituelle Rahmen

Michael Meuser

1. Einleitung

„Männer könnten Mütter werden" – unter dieser Schlagzeile berichtet die Süddeutsche Zeitung vom 22. Februar 1999 über Perspektiven der Reproduktionsmedizin, wie sie von britischen Experten entworfen werden. Der „schwangere Mann" ist in diesen Gedankenspielen nicht mehr nur eine Metapher, mit der die emphatische Teilnahme von Männern an den geburtsvorbereitenden Aktivitäten ihrer Frauen oder Partnerinnen bezeichnet wird, sondern ein „handfestes", den Körper gezielt veränderndes Überschreiten von bislang als unverrückbar angenommenen Grenzen zwischen den Geschlechtern. Einer der britischen Mediziner wird mit den folgenden Worten zitiert: „Das ist keineswegs pervers, und schon unter dem Gesichtspunkt der Gleichberechtigung wäre es nicht möglich, einen Mann daran zu hindern, so etwas zu tun – das wäre Diskriminierung." Das Postulat der Gleichberechtigung gebietet offenbar, jedwede Begrenzung zu transzendieren. Im Zusammenspiel von medizinischem Fortschritt und geschlechterpolitischer Argumentation werden (zunächst noch spekulativ) Optionen kreiert, die, würden sie realisiert, die vermeintlich letzte unhintergehbare Basis eindeutiger Geschlechterverhältnisse auflösen: den Dimorphismus des weiblichen und des männlichen Körpers.

Der Bericht über die Möglichkeit männlicher Mutterschaft ist zu verstehen als Teil eines postmodernen Geschlechterdiskurses, dessen trivialisierte Botschaft lautet: anything goes. „Gender blending", „gender crossing", „transgendering", bisweilen auch „gender fucking" sind die Stichworte, die besonders von den Feuilletons bereitwillig aufgegriffen werden. Folgt man diesem Diskurs, scheint die „Verwirrung der Geschlechter" (Roedig 1997) überhand zu nehmen. Die Begriffe Mann und Frau bezeichnen keine sozial bedeutsamen Kategorien mehr. Die Sozialordnung der Zweigeschlechtlichkeit wird dekonstruiert. Statt zwei Geschlechter gibt es drei, vier, fünf oder auch noch mehr. Alles erscheint möglich, auch die völlige Auflösung der Kategorie Geschlecht wird ins Auge gefasst. Das sind zumindest die Visionen so genannter „queer politics", die im kulturellen Geschlechterdiskurs derzeit von sich Reden machen (vgl. Hark 1993; Weeks 1995). Mit diesem Begriff ist eine Identitätspolitik bezeichnet, die mit Hilfe von Parodie und Travestie versucht, die etablierte zweigeschlechtliche Ordnung zu unterminieren. Theoretischer Hintergrund ist vor allem der zeichentheoretische Konstruktivismus Judith Butlers (1991, 1997), demzufolge es keine Realität „Frau“ (bzw. „Mann“) unabhängig von dem Begriff „Frau“ (bzw. „Mann“) gibt. Damit ist jede physiologische Fundierung von Geschlecht bestritten; der Körper wird zum „diskursiven Effekt“.

Diese dem Diskurs der Postmoderne verwandte Strategie ist nur eine Form der Entgrenzung von Geschlechterverhältnissen. Auch wenn diese Strategie für die Medien einen hohen Aufmerksamkeitswert hat, handelt es sich doch um ein Nischenphänomen, das außerhalb mancher Kreise des intellektuell-akademischen Milieus kaum wahrgenommen wird, geschweige denn Wirkung entfaltet[1]. Allerdings mag es sein, dass die relativ häufige Medienpräsenz geschlechtlicher Grenzgänger nicht nur voyeuristische Interessen bedient, sondern auch dazu beiträgt, das „Unnormale“ ein Stück weit akzeptabel werden zu lassen.

Wie immer man den Effekt spektakulärer Grenzverletzungen bewertet, es ist unübersehbar, dass auch in den „Niederungen“ des (klein-)bürgerlichen Alltags die Geschlechterverhältnisse in zum Teil heftige Bewegung geraten sind. Die in der bürgerlichen Gesellschaft des 18. und 19. Jahrhunderts etablierte Geschlechterordnung (vgl. Frevert 1995; Hausen 1976; Honegger 1991) hat am Ende des 20. Jahrhunderts ihre fraglose Gültigkeit verloren. Sämtliche Handlungsfelder, in denen das Verhältnis der Geschlechter seine soziale Gestalt erhält, sind involviert. Im privaten Zusammenleben von Mann und Frau wird um ein neues Arrangement der Aufteilung häuslicher Arbeiten (vom Abwasch bis zur Kindererziehung) gestritten. Im öffentlichen Raum sind Veränderungen unmittelbar erfahrbar, z. B. in Gestalt von Frauenparkplätzen in Parkhäusern oder von Nachttaxis für Frauen. In der beruflichen Sphäre ist eine gewisse Öffnung traditionell männlich bzw. weiblich dominierter Berufe für Angehörige des jeweils anderen Geschlechts festzustellen. Auf der Ebene der politischen Steuerung der Gesellschaft versuchen Gleichstellungsmaßnahmen unterschiedlichster Art die Transformation der Geschlechterordnung zu beschleunigen. Hierzu zählen nicht nur Quotenregelungen und Frauenförderungsprogramme, sondern auch die aktuellen Initiativen für eine rechtliche Gleichstellung homosexueller Partnerschaften mit heterosexuellen.

Einen entscheidenden Einfluss auf diese Entwicklungen hat die zweite Frauenbewegung ausgeübt. Sie vor allem hat bewirkt, dass die gesellschaftliche Hegemonie des männlichen Geschlechts zwar noch lange nicht außer Kraft gesetzt ist, wohl aber in zunehmendem Maße und in immer mehr Handlungsfeldern einem Rechtfertigungsdruck unterliegt. Selbst männlich dominierte Organisationen wie das Militär, der Rotary-Club und die katholische Kirche sind davon nicht ausgenommen. Männliche Herrschaft setzt sich „nicht mehr mit der Evidenz des Selbstverständlichen“ durch (Bourdieu 1997b: 226). Im Zuge der Frauenbewegung und flankiert durch Entwicklungen im Bildungs- und Beschäftigungssystem erteilen heute insbesondere

1 Eine andere Frage ist, ob queer-Strategien überhaupt den Grenzen transzendierenden Effekt haben, den sie für sich reklamieren. Auch dies ist äußerst umstritten (vgl. Landweer 1994).

junge Frauen einem ausschließlichen „Dasein für andere" eine deutliche Absage und beanspruchen zumindest „ein Stück ‚eigenes Leben'" (Beck-Gernsheim 1983).

Anders als bei sonstigen Umbrüchen sozialer Ordnungen sind die Männer nicht oder nur in verschwindend geringem Maße auf der Seite der Protagonisten zu finden. Die Transformation der Geschlechterordnung wird von Frauen und eher gegen den Willen der Männer betrieben. Soweit diese daran beteiligt sind, erleiden sie ihre „Emanzipation" mehr, als dass sie diese aktiv betreiben (vgl. Beck/Beck-Gernsheim 1990: 199 ff). Der Verlust von Sicherheiten ist die dominierende Erfahrung dieser Männer (vgl. Meuser 1998a). Hingegen erlebt die Mehrheit zumindest der jungen Frauen die Modernisierung weiblicher Lebenslagen als Befreiung, nur eine Minderheit betont den Verlust von Sicherheit (Geissler/Oechsle 1994: 145).

Die Geschlechterdifferenz impliziert nicht nur ein fundamentales soziales Ungleichheitsverhältnis. Sie findet ihren Ausdruck auch darin, dass Frauen und Männer auf unterschiedliche Weise in den Wandel des Geschlechterverhältnisses involviert sind, dass sie ihn unterschiedlich wahrnehmen und bewerten und dass ihre geschlechtlichen Identitäten in unterschiedlichem Maße eine Veränderung erfahren. Auch wenn das Geschlechterverhältnis durch das Merkmal der Relationalität gekennzeichnet ist, folgt daraus nicht, dass die beiden Seiten in gleicher Weise an dessen Entwicklung partizipieren oder davon betroffen sind. Die Veränderungen ereignen sich (noch) mehr auf der Seite der Frauen als auf derjenigen der Männer. Des Weiteren weist die neuere Geschlechterforschung mit Nachdruck darauf hin, dass die Geschlechtslagen in sich eine derartige Variation aufweisen, dass sowohl die Vorstellung einer unitären Weiblichkeit als auch einer unitären Männlichkeit unangemessen ist. Es gibt weder *die* weibliche noch *die* männliche Geschlechtsidentität. Folglich fügen sich auch die Veränderungen der Geschlechtsidentitäten nicht einem jeweils einheitlichen Muster.

Die Betonung der internen Differenziertheit geschlechtlicher Identitäten entspricht der Diagnose, welche die soziologische Theorie der reflexiven Modernisierung (Beck, Beck-Gernsheim, Giddens, Hitzler u. a.) allgemein hinsichtlich des Zustandes moderner Gesellschaften am Ende des 20. Jahrhunderts stellt. Enttraditionalisierung, Individualisierung, Optionensteigerung sind die zentralen Stichworte. Ich werde im Folgenden zunächst diesen Diskurs skizzieren und dabei den Schwerpunkt auf dessen Thesen zur Entwicklung der Geschlechterverhältnisse legen. Anschließend werde ich einige Einwände referieren, die aus strukturtheoretischer Perspektive gegen eine tendenziell umfassende Enttraditionalisierung erhoben werden. Sodann werde ich mit Rekurs auf empirische Studien zeigen, in welcher Hinsicht Enttraditionalisierungsprozesse im Geschlechterverhältnis innerhalb von Rahmen verlaufen, die auf fundamentale sozialstrukturelle Einbindungen verweisen. Abschließend werde ich die Frage aufwerfen, inwiefern der Individualisierungsdiskurs selbst eine milieutypische Erscheinung insofern ist, als die Formen der Enttraditionalisierung, die er beschreibt, typischerweise im akademisch-intellektuellen Milieu vorzufinden sind.

2. Optionalitäten: Das Geschlechterverhältnis im Individualisierungsdiskurs

Die soziologische Theorie der reflexiven Modernisierung beschreibt die abendländischen Gesellschaften am Ausgang des 20. Jahrhunderts als individualisierte Gesellschaften, in denen die Handelnden in tendenziell allen Handlungsfeldern einem Zwang des Entscheiden-Müssens unterliegen. Handlungen werden subjektiv zugerechnet; das Individuum kann sich nicht mehr auf soziale Zwänge, Sitten, Bräuche und Traditionen berufen, um sein Handeln zu legitimieren. Enttraditionalisierung ist ein zentrales Merkmal der individualisierten Gesellschaft. Die Muster der Lebensführung sind pluralisiert. An die Stelle der mehr oder minder festen Einbindung in Herkunftsmilieus tritt eine Vielzahl von disparaten und heterogenen Beziehungen und Zugehörigkeiten. Sinngebung wird zu einer privaten Angelegenheit, bei der die „Sinnbastler" (Hitzler/Honer 1994) aus einer Vielzahl von Sinnangeboten wählen können und müssen. Kollektive Habitualisierungen lösen sich auf, Selbstverständlichkeiten werden fragwürdig, Normalbiographien werden zu Wahlbiographien. Die Freisetzung der Individuen hat freilich ihre Rückseite: Sicherheiten gehen verloren, die Welt wird unübersichtlich und die Lebensführung riskant (vgl. Beck/Beck-Gernsheim 1994b; Giddens 1991a; Gross 1994; Hitzler 1997; Hitzler/Honer 1994; Wohlrab-Sahr 1997). – Im Begriff der „Multioptionsgesellschaft" (Gross 1994) oder in dem der „multioptionalen Bastelexistenz" (Hitzler 1997) sind die Annahmen der Individualisierungsthese pointiert kondensiert[2].

Als ein überzeugender Beleg gilt der Individualisierungsthese die Entwicklung der Institution Familie in der zweiten Hälfte des 20. Jahrhunderts. „Pluralisierung der Familienformen" lautet das Stichwort. Das impliziert eine Deinstitutionalisierung des bürgerlichen Familienmodells. Damit verschwindet die Familie zwar nicht, aber es entstehen neue Formen des familialen Zusammenlebens, die Beck-Gernsheim (1998: 18) mit Begriffen wie „Verhandlungsfamilie", „Wechselfamilie" oder „Vielfamilie, die aus Scheidung, Wiederverheiratung, Scheidung, aus Kinder deiner, meiner, unserer Familienvergangenheiten und -gegenwarten hervorgegangen ist", zu fassen versucht. Doppelkarrierepaare, in großer geographischer Distanz geführte „Commuter-Ehen" oder das Arrangement des „living apart together" gelten als typische Ausprägungen individualisierter Familienformen (vgl. Peuckert 1996).

Aber auch für diejenigen, die in einer bürgerlichen Kleinfamilie zusammenleben, wird die Familie zum alltäglich neu zu bewältigendem „Balanceakt" (Rerrich 1988). In dem Maße, in dem tradierte Normalitätsstandards zerrinnen und die traditionelle Familie ihr Monopol verliert, wird die gemeinsame Lebensführung zu einer voraussetzungsvollen Gestaltungsaufgabe, die von den Beteiligten ein hohes Maß an Flexi-

2 Wie Hitzler (1997: 57) betont, handelt es sich bei diesen Beschreibungen und Begriffen um die Konstruktion eines Idealtypus. Beck und Beck-Gernsheim (1994b: 16) bezeichnen die Individualisierungsthese als eine „Trendaussage". Es spricht vieles dafür, dass der Idealtypus materiale Gestalt am ehesten unter den Bedingungen urbanen Lebens und im intellektuell-akademischen Milieu annehmen wird. Nicht umsonst gilt der Single als Prototyp des individualisierten Menschen (vgl. Hitzler 1997: 58).

bilität erfordert (Beck/Beck-Gernsheim 1990; Rerrich 1994). „Im Ergebnis wird der Familienverband fragil, ist vom Auseinanderbrechen bedroht, wo die Abstimmungsleistungen nicht gelingen" (Beck-Gernsheim 1998: 20).

Der Wandel der Familie ist in vielfältiger Weise mit dem des Geschlechterverhältnisses verknüpft. Das Geschlechterarrangement der traditionellen bürgerlichen Familie sieht für den Mann die Position des Familienernährers vor, dessen Aufgabe es ist, der Familie ein von finanziellen Sorgen freies Leben zu ermöglichen, auf dass die Frau den ihrem „Geschlechtscharakter" „gemäßen" Bereich der Reproduktionsarbeit übernehmen kann. In dem Maße, in dem die Frauen ihre Berufsorientierung geltend machen und sich gegebenenfalls auch gegen männlichen Widerstand durchsetzen[3] und gleichzeitig, bedingt durch den Strukturwandel des Systems der Erwerbsarbeit, immer mehr Männer die männliche Normal(erwerbs)biographie nicht mehr oder nur noch unzureichend realisieren, verliert nicht nur das bürgerliche Familienmodell sein „Personal", sondern ist zugleich das traditionelle Geschlechterarrangement gefährdet. Es ist aber vor allem die Individualisierung des weiblichen Lebenslaufs, die dafür sorgt, dass in der Partnerschaft zwei Menschen zusammenkommen, „die *beide* den Möglichkeiten und Zwängen einer selbstentworfenen Biographie unterstehen" (Beck/Beck-Gernsheim 1990: 85).

Mit Blick auf solche und andere Entwicklungen sprechen Beck und Beck-Gernsheim (1994b: 16) vom „homo optionis" als jemanden, dem neben vielem anderen auch sein Geschlecht zu Entscheidung aufgegeben ist. Das lässt sich im Sinne der oben erwähnten dekonstruktivistischen „queer"-Strategien verstehen (also im Sinne einer Auflösung der Kategorie Geschlecht oder eines permanenten multiplen Geschlechtswechsels), kann aber auch weniger radikal meinen, dass Frauen wie Männer nicht mehr auf tradierte Muster geschlechtsadäquaten Verhaltens zurückgreifen können, sondern zwischen verschiedenen Entwürfen von Weiblichkeit bzw. Männlichkeit wählen müssen. In diesem Sinne sind wohl Beck und Beck-Gernsheim zu verstehen. Individualisierung meint die Freisetzung „aus den verinnerlichten Geschlechtsrollen" (1990: 13 f) und die Notwendigkeit, eigene Lebensentwürfe durchzusetzen. Im Verhältnis von Mann und Frau verlieren wie anderswo die leitenden Normen ihre Gültigkeit und Verbindlichkeit, und das zwingt die Handelnden dazu, in einen Diskurs einzutreten, von dem prinzipiell nichts ausgenommen ist, weder die Aufteilung der Hausarbeit noch die Praktiken des Geschlechtsverkehrs.

Die These einer umfassenden Diskursivierung der Geschlechterbeziehungen wird genährt, wenn man den Markt der Ratgeber-, Lebenshilfe- und Verständigungsliteratur anschaut. Zunächst für Frauen, dann auch für Männer wurden und werden unterschiedliche Deutungsangebote und vielfältige Identitätsentwürfe offeriert. Die Insti-

3 Es ist wichtig zu betonen, dass die Berufsorientierung geltend gemacht und durchgesetzt wird. Wie Born u. a. (1996) zeigen, ist eine Berufsorientierung nicht nur für junge Frauen charakteristisch. Auch ältere, vor dem Zweiten Weltkrieg geborene Frauen haben nicht die ungeteilte Familienorientierung, die ihnen gewöhnlich attestiert wird. Die Geschlechterarrangements, in denen sie typischerweise lebten, ermöglichten es ihnen allerdings nicht, die Berufsorientierung als etwas Selbstverständliches zu behaupten und in dem Maße zu realisieren, wie es der Generation ihrer Töchter bereits möglich war.

tutionen der Erwachsenenbildung, die Kirchen sowie die Therapie- und Selbsthilfeszene fahren auf diesem „Optionenkarussell" mit. Gleichgültig, welche inhaltliche Ausrichtung die offerierten Optionen haben, die Diskursivierung als solche zersetzt den Bestand des Selbstverständlichen (vgl. Meuser 1995, 1998a: 129 ff).

Giddens (1993: 209) sieht die Funktion einer solchen Diskursivierung darin, die „Macht der Geschlechterdifferenz" zu brechen. Diese Macht „bleibt wahrscheinlich unverändert, wenn Individuen es ablehnen, ihr eigenes Verhalten und dessen implizite Rechtfertigungen reflexiv zu untersuchen". In dem Maße, in dem Frauen und Männer ihre Beziehungen reflexiv durchdringen, wird, so Giddens, die Geschlechtsidentität nicht mehr als von der Anatomie vorgegebenes Schicksal begriffen; sie wird zu einer „Sache des Lebensstils" und zu einer wichtigen Aufgabe einer „Politik der Lebensführung" („life politics"), welche die Grenzen zwischen der Sphäre des Politischen und dem Bereich des Privaten transzendiert. Giddens entwirft die Idee von „Intimität als Demokratie". Das impliziert, dass die gesamte private Beziehung von Mann und Frau mit Blick auf emanzipatorische Ideale gestaltet wird. Auch sexuelle Beziehungen werden daraufhin geprüft, ob sie mit dem „reflexiven Projekt des Selbst zu vereinbaren" sind (ebd.: 210)[4]. Als wichtigsten Protagonisten einer solchen Politik der Lebensführung begreift Giddens (1991b: 210 ff) den Feminismus.

Während Giddens auf eine umfassende Reflexivierung setzt, um die Macht der Geschlechterdifferenz zu brechen, wird in der Frauen- und Geschlechterforschung derzeit diskutiert, ob die Kategorie Geschlecht nicht bereits einen gewissen Bedeutungsverlust erfahren habe. Hirschauer (1993: 351) sieht „die Geschlechtsunterscheidung von Personen kontinuierlich Funktionen" einbüßen. Pasero (1994: 276) nimmt an, dass „die rigide Zweiteilung der Geschlechter im Alltagsleben der Moderne" verblasst und die Geschlechterdifferenz inzwischen „ein Ordnungsmuster unter anderen" geworden ist. Auf die Luhmannsche These verweisend, dass moderne Gesellschaften von einer stratifikatorischen auf eine funktionale Differenzierung umgestellt haben, bemerkt Pasero, es gäbe „gute Gründe für die Annahme, dass die asymmetrischen Wirkungen zwischen den Geschlechtern schwächer werden und letztlich keinen sozialen Sinn mehr haben" (ebd.: 274). Das Ende dieser Entwicklung wäre eine Situation, in der „sich die ehemals homogene Kategorie ‚Geschlecht' in ihre einzelnen Mitglieder aufgelöst hat" (Heintz u. a. 1997: 61). Die sozialen Prozesse, die einem derartigen potentiellen Zerfall der Kategorie Geschlecht zugrunde liegen, sieht die Geschlechterforschung allerdings nicht nur in den vielfältigen Diskursen gegeben, in denen eine Reflexivierung von Geschlechtsidentitäten betrieben wird, sondern vor allem in einer „zunehmenden Inklusion der Frauen" (Heintz/Nadai 1998: 75) in Handlungsfelder, die traditionell den Männern vorbehalten waren. Von zentraler Bedeutung ist in diesem Zusammenhang der Bereich der Erwerbsarbeit. Auch wenn der Zugang von Frauen zu so genannten „Männerberu-

4 Zu der in diesem Projekt implizierten Verknüpfung des Codes der romantischen Liebe mit dem der politischen Gleichheit vgl. Meuser 1998b.

fen" nach wie vor nur über zahlreiche Hürden möglich und zu Führungspositionen immer noch weitgehend verstellt ist, verliert sich, so die Einschätzung von Gildemeister und Robert (1998: 63), „jedoch die geschlechterkonstitutive Logik der Arbeitsteilung dort, wo zum einen vermehrt Frauen in qualifizierte und professionalisierte berufliche Handlungsfelder eindringen und zum anderen Tätigkeitsprofile entstehen, die ein neues Arrangement personaler und organisatorischer Anteile verlangen".

3. Persistenz von Habitusformen: Strukturtheoretische Einwände

Allerdings stellen auch solche Forscherinnen und Forscher, die auf Prozesse der De-Institutionalisierung im Geschlechterverhältnis hinweisen, welche zur Folge haben, dass die Geschlechterdifferenz nicht mehr die Ordnungsfunktion hat, die ihr in der bürgerlichen Gesellschaft des 19. Jahrhunderts zukam, eine „verblüffende Persistenz" der Geschlechterdifferenz in vielen Bereichen der sozialen Welt fest. Diese Persistenz sei „über modernisierungstheoretische Argumente nicht zu erklären" (Heintz/Nadai 1998: 77). Genauso wenig wie die Annahme einer Omnirelevanz der Geschlechterdifferenz werde die gegenteilige einer wachsenden Irrelevanz den Widersprüchlichkeiten und Ambivalenzen von Modernisierungsprozessen gerecht. Heintz und Nadai plädieren dafür, die Geschlechterdifferenz zu kontextualisieren, d. h. zu fragen, „unter welchen Bedingungen - in welchen Kontexten - Geschlecht ein relevanter Faktor ist und wo sich die Unterschiede und Ungleichheiten zwischen den Geschlechtern verringern" (ebd.).

Ein Soziologe, der notorisch skeptisch ist, was die Reichweite gesellschaftlicher Veränderungen angeht, ist Pierre Bourdieu. Die Skepsis betrifft insbesondere deren Potential, tiefsitzende, über lange Zeiträume hinweg inkorporierte kollektive Habitualisierungen aufzubrechen. Bourdieus Arbeiten über die Geschlechterordnung lassen sich gewissermaßen als ein pointierter Gegenentwurf zur Individualisierungsthese lesen. Vor allem misstraut Bourdieu (1997c: 98 f) der befreienden Wirkung emanzipatorischer Diskurse. „Die Beharrungskräfte des Habitus lassen sich nicht durch eine einfache, auf die befreiende Bewusstwerdung gegründete Willensanstrengung aufheben" (Bourdieu 1997a: 171). Dass dies zumindest für die Seite der Männer zutrifft, dafür haben wir in einem Forschungsprojekt über „Kollektive Orientierungen von Männern im Wandel des Geschlechterverhältnisses" vielfältige Belege gefunden (vgl. Behnke u. a. 1995; Meuser 1998a)[5].

5 Die Weise, in der die Geschlechterdifferenz sozial organisiert ist, verbietet es, solche Befunde umstandslos auf das andere Geschlecht zu übertragen. Knapp (1995: 183) zufolge drückt sich das „relationale Element im Geschlechterverhältnis" gerade in einem „differentiellen Umgang mit der Geschlechterdifferenz aus". Möglicherweise hat dies Konsequenzen dahingehend, dass die Potentiale einer „befreienden Bewusstwerdung" geschlechtsspezifisch unterschiedlich verteilt sind. So macht es einen gravierenden Unterschied, ob das Resultat der Bewusstwerdung die Einsicht ist, privilegierte

In den letzten Jahren hat Bourdieu das Habituskonzept, das er zunächst mit Blick auf Klassenlagen entworfen hat, auf die Analyse der Ungleichheitsordnung des Geschlechterverhältnisses übertragen. Er führt den Begriff des „vergeschlechtlichten und vergeschlechtlichenden Habitus" ein (Bourdieu 1997a: 167). Habitus meint ein an eine spezifische Soziallage gebundenes System dauerhafter Dispositionen, die Ereignisse und Verhältnisse in der sozialen Welt in einer für die jeweilige Soziallage typischen Weise wahrzunehmen, zu deuten und entsprechend zu handeln. Die Dispositionen sind „inkorporiert" und daher der reflexiven Steuerung wenig zugänglich. Gerade dies stützt die Reproduktion von Strukturen sozialer Ungleichheit. Die in der sozialen Praxis hervorgebrachte Ordnung erscheint als nicht hintergehbare „Natur der Dinge".

Eine naturalisierende Mystifikation geschlechtsspezifischer Disparitäten stößt gegen Ende des 20. Jahrhunderts auf mehr oder minder großen Widerstand. Wer soziale Differenzen und ungleiche Behandlungen von Frauen und Männern heute noch mit dem Verweis auf Unterschiede der weiblichen und der männlichen Physis begründet, stellt sich zumindest in bestimmten Kreisen selbst ins ideologische und moralische Abseits. Allerdings ist ein biologistisches Denken verbreiteter als man anzunehmen geneigt ist, wenn man nur die Erfahrungen zugrunde legt, die man als „aufgeklärter Sozialwissenschaftler" in seiner eigenen, oftmals kleinen Lebenswelt macht[6]. Zudem setzt die Beachtung rhetorischer Verbotstafeln in einer langen kulturellen Tradition verfestigte Deutungsmuster nicht einfach außer Kraft. Die Macht des Habitus liegt vor allem in seiner Latenz, in seinem Status eines kollektiven *Unbewussten* begründet.

Bourdieu nimmt an, dass habituelle Dispositionen, die einer einschneidenden, die Strukturen des Geschlechterverhältnisses fundamental umwälzenden Veränderung entgegenstehen, das Handeln beider Geschlechter bestimmen. „Es ist sogar zu beobachten, dass die inkorporierten Grenzen dann besonders deutlich werden, wenn die äußeren Zwänge beseitigt und die formalen Freiheiten (das Wahlrecht, das Recht auf Bildung, der Zugang zu allen Berufen, die politischen einbegriffen) erworben sind" (Bourdieu 1997a: 170). Mit dem Konzept des geschlechtlichen Habitus vermag Bourdieu zu erklären, wie es geschieht, dass die Frauen an der Reproduktion der Verhältnisse mitwirken, die sie in einer untergeordneten Position festhalten (vgl. Krais 1993: 217). Aber auch die Männer sind, obschon mit gesellschaftlichen Privilegien versehen, durch ihre habituelle Dispositionen in ihren Handlungsspielräumen eingeschränkt, wenn auch weniger als die Frauen.

Hinter den sichtbaren Veränderungen, auf die die Individualisierungstheorie vor allem Bezug nimmt, verbergen sich Bourdieu (1997b: 226) zufolge „Kontinuitäten sowohl in den Strukturen wie in den Repräsentationen", also in den ungleichen Ge-

Positionen aufgeben zu müssen, oder die Erwartung, das Machtgefüge zu eigenen Gunsten zu verschieben.

6 Auf der männlichen Seite des Geschlechterverhältnisses jedenfalls sind biologistische Deutungsmuster durchaus noch nicht verabschiedet, wie eine Empirie zeigt, die nicht nur Einstellungen erhebt (vgl. Behnke 1997).

schlechterverhältnissen wie in der kulturellen Symbolik der Geschlechterdifferenz. Auch die Individualisierungstheorie bestreitet dies nicht, betont und fokussiert aber stärker die Anzeichen von Veränderung[7]. Bourdieu (ebd.: 227) hingegen sieht etwa in dem „Umstand, dass der Altersvorsprung des Mannes bei den Ehepaaren erhalten bleibt und die Frauen zum großen Teil erklären, dass sie sich einen Mann wünschen, der größer und älter ist als sie", ein Dokument für die fortwährende strukturierende Kraft habitueller Dispositionen. Gemäß seiner Annahme, dass die Dimension der symbolischen Repräsentation sozialer Ordnung für deren Reproduktion von zentraler Bedeutung ist, handelt es sich bei solchen Darstellungen der Geschlechterdifferenz keineswegs um unbedeutende Relikte einer ansonsten bereits überwundenen Ungleichheitsordnung.

Modernisierungstheoretische und habitustheoretische Analysen schließen einander keineswegs aus, wie die Forschungen von Vester u. a. (1993) zum Wandel sozialer Milieus zeigen. Individualisierung impliziert demnach keineswegs einen Zerfall sozialer Zusammenhänge. „Insgesamt lösen sich die sozialen Milieus nicht nach einem ‚allgemeinen Gesetz der Individualisierung' auf. Die Individualisierung, verstanden als Autonomiegewinn, ist auf andere Weise wirksam. Sie hat in jedem sozialen Milieu und in jeder Generation eine andere Färbung und weltanschauliche Einbettung. Jedes Milieu dekliniert die Individualisierung nach seiner eigenen Façon" (Vester 1997: 109). Individualisierung findet demnach nicht jenseits, sondern diesseits habitueller Dispositionen statt. Allerdings differenzieren Vester u. a. (1993) den Milieubegriff und entwickeln so ein komplexeres und flexibleres Modell von „lebensweltlichen Sozialmilieus der pluralisierten Klassengesellschaft", als es Bourdieus Klassenkonzept vorgibt. Das trägt der Modernisierungsdynamik, die zu einer Entwicklung neuer sozialer Milieus und damit auch zu einer Ausbildung neuer Habitusformen führt, Rechnung. Gleichwohl wird der „Herkunftshabitus" damit nicht unwirksam. Modernisierungsprozesse werden als „schrittweiser Gestaltwandel der kulturellen Ausdrucksformen eines Habitus" verstanden, „denen aber gewissermaßen noch der Stempel des Herkunftsmilieus in Form vielfältiger Anlehnungs- und Abgrenzungsbeziehungen aufgedrückt ist" (Müller 1990: 59). Eine solche habitustheoretische Konzeptualisierung von sozialem Wandel *und* gesellschaftlicher Modernisierung vermeidet den Determinismus, der dem Bourdieuschen Ansatz vorgehalten wird; sie widerspricht aber auch den Thesen der „Ausbettung" aus Herkunftsmilieus, der Auflösung kollektiver Habitualisierungen und der Multioptionalität.

Eine Gleichzeitigkeit von Persistenz und Wandel sowie die Dialektik von Abgrenzung und Anlehnung kennzeichnen nicht nur die Herausbildung neuer sozialer Mili-

7 Die Differenzen in der Bewertung der gesellschaftlichen Entwicklungen verweisen auf grundlagentheoretisch bedeutsame Unterschiede der Konzeptualisierung sozialen Handelns. Der Individualisierungstheorie entspricht ein Akteurmodell, das in der Tradition Max Webers (und Alfred Schütz') in der Analyse der subjektiven Handlungsmotive die zentrale Aufgabe der (sinnverstehenden) Soziologie sieht. Bourdieu betont hingegen die sinnkonstituierende Bedeutung von generativen Hintergrundstrukturen (zu diesen unterschiedlichen Konzeptualisierungen sozialen Handelns vgl. Meuser 1999).

eus, sie macht sich auch in der Transformation der Geschlechterordnung geltend. Das lässt sich beispielhaft an den Bemühungen um eine reflexive Modernisierung von Männlichkeit zeigen (vgl. Meuser 1998a: 223 ff). Diese Bemühungen, wie sie von Männergruppen, Männerbüros, Männergesprächskreisen und ähnlichen Initiativen getragen werden, weisen alle Kennzeichnen der von Giddens beschriebenen und propagierten „Politik der Lebensführung" auf (s. o.). Das dort betriebene Projekt der reflexiven Aneignung des männlichen Selbst stößt immer wieder an die Grenzen einer habituell verankerten Männlichkeit. Tradierte Männlichkeitsmuster werden zum Teil vehement kritisiert und auch tunlichst nicht praktiziert. Die Verunsicherungen, die mit diesem Individualisierungsprozess verbunden sind, lassen aber eine Sehnsucht nach einer habituellen Sicherheit entstehen, wie sie diejenigen Männer durchaus immer noch haben, die in lebensweltlichen Milieus zuhause sind, in denen der Alltag noch wenig von den Umbrüchen im Geschlechterverhältnis affiziert ist. Diese Sehnsucht verleiht den abgelehnten symbolischen Ressourcen traditioneller Männlichkeit hinterrücks eine Attraktivität, die in deutlichem Widerspruch zur emanzipatorischen Programmatik steht. Enttraditionalisierungs- und Individualisierungsprozesse werden von den habituellen Dispositionen gleichsam eingeholt, was in diesem Fall, in dem die Ambivalenzen massiv und den Betroffenen durchaus nicht verborgen sind, einen nicht unbeträchtlichen Leidensdruck erzeugt.

Die Gleichzeitigkeit von Persistenz habitueller Dispositionen und Prozessen der Individualisierung und Enttraditionalisierung hat nun typischerweise nicht derartig „dramatische" Konsequenzen wie in diesem Fall einer männlichkeitsbezogenen Politik der Lebensführung. Im Folgenden wird es vorwiegend um Formen der Enttraditionalisierung im Geschlechterverhältnis gehen, die sich nicht einem explizit geschlechterpolitisch motivierten Handeln verdanken, sondern sich gewissermaßen „nebenbei" im Alltag von Beruf und Familie ereignen. Zudem soll die „Milieuspezifik von Individualisierungsprozessen" (Wohlrab-Sahr 1997: 32) ein wenig genauer und mit Blick auf das Geschlechterverhältnis betrachtet werden.

4. Konstanz und Wandel: Habituelle Rahmen von Enttraditionalisierungsprozessen

Die These der rezenten Geschlechterforschung, die Annahme der Omnirelevanz der Geschlechterdifferenz sei nicht zu halten (s. o.), beruht u. a. auf der Einsicht, dass die Geschlechterdifferenz nicht immer und überall die soziale Leitdifferenz ist, da – nach Handlungskontext und sozialer Lage variierend – andere ungleichheitsrelevante Differenzen das Handeln der Individuen mitunter stärker prägen als die Geschlechterdifferenz. Geschlechtslagen müssen folglich mit Blick auf ihre Verschränkung mit anderen sozialen Lagen analysiert werden. Vor allem wird die Überlagerung der Geschlechterdifferenz durch ethnische und Klassendifferenzen hervorgehoben[8].

Dieses Kapitel wird zum einen darlegen, dass und in welcher Hinsicht die Milieuzugehörigkeit einen Einfluss darauf hat, ob und wie Enttraditionalisierungsprozesse ablaufen. Damit soll der Mittelschicht-Bias der Individualisierungstheorie vermieden werden, der darin besteht, vor allem solche Formen der Enttraditionalisierung zu betrachten, die im vertrauten urbanen Eigenmilieu vorzufinden sind. Zum anderen wird gezeigt werden, dass die Zugehörigkeit zu einer der beiden Genusgruppen selbst habituelle Dispositionen bedingt, die Einfluss darauf haben, in welcher Weise Enttraditionalisierungen verlaufen.

4.1 Enttraditionalisierung und Milieutypik

Studien aus der Geschlechterforschung, die sich kritisch mit der Individualisierungsthese auseinandersetzen, betonen die Notwendigkeit einer klassen- oder milieuspezifischen Relativierung dieser These. Frerichs und Steinrücke halten als ein Ergebnis ihrer Forschungen zum Verhältnis von Klasse und Geschlecht (vgl. Frerichs 1997; Frerichs/Steinrücke 1997a, 1997b), fest, „dass sich durchaus Prozesse der Individualisierung vollziehen, aber nicht ‚jenseits von Stand und Klasse' (Beck), sondern diesseits" (Frerichs/Steinrücke 1997a: 152). Die Art der Individualisierung weise eine deutliche klassenbezogene, habituelle Prägung auf. Zudem verstärkten sich Individualisierungsprozesse „mit steigender sozialer Stufenleiter" und kulminierten „vor allem in den Bildungseliten" (ebd.).

Zu einer ähnlichen Schlussfolgerung kommen Burkart, Koppetsch und Maier auf der Basis einer milieuvergleichenden Studie über Geschlechternormen in Paarbeziehungen (vgl. Burkart 1997; Koppetsch/Maier 1998; Maier 1998). Klassen- und Milieuunterschiede nicht zu beachten führe „zu einer falschen Universalisierung des Geschlechterkampfes" (Koppetsch/Maier 1998: 144). Ein konflikthaft gesteigertes Spannungsverhältnis zwischen Frau und Mann, das einen „Beziehungsdauerdiskurs" geradezu erzwingt, ist eine typische Form des Geschlechterarrangements offensichtlich nur im akademisch-intellektuellen Milieu.

Koppetsch und Maier unterscheiden drei Milieus: das individualisierte Milieu der neuen gebildeten oberen Mittelschicht, das familistische Milieu, das sich aus Angehörigen der Dienstleistungsberufe zusammensetzt, und das traditionale Milieu der Arbeiter und Handwerker[9]. Das für das individualisierte Milieu typische Geschlech-

8 Der Anstoß zu dieser Perspektivenerweiterung war vor allem die Kritik schwarzer Wissenschaftlerinnen am Mittelklasse-Bias des „weißen mainstream-Feminismus" (vgl. West/Fenstermaker 1995: 10 ff).

9 Damit ist das Spektrum sozialer Milieus nicht ausgeschöpft. Es fehlt z. B., wie Koppetsch und Maier selbst bemerken, ein konservatives Akademikermilieu. Die Unterscheidung der drei Milieus reicht aber aus, um die Notwendigkeit einer milieuspezifischen Differenzierung zu plausibilisieren. Berücksichtigt man weitere Milieus, dann lassen sich bei allen Unterschieden auch Gemeinsamkeiten zwi-

terarrangement *orientiert* sich am „Modell der Autonomie zweier Subjekte im Rahmen der individualisierten Partnerschaft“ (Koppetsch/Maier 1998: 148). Geschlechtsspezifische Rollenzuweisungen werden von beiden Partnern explizit abgelehnt. Die *Praxis* des Geschlechterarrangements reproduziert aber eigentümlicherweise das „konventionelle Muster geschlechtsspezifischer Arbeitsteilung“ (ebd.: 160). Die Paare selbst sehen dies in der Regel jedoch nicht. Die von den Partnern aufrechterhaltene „Konsensfiktion“ (Hahn 1983) oder der „Familienmythos“ (Hochschild/Machung 1993) sorgt für ein systematisches Verkennen der Ungleichheit. Der individualistischen Logik folgend interpretieren die Partner die ungleiche und durchaus geschlechtstypische Verteilung von Hausarbeiten als Resultat individueller Neigungen.

Für das familistische Milieu, das der Idee einer Komplementarität von männlichen und weiblichen Zuständigkeiten folgt und in dem die Zuständigkeitszuschreibung an traditionellen Vorstellungen von Geschlechtsadäquanz und Geschlechtscharakteren orientiert ist, stellen Koppetsch und Maier ein geringeres Maß der Individualisierung als im individualisierten Milieu fest. Der Partnerwahl liegt in diesem Milieu zwar eine sorgfältig überlegte Entscheidung zugrunde, die daran ausgerichtet ist, ob der potentielle Partner die familistische Grundorientierung teilt, diese Orientierung bedingt aber zugleich, ist die Partnerschaft erst einmal konstituiert, „die Aufgabe individueller Interessen zugunsten der Paarbeziehung“ (Maier 1998: 145). Die traditionellen Mustern der Geschlechtsspezifität folgende und von Frau wie Mann akzeptierte Zuweisung von Zuständigkeiten und Aufgaben ist kein Anlass zum Konflikt, weil „gemäß dem milieutypischen Ideal der Verschmelzung“ (ebd.: 147) die Partner sich komplementär zu einer Paareinheit ergänzen.

Im traditionalen Milieu treten Mann und Frau weder in einen an der Norm der Gleichheit orientierten Beziehungsdiskurs ein noch wollen sie zu einer Einheit verschmelzen. Hier gelten „patriarchalische Leitvorstellungen, die eine explizit hierarchische Beziehung zwischen den Geschlechtern vorsehen“ (Koppetsch/Maier 1998: 149). Allerdings ist diesem Milieu die Vorstellung eines wesensmäßigen, in differenten Geschlechtscharakteren fundierten Unterschieds fremd. Geschlechtsspezifische Zuständigkeiten werden pragmatisch begründet. Die Sphären von Frau und Mann sind – auch räumlich – strikt getrennt. Beide verteidigen ihre Sphäre gegenüber „Übergriffen“ durch ein Mitglied des anderen Geschlechts. Das ermöglicht beiden eine im familistischen Milieu nicht gegebene Unabhängigkeit, die allerdings nicht als Individualität zu verstehen ist. Die Partnersuche z. B. erfolgt in hochstandardisierter, ritualisierter Form.

Eigene Forschungen über Orientierungsmuster von Männern weisen für diese Seite des Geschlechterverhältnisses Ergebnisse auf, welche die Befunde von Maier und Koppetsch bestätigen. Individualisierung und Enttraditionalisierung auf der

schen dem konservativen Akademikermilieu und dem traditionalen Arbeitermilieu feststellen. Das lässt sich zumindest für „ältere“ Männer (ab 40 Jahre) aus diesen Milieus sagen (vgl. Meuser 1998a: 183 ff).

Basis einer reflexiven Auseinandersetzung mit kulturellen Leitbildern und mit der eigenen Position in der Geschlechterordnung finden sich auch hier nur im intellektuell-akademischen Milieu. Eine traditionalistische Orientierung kennzeichnet ältere Männer aus dem Arbeitermilieu, aber auch Männer des arrivierten Bürgertums (Anwälte, Ärzte, Geschäftsführer, leitende Manager) (vgl. Meuser 1998a). Es wird aber auch deutlich, dass sowohl die traditionelle Sicht auf das Geschlechterverhältnis als auch Enttraditionalisierungsprozesse milieuspezifische bzw. habituelle Prägungen aufweisen.

Eine fundamentale Gemeinsamkeit der Männer aus bürgerlichem Milieu besteht darin, dass sie das Geschlechterverhältnis in moralischen und politischen Kategorien wahrnehmen, während bei Männern aus dem Arbeitermilieu eine pragmatische Sicht vorherrscht. Das gilt unabhängig vom Alter bzw. von der Generationszugehörigkeit und auch unabhängig davon, ob die Orientierung auf eine Bewahrung traditioneller Arrangements oder auf deren Veränderung ausgerichtet ist. Die moralische Perspektive kennzeichnet die „neuen" patriarchatskritischen Männer aus den Männergruppen und Männergesprächskreisen in gleicher Weise wie die Mitglieder eines Rotary-Clubs, die das traditionelle Geschlechterarrangement verteidigen. Der Unterschied besteht darin, dass die einen die tradierte Geschlechterordnung auf der Folie geschlechterpolitischer Gleichheitsdiskurse kritisieren, während den anderen genau diese Kritik und diese Diskurse als Zeichen des Verfalls einer bewahrenswerten, weil der „Natur der Dinge" entsprechenden moralischen Ordnung gilt (vgl. Behnke u. a. 1998).

Der pragmatische Habitus des Arbeitermilieus, der auch in den Studien von Frerichs und Steinrücke und von Koppetsch und Maier sichtbar wird, liegt sowohl einer traditionsorientierten Einstellung zum Geschlechterverhältnis als auch einer enttraditionalisierten, egalitären Haltung zugrunde. Letztere haben wir bei jungen Facharbeitern im Alter von Anfang bis Ende 20 beobachtet. Sie gehören einer Generation von Männern an, die gewissermaßen mit der zweiten Frauenbewegung aufgewachsen sind. Dadurch haben sie einen hinsichtlich des Geschlechterverhältnisses grundlegend anderen Erfahrungshintergrund als die Generation ihrer Väter, und das ist eine Basis ihrer egalitären Einstellung. Diese jungen Facharbeiter plädieren vehement für eine gleiche Behandlung von Frau und Mann, sei es, dass sie gleichen Lohn für gleiche Arbeit fordern, sei es, dass sie doppelte Standards in der Sexualmoral kritisieren. Sie tun dies allerdings nicht, wie die bürgerlichen Männer aus den Männergruppen, vor dem Hintergrund geschlechterpolitischer Forderungen und Diskurse, sondern auf der Basis einer pragmatisch motivierten, individualistischen Leistungsethik. Wer gleich viel leistet, soll auch gleich gut bezahlt werden, unabhängig davon, welches Geschlecht er oder sie hat. Die Forderung, die Geschlechterdifferenz solle keine Relevanz haben, liegt aber nicht nur der Empörung über Ungleichbehandlungen zugrunde, sie motiviert auch eine deutliche Kritik am Feminismus und eine klare Absage an eine Politisierung des Geschlechterverhältnisses. Der Feminismus betrachte die Männer als „die Schweine schlechthin", wie es in einer Gruppendiskussion heißt. Solche pauschalisierende Kritik ist in den Augen dieser Männer kein Ausdruck von Emanzipation. Eine „wirklich“ emanzipierte Frau würde ihre *individuellen* Interessen konsequent verfolgen, ohne ihr Handeln geschlechterpolitisch zu rahmen: „Du tust es einfach, du redest nicht, du machst es einfach für dich und nicht für die Gesellschaft“ (vgl. Loos 1999 und in diesem Band; Meuser 1998c).

Der pragmatische Modus der Enttraditionalisierung bewahrt diese Männer vor den Erfahrungen einer habituellen Verunsicherung, die für die Männer aus den Männergruppen charakteristisch ist (s. o.) und die, freilich in weitaus geringerem Maße, auch gleichaltrigen Männern aus studentischem Milieu nicht fremd ist. Die Partnerinnen der jungen Facharbeiter fordern deren Mitarbeit ein – und die Männer akzeptieren dies –, ein „Beziehungsdauerdiskurs“, der für das akademisch-intellektuelle Milieu typisch ist, findet hier aber offensichtlich nicht statt. Das heißt nicht, dass es keine Diskussionen über die Aufteilung der Arbeit und keine Aushandlungen gibt, diese werden aber nicht geschlechterpolitisch gerahmt. Zusätzlich zu den praktischen Fragen, wer den Abwasch macht, wer welche Wäsche bügelt usw., ist nicht auch noch das Geschlechterverhältnis thematisch. Wir können hier also einen anderen Modus der Enttraditionalisierung beobachten, als wir ihn im Milieu der Männergruppen gefunden und Koppetsch und Maier für das individualisierte Milieu beschrieben haben. Enttraditionalisierungen finden nicht nur in dem Milieu statt, das gängigen sozialwissenschaftlichen Überzeugungen zufolge dafür prädestiniert ist – und auch dort finden sich gegenläufige Strömungen –, sondern auch in einem Milieu, das vielen als strukturell konservativ gilt. Die über die Milieuzugehörigkeit vermittelten habituellen Dispositionen bedingen allerdings, dass die Enttraditionalisierung in unterschiedlich geformten Rahmen verläuft, also nicht jenseits, sondern diesseits von „Stand und Klasse“.

Es kann an dieser Stelle nur darauf verwiesen, nicht aber expliziert werden, dass neben der Milieuzugehörigkeit andere soziale Zugehörigkeiten Einfluss auf Ausmaß und Modus von Enttraditionalisierungsprozessen haben. Die Bedeutung der Generationslagerung ist schon angedeutet worden. Hinsichtlich der Stadt-Land-Differenz hat Hüwelmeier (1996, 1997) gezeigt, wie fern der urbanen Zentren Veränderungen des Machtgefüges zwischen den Geschlechtern vonstatten gehen, die sich innerhalb der für die dörfliche Lebenswelt typischen Formen der Vergemeinschaftung (Vereinsstruktur) abspielen. Studien zum Verhältnis von Geschlecht und Ethnizität verweisen eher auf eine Verfestigung traditionaler Sichtweisen auf das Geschlechterverhältnis als auf den umgekehrten Prozess. Angesichts von habituellen Verunsicherungen in der ethnischen Dimension und von Ausgrenzungserfahrungen akzentuieren Migranten vielfach die Geschlechterdifferenz, um sich auf diese Weise abzugrenzen und die Besonderheit der eigenen Kultur zu betonen. „Doing gender“ wird so zu einer symbolischen Ressource von „doing ethnicity“ (vgl. z. B. Bohnsack u. a. 1999; Lenz 1993).

4.2 Enttraditionalisierung und Geschlechtstypik

Wenn auch, wie oben dargelegt, die Individualisierungstheorie das Geschlechterverhältnis von der Entwicklung hin zu einer Multioptionsgesellschaft nicht ausgenommen sieht, so nimmt sie doch an, dass die Geschlechterordnung eines der letzten Relikte aus der Zeit vor der reflexiven bzw. der Spätmoderne ist. „Häufig wird die dominante kulturelle Option des Individualismus unterminiert durch gegenläufige geschlechtstypische Zurechnungen" (Wohlrab-Sahr 1997: 32 f). Obwohl vor allem die Männer diejenigen sind, die, weil sie einen Verlust von Privilegien befürchten, wenig Interesse daran haben, auf das geschlechtliche „Optionenkarussel" aufzuspringen, tragen nicht nur sie dazu bei, dass die Modernisierung der Geschlechterordnung höchst widersprüchlich verläuft.

Gegenstand dieses Kapitels sind nicht diejenigen Verhältnisse und Institutionen, in denen geschlechtstypische Handlungsmuster weitgehend ungebrochen fortexistieren und die es bei beiden Geschlechtern gibt[10], sondern Verhältnisse, in denen tradierte Muster aufgebrochen sind. Wir werden sehen, in welcher Weise sich auch hier Geschlechtstypisches geltend macht. Dies sei für die zwei Handlungsfelder gezeigt, in denen die (Re-)Produktion der Geschlechterordnung vornehmlich geschieht: für das private Zusammenleben von Frau und Mann in Partnerschaft und Familie sowie für die Erwerbsarbeit.

Die oben erwähnte Deinstitutionalisierung des bürgerlichen Familienmodells hat – unter anderem – zur Folge, dass das Leitbild des männlichen Familienernährers verblasst. Im intellektuell-akademischen Milieu ist an dessen Stelle ein egalitäres Partnerschaftsmodell getreten. Beziehungen, in denen beide Partner sich diesem Modell verpflichtet fühlen und sich bemühen, danach zu leben, können als ein (potentiell) umfassend enttraditionalisiertes, privates Geschlechterarrangement begriffen werden. Geschlechtstypische Aufgabenzuweisungen werden abgelehnt. An die Stelle konventioneller Lösungen treten diskursiv begründete Entscheidungen, wie eine Studie von Hemmerich (1991) zeigt: „Die Paare diskutieren alternative Optionen" (ebd.: 161), die „Arrangements sind Ergebnisse von Aushandlungsprozessen in den Partnerschaften" (ebd.: 196). Die Arrangements sind freilich auch, wie nicht anders zu erwarten ist, fragil. Doch das ist hier weniger von Belang als die Beobachtung, dass in diesen posttraditionalen Beziehungsarrangements die Frauen einerseits die treibende Kraft sind und Konflikten mit ihren Partnern nicht aus dem Weg gehen, dass sie andererseits aber auch diejenigen sind, die für Ausgleich sorgen

10 Es gibt nicht nur den karrierefixierten Mann, der sich in seiner Rolle als Ernährer der Familie wohl fühlt; es gibt auch dessen Ehefrau, die ihn darin unterstützt und eine stärkere Familienorientierung ihres Mannes eher fürchtet als befürwortet (vgl. z. B. Pyke 1996). Allerdings scheinen die Männer insgesamt Möglichkeiten, geschlechts*un*typisch zu handeln, weniger zu nutzen als die Frauen. Ein Beispiel ist die verschwindend geringe Inanspruchnahme von Erziehungsurlaub durch Männer (vgl. Schneider/Rost 1998), ein anderes die Beobachtung, dass erheblich mehr Frauen in „Männerberufe" drängen als Männer in „Frauenberufe". Offensichtlich haben Männer, so die Einschätzung von Gildemeister und Robert (1998: 68), „größere Probleme ..., traditionell als ‚weiblich' klassifizierte Aufgaben und Funktionen in das ‚männliche' Selbstbild zu übernehmen", als dies umgekehrt der Fall ist.

und für die Organisation des familiären Bereichs zuständig sind. Die Frauen handeln einerseits jenseits traditioneller geschlechtstypischer Muster; finanzielle Unabhängigkeit ist ihnen wichtig, und sie haben eine klare Berufsorientierung. Andererseits sind sie aber auch für den Bereich verantwortlich, der traditionell als das „natürliche Betätigungsfeld der Frau" gilt. Die Männer handeln insofern geschlechtsuntypisch, als ihre (ungebrochene) Berufsorientierung nicht auf eine Karriere und einen möglichst hohen Verdienst gerichtet ist, sondern die „Selbstverwirklichung im Beruf" (ebd.: 166) in den Vordergrund stellt. Obwohl also beide Partner zur Enttraditionalisierung beitragen, ist die Geschlechtstypik nicht aufgelöst. Beziehung und Familie bleiben schon dadurch in der Zuständigkeit der Frau, dass sie diejenige ist, die Veränderungen initiiert. Auch die posttraditionale „Beziehungsarbeit" ist weitestgehend „Frauensache".

Dass egalitär orientierte Partnerschaften nicht davon ausgenommen sind, tradierte geschlechtstypische Handlungsmuster zu reproduzieren, zeigt sich auch, wenn man die „Feinheiten" der Aufteilung von Haushaltsarbeiten betrachtet. In diesem Zusammenhang ist eine Studie von Frerichs und Steinrücke (1997c) über „geschlechtsspezifisches Kochen" aufschlussreich. Wenn Männer *regelmäßig* im eigenen Haushalt kochen, dann kann man das als einen zumindest bescheidenen Beitrag zum Aufbrechen der traditionellen geschlechtlichen Arbeitsteilung sehen – auch als eine Erweiterung von Handlungsspielräumen. Ein Blick auf die Anlässe, zu denen die Männer und zu denen die Frauen kochen, zeigt, dass in höheren sozialen Milieus die Frauen das alltägliche Kochen übernehmen, während die Männer an hervorgehobenen Tagen und zu außergewöhnlichen Anlässen etwas Besonderes und Aufwendiges kochen: am Wochenende und wenn Besuch kommt. Auch wenn die Männer einen traditionell der Frau zugewiesenen Handlungsbereich für sich entdecken, wird damit nicht notwendig das geschlechtshierarchische Verhältnis außer Kraft gesetzt. Für die Männer ist das Kochen auch – und nicht notwendig intendiert – ein Mittel der Distinktion, eine Möglichkeit, Beifall und Anerkennung für *besondere* Fähigkeiten zu erlangen; das wiederum ist dem sozialen Kapital des Mannes förderlich[11].

Mit Blick auf solche subtilen Formen geschlechtstypischer Enttraditionalisierung halten Koppetsch und Maier (1998: 157 f) fest, „dass die Verteilung der Hausarbeit, die vordergründig durch Gleichheitsnormen reguliert zu werden scheint, auf einer informellen Ebene als Distinktionsmerkmal im Geschlechterkampf verwendet wird". Dem mag in vielen Fällen ein strategisches Handeln des Mannes zugrunde liegen; dann beschreibt der Begriff des Geschlechter*kampfes* das Geschehen treffend. Wie das Beispiel des geschlechtsspezifischen Kochens zeigt, stellt sich der Distinktionsgewinn oftmals womöglich ohne jede Distinktionsabsicht ein. Es sind vor allem diese, von Bourdieu als „symbolische Gewalt" bezeichneten Konstellationen, in denen die Geschlechterordnung sowohl modernisiert als auch in ihren grundlegen-

11 Ein solcher Distinktionsgewinn ergibt sich freilich nur in höheren sozialen Milieus; und folglich stellt sich, wie Frerichs und Steinrücke zeigen, in niedrigeren Milieus das Verhältnis von Männern zum Kochen auch anders, insgesamt pragmatischer dar.

den Strukturen reproduziert wird. Letzteres geschieht umso effektiver, je weniger den Beteiligten bewusst ist, dass ihr Handeln dazu beiträgt.

Geschlechtsuntypische Berufswahlen sind eine sowohl gesellschaftlich als auch individuell wichtige Form der Enttraditionalisierung. Auf gesellschaftlicher Ebene dokumentiert eine zumindest tendenzielle „Entgeschlechtlichung" von Berufen einen Wandel und kann so andere motivieren, ebenfalls untypisch zu handeln. Für das Individuum hat eine geschlechtsuntypische Berufswahl – mitunter gravierende – Konsequenzen für die Identitätsbildung. Aus der Tatsache, dass weitaus mehr Frauen als Männer gegengeschlechtlich markierte Berufen „erobern", lässt sich schließen, dass eine geschlechtsuntypische Berufswahl für Frauen und Männer eine unterschiedliche Bedeutung hat.

Eine Studie von Heintz u. a. (1997), die u. a. die Situation von Männern in der Krankenpflege und von Frauen in Informatikberufen untersucht haben, bestätigt dies. In der Art, wie der geschlechtsuntypische Beruf ausgeübt wird, greifen sowohl die Männer als auch die Frauen auf das symbolische Repertoire geschlechtstypischer Strategien zurück. „Mit dem Wegfall formaler Grenzen und der wachsenden Sensibilität wird die Separierung der Geschlechter in zunehmendem Maße über symbolische und kommunikative Mittel hergestellt" (ebd.: 225). Bei den Informatikerinnen verweigern nur die hoch qualifizierten ein geschlechtstypisches Handeln, indem sie auf der Basis einer über die Ausbildung gesicherten Professionalität offensiv und teilweise politisch mit ihrem Minderheiten-Status umgehen. Die geringer qualifizierten Informatikerinnen übernehmen „mehrheitlich die ihnen zugewiesenen weiblichen Rollen, indem sie z. B. aufgrund ihrer ‚Sprachbegabung' Handbücher schreiben oder als ‚Kommunikationsexpertinnen' die Schulung von Informatiklaien übernehmen" (ebd.: 228). Der professionelle Kern des Berufs bleibt damit eine Männerdomäne. Die Krankenpfleger bewältigen ihren Minderheitenstatus in offensiver Weise. Sie betonen ihre Andersartigkeit, indem sie z. B. „männlich Coolness" erfolgreich als Qualifikationsmerkmal einführen. Auf diese Weise gelingt es ihnen, das professionelle Selbstverständnis des Pflegeberufs in eine Richtung zu verschieben, die als männlich konnotierte Eigenschaften erstrebenswert werden lässt. In dem einen wie in dem anderen Fall wird die Geschlechterhierarchie reproduziert. In den Informatikberufen bleibt der professionelle Kern „männlich", in der Krankenpflege sind die Männer „qua Geschlecht nicht nur *auch* geeignet für die Pflege, sie sind es sogar *besser*" (ebd.: 231). Hier findet also eine Umdefinition statt, von der die Männer profitieren[12].

Dieser Vergleich des Handelns von Frauen und Männern in gegengeschlechtlich markierten Berufen zeigt, dass die Öffnung vormals starrer Grenzen zwischen den Geschlechtern keinesfalls notwendigerweise eine Auflösung der hierarchisch struk-

12 Mit Gildemeister und Robert (1998: 63) lässt sich sagen, dass eine „Entgeschlechtlichung" insofern stattfindet, als die als weiblich konnotierten Qualifikationen tendenziell unsichtbar gemacht werden. Diese Art der Entgeschlechtlichung bewirkt aber keinen Abbau der Geschlechterhierarchie; eher geschieht das Umgekehrte.

turierten Geschlechterdifferenz nach sich zieht. Entgrenzungen auf formaler Ebene und Grenzmarkierungen auf symbolischer Ebene machen Enttraditionalisierung zu einem höchst widersprüchlichen Prozess voller Ambivalenzen, Gegenläufigkeiten und Ungleichzeitigkeiten (vgl. auch Wetterer 1992). Die symbolischen Grenzziehungen, die freilich „harte" strukturelle Folgen haben, mögen zum Teil strategisch-intentional vorgenommen werden. Sie weisen aber auch alle Merkmale einer habitualisierten Handlungspraxis auf. Sowohl die geringere Bereitschaft von Männern, „Frauenberufe" zu ergreifen, als auch die am Beispiel der Krankenpfleger beschriebene Praxis, Differenz zu den Kolleginnen durch die Etablierung „männlicher" professioneller Kompetenzen herzustellen, lassen sich als Dokumente des so genannten „sameness-taboo" begreifen. „Für Männer ist es anscheinend wichtiger, nicht mit dem Makel des Weiblichen behaftet zu sein als es für Frauen ist, etwas von den kulturell hoch geschätzten Konnotationen von Männlichkeit zu übernehmen – obgleich auch dies für Frauen nicht konfliktfrei ist" (Knapp 1995: 180). Auch wo Geschlechterverhältnisse und Geschlechtsidentitäten im Umbruch sind, verlieren habituelle Dispositionen, wie die Beispiele gezeigt haben, nicht ihre strukturierende Bedeutung[13].

5. Schluß

Modernisierungsprozesse verlaufen offensichtlich höchst widersprüchlich. Das bestreiten auch die Protagonisten der Individualisierungstheorie nicht. Im Unterschied zu deren zentraler Annahme, tradierte sozialstrukturell bedeutsame Grenzen verlören ihre Handlungsrelevanz – jenseits von Klasse, Geschlecht usw. –, ist hier gezeigt worden, dass soziales Handeln diese Grenzen weiterhin reproduziert, allerdings nicht einfach gegen Enttraditionalisierungsprozesse, sondern als Rahmen, innerhalb derer sich diese Prozesse auf unterschiedliche Weise ereignen.

Alheit (1997: 948) führt den Erfolg der Individualisierungstheorie außerhalb des wissenschaftlichen Diskurses darauf zurück, dass sie „sich auf das diffuse Lebensgefühl einer hochinteressanten, aber durchaus begrenzten sozialen Gruppe (bezieht) und … offenbar genau den semantischen Rahmen (darstellt), an den prekäre biographische Erfahrungen von Akteuren, die in den Strudel einer vor allem durch Bildungsaufstiege verursachten Modernisierung geraten sind, relativ problemlos anschließen können". Man könnte auch sagen, die *Art* der Individualisierung und Enttraditionalisierung, wie sie die Individualisierungstheorie beschreibt, ist das habituelle Schicksal desjenigen Milieus, dem die Protagonisten und Rezipienten mehrheitlich angehören. In diesem Milieu gestaltet sich die Enttraditionalisierung der privaten Beziehung von Mann und Frau durchaus nicht nur gelegentlich, sondern immer

13 Daneben ist natürlich nicht zu verkennen, dass die unterschiedliche Bereitschaft von Männern und Frauen, gegengeschlechtliche Berufe zu ergreifen, nicht unwesentlich davon beeinflusst ist, dass Frauenberufe durchweg schlechtere Verdienstmöglichkeiten aufweisen als Männerberufe.

wieder und immer häufiger in Gestalt von „Beziehungsgesprächen": als „Beziehungsdauerdiskurs". Die reflexive Grundhaltung, wie sie beispielsweise in Männergesprächskreisen und in vielfältigen Therapien praktiziert wird, ist nicht so sehr eine Frage der Wahl, sie entspricht dem Habitus der Angehörigen dieses über den Besitz kulturellen Kapitals definierten Milieus.

Richtet man den Blick über dieses Milieu hinaus, dann wird sichtbar, dass es andere Formen der Enttraditionalisierung gibt, die nicht die Gestalt von „life politics" haben und nicht auf einem bewussten Bemühen um eine Transzendierung der Geschlechtergrenzen beruhen, die vielmehr eingebettet sind in pragmatische Arrangements der privaten Beziehung von Mann und Frau. In der eigenen Forschung haben wir dies bei jungen Facharbeitern gefunden, die, ohne sich als Protagonisten eines neuen männlichen Lebensstils zu begreifen, motiviert durch alltagspraktische Notwendigkeiten ein Selbstbild jenseits der traditionellen Männerrolle entwickeln[14].

Es ist eine gängige Annahme, dass Entwicklungen, die sich zunächst im bürgerlichen Milieu abspielen, sich mit einer gewissen Zeitverzögerung auch in anderen Milieus wiederholen. Demnach wären die Formen der Enttraditionalisierung, die ich als spezifisches habituelles Schicksal des intellektuell-akademischen Milieus bezeichnet habe, als prototypisch zu begreifen. Die pragmatische Rahmung der Enttraditionalisierung bei den jungen Facharbeitern, die auf eine spezifisch andere habituelle Basis verweist, lässt dies als zweifelhaft erscheinen.

Literatur

Alheit, Peter (1997): „Individuelle Modernisierung" – Zur Logik biographischer Konstruktion in modernisierten modernen Gesellschaften. In: Stefan Hradil (Hrsg.), Differenz und Integration. Die Zukunft moderner Gesellschaften. Verhandlungen des 28. Kongresses der Deutschen Gesellschaft für Soziologie. Frankfurt/M., 941–951.

Beck, Ulrich/Beck-Gernsheim, Elisabeth (1990): Das ganz normale Chaos der Liebe. Frankfurt/M.

Beck, Ulrich/Beck-Gernsheim, Elisabeth (Hrsg.) (1994a): Riskante Freiheiten. Individualisierung in modernen Gesellschaften. Frankfurt/M.

Beck, Ulrich/Beck-Gernsheim, Elisabeth (1994b): Individualisierung in modernen Gesellschaften – Perspektiven und Kontroversen einer subjektorientierten Soziologie In: Ulrich Beck, Elisabeth Beck-Gernsheim (Hrsg.), Riskante Freiheiten. Individualisierung in modernen Gesellschaften. Frankfurt/M., 10–39.

Beck, Ulrich/Sopp, Peter (Hrsg.) (1997): Individualisierung und Integration. Neue Konfliktlinien und neuer Integrationsmodus. Opladen.

Beck-Gernsheim, Elisabeth (1983): Vom „Dasein für andere" zum Anspruch auf ein Stück „eigenes Leben" – Individualisierungsprozesse im weiblichen Lebenszusammenhang. In: Soziale Welt 34 (3), 307–340.

Beck-Gernsheim, Elisabeth (1998): Was kommt nach der Familie? Einblicke in neue Lebensformen. München.

Behnke, Cornelia (1997): „Frauen sind wie andere Planeten". Das Geschlechterverhältnis aus männlicher Sicht. Frankfurt/M.

14 Aus diesem Befund lässt sich nicht schließen, dass pragmatische Formen der Enttraditionalisierung nur in diesem Milieu möglich sind. Es gibt sie beispielsweise auch bei sogenannten Doppelkarrierepaaren, die überwiegend dem gehobenen bürgerlichen Milieu angehören (vgl. Hertz 1986).

Behnke, Cornelia u. a. (1995): „Wir kommen über das Reden nicht hinaus". Selbstreflexion und Handlungspraxis in Männergruppen. In: Widersprüche 15 (56/57), 119–127.

Behnke, Cornelia u. a. (1998): Habitualisierte Männlichkeit. Existentielle Hintergründe kollektiver Orientierungen von Männern. In: Ralf Bohnsack, Winfried Marotzki (Hrsg.), Biographieforschung und Kulturanalyse. Transdisziplinäre Zugänge qualitativer Forschung. Opladen, 225–242.

Bohnsack, Ralf u. a. (1999): "Male Honor." Towards an Understanding of the Construction of Gender Relations Among Youths of Turkish Origin. Erscheint in: Bettina Baron, Helga Kotthoff (Hrsg.), Gender in Interaction. New York.

Born, Claudia u. a. (1996): Der unentdeckte Wandel. Annäherung an das Verhältnis von Struktur und Norm im weiblichen Lebenslauf. Berlin.

Bourdieu, Pierre (1997a): Die männliche Herrschaft. In: Irene Dölling, Beate Krais (Hrsg.), Ein alltägliches Spiel. Geschlechterkonstruktion in der sozialen Praxis. Frankfurt/M., 153–217.

Bourdieu, Pierre (1997b): Eine sanfte Gewalt. Pierre Bourdieu im Gespräch mit Irene Dölling und Margareta Steinrücke. In: Irene Dölling, Beate Krais (Hrsg.), Ein alltägliches Spiel. Geschlechterkonstruktion in der sozialen Praxis. Frankfurt/M., 218–230.

Bourdieu, Pierre (1997c): Männliche Herrschaft revisited. In: Feministische Studien 15 (2), 88–99.

Burkart, Günter (1997): Lebensphasen – Liebesphasen. Vom Paar zur Ehe zum Single und zurück? Opladen.

Butler, Judith (1991): Das Unbehagen der Geschlechter. Frankfurt/M.

Butler, Judith (1997): Körper von Gewicht. Die diskursiven Grenzen des Geschlechts. Frankfurt/M.

Dölling, Irene/Krais, Beate (Hrsg.) (1997): Ein alltägliches Spiel. Geschlechterkonstruktion in der sozialen Praxis. Frankfurt/M.

Frerichs, Petra (1997): Klasse und Geschlecht. Bd. 1: Arbeit. Macht. Anerkennung. Interessen. Opladen.

Frerichs, Petra/Steinrücke, Margareta (1997a): Sozialisation, Klasse und Geschlecht. In: Karl-Siegbert Rehberg (Hrsg.), Differenz und Integration. Die Zukunft moderner Gesellschaften. Verhandlungen des 28. Kongresses der Deutschen Gesellschaft für Soziologie. Opladen, Wiesbaden, 146–152.

Frerichs, Petra/Steinrücke, Margareta (1997b): Klasse und Geschlecht. Forschungskonzeption und Ergebnisse eines empirisch-theoretischen Forschungsprojekts. In: Dies. (Hrsg.), Klasse, Geschlecht, Kultur. Berichte des ISO 54. Köln, 12–46.

Frerichs, Petra/Steinrücke, Margareta (1997c): Kochen – ein männliches Spiel? Die Küche als geschlechts- und klassenstrukturierter Raum. In: Irene Dölling, Beate Krais (Hrsg.), Ein alltägliches Spiel. Geschlechterkonstruktion in der sozialen Praxis. Frankfurt/M., 231–255.

Frevert, Ute (1995) „Mann und Weib, und Weib und Mann". Geschlechter-Differenzen in der Moderne. München.

Geissler, Birgit/Oechsle, Mechtild (1994): Lebensplanung als Konstruktion: Biographische Dilemmata und Lebenslauf-Entwürfe junger Frauen. In: Ulrich Beck, Elisabeth Beck-Gernsheim (Hrsg.), Riskante Freiheiten. Individualisierung in modernen Gesellschaften. Frankfurt/M., 139–167.

Giddens, Anthony (1991a): The Consequences of Modernity. Cambridge.

Giddens, Anthony (1991b): Modernity and Self-Identity. Self and Society in the Late modern Age. Cambridge.

Giddens, Anthony (1993): Wandel der Intimität. Sexualität, Liebe und Erotik in modernen Gesellschaften. Frankfurt/M.

Gildemeister, Regine/Robert, Günther (1998): Im Spannungsfeld von Rationalisierung der Arbeitswelt und „postindustriellem Haushaltssektor". Vergeschlechtlichung, Neutralisierung und Revergeschlechtlichung. In: Holger Brandes, Regine Roemheld (Hrsg.), Männernormen und Frauenrollen. Geschlechterverhältnisse in der sozialen Arbeit. Leipzig, 53–71.

Gross, Peter (1994): Die Multioptionsgesellschaft. Frankfurt/M.

Hahn, Alois (1983): Konsensfiktionen in Kleingruppen. Dargestellt am Beispiel von jungen Ehen. In: Friedhelm Neidhardt (Hrsg.), Gruppensoziologie. Perspektiven und Materialien (Kölner Zeitschrift für Soziologie und Sozialpsychologie, Sonderheft 25). Opladen, 210–232.

Hahn, Kornelia/Burkart, Günter (Hrsg.) (1998): Liebe am Ende des 20. Jahrhunderts. Studien zur Soziologie intimer Beziehungen. Opladen.

Hark, Sabine (1993): Queer Interventionen. In: Feministische Studien 11 (2), 103–109.

Hausen, Karin (1976): Die Polarisierung der „Geschlechtscharaktere" – Eine Spiegelung der Dissoziation von Erwerbs- und Familienleben. In: Werner Conze (Hrsg.), Sozialgeschichte der Familie in der Neuzeit Europas. Stuttgart, 363–393.

Heintz, Bettina/Nadai, Eva (1998): Geschlecht und Kontext. De-Institutionalisierungsprozesse und geschlechtliche Differenzierung. In: Zeitschrift für Soziologie 27 (2), 75–93.

Heintz, Bettina u. a. (1997): Ungleich unter Gleichen. Studien zur geschlechtsspezifischen Segregation des Arbeitsmarktes. Frankfurt/M.

Hemmerich, Wera (1991): (K)eine Chance für ein neues Geschlechterverhältnis? Widersprüche und Ambivalenzen im partnerschaftlichen Alltag. Bielefeld.

Hertz, Rosanna (1986): More Equal Than Others. Women and Men in Dual-Career Marriages. Berkeley.

Hirschauer, Stefan (1993): Die soziale Konstruktion der Transsexualität. Über die Medizin und den Geschlechtswechsel. Frankfurt/M.

Hitzler, Ronald (1997): „Der Vorhang im Tempel zerreißt ...". Orientierungsprobleme im Übergang zu einer ‚anderen' Moderne. In: Ulrich Beck, Peter Sopp (Hrsg.), Individualisierung und Integration. Neue Konfliktlinien und neuer Integrationsmodus. Opladen, 49–64.

Hitzler, Ronald/Honer, Anne (1994): Bastelexistenz. Über subjektive Konsequenzen der Individualisierung. In: Ulrich Beck, Elisabeth Beck-Gernsheim (Hrsg.), Riskante Freiheiten. Individualisierung in modernen Gesellschaften. Frankfurt/M., 307–315.

Hochschild, Arlie Russel/Machung, Anne (1993): Der 48-Stunden-Tag. Wege aus dem Dilemma berufstätiger Eltern. München.

Honegger, Claudia (1991): Die Ordnung der Geschlechter. Frankfurt/M.

Hüwelmeier, Gertrud (1996): „Kreischende" Frauen – Singende Männer. Geschlechterbeziehungen in einem deutschen Dorf. In: Waltraud Kokot, Dorte Dracklé (Hrsg.), Ethnologie Europas. Berlin, 79–91.

Hüwelmeier, Gertrud (1997): Kirmesgesellschaften und Männergesangsvereine. „Rites de passage" in der dörflichen Kultur Deutschlands. In: Zeitschrift für Sozialisationsfoschung und Erziehungssoziologie 17 (1), 30–41.

Knapp, Gudrun-Axeli (1995): Unterschiede machen. Zur Sozialpsychologie der Hierarchisierung im Geschlechterverhältnis. In: Regina Becker-Schmidt, Gudrun-Axeli Knapp (Hrsg.), Das Geschlechterverhältnis als Gegenstand der Sozialwissenschaften. Frankfurt/M., 163–194.

Koppetsch, Cornelia/Maier, Maja S. (1998): Individualisierung ohne Gleichheit? Zur aktuellen Lage des Geschlechterverhältnisses. In: Jürgen Friedrichs (Hrsg.), Die Individualisierungsthese. Opladen, 143–164.

Krais, Beate (1993): Geschlechterverhältnis und symbolische Gewalt. In: Gunter Gebauer, Christoph Wulf (Hrsg.), Praxis und Ästhetik. Neue Perspektiven im Denken Pierre Bourdieus. Frankfurt/M., 208–250.

Landweer, Hilge (1994): Jenseits des Geschlechts? Zum Phänomen der theoretischen und politischen Fehleinschätzung von Travestie und Transsexualität. In: Institut für Sozialforschung Frankfurt (Hrsg.), Geschlechterverhältnisse und Politik. Frankfurt/M., 139–167.

Lenz, Ilse (1993): Wie hängen Geschlecht und Ethnizität zusammen?, In: Bernhard Schäfers (Hrsg.), Lebensverhältnisse und soziale Konflikte im neuen Europa. Frankfurt/M., 337–345.

Loos, Peter (1999): Zwischen pragmatischer und moralischer Ordnung. Der männliche Blick auf das Geschlechterverhältnis im Milieuvergleich. Opladen.

Maier, Maja S. (1998): „Ländliche Galanterie" oder „Biedermeierliebe"? In: Kornelia Hahn, Günter Burkart (Hrsg.), Liebe am Ende des 20. Jahrhunderts. Studien zur Soziologie intimer Beziehungen. Opladen, 131–153.

Meuser, Michael (1995): Progression und Regression im Geschlechterkonflikt. Maskulinität zwischen neuen Horizonten und alten Ufern. In: Heinz Sahner, Stefan Schwendtner (Hrsg.), Gesellschaften im Umbruch. 27. Kongress der Deutschen Gesellschaft für Soziologie. Opladen, 760–764.

Meuser, Michael (1998a): Geschlecht und Männlichkeit. Soziologische Theorie und kulturelle Deutungsmuster. Opladen.

Meuser, Michael (1998b): Vergesellschaftete Intimität. Geschlechterpolitik und Liebe. In: Kornelia Hahn, Günter Burkart (Hrsg.), Liebe am Ende des 20. Jahrhunderts. Studien zur Soziologie intimer Beziehungen. Opladen, 217–233.

Meuser, Michael (1998c): Gefährdete Sicherheiten und pragmatische Arrangements. Lebenszusammenhänge und Orientierungsmuster junger Männer. In: Mechthild Oechsle, Birgit Geissler (Hrsg.), Die ungleiche Gleichheit. Junge Frauen und der Wandel im Geschlechterverhältnis, Opladen, 237–255.

Meuser, Michael (1999): Subjektive Perspektiven, habituelle Dispositionen und konjunktive Erfahrungen. Wissenssoziologie zwischen Schütz, Bourdieu und Mannheim. Erscheint in: Ronald Hitzler u. a. (Hrsg.), Hermeneutische Wissenssoziologie. Eine methodologisch-theoretische Positionsbestimmung. Konstanz.

Müller, Dagmar (1990): Zur Rekonstruktion von Habitus-‚Stammbäumen' und Habitus-‚Metamorphosen' der neuen sozialen Milieus. In: Forschungsjournal Neue Soziale Bewegungen 3 (3), 57–65.

Oechsle, Mechtild/Geissler, Birgit (Hrsg.)(1998): Die ungleiche Gleichheit. Junge Frauen und der Wandel im Geschlechterverhältnis. Opladen.
Pasero, Ursula (1994): Geschlechterforschung revisited: konstruktivistische und systemtheoretische Perspektiven. In: Theresa Wobbe, Gesa Lindemann (Hrsg.), Denkachsen. Zur theoretischen und institutionellen Rede vom Geschlecht. Frankfurt/M., 264–296.
Peuckert, Rüdiger (1996): Familienformen im sozialen Wandel. 2. Aufl. Opladen.
Pyke, Karen D. (1996): Class-Based Masculinities: The Interdependence of Gender, Class, and Interpersonal Power. In: Gender & Society 10, 527–549.
Rerrich, Maria S. (1988): Balanceakt Familie. Zwischen alten Leitbildern und neuen Lebensformen. Freiburg/Br.
Rerrich, Maria S. (1994): Zusammenfügen, was auseinander strebt: Zur familialen Lebensführung von Berufstätigen. In: Ulrich Beck, Elisabeth Beck-Gernsheim (Hrsg.), Riskante Freiheiten. Individualisierung in modernen Gesellschaften. Frankfurt/M., 201–218.
Roedig, Andrea (1997): Judith Butler – ein Sohn ihrer Zeit. Versuch über die Verwirrung der Geschlechter als Zeitphänomen. In: Gisela Völger (Hrsg.), Sie und Er. Frauenmacht und Männerherrschaft im Kulturvergleich. Köln, 47–54.
Schneider, Norbert F./Rost, Harald (1998): Von Wandel keine Spur – warum ist Erziehungsurlaub weiblich? In: Mechthild Oechsle, Birgit Geissler (Hrsg.), Die ungleiche Gleichheit. Junge Frauen und der Wandel im Geschlechterverhältnis. Frankfurt/M., 217–236.
Vester, Michael (1997): Soziale Milieus und Individualisierung. Mentalitäten und Konfliktlinien im historischen Wandel. In: Ulrich Beck, Peter Sopp (Hrsg.), Individualisierung und Integration. Neue Konfliktlinien und neuer Integrationsmodus. Opladen, 99–123.
Vester, Michael u. a. (1993): Soziale Milieus im gesellschaftlichen Strukturwandel. Zwischen Integration und Ausgrenzung. Köln.
Weeks, Jeffrey (1995): Sexualität, Subversion und Bürgerpartizipation. In: Zeitschrift für Sexualforschung 8, 222–240.
West, Candace/Fenstermaker, Sarah (1995): Doing Difference. In: Gender & Society 9, 8–37.
Wetterer, Angelika (1992): Theoretische Konzepte zur Analyse der Marginalität von Frauen in hoch qualifizierten Berufen. In: Dies. (Hrsg.), Profession und Geschlecht. Über die Marginalität von Frauen in hoch qualifizierten Berufen. Frankfurt/M., 13–40.
Wohlrab-Sahr, Monika (1997): Individualisierung: Differenzierungsprozess und Zurechnungsmodus. In: Ulrich Beck, Peter Sopp (Hrsg.), Individualisierung und Integration. Neue Konfliktlinien und neuer Integrationsmodus. Opladen, 23–36.

Autonomie und Heteronomie
Milieuspezifische Partnerschaftsvorstellungen

Peter Loos

1. Einleitung

„Das Gegeneinander der Geschlechter bestimmt die kommenden Jahre." So fasst Ulrich Beck (1990: 24) seine Thesen über die Auswirkungen von Modernisierungs- und Individualisierungsprozessen auf das Geschlechterverhältnis zusammen. Neben der Auflösung eindeutiger und verbindlicher Geschlechtsrollen und damit einhergehenden habituellen Verunsicherungen (vgl. hierzu Meuser in diesem Band), untergrabe die Industriegesellschaft mit den Freisetzungen aus den ständischen Zuweisungen des Geschlechts ihre eigene Lebensgrundlage. Während die geschlechtsspezifische Teilung von Haus- und Erwerbsarbeit schon lange nicht mehr selbstverständlich sei (Beck 1990: 40), seien die entsprechenden „institutionellen Strukturen" konstant geblieben. Die Bewältigung der daraus resultierenden „Jahrhundertkonflikte" müsse daher innerhalb der Kleinfamilie (oder anderen Formen partnerschaftlichen Zusammenlebens) geleistet werden (ebd.: 43). Konflikte und Kämpfe um Einfluss und Ressourcen innerhalb einer Partnerschaft seien so vorprogrammiert. Auch wenn Beck die Reichweite dieser Thesen relativiert (in Beck/Beck-Gernsheim 1990: 16), so haben sie doch als eine Facette des Individualisierungsdiskurses weite Verbreitung in den Sozialwissenschaften und nicht zuletzt auch in der (medialen) Öffentlichkeit gefunden. Der jüngste Vorstoß von Bündnis 90/Die Grünen gesetzlich festzulegen, dass Hausarbeit Aufgabe sowohl der Frau als auch des Mannes sei, gibt hierfür ein beredtes Beispiel[1].

Nun mehren sich aber auch die Stimmen, die die Bedeutung von „Individualisierung" oder „Freisetzung" als *die* Vergesellschaftungsform der Moderne in Frage stellen. So deutet beispielsweise Peter Alheit (1994: 180) die Individualisierungsthese als „Milieuthese, die in den Erfahrungskontexten bestimmter sozialer Gruppen entstanden ist und schon deshalb so kritikresistent bleibt, weil sie beinahe ausschließlich von denselben Gruppen auch rezipiert wird"[2]. Und auf das Thema Fami-

1 Pressemitteilung Nr. 0196/99 der Bundestagsfraktion Bündnis 90/Die Grünen vom 7. Mai 1999.

2 Schärfer formuliert dies Mayer (1991: 683), wenn er nach den Gründen der Diskrepanz zwischen den Voraussagen der Individualisierungstheorie und empirischen Befunden fragt und einen dieser Gründe an der „Lebenswelt der Soziologen" festmacht: „Soziologen leben zudem häufig in der engen Welt

lie und Partnerschaft bezogen fragt Rosemarie Nave-Herz (1998: 295 f), ob die These vom „Zerfall der Familie nicht ein Konstrukt der Wissenschaft" sei, da sie sozialhistorischen Analysen nicht standhalten würde, und zudem aus statistischen Daten „Motivzurechnungen" gar nicht ableitbar seien, sich also „egozentrierte(n) Einstellung(en)" auf diesem Wege nicht diagnostizieren ließen (vgl. auch Burkart 1995).

Neben materialen Einwänden wirft also auch die methodologische Perspektive Zweifel an der Reichweite der These vom zunehmenden „Gegeneinander der Geschlechter" auf. Entsprechende Erfahrungen konnten auch im Rahmen eines Forschungsprojekts gemacht werden, in dem Männer mit Hilfe des offenen und nichtstandardisierten Verfahrens der Gruppendiskussion zu ihren Vorstellungen und Orientierungen innerhalb und über das Geschlechterverhältnis befragt wurden[3]. Verlässt man nämlich die Ebene der Schlußfolgerungen aus statistischen Analysen – der „demographischen Psychologie", wie Kohli (1985: 8) dies nennt – und lässt sich auf die Interpretation und Rekonstruktion von *Erzählungen* über das Geschlechterverhältnis ein, dann wird rasch deutlich, dass die in diesen Erzählungen sich dokumentierenden Handlungs- und Orientierungsmuster nicht isoliert von anderen alltäglichen Handlungsfeldern und Lebensbereichen verstanden werden können. Das „Mit- und Gegeneinander" der Geschlechter (Beck 1990) ist vielmehr eingebunden in eine multidimensionale milieuspezifische Wirklichkeit, die als relevanter Handlungskontext für ein adäquates Verständnis aktueller Arrangements innerhalb des Geschlechterverhältnisses berücksichtigt werden muss.

Dieser Handlungskontext kann in seinem Gesamt hier natürlich nicht dargestellt werden. Ich beschränke mich daher im Folgenden thematisch auf eine bestimmte Entwicklungsphase, nämlich auf die des Übergangs in eine (erste) biographisch relevante Partnerschaft. Darunter verstehe ich eine Partnerschaft, die nicht implizit den Charakter der Vorläufigkeit trägt, sondern in der der jeweils andere ein Bestandteil eines längerfristigen biographischen Planungshorizontes ist. Die Beschränkung auf diese Phase hat zudem den Vorteil, dass in ihr mit dem zu rechnen ist, was Berger/Kellner (1965: 226) als einen „nomischen Bruch" bezeichnen. Da die Partner zumindest in unserer Kultur zunächst typischerweise verschiedenen Gesprächskreisen angehörten, in Bezug auf diese exogam seien, müssten sich ihre Weltbilder in

universitätsnaher Hochschulabsolventen und deren Lebensführung und sind fasziniert von ihren eigenen Lebensumständen. Sie haben unverkennbar eine Tendenz, Beobachtungen über diese Umwelt auf die Gesamtgesellschaft zu verallgemeinern und bereits ihre Fragestellungen und Untersuchungsgruppen danach auszuwählen und einem entsprechenden Interpretationsrahmen zu unterwerfen. Häufig genug verzichten sie nicht nur darauf, systematische empirische Evidenz zur Prüfung ihrer Aussagen heranzuziehen, sondern sogar anzugeben, unter welchen empirischen Bedingungen sie ihre Aussagen als wahr oder falsch beurteilen würden."

3 Dieses Forschungsprojekt wurde unter dem Titel „Die Symbolik der Geschlechtszugehörigkeit. Kollektive Orientierungen von Männern im Wandel des Geschlechterverhältnisses" zwischen 1993 und 1996 an der Universität Bremen durchgeführt. Ergebnisse liegen vor in Behnke (1997), Behnke u. a. (1995), Behnke u. a. (1998), Loos (1999) und Meuser (1998). Zur Methode des Gruppendiskussionsverfahrens vgl. Loos/Schäffer (1999).

einer Partnerschaft erst anpassen, was nicht ohne tiefgreifende Modifikationen vonstatten ginge. Letztendlich würden sich die Partner ihren bisherigen Gesprächskreisen entfremden[4]. Jenseits dieser prinzipiellen Prekarität scheint mir für diese Phase aber ein anderer Punkt wesentlich zu sein: Während zuvor das Geschlechterverhältnis quasi als Bestandteil des lebensweltlichen Hintergrundes einfach mitläuft, wird es in dieser Phase in seiner jeweiligen milieuspezifischen Ausprägung handlungspraktisch relevant, zumindest relevanter als vorher. In der Phase der Aufnahme einer biographisch relevanten Partnerschaft tritt das Geschlechterverhältnis den Individuen in seiner Gesamtgestalt, aber auch mit seinen Brüchen und (kognitiven) Inkonsistenzen als eine Struktur gegenüber, in der nun gelebt und die bewältigt werden muss. Die Aufnahme einer biographisch relevanten Partnerschaft kann als eine nach der Primärsozialisation erfolgende erneute Sozialisation in das Geschlechterverhältnis verstanden werden. So ist zu erwarten, dass gerade an der Frage der Partnerschaft milieuspezifische Vorstellungen über das Geschlechterverhältnis kondensieren und artikuliert werden.

In den folgenden Ausführungen beziehe ich mich auf Daten aus dem bereits erwähnten Forschungsprojekt. Insgesamt wurden dort 30 Gruppendiskussionen mit Männern unterschiedlichen Alters und unterschiedlicher sozialer Herkunft durchgeführt und ausgewertet. Dabei handelte es sich in allen Fällen um Realgruppen, also um solche Gruppen, die auch außerhalb der Erhebungssituation bestehen. Darunter waren Stammtische und Sportvereine, aber auch Herrenclubs (Rotarier, Lions Club) oder „klassische" Männergruppen. Die Beschränkung auf Realgruppen rechtfertigt auch die hier trotz der bekannten Probleme von Schichtungsmodellen vorgenommene Zuordnung der Männer zu bestimmten Milieus. Arbeitet man nämlich mit Realgruppen, dann zeigt sich in den meisten Fällen, dass diese hinsichtlich ihres existentiellen Hintergrundes relativ homogen sind (was im vorliegenden Fall auch mit Hilfe von Kurzfragebögen, in denen grundlegende Sozialdaten erfasst wurden, überprüft wurde). Die Mitglieder dieser Gruppen sind zumeist im gleichen Alter, haben ähnliche Bildungsabschlüsse und kommen aus vergleichbaren Sozialräumen. Selbst die soziale Lage der Herkunftsfamilie ähnelt sich in den meisten Fällen. Innerhalb des Gesamtprojektes wurden die Gruppen im Sinne eines „theoretical samplings" entlang dieser Dimensionen gezielt ausgesucht. Wegen der thematischen Fokussierung auf die Phase des Überganges in eine Partnerschaft beschränke ich mich allerdings auf *junge* Männer aus unterschiedlichen Milieus[5].

4 Empirische Evidenz hierfür findet sich u. a. in Eckert u. a. (1989) oder in Kaufmann (1994).

5 Die Ergebnisse lassen sich daher nur eingeschränkt verallgemeinern. Vor allem für eine ältere Generation von Männern, die mit den Forderungen der Frauenbewegung nicht schon aufgewachsen ist, sondern erst in einer späteren Lebensphase damit konfrontiert wurden, muss ein anderes Bild gezeichnet werden (vgl. Behnke 1997).

2. Milieuspezifische Partnerschaftsvorstellungen

In einer Diskussion mit einer Gruppe von Footballspielern, die dem bürgerlichen Milieu zuzurechnen sind, antwortet einer der jungen Männer auf die Frage, ob sie denn einmal eine Familie gründen wollten, folgendermaßen: „Also es kommt auch drauf an was für 'ne persönliche Situation du hast ne, also bei mir ist jetzt so ich studiere ich wohn' noch zu Hause und will denn erst mal für mich alleine leben und versuchen mein Leben irgendwie anders zu gestalten ne, 'n bisschen Geld zu verdienen und 'n paar Träume verwirklichen und da paßt 'ne Familie erstmal nicht rein, weil man da Verantwortung finanzielle Auflagen hat man denn das geht einfach nicht ne aber später, weiß ich nicht, was denn kommt"[6]. Hier wird deutlich, dass der Schritt heraus aus der Herkunftsfamilie mit der Vorstellung einer Zunahme von individueller Autonomie verbunden ist. Die Gründung einer eigenen Familie hingegen bedeutet eine Zunahme von Heteronomie, mithin das Ende der Möglichkeiten, „Träume" zu verwirklichen. Daher wird die Gründung einer eigenen Familie zwar prinzipiell bejaht, aber weit in die Zukunft verschoben, „irgendwann", wie es dann später heißt.

Während der Zusammenhang zwischen der Gründung einer eigenen Familie und der Zunahme an Heteronomie über die „finanziellen Auflagen" vermittelt noch unmittelbar einsichtig ist, wird später aber deutlich, dass auch eine Partnerschaft, die nicht den expliziten Anspruch enthält, Vorstufe zu einer Familiengründung zu sein, mit der Angst vor dem Verlust von Autonomie verbunden ist. „Runninggag" während der Diskussion mit dieser Gruppe waren die ständigen Versuche einer der Teilnehmer, seine Freundin telefonisch zu erreichen, um eine Verabredung mit ihr abzusagen. Diese Bemühungen wurden von den anderen Männern nun als Beleg dafür genommen, dass „Mausi" in seiner Partnerschaft „die Hosen an" und die „Peitsche in der Hand" habe. Auch hier wird der Verlust von Autonomie thematisiert. Der Metapher von der „Peitsche", die seine Freundin „in der Hand" habe, unterliegt die Vorstellung von *Dressur* als dem vollständigsten Verlust von Autonomie.

Diese Angst vor dem Verlust der Autonomie in der Partnerschaft steht im engen Zusammenhang mit der Vorstellung von der essentiellen Verschiedenartigkeit der Geschlechter. Eine andere Gruppe von Männern aus dem bürgerlichen Milieu trifft sich regelmäßig, um als Männergesprächskreis über ihre Probleme mit dem Mannsein und ihrer Vaterschaft zu sprechen. Ist schon dieses Treffen allein ein Beleg dafür, dass für diese Männer die Notwendigkeit geschlechtsseparierter Gesprächskreise besteht, so wird dies besonders dort deutlich, wo sie über die Konsequenzen der Gebärfähigkeit der Frau räsonieren. Letztendlich könne ein Mann die „Familienplanung" nicht vornehmen, da die Frau das Kind austragen müsse und dies ein massiver Eingriff in ihre „Selbständigkeit" sei. Hier wird die Unmöglichkeit einer gemeinsamen und abgestimmten biographischen Planung in einer Partnerschaft mit

6 Bei den Transkriptausschnitten im Text handelt es sich um gekürzte und geglättete Versionen der Originaltranskripte. Sie sind vollständig wiedergegeben in Loos (1999).

Wesensunterschied der Geschlechter begründet. Daraus ergibt sich die Konsequenz eines doppelten Verlustes von Autonomie: Die Frau verliert an Autonomie während der Schwangerschaft und der Stillzeit (und im weiteren Verlauf der Aufzucht von Kindern, denn von hier zur „Natürlichkeit“ dieses Arrangements ist es nur noch ein kleiner Schritt). Aber auch der Mann verliert an Autonomie, weil er als Konsequenz aus der Alleinverantwortung der Frau ihr die biographische Planung der Partnerschaft überlassen muss. Das Recht (und die Pflicht) der Frau, über den gemeinsamen Lebensweg zu bestimmen, wird aus deren Gebärfähigkeit abgeleitet. Der physiologische Unterschied der Geschlechter wird so zu einem vom Mann prinzipiell uneinholbaren moralischen Vorsprung der Frau. Sie ist die „helle Seite der Macht“, wie dies einer der Männer aus der Gruppe der Footballer beschreibt.

Vor diesem Hintergrund ist auch das Vorhaben einer der Männer des Gesprächskreises zu verstehen: Er plant, sich demnächst sterilisieren zu lassen, primär nicht etwa um einen pragmatischen Weg der Empfängnisverhütung zu gehen, sondern vielmehr um „Verantwortlichkeit zu zeigen“ und die Frage der Verhütung nicht (wie es die meisten anderen Männer in seinen Augen machen) der Frau zu überlassen. Dieser Mann versucht durch einen chirurgischen Eingriff sich quasi der Frau anzuähneln, um deren moralische Position zu erreichen. Erst dadurch erwirbt er sich (wieder) das Recht, eigenständige Entscheidungen innerhalb der Partnerschaft zu treffen.

Ganz anders hier die Männer aus dem Arbeitermilieu. Nach der Bedeutung gefragt, die das Mannsein für ihn habe, antwortet ein Gelegenheitsarbeiter schließlich folgendermaßen: „Das Einzige, was einen Unterschied macht, als Mann haste was zwischen den Beinen am rumbaumeln und als Frau hast es auf der Brust also.“ In einer Art zeichentheoretischer Begründung führt er hier die völlige Irrelevanz des Geschlechterunterschiedes an. Aus physiologischen Differenzen ließen sich keine weiteren Unterschiede ableiten. Zuvor schon hatte sein Freund seine großen empathischen Fähigkeiten hervorgehoben, die es ihm sogar ermöglichen, sich „vielleicht nicht körperlich aber irgendwie geistig in eine Frau hinein(zu)versetzen“. Er verdeutlicht dies direkt im Anschluss am Beispiel der Schwangerschaft. Hier ist die Gebärfähigkeit der Frau nicht wie bei den bürgerlichen Männern ein Beleg für eine unüberwindliche Grenze zwischen den Geschlechtern, sondern wird als Paradebeispiel für die Möglichkeiten der Perspektivenübernahme angeführt.

Mit dieser Betonung der Perspektivenübernahme geht eine strikte Ablehnung von Geschlechtsstereotypisierungen einher. In der Diskussion mit einer anderen Gruppe von Footballspielern, die zum größten Teil als Facharbeiter tätig sind, schilderte einer die Aufgabenteilung in seiner Partnerschaft: „Aber was is’ denn rein männlich ne, frag ich jetzt zum Beispiel von meiner Beziehung her, mit meiner Freundin, hat LKW gefahren, sie ist Tischlerin, ich sag’ mal, da brech’ ich mir zu Hause auch keinen Zacken aus der Krone, wenn irgend was zu machen ist, sag mal, was Technik irgendwie angeht, wir ham die Wohnung umgebaut, da teil’ ich mir das, mit ihr die Arbeit, da guck’ ich zu, ich sag von wegen, wenn sie meint irgendwo ’ne Sache ist, wo ich mit anfassen soll, oder mach’ ich denn selber, ich sag’ mir, das weiß sie besser, da sag ich nicht du das ist jetzt meine Rolle oder sowas, ich bin hier der Mann im Haus.“ Ausschlaggebend für die Aufgabenteilung sind nicht etwa geschlechtsspezifische Fähigkeiten, sondern die jeweiligen individuellen Fertigkeiten der Partner. Sich hier von Geschlechtsstereotypen leiten zu lassen, wäre für diese Männer nicht nur schlicht unsinnig, sondern würde auch einer adäquaten Bewältigung des Alltags im Wege stehen.

Deutlich wird hier, dass der Hintergrund für diese Haltung die in diesem Milieu vorhandenen Arbeitserfahrungen sind, oder wie es ein Zeitsoldat der Bundeswehr formuliert, der mit seiner Freundin zusammenlebt: „Was soll das denn, sie geht arbeiten ich geh' arbeiten und die Wohnung machen wir dann zusammen fertig.“ Ähnliches fehlt bei Männern aus dem bürgerlichen Milieu, die in einem vergleichbaren Alter sind. Die Regelung des gemeinsamen Alltags erfolgt hier nicht nach den Anforderungen des Arbeitslebens oder nach persönlichen Fähigkeiten, sondern muss situationsexmanent erfolgen, was dann auch als zwanghaft empfunden wird. Eine Gruppe von Studenten berichtet über ihre Erfahrungen im Zusammenleben mit Frauen, die sie dazu gebracht haben, in absehbarer Zeit nur noch mit Männern zusammenwohnen zu wollen: Im Zusammenleben mit Frauen geht es „immer so um Kleinscheiße“, dass man „sich um zwanzig Pfennig bei der Telefonrechnung prügelt“, „oder die Zahnbürste falschrum ins Glas“ stellt. Dass es sich bei dieser Wahrnehmung einer rigiden Regelorientierung der Frauen nicht um eine Idiosynkrasie dieser einen Wohngemeinschaft handelt, sondern um eine in diesem Milieu verbreitete Haltung, zeigt sich in der geteilten Erfahrung der jungen Männer, nach der sie alle schon von Frauen aus ihrem Bekanntenkreis auf die Regeln ihres Zusammenwohnens angesprochen wurden, ob sie denn schon „Abwaschpläne“ und andere „richtige Pläne“ aufgestellt hätten.

Die sich hier abzeichnenden milieuspezifischen Differenzen im Geschlechterverhältnis werden dann von den Männern aus dem Arbeitermilieu auch durchaus so wahrgenommen: „Wenn du jetzt in irgendwelche Gehaltsstufen da rein kommst, wo der Mann wirklich richtig Geld verdient und die Frau bleibt zu Hause, die wird natürlich dementsprechend auch behandelt von dem Mann, du sitzt den ganzen Tag zu Hause, du kannst das Haus sauber machen, wenn jetzt beide arbeiten, denn muss da die eine Hand muss die andre Hand da ergänzen“, wie einer von ihnen in Bezug auf seine eigene Partnerschaft formuliert. Vor diesem Hintergrund ist auch die Einstellung zur Emanzipationsbewegung dieser Männer zu sehen, deren Ziele sie durchaus gutheißen. Was ihnen allerdings suspekt ist, ist die politisch-moralische Rahmung, die dort das Geschlechterverhältnis erfährt. Die politischen Forderungen nach Gleichberechtigung sind aus ihrer Perspektive nur eine andere Form von Geschlechtsrollenstereotypen, auf jeden Fall in dem Maße, indem sie die pragmatische, an den jeweiligen Fähigkeiten der Partner ausgerichtete Bewältigung des Alltags durcheinander bringen. In einer „normalen Familie ist dieser Prozess (der Emanzipation) von ganz alleine gekommen, durch's arbeiten oder sowas, da braucht keiner mit dem Transparent ‚und hoch die Frauen‘, du brauchst 'n Arbeiter nicht fragen, wie das funktioniert, das wissen die von ganz alleine“.

3. Partnerschaft und milieuspezifische Individuierung

Ganz grundlegend lassen sich im Milieuvergleich zwei unterschiedliche Konzepte des Verhältnisses von Individuum und Gesellschaft unterscheiden, die dann auch die Vorstellungen und Orientierungen über die Partnerschaft strukturieren. Die Männer aus dem Arbeitermilieu sehen sich in einer Frontstellung gegenüber der hauptsächlich durch die Welt der Arbeit repräsentierten Gesellschaft. Die Gesellschaft ist für sie die Sphäre der heteronomen Bedingungen, mit denen sie sich auseinandersetzen müssen. Die Partnerschaft hingegen ist für sie die Sphäre der Autonomie, die von gesellschaftlichen Rollenanforderungen, zu denen auch die Forderungen der Emanzipationsbewegung gehören, freigehalten werden soll, da nur so eine pragmatische und ökonomische Bewältigung des Alltags möglich ist. Bei den Gruppen aus dem bürgerlichen Milieu ist dieses Verhältnis gerade umgekehrt. Die Gesellschaft außerhalb der Herkunftsfamilie, und zunächst auch außerhalb einer möglichen eigenen Familie, ist die Sphäre der Autonomie und der Selbstverwirklichung. Die Partnerschaft hingegen hat für sie einen potentiell bedrohlichen Charakter, sie ist für sie die Sphäre der Heteronomie, weil sie sich in ihr mit der Frau als einem fremden Wesen arrangieren müssen. Die Männer sehen sich primär nicht von den Anforderungen des Arbeitsalltages bedroht, sondern von der Frau bzw. von den stereotypisierenden Vorstellungen, die sie von ihr haben.

Sozialgeschichtlich lassen sich diese Formen zumindest für die Männer aus dem bürgerlichen Milieu mit dem Verweis auf die Herausbildung des bürgerlichen Eheideals und damit verbunden mit der Institutionalisierung der Trennung von Haus- und Erwerbsarbeit, die ja gleichzeitig die Sphäre der Frauen von der der Männer schied, erklären (vgl. Sieder 1987). Schwieriger ist es hier schon mit den eher kontraintuitiven Ergebnissen aus dem Arbeitermilieu, dem man ja eher traditionelle, und das heißt patriarchalische Vorstellungen bezüglich des Geschlechterverhältnisses unterstellen würde. Den Gründen für diese Diskrepanzen nachzugehen, würden den Rahmen dieses Aufsatzes sprengen[7].

Ich möchte hier auch einen anderen Weg verfolgen und die Herausbildung der Vorstellung von der Partnerschaft als Sphäre der Autonomie bzw. der Heteronomie jeweils als eine milieuspezifische Entwicklungsaufgabe betrachten. Durchforstet man nämlich das hier verwandte Material auf Hinweise, die Rückschlüsse auf sozialisationsgeschichtliche Hintergründe der jeweiligen Vorstellungen erlauben, dann wird schnell deutlich, dass *einerseits* sowohl bei den Männern aus dem bürgerlichen als auch bei den Männern aus dem Arbeitermilieu der Ausgang bei Geschlechtsstereotypen zu suchen ist. *Alle* Männer blicken mehr oder weniger explizit auf die Adoleszenz als eine Phase zurück, in der Geschlechtsstereotypen für sie Gültigkeit

7 Sie seien aber zumindest angedeutet: In dem vorliegenden Material finden sich Hinweise darauf, dass gerade das Geschlechterverhältnis ein geeignetes Feld der Distinktion darstellt. Einer der Männer aus dem Männergesprächskreis formuliert dies so: „Wichtig ist, dass wir uns von den Männern am Tresen unterscheiden." Diese Distinktionspraxis findet sich dann habitualisiert auch im akademischen Milieu wieder (vgl. auch Maihofer 1995: 21 ff).

besaßen. Diese beziehen sich vor allem auf den Bereich der sexuellen Identität. Mehr oder weniger gleich lautend heißt die entsprechende Formulierung in den Gruppendiskussionen: „Damals so mit fünfzehn sechzehn sagen wir mal, da warst du der tolle Hecht wenn du wenn du fünf oder sechs Frauen hattest, sag ich mal so, innerhalb von zwei drei Wochen oder so ja oder von einem Monat warst du der tolle Hecht, hat 'ne Frau das gemacht war es gleich die Hure die Schlampe die Nutte hieß es da immer gleich." Dabei zeigen sich *andererseits* schon milieuspezifische Unterschiede: Für die Gruppen aus dem Arbeitermilieu ist es ausgemacht, dass hinter diesen Omnipotenzphantasien keine entsprechenden Häufigkeiten an sexuellen Kontakten mit (verschiedenen) Frauen stecken. Diese Omnipotenzphantasien beruhen für sie auf Übertreibung und Angabe, also auf Selbststereotypisierung. Bei den Männern aus der Gruppe der bürgerlichen Footballspieler heißt es hingegen an einer vergleichbaren Stelle: „Wenn ein Kerl das erste mal mit dreizehn gemacht hat, och geil ... dann bist du ein Mann ... ja dann bist du halt ein Macker schon mit dreizehn." Das Zutreffende derartiger Feststellungen wird im weiteren nicht thematisiert. Im Vergleich mit den Gruppen aus dem Arbeitermilieu wird deutlich, dass diese Männer zwar einerseits auf diese Phase zurückblicken, die Frage nach der sexuellen Identität und die damit einhergehenden Omnipotenzphantasien aber immer noch relevant (und problematisch) für sie ist. Für die Männer aus dem Arbeitermilieu hingegen wird die Frage nach der sexuellen Identität spätestens zum Zeitpunkt der Arbeitsaufnahme obsolet: „Da war ich noch nicht lange in der Lehre und noch nicht so an das Arbeiten gewöhnt, damals war ich völlig ausgelaugt in der Lehre und wenn ich dann abends um sechs Uhr zu Hause war, dann war ich auch müde ... Und wenn man denn da zu seiner Freundin fährt oder was, und dann überfällt einen da so ein Tier, ne, das ging einfach nicht." Sexualität kann zwar immer noch eine „aufregende" Komponente für diese Männer haben, der übergreifende Rahmen ist aber nun die Regeneration der Arbeitskraft. Dahinter tritt dann auch der Umstand zurück, dass die Frau im angeführten Beispiel die sexuelle Initiative übernimmt. Sie ist nun keine „Schlampe" mehr, sondern höchstens ein Problem der (körperlichen) Überforderung.

Bei den Männern aus dem bürgerlichen Milieu hingegen gewinnen Geschlechtsstereotype immer mehr an Relevanz, und dies selbst dann, wenn sie mit einer Frau eine Partnerschaft eingehen. Einer der Männer aus der Vätergruppe berichtet beispielsweise, dass er erst „recht spät begriffen" habe, dass Sexualität für eine Frau eine andere Bedeutung habe als für den Mann und verweist auch gleich auf wissenschaftliche Untersuchungen, die belegen, dass ein ganz „anderes Urdenken bei den Männern vorherrscht" als bei Frauen. Die Männer aus der Gruppe der bürgerlichen Footballspieler fordern die Wesensverschiedenheit der Geschlechter geradezu ein, wenn sie in Bezug auf die Tatsache, dass auch eine Frau ab und an die Toilette aufsuchen muss, bemerken, dass sie dies eigentlich gar nicht mitbekommen wollten, wie es zwangsläufig einer der Männer realisiert, der mit seiner Freundin zusammenwohnt: „Bei einer Frau sollte man das irgendwie nicht so mitkriegen, das ist bei mir so, dieses Zurückhalten, dieses Ideal, die Frau als Ideal ... Der saubere Teil im

Leben." Noch an vielerlei anderen Beispielen ließe sich zeigen, dass bei den Männern aus dem bürgerlichen Milieu das Zusammenleben mit einer Frau tendenziell nicht dazu führt, dass Geschlechtsstereotype abgebaut werden, sondern diese sich im Gegenteil noch verstärken.

Es lassen sich also idealtypisch zwei verschiedene Wege der Abkehr von Geschlechtsstereotypen feststellen. Die Männer aus dem Arbeitermilieu geben sie im Zuge der Entwicklung einer pragmatischen Orientierung auf, die im Zusammenhang steht mit der Aufnahme der Erwerbsarbeit und dem Zwang zur Sicherung des Lebensunterhaltes. Bei den Männern aus dem bürgerlichen Milieu hat sich gezeigt, dass Geschlechtsstereotypen ersetzt werden durch die Teilhabe an verschiedenen moralischen Diskursen über das Geschlechterverhältnis, die neue Geschlechtsstereotype bereitstellen. Nebensächlich ist hierbei, ob es sich um einen Diskurs der Gleichheit oder um einen Diskurs der Differenz handelt.

Die Persistenz von Stereotypen wird verstehbar, wenn man ihre orientierende Funktion bedenkt. Sie sind notwendig, um biographische Entwürfe überhaupt erst aufstellen zu können. Aber auch hier zeigen sich wiederum milieuspezifische Unterschiede. Die Männer aus dem Arbeitermilieu entwerfen keine partnerschaftliche Biographie, außer in der relativ unspezifischen Form, „natürlich" eine Familie haben zu wollen. Eine Familie zu haben ist für sie selbstverständlich (was in gewisser Weise *auch* den fehlenden Entwurf erklärt). D. h.., dass eine Partnerschaft zwar prinzipiell angestrebt, die Konsequenzen, die sich daraus ergeben, aber nicht antizipiert werden. Einer der Männer war zu Beginn der Partnerschaft mit seiner jetzigen Frau noch ganz „extrem" jeden Abend im Vereinsheim und trieb Sport oder spielte mit seinen Freunden Karten. Erst später realisierte er dann, „so, jetzt hast du eine Familie, jetzt musst du auch mal sehn, dass du mal irgendwann zu Hause bist". Zwar kann man auch bei den Männern aus dem bürgerlichen Milieu nicht davon sprechen, dass sie ihre partnerschaftliche Biographie planen würden, es finden sich bei ihnen aber gedankenexperimentelle Antizipationen möglicher Partnerschaftskonstellationen. So wird der kinderlose Onkel, der mit seiner Frau dreimal im Jahr in den Urlaub fährt, zum Beispiel für jemanden, der „sein Leben lebt", oder aber man überlegt sich, „dass der Elternpart dann eben von der Frau übernommen wird", sodass „früher eben die Eltern bezahlt haben" und „jetzt bezahlt die Frau", wobei hier jenseits der karnevalesken Ironisierung der Wunsch nach der Verlängerung der Jugendphase durchscheint, die dann als beendet angesehen wird, sobald der Mann die „Ernährerrolle" übernehmen muss.

Das heißt, dass auch bezüglich des Geschlechterverhältnisses und der Partnerschaft zwei milieuspezifisch unterschiedliche Modi der Individuierung sich durchsetzen. Einmal die Individuierung entlang der Handlungspraxis, die „praktische Individuierung" aufseiten der Männer aus dem Arbeitermilieu, und die Individuierung in Auseinandersetzung mit Antizipationen und Stereotypen, die „theoretische Individuierung" aufseiten der Männer aus dem bürgerlichen Milieu, wie sie auch in anderen Bereichen, beispielsweise als unterschiedliche Wege der beruflichen Sozialisation, sich aufzeigen lassen (vgl. Bohnsack 1989: 205 f). Dies verweist letztendlich auf die unterschiedlichen gesellschaftlichen Lagen dieser beiden Milieus. Während beim bürgerlichen Milieu von einem auch bildungspolitisch abgesicherten „psychosozialen Moratorium“ (Erikson) ausgegangen werden kann, also einem institutionalisierten Freiraum, der das gedankenexperimentelle Ausprobieren biographischer Optionen zulässt, sind die Männer aus dem Arbeitermilieu ceteris paribus dazu gezwungen, nach Beendigung der Schulzeit eine Arbeit aufzunehmen. Sie werden unmittelbar in die Zwänge des Arbeitslebens eingespurt. Hier ist der Schritt heraus aus der Herkunftsfamilie mit Erfahrungen der Heteronomie verbunden, während er für die Männer aus dem bürgerlichen Milieu zunächst eine Zunahme von Autonomie bedeutet. Entsprechend gestalten sich auch die Entwicklungsaufgaben. Für die Männer aus dem Arbeitermilieu ist diese die *Abwehr von Heteronomie* und für die Männer aus dem bürgerlichen Milieu diejenige der *Bewahrung von Autonomie*. Innerhalb dieser Rahmen bekommen dann auch die Partnerschaften ihre unterschiedliche Bedeutung: autonomiebewahrender Freiraum auf der einen und Bedrohung von Autonomie auf der anderen Seite.

4. Theoretische Konsequenzen empirischer Einsichten – vier Thesen

Aus den milieuspezifischen Unterschieden in den Partnerschaftsorientierungen lassen sich meines Erachtens theoretische Konsequenzen ableiten, die für die gesamte individualisierungstheoretische Diskussion von Belang sein könnten. Dabei geht es mir nicht darum, bisherige Erträge dieses Forschungsgebietes zu verwerfen, sondern die im Milieuvergleich gewonnenen Perspektiven sollen für eine konzeptuelle Diskussion fruchtbar gemacht werden. Dies geschieht in Form von vier Thesen.

1. Der mediale, sozusagen „vulgäre“ Diskurs der Individualisierung beruht auf einer Verabsolutierung einer bestimmten milieuspezifischen Wirklichkeit, denn das Modell eines sich selbst verwirklichenden Individuums, das durch eine Partnerschaft potentiell an seiner Selbstentfaltung gehindert wird, verweist auf den aus der Literatur hinlänglich bekannten Sozialcharakter des (männlichen) bürgerlichen Subjekts, dem als Entwicklungsaufgabe die Ausbildung einer autonomen Identität auferlegt ist (vgl. Mitterauer 1986: 36). Der wissenschaftliche Diskurs der Individualisierung muss daher eine Differenz zu diesem öffentlichen Diskurs aufrechterhalten bzw. erst herstellen, wollte er nicht zu dieser Verabsolutierung beitragen, die letztendlich auch für Angehörige anderer Milieus Konsequenzen haben kann (siehe die Gesetzesvorlage von Bündnis 90/Die Grünen).

2. Aber auch die eine Bedeutung von Individualisierung im wissenschaftlichen Diskurs, nämlich die einer zunehmenden Reflexivierung und Biographisierung des Lebenslaufes, setzt eben diese voraus. Dabei kann Biographisierung weder für den Partnerschaftsverlauf noch für andere Stränge des Lebenslaufes als Tendenz über Milieugrenzen hinaus verallgemeinert werden. Verallgemeinerbar im statistischen Sinne bleibt lediglich Individualisierung als verstärkte Orientierung am standardisierten Lebensverlauf, wie sie vor allem durch die demographische Forschung

erfasst wird. Diese lässt aber keinerlei Rückschlüsse über das Ausmaß der Einbindung von Orientierungen in den Handlungskontext des sozialen Nahraums zu (vgl. Wohlrab-Sahr 1992).

3. Auch die These vom zunehmenden „Gegeneinander der Geschlechter“ muss relativiert werden, da sie genau solche individuellen Biographien voraussetzt, die dann in einer Partnerschaft erst kollidieren. Das Konzept der Biographisierung von Lebensverläufen lässt Partnerschaft als lebensweltliche Ressource gar nicht in den Blick kommen.

4. Am Beispiel milieuspezifischer Partnerschaftsvorstellungen lässt sich zeigen, dass die Individualisierungsthese keineswegs einen universellen analytischen Begriffsapparat zur Verfügung stellt. Nicht einmal in den Grenzen des derzeitigen Entwicklungsstandes westlicher Gesellschaften lässt sie sich verallgemeinern. Ihre Begriffe können lediglich als deskriptive Begriffe verwendet werden, spiegeln sie doch zu genau die Wirklichkeit nur eines bestimmten Milieus wider.

Beachtet man diese „Seinsverbundenheit“ auch des wissenschaftlichen Diskurses und der wissenschaftlichen Theoriebildung (vgl. Mannheim 1995: 227 f), dann heißt dies keineswegs, vor einem allerorten lauernden Relativismus zu kapitulieren. Denn die Begrifflichkeiten werden so in ihrer Reichweite zwar eingeschränkt, gleichzeitig erhöht sich aber deren Schärfe und Präzision in der Erfassung sozialer Wirklichkeit. Der scheinbar unauflösbare Widerspruch von Partnerschaft und Individualität, das eine ist nur auf Kosten des anderen möglich, wird so durch die Zurechnung auf einen gesellschaftlichen Standort, durch die Identifizierung des sozialen Ortes seiner Genese als eine Lebensform unter vielen möglichen erkennbar.

Literatur

Alheit, Peter (1994): Zivile Kultur. Verlust und Wiederaneignung der Moderne. Frankfurt/M., New York.

Beck, Ulrich (1990): Freiheit oder Liebe. Vom Ohne-, Mit- und Gegeneinander der Geschlechter innerhalb und außerhalb der Familie. In: Ulrich Beck, Elisabeth Beck-Gernsheim, Das ganz normale Chaos der Liebe. Frankfurt/M., 20–64.

Beck, Ulrich/Beck-Gernsheim, Elisabeth (1990): Riskante Chancen – Gesellschaftliche Individualisierung und soziale Lebens- und Liebesformen. Einleitung. In: Ulrich Beck, Elisabeth Beck-Gernsheim, Das ganz normale Chaos der Liebe. Frankfurt/M., 7–19.

Behnke, Cornelia (1997): „Frauen sind wie andere Planeten“. Das Geschlechterverhältnis aus männlicher Sicht. Frankfurt/M.

Behnke, Cornelia u. a. (1995): „Wir kommen über das Reden nicht hinaus“. Selbstreflexion und Handlungspraxis in Männergruppen. In: Widersprüche 15 (56/57), 119–127.

Behnke, Cornelia u. a. (1998): Habitualisierte Männlichkeit. Existentielle Hintergründe kollektiver Orientierungen von Männern. In: Ralf Bohnsack, Winfried Marotzki (Hrsg.), Biographieforschung und Kulturanalyse. Transdisziplinäre Zugänge qualitativer Forschung. Opladen, 225–242.

Berger, Peter L./Kellner, Hansfried (1965): Die Ehe und die Konstruktion der Wirklichkeit. Eine Abhandlung zur Mikrosoziologie des Wissens. In: Soziale Welt 16 (3), 220–235.

Bohnsack, Ralf (1989): Generation, Milieu und Geschlecht. Ergebnisse aus Gruppendiskussionen mit Jugendlichen. Opladen.

Burkart, Günter (1995): Individualisierung und Familie in den USA. In: Hans Bertram (Hrsg.), Das Individuum und seine Familie. Lebensformen, Familienbeziehungen und Lebensereignisse im Erwachsenenalter. Opladen, 399–428.

Eckert, Roland u. a. (1989): Die ersten Jahre junger Ehen. Verständigung durch Illusionen? Frankfurt/M., New York.
Kaufmann, Jean-Claude (1994): Schmutzige Wäsche. Zur ehelichen Konstruktion von Alltag. Konstanz.
Kohli, Martin (1985): Die Institutionalisierung des Lebenslaufes. Historische Befunde und theoretische Argumente. In: Kölner Zeitschrift für Soziologie und Sozialpsychologie 37 (1), 1–29.
Loos, Peter (1999): Zwischen pragmatischer und moralischer Ordnung. Der männliche Blick auf das Geschlechterverhältnis im Milieuvergleich. Opladen.
Loos, Peter/Schäffer, Burkhard (1999): Das Gruppendiskussionsverfahren. Theoretische Grundlagen und empirische Anwendung. Opladen.
Maihofer, Andrea (1995): Geschlecht als Existenzweise. Frankfurt/M.
Mannheim, Karl (1995): Ideologie und Utopie. 8. Auflage. Frankfurt/M.
Mayer, Karl U. (1991): Soziale Ungleichheit und die Differenzierung von Lebensverläufen. In: Wolfgang Zapf (Hrsg.), Die Modernisierung moderner Gesellschaften. Frankfurt/M., New York, 667–687.
Meuser, Michael (1998): Geschlecht und Männlichkeit. Soziologische Theorie und kulturelle Deutungsmuster. Opladen.
Mitterauer, Michael (1986): Sozialgeschichte der Jugend. Frankfurt/M.
Nave-Herz, Rosemarie (1998): Die These über den Zerfall der Familie. In: Jürgen Friedrichs u. a. (Hrsg.), Die Diagnosefähigkeit der Soziologie. (Kölner Zeitschrift für Soziologie und Sozialpsychologie, Sonderheft 38). Opladen, 286–315.
Sieder, Reinhold (1987): Sozialgeschichte der Familie. Frankfurt/M.
Wohlrab-Sahr, Monika (1992): Institutionalisierung oder Individualisierung des Lebenslaufes? In: BIOS 5 (1), 1–19.

D. Institutionen und Akteure II: Wirtschaft, Kultur, Politik

Anstifter und Grenzgänger auf dem Markt der Kultur

Eckart Pankoke

1. Kulturelle Unternehmer und kulturelle Arbeit zwischen Kalkül und Kreativität

In der Spannung zwischen klassischen Leitbildern der „Persönlichkeit“ und aktuellen Tendenzen (post-) moderner „Individualisierung“ richtet sich soziologisches Interesse auf die gesellschaftlichen Prozesse der Konstruktion und Transformationen kulturellen Handelns und Erlebens. Dabei interessieren kulturelle Initiativen und Impulse, Institutionen und Identitäten in der Spannung und Spiegelung zu aktuellen Modernisierungsschwellen und -krisen. Die im Modernisierungsprozess neu formierten Muster und Werte personaler Identität und sozialer Solidarität fanden gesellschaftsgeschichtlich Grund und Spur auf den Schwellen der bürgerlichen Emanzipation, da freigesetzte Subjektivität sich als „Persönlichkeit“ zu verstehen und darzustellen begann. Die neue Kompetenzerfahrung personaler Autonomie vermittelte sich dem „bürgerlichen Subjekt“ vor allem in der kreativen Freiheit der modernen Kunst. Der Dichter Friedrich Schiller setzte dies um in sein „kulturrevolutionäres“ Programm einer „ästhetischen Erziehung des Menschen“. Hier sollte künstlerische Freiheit ausstrahlen auf eine politische Kultur öffentlichen Lebens: „unter dem offenen Himmel des Gemeinsinns“.

Der moderne Künstler als Archetyp freier Personalität wurde bald zum Leitbild auch für andere Profile und Positionen der offenen Gesellschaft. Überall galt es, gegenüber der Autorität der herrschenden Verhältnisse die Autonomie des Personalen zu beanspruchen. „Kunst“ wurde zum Schlüsselbegriff romantischer Modernität. Programmatisch sprach zur Zeit der Romantik Carl von Clausewitz von den „praktischen Künsten“. Dies bezog sich nicht nur auf Staatskunst und Kriegskunst, sondern bewusst auch auf die „Kunst des Organisierens“. Selbst im Bezug auf die Praxis des Alltags forderte romantische Modernität die „Kunst des Lebens“.

Typisch für Schwellensituationen „zwischen den Zeiten“ und „zwischen sozialen Welten“ ist die Figur des Grenzgängers: Soziokulturelle „Grenzgänger“ vermitteln zwischen der Aura künstlerischer Produktivität und den praktischen Geschäften in Wirtschaft und Gesellschaft. Klassisches Vorbild gab die „mäzenatische Konstellation“, in der die Verfügung über Macht und Geld die persönliche Vermittlung zur Welt des Geistes suchte – und umgekehrt.

Auf diese Doppelbindung von Ordnung und Bewegung verweist bereits die traditionelle Figur des „Stifters" in der durch Grimms „Deutsches Wörterbuch" ausgewiesenen Bedeutungsspanne von *„stiften"* (im Sinne von *„tätigkeit des bauens, gründens, schaffens, veranlassens und des anstiftens"*). Verwiesen wird auf die ursprüngliche Bedeutung von „Stift" als spitzer Stamm, wie er im Pfahl- und Fachwerkbau festen Grund und Stand gibt. Das „Einstielen" der tragenden Pfähle wurde zum Sinnbild für die stabile Statik dauerhafter Gründung (vgl. von lat. „instituere", „fundare"). Hinzu kommt die ältere Bedeutung von *„stiften"* im Sinn von *„fördern, helfen, stützen"* (vgl. Grimms Deutsches Wörterbuch 1941: 2876).

Die aktive Ausrichtung von „Stiftung" dokumentiert Grimms Wörterbuch in der anderen Bedeutung von *„Stift"* als Stachel und Sporn mit der Wirkung von *„anspornen", „anstiften", „antreiben"*. Diese Bedeutungsspanne von *„Grund legen"* und *„in Bewegung bringen"* bestimmt auch das moderne Verständnis von „Stiftung" in der Spannung von Gründung und Antrieb, Institution und Initiative.

Heute profiliert sich die Individualisierung und Personalisierung von kulturellem Engagement und kultureller Initiative in neuen Konstellationen von kulturellen Unternehmungen und Verwaltungen, von kulturellem Management, kulturellem Marketing und kulturellem Sponsoring. Gegen organisatorische wie professionelle Verfestigung bleiben kulturelle Felder durch die soziale Dynamik von künstlerischer Kreativität und kultureller Bewegung unter Spannung.

2. Leitmedien: Macht – Geld – Sinn

Kunst findet Interesse im Blick auf den „Glanz der Macht", den „Wert des Geldes" oder die „Stiftung von Sinn". Gewiss lässt sich Kunst auch politisch verwalten und ökonomisch verrechnen. Als öffentliches Gut oder auch als privater Konsum wird das Kunstwerk zur „Ware" und damit zugleich künstlerisches Schaffen zur gesellschaftlichen „Arbeit".

Aber all diese politischen, ökonomischen oder soziologischen Funktionalisierungen ästhetischer Kultur verfehlen letztlich das Selbstverständnis künstlerischen Schaffens. Kunst versteht sich selbst immer noch „anders", als es sich über die Medien moderner Systembildung – wie „Macht", „Geld" und „Sinn" – soziologisch erklären ließe. Und doch ist der moderne Künstler heute gezwungen, sich um der Kunst willen auch zu den gesellschaftlich etablierten Kommunikationsverhältnissen von „Macht", „Geld" und „Sinn" in ein Verhältnis zu setzen – auch wenn dieses Verhältnis kritischer, kreativer und reflexiver sein wird, als es die sonst zwingenden Funktionen und Relationen moderner Organisationsgesellschaft zu erlauben scheinen.

3. Kulturelle Autonomie zwischen Mächten und Märkten

Die Kunstgeschichte berichtet vom traditionellen Stand der Kunst als Herrschaftsmittel und Herrschaftszeichen. Die damit programmierten Konflikte zwischen den Zwängen der Macht und den Freiheiten der Kunst lassen sich verfolgen bis in unsere Zeit. Auch heute schmückt sich politische und wirtschaftliche Macht gerne mit künstlerischem Dekor. Das lässt sich etwa dort beobachten, wo die Macht des Geldes sich durch die Förderung von „Kunst am Bau" oder auch „Kunst im Büro" zu repräsentieren weiß – besonders spektakulär in der neuen Prächtigkeit der Repräsentationsarchitektur von Industrieverwaltungen und Großbanken.

Erörtern wir heute das Verhältnis von Kultur und Macht, so muss allerdings auch in den Blick kommen, dass Macht die Kunst nicht nur fördern kann, sondern oft auch behindern und blockieren muss. Wenn die Entwicklung von Kunst nur realisierbar ist im Verbund mit der Macht, kommt Kunst in massive Abhängigkeit. Macht kann der Kunst ihre Gunst entziehen, Macht kann aber auch, was wir aus autoritativen und totalitären Konfigurationen kennen, jede ihr nicht passende Kunst verfemen und vernichten. Zum anderen aber wissen wir, dass Kunst – selbst im Extrem totalitärer Macht – oft letzte Nischen frei hält, wo dennoch Distanz, Differenz und Dissidenz kommunizierbar ist.

4. „Kunst als Ware" und „Kultur als Arbeit"

„Der Reichtum der Gesellschaften, in welchen kapitalistische Produktionsweise herrscht, erscheint als eine ‚ungeheure Warensammlung'." Dieser Eröffnungssatz zum „Kapital" des Karl Marx (1967: 49) findet heute spektakuläre Bestätigung in den mit Geschenken überfüllten Warenhäusern der Konsumgesellschaft, aber auch in der Vermarktung der personalen Produktivität über die „Ware Arbeitskraft". Heute wird zudem bewusst, wie auch die Ereignisse, Erlebnisse und Erzeugnisse kulturellen Lebens und künstlerischen Schaffens in die Sogkraft des wirtschaftlichen Kontrollmediums „Geld" kommen mussten. Walter Benjamins Aufsatz „Über das Kunstwerk im Zeitalter seiner technischen Reproduzierbarkeit" (1963) spiegelt diese kulturindustrielle Verwertung künstlerischer Produktivität in den Verhängnissen moderner Markt- und Machtverhältnisse.

Der „Warencharakter" des Kunstwerks macht zugleich künstlerische Produktivität zur Erwerbsarbeit, die – wie alle anderen Arbeitsverhältnisse auch – verrechtlicht, verrechnet, versichert und versteuert werden muss. Längst verbinden wir die Produktivität von Kunst mit dem ökonomischen System wirtschaftlicher Produktion; so sprechen wir von Kulturmanagement, Kunstmarketing, Kulturindustrie, Kulturwirtschaft, kulturellem Kapital und kulturellen Märkten.

Allerdings wird bald deutlich, dass die Logik marktwirtschaftlicher Verwertung für das „kulturelle Kapital" einer Gesellschaft nur bedingt durchzuhalten ist. Kunst widersetzt sich immer wieder der ihr aufgezwungenen „Waren"-Form, und die freie

Existenz des Künstlers verfehlt immer wieder die Normalitätsstandards eines beruflich stabilisierten „Arbeits"-Lebens. Die arbeitsgesellschaftliche „Normalbiographie" will sich dem Künstler nicht anpassen, was nicht nur Freiheit bedeutet, sondern oft auch die Freisetzung in existentielle Unsicherheit.

Auf die „sozialen Fragen" des „Marktversagens" suchen Marktwirtschaftler die Antwort nur in einer Richtung: „Mehr Markt", „Mehr Management", „Mehr Marketing". Erwartet wird nun auch von den Künstlern, dass sie ihre Produktion industriell rationalisieren, ihre Produkte zur Ware machen und dafür „kulturelle Märkte" erschließen. Nur das würde neue „Arbeitsplätze" für „kulturelle Arbeit" bringen. Nun müssen auch Künstler nach Kunden suchen, um Kunden werben und „vom Kunden lernen". Gewiss sind auf diesem Wege auch für die Kunst noch „Marktlücken" zu entdecken, insbesondere wenn nicht nur individuelle Kunden im Blick sind, wie etwa der vielbeschworene Kunstfreund, der sein privates Kunstwerk erwirbt und so künstlerische Erwerbsarbeit finanziell mitträgt. In der heutigen „Erlebnisgesellschaft" wird sich ein entsprechender „Erlebniswert" des kulturellen Konsums gewiss noch markterweiternd aktivieren lassen.

Wirtschaftlichen Wert gewinnt die Kunst heute auch für ökonomische Interessenten, etwa wenn – wie beim Kultur-Sponsoring – der hohe Aufmerksamkeitswert von Kunst erfolgreich vermarktet und ein Unternehmen sich gerne schmückt mit einer Unternehmenskultur, die auch etwas kosten darf. Doch so sehr auch der Aufmerksamkeits-, Erlebnis- und Ereigniswert von Kunst zu Markte geht, bleibt doch zu bedenken, ob nicht gerade die Marktgängigkeit in die Bewertung von Kunst eine verhängnisvolle Schieflage bringt, die letztlich nur noch leben und überleben lässt, was sich den Marktmechanismen anpasst. Gerade junge Kunst, neue Kunst, kritische und kreative Kunst wird oft die gängigen Märkte verfehlen und treibt damit in existenzielle Nöte und Krisen.

Die bei der Förderung und Steuerung kultureller Entwicklung sich wechselwirkend verschärfenden Effekte von Marktversagen und Staatsversagen können aber auch hinweisen auf Alternativen „zwischen Markt und Staat". Im so genannten „Dritten Sektor" einer selbstorganisierten Kreativität und über die lose gekoppelte Autonomie kultureller Netze könnten sich heute neue Perspektiven eröffnen, die subjektiven Potentiale kultureller Felder anders zu fördern und zu fordern, als es im Rahmen rein marktlicher Mechanismen und rein staatlicher Regulierung möglich wäre.

Die Spannungen und Vermittlungen zwischen einer auf „Kunst als Ware" und „Kultur als Arbeit" ausgerichteten Ökonomie und der Autonomie künstlerischer Freiheit wird besonders deutlich an Projekten der Förderung von Kunst durch die Unterstützung der Künstler: „Zwischen Passion und Kommerz" (Hermsen 1997) wird Kunstförderung zum Mittler eines kommunikativen Handelns, welches die Systemgrenzen des rein Wirtschaftlichen durchbricht. In einer gesteigerten Bewusstheit der „Künstlichkeit" moderner Wirklichkeit setzen Stifter und Förderer kultureller Entwicklung bewusst darauf, dass im Spiegel künstlerischer Verfremdung Routinen und Trivialitäten des Alltags neu unter Spannung und in Bewegung kommen können.

5. „Kultur" und „Wirtschaft": Spannungsfelder und Grenzgänger

Eine Betrachtung der über das an-stiftende Engagement kultureller Mittler und Grenzgänger in produktive Spannungen kommende Verhältnisse von „Kultur" und „Wirtschaft" wird nicht nur die ökonomische Bewertung und Verwertung kultureller Produkte und Projekte zu beachten haben, sondern auch die kulturellen Dimensionen sozialer wie ökonomischer Prozesse.

Zu vermeiden sind deshalb einseitig ökonomistische Reduktionen des Kulturellen auf die Berechnung von Preisen („Kultur als Ware"), von Löhnen („Kultur als Arbeit") oder von Erträgen („kulturelles Kapital"). Solche Reduktionen und Abstraktionen müssen das spezifisch Kulturelle aus dem Blick verlieren. Kultur würde dann nur noch interessieren als „sich-rechnende" Vermarktung und Verwertung von Freizeitbedarf, Unterhaltungswert und Kulturindustrie.

Allerdings wird die Eigenwelt und Eigendynamik des Kulturellen bei der Undeutlichkeit und Vieldeutigkeit des „Kultur"-Begriffs schwer zu bestimmen sein. Dies gilt gerade in deutscher Sprachtradition mit ihrem geisteswissenschaftlich und kunstidealistisch geprägten Kulturverständnis und ihrer Fixierung auf den schönen Schein der großen Kunst, wo über Geld und Macht nicht mehr gesprochen wird. Zum anderen ist zu beobachten, wie heute die „Kultur" – vielleicht gerade wegen der Verwendbarkeit des Begriffs in beliebigen vieldeutigen Kombinationsmöglichkeiten – neu in Mode kommt.

Kultur wird soziologisch beobachtbar als spezifische Kommunikation, als Medium des Kommunizierens und Prozessierens von „Sinn". „Sinn" steht hier für die Bewusstheit der Richtung, Färbung und Stimmung des Erlebens, Bewertens und Gestaltens von Selbstverständnissen und Weltverhältnissen. In immer neuen Ausdrucksformen und Kommunikationsweisen spricht kulturelle Kommunikation nicht nur mit Worten, sondern auch mit Zeichen und Figuren, die uns in ihrer Sinnenfälligkeit unmittelbar ansprechen.

Dabei kommt anderes zur Sprache als bloß Worte es zu sagen wissen. Aber auch wenn Worte gebraucht werden, werden sie anders gebraucht als in den eindeutigen Formelsprachen der Wissenschaft, des Rechts oder des Marktes. Kulturelle Kommunikation setzt bewusst auf die Vieldeutigkeit und Mehrwertigkeit der Worte und Zeichen, auf die Nuancen und Ambivalenzen ihrer Bedeutung.

Kulturelle Kommunikation produziert dazu einen unendlichen Zeichenvorrat und bietet zugleich spielerischen und spiegelnden Umgang mit Bedeutungen, „eine Art Vorrat für mögliche Themen, der für rasche und rasch verständliche Aufnahme in konkreten kommunikativen Prozessen bereit steht. Wir nennen diesen Themenvorrat ‚Kultur'" (Luhmann 1984: 234). Kulturelle Produktivität verfügt also einerseits über den Beziehungsreichtum tradierter Verweisungszusammenhänge, ist zum anderen aber auch dafür offen, immer neue Signale, Figuren und Impulse zu setzen und so für produktive Interaktion Beziehung zu stiften und Spielraum zu öffnen.

Das neue Interesse an Kultur, das von der Kulturindustrie als „Bedarf" vereinnahmte kommunikative „Bedürfnis" kultureller Praxis, wird zu beziehen sein auf die mit gesteigerter Individualisierung steigende Komplexität aller Lebensverhältnisse: Hier verspricht kulturelle Kommunikation das Medium, um „Sinn" auf besonders „sinnenfällige" und damit auf „ausdrucks- und eindrucksvolle" Weise zum Ausdruck zu bringen. Dann kann über ein Bewusstmachen der radikalen Künstlichkeit moderner Wirklichkeit das Fragen nach deren „Sinn" zur Diskussion und zur Disposition gestellt werden.

Gerade diese Möglichkeit, auf besonders eindrucksvolle Weise Perspektiven zu präsentieren, aber auch spielerisch zu variieren und so Sinn zu kommunizieren, könnte auch erklären, warum heute so viele Menschen sich „berufen" sehen wollen, ihre Begabung zum produktiven Umgang mit „Sinn und Form" als Arbeit, Beruf und Geschäft auch persönlich zur Existenzbasis zu machen.

Damit werden die individuellen Perspektiven von kulturellem Interesse, kulturellem Bedürfnis und kulturellem Engagement soziologisch zu orientieren sein im Spannungsfeld von „Macht", „Geld" und „Sinn". Die Soziologie fasst mit diesen Begriffen die im Modernisierungsprozess ausdifferenzierten und durch funktionale Trennung zueinander in Spannung kommenden Medien und Systeme ökonomischer, politischer und kultureller Kommunikation.

Dabei ist kritisch zu fragen, ob es der kulturellen Kommunikation gerecht wird, wenn sie nur über die ökonomischen Mechanismen von Angebot und Nachfrage – etwa auf Kunstmärkten oder auf kulturellen Arbeitsmärkten – vermarktet wird. Gewiß verspricht die Freiheit offener Märkte ein Korrektiv zu einem einseitig „von oben" im Interesse politischer Macht und ihrer Verwaltung agierenden Staat. Demgegenüber könnte sich eine politisch verantwortliche Steuerung kultureller Entwicklung auf den öffentlichen Auftrag berufen, den teils nivellierenden, teils polarisierenden Effekten kultureller Märktc bewusst im Sinne von „Kulturpolitik als Gesellschaftspolitik" (Alfons Spielhoff) gegenzusteuern.

Die auf neue Komplexitäten gesellschaftlicher Individualisierung antwortende Subjektivität und Reflexivität kultureller Akteure zeigt sich nicht nur im Prozess kultureller Produktion, sondern führt auch zu Spannungen von Kulturberuf und kultureller Berufung, Kulturkonsum und kultureller Kommunikation.

6. Kultur als „Ware", als „Kapital" und als „Arbeit"

Nach der reinen Lehre der Ökonomen lässt sich Geld nur machen im Austausch von Waren, Kapital und Arbeit. Dabei wird aufgezeigt, wie auf „offenen Märkten" eine Ware auf schnellstem Weg ihre Nachfrage findet und jede Nachfrage die entsprechende Ware, wie dabei Kapital wächst und Arbeit ihren Lohn finden kann (zur Kulturökonomik vgl. Hutter 1992).

„Waren“ als die Form, in der wirtschaftliche Produkte sich auf dem Markt bewegen, sind Güter, die sich in der Regel schnell verbrauchen und so in ihrem Wert schnell verfallen. Die Anbieter setzen darauf, unverzüglich nachzuliefern – und wenn die Ware in ihrer Stoffqualität länger hält als die Nachfrage, wird dem Verfallsprozess nachgeholfen, indem schnell eine neue Mode nachgeschoben wird. Das Modische wird dann zur käuflichen Attrappe, um jeweils auf der Höhe der Zeit Modernität anzuzeigen und auszuweisen (Schwarz 1982).

Je schneller die Warenzirkulation, umso besser läuft das Geschäft, womit in der Marktgesellschaft alle Arbeit zur Ware wird. Wenn Kultur nicht gewertet wird als „kollektives Gut“, sondern als „Ware“, wird deren gesellschaftliche Verbreitung und Verteilung sich marktlogisch einspielen – und da nach der klassischen Ökonomie auch die Arbeit zur Ware wird, wird auch „Kultur als Arbeit“ dem Marktmechanismus unterworfen. In ökonomischer Perspektive erscheint Kultur damit als Konsumgut, als Kapitalanlage und als Humankapital.

7. Kultur als Konsum: „Bedarf“ und „Bedürfnis“

Auf dem industriellen Gütermarkt sind „Waren“ zumeist nur schnelllebiges Konsumgut, womit gesellschaftlicher Bedarf bedient werden kann. Auch Kultur muss solchen Warencharakter annehmen. Insbesondere wenn Kunstwerke industriell produziert und reproduziert werden, müssen kulturelle Angebote nach kapitalistischen Verwertungsmechanismen ihren Profit abwerfen. Kultur muss dann als Massenprodukt auf den Markt geworfen werden und leicht gängige Bedarfe bedienen. Die Frankfurter Schule einer „Kritischen Theorie“ der Gesellschaft spricht hier zu Recht von „Kulturindustrie“, wenn der Unterhaltungswert, Erlebniswert und Prestigewert kultureller Güter über Massenkaufkraft vermarktet wird.

Im Vergleich zu vielen Waren des alltäglichen Konsums ist ein kulturelles Angebot aber kaum ein Verbrauchsgut. Kultur gehört auch nicht zum Warenkorb des täglichen Bedarfs. Das macht sie schwer kalkulierbar. Kulturelle Waren haben es an sich, dass sie nicht verzehrt werden (wir sprechen zwar davon, dass wir „ein Buch verschlingen“), sondern dass sich einerseits etwas „Bleibendes“ aufbaut, zum anderen aber der Konsument sich nicht passiv bedienen lässt, sondern sich gerade auch in seinen produktiven wie kritischen Kompetenzen bewusst herausgefordert sehen will.

8. Kultur als Kapital: wachsender Wert und wechselnder Sinn

Kulturelle Investitionen können aber auch im streng kapitalistischen Sinne Kapitalgüter schaffen. Wer für viel Geld ein teures Bild kauft, lässt sich oft auch durch Kalkulationen und Spekulationen leiten, die mehr mit Geld zu tun haben als mit Kunst. Er will Kunst nicht konsumieren, sondern kapitalisieren. Mit dem günstig gekauften Gemälde soll dann später auf expansiven Kunstmärkten spekuliert werden wie mit einer Aktie.

Doch könnte die rein ökonomische Bewertung von Kunst die spezifisch kulturelle Dynamik ästhetischer Kommunikation verfehlen, denn der künstlerische „Wert" und der „ökonomische" Preis bestimmen sich nach unterschiedlichen Standpunkten der Beobachtung, Erwartung und Bewertung.

Auch die Bewertung von Kunst bestimmt sich nicht nur über den Austausch urteilsbildender Meinungen („Geschmack"), sondern immer auch nach den auf dem Kunstmarkt erwartbaren Zahlungen („Tauschwert"). Doch lässt sich ein solcher Tauschbegriff überhaupt auf das Kunstsystem übertragen?

9. Kulturelle Kommunikation als soziales Bedürfnis

Neben Kultur als Konsumgut und Kultur als Kapitalanlage interessiert eine dritte Dimension der Bewertung von Kultur. Viele Menschen geben bewusst oder unbewusst ihr Geld für Kultur aus, weil Kultur Beziehung stiftet. Das Bildungsgut Kultur ist damit ein kommunikatives Kapital. Über kulturelle Kommunikation bildet sich Beziehungsreichtum, lässt sich zumindest einbilden. Über Kultur und im Medium kultureller Kommunikation kommunizieren kulturelle Subjekte mit anderen, mit dem Künstler, mit der Geschichte, mit sich selbst. Dieses Kommunikationsangebot hat sich gewiß mit den kommunikationstechnischen Möglichkeiten kultureller Reproduktion und Distribution noch gesteigert (vergl. Marx/Pankoke 1989).

Systemtheoretische Beobachter würdigen die gesellschaftlichen Funktionen moderner Kunst gerade darin, dass im Bezug auf Kunst-Werke und ihre ästhetischen Konstruktionen und Kombinationen aus Bildern, Tönen, Worten die „Künstlichkeit", also die bewusste Konstruiertheit moderner Wirklichkeiten (re-)konstruiert und kommuniziert werden kann:

„Dann kann man das Kunstwerk (…) als Kompaktkommunikation oder auch als Programm für zahllose Kommunikationen über das Kunstwerk ausmachen. Nur so wird es soziale Wirklichkeit. (…) Es scheint speziell dazu angefertigt zu sein, Kommunikationen zu fördern. (…) In der Kunst wird Kommunikation – fast könnte man mit einem fragwürdigen Begriff sagen: Selbstzweck" (Luhmann 1986: 627).

Zur Beantwortung unserer Frage nach dem Verhältnis von Kunst und Geld müssen wir noch andere Bewertungskriterien hinzuziehen als die ökonomischen Maßstäbe von Konsumgütern und Kapitalanlagen. Gewiss gibt es in unserer Gesellschaft wachsende kulturelle Bedarfe (Bedarf hier als kalkulierbare Nachfrage nach verkaufbaren Gütern, womit auch Kunst als „Konsum" und als „Kapital" ökonomisch bewertbar wird). Gesellschaftstheoretisch wie gesellschaftspolitisch interessieren jedoch nicht nur die ökonomisch kalkulierbaren „Bedarfe", sondern auch die im Sinne „verstehender Soziologie" interpretierbaren und kommunizierbaren „Bedürfnisse". Heißt es doch schon bei Nietzsche: „Hinter jedem Wert steht das kommandierende Bedürfnis." Wird „Bedarf" zum Kalkül des Produzenten, so verweist „Bedürfnis" auf subjektives Engagement und Interesse des aktiven Konsumenten.

Wer Kunst kauft (ob Bild oder Buch), lässt sich auf kommunikative Beziehung (Sozialkapital) ein und investiert damit in sich selbst (Humankapital). Dabei ist die Wirkung von Kunstwerken nicht auf isoliertes Genießen hin zu orientieren, sondern auf Felder kultureller Beziehung und Auseinandersetzung.

Heute ist uns eher bewusst, dass kulturelle Kommunikation nicht nur die Menschen zusammenbringt, sondern sie auch auseinander treibt. Nirgends werden die „feinen Unterschiede" (Bourdieu) so deutlich wie bei der Verteilung von kulturellem Kapital. Viele kaufen sich deshalb für ihr Geld in kulturelle Beziehungen ein, um in „der Gesellschaft" gerade auch im sensiblen Feld der kulturellen Distinktion „in" zu sein. Dies allerdings zielt weniger auf Konformität als auf Identität.

Man kann jetzt natürlich sagen, dass das kommunikative Kapital „Beziehungsreichtum" etwas Immaterielles ist, das für Geld gar nicht zu kaufen ist. Doch soll man daraus, dass kultureller Beziehungsreichtums unbezahlbar ist, nicht den eiligen und billigen Schluss ziehen, dass Kultur zum Nulltarif zu haben wäre.

10. Kultur als Arbeit

In der Arbeitsgesellschaft wird die Kulturfrage immer auch zur Arbeitsfrage. Die neue Problemformel „Kultur als Arbeit" bedeutet, dass persönliche Investitionen in kulturelle Kompetenz und die aktive Identifikation mit kulturellem Engagement sich auf kulturellen Märkten, hier speziell auf kulturellen Arbeitsmärkten, „lohnen" müssen. Doch die akute Berufsnot, gerade bei künstlerischer und kulturwissenschaftlicher Professionalität, macht als Problem bewusst, dass ein oft aufwendig und anspruchsvoll erworbenes Humankapital kultureller Fähigkeiten und Fertigkeiten auf dem Arbeitsmarkt sich schwer tut. Kulturpolitik wird dann auch Beschäftigungspolitik, wobei gerade im Feld kultureller Aktivitäten und Initiativen heute mit neuen Formen und Wegen auch unkonventioneller Beschäftigung zu experimentieren ist. Aber auch im Bereich der „freien Wirtschaft" gibt es gute Gründe dafür, dass es auch unternehmenspolitisch Sinn macht, gezielt Mitarbeiter mit kultureller Kompetenz zu akzeptieren und zu engagieren.

Das Stigma von der „brotlosen Kunst" schien sich allerdings im „kurzen Traum immer währender Prosperität" (Lutz 1989) zu mildern: Neue Medien der Vermittlung und Vermarktung, neue Organisationsformen des Kunstbetriebs und vor allem die neuen Kommunikationsverhältnisse der kulturindustriellen Medien machten die Mittel frei, das moderne Kunstsystem auch ökonomisch selbsttragend zu machen.

Kunst schien nun nicht mehr darauf angewiesen, als „unbürgerlicher" Nebenberuf neben einem gleichzeitig ausgeübten bürgerlichen Hauptberuf (oder anderen existenzsichernden Erwerbsquellen) eine parasitäre und prekäre Existenz zu fristen. Voraussetzung künstlerischen Erfolgs war allerdings die Bereitschaft, sich konzentriert im exklusiven Erwartungsrahmen und Bewertungshorizont des arbeitsteilig ausdifferenzierten „Kunstsystems“ zu orientieren, zu spezialisieren, zu qualifizieren und zu profilieren.

Wer sich zur Kunst „berufen“ sah, musste so seine Lebensperspektive voll auf das „Kunstsystem“ einstellen: Man professionalisierte sich als Absolvent profilierter „Akademien“, organisierte sich zu „Schulen“ und „Seilschaften“, orientierte sich an den tonangebenden Kriterien der Kunstkritik und organisierte eigene Berufsorganisationen und Interessenvertretungen. Heute jedoch sehen gerade kulturelle Akteure sich in ihren beruflichen Standards wie ihren professionellen Perspektiven durch strukturell verweigerte Chancen in Frage gestellt.

Aufschlussreich für die gesellschaftliche Situation moderner Kunst ist die aktuelle Berufsnot vieler Künstler, aber auch die aktive Suche nach neuen (Aus-)wegen – etwa in neuen Projekten beschäftigungswirksamer Kulturinitiativen.

In Absetzung von einem älteren Verständnis von „Kunst“ als „Beruf“ setzen Kombinationen von „Kultur“ und „Arbeit“ heute bewusst weiter greifende gesellschaftstheoretische wie gesellschaftspolitische Horizonte. Wenn wir von „Arbeit“ – genauer von „gesellschaftlicher Arbeit“ – sprechen, geht es um die arbeitsteilige Organisation der Produktion von wirtschaftlichen, aber auch sozialen und geistigen Gütern einer Gesellschaft. Zur Diskussion stehen damit immer auch Fragen der Verteilung gesellschaftlichen Reichtums und der Beteiligung am kulturellen und öffentlichen Leben.

11. Kulturelle Unternehmer, Verwalter, Stifter und Beweger

Eine akteurstheoretisch und subjektorientierte Beobachtung kultureller Felder wird sich heute nicht nur auf die Individualisierungsprozesse kultureller Produzenten und Konsumenten beschränken können, sondern muss auch das Interesse, Engagement und die Kompetenz der kulturellen Unternehmer und Stifter, Mittler und Makler, Manager und Strategen in die Betrachtung einbeziehen.

Die in den Feldern aktiver Kulturpolitik professionell und auch persönlich engagierten Kulturverwalter und Kulturarbeiter verbinden professionelle Kompetenz mit dem engagierten Interesse für ihre Zielgruppen und Zielräume. Weil sie daran interessiert sind, in den kulturellen Feldern und Netzen kulturelle Lernprozesse zu fördern und zu steuern, müssen sie sich mit kulturellen Produzenten wie kulturellen Konsumenten kooperativ und interaktiv auseinandersetzen. So sprechen sie nicht nur die „Sprache der verwalteten Welt“, sondern suchen auch sprachlich die „gleiche Welle“ mit jenen Szenen, gegenüber denen klassische Bürokratien auf Kontrollmacht zu pochen meinten. Kommunikative Nähe zu den kulturpolitischen Zielräumen und Zielgruppen wird von den zünftigen Verwaltern dann eher als „Kollaboration“ mit der „Gegenseite“ denunziert. Distanzierend spricht man dann von „Piraten“, „Partisanen“, „Parasiten“.

Vielleicht aber wird gerade dieses „Stigma“ im Hinblick auf neue Herausforderungen aktiver Kulturarbeit und Kulturentwicklung zum „Charisma“ einer besonderen Begabung und Berufung zu kultureller Vermittlung. Engagierte Kulturarbeiter verstehen sich weniger als Agent des Systems denn als „Grenzgänger“ zwischen den Systemen. Gerade weil der kulturelle Sektor schon immer eher als verwaltungsfern gilt, schon immer professionellen Eigensinn durchhielt und so für die Bedürfnisse und Bereitschaften der sozialen Umwelt offener war, entwickeln sich hier neben besonderen Schwierigkeiten auch besondere Möglichkeiten, die in klassischer Verwaltungsraison gar nicht vorstellbar sind. Ein aktives Kulturmanagement, das sich aktiv und interaktiv auf soziale Umwelt zu beziehen sucht, entwickelte in den letzten Jahren auch im öffentlichen Kulturbetrieb innovatives und alternatives Profil.

Als in den 1980er Jahren mit einem Schlag arbeitslose Erziehungs- und Kulturwissenschaftler via ABM-Stellen in die Verwaltung hineinkamen, führte dies in der „inneren Umwelt“ des politisch-administrativen Systems zu neuen Irritationen – wie auch zu Innovationen. Dies wirkte sich aus gerade auch in der Relation zur kulturellen Umwelt – wie klassisches Verwaltungsdenken es sich nicht vorstellen konnte (Bandelow/Pankoke 1990). Nun kam auch die verwaltete Kultur durch Individualisierungen ihrer Akteure wie auch ihrer Adressaten in Bewegung.

Wer im Rahmen bürokratischer Verwaltung – gewissermaßen „zwischen den Zeilen“ und „gegen den Strich“ des offiziellen Verwaltungsbetriebs – Sensibilität und Engagement für soziale Umwelt entwickelte, wurde dadurch zum „Grenzgänger“. Kulturverwaltung aber lebt davon, dass hier engagierte Akteure nicht nur routinemäßig Regeln anwenden, sondern auch fähig und bereit sind, aus der Sicherheit ihrer Organisation herauszutreten und zu den kulturellen Feldern über Projekte und Kontrakte interaktive Relationen aufzubauen.

Dies erfordert in den kulturellen Feldern neben den eher künstlerisch engagierten „Produzenten“ immer auch „Manager“, die bereit sind, diese riskante Brückenfunktion des Grenzgängers – zwischen ästhetischer Produktion und bürokratischer Administration – auf sich zu nehmen.

Weil viele Felder im kulturellen Bereich in den Perspektiven ihrer Entwicklung prinzipiell umstritten bleiben, wird ein „geschlossenes“ Verwaltungssystem sich erst gar nicht darauf einlassen. Felder, die einem Bürokraten riskant und suspekt erscheinen, werden dann sich selbst überlassen. Aber weil Kulturinitiativen auf öffentliche Mittel angewiesen sind, werden dann auch die Relationen zu öffentlicher Macht und öffentlichen Mitteln komplexer.

Steuerungstheoretisch beschreiben wir dieses Relationsmuster der Vermittlung zwischen Intervention und Autonomie als die Auskupplung von Selbststeuerung. Bildhaft gesprochen tritt Verwaltung bei laufendem Betrieb die „Kupplung“, damit gerade die innovativen, aber auch riskanten Felder „freie Fahrt“ gewinnen. Beliebte Instrumente einer solchen auf Freilauf setzenden Projektförderung sind Anschubfinanzierung und Ausfallbürgschaft. Aber es hat sich oft auch herausgestellt, dass die „von oben“ angeschobene Bewegung ihren Verwaltern aus der Bahn lief und die Verwaltung viel zu schnell wieder auf die Bremse trat, also entweder den Geldhahn der Subvention abschaltete oder aber sich anbiederte zur gleichschaltenden „Umarmung“.

Bei Innovations- und Interventionsstrategien der „Selbststeuerung" kommt es sehr darauf an, dass alle Beteiligten die schwierige Relation zwischen unterschiedlichen Kulturen und Systemen in der Balance halten. Dann gilt es, Brücken zu bauen – die Systemtheorie spricht eher von „loose coupling", loser Kopplung. Gerade die offene Konstruktion des „Netzwerkes" eröffnet Chancen für lose gekoppelte Autonomie, ohne einzugreifen. Es geht um die „Intervention in autonome Systeme". Wie aber kann öffentliche Verwaltung solches möglich machen?

In der Praxis versuchte man dazu nun die Figur des „Managers" für die Kultur zu aktivieren. Manager versprechen über ihre Rationalität im Umgang mit Zahlen und Zahlungen zunächst nach innen die „Kunst des Organisierens", wichtiger aber wurde die in Außen-Relationen wirksame Flexibilität, sich agierend und reagierend auf die Umwelt aktueller und potentieller „Kunden" einzulassen – allerdings kontrolliert über die scharfen Kriterien und Kontrollen des Geldes. In Projekten der Organisations- und der Relationsentwicklung wird nun versucht, diese bewegliche Umwelt-Offenheit des Managers auch auf ein kulturelles Management zu übertragen. Allerdings funktioniert die „Umwelt" kultureller Unternehmen und Verwaltungen nur bedingt nach der einfach zu kalkulierenden Logik von Märkten. Neue Muster der Umwelt-Relation werden hier eher signalisiert durch ein neues Interesse für „Netzwerke" und „Lernprozesse".

12. Grenzgänger zwischen Systemen: Experten, Partisanen, Piraten, Strategen

Die Umstellung auf „Netzwerke" und „Lernprozesse" wird allerdings über die klassischen Figuren und Profile der Bürokraten und Kommissare kaum gelingen. Zur Diskussion stehen deshalb neue Profile der Kompetenz und des Engagements. Dabei (er-)kennen wir nicht nur „Manager" und „Makler", sondern auch sogenannte „Spieler" und „Bastler", „Piraten" und „Partisanen", „Magier" und „Magister", „Sponsoren" und „Strategen".

Eine Vermittlungsrolle übernimmt oft schon der Ex-perte, der einerseits in der zur Betriebsblindheit „inkongruenten" Perspektive „von außen" („ex") Beobachtung und Beratung anbietet, damit aber zugleich Teil („pars") des beobachteten und zu beratenden Organisations-Systems wird.

Ein ex-zentrischer „Grenzgänger" ist auch der „Partisan", der sich in der bewussten Spannung von Intervention und Partizipation auf fremdes Feld begibt. Der „Partisan" ist nicht gesichert im Gleichschritt disziplinierter Geschlossenheit, sondern er bewegt sich relativ autonom, ohne Rückhalt und Rückendeckung auf fremdem Terrain. Wie der „Streetworker" in offener sozialer Arbeit „auf die Straße" geht, wechselt auch der Kulturarbeiter, der sich interaktiv und intersubjektiv auf die Bedürfnisse kultureller Felder und „Szenen" einlässt, in die Situation des „Grenzgängers" zwischen den oft gegenläufigen Bewertungen und Erwartungen von dominanter und situativer, repräsentativer und reflexiver, konservativer und alternativer Kultur. Er muss sich bewegen und steuern können in einem gewiss „verwaltungs-fernen" Feld.

Dabei kommt es zu schwer balancierbaren Spannungen von „Vertrauen“ und „Kontrolle“. Einen „Partisanen“ kann man nicht mehr bürokratisch an die „kurze Leine“ nehmen, sondern man muss mit ihm, der sich – „ohne Netz“ – auf offenen Feldern und freien Szenen bewegt, eine tragfähige Vertrauensbasis aufbauen. Umso wichtiger werden kulturelle Formen, um Vertrauen symbolisieren und kommunizieren zu können.

Der „Pirat“ steht in der Typologie der „Grenzgänger“ für radikalere Exzentrik. Er symbolisiert – so spiegelt es zumindest eine romantisierende Literatur – die gefährliche Schwebe zwischen Autonomie und Anarchie. Wenn dazu der Soziologe Heiner Treinen (1981) unter dem bissigen Titel „Parasitäre Anarchie“ historische Quellen soziologisch auswertet und am historischen Typ des „Piraten“ die Figur des „Parasiten“ freilegt, kann er in dieser exzentrischen Ausnahmesituation frühe Spuren einer radikalen Modernität freilegen.

Das historische Bild weist zurück auf das 17. Jahrhundert und die damals in der sonst schwer kontrollierbaren Karibik bewusst als Störmanöver freigesetzte Freibeuterei. Damit eröffnete sich ein offiziell zunächst kontrollfreier Raum, wo über teils anarchische, teils charismatische, teils auch basis-demokratische Muster sich turbulente Machtspiele austobten. Meuterei wurde zum Griff nach der Macht, um auf „eigene Rechnung“ dann „freie Beute“ zu machen. „Freibeuter“ stehen so für die Paradoxien moderner Freiheit.

Möglicherweise sind damit Probleme angesprochen, die sich bei den „freien Trägern“ und „freien Feldern“ in der relativen Autonomie des „Dritten Sektors“ zwischen Markt und Staat besonders deutlich stellen. Zum Problem wird auch hier das „Umkippen“ selbstorganisierten Engagements in „funktionalen Dilettantismus“ (Seibel 1992) und selbstzentriertes Interesse.

So ist nie auszuschließen, dass auch im freien Feld der Selbstorganisation es „Piraten“ gibt, die ein Amt anstreben und ausnutzen im Interesse egozentrischer Machtergreifung, extrafunktionaler Geldverwendung oder exzentrischer Sinnverwirklichung. Die aktivistische Dynamik des „Piraten“ ist zu unterscheiden von der eher heimlichen Kumpanei des „Parasiten“, der gleichfalls sein Amt zur Pfründe macht.

Gerade Nonprofit-Organisationen könnten – in gewiss wenigen Grenzfällen – für solche „Grenzgänger“ verführerischen Spielraum und Spielmasse eröffnen. Besondere Probleme ergeben sich bei Stiftungen. Weil diese – im Unterschied zum konsensdemokratisch regulierten Vereinsleben – sich in ihrer Kontrollstruktur bewusst durch unternehmerische Freiheit definieren, müssen sie sich vor dieser Gefahr, umgenutzt oder ausgenutzt zu werden, besonders in Acht nehmen.

Ganz anders als die grenzverletzende Exzentrik von „Piraten“ und „Parasiten“ definieren sich „Mäzene“ und „Sponsoren“ durch die bewusst gesuchte Grenzüberschreitung zwischen Wirtschaftssystem und den selbst-aktiven Feldern sozialen oder kulturellen Engagements.

13. Mäzene und Sponsoren

Als „Grenzgänger" zwischen kulturellem und wirtschaftlichem System sind zu identifizieren: Mäzene und Sponsoren, Aktivisten und Sympathisanten, Promotoren und Animateure.

Wenn wir uns zur Besinnung auf Probleme und Perspektiven „mäzenatischen" Engagements rückbeziehen auf die Kulturgeschichte, etwa um den traditionellen „Mäzen" vom modernen „Sponsor" unterscheiden können, wird bewusst, dass bei all dem Geld und all der Macht, die bei „mäzenatischen" Freundschaften ins Spiel kamen, immer als Austausch von Geist und die Kommunikation von Sinn wirksam wurde. Andererseits ist darauf hinzuweisen, dass seit den Zeiten des unter dem römischen Kaiser Augustus agierenden Maecenas die öffentliche Verbindung von Kultur und Wirtschaft, Kunst und Politik oft auch politischen Ambitionen entgegenkam, die neue Zeit im Glanze großer Kunst zu spiegeln und zu bestätigen. So erkennt der geschulte Historiker in den Freundschaften des Maecenas zugleich auch eine imposante „organisation of opinion": also Meinungsmache, Imagepflege, Propaganda.

Offensichtlich kommt es gerade auf epochalen Schwellen und in strukturellen Krisen auch zu Umbrüchen im Spannungsfeld von Geist und Macht, Glanz und Geld. Zu erinnern ist an die opulente Kulturförderung der Medici zur Zeit der italienischen Renaissance, an den kleinen Hof von Weimar als geistiges Kristallisationsfeld – aber eben auch an die westdeutschen „Impulse" an Rhein und Ruhr in den kritischen Phasen industriellen Aufbruchs. Während der „Mäzen" – aus „Freude an der Kunst" – in der Fülle seiner Mittel und Möglichkeiten zum „Grenzgänger" wird zwischen Macht und Geist, hat der moderne „Sponsor" dieses personale Verhältnis aristokratischer oder auch bildungsbürgerlicher Beziehungspflege.

Bei Sponsoring geht es hingegen weniger um inter-kulturelle Verständigung und Auseinandersetzung; die Investition in Kunst zielt hier mehr auf den Glanz, der von prominenter Kunst ausstrahlen könnte und mit dem man sich heimlich schmücken möchte. Der Sponsor interessiert sich primär für den Aufmerksamkeitswert, die „publicity" spektakulärer Ereignis-Kultur. Sucht der Mäzen über die Freundschaft zum Künstler letztlich die Begegnung mit personalisiertem Sinn, so nutzt der Sponsor die Bekanntheit eines Stars oft eher in dem Interesse, im Windschatten kultureller Dynamik selbst in spektakulären Aufwind zu kommen.

Dem Mäzen geht es um ein persönliches (Freundschafts-)Verhältnis zu den Repräsentanten kultureller Produktivität. Er bestärkt und bestätigt damit die Repräsentations- und Integrationsfunktion kulturellen Schaffens. Hingegen geht des dem Sponsor um den Markt- und Meinungswert von Objekten – auch der „Star" ist ein sich zum Objekt machender (ein zum Objekt gemachter) Künstler –, mit dessen Glanz man identifiziert werden möchte. Das Kalkül der publizistischen Verwertbarkeit programmiert die Wahl des geförderten Projekts.

So zählt der Sponsor nur bedingt zu jenen kulturellen „Grenzgängern", die über das Medium des Geldes zugleich Begegnung, Auseinandersetzung und Verständigung suchen. Im Prinzip lässt die „affektive Neutralität" der reinen Geldbeziehung dem geförderten Künstler seine Freiheit. Dennoch aber sind bei einem über bloße Publizitätswerte gesteuerten „Sponsoring" selektive Effekte zu bedenken: Bevorzugt wird doch immer wieder die gleiche Prominenz, vor allem aber der große Glanz hochkultureller Kostbarkeit und Prächtigkeit. Die demgegenüber schwierige Suchbewegung junger Künstler wird es dann schwer haben, die Ströme des Sponsoring auf die eigenen Projekte zu leiten.

Allerdings haben sich heute in der „mäzenatischen Konstellation" die Koordinaten verschoben. Gesucht und gefördert wird nicht nur das Repräsentative, das Dekorative und Spektakuläre (Sponsoring), sondern oft auch das Alternative und Innovative. Dann geht es nicht um kulturelle Bestätigung oder um Ausschmückung herrschender Ordnung, sondern um kulturelle Bewegung, um ein bewusstes „Grenzgängertum" zwischen dem politischen oder ökonomischen Establishment und der Gegenwelt kulturellen Ausstiegs (vgl. Stagl 1982).

Auch im bürgerlichen Mäzenatentum kam in einem „parasitären" Wechselspiel von Schnuppern und Schnorren die kulturelle Kommunikation in Bewegung. Die „Genies" des späten 18. Jahrhunderts und das Interesse für die „Bohemiens" in der Decadence der bürgerlichen Moderne findet heute gewiss Parallelen im modischen Zug post-moderner Schickeria ins Alternative. All diese Felder „freien Engagements" sind als Transfer von Ressourcen und als Transaktion von Impulsen kulturpolitisch zu würdigen.

Eigentlich kommt es zu einer Subjektverschiebung: Subjekt des Geschehens ist nicht mehr der Sponsor, der unter Beihilfe einer – allerdings von ihm finanzierten – Kultur sein Interesse verfolgt, sondern Subjekt ist der kulturelle Akteur – der allerdings gleichermaßen auf fremde Mittel angewiesen bleibt, sich seine Förderer zu suchen. Nicht nur die mit hohem Werbeetat ausgestatteten Sponsoren, auch die kulturellen Akteure lassen sich beim schwierigen Geschäft der Vermittlung zwischen Kultur und Wirtschaft inzwischen von Sponsoring-Experten – als neuen „Grenzgängern" – beraten.

14. „Magier" und „Strategen"

Das historische Material zu Grenzsituationen wie die des „Piraten" oder des „Partisanen" gibt guten Grund, über den Zusammenhang von akteurszentrierter Individualisierung, institutioneller Auskupplung und situativer Selbststeuerung, über den schmalen Grad zwischen Autonomie und Anarchie, zwischen Chaos und spontaner Systembildung neu nachzudenken.

Es sind Fragen, die sich praktisch auch dann stellen, wenn „kulturelle Unternehmer" die „kulturelle Arbeit" im „freien Feld" zu steuern suchen. Gerade der Kulturbereich macht aber auch deutlich, dass Entwicklungen nicht „von oben" zu diktieren sind, sondern auf ko-produktive Partnerschaft zu setzen ist. Dies erklärt die Notwendigkeit von partizipativer und subsidiärer Steuerung über Modelle der Selbstregulierung und der Selbststeuerung.

Die Offenheit für Autonomie wird zur Bedingung für Lernprozesse – für individuelles wie für institutionelles Lernen. Dabei geht es um Lernprozesse, die sich nicht nur auf das innere „Räderwerk" einer Organisation beziehen, sondern auch auf das „Netzwerk" der Relationen, die eine Organisation zu ihrer Umwelt entwickelt.

Zu den Relationsmustern, also zur sozialen Gestalt des Interventions-Verhältnisses, finden wir bedenkenswerte Hinweise bei Walter Benjamin, welcher die unterschiedlichen Realitätsbezüge und Relationsmuster zwischen „Kunst" und „Wirklichkeit" verglichen hat mit dem „Chirurgen", der Störendes wegschneidet – und dem „Magier", welcher eher umgekehrt die Lebenskräfte neu zu beleben sucht. Wirksam werden beim „Magier" kommunikative, ja kulturelle Praktiken, um durch „Besprechen" das Innere des Menschen anzusprechen und dort Lebenskräfte zu wecken.

Wir können diese Unterscheidungen von „Chirurg" und „Magier" auf die Steuerung kultureller Entwicklung übertragen. Danach wirkt der perfekte Verwalter oft wie ein „Chirurg", welcher, was sich nicht rechnet, wegschneidet – etwa indem die lebensnotwendige Förderung eingestellt wird. Gerade Manager berufen sich gerne auf die Formel des Wirtschaftstheoretikers Joseph A. Schumpeter von der „schöpferischen Zerstörung", wonach das Schöpferische immer auch das Zerstörerische voraussetzt. Aber ein guter Verwalter begegnet seinen Zielfeldern immer auch in der Sensibilität des „Magiers", der ein Klima schafft, worin Möglichkeiten wirklich werden.

Die soziologische Steuerungstheorie spricht hier mit Bezug auf die Rahmenbedingungen der Vermittlung von Intervention und Autonomie von kontextueller Steuerung.

Beispiele für die Umstellung auf kontextuelle Steuerung finden sich bei der Verwaltung kultureller Praxis. Oft können die kulturellen Initiativen aus ihren Möglichkeiten nur deshalb so wenig machen, weil sie viel zu wenig vernetzt sind. Eine Förderung wäre hier die Vermittlung von Kontexten partizipativer Vernetzung. Gefördert würden dann die kommunikativen Ressourcen. Wie ein Magier würde dann auch der kulturelle Mittler setzen auf das Entwicklungspotential der inneren Kräfte.

Dann ist auch auf neue Weise über Macht zu sprechen. So gilt Macht im traditionellen Sinne als knappes Gut, das man „haben", „halten" und auch erhalten muss. In Bürokratien wird Macht gesteigert, indem der, der Macht an sich zieht, sie anderen wegnimmt. Um sich selbst zu ermächtigen, muss das Gegenüber erst entmachtet werden. Doch eine Steuerung nach diesem allzu einfachen Muster transitiver Macht stößt sich bald an den eigenen Mauern, es muss umgestellt werden auf ein reflexives Verständnis von Macht als Medium kontrollierter Machbarkeit und gesteuerter Ermöglichung.

So werden wir diesen älteren Machtbegriff, die Machtnahme des Raffens von Macht, ablösen müssen durch einen neuen Machtbegriff. Danach zielt „Macht" nicht nur auf die Gewalt der „Machbarkeit", sondern auch auf die Potentiale des „Möglichen". Transitive Macht will sich durchsetzen, indem politische Zentren alle Macht an sich reißen, um ihre Ziele zu verfolgen. Demgegenüber wachsen die Möglichkeiten vielmehr, wenn Macht geteilt wird, indem tendenziell alle an den Prozessen der Meinungs-, Entscheidungs- und Machtbildung sich beteiligen können. Eine solche Umstellung vom repräsentativen Modell auf partizipative Muster der Machtteilung, von transitiv durchschlagender Gewalt auf die Potentiale der Reflexivität lässt sich beobachten bei der Steuerung kultureller Entwicklung, wenn es durch aktivierende Intervention gelingt, Felder kulturellen Lernens und sozialer Entwicklung bewegen und beleben zu können. Dabei steigern sich die Möglichkeiten ganz anders, als wenn man versuchen würde, alles zu zentralisieren.

Der neue reflexive Machtbegriff fand längst Eingang in die Führungslehren modernen Managements, etwa in neuen Konzepten für ein „menschliches Maß" von „quality circles", autonomen Arbeitsgruppen, Profit-Zentren usw. Es wird also Zentralismus zurückgenommen, zumal von den Zentralen – schon unter dem Druck finanzieller Enge – nicht mehr mit den „goldenen Zügeln" der pauschalen Förderung reglementiert werden kann. Wenn man schon nicht mehr auf großes Geld zurückgreifen kann, muss man etwas anderes bieten, um kulturelle Entwicklungsmöglichkeiten zu eröffnen. Wer neues entwickeln will, darf aber nicht das Geld wegziehen und zugleich die Zügel straffen. Gerade unser Bild vom „Magier", der auf eine Belebung der inneren Kräfte setzt, will darauf hinweisen, dass Macht nicht nur gewinnt, was sie anderen wegnimmt, sondern Macht sich auch steigern kann, indem durch Teilung und Verteilung von Macht nun auf sehr viele Felder und deren Möglichkeiten gesetzt werden kann.

Die Förderung und Steuerung kultureller Entwicklung muss diese Möglichkeiten im Blick haben. Steuerung heißt dann nicht nur, über Zahlen und Zahlungen zu kontrollieren, sondern auch die eigene Organisation zu beobachten, ob sie diese neuen Möglichkeiten ermöglichen – oder aber blockieren wird.

Der theoretische Rahmen stammt aus der Ära von deutscher Romantik und preußischer Reform aus der Feder des Romantikers und Reformers Carl von Clausewitz, dessen Entwurf strategischen Denkens seinen eigentlichen Sinn findet als Theorie der Steuerung gesellschaftlicher Reformen durch „Lernprozesse". Wenn wir es in der Moderne mit Subjekten und ihrer Freiheit zu tun haben, wird sich soziale kulturelle Entwicklung nur noch steuern lassen als „Wechselwirkung durch Freiheit", um den Revolutions-Philosophen Fichte zu zitieren. Im komplexen Feld der sich selbst steuernden gesellschaftlichen Entwicklungen kann man nicht mehr alles berechnen und naiv beobachten. Im Bezug auf die gesellschaftliche Komplexität freigesetzter Subjektivität geht es einem wie dem „Feldherrn", der nach Clausewitz als „strategisches Genie" sein „Feld" beherrschen muss, aber nicht mehr alles auf einmal beobachten kann und dennoch für alles Handeln, Entscheiden und Planen die Perspektive setzen will.

Auf der Modernisierungsschwelle bürgerlicher Emanzipation war es gerade die Freisetzung der inneren Kräfte von Subjektivität und Identität, später dann des solidarischen Engagements im Labyrinth der Bewegungen, was die Komplexität steigerte und Reflexion erforderte.

Unter dem Druck „neuer Unübersichtlichkeit" (Habermas) wird es entscheidend, wie man Visionen setzt, welche dann Mitstreiter zu freiem Engagement mitreißen. In der Romantik sprach man hier einst von „Begeisterung" (Enthusiasmus). Freies Engagement aber kann man nicht per Diktat setzen, aber auch nicht über die gleichschaltende Mission charismatischer Vision; eher müssten die beteiligten Akteure die gemeinsamen Wege und Ziele als Projekt und Kontrakt kooperativ und kommunikativ erarbeiten.

Kulturelle Manager sprechen allerdings weniger davon, dass sie – wie einst der „Feldherr" – ihr Feld beherrschen, als davon, dass ein Feld sich entwickelt. Innovationsmanagement bedeutet dann zugleich die Bereitschaft zu Risiko-Management und Konflikt-Management. Wer aber bewusst Risiko auf sich nimmt, sieht sich konfrontiert mit immer größeren Unsicherheiten der Feldbeobachtung.

Strategisches Denken kompensiert nach Clausewitz die Schwierigkeiten der Feldbeobachtung durch die visionäre Kraft, selbst die sinn- und systembildende Perspektive zu setzen. Dies ist jedoch nur zu verantworten im Spiegel von Selbstbeobachtung. „Strategisches Genie" – auch in den schwierigen Feldern der Steuerung kultureller Entwicklung – fordert demnach Fähigkeiten und Bereitschaften zur Selbstbeobachtung. Heute würde man professioneller formulieren: Es geht um Reflexion und Supervision.

Dies allerdings leistet heute wohl kaum noch der „einsame Entschluss" eines „strategischen Genies". Dessen einsame und einfache Lösungsmuster erscheinen angesichts der Turbulenz der zu steuernden Entwicklungen viel zu unterkomplex. Vielmehr muss, wer ohne hinreichende Feldbeobachtung sein Feld beherrschen will, Selbstbeobachtung, also Reflexivität in den Prozess des Organisierens hineinbringen. Letztlich brauchen wir nicht das „strategische Genie", sondern die „intelligente Institution", also Kompetenzen wie Kontexte der Vermittlung personalen und institutionellen Lernens.

15. „Persönlichkeit" als institutionelles Potential

Mit gutem Grund findet soziologische Institutionenlehre einen zentralen Bezugspunkt im Begriff der „Person": Moderne Institutionen gewinnen ihre Verbindlichkeit in den sozialen Halten und inneren Kräften des Personalen. „Persönlichkeit" – als moderner Entwurf institutionell gebundenen Lebens – bedeutet in diesem Sinne die Bereitschaft, sich durch institutionell auf Dauer gestellte Selbstverständlichkeiten und Verbindlichkeiten tragen und bewegen zu lassen und so über sich selbst hinauszuwachsen in größere Horizonte institutioneller Verantwortung.

In seiner „Sozialpsychologie" beschreibt Arnold Gehlen, wie im Zuge gesellschaftlicher Funktionsspezialisierung „die Persönlichkeit, von den verschiedenen Apparaturen aufgesogen, zu einem Restbestand, einem ‚residuum personale' verblasst" (Gehlen 1957: 113). Doch nicht nur Institutionen bedürfen der „Persönlichkeit" in dem „schwer beschreibbaren Sinne der Geltung des qualitativ Ungewöhnlichen"; auch die Person muss, um über sich hinauszuwachsen, in der tragenden und bewegenden Kraft des Institutionellen ihren Rückhalt finden. Quer zu den Routinen des Funktionierens stellt sich die Frage nach der Kompetenz und dem Engagement institutioneller Führung. Gefordert ist der „Über-Routinier" personaler Verantwortlichkeit, der „sich über die Routine erhebt, indem er sie durchstößt, indem er sie beherrscht" (ebd.). Gefordert sind dann die außergewöhnlichen (die Soziologie spricht von „extra-funktionalen") Kompetenzen, welche den funktionellen und konventionellen Rahmen durchbrechen.

„Eine Institution (...) muss nicht nur im nächsten und praktischen Sinne zweckmäßig und nützlich sein, sie muss auch Anknüpfungspunkt und Verhaltens-Unterstützung höherer Interessen sein, ja den anspruchsvollsten und edelsten Motivationen noch Daseinsrecht und Daseins-Chancen geben: Dann erst erfüllt sie die vitalen, aber auch geistigen Bedürfnisse der Menschen nach Dauer, Gemeinsamkeit und Sicherheit – sie kann sogar etwas wie Glück erreichbar machen, wenn dieses darin besteht, im Über-sich-Hinauswachsen nicht alleine zu bleiben" (Gehlen 1957: 116).

Bei der Unübersichtlichkeit riskanter Wirkungsketten wird allerdings eine personale Zurechenbarkeit öffentlicher Verantwortung immer schwerer zu identifizieren sein. Personalität als das der Verantwortungsflucht entgegengehaltene Sozialprinzip macht es zur Schlüsselfrage der modernen Gesellschaft, wie gesellschaftliche Akteure sich in die Verantwortung „rufen" lassen und in welchem Horizont sie diesem Ruf verantwortlich antworten. Heute bieten Stiftungen in ihrer „extrafunktionalen Offenheit" für ehrenamtliches Engagement einen besonderen Rahmen, jene Spannung von institutioneller Verantwortung und engagierter Initiative in Begegnung und Bewegung umzusetzen.

Soziologische Klassik brachte dies auf den Begriff mit Max Webers Formel von der „Verantwortungsethik". In dem Maße, wie gestaltendes Handeln sich bewusst im Zukunftshorizont der institutionellen Entwicklung zu verantworten sucht, wird „strategisches Denken" durch „institutionelle Verantwortung" zu binden sein.

Auch bei der selbstorganisierten Steuerung und Verantwortung kultureller Initiativen – etwa in den Beiräten und Ausschüssen operativer Stiftungen – geht es weniger um besserwisserische Rezepturen, als vielmehr um die Begegnung von Grenzgängern im Wechselspiel zueinander „inkongruenter Perspektiven". Dies fordert Reflexion, die offen bleibt für wechselseitige Lernprozesse.

Literatur

Adorno, Theodor W. (1960): Kultur und Verwaltung. In: Ders., Soziologische Schriften I. Frankfurt/M., 122–146.

Bandelow, Volker/Pankoke, Eckart (1990): Zukunft der Arbeit in kulturellen Beschäftigungsinitiativen. In: Heinz Neuser u. a., Arbeit, Selbsthilfe und Sozialarbeit. Weinheim, 44–55.

Benjamin, Walter (1963): Über das Kunstwerk im Zeitalter seiner technischen Reproduzierbarkeit. Drei Studien zur Kunstsoziologie. Frankfurt/M.

Bertelsmann-Stiftung (Hrsg.) (1998): Handbuch Stiftungen. Ziele – Projekte – Management – Rechtliche Gestaltung. Wiesbaden.

Deutscher Kulturrat (Hrsg.) (1996): Ehrenamt in der Kultur. Stand und Perspektiven ehrenamtlicher Arbeit im Kulturbereich. Bonn.

Gehlen, Arnold (1957): Die Seele im technischen Zeitalter. Sozialpsychologische Probleme in der industriellen Gesellschaft. Hamburg.

Grimm, Jacob/Grimm, Wilhelm (1941): „Stiften", „Stiftung". In: Deutsches Wörterbuch. Zehnter Band. II. Abteilung. II. Teil. Leipzig, 2866–2904.

Haibach, Marita (1996): Fundraising. Spenden, Sponsoring, Stiftungen. Ein Wegweiser für Vereine, Initiativen und andere Non-Profit-Organisationen. Frankfurt/M., New York.

Hermsen, Thomas (1997): Kunstförderung zwischen Passion und Kommerz. Vom bürgerlichen Mäzen zum Sponsor der Moderne. Frankfurt/M.

Hutter, Michael (1992): Kulturökonomik. Hagen.

Jakob, Gisela (1993): Zwischen Dienst und Selbstbezug. Eine biographieanalytische Untersuchung ehrenamtlichen Engagements. Opladen.

Lipp, Wolfgang (Hrsg.) (1987): Kulturtypen, Kulturcharaktere. Träger, Mittler und Stifter von Kultur. Berlin.

Luhmann, Niklas (1984): Soziale Systeme. Grundriss einer allgemeinen Theorie. Frankfurt/M.

Luhmann, Niklas (1986): Das Kunstwerk und die Selbstreproduktion der Kunst. In: Hans U. Gumbrecht, Karl L. Pfeiffer (Hrsg.), Stil. Geschichten und Funktionen eines kulturwissenschaftlichen Diskursthemas. Frankfurt, 620–672.

Luhmann, Niklas (1994): Die Ausdifferenzierung des Kunstsystems. Bern.

Lutz, Burkart (1989): Der kurze Traum immer währender Prosperität. Eine Neuinterpretation der industriell-kapitalistischen Entwicklung im Europa des 20. Jahrhunderts. Frankfurt/M.

Marx, Karl (1967): Das Kapital. Kritik der politischen Ökonomie. Erster Band. (Nach der vierten, von Friedrich Engels durchgesehenen und bearbeiteten Auflage 1890). Frankfurt/M.

Marx, Peter/ Pankoke Eckart (1989): „Gedankenverkehr", „Gefühlsausdruck", „Ideenkampf". Zur geschichtlichen Dynamik moderner Kommunikationstechnik. In: Technik und Gesellschaft, Jahrbuch 5 (Computer, Medien, Gesellschaft), 66–85.

Pankoke, Eckart u. a. (1975): Neue Formen gesellschaftlicher Selbststeuerung in der Bundesrepublik Deutschland. Diskussion an Beispielen aus den Bereichen Bildung, Soziale Sicherung und Kommunale Selbstverwaltung. Göttingen.

Pankoke, Eckart (1994): ‚Enthusiasmus' und ‚Dilettantismus'. Gesellschaftlicher Wandel ehrenamtlichen Engagements. In: Ludgera Vogt, Arnold Zingerle (Hrsg.), Ehre. Archaische Momente in der Moderne. Frankfurt/M., 151–171.

Pankoke, Eckart (1995): Macht – Geld – Sinn. Kulturelle Dynamik zwischen Markt, Staat und selbstaktivem Engagement. In: Reinhart Richter (Hrsg.), Unternehmen Kultur. Neue Strukturen und Steuerungsformen in der kommunalen Kulturverwaltung. Essen, 9–27.

Pankoke, Eckart (1996): Kulturelles Ehrenamt. Träger, Mittler und Grenzgänger freien Engagements. In: Deutscher Kulturrat (Hrsg.), Ehrenamt in der Kultur. Stand und Perspektiven ehrenamtlicher Arbeit im Kulturbereich. Bonn, 231–246.

Pankoke Eckart (1998): Stiftung und Ehrenamt. In: Bertelsmann-Stiftung.(Hrsg.), Handbuch Stiftungen. Ziele – Projekte – Management – Rechtliche Gestaltung. Wiesbaden, 637–679.

Salamon, Lester M./Anheier, Helmut K. (1994): The Emerging Sector. The Nonprofit Sector in Comparative Perspective. An Overview. Baltimore.

Schmals, Klaus M./Heinelt, Hubert (1997): Zivile Gesellschaft. Entwicklung – Defizite – Potentiale. Opladen.

Schulze, Gerhard (1992): Die Erlebnisgesellschaft. Kultursoziologie der Gegenwart, Frankfurt/M., New York.

Schwarz, Udo H. A. (1982): Das Modische. Zur Struktur sozialen Wandels in der Moderne. Berlin.

Seibel, Wolfgang (1992): Funktionaler Dilettantismus. Erfolgreich scheiternde Organisationen im ‚Dritten Sektor' zwischen Markt und Staat. Wiesbaden.

Stagl, Justin (1982): Mäzene und Sympathisanten. In: Ders. (Hrsg.), Aspekte der Kultursoziologie. Aufsätze zur Soziologie, Philosophie, Anthropologie und Geschichte der Kultur. Festschrift für Mohammed Rassem. Berlin, 221–238.

Strachwitz, Rupert Graf (Hrsg.) (1998): Dritter Sektor – Dritte Kraft. Versuch einer Standortbestimmung. München.
Treinen, Heiner (1981): Parasitäre Anarchie. Die karibische Piraterie im 16./17. Jahrhundert. In: Kölner Zeitschrift für Soziologie und Sozialpsychologie 33 (1), 73–93.
Vogt, Ludgera/Zingerle, Arnold (Hrsg.) (1994): Ehre. Archaische Momente in der Moderne. Frankfurt/M.
Weber, Max (1976): Wirtschaft und Gesellschaft (5. rev. Auflage, Studienausgabe, bes. von Johannes Winckelmann). Tübingen.
Wehling, Margret (1992): Personalmanagement für unbezahlte Arbeitskräfte. Bergisch Gladbach, Köln.
Wessels, Christiane (1994): Das soziale Ehrenamt im Modernisierungsprozess. Chancen und Risiken des Einsatzes beruflich qualifizierter Frauen. Pfaffenweiler.
Winkler, Joachim (1988): Das Ehrenamt. Zur Soziologie ehrenamtlicher Tätigkeit – dargestellt am Beispiel der deutschen Sportverbände. Schorndorf.
Zimmer, Annette (1996): Vereine – Basiselemente der Demokratie. Eine Analyse aus der Dritte-Sektor-Perspektive. Opladen.

Identitätsauflösung. Anschlusssuche der Großparteien an die postindustrielle Gesellschaft

Elmar Wiesendahl

1. Einleitung

Politische Parteien waren zu keinem Zeitpunkt ihres Bestehens mit sich und ihrer Umwelt identisch. Die Differenz zwischen denen, die als Mitglieder, Funktionsträger und Spitzenvertreter Parteien als soziale Gebilde verkörpern und zum Leben erwecken, und den Anhängern und Wählern der Parteien lässt sich nicht aufheben. Parteien sind nicht einmal mit sich selbst identisch, weil sie, ganzheitlich betrachtet, eine Vielzahl von unterschiedlichen Akteuren in sich aufnehmen, die sich in ihrer sozialen Herkunft, den Motiven, Zielerwartungen, Rollendefinitionen und Handlungslogiken deutlich voneinander unterscheiden. Identität steht also in einem Spannungsverhältnis zu den konfliktträchtigen Klärungsprozessen über strittige Ziele und Kursbestimmungen in Parteien. Gleichwohl lassen sich Parteien und kollektive Identitätsbildung nicht voneinander trennen. Existieren und fortbestehen können sie nur, wenn sich zwischen ihnen und ihrer Anhängerschaft ein wie auch immer geartetes symbolisches Einverständnisverhältnis herstellt.

Das moderne Parteiwesen begann damit, dass es sich der Konflikte annahm, die sich zwischen den Großgruppen der etablierenden Industriegesellschaft seit dem späteren 19. Jahrhundert herausschälten. Zeit ihres Bestehens wirken sie deshalb nicht nur an der Gleich- und Ungleichverteilung von Lebenschancen mit, sondern sind selbst integraler Bestandteil des gesellschaftlichen Ungleichheitsgefüges. Sich vor diesem Hintergrund zu Fürsprechern von Gruppeninteressen aufzuschwingen, bedeutete für sie, die gesellschaftlich hervorgerufenen Konfliktstrukturen auf die politische Auseinandersetzungsebene zu heben, oder – nach einer berühmten Paraphrase von Lipset und Rokkan (1967: 5) – zu „übersetzen". Losgelöst von handgreiflichen organisatorischen Eigeninteressen war dieses Vorgehen nie. Immer ist in Rechnung zu stellen, dass Parteien bei ihrem „conflict-channeling" (Sartori 1968: 20) bestrebt sind, Konflikte zum eigenen Machterwerbsvorteil „auszubeuten" (Schattschneider 1975: 73). Für die zum Vertretungsobjekt auserkorenen Gruppen und die hinter ihnen stehenden Menschen ist es keineswegs selbstverständlich, sich auf solche kollektiven Vertretungsbeziehungen einzulassen. Deshalb leisten Parteien unerlässliche und ausdauernde Beziehungsarbeit, die allerdings in der Anlage und Praxis keinem festen Muster gehorcht. Dreh- und Angelpunkt bilden letztlich die strategischen Interessen der Parteiführungen, wenn es darum geht, greifbare gesellschaftliche und politische Wahlfreiheitsspielräume zu nutzen, um Brücken zur Wählerumwelt zu bauen.

2. Massenparteien und Identitätsbildung

Die älteren Massenparteien haben ihre Binnen- und Außenbeziehungen zwischen Führung, Basis und Anhängerschaft auf eine möglichst enge, identitätsbestimmte und dauerhafte Grundlage zu stellen versucht. Das vor allen Dingen den Parteispitzen innewohnende Selbstinteresse an Wählerstimmen und öffentlichen Ämtern verband sich noch mit dem Selbstverständnis, sich sowohl mit den „policy seeking"-Interessen der Mitgliederbasis als auch den klientelen Anliegen der Anhängerschaft im Einklang zu befinden. Intersubjektives Verbundensein ist nicht einfach naturwüchsig gegeben, sondern resultiert aus einem schöpferischen Prozess der gemeinschaftlichen Sinnerzeugung und Identitätsbildung, wodurch die Differenz zwischen drinnen und draußen, Spitze und Basis, Mitgliedern und Anhängern, Vertretern und Vertretenen symbolisch aufgehoben wird.

Hierfür ist intensivste kognitive, ideologische und mentale Brückenbautätigkeit notwendig, die mit dem bei Gründung dieser Parteien in die Welt gesetzten Anspruch begann, von nun ab als Fürsprecher und Anwalt für eine näher umrissene Bevölkerungsgruppe tätig zu werden, sich in der politischen Arena für die dem kollektiven Vertretungsobjekt zugeschriebenen Interessen einzusetzen und für deren Durchsetzung zu kämpfen. Was die Parteien dabei unternehmen, ist ein auf der Ebene der Semantik angesiedelter symbolischer Vereinnahmungs- und Zurechnungsprozess, bei dem kollektive Vertretungsreviere abgesteckt werden. Die Beziehungsaufnahme von Parteien zu ihrem potentiellen Elektorat beginnt also mit einem kreativen, schöpferischen Akt, bei dem sie sich durch semantische Attribuierung ihr kollektives menschliches Vertretungsobjekt zurechtlegen und dafür fortan exklusive Vertretungsansprüche geltend machen, die gegenüber Konkurrenten verteidigt werden. Beziehungsbildend zu wirken beginnt dieses symbolisch-imaginäre Sinnkonstrukt von kollektivem Gruppenphänomen dann, wenn sich die Umworbenen hiervon angesprochen fühlen und sich mit ihren Interessen darin wieder finden. Andere mögen sich deshalb hingeneigt fühlen, weil sie gerne so sein bzw. zu denen gerechnet werden möchten, für die sich die Partei einsetzt. Tiefere Beziehungsbande entwickeln sich aber erst über einen ideologisch-weltanschaulichen Einbindungs- und Integrationsprozess, der das Denken, Fühlen und schließlich auch das politische Wollen der Angesprochenen angleicht und miteinander verbindet.

Parteien müssen in einem Prozess der ideellen und symbolischen Vereinheitlichung und Sinnstiftung einer großen Anzahl von räumlich und sozial voneinander getrennten Menschen das Bewusstsein vermitteln, einer Kollektivpersönlichkeit zuzugehören, um sie miteinander zu verbinden. Dies beginnt mit einem *sozialen Identitätsbildungsprozess*, bei dem Anhänger die Mitglieder und Wortführer ihrer

Partei als ihresgleichen – „das sind welche von uns“ – gewahr werden, weil diese sich von ihrer Herkunft und sozialen Verankerung dem gleichen gesellschaftlichen Hintergrund und Lebenskreis zurechnen lassen, in dem die Anhängerschaft selbst verwurzelt ist. Entsprechend lassen Wortführer und parlamentarische Vertreter in Gehabe und Rhetorik keinen Zweifel an ihrer Milieuverbundenheit aufkommen.

Hieraus erklärt sich auch die *Interessenidentität*, zumal die Anhängerschaft im Großen und Ganzen die von ihrer Partei auf die Fahnen geschriebenen Interessen und politischen Zielvorstellungen als die ihren begreift und sich eins weiß mit dem, was sie als ihr Sprachrohr und Anwalt treuhänderisch vertritt. Dies heißt nicht, dass die Anhänger immer um ihre konkreten Interessen wüssten oder sich darüber klar werden, was ihre Stammpartei an Interessen gerade verfolgt. Zur Identitätsbildung gehört sowieso mehr, weil die Interessen zwischen der Partei und ihrer Klientel als identisch, als austauschbar empfunden werden müssen. Deshalb ist es auch wichtig, dass sich die Partei, in allem was sie tut, vorbehaltlos für die Belange und das Wohl der eigenen Leute einsetzt. Aus diesem Blickwinkel werden Parteien zu Patronage- und Interessenrepräsentationsorganisationen. Interessenidentität zieht für sie die Verpflichtung nach sich, sich ganz der Sache der Vertretenen hinzugeben. Für ein erklärtes Eigeninteresse bleibt hier kein Platz. Im Gegenteil lasten auf ihr solche Erwartungen wie sich entschlossen einzusetzen, sich stark zu machen, Partei zu ergreifen und zu kämpfen. Das diese Ansprüche hervorbringende identitäre Beziehungsverhältnis reicht bis in die sozio–emotionale Sphäre des Fürsorglichen, sich Kümmerns und der ungeteilten Zuwendung hinein.

Was dieses Bündnis zusammenschweißt, ist nicht nüchterne Interessenkoalition, sondern das Empfinden, wie in einer Schicksalsgemeinschaft aneinander gekettet zu sein. Diese Gemeinschaft fußt auf einer Solidarität, also einem füreinander Ein- und Beistehen (vgl. Hondrich/Koch-Arzberger 1992: 12 ff), das wie eine prämoderne Klammer das Schutz- und Trutzbündnis umschließt. Solidarität und Loyalität stehen in einer engen Wechselbeziehung. Letztere bringt die Gewissheit zum Ausdruck, an etwas Gemeinsamem teilzuhaben, von dem derjenige, dem die Loyalität gilt, ein Teil ist. Von der Anhängerseite wächst hieraus das Vertrauen, dass die Partei, besser ihre gewählten Wortführer und Vertreter, bei allem, was sie politisch unternehmen, das Interesse und Wohl des gemeinsamen Ganzen im Auge behalten. Gänzlich frei von Beweislast werden Vertrauen und die daraus resultierende Loyalität allerdings nicht gewährt. Sie bedürfen schon, neben der Rhetorik, des Erinnerns an auf eigene oder vermittelte Erfahrung beruhende Schlüsselerlebnisse, bei denen sich die eigene Partei in einer Interessenkonfliktsituation unzweideutig parteinehmend auf die Seite der eigenen Leute stellte. Loyalität überdauert nur bei Verlass, das heißt der Versuchung, sich mit anderen auf Kosten der Treueverpflichtung einzulassen, zu widerstehen (vgl. Fletcher 1994: 21 f). M. a. W. geht Loyalität ein Akt bewusster Entscheidung voraus, eine Beziehung einzugehen, wodurch andere vorhandene Beziehungsalternativen ausgeschlossen werden. Einen echten Loyalitätstest bestehen die Beziehungspartner dann, wenn sie weiter fest verbunden bleiben, wenngleich sich greifbare Alternativen eröffnen, die einen weitaus viel versprechenderen Ertrag erwarten lassen.

Die stärkste kollektive Bindewirkung stellt sich jedoch dadurch ein, dass Menschen in ihren Anschauungen und Überzeugungen übereinstimmen. Deshalb betrieben die älteren Massenintegrationsparteien massive propagandistische Deutungs- und Erklärungsarbeit, um die eigene Organisation und Anhängerschaft mit einem gemeinsam geteilten Sinn- und Zielverständnis auszustatten. Kollektive *ideelle Identitätsbildung* zielt darauf, vielfältigen, zumeist heterogenen und auch widersprüchlichen Erfahrungen und Empfindungen von unzähligen Menschen eine gemeinsame kollektive Ausdrucksform zu geben (vgl. Wiesendahl 1996: 403). Indem Parteien dabei sinnerzeugende Weltdeutung betreiben, legen sie für sich und ihre Anhänger fest, was wirklich und handlungsrelevant ist. Glückt dies, wird die Welt dann so angeschaut, wie sie aus den gemeinsam geteilten Mustern „richtiger" Welterfahrung und -interpretation hervorgeht (Wiesendahl 1998a: 123 ff). Parteien und ihr Anhang sehen infolgedessen nicht das, was ist, sondern das, was der Sinnhorizont gemeinschaftlichen intersubjektiven Weltverstehens zulässt.

Mit ihren Parteiideologien nahmen die älteren Massenparteien Rationalisierungen von gesellschaftlichen Interessenlagen und Konfliktstrukturen vor, die zumindest eine Zeit lang den Charakter von ausformulierten Weltanschauungssystemen besaßen. Sie prägten die Orientierung des eigenen Lagers und gaben ihm Standfestigkeit, um in den gesellschaftlichen Auseinandersetzungen zusammenzustehen (vgl. Rohe 1997: 57). Als normative Organisationen beschäftigen sich Parteien aber nicht nur mit der Deutung des Gegenwärtigen, sondern vor allem mit Projektionen und Gewünschtem, sodass in ihren Programmen und Grundsatzerklärungen Gesellschaftsanalyse, ideelle Grundsatzaussagen und politische Zielvermessung eine Einheit bilden. Verbindende Effekte erzielten Parteiideologien dabei durchaus, weil sie auf dem weit verbreiteten Glauben aufbauen konnten, dass die ideell in einer sozialen Bewegung Zusammengeschlossenen gemeinsam mit den Mitgliedern und Spitzenvertretern der Parteien nicht nur eine gemeinsame soziale Basis, sondern auch das gleiche kollektive Schicksal teilen würden und sich infolgedessen die gleichen gesellschaftlichen Veränderungen wünschten, die allen zusammen gleichermaßen zugute kommen würden. Zugleich boten die zündende Vision und der inspirierende gesellschaftliche Zukunftsentwurf die Chance, die Hoffnung und Sehnsüchte auf Verbesserung der eigenen Lage symbolisch auf etwas Erhebendes und Verheißungsvolles zu transzendieren und gleichzeitig in Energien, an der Verwirklichung einer großen Sache mitzuwirken, umzumünzen. Hieraus erwuchs bei Hunderttausenden das Motiv, Parteien beizutreten oder sich in ihre Gefolgschaft zu begeben.

Die Gesinnungsidentität wuchs in dem Maße, wie von der Partei vertretene Prinzipien, Werte, Ziele über individuelle Verinnerlichungsprozesse zum Bestandteil eines von den Lagerangehörigen gemeinsam geteilten kollektiven Wertesystems wurden. Dadurch teilten Parteimitglieder, Parteieliten und Parteianhänger die gleichen austauschbaren Wahrheiten und Wertvorstellungen und hingen den gleichen Zielen an, was sie in ihrem Denken, Fühlen und Wollen weitgehend identisch werden ließ. Der expressive Deutungs- und Sinnvermittlungseinfluss der Massenparteien ging zu ihrer Hochzeit sogar so weit, dass es ihnen glückte, das Lebensgefühl, die Befindlichkeiten, das epochale Bewusstsein sowie die vorherrschenden Mentalitäten von unzähligen Menschengruppen gemeinschaftsbildend zu prägen.

Parteien integrativen Typs werden über kollektive Identität mit sich selbst identisch, aber dadurch auch für Außenstehende identifizierbar, abgrenzbar und für sich und andere unverwechselbar. Massenparteiliche Identitätsbildung schließt Menschen exklusiv ein und bietet ihnen Zugehörigkeit, Heimat und Beachtung. Zugleich erzeugt sie Abgrenzung nach außen, bei der andere ausgeschlossen werden: Ingroup gegen Outgroup; das Wir gegen die anderen. Je wirksamer die Inklusion und die identitäre Einbindung glückt, desto stärker werden jedoch die Ausgeschlossenen abgestoßen, sich der geschlossenen Partei anzuschließen. Wer sich andererseits in die Obhut einer Integrationspartei begibt, dem begegnet eine individuelle Entmündigungstendenz, die dem Streben nach individueller Eigenständigkeit und Selbstbestimmung nur minimalen Raum belässt. Eine Integrationspartei ist ihrer Organisationslogik nach ganz Massenorganisation, die für die Kollektivinteressen von Großgruppen eintritt, während das vereinzelte und auf sich gestellte Individuum als Glied in einem gesellschaftlichen Ganzen aufgeht.

3. Volksparteiliche Öffnung und Identitätsauflösung

Von gewollter identitärer Sozialität ließ sich von dem Moment an nicht mehr sprechen, als sich in der Nachkriegszeit die Milieuparteien auf Massenmitgliederbasis zu öffnen begannen. Dieser Prozess ist von Kirchheimer Mitte der sechziger Jahre mit einer „Transformation“ des älteren Typs der Massenintegrationspartei zur „Allerweltspartei (catch-all party)“, zur „echten Volkspartei“ gleichgesetzt worden (1965: 27). Es zeigte sich jedoch, dass die von einer neuen Klasse von jüngeren Berufspolitikern betriebene „catch-all“-Strategie nicht, wie von Kirchheimer behauptet, auf eine Metamorphose – aus Alt mach Neu – des komplizierten Organisationscharakters von Parteien hinauslief. Volksparteien haben die Milieuparteien nicht verdrängt. Sie wurden nur geöffnet, wodurch sie sich eine widerspruchsgeladene Misch- und Zwitterstruktur einhandelten. Aus ehemaligen Massenintegrationsparteien sind „catch-all partys“ auf milieuparteilicher Grundlage geworden. Sie haben sich realiter nicht zu sozial kontextlosen, interesselosen und programmatisch unkenntlichen Allerweltsparteien gewandelt, sondern sind nach wie vor in klar voneinander unterscheidbaren Milieukernen verankert.

Unstrittig ist, dass die älteren Großparteien seit den Sechzigern gezielt einer Öffnungsstrategie unterworfen wurden. Sie verfolgte das Ziel, die Fesseln der älteren Lagerpartei abzustreifen, um die Wählerbasis verbreitern zu können. Mit ihr sollten neue Wählerschichten zusätzlich (und nicht ersatzweise) zu den bisherigen Stammwählern erschlossen werden.

3.1 Ökonomisierung und Identitätsverschleiß

Gründe für eine Partei, sich gegenüber einer bislang noch nicht erschlossenen Wählerumwelt zu öffnen, gab es zumindest zwei. Auf der einen Seite konnten sich Gesellschaft und Wählerlandschaft so verändert haben, dass einer Parteiführung nichts anderes übrig blieb, als ihre bisherigen identitären Bündnisvorstellungen zu überdenken und sich an die gewandelten Verhältnisse anzupassen. Auf der anderen Seite könnten aber auch strategische und sich mit den Interessen der Parteieliten verbindende Neuausrichtungsüberlegungen den Ausschlag geben, um eine Partei an erweiterte Wählerkreise anzuschließen. Für die volksparteiliche Öffnung der Großparteien in Westdeutschland sind wahrscheinlich beide Gründe heranzuziehen. Nur waren die gesellschaftlichen Anpassungszwänge nicht so unabweisbar – wie sich auch in den anderen Ländern Westeuropas zeigte –, als dass sich die älteren Massenparteien hätten öffnen müssen. Ins Gewicht fiel gleichwohl, dass die bislang mobilisierten Wählerpotentiale des eigenen Lagers ausgereizt waren, sodass sich Zugewinne nur über eine Reviererweiterung erzielen ließen.

Auch wenn die Öffnung älterer Milieuparteien über ihre traditionellen Stammreviere hinaus ein Gebot der Parteienkonkurrenz gebildet haben mag, ist der ausschlaggebende Punkt in einer von den damaligen Parteispitzen eingeleiteten *Ökonomisierung der Organisationslogik* zu suchen. Ökonomisierung heißt, bei allem, womit sich die Partei beschäftigt, den elektoralen Organisationserfordernissen auf „vote getting" die Priorität einzuräumen. Mit der Ökonomisierung wird die Organisationslogik einer Partei einseitig zugunsten des Ziels elektoraler Erfolgssteigerung instrumentalisiert. Da die gesinnungs- und interessenidentitäre Organisationslogik der älteren milieu- und weltanschaulichen Richtungsparteien diesen Vorstellungen im Wege stand, ging es den Modernisierern darum, die Altparteien in moderne Stimmenmaximierungsparteien umzuwandeln. Durch Ökonomisierung schlossen sich die kurzfristigen „office seeking"-Interessen der Parteieliten mit einer einseitigen organisationslogischen „vote getting"-Strategie kurz, wodurch die Partei dem Primat der Stimmenmaximierung unterworfen wurde.

Aus der Akteursperspektive verschob sich damit die Achsenlage zwischen den Akteursgruppen in der Partei zugunsten der Gruppe der Karrieristen und öffentlichen Mandatsträger, die alle zum Kreis der Berufspolitiker zählen. Gleichzeitig verschlechterten sich die Chancen für die Gruppe der unbezahlten Ehrenamtlichen und Parteiaktiven, ihre „policy seeking"-Interessen zu verwirklichen. Darüber hinaus konnten auch die traditionellen Stammwählergruppen nicht mehr mit einer ungeteilten, authentischen Vertretung ihrer materiellen und ideellen Patronageinteressen rechnen. Die ehrenamtliche mittlere Führungsschicht, die Aktiven der Parteibasis und die Kernanhänger verkörperten aber identitätsprägend noch die alte Milieu- und Interessenrepräsentationspartei, sodass die nun von oben betriebene durchgreifende Ökonomisierung am Eigensinn der Gesamtpartei scheitern musste. Modernisierung griff infolgedessen nur im organisatorischen Oberflächenbereich, während die prämodernen Mitgliederorganisationen hiervon weitgehend unberührt blieben.

Der Management- und Leitungsbereich der Partei wurde dagegen personell massiv aufgestockt und mit der neuesten Soft- und Hardware für professionelles Politmarketing ausgestattet.

Ökonomisierung konnte die milieuparteiliche Identität der Altparteien in Westdeutschland nicht unberührt lassen. Viel zu weit gegriffen wäre es aber anzunehmen, dass die geöffneten Milieuparteien sich nun stattdessen eine Volksparteienidentität zugelegt hätten. Hier spielten die Wähler schon nicht mit, die, wie Abbildung 1 aufzeigt, den beiden Großparteien CDU/CSU und SPD beharrlich ein krass einseitiges milieuparteiliches Gruppenvertretungsprofil zuschreiben.

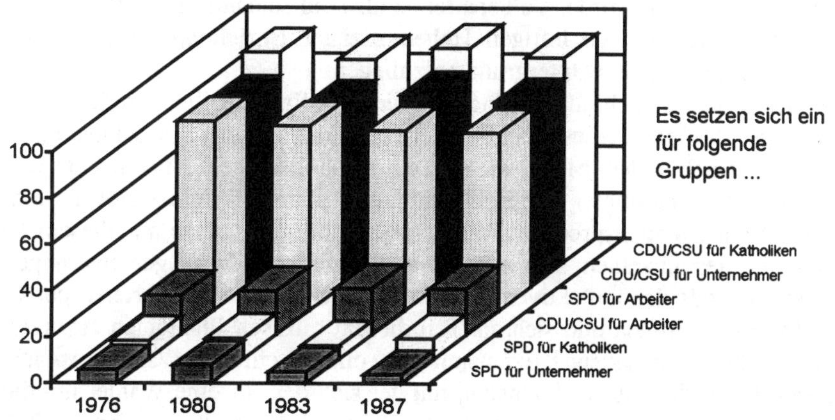

Abbildung 1: Das Gruppenvertretungsprofil von CDU/CSU und SPD (Erhebungsdaten aus Kieler Bundestagswahlstudien. Entnommen aus: Wildenmann, Rudolf, Wahlforschung, Mannheim 1992, S. 38 f.)

Genauso wenig ließen Parteibasis und Kernwählerschaft der Großparteien von dem Vorstellungsbild los, dass ihre Partei sich für die eigene Klientel und deren homogenes Kollektivinteresse prinzipienfest einzusetzen habe. Unter Stimmenmaximierungsgesichtspunkten bilden solche hergebrachten milieuparteilichen Identitäten und Loyalitätsverpflichtungen zweifelsohne eine Fessel, um eine Partei für neue Wählerschichten attraktiv werden zu lassen. Um sich deshalb eines Teils der hinderlichen Identitätslast entledigen zu können, hieß Öffnung, den bislang begrenzten elektoralen Vertretungsanspruch der Partei so weit symbolisch und rhetorisch auszudehnen, dass sich hierdurch größere Wählerkreise angesprochen fühlen mussten.

3.2 Volksparteienanspruch und Identitätsverwässerung

Dieser Zusammenhang lässt die beiden Großparteien dem Anspruch nach zu Volksparteien werden. Die Volkspartei ist ihrer Herkunft nach soziale Aufsteigerpartei, die den an ihr klebenden Stallgeruch loszuwerden versucht. Volksparteien versuchen sich deshalb in der Außendarstellung so weit zu entorten, als befänden sie sich, losgelöst von Bindungen, freischwebend im gesellschaftlichen Irgendwo, wo sich jedermann anschließen könne. Das kollektive Ich „Volk", für das Volksparteien einzutreten vorgeben, ist ein von kollektiven Interessenbasen losgelöstes abstraktes Repräsentationssubjekt, unter dessen großem Schirm sich jedermann aggregieren lässt, ohne dass allerdings irgendjemand in seiner konkreten Unverwechselbarkeit angesprochen werden würde. Volkspartei ist also ein semantisch-symbolisches Brückenkonstrukt, das in den luftigen Höhen sozialer Beziehungslosigkeit schwebt, ohne irgendwo auf festem Untergrund aufzuliegen.

Die elektoralen „catch-all"-Effekte, die sich geöffnete Milieuparteien von ihrer Volkspartei- und Jedermannsemantik erhoffen, sind allerdings zweischneidig. Einerseits wird nämlich in dem Maße, wie sich der symbolisch geltend gemachte Wählerumfassungsanspruch immer weiter ausdehnt, eine potentiell immer größer werdende Zahl von Wählern angesprochen. Andererseits schrumpft genau aus diesem Grund die Neigung des einzelnen, sich angesichts des uferlosen Verallgemeinerungs- und Abstraktionsgrads des kollektiven Vertretungsobjekts der Volksparteien persönlich angesprochen zu fühlen und sich als Teil diesem diffusen Phänomen zuzurechnen. Insofern steht die ausladende Extension der volksparteilichen Wähleransprache im umgekehrten Verhältnis zur Intensität, mit der sich der einzelne Wähler mit diesem Objekt zu identifizieren vermöchte. Auch ergibt sich für Volksparteien implizit ein Judas-Problem, nämlich ihre nach wie vor erkennbare Nähe zu den Herkunfts- und Stammilieus verleugnen zu müssen. Widersprüchlich und riskant ist die volksparteiliche Öffnungsstrategie alle Mal, weil sie für sich in Anspruch nimmt, sich neben der Stammklientel auch noch um bislang hiervon ausgegrenzte Wählerkreise kümmern zu wollen, ohne sicher sein zu können, ob die umworbenen Wähler tatsächlich angelockt werden.

Nun könnte man auf den ersten Blick meinen, dass Volksparteien ihre Identität aufteilen bzw. zu Institutionen multipler Identität würden. Genauer besehen lässt sich jedoch von einem volksparteilichen Identitätsverschleiß sprechen. Dieser beginnt damit, dass sich die modernisierten Massenparteien aus ihrem alten sozialen Identitätsverhältnis herauslösen, um für Wähler anderer sozialer Lage und Lebensführung wählbar zu werden. Auf jeden Fall kommt es durch erweiterten Einschluss und Umfassungsanspruch von vorher ausgeschlossenen Gruppen und Wählerkreisen zur Identitätsverwässerung und zur identitätsdestabilisierenden Gemeinschaftsentgrenzung. Auch wird die alte Ideologie so weit entschlackt, dass sich die ideellen und symbolischen Klammern der Identitätsbeziehung lockern. Ins Herz der Beziehung trifft aber die einseitig entpflichtete Loyalität, wodurch sich in die Beziehung zur inner- und außerparteilichen Gefolgschaft der Zweifel einnistet, den Spitzenvertretern und Wortführern der eigenen Stammpartei noch trauen zu können. Volksparteiliche Öffnung endet im kollektiven Zusammenhaltsverlust durch einseitig betriebene gesellschaftliche Loslösung und Bindungsentpflichtung. Von nun ab steckt in der gelockerten Interessenbeziehung der Wurm, insoweit Öffnung und Einbindung neuer Wählerkreise identitätspolitisch immer auch gleichzeitig auf ein Stück Desintegration und Interessenvernachlässigung der eigenen Stammklientel gegenüber hinauslaufen (vgl. Wiesendahl 1992: 13). Für die Parteispitzen resultiert hieraus das schwierige Vereinbarungsproblem, Unterstützung und Zusammenhalt sowohl nach innen als auch außen gleichermaßen zu Wege zu bringen. Identitätsbildung und Loyalitätssicherung werden dabei über kurz oder lang zu einem taktischen Managementproblem, das zu beherrschen den Parteispitzen als Loyalitätsjongleuren einige Fertigkeit abverlangt. In dem Maße, wie sich die aus den Parteien hervorgehende Klasse der Berufspolitiker hierbei aus ihren identitären Bindungsverpflichtungen herauszuziehen versteht, werden sie zu Interessenvertretern in eigener Sache.

Durch Verselbständigung kann so die parteipolitische Klasse vom Streiter für die gemeinsame Sache und Anwalt kollektiver Interessen in die Rolle von Vermittlern und Dienstleistern hineinwachsen, wobei zum Zweck des „brokerage of coalitions among interests" (March/Olson 1989: 118) die alten Interessenrepräsentations- in Interessenaggregationsparteien umgewandelt werden. Zugleich werden die Parteivertreter jetzt für vervielfältigte und nicht mehr abweisbare Ansprüche und Patronageerwartungen von unzähligen einzelnen und Gruppen empfänglich (Sofsky/Paris 1991: 168).

3.3. Kommerzialisierung und Identitätsauflösung

Mit der Ökonomisierung wurde das Verhältnis der volksparteilich geöffneten Milieuparteien zur Wählerumwelt auf eine gänzlich neue Grundlage gestellt. Denn zu den neu hinzugewinnenden Wählerschichten wurden nicht mehr Anschlüsse auf irgendeiner identitären Basis gesucht, sondern Austauschbeziehungen auf kommerzieller Grundlage. *Kommerzialisierung* hieß, das Tun und Treiben der Parteien aus deren interessenidentitären Anbindungen loszulösen und einer Verkaufs- und Warenverkehrslogik zu unterwerfen. Aus Parteien sollten Unternehmen, aus Ideologien Ware und aus Parteiakteuren Verkäufer werden. Förderlich für diese Intentionen war ein Modell des Wählermarktes, wie es sich unter dem Einfluss utilitaristisch-ökonomischer Parteienwettbewerbstheorie (Downs 1968) in den Köpfen der Parteistrategen und Wahlkampfmanager festsetzte. Aus diesem Blickwinkel verwandelten sich nun Parteien in ein Team von „office seekers", die zu ihrem eigenen Vorteil auf Stimmenmaximierung aus seien. Ihr Interesse richte sich auf Wähler, in denen Träger individueller Präferenzen zu sehen seien, für die die Parteiakteure, um an deren Stimmen zu kommen, öffentliche Güter- und Dienstleistungsofferten bereitstellen müssten. Jene Partei würde den größten Vorteil aus dem Wettbewerb um Wählerstimmen ziehen, die ihre Politikofferten in engste Übereinstimmung mit den Wählerwünschen zu bringen verstände. Da alle Wettbewerber aus Eigeninteresse dieser Strategie folgten, würde sich auf dem Wählermarkt ein Angebot-Nachfrage-Gleichgewicht ergeben.

Diese Neuinterpretation des Parteien-Wählerschaft-Verhältnisses ist identitätspolitisch deshalb von größter Reichweite, weil beide Seiten nicht mehr als Teile eines gemeinsamen kollektiven Gesamts, sondern als voneinander isolierte Marktsubjekte betrachtet werden, deren Wege sich nur flüchtig über Tauschbeziehungen kreuzen. Die in verschiedenen Erzeuger- und Konsumwelten lebenden Marktsubjekte sind nur so weit aneinander interessiert, wie sie durch Tauschhandlungen persönliche Vorteile erzielen können. Beziehungen werden durch den Warenverkehr, d. h. den Austausch von Wünschen und Erwartungen der Wählerkundschaft mit öffentlichen Güter- und Dienstleistungsofferten der Parteien geregelt. Der Zahlungsverkehr wird über die Stimmabgabe an Wahltagen abgewickelt. Kommerzialisierung bedeutet für beide Seiten die Instrumentalisierung der Tauschbeziehungen nach dem ökonomischen Kalkül, d. h. nach Kosten, Vorteilen und Gewinnüberlegungen. Gedanken an Identifikation, Bindung und Treue werden dabei nicht verschwendet. In dieser Welt des Kaufens und Verkaufens befassen sich denn auch Parteien mit Geschäftsanbahnungsbeziehungen und nicht mit Identitätsbildung. Ihre Anbändelversuche gegenüber den Wählern reduzieren sich auf deren Eigenschaft als individuelle Besitzer einer Stimme. Weitergehende staatsbürgerliche oder weltanschauliche Integrationsanstrengungen bleiben unter dieser verkümmerten Elektoraliserungsstrategie auf der Strecke (vgl. Wiesendahl 1996: 409).

Um solch einem revisionistischen Denken zum praktischen Durchbruch zu verhelfen, werden ihrerseits kommerzielle Interessen verfolgende Demoskopen, Wahlforscher und Politikberater auf den Plan gerufen, die die Daten, Deutungen und Regieanweisungen beisteuern, nach denen die Parteien ihren elektoralen Kommerzbetrieb aufziehen können. Kaum dass also die Parteieliten sich aus milieuparteilichen Bindungen losgelöst und die Hände frei hatten, um sich dem Politkommerz zuzuwenden, gaben sie ihre frisch gewonnene Unabhängigkeit gleich wieder preis, um sich nun in die Hände politischer Kommerzexperten zu begeben. Die Pointe ist, dass diese hierdurch in den Besitz der Definitions- und Deutungsmacht über Theorie und Praxis elektoraler Parteienkonkurrenz gelangten. Die Kommerzialisierung der Wählerumweltpflege konnte auch deshalb seit den Sechzigern in den Parteizentralen Einzug halten, weil damals sozialpsychologische Modelle des Wählerverhaltens (Campbell u. a. 1960, Beck 1984) gerade akademisch Karriere machten, die den Parteistrategen und Kampagnenexperten nahe legten, dass es auf die geschickte Verbindung der von ihnen im Wahlkampf hochgespielten Probleme mit den Kompetenzprofilen der Parteikandidaten ankäme, um Wähler zur gewünschten Stimmabgabe zu bewegen. Diese Ideen entwickelten Wahlforscher und Demoskopen zu dem heute nicht mehr wegzudenkenden problemzentrierten Parteienkonkurrenzmodell fort. Es deutet die Partei-Wähler-Beziehungen nach einer Welt, wo Bürger sich mit ihren individuellen Problemen an Parteien wenden, die diese dann aufgreifen und einer Lösung zuführen. Die auf Wechselwähler erpichten Parteien sprangen rasch auf diesen Zug, zumal er ihnen die Chance bot, sich „dem neuen nicht mehr im früheren Sinne identifikatorisch integrierbaren Wähler als leistungsfähige Politikanbieter zu präsentieren“ (Klages 1995: 40).

Aufschlussreich ist, dass nach diesem Denken, welches längst die Selbstdarstellung der Parteien und die mediale Berichterstattung prägt und wonach die allmonatlichen demoskopischen Pegelstände der Parteien- und Politikerpopularität ermittelt und Wahlergebnisse interpretiert werden, Parteipolitik sich aus der Sphäre der Interessen in die Höhen der Sachpolitik verflüchtigt. Politik vollzieht sich in einem Problemanmelde- und -verarbeitungskreislauf. Parteien entsprechen Leistungserbringern, die auf die Problemlösungsnachfrage von Bürgern entsprechende Lösungskonzepte bereitstellen. Parteiakteure werden von Interessenvertretern zu Leistungserbringern, von Sachwaltern zu Sachverständigen und Sachbearbeitern. Offenkundig handelt es sich hier um einen Sterilisierungsversuch von Politik, sodass alle Spuren, die auf Interessen, Macht, Patronage, Begünstigung und Benachteiligung hinweisen könnten, weggewischt werden. Ausgegrenzt ist überdies der Konfliktaspekt von Politik, der im Kampf von Parteien um die in Probleme eingelagerten kollektiven gesellschaftlichen Interessen zum Ausdruck kommt. Was dagegen übrig bleibt, ist die Gleichsetzung von Politik mit einer technischen Veranstaltung. Folgerichtig sind in dieser entpolitisierten Welt Parteien nur noch als Service- und Reparaturbetriebe für die Sachbearbeitung privater Problemfälle und gesellschaftlicher Betriebsstörungen denkbar. Zudem erzeugen Parteien in dieser technokratischen, von Sachverstand, Sachzwängen und Machbarkeitsauflagen geprägten Problemverarbeitungswelt Lösungen für den Tagesbedarf, bei denen sich ein Überbau an sinnstiftendem Daseinsentwurf oder weltanschauliche Deutungsleistungen erübrigen.

Problemlösungen sind jedoch kein Bindemittel, um das Verhältnis zwischen Parteien und Wählern auf eine vertrauensvolle stabile Grundlage zu stellen. Denn um sich nun anstelle von Interessenverfechtern als Problemlöser darzubieten, sprechen die Parteien die Wähler auf eine Weise an, die zu sehr voller Tücken steckt, als dass sich hierauf befriedigende *nichtidentitäre* Ersatzbeziehungen aufbauen ließen. Auf der einen Seite erleben die Bürger nämlich die Parteien Tag für Tag als Schlüsselakteure eines politischen Problemmanagements, welches hauptsächlich um symbolische Politik und Pseudo-Issues kreist, wobei Probleme nicht gelöst, sondern weitaus häufiger zerredet, umdefiniert, ausgesessen und verdrängt werden. Auf der anderen Seite geht es bei der Beziehungspflege zu den Wählern auch gar nicht um den substantiellen Nachweis von Problemlösungskompetenz. Die elektorale Logik des Parteienwettbewerbs hat vielmehr mit der „revitalization of party stereotype and generalized competence attributions“ (Klingemann/Lass 1996: 159) zu tun. Wahre Kompetenz zeigt sich also im wahlkämpferischen „Kompetenzquoten“-Geschick, bei dem Wählern solche Probleme als vordringlich suggeriert werden, für die Parteien nicht nach ihrem tatsächlichen Können, sondern nach „tradierten Images“ einen Kompetenzvorsprung zugesprochen bekommen (vgl. Jung 1995: 114 f).

Diese mit den Begehrlichkeiten und Zutrauensreflexen der Wähler ein Spiel treibende Strategie konnte schon deshalb auf Dauer nicht gut gehen, weil sich die Parteien dadurch zu Gefangenen eines Produktkreislaufs machten, wie er ihnen in ganz anderer Geschwindigkeit vom echten Kapitalismus bei der Entwicklung und Vermarktung neuer Ideen und Produkte unter Erschließung immer grenzenloserer Märkte und Kunden vorgemacht wird. Infolgedessen geraten sie immer tiefer in den Strudel eines Überbietungswettbewerbs, der sie wie ein Bumerang in Gestalt nicht einlösbarer Erwartungszumutungen wieder einholt. Der Marktlogik nach können sie aber nicht damit aufhören, sich als allzuständige, allkompetente und allverantwortliche Politikanbieter zu produzieren. Sie werden damit im wachsenden Maße zum Opfer uneingelöster Problemlösungsversprechen, zumal sie der Problemdruck überrollt und ihnen längst die Kontrolle speziell über die Ökonomie entglitten ist, um die Verhältnisse bessern zu können. Ratlos und ohnmächtig werden sie für die Wähler zum Teil des Problems, für dessen Lösung sie sich ausgeben.

4. Gesellschaftliche Milieuauflösung, Pluralisierung und Individualisierung

Solange die geöffneten Großparteien mit der Prägekraft von Milieustrukturen und dem Verteilungsspielraum der ökonomischen Schönwetterdemokratie rechnen konnten, fand ihr Standbein im Stammwählerbereich noch sicheren Halt, und mit dem Spielbein ließen sich ungebundene Wähler ansprechen, die durch verteilungspolitische Wohltaten bei der Stange gehalten werden konnten. Seit den Achtzigern und früher zeichnen sich nun gesellschaftliche und ökonomische Strukturwandlungen ab, die zu immer größeren Anschlussproblemen der Parteien führen, um mit den Veränderungen Schritt halten zu können. Exklusive Verfügungsmacht über überschaubare und verlässliche Stammwählerkontingente lässt sich nur solange ausüben, wie die hinter ihnen stehenden Milieustrukturen intakt und so prägewirksam sind, dass soziale Bindungstraditionen zu Parteien aufrechterhalten werden. Soziale Lage und objektive Zugehörigkeit zu gesellschaftlichen Großgruppen verlieren jedoch stetig an Prägekraft, sodass die Altparteien nicht mehr in gewohnter Art bei sozialstrukturell generierten kollektiven Bewusstseinsstrukturen ansetzen können, um diese zu politisieren. Sozialstrukturelle Grundlagen der Milieuverankerung lösen sich zwar nicht vollständig auf (Müller 1997: 750 f; Vester 1997: 183 f), doch unterliegen die Stammwählerkerne der Großparteien einem ständigen Schrumpfungsprozess, sodass bei den Bundestagswahlen 1994 die gewerkschaftlich organisierten Arbeiter nur noch mit 13 Prozent unter den SPD-Wählern und die stark kirchengebundenen Katholiken nur noch mit 18 Prozent unter den Unionswählern vertreten waren (vgl. Jung/Roth 1994: 12). Zugleich werden Wähler als Arbeiter, Selbständige, Landwirte, so wie sie sich den Parteien traditionell in homogener sozialer Großgruppenformation präsentierten, in ihren Lebensläufen immer differenzierter und heterogener, sodass den „Klassenvariablen" für die „CDU-SPD-Wahlabsicht" ein seit langem sinkender Einfluss beizumessen ist (vgl. Schnell/Kohler 1995: 647 f). Dies wird noch dadurch unterstrichen, dass über die letzten 25 Jahre die „Parteibindungen der typischen Klientelgruppen" der beiden Großparteien erodieren (vgl. Gluchowski/

Wilamowitz-Moellendorf 1997: 191). Dies wirkt sich auch auf die Gesamtwählerschaft aus, unter der 1994 nur noch drei von zehn über eine starke Parteiidentifikation verfügten (siehe Falter/Rattinger 1997: 505).

Alle vorliegenden empirischen Befunde weisen darauf hin, dass soziale Herkunftsvariablen für die Hinwendung zu Parteien „immer weniger bestimmend sind" (Veen/Gluchowski 1994: 184) und damit für Parteien die Brücken einstürzen, um wie gewohnt zu den Wählern Anschluss über ihre soziale Lage zu finden. Mehr oder weniger ratlos hat die Parteien auch die subjektive Milieuforschung (vgl. Schmitz 1996: 54 f) gemacht. Denn mit den von ihr ermittelten zahlreichen und heterogenen Lebensstilgruppen nimmt sich die Wählerlandschaft für die Parteien nur noch zersplitterter und bruchstückhafter aus, ohne brauchbare Hinweise zu erhalten, wie sich zu diesen fragmentierten Umwelten Anschlüsse herstellen ließen. Auch aus diesem Blickwinkel bestätigt sich, dass sich immer mehr Menschen ihr Leben und ihre Gruppenzugehörigkeit entlang von Erlebnisgemeinschaftsgrenzen ausrichten, bei denen vom Lebensstil und Lebensentwurf Parteien als veraltete Solidargemeinschaften außen vor bleiben. Wähleranschluss zu finden wird aber auch gegenüber dem einzelnen Individuum dadurch erschwert, dass es in seiner Ansprechbarkeit immer „schlechter vorhersehbar" (Jagodzinski/Quandt 1997: 762) und damit unberechenbarer wird, wie es sich aus traditionellen Vergemeinschaftungs- und vorbestimmten Lebensformen herauslöst und „sozialstrukturelle Selbstverortung" (Berger 1996: 286) vornimmt. Zwar wird es in seiner Individualisierung gleichzeitig mit der zwiespältigen und riskanten Freiheit konfrontiert, sein Leben selbst in die Hand nehmen zu müssen (vgl. Beck/Beck-Gernsheim 1994: 12 f). Doch resultiert hieraus im Verhältnis zu Parteien auch ein Wahlmöglichkeitsgewinn, solange Bindung aus Tradition oder aus milieugeprägter Einwirkung darin bestand, die Entscheidungsfrage vorbestimmt zu umgehen. Dagegen wird dem Menschen mit seiner Individualisierung erst sein ganzes Selbstverfügungsspektrum von Entscheidungsmöglichkeiten bewusst, sodass Bindungsentscheidungen reflexiv getroffen werden und hohe Anspruchshürden überwinden müssen. Näher heran rückt auch die Alternative der bewussten Organisationsdistanz, wenn Bindungs- und Mitwirkungserwartungen nicht auf entsprechende Organisationsanreize stoßen. Mit der Individualisierung geht auf jeden Fall die Ansprechbarkeitsbereitschaft des Einzelnen verloren, sich von einer kollektiven Vertretungsinstitution wie einer Partei erfassen und repräsentieren zu lassen. Insbesondere Wahlbeteiligungsraten und Parteipräferenzen von Jungwählern, aber auch die Jungmitgliederzahlen der Parteien sprechen dafür, dass sich Angehörige jüngerer Generationen für eine „vorgegebene institutionelle Orientierung" (Junge 1996: 738) nicht mehr ausreichend gewinnen lassen. Mit der Individualisierung wächst zugleich die Tendenz, das Leben auf eigene Rechnung zu führen, was zur gesellschaftlichen Entsolidarisierung beiträgt. Zusammenhaltsverlust geht mitten durch Gesellschaftsgruppen hindurch, die einmal als politisch repräsentationsfähige Lager bezeichnet wurden.

All dies besagt nicht, dass objektive soziale Ungleichheit verschwunden ist (vgl. Gellert 1996) und ihre politische Sprengkraft eingebüßt hätte. Nur wurde soziale

Ungleichheit so lange toleriert oder besser ignoriert, wie sich trotz krasser Abstände individuelle Lebenschancen mit dem Aufstiegsprinzip des mehr, besser und höher verbinden ließen. Nun entwickelt sich unter verschlechterten ökonomischen Vorzeichen ein schärferer Statuswettbewerb um die wenigen Positionen, die noch nach oben steigen und diejenigen, die auf der gesellschaftlichen Rangskala verharren, nach unten abrutschen, ins beschäftigungslose Abseits gestellt oder gar als unnütze Kostgänger marginalisiert werden. Der verengte Zugang zu Arbeitsmarkt und Wohlstand teilt die Gesellschaft wieder verstärkt in Privilegierte und Unterprivilegierte. Die soziale Frage ist damit zurückgekehrt, ohne dass sich der erneut aufbrechende Konflikt um ungleich verteiltes ökonomisches, kulturelles und soziales Kapital noch nach der alten Klassenkampflogik repolitisieren ließe. Hiergegen sprechen schon die zu den alten Lagern querliegenden bzw. sie durchschneidenden neuen sozialen Ungleichheiten mit ihren abgestuften, zersplitterten Frontbildungen (Vester 1997: 162 ff) und vielfältigen subjektiven Ausdrucks- und Verarbeitungsweisen (Hardil 1992: 9). Der ethisch-kulturelle Zerklüftungsgrad der Gesellschaft nimmt ebenfalls zu und damit die Suche nach Sündenböcken, an denen sich wachsende Statusängste und Verunsicherungsdruck abreagieren lassen.

5. Anschlußprobleme der Parteien an eine fragmentierte Gesellschaft

Parteien ahnen instinktiv, dass sich um sie herum Dinge abspielen, die höchst kritisch werden könnten, wenn sie den Anschluss verpassen sollten. Doch was heißt für sie schon Gesellschaftswandel, und welche Schlussfolgerungen sollten sie daraus ziehen? Gibt es doch für sie keinen einheitlichen, raumgreifenden und gleichgerichteten Wandlungsprozess, an den sie sich nur dranzuhängen bräuchten, um ihre Zukunftsfähigkeit zu wahren. Gerade für sie wird die Tatsache prekär, dass sich im Wandel Moderne, Prämoderne und Postmoderne aneinander reiben. Gesellschaft bewegt sich zwar insgesamt, doch geschieht dies in der Nahaufnahme vielfach ungleichzeitig, gegenläufig und nicht zu selten widerspruchsgeladen. Von diesen Paradoxien und Ambivalenzen der Moderne (vgl. von der Loo/van Reijen 1997: 36 ff) sind besonders Parteien betroffen. Sie laufen notgedrungen Trends hinterher, müssen jedoch gleichzeitig dem, was verharrt, zurückbleibt und in die Gegenrichtung geht, Rechnung tragen, um ihren wählersichernden Umfassungs- und Integrationsanspruch aufrechterhalten zu können.

Wo aber die Gesellschaft sozial und noch dazu als ziviles Gemeinschaftsprojekt zerfällt, entstrukturieren sich auch die Beziehungen hin zu den Parteien. Parteien sehen sich, und das ist ein wesentliches Resultat der Wandlungen der letzten Jahrzehnte, der „Vervielfältigung und Verunstetigung von Bedürfnissen und Lagen“ (Beck/Beck-Gernsheim 1994: 33) ausgesetzt. Sie haben es in wachsender Anzahl mit Menschen zu tun, die ihre Lebenslagen und Lebensläufe nicht mehr als übereinstimmend oder ähnlich empfinden und zwischen denen gemeinsame Erfahrungshorizonte oder gar Berührungsmöglichkeiten verschwinden, um sich kommunizierend verständigen zu können. Kognitive Mobilisierung, Wertewandel und partizipatorische Revolution leiteten seit den Sechzigern Veränderungen ein, unter denen die Fähigkeit und der Wille der Menschen, sich eigenständige politische Handlungsziele zu setzen und diese auch noch parteiungebunden zu artikulieren, sprunghaft anwuchsen. Mit der Individualisierung geht eine Erwartungsvervielfältigung her, welche sich nur schwer greifen und noch schwerer bündeln lässt. Noch folgenträchtiger für Parteien ist, dass Individualisierung nur eine Variante neben weiteren pluralen, sich segmentierenden und polarisierenden Lebensformen in Deutschland bildet (vgl. hierzu Strohmeier 1993: 11 ff). Dies gilt auch für das pluralisierte Nebeneinander widersprüchlicher Wertorientierungen (vgl. Witte 1996: 540). Vor diesem Hintergrund gehen Parteien offenkundig anschlussgeschädigt und verwundbar aus Entwicklungen hervor, die sich auf solche Schlüsselbegriffe wie Individualisierung, Entkopplung von Sozialstruktur und Lebenslauf, Wertewandel und Milieuauflösung zurückführen lassen. Der springende Punkt dabei ist, dass ihnen die „Standard-Gruppen-Gesellschaft" (Beck/Beck-Gernsheim 1994: 32), nach deren Muster sie ihre alten Jagdreviere absteckten, abhanden gekommen ist. Reichlich wenig wissen sie dagegen mit einer individualisierten Gesellschaft, also einer Assoziation von eigenbestimmten Individuen, anzufangen.

Es scheint so, als hätten die Parteien als Kinder der Industriegesellschaft und des demokratischen Massenzeitalters mit den gegenwärtigen Umbruchverhältnissen zur postindustriellen Gesellschaft ihren Modernitätsgipfel überschritten. Sicher ist zumindest, dass sie in einer immer unübersichtlicheren, widerspruchsgeladeneren und weitgehend entfremdeten und ihnen gar nicht mehr wohlgesonnenen Umwelt leben. Schlechter Leumund, Ressentiments und Antipathien gehören längst zu ihrem Alltag und machen nicht einmal vor den engsten Anhängerkreisen Halt. Zugleich, wie Abbildung 2 aufzeigt, gibt es keine öffentliche Institution in Deutschland, die seit Mitte der Achtziger so stark wie die Parteien ihr Vertrauensfundament eingebüßt hat.

Und selbst nachdem die Parteienverdrossenheitswelle Anfang der neunziger Jahre verebbt ist, hält der Vertrauensschwund geradezu chronisch an (siehe Pickel/Walz 1995: 149). Gleichermaßen schwindet das Zutrauen in die parteipolitische Klasse, die Probleme lösen zu können. Hinzu tritt, dass sich diese Beziehungsprobleme längst in Wahlverweigerung und in stetigen Wähler- und Mitgliederverlusten über die beiden Großparteien entladen (vgl. Wiesendahl 1998b: 21). Unter den Entwicklungsbedingungen gesellschaftlicher „Desintegration" (Heitmeyer 1997) wächst zudem ein politisch depriviertes und um seine weitere Deklassierung fürchtendes vagabundierendes Protestpotential heran, das bei Wahlen zu extremistischen Ausreißerreflexen neigt, um die etablierten Parteien unisono abzustrafen.

Gegenüber der Jugend lässt sich sogar ein weitreichender Anschlussverlust feststellen. Selbst in ihren angestammten Rückzugsgebieten wird die Situation kritisch, weil sich, wie dargestellt, die geöffneten Milieuparteien ihrer einst vasallentreuen Stammklientel nicht mehr sicher sein können. Das Stammkapital an Loyalität und

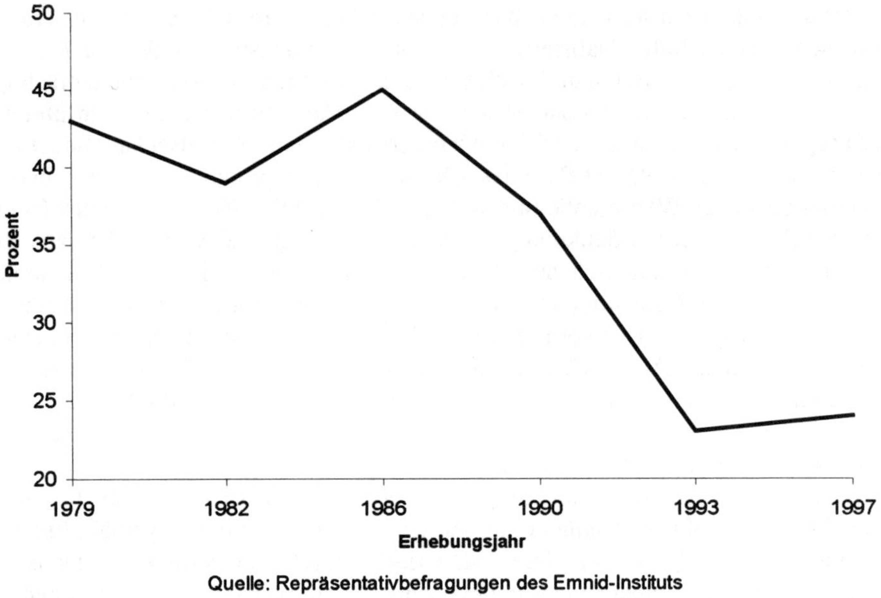

Abbildung 2: Vertrauen in die Parteien 1979-1997

kollektivem Zusammenhalt ist mittlerweile so stark aufgezehrt, dass selbst Parteimitglieder – die für absolut sicher geglaubte Wählerreserve der Parteien (vgl. Katz 1990: 150) – zu rund einem Drittel schon eine andere Partei gewählt haben (vgl. Greven 1987: 136 ff). Dieser Akt verweigerter Solidarität spricht für die grassierende „Austrocknung ... organisatorischer Loyalität", ohne hierfür allein von „vororganisatorischen Quellen" der Verursachung (vgl. Streeck 1987: 475) sprechen zu können. Hinzuzurechnen sind sicherlich auch organisationsspezifische Effekte von Zuwendungs- und Gefühlsverarmung. So wurden im Verschleiß des inneren Zusammenhalts die Parteien sich selbst gegenüber fremd. Der Prozess schleichender Identitätsauflösung und Entfremdung zwischen Parteispitzen und Basis setzte in dem Moment ein, als sich die Milieuparteien volksparteilich modernisierten. Genauer noch wurden Mitglieder und auch Gefolgsleute aus intakten sozialen, ideellen und interessenidentitären Einbindungsverhältnissen freigesetzt, bis diese sich aus dem Gefühl der Vernachlässigung und des Vertretungsdefizits heraus gegenüber „ihrer" Partei individualisierten. Jetzt herrscht zwischen den Parteieliten und ihrer Gefolgschaft insoweit paritätische Reziprozität, wie sich keiner der beiden Beziehungspartner noch sicher sein kann, ob auf die jeweils andere Seite Verlass ist.

Zukunft scheint für die Parteien mit vermehrter Unsicherheit und Erwartungsüberlastung befrachtet zu sein. Gleichzeitig schwinden Loyalitäten, über die sie früher noch fest verfügen konnten. Und dies alles spielt sich unter ökonomischen Rahmenbedingungen ab, die mit einem politischen Steuerungsverlust und gebundenen Händen der Parteien einhergehen. Insofern trifft es wohl zu, dass sich Gesellschaft und Parteien auseinander leben. Nur, wer anderes denn als *intermediäre* Parteien sollte Verbindungen herstellen und Brücken bauen, um eine zur Desintegration tendierende Gesellschaft zusammenzuhalten? Und werden Parteien aus Gründen ungelöster sozialer Ungleichheiten nicht weiter gebraucht? Das wird längst nicht mehr von allen so gesehen, zumal sich die einen ihrer kollektiven Vereinnahmungsversuche verweigern und, wenn überhaupt, am eigenen kleinen Politikentwurf basteln. Für die anderen sind sie dagegen dringlicher als je zuvor, weil sie des kollektiven Sprachrohrs bedürfen, um auf der politischen Bühne vernehmbar zu werden. Auch ist für die Masse der Wähler die alte Regel nach wie vor nicht außer Kraft gesetzt, dass nur kollektive Vertretungsmacht stark macht.

Das Problem ist, dass es die Gesellschaft, die Parteien für ihre sozialen Umfassungsansprüche bräuchten, nicht mehr gibt. Was es von ihr an Fragmenten und Bruchstücken noch gibt, ist so zersplittert und disparat, dass Parteien schwerlich zusammenkitten können, was auseinander gebrochen ist. Parteien können deshalb nicht mehr wie zu ihren besseren Zeiten gesellschaftlichen Konsens und Zusammenhalt voraussetzen, sondern haben ihn mühsam und fragil selbst zu organisieren. Die Crux ist nur, dass damit jene normativen und ideellen Integrationsstärken gefragt wären, die mit der Öffnung der Altparteien gezielt aufgegeben wurden. Zugleich vervielfältigte sich ihnen gegenüber der Bedarf an symbolischen Überbrückungsklammern, während die gesellschaftlichen Segmente weiter auseinander driften.

Parteien bräuchten einen Neuanfang, um sich mit der Gesellschaft über ihren geistig-ideellen Überbau und über das Wohin zu verständigen, was jedoch ohne Ideologie als Verständigungsmedium (vgl. Honneth 1994: 13) nicht gelingt. Nur müssten sich die Parteien hierzu, um die Sinnfrage wieder zu entdecken und Gemeinsinn wieder zu beleben, zunächst einmal ihrer eigenen kommerziellen Organisationslogik, die sie jeglicher Transzendenz beraubt, entledigen. Selbst wenn dies gelänge, ist bei dem eklatanten Bedeutungsschwund der Parteien im Leben der Menschen an wiederherzustellende Deutungshoheit über deren Verhältnisse und Befindlichkeiten überhaupt nicht zu denken. Sie hätten es heute auch mit einem „Sinn-Markt ... für Weltdeutungsangebote“ zu tun, auf dem die interessierten Bürger mit „Sinnangeboten aller Art“ überhäuft werden (Hitzler/Honer 1994: 308). Auf der kommunikativen Sinn- und Symbolebene oder über Teilnahme an gemeinsamen Werten und Idealen zu den Bürgern vorzudringen, greift ebenfalls nicht mehr, weil sich der gemeinsame Zeichen- und Symbolvorrat verflüchtigt hat, worüber sich Verständigungsprozesse organisieren ließen.

6. Zukunft als Wiederkehr der Vergangenheit?

Niemand kann den Parteien verlässlich vorhersagen, was nach ihrer Moderne auf sie zukommen wird. Auch die gewandelte Umwelt und die tektonischen Verwerfungen der Wählerlandschaft sind nicht so, als dass diese selbst preisgeben würden, wohin sie sich fortentwickeln und welche Folgen sich hieraus für die Parteien ergeben könnten.

So fällt alles auf die Parteien zurück, nicht nur die undeutlichen, viel sagenden und sogar verworrenen Fingerzeige des Wandels „richtig“ zu deuten, sondern dann auch noch klug zu reagieren. Für beides sind die verunsicherten Parteien nicht gut gewappnet. Weder besitzen sie herausgehobene Übersicht, noch die kreative Fantasie, um strategische Korrekturen zur Wählerumwelt vornehmen zu können. Was Parteien auch unternehmen, es wird das, was sie tun, immer unsicherer und risikobehafteter, die Dinge fehlzuinterpretieren und falsch bzw. fehlgeleitet zu reagieren. Verständlich ist es deshalb schon, wenn Parteien so viel Unübersichtlichkeit und Ungewissheit mit noch mehr Profilverwässerung und interessenrepräsentativer Unbestimmtheit beantworten.

Weitere Optionen sind vergriffen, weil sie ihr historisches Projekt politischer Vergemeinschaftung aufgegeben haben. Dadurch haben sie den Sinn für das Sinnhafte verloren. Wo sie ihre klassischen Ideenarsenale, über die sich Zusammenhalt und Bindung organisieren ließen, leergefegt haben, erfinden sie sich zumindest semantisch stets neu, so wie man durch „window dressing“ je nach den Moden der Zeit die Schaufensterauslage neu herausputzt. Zukunft, Reform und Innovation bilden gegenwärtig besonders hart umkämpfte Worthülsen hochaktueller parteipolitischer Dekorationsrhetorik. Hierdurch simulieren gewissermaßen die Parteien flüchtiges Gemeinsames und unwägbar Identisches, was viel zu richtungslos und inkonsistent ausfällt, als dass sich hierüber neue dauerhafte Anschlussstellen zur Gesellschaft hin aufbauen ließen. Nicht dass bei alledem die Parteien wirklich den Kopf frei hätten, um sich gründlich mit den um sie herum ablaufenden Gesellschaftsveränderungen auseinandersetzen zu können. Ganz im Gegenteil macht sie die wachsende Unsicherheit und Verwundbarkeit risikoscheu und rückwärts gewandt, weil sie nicht wissen, wo die vom Wandel gezeichneten Wähler- und Mitgliederpotentiale stehen, und wie man sie von dort, wo sie stehen, abholen könnte. So suchen sie in ihrer unbehaglichen Situation bei solchen Strategien Halt, die sich in der Vergangenheit bewährt haben und deshalb hoffen lassen, dass sich die vormals eingetretenen Wirkungen wiederholen werden. M. a. W. bleiben die Parteispitzen sich und ihren eingeschliffenen Erfahrungen, Routinen und Faustregeln treu, die sie sich über lange Jahre in dem von ihnen beherrschten Politikbetrieb angeeignet haben. So zu verfahren, wird nicht zuletzt durch die kommerzielle Logik befördert, die sich noch stärker als je zuvor in den Köpfen der politischen Klasse festgesetzt hat. Entsprechend reagieren die geschwächten Parteien wie einäugige Unternehmen, die Markteinbrüche allein auf den verstärkten Wettbewerbsdruck konkurrierender Unternehmen zurückführen. Der Politikbetrieb rotiert gewissermaßen um sich selbst, nicht mehr geeicht darauf, was draußen im Lande geschieht, sondern darauf fixiert, welche taktischen Winkelzüge der Gegner sich mit geeigneten Gegenmaßnahmen konterkarieren lassen. Infolge dieser selbstbezogenen kompetitiven Hektik erhöht sich der zwischenparteiliche Konkurrenzdruck, wodurch hinwiederum der Unsicherheitspegel der Parteiführungen und -stäbe über den alles beherrschenden Wahlausgang ansteigt. Die Eliten verarbeiten diese kommerziellen Verunsicherungsprobleme mit vermehrten Marketing- und Wahlkampfanstrengungen, die zumindest den Anschein erwecken, als ließen sich durch verstärkten Ressourcen- und Kampagneneinsatz die befürchteten negativen Folgen der wachsenden Unberechenbarkeit und Volatilität der Wähler begrenzen. Wettbewerb heißt, den politischen Symbolkampf zu verschärfen und das Rennen um immer kurzatmigere Issue-Kampagnen und um die Besetzung von Begriffen zu beschleunigen. Zwar ringen die Parteien in diesem Kampf mit Hilfe von Schlüsselbegriffen mit positivem Symbolwert und kräftigem Signalcharakter um ihre Unterscheidbarkeit. Doch sobald auch nur ein Begriff einschlägt, kommt es rasch zum Zeichenklau, sodass sich nicht zu Unrecht der Eindruck aufdrängt, als würden sich die Konkurrenten unterschiedslos des gleichen Zeichenvorrats und Symboleinerleis bedienen.

Unsicherheit weicht dadurch nicht. In Wirklichkeit geraten die Parteien nur immer tiefer in eine Spirale auseinander klaffender Aufwands- und Ertragsentwicklung hinein: Mit immer größer werdendem Aufwand an Polit-PR und Werbung werden immer geringere Nettoerträge bei Wahlen erzielt (vgl. Wiesendahl 1998b: 15). Wenn man so will, beantworten Parteien damit externen Ungewissheitsdruck mit selbstreferentieller Gewissheitsentlastung, die sie jedoch schleichend ihrer Anschlussfähigkeit an gewandelte Verhältnisse beraubt. In ihrem „Weiter so!“ setzen sie auf eine Zukunft als sich wiederholende Vergangenheit. Zukunftsfähigkeit ernten sie dadurch nicht, sondern nur weitere Anschlussprobleme, die sich noch zu einer veritablen gesellschaftlichen Entwurzelungskrise auswachsen könnten.

Literatur

Beck, Paul Allen (1984): Choice, Context, and Consequence: Beaten and unbeaten Path toward a Science of Electoral Behavior. In: Herbert F. Weisberg (Hrsg.), Political Science: The Science of Politics. New York, 241–283.

Beck, Ulrich/Beck-Gernsheim, Elisabeth (1994): Individualisierung in modernen Gesellschaften – Perspektiven und Kontroversen einer subjektorientierten Soziologie. In: dies. (Hrsg.), Riskante Freiheiten. Frankfurt/M., 10–39.

Berger, Peter A. (1996): Individualisierung. Statusunsicherheit und Erfahrungsvielfalt. Opladen.

Campbell, Angus u. a. (1960): The American Voter. New York, London.

Downs, Anthony (1968): Ökonomische Theorie der Demokratie. Tübingen.

Falter, Jürgen W./Rattinger, Hans (1997): Die deutschen Parteien im Urteil der öffentlichen Meinung 1977-1994. In: Oscar W. Gabriel u. a. (Hrsg.), Parteiendemokratie in Deutschland. Bonn, 495–513.

Fletcher, George P. (1994): Loyalität. Über die Moral von Beziehungen. Frankfurt/M.

Gellert, Claudius (1996): Das Ende der Klassengesellschaft? Überlegungen zur Individualisierung sozialer Strukturen. In: Leviathan 34, 573–586.

Gluchowski, Peter/Wilamowitz-Moellendorf, Ulrich von (1997): Sozialstrukturelle Grundlagen des Parteienwettbewerbs in der Bundesrepublik Deutschland. In: Oscar W. Gabriel u. a. (Hrsg.), Parteiendemokratie in Deutschland. Bonn, 179–208.

Greven, Michael Th. (1987): Parteimitglieder. Opladen.
Heitmeyer, Wilhelm (1997): Einleitung: Auf dem Weg in die desintegrierte Gesellschaft. In: ders. (Hrsg.), Was treibt die Gesellschaft auseinander? Frankfurt/M., 9–26.
Hitzler, Ronald/Honer, Anne (1994): Bastelexistenz. Über subjektive Konsequenzen der Individualisierung. In: Ulrich Beck, Elisabeth Beck-Gernsheim (Hrsg.), Riskante Freiheiten. Frankfurt/M., 307–314.
Hondrich, Karl Otto/Koch-Arzberger, Claudia (1992): Solidarität in der modernen Gesellschaft. Frankfurt/M.
Honneth, Axel (1994): Desintegration. Bruchstücke einer soziologischen Zeitdiagnose. Frankfurt/M.
Hradil, Stefan (1992): Die „objektive" und die „subjektive" Modernisierung. Der Wandel der westdeutschen Sozialstruktur und die Wiedervereinigung. In: Aus Politik und Zeitgeschichte, B29-30/92, 3–14.
Jagodzinski, Wolfgang/Quandt, Markus (1997): Wahlverhalten und Religion im Licht der Individualisierungsthese. In: Kölner Zeitschrift für Soziologie und Sozialpsychologie, 49, 761–782.
Jung, Helmut (1995): Zwischen Frust und Lust – Eine Analyse der Bundestagswahl vom 16. Oktober 1994. In: Gerhard Hilscher (Hrsg.), Parteiendemokratie zwischen Kontinuität und Wandel. Oberhaching, 99–121.
Jung, Matthias/Roth, Dieter (1994): Kohls knappster Sieg. Eine Analyse der Bundestagswahl 1994. In: Aus Politik und Zeitgeschichte, B51–52/94, 3–15.
Junge, Matthias (1996): Individualisierungsprozesse und der Wandel von Institutionen. Ein Beitrag zur Theorie reflexiver Modernisierung. In. Kölner Zeitschrift für Soziologie und Sozialpsychologie, 48, 728–747.
Katz, Richard S. (1990): Party as linkage: A vestigal function? In: European Journal of Political Research, 18, 143–161.
Keupp, Heiner (1997): Die Suche nach Gemeinschaft zwischen Stammesdenken und kommunitärer Individualität. In: Wilhelm Heitmeyer (Hrsg.), Was hält die Gesellschaft zusammen? Frankfurt/M., 279–312.
Kirchheimer, Otto (1965): Der Wandel des westeuropäischen Parteiensystems. In: Politische Vierteljahresschrift, 6, 20–41.
Klages, Helmut (1995): Der schwierige Bürger und die Parteien. In: Winand Gellner, Hans-Joachim Veen (Hrsg.), Umbruch und Wandel in westeuropäischen Parteiensystemen. Frankfurt/M. u. a., 35–47.
Klingemann, Hans-Dieter/Lass, Juergen (1996): The Dynamics of the Campaign. In: Russell J. Dalton (Hrsg.), Germans Divided. The 1994 Bundestag Elections and the Evolution of the German Party System. Oxford, Washington D. C., 157–182.
Lipset, Seymour M./Rokkan, Stein (1967): Cleavage Structures, Party Systems, and Voter Alignments: An Introduction. In: Dies. (Hrsg.), Party Systems and Voter Alignments. Cross-National Perspectives. New York, London, 1–64.
Loo, Hans von der/Reijen, Willem van (1972): Modernisierung. Projekt und Paradox. München.
March, James G./Olsen, Johan P. (1989): Rediscovering Institutions. The Organizational Basis of Politics. New York, London.
Müller, Walter (1997): Sozialstruktur und Wahlverhalten. Eine Widerrede gegen die Individualisierungsthese. In: Kölner Zeitschrift für Soziologie und Sozialpsychologie, 49, 747–760.
Nassehi, Armin (1997): Inklusion, Exklusion – Integration, Desintegration. Die Theorie funktionaler Differenzierung und die Desintegrationsthese. In: Heitmeyer (Hrsg.), Was hält die Gesellschaft zusammen? Frankfurt/M., 113–148.
Pickel, Gert/Walz, Dieter (1995): Politisches Institutionenvertrauen in der Bundesrepublik Deutschland in zeitlicher Perspektive. In: Journal für Sozialforschung, 35, 145–155.
Rohe, Karl (1997): Entwicklung der politischen Parteien und Parteiensysteme in Deutschland bis zum Jahr 1933. In: Oscar W. Gabriel u. a. (Hrsg.), Parteiendemokratie in Deutschland. Bonn, 39–58.
Sartori, Giovanni (1968): The Sociology of Partys. A Critical Review. In: Otto Stammer (Hrsg.), Party Systems, Party Organizations, and the Politics of New Masses. Berlin, 1–25.
Schattschneider, Elmer E. (1975): The Semisouvereign People. Hinsdale, Ill.
Schmitz, Mathias (1996): Der gesellschaftliche Wandel oder die Herausforderungen der Politik. In: Ders. (Hrsg.), Politikversagen? Parteienverschleiß? Bürgerverdruss? Stress in den Demokratien Europas. Regensburg, 45–66.
Schnell, Rainer/Kohler, Ulrich (1995): Empirische Untersuchung einer Individualisierungshypothese am Beispiel der Parteipräferenz von 1953-1992. In: Kölner Zeitschrift für Soziologie und Sozialpsychologie, 47, 634–657.
Sofsky, Wolfgang/Paris, Rainer (1991): Figurationen sozialer Macht. Opladen.

Strohmeier, Klaus Peter (1993): Pluralisierung und Polarisierung der Lebensformen in Deutschland. In: Aus Politik und Zeitgeschichte, B17/93, 11–22.

Streeck, Wolfgang (1987): Vielfalt und Interdependenz. Überlegungen zur Rolle von intermediären Organisationen in sich ändernden Umwelten. In: Kölner Zeitschrift für Soziologie und Sozialpsychologie, 39, 471–495.

Veen, Hans-Joachim/Gluchowski, Peter (1994): Die Anhängerschaften der Parteien vor und nach der Einheit – eine Langfristbetrachtung von 1953 bis 1993. In: Zeitschrift für Parlamentsfragen, 25, 165–186.

Vester, Michael (1997): Kapitalistische Modernisierung und gesellschaftliche (Des-) Integration. Kulturelle und soziale Ungleichheit als Problem von „Milieus" und „Eliten". In: Wilhelm Heitmeyer (Hrsg.), Was hält die Gesellschaft zusammen. Frankfurt/M., 149–203.

Wiesendahl, Elmar (1992): Volksparteien im Abstieg. Nachruf auf eine zwiespältige Erfolgsgeschichte. In: Aus Politik und Zeitgeschichte, B34–35/92, 3–14.

Wiesendahl, Elmar (1996): Parteien als Instanzen der politischen Sozialisation. In: Bernhard Claußen/Rainer Geißler (Hrsg.), Die Politisierung des Menschen. Instanzen der politischen Sozialisation. Ein Handbuch. Opladen, 401–424.

Wiesendahl, Elmar (1998a): Parteien in Perspektive. Theoretische Ansichten der Organisationswirklichkeit politischer Parteien. Opladen, Wiesbaden.

Wiesendahl, Elmar (1998b): Wie geht es weiter mit den Großparteien in Deutschland? In: Aus Politik und Zeitgeschichte, B1-2/98, 13–28.

Witte, Erich H. (1996): Wertewandel in der Bundesrepublik Deutschland (West) zwischen 1973 und 1992. In: Kölner Zeitschrift für Soziologie und Sozialpsychologie, 48, 534–541.

E. Wohlfahrtskultur, Bedürfnisexpansion und Entsolidarisierung

Versorgungsmentalität und Risikoerfahrung in der Wohlfahrtsgesellschaft

Manfred Prisching

Von der „Wohlfahrtsgesellschaft“, nicht nur vom „Wohlfahrtsstaat“ ist hier die Rede. Der Letztere ist ein praktikables und ehrenwertes System, das die dynamischen Qualitäten einer Marktwirtschaft mit den Prinzipien eines Lebens in Würde vereint, und er kann als eine bewundernswerte Innovation abendländischen Sozialdenkens aufgefasst werden. Mit dem Begriff der „Wohlfahrtsgesellschaft“ wollen wir mehr andeuten als bloß die Einrichtung einer angemessenen Sozialversicherung: Wir fassen eine Gesellschaft ins Auge, in der eine ausgeprägte Wohlfahrtsstaatlichkeit die Persönlichkeiten und sozialen Beziehungen prägt. Insofern wollen wir die enormen Leistungen, den abendländischen Wohlfahrtsstaat erdacht und umgesetzt zu haben, würdigen, bei der Analyse seiner langfristigen Entwicklung aber die eher krisenhaften und problematischen Folgen herausarbeiten. Dies soll das Modell nicht als ganzes diskreditieren; wohl aber wird daraus ein Reformbedarf ersichtlich, der in dem weltanschaulichen Streit um die Konfiguration des Wohlfahrtsstaates oft abgetan und verdrängt, oft überzogen und vereinseitigt dargestellt wird.

Es ist eine alte und gute Tradition des sozialwissenschaftlichen Denkens anzunehmen, dass die Menschen zwar gesellschaftliche Institutionen schaffen, dass diese Institutionen auf Dauer aber auch ihr Denken, jene vorgegebene Wirklichkeit, in der sie sich bewegen, prägen. Ein entfalteter paternalistisch-etatistischer Wohlfahrtsstaat wird andere Individuen hervorbringen als ein individualistisch-neoliberal strukturierter Staat. Das jeweilige System eröffnet andere Lebenschancen und Lebensgrenzen. Anderes ist möglich, anständig, gefährlich; mit unterschiedlichen Konsequenzen des Handelns ist zu rechnen. Die Individuen dürfen andere Erwartungen hegen, mit einer differierenden „Wirklichkeit“ kalkulieren. Das prägt ihr Weltbild, „ihre Wirklichkeit“. Um die Frage der Entwicklung dieser subjektiven Sicht geht es in der Folge, wenn Aspekte der „Wohlfahrtsgesellschaft“ analysiert werden: Welche Entwicklung nimmt das Denken, Fühlen und Werten der Menschen in einem etablierten wohlfahrtsstaatlichen System? In welcher Weise trägt der Wohlfahrtsstaat zur Identität der Menschen bei? In welcher Weise formt er ihren „Habitus“?

1. Der große Staat und der kleine Mensch – Gentilizistischer Sozialgeist in der individualisierten Gesellschaft

Fortschritt und Machbarkeit sind entscheidende Kategorien der Moderne. Das Vertrauen in die menschliche Kompetenz ist seit dem Eintritt in die Neuzeit gewachsen, und der Staat hat sich als der überzeugendste und wirkungsmächtigste Gestalter der Geschichte erwiesen: als der Garant eines Glücksanspruchs, den die Aufklärung zwar einerseits dezimiert, weil auf das Diesseits begrenzt hat, andererseits aber ausgeweitet hat, weil sie den Menschen für befähigt erklärt, alles zu realisieren, wozu ihn seine superbe Vernunft anleitet. Die Glückseligkeit des ewigen Lebens ist somit verloren gegangen, aber die Glückseligkeit einer menschengemachten Lebensordnung auf dieser Welt wäre zu gewinnen. Das Schicksal hat von seiner Undurchschaubarkeit und seinem Schrecken verloren, ja es ist zum Skandal geworden; zu einem Residuum, das sich tückisch der Zugriffsmacht entzieht. Vom Anspruch her ist es in die Hände des durchblickenden, technisch kompetenten und besonnenen Menschen gelegt worden, und jene menschliche Instanz, die für diese Obsorge verantwortlich wird, ist der paternalistische Staat mit seinen Experten: der Wohlfahrtsstaat.

Der Wohlfahrtsstaat ist jene Instanz, die in der Moderne das Schicksal vermeintlich abgelöst hat. Der aufgeklärte Mensch ist ein „staatsorientierter" Mensch. Er ist schon deshalb auf den Staat angewiesen, weil er das Elend, das sich doch in der Geschichte nicht immer vermeiden lässt, nicht erträgt: nicht nur aus einem Mitgefühl heraus, das sich in der Entwicklung der Neuzeit deswegen sensibilisiert und subtilisiert, weil ihm die alltäglichen Erfahrungen „großer Gefühle" abhanden kommen (Huizinga 1975, Elias 1978/79) und er deshalb seine „kleinen Gefühle" als „große" empfindet, sondern auch aufgrund des Umstands, dass es ihm als eine Zumutung erscheint, den Menschen, den Herrn der Schöpfung und den Inhaber des Geistes, ohnmächtig mit einem Elend konfrontiert zu sehen, gegen das er nichts ausrichten kann. Er *muss* etwas ausrichten können, und wenn vermutet werden kann, dass die gesellschaftlichen Bewegungsmechanismen das Elend erzeugen – was nach dem Verschwinden transzendenter Mächte, denen die Unzulänglichkeiten zugerechnet werden können, zwangsläufig der Fall ist –, dann *muss* der planend-kollektive Verstand gegen sie vorgehen. Man kann kein faktisches und dauerndes Dementi der Machbarkeit und des Fortschritts dulden. Der moderne Mensch erhebt den Anspruch, sich über die Defizite des Schicksals hinwegsetzen zu können, und der moderne Nationalstaat, der seine Durchschlagskraft in vielen Dingen unter Beweis gestellt hat, ist der Träger dieses aufklärerischen Anspruchs. Der Herrscher wird für die „Glückseligkeit" seiner Untertanen verantwortlich (vgl. Matis 1981, Weidenholzer 1985), und wenn der souveräne Herrscher vom souveränen Volk abgelöst wird, dann sind es dessen Repräsentanten, die diesen Anspruch einzulösen haben. Der Staat sorgt für Wohlfahrt und Glück.

2. Die Härte des Lebens und die Versuchung des Schlaraffenlands – Versorgungsmentalität und meritokratische Identität

Die moderne Welt hat sich zu einer Marktgesellschaft entwickelt, und eine solche hat ein einfaches Grundprinzip: Jene, die sich anstrengen, gewinnen, und jene, die dies nicht tun, verlieren. Das ist ein Idealbild, das in der Wirklichkeit nicht immer umgesetzt wird; der Markt kennt keine Gerechtigkeit in dem Sinne, dass jede Anstrengung belohnt und jede Faulheit bestraft wird (Hayek 1988). Es werden nur jene Anstrengungen honoriert, die andere schätzenswert finden; aber im Normalfall geht es jedenfalls nicht ohne Anstrengungen. Sicher ist, dass der Markt nicht funktionieren kann, wenn den Faulen, den Einfallslosen und den Drückebergern systematisch die Folgen ihres Handelns erspart werden. Der Wohlfahrtsstaat hat aber, so sonderbar dies auf den ersten Blick auch klingen mag, genau dies zum Ziel: den Verlierern die schlimmsten Konsequenzen ihres Handelns zu ersparen. Jene Verlierer, die er im Auge hat, sind natürlich die „schuldlosen Verlierer“: Jene, die durch die Härte eines unbeeinflussbaren Schicksals getroffen werden; nicht aber jene, die zu faul gewesen sind, sich am Riemen zu reißen. Der Wohlfahrtsstaat ist für jene da, die im Wettlauf nicht mithalten konnten, die gestrauchelt sind, die nach Luft ringen; nicht für jene, die den Wettkampf gar nicht erst aufgenommen haben, sondern auf der Sandbahn bloß spazieren gehen.

Die Kritiker des Wohlfahrtsstaates halten die Durchbrechung der Marktlogik dennoch für fatal. Wohlfahrtsprogramme stören die „Logik“ des Systems, derzufolge man Geld nur gegen Anstrengung oder Leistung erhält. Konservative Kritiker rechnen mit der schwachen Natur des Menschen: Wer Einkommen bezieht, ohne eine adäquate Leistung zu erbringen, könnte jene Leistung, die zu erbringen er fähig wäre, allzu rasch suspendieren, wenn ihm die Option, Geld ohne Leistung zu erhalten, winkt. Spazierengehen ist weniger schweißtreibend, und wenn man im Spazierengehen auch ganz gut leben kann, könnte die Versuchung, sich darauf zu beschränken, zu einer Massenerscheinung werden. Progressive Theoretiker sehen darin keine Gefahr, weil sie von der gutartigen Natur des Menschen ausgehen: Es komme keinem in den Sinn, seinen Beitrag zu den gemeinsamen Pflichten *nicht* leisten zu wollen, und vereinzelte Mißbrauchsfälle würden nur vorgeschoben, um allen anderen auch die kollektive Leistung versagen zu können.

Die Diskussion über den „Missbrauch“ des Wohlfahrtssystems hat kein Ende. Aber es geht jenseits der Einzelfälle um eine kulturgeschichtliche Komponente. Der Wohlfahrtsstaat verspielt nach der Meinung seiner Kritiker ein *kulturelles Kapital*, das – mühsam genug – über Jahrhunderte aufgebaut wurde. Die moderne Identität ist seit der puritanischen Geisteswende eine *meritokratische Identität*; der moderne Mensch ist seit dem geistigen Aufbruch in der Zeit von Reformation und Renaissance ein „Leistungsmensch“ (McClelland 1966, de Jouvenel 1970, Hondrich 1972) geworden. Individuelles Bewusstsein und kollektiver Geist fallen zusammen: Leistungsbereite, dynamische Menschen in einer Gesellschaft, die ihre Chancen nach Leistungskriterien verteilt, machen das Signum der kapitalistischen Welt aus, und diese kapitalistische Welt hat – in prompter Wirkung – die Fülle ihrer dergestalt erarbeiteten Gaben über willige Individuen ausgestreut. Es ist eine religiöse, späterhin immerhin eine tief moralische Frage, rastlos tätig zu sein, unermüdlich zu schuften und sich Rechenschaft über das Geleistete zu geben. In dieser geistigen Disposition drückt sich Muße in Unbehagen aus. Nichtstun ist Faulheit. Armut ist Faulheit. Der moderne Mensch kann gar nicht anders, als rastlos tätig sein.

Wenn die modernen Errungenschaften Produkt einer kapitalistischen Zivilisation sind, und wenn diese Zivilisation die Frucht eines puritanisch geprägten Leistungsdenkens darstellt, dann kann der moderne Wohlfahrtsstaat als Bedrohung dieser Errungenschaften verstanden werden. Denn ihm kann angelastet werden, dass er von der Härte dieses Daseins enthebt: dass er ein Schlaraffenland verspricht, in dem es gebratene Tauben ohne die erzwungene Reziprozität einer wertangemessenen Barzahlung gibt. *Der Wohlfahrtsstaat unterhöhlt die leistungsorientierte Identität.* Er wirkt als Prozess einer kulturellen „Umerziehung": Jene Leistungsbereitschaft, die in den letzten vier Jahrhunderten *antrainiert* wurde, wird wieder rückgängig gemacht. Eine neue Apathie wird salonfähig, freilich weder in der ehrenhaften Form jenes Müßiggangs, der auf eine beschauliche, ja meditative Lebensweise zielt und dergestalt die rastlose Geschäftigkeit des *business*-Lebens verachtet; noch in der gleichfalls ehrenhaften Form einer Lebensbescheidenheit, welche die kapitalistische Güterfülle verschmäht und den wahren Wert eines „guten Lebens" in anderen Kategorien des Daseins findet (vgl. auch Hossenfelder 1992). Vielmehr wird die neue Apathie salonfähig in Form einer weniger ehrenhaften *Anspruchshaltung*, die alles, was bisher erarbeitet werden musste, nunmehr geschenkt bekommen will (Theobald 1960). Der Wohlfahrtsstaat suggeriert, dass ein Anspruch auf gesellschaftliche Teilhabe auch dann besteht, wenn die gesellschaftlich angemessene Arbeit *nicht* erbracht wird. Er legt nahe, dass es das Schlaraffenland für alle geben müsse, auch für jene, die zum gemeinsamen Produkt nichts beitragen. Der Wohlfahrtsstaat ist – selbst in seinen Übertreibungen – in dieser Sicht zunächst gar nicht so sehr ein *finanzielles Problem*; er ist in erster Linie ein *kulturell-moralisches* Problem, weil er Humankapital (langwierig erzeugte und gewachsene menschliche Verhaltensdispositionen) zerstört. Jede Gesellschaft hat gewusst, welche Individuen sie – mit einem unziemlichen Ausdruck – als „Parasiten" betrachtet; die moderne Gesellschaft hält nicht nur diesen Ausdruck für menschenverachtend, sie beginnt zu leugnen, dass es so etwas überhaupt geben kann: Menschen, die andere gezielt ausnutzen – und diese Leugnung erfolgt ausgerechnet in der modernen Gesellschaft, in welcher der kühle Egozentrismus in allen Lebensbereichen um sich greift.

Ausdruck solchen Bewusstseinswandels sind jene Fälle, in denen sich ein „wohlfahrtsstaatlicher Lebensstil" (eine *welfare culture*) entwickelt. Von Wohlfahrtstransfers zu leben, wird in diesen Fällen zu einer „normalen" Handlungsalternative: gewissermaßen zu einem „Job" wie andere auch. Dies wäre der Endpunkt eines Geschehens, in dem durch einen wohlausgestatteten Wohlfahrtsstaat Tauschprinzip und Leistungsverhalten, auf denen die moderne Marktgesellschaft beruht, obsolet geworden sind. Der Wohlfahrtsstaat, so hat Jürgen Habermas (1973) ganz auf den

Spuren konservativer Kulturkritik argumentiert, muss zur Stabilisierung des Wirtschaftsgeschehens und zur Legitimierung des marktwirtschaftlichen Systems sozialstaatliche Programme vorsehen, die das System seiner „Härten" berauben; aber gerade dadurch werden für das System bestandswichtige Persönlichkeitsdispositionen der Erosion preisgegeben. Die Leistungsethik schmilzt dahin. Privateigentum wird nicht mehr geachtet. Die wohlfahrtsstaatliche Marktgesellschaft lebt von kulturell-moralischen Residuen, die sich im Zuge ihrer Entfaltung aufbrauchen. Aber sie kann diese bestandswichtigen Elemente nicht neu hervorbringen. Der Wohlfahrtsstaat zerstört seine eigene Basis, weil sich in einem umfassenden System sozialstaatlicher Betreuung das Bewusstsein entmeritokratisiert. Das meritokratische Prinzip ist aber die Grundverfassung der modernen Industriegesellschaft, und es kollidiert mit Forderungen, die in dem Recht auf ein Grundeinkommen für alle münden: Es müsse nicht nur jedem freigestellt sein, ob er sich an der gemeinsamen Arbeit beteilige, es müsse jedem eine angemessene Teilhabe auch dann garantiert werden, wenn er sich gegen die gemeinsame Arbeit entscheide.

3. Zahler und Nehmer – die wohlfahrtsabhängige Kultur der Devianz

In fortgeschrittenen Wohlfahrtskulturen – also in jenen Gesellschaften, in denen die staatliche Betreuung bei den Bürgern den Eindruck erweckt hat, es gebe Füllhörner, die unendliche Reichtümer zu verstreuen in der Lage seien –, in solchen Wohlfahrtskulturen also wird die Leistung als nebensächlich betrachtet oder gar verhöhnt. Es verbreiten sich kulturelle Hervorbringungen – Filme, Talkshows, Erzählungen, Bilder, Songs –, in denen die biederen Durchschnittsbürger, die ihre Arbeit tun, ihre mittelmäßigen Einkommen beziehen, ihre bescheidenen Häuser herrichten und ihre Kinder erziehen, verhöhnt werden. Der bohèmehafte Lebensstil hat schon immer seine Faszination, insbesondere auf bürgerliche Schichten, ausgeübt, aber er ist in den letzten Jahrzehnten zu einem massenwirksamen Vorbild stilisiert worden: der einsame Held mit seinem Motorrad auf der Landstraße; der selbst ernannte Künstler im weitläufigen Abbruchhaus; der ökologische Aussteiger auf dem unrentablen Bauernhof. Sie werden zu Vorbildern, zu jenen, die „eigentlich" *leben*, die es wagen, ihre Seele zu entdecken, die das bessere Menschsein verkörpern; ganz anders als der Büromensch, der sich morgens in der U-Bahn ärgert, zu Mittag hastig in der Kantine speist und des Abends vor dem Fernsehgerät sein Bier trinkt, weil er zu allem anderen zu müde ist. Die ausgestiegenen Helden sind hingegen selbstbestimmt, individualistisch, attraktiv, animalisch, heroisch, mobil, spontan. Gegen alles das wäre unter dem Gesichtspunkt individueller Entscheidungsfreiheit und gesellschaftlicher Pluralität nichts einzuwenden, ja der Entschluss ließe sich in vielen Fällen bewundern; wenn die Abweichler nicht durchaus in vielen Fällen wüssten, wie zur Sicherung ihres Einkommens kollektive Revenuen anzuzapfen sind, sie also ihre bescheidenen Einkommen mit wohlfahrtsstaatlichen Basiszahlungen aufbessern. Sie kalkulieren mit den Zahlungen aus den öffentlichen Kassen, weil sich mittels dieser Basisfinanzierung und sporadischen Ergänzungen, die sich den steuerlichen Vorschriften entziehen lassen, ein selbstbestimmter Lebensstil finanzieren lässt, der ohne die Mühen alltäglicher Leistungserbringung auskommt. Sie leben von jenen, die sie verhöhnen. Falls irgendjemand an der „Devianz" (des Lebensstils) Anstoß nehmen sollte, steht ein ausführliches Repertoire von Argumenten aus sozialwissenschaftlichen Quellen zur Verfügung, die deutlich machen, dass die entsprechende Art von Devianz jedenfalls von der Gesellschaft verursacht ist und deshalb auch von ihr finanziell „repariert" werden muss, oder dass sie insgesamt gar gesellschaftlich nützlich ist und aus diesem Grunde von der Gesellschaft dotiert werden muss. Noch kürzer: Da in Wahrheit die Gesellschaft schuld ist, muss sie zahlen. Oder: Da die deviante Lebensweise in Wahrheit der Gesellschaft nützt (und sei es nur, um ihr einen „Spiegel" vor die Augen zu halten), muss sie zahlen.

4. Mikro-Verwirrungen und Makro-Sicherheiten – Das desorientierte Individuum und die staatlich gewährte Sicherheit

Die Inanspruchnahme wohlfahrtsstaatlicher Leistungen ist in den letzten Jahrzehnten zunehmend *entstigmatisiert* worden. Man kämpft nicht mehr mit sozialer Verachtung, wenn man die öffentlichen Kassen anzapft. In der älteren Generation mögen noch Hemmungen und Scham vorherrschen, weil man den anderen nicht zur Last fallen will; in weiten Teilen der jüngeren Generation brüstet man sich damit, auf geschickte Weise zu Geld gekommen zu sein. Die „verschämte Armut" schwindet: Jene Armut, die dadurch entsteht, dass anspruchsberechtigte Personen sich genieren, auf dem zuständigen Amt zu erscheinen oder ihre prekäre Lebenslage preiszugeben.

Es ist nicht mehr das Gefühl vorherrschend, sich in der unwürdigen Position eines Gnadenempfängers zu befinden, wenn man die Hilfe des Kollektivs in Anspruch nimmt; man füllt einige Formulare aus und erhält von diesem Zeitpunkt an zuverlässig seine Überweisungen auf das Bankkonto. Selbst die Art der monetären Transaktionen spielt dabei eine Rolle: Der Arbeitslose, der wöchentlich sein „Papiersackerl" mit Geld auf dem Arbeitsamt abholen musste, hat ohne Zweifel das „Ehrenrührige" seiner Lage stärker empfunden; das Geld, das regelmäßig monatlich auf dem Girokonto eintrudelt, hat hingegen nichts Beschämendes an sich. Die „verschämte Armut" wird zur „frechen Armut": Früher traute sich der Arbeitslose nicht mehr in sein Stammlokal, zum einen, weil er knapp bei Kasse war, zum anderen, weil er sich nicht andauernd der Frage aussetzen wollte, ob er schon oder warum er noch immer keine Arbeit gefunden habe. Das ist anders geworden: Der Arbeitslose erklärt seinen arbeitenden Freunden beim abendlichen Bier, wie dumm sie sind, wenn sie „hackeln" und Steuer zahlen.

Dem Bürger, der sich als wohlfahrtsstaatlich-anspruchsberechtigter Teilnehmer am „gemeinsamen" Reichtum der Gesellschaft definiert, ist es selbstverständlich, administrative Geldquellen zu nutzen, wo immer sie sich darbieten. Man nimmt in Anspruch, was einem *zusteht.* Es steht einem dann zu, wenn rechtliche Charakteristika erfüllt sind. Also trachtet man nach einem entsprechenden Arrangement der Lebensverhältnisse, um die rechtlichen Kriterien zu erfüllen. Dann ist man – genau nach dem Wortlaut des Gesetzes – „anspruchsberechtigt". Warum sollte es einem peinlich sein?

Die anspruchsbegründende Inszenierung der rechtlich-faktischen Tatbestände ist keine moralische Frage mehr. Man muss mit dem Ausbau des Dachbodens so lange warten, bis die Baukommissionierung vorbei ist; dann hat man die Wohnbauförderung, die an Begrenzungen der Wohnfläche gebunden ist, kassiert und kann die restliche Fläche in Ruhe ausbauen; „das machen doch alle so". Man muss die Heirat verschieben, um die erhöhten Karenzgelder für eine allein stehende Mutter zu kassieren; „man wäre ja dumm". Die Annahme, dass moralische Vorbehalte auf Dauer ein wirksames Regulativ gegen den Missbrauch darstellen, ist unhaltbar; wenn Zahlungen in Reichweite sind, werden sie selten verschmäht. Auf eine starke Moral, die einige hundert leicht zu akquirierende *Euro* im Monat liegen lässt, obwohl man niemandem „schadet", ist kein Verlass, zumal die gesellschaftlichen Kontrollen lascher geworden sind: Man hat allenthalben Verständnis dafür, dass jeder versucht, sich in den Status der Anspruchsberechtigung (Mead 1986, Roberts 1984, Samuelson 1995) zu manövrieren. Wohlfahrtsstaatliche Transfers werden auf diese Weise kalkulierbar.

5. Die drohende Apokalypse und ihre Fluchtbewegungen – Die Erschütterung der Identität in der Risikogesellschaft

Die Krisen und Katastrophen des Mittelalters und der frühen Neuzeit waren für jeden Zeitgenossen verstehbar: Kriege, Epidemien, Seuchen, Missernten. Die Industriegesellschaft hat undurchschaubare Krisen hinzugefügt: wirtschaftliche Probleme, die aus einem Zuviel, nicht aus einem Mangel an Gütern entstehen; Arbeitslosigkeit in einer Lage, in der ein offenkundiger Arbeitsbedarf besteht; Wertverluste, die auf skurrilen Aktionen irgendwelcher Menschen auf irgendwelchen fernen Börsenplätzen dieser Welt beruhen.

Der Wohlfahrtsstaat hat für viele dieser Krisen vorgesorgt. Da die Menschen aus ihren persönlichen Lebensbezügen herausgelöst wurden, hat er für anonym-kollektive Sicherungssysteme gesorgt. Da die Schwankungen der wirtschaftlichen Aktivitäten unvorhersehbar wurden, hat er für eine Arbeitslosenversicherung Sorge getragen. Da man für die Altersversorgung nicht mehr auf soziale Netze rechnen konnte, hat er Pensionszahlungen eingerichtet. Die Wahrscheinlichkeit, in den Industrieländern zu verhungern, ist minimal geworden.

Die moderne Welt hat aber weitere, neuartige Risiken geschaffen. Es sind erstens *„technisch-biologische" Gefahren*, die noch um vieles unverstehbarer sind als die geheimnisvollen Wirtschaftsschwankungen der Moderne: nicht mit den Sinnen erfassbare Strahlungen aus Apparaturen, nicht wahrnehmbare chemische Substanzen in den Nahrungsmitteln, gesundheitsschädliche Stoffe in Luft und Wasser. Allenthalben stößt man auf *Unsicherheit*: Auf nichts kann mehr vertraut werden. Das Individuum mag von Marktverfechtern als mündiger Konsument dargestellt werden, aber die Mündigkeit bleibt längst hinter dem Komplexitätsanspruch der Außenwelt zurück: Es übersteigt die Kompetenzen auch des gebildetsten Bürgers, die Qualität von Produkten und Umweltbedingungen im Hinblick auf gefährliche Stoffe zu beurteilen. Nicht einmal aus den eingehenden Beschreibungen auf den Beipackzetteln von Medikamenten lassen sich verstehbare Hinweise gewinnen. Aus der Konsumentensouveränität als einer Voraussetzung des marktförmigen Regelungsmechanismus sind wir durch wissenschaftliche Fortschritte hinausgewachsen.

Es sind zweitens aber auch *„soziale" Gefahren*, die in der modernen Welt wachsen; sie entstehen aus dem Zerfall traditioneller Institutionen. Der Zerfall der Familie bringt Risiken mit sich, die in Wahrheit viel wahrscheinlicher, jedenfalls als Massenphänomen verbreiteter sind als die Explosion eines Atomkraftwerks: das Risiko, dass private Leistungen entfallen, auf die man sich früher verlassen konnte; das Risiko, dass man erkrankt und niemand Zeit hat, einem zur Seite zu stehen; das Risiko, dass man sich im Alter nicht mehr bewegen kann, aber keiner Zeit hat, sich zu kümmern; das Risiko, nicht mehr mobil und deshalb gänzlich allein zu sein. Diese Risiken sind aus den zentralen Veränderungen moderner Marktgesellschaften erwachsen: aus der Vermarktlichung aller Lebensbereiche, aus der Verallgemeinerung aller Individuen in ihrer Markteinbezogenheit, aus dem folgerichtigen Zerfall der Familien, aus der um sich greifenden Flexibilisierung zwischenmenschlicher Beziehungen.

Für beide Arten von Risiken – „technisch-biologische" und „soziale" Gefährdungen – ist der Staat die einzig zuverlässige Instanz, die angerufen werden kann, um die schlimmsten Folgen abzuwenden. Dies ist selbstverständlich in den Fällen einer verantwortlichen Energiepolitik, einer Nahrungsmittelkontrolle oder gesundheitssichernder Emissionsvorkehrungen. Aber auch für die zweite Art von Risiken ist der Staat – eben in seiner Funktion als Wohlfahrtsstaat – die einzig zuverlässige Instanz. Man kann darauf vertrauen, dass das Krankenhaus zur Verfügung steht. Man kann darauf vertrauen, dass die Pensionszahlungen am Monatsende überwiesen werden. Man kann darauf vertrauen, dass der Pflegedienst am Lebensende disponibel ist. Man kann hingegen keineswegs darauf vertrauen, dass die Ehefrau oder der Ehemann in einigen Jahren noch da ist, dass die Kinder sich rührend um die bewegungsunfähige Großmutter kümmern, dass altruistische Nachbarn das Einkaufen besorgen. Die soziale Umwelt ist riskant geworden; am Ende ist im Bedarfsfall niemand mehr da. Nur der Wohlfahrtsstaat ist immer da. Man verlässt sich besser auf die Familienbeihilfe als auf die Familie. Man verlässt sich besser auf die Krankenschwester als auf die Ehefrau. Das prägt das Bewusstsein der Menschen: In einer unsicheren sozialen Welt findet sich im Sozialstaat die einzige Kompensationsinstanz für Gefährdungen aller Art. Dort ist man vor Armut und Deklassierung, vor Verhungern und Vereinsamen geschützt. Es macht sich die „Gemütsruhe im Wohlfahrtsstaat" (van Stolk /Wouters 1984) breit. Man wird beschützt. Man wird gehegt. Man kann sich vor den Stürmen und Missgeschicken bergen.

Die Erfahrung des einzelnen ist also eine doppelte: Es ist zum einen die Erfahrung einer risikoreichen Unheimlichkeit dieser Welt; undurchschaubare, unmerkbare Risiken an allen Ecken und Enden. *Nichts ist sicher.* Es ist zum anderen die Erfahrung des staatsgesicherten Schutzes; die Erfahrung einer friedlichen, ungefährdeten Welt, in der die Risiken sorgsam von zuständigen Ämtern verwaltet werden. *Alles ist sicher.* Das ist ein starker Kontrast, er sickert ins Bewusstsein; er spaltet es auch. Der Wohlfahrtsstaat ist jedenfalls der einzige Hort der Geborgenheit, und das Verlangen nach seinen Leistungen lässt Angst durchklingen.

Die „Alles ist sicher"-Erfahrung hat auch ihre Schattenseiten. Sie befreit die Individuen vom Risiko-Stress, aber sie schafft auch Persönlichkeiten, die mit den verbliebenen Risiken nicht mehr umgehen können. Denn manche Risiken bleiben auch in einer nach Tunlichkeit vollständig gesicherten Welt bestehen. Jeder Paternalismus hat Grenzen. Aber in einer Welt, in der die obsorgende Obrigkeit alle Gefahren in Eigenregie bewältigt, hat der einzelne Mensch keine Erfahrung mehr in der eigenständigen Bewältigung von Risiken. Alles wird ihm von den wohlfahrtsstaatlichen Instanzen abgenommen. Da der Einzelne nicht mehr gefordert ist, wird er zunehmend unfähig, mit den üblichen, vergleichsweise harmlosen Lebensrisiken fertigzuwerden. Es gibt eine *Subtilisierung des Risikobewusstseins.* Dinge, die in „härteren" Gesellschaftsformationen kaum als Risiko, vielleicht nur als kleine Misshelligkeit wahrgenommen würden, werden in einer wohlfahrtsstaatlich domestizierten Bevölkerung zur Katastrophe. Je weniger der Einzelne in der Risikoerkenntnis und Risikobewältigung geübt ist, desto fassungsloser steht er vor den echten Risiken. Ein Schneefall von zehn Zentimetern wird in urbanen Agglomerationen zur Naturkatastrophe. Jede Erkältung, jede Grippe, die mit Tee und Schwitzen kurierbar ist, bedarf der professionellen medizinischen Begutachtung. Wir finden in diesem Prozess einen Beschleunigungseffekt: Am Ende kommt der Einzelne mit den harmlosesten Dingen nicht mehr zurecht. Er ruft nach kollektiv-wohlfahrtsstaatlicher Hilfe, die jeweils von teuren Experten geleistet werden muss. Die wohlfahrtsstaatlich angeleitete „Verhausschweinung" des Bürgers kommt dann zu ihrem Ende.

6. Die Erlebnis-Freaks und ihr Bedarf nach Verläßlichkeit – Hedonistische Identitätsdefinitionen und ihr wohlfahrtsstaatliches Komplement

Die moderne Gesellschaft ist eine freie Gesellschaft. Es ist jene *liberale* Freiheit, die in den Menschenrechten, in den Marktmechanismen, in Rechtsstaat und Demokratie ihren Ausdruck findet; und es ist jene *soziale* Freiheit, die nicht zuletzt durch den Wohlfahrtsstaat gesichert wird, im Sinne einer Befreiung von Angst und Not. Es ist sowohl die Freiheit, unter den Brücken zu schlafen, als auch die Freiheit, unter den Brücken nicht schlafen zu müssen.

Je reicher die Gesellschaft ist, umso weniger Not und Elend sollten zu mildern sein. Zuweilen wurde damit spekuliert, dass im steigenden Lebensstandard, an dem alle Anteil haben, die Wohlfahrtsausgaben abnehmen müssten. Wenn jeder reich geworden ist, kann sich jeder selbst versorgen, und schließlich sind die avancierten Industrieländer in der Tat zu reichen Gesellschaften geworden. Paradoxerweise sind im Zuge dieser Entwicklung jedoch die Sozialausgaben weiter gestiegen, nicht gesunken; ja sie haben sich als die dynamischsten Ausgaben in den öffentlichen Haushalten erwiesen. Die gegenteilige Vermutung hat offenbar auf einem Denkfehler beruht. Der steigende Reichtum und der Wunsch nach mehr Freiheit führen zu einem *erhöhten Bedarf* an Wohlfahrtsstaatlichkeit. Die *individualisierte* Gesellschaft braucht *mehr Kollektivität.* Die modernen Individuen pfeifen auf den Staat, aber sie haben ihn bitter nötig, brauchen ihn weit mehr als früher. Sie leben ganz selbständig, und deshalb werden sie unselbständiger. Wie kommt es zu diesem Paradoxon?

Die moderne Marktgesellschaft und ihr kultureller Überbau egalisieren die Individuen als Akteure in einem sich verschärfenden Konkurrenzgeschehen. Jeder ist als „Spieler" auf diesem Markt undurchsichtigen Zwängen ausgeliefert. Er ist auf sich gestellt. Er kann nur noch den eigenen Kräften vertrauen. Er ist vereinzelt. Zwar ist er Teil einer riesigen Maschinerie, da ihn die verflochtenen Handlungsketten in immer weitere und komplexere Verbindungen zwingen, aber aus konkreten sozialen Einbettungen ist er herausgelöst. Die Milieus, die *communities,* in denen er gelebt hat, lösen sich auf; sie leisten auf Dauer keinen Widerstand gegen die Verallgemeinerung der Marktkräfte.

In der entfalteten Marktgesellschaft ist das mobile Individuum gefragt, und es kann keine intensiven und jahrelangen Beziehungen getreulich pflegen. Das allezeit einsatzbereite Individuum ist gefragt, und es kann keine privaten Verpflichtungen eingehen, die seine Einsatzbereitschaft zeitlich einengen. Das Individuum, das seine ganze Kraft und Persönlichkeit für das im globalisierten Stress stehende Unternehmen einsetzt, ist gefragt, und „Kraftabflüsse" für Vereine, Nachbarschaften, Verwandtschaften und Gruppierungen verschiedenster Art werden ungern gesehen. Aber auch in jenen Zeiträumen, in denen die marktförmigen Verpflichtungen nicht vorherrschen, in der ausgedehnten Freizeit, besteht keine Bereitschaft, sich mit Verpflichtungen abzugeben: In der Freizeit ist das hedonistisch-spontane Individuum zum Ideal geworden; es tummelt sich souverän in der Erlebnisgesellschaft, indem es geschickte Techniken entwickelt, um Serien von emotionellen Sensationen in sich wachzurufen (Schulze 1992). Dieses Individuum wird seine Spontaneität nur ungern durch fade reguläre Verpflichtungen beschneiden lassen.

Das dichte Zusammenleben in Dörfern, Nachbarschaften und Familien steht unter Druck. Der neue Lebensstil löst selbst das Kernelement des sozialen Lebens, die Familie, auf. „In dem zu Ende gedachten Marktmodell der Moderne", so vermerkt Ulrich Beck, „wird die familien- und ehe*lose* Gesellschaft unterstellt. Jeder muss selbständig, frei für die Erfordernisse des Marktes sein, um seine ökonomische Existenz zu sichern. Das Marktsubjekt ist in letzter Konsequenz das allein stehende, nicht partnerschafts-, ehe- oder familien-‚behinderte' Individuum. Entsprechend ist die durchgesetzte Marktgesellschaft auch eine *kinderlose* Gesellschaft – es sei denn, die Kinder wachsen bei mobilen, allein erziehenden Vätern und Müttern auf" (Beck 1986: 191). Ein mobiler, allein erziehender Elternteil aber braucht kollektive Einrichtungen, wenn er nicht über die lebensweltlich-private Zusammenarbeit mehrerer Personen verfügt. Letzteres war im traditionellen Familienmodell der Fall: Der Partner hat die Ressourcen für den Unterhalt herbeigeschafft, die Partnerin hat sich diversen Pflege-, Erziehungs- und Haushaltstätigkeiten gewidmet; die Rollenverteilung war vorgegeben. Der Mann war in das „Normalarbeitsverhältnis" eingespannt, die Frau hat ihm alle sonstigen Erledigungen weitgehend abgenommen. Es gibt keine Gründe anzunehmen, dass die Arbeitsteilung nicht effizient war; sicher ist, dass sie heute nicht mehr goutiert wird. Eine allgemeine *Vermarktlichung* tritt ein, die Marktverhältnisse dringen auch in die privaten Beziehungen vor. Die kapitalistische Propaganda war erfolgreich: Der wahre Mensch ist der Arbeitnehmer, und alle nicht-marktförmigen Beziehungen sind zweitklassig, minderwertig und unqualifiziert. Deshalb verbreitet sich die Überzeugung, dass beispielsweise die Kindererziehung eine unqualifizierte Tätigkeit sei, während die Arbeit einer Wurstverkäuferin qualifiziert sei – schließlich wird die Letztere „bezahlt". Sogar die residualen Beziehungen, die von Marktprozessen noch nicht erfasst sind, werden zunehmend in der Perspektive der Marktlogik gesehen: So stellt sich die umgekehrte Frage, warum die Kindererziehung, die doch auch wichtig ist, nicht ebenso „bezahlt" werden sollte – was im Ernstfall die Frauen, denen dies alle Mal in höherem Maße angesonnen wird als den Männern, zu staatsangestellten Kindergärtnerinnen machen, aber eben deshalb ihr durch Marktdenken geprägtes Selbstbewusstsein heben würde.

In jedem Falle gilt für eine verallgemeinerte Arbeitnehmergesellschaft unter den Bedingungen einer globalisiert-verschärften Ökonomie: Das Kleinkind muss ganztags betreut, das Schulkind muss nachmittags versorgt werden. Im Falle der Krankheit müssen Auffanginstitutionen zur Verfügung stehen. Hat das alleingelassene Kind Lernschwierigkeiten, müssen Lerninstitute zum Einsatz kommen. Tritt es in den Zustand der sozialen Verwahrlosung ein, zieht man die Psychologen des Magistrats oder des Bildungssystems zu Rate, deren mehr oder minder professionelle Büros allenthalben sprießen. Kommen die Eltern ins Alter, braucht man gute Pflegeheime. Die allgemeine *Vermarktlichung* geht einher mit der allgemeinen *Verwohlfahrtsstaatlichung*. Je kapitalistischer eine Gesellschaft ist, umso sozialstaatlicher muss sie sein: je individualistischer, umso kollektivistischer.

Zum Teil werden entsprechende Angebote freilich auch marktförmig angeboten: Der Wellness-Markt blüht, private Pflegeheime sprießen, der Nachfrage nach Kinderaufbewahrungseinrichtungen wird auch auf dem Marktsektor Rechnung getragen. Fähigkeiten, die seinerzeit „privat" erworben wurden, werden von professionalisierten Einrichtungen und ihren Animateuren angeboten: schwimmen lernen, Klavier spielen lernen, Ballett lernen, Basketball lernen. Aber ohne den Wohlfahrtsstaat geht – zumindest für die „großen" Probleme: Krankenversorgung, Kinderbetreuung, Pflege – letztlich doch nichts, insbesondere in paternalistischen Gesellschaften Europas, in denen sich jahrhundertelang die Unmündigerklärung des Bürgers mit einer allseitigen Versorgung durch Ämter ergänzt hat.

Das Aufgabenfeld des Wohlfahrtsstaates weitet sich zudem aus: Wenn Kindererziehung (mit all ihren zunehmenden Schwierigkeiten) prinzipiell als wohlfahrtsstaatlich zu honorierende Leistung angesehen wird, eröffnen sich ungeahnte Expansionsmöglichkeiten. Der Mutter – als einer „Staatsangestellten“ – kann man zusätzliche Leistungen – wie den Urlaubsanspruch – nicht versagen, und sie hat wohl auch Ansprüche auf eine entsprechende Ausbildung und Hilfeleistung durch Experten – schließlich werden die wenigen, die ihre Kinder selbst erziehen, den professionellen Erziehern gleichgestellt werden müssen.

7. Gleichheitssicherung durch Kollektivbudgets – Das demokratisierte Egalitätsbewußtsein und seine Subtilisierung

„Gleichheit“ ist zu einem der Fahnenwörter moderner demokratischer Gesellschaften geworden, und alle verstehen darunter Verschiedenes (Bärsch 1979, Dann 1980). Die einen reden von Chancengleichheit, die einer Marktgesellschaft inhärent ist; die anderen von Ergebnisgleichheit, welche die Spielregeln des Marktes außer Kraft setzt. Der Wohlfahrtsstaat hat angesetzt, die gröbsten Ungleichheiten, die existenzbedrohenden Verelendungssituationen, zu beseitigen. Viele seiner Maßnahmen tragen aber auch schlicht zur Förderung der Chancengleichheit bei: Er verschafft Erziehungs- und Bildungsmöglichkeiten, welche die Individuen für den „Wettlauf“ fit machen. Darüber hinaus ist aber auch eine allgemeine Milderung der Ungleichheit durch den Ausgleich besonderer Belastungen (etwa für Familien) zu einer allgemein akzeptierten Aufgabe des Wohlfahrtsstaates geworden. Der Streit beginnt genau an diesem Punkt: Kann es in einer freien Gesellschaft überhaupt ein politisches Ziel sein, Ungleichheit an sich zu mildern, egal wie sie zustande kommt; und wo beginnen jene besonderen Belastungen, die dem Einzelnen nicht individuell zugemutet werden dürfen, sondern durch kollektive Unterstützung abgenommen werden müssen?

Die erwähnten Ziele sind nicht alle gleichzeitig zu erreichen: Wer die Chancengleichheit fördert, schafft Ungleichheit, denn es gibt im wirtschaftlichen Wettlauf dann Sieger und Besiegte. Wer auf die Ergebnisgleichheit zusteuert, behandelt jene, die erfolgreicher waren, ungleich, denn er nimmt ihnen „gewaltsam“ ehrenhaft erworbene Ressourcen weg, um sie anderen zu geben. Der Wohlfahrtsstaat verwischt diese Unterschiede, indem er eine nicht näher beschriebene „Gleichheit“ als sozial anstrebenswertes Ziel, als moralische Kategorie, in den Köpfen der Menschen verankert. Es geht ihm ja nicht um identifizierbare Pfründen von Apothekern oder sozialschmarotzerische Gebühren von Rechtsanwälten, um ungerechtfertigten Protektionismus und Nepotismus – also um das Abschneiden „ungerechtfertigter“ Spitzen in der Einkommensverteilung. Es geht ihm darum, dass mehr „Gleichheit“ prinzipiell wünschenswert ist. „Ungleichheit“ ist dann nicht mehr ein verschuldetes oder schicksalhaftes Phänomen, sondern prinzipiell Ergebnis einer „Ungerechtigkeit“: Jemand muss „schuld“ sein, wenn Ungleichheit vorherrscht. Die Schuld wird in wenigen Fällen bei identifizierbaren Einzelpersonen gesucht, in mehr Fällen hingegen bei Gruppen oder Klassen (wie „den" Unternehmern" oder „den" internationalen Konzernen) und in den allermeisten Fällen bei „der Gesellschaft".

Wenn Ungleichheit in dieser Form *moralisiert* wird, entstehen Interventionsdynamiken, die den Wohlfahrtsstaat fordern. Gleichheit wird auf immer mehr Gruppen und immer mehr Bereiche anwendbar. Die Aktivitäten des Wohlfahrtsstaates werden im Zuge einer Universalisierung des Gleichheitsproblems nicht mehr nur dann eingefordert, wenn es um Armut geht, sondern auch, wenn es um Frauen, Homosexuelle, Behinderte, ethnische Minderheiten, Gefangene, Prostituierte und viele andere Gruppen und Subkulturen geht; und dabei wiederum handelt der öffentliche Diskurs nicht mehr so sehr über konkrete Bedrängnisse, er verschiebt sich vielmehr zur allgemeinen und nicht mehr begründungspflichtigen Gleichstellungsforderung. Der Forderungskatalog „fettleibiger" Personen, die um staatliche Hilfe gegen ihre Diskriminierung auf dem Arbeitsmarkt bitten, ist allerdings schon ziemlich schwer mit den Prinzipien einer liberal-rechtsstaatlichen Gesellschaft vereinbar. Auch „hässliche" Personen werden diskriminiert; und wenn jede Form von Diskriminierung den ausgleichenden Wohlfahrtsstaat zu Hilfe rufen kann, kann auch die Idee einer Schönheitsoperation auf Krankenschein ernstlich erwogen werden. „Jeder", so schließt Robert J. Samuelson, „ist letztlich zu allem berechtigt" (Samuelson 1995, 187). Das aber wird unbezahlbar, und der Wohlfahrtsstaat zerstört sich durch Selbstüberforderung selbst.

8. Schlußbemerkung

Der Wohlfahrtsstaat ist eine großartige soziale Innovation, und die Schlachtrufe neoliberaler Globalisierer, die über den großen Teich hallen, stoßen in den europäischen Sozialstaaten meist auf Kopfschütteln. Dabei wird auch diesseits des Teiches durchaus anerkannt, dass der paternalistische Obrigkeitsstaat europäischer Prägung Verkrustungen geschaffen hat, angesichts derer ein frischer Wind, wie ihn die europäische Einigung und die globale Vernetzung mit sich bringen, da und dort segensreich wirken kann. Aber der „humane Kapitalismus" der Europäer (Ozaki 1991), ihr „rheinländisches Modell" (Albert 1991), hat auch seine Vorteile. Dennoch standen in dieser Untersuchung die langfristigen Probleme, die ein ausgeprägter Wohlfahrtsstaat mit sich bringt, im Vordergrund: und zwar nicht die handfesten Probleme, die am Ende dieses Jahrhunderts die politischen Instanzen beschäftigen, nämlich jene der Finanzierbarkeit dynamisch-expansiver Sozialsysteme; sondern die weniger handfesten, aber gleichwohl sehr wirksamen Folgen, die der „Wohlfahrtsstaat" auf die geistigen Dispositionen der Menschen ausübt – und durch die er die Mentalität einer „Wohlfahrtsgesellschaft" erzeugt.

Literatur

Albert, Michel (1991): Capitalisme Contre Capitalisme. Paris.

Bärsch, Claus-Ekkehard (1979): Die Gleichheit der Ungleichen. Zur Bedeutung von Gleichheit, Selbstbestimmung und Geschichte. München.

Beck, Ulrich (1986): Risikogesellschaft. Auf dem Weg in eine andere Moderne. Frankfurt/M.

Dann, Otto (1980): Gleichheit und Gleichberechtigung. Das Gleichheitspostulat in der alteuropäischen Tradition und in Deutschland bis zum ausgehenden 19. Jahrhundert. Berlin.

Elias, Norbert (1978/79): Über den Prozess der Zivilisation. Soziogenetische und psychogenetische Untersuchungen, 2 Bde, 6. Aufl. Frankfurt/M.

Habermas, Jürgen (1973): Legitimationsprobleme im Spätkapitalismus. Frankfurt/M.

Hayek, Friedrich von (1988): The Fatal Conceit. The Errors of Socialism. Chicago.

Hondrich, Karl Otto (1972): Demokratisierung und Leistungsgesellschaft. Macht und Herrschaftswandel als sozioökonomischer Prozess. Stuttgart.

Hossenfelder, Malte (1992): Philosophie als Lehre vom glücklichen Leben. Antiker und neuzeitlicher Glücksbegriff. In: Alfred Bellebaum (Hrsg.), Glück und Zufriedenheit. Ein Symposion. Opladen, 13–31.

Huizinga, Johan (1975): Herbst des Mittelalters. Stuttgart.

Jouvenel, Bertrand de (1970): Jenseits der Leistungsgesellschaft. Elemente sozialer Vorausschau und Planung. Freiburg i. B.

Matis, Herbert (Hrsg.) (1981): Von der Glückseligkeit des Staates. Staat, Wirtschaft und Gesellschaft in Österreich im Zeitalter des aufgeklärten Absolutismus. Berlin.

McClelland, David (1966): Die Leistungsgesellschaft. Psychologische Analyse der Voraussetzungen wirtschaftlicher Entwicklung. Stuttgart, Berlin.

Mead, Lawrence M. (1986): Beyond Entitlements. The Social Obligation of Citizenship. New York.

Ozaki, Robert (1991): Human Capitalism. The Japanese Enterprise System as World System. New York, Tokio.

Roberts, John B. (1984): Entitlement Spending. The Imperative to Reform. Santa Monica, CA.

Samuelson, Robert J. (1995): The Good Life and Its Discontents. The American Dream in the Age of Entitlement 1945–1995. New York.

Schulze, Gerhard (1992): Die Erlebnisgesellschaft. Kultursoziologie der Gegenwart. Frankfurt/M., New York.

Theobald, Robert (1960): The Rich and the Poor. A Study of the Economics of Rising Expectations. New York.

Van Stolk, Bram/Wouters, Cas (1984): Die Gemütsruhe des Wohlfahrtsstaates. In: Peter Gleichmann u. a. (Hrsg.), Macht und Zivilisation. Materialien zu Norbert Elias' Zivilisationstheorie. Frankfurt/M., 242–260.

Weidenholzer, Joseph (1985): Der sorgende Staat. Zur Entwicklung der Sozialpolitik von Joseph II. bis Ferdinand Hanusch. Wien.

Askese bei Aldi?
Zur Logik von Distinktion und Askese in der Gegenwartsgesellschaft

Joachim Winkler

1. Neue Askese und Verzicht „light"

Alle Jahre wieder zur Weihnachtszeit machte die Zeitschrift „Der Spiegel" einen Titel zum Luxus auf. Diese lange gepflegte Tradition der 80er Jahre, der eigenen Klientel die geschmackvollen und legitimen Symbole des weihnachtlichen Konsums zu annoncieren, endet in den 90er Jahren abrupt. Im Jahre 1997 warteten die Spiegelleser vergebens. Stattdessen erfuhren sie, dass „Die Reichen reicher, die Armen ärmer ..." werden und uns „Die gespaltene Gesellschaft" bevorstehe (Der Spiegel Nr. 40 v. 29. September 1997). Bei steigender Arbeitslosenquote (von 6,7 % in 1991 auf 11,4 % in 1997, gleichbedeutend mit zwei Millionen Arbeitslosen *mehr*), steigender Sozialleistungsquote (von 29,0 % in 1990 auf 34,4 % in 1997), d. h. beim Steigen des Sozialbudgets (von 883 Milliarden in 1991 auf 1.256 Milliarden in 1997, d. h. um 373 Milliarden höher) ist schlecht schreiben vom Luxus. Die Entwicklung des Wohlfahrtsstaates ist auf Crash-Kurs. In dieser Zeit werden alte, fast vergessene Slogans wieder benutzt – Gürtel enger schnallen, Maß halten etc. – und es wächst die Not: „Zum Jahresende 1997 waren 2,89 Mill. Personen auf Sozialhilfe im engeren Sinne angewiesen, das sind 3,5 % der Bevölkerung", so der Bericht des Statistischen Bundesamtes: „Sozialhilfe in Deutschland. Entwicklung und Strukturen" (http://www.bma.de/de/sozialhilfe/stabu.htm).

Vor diesem Hintergrund werden nahezu zeitgleich Rufe nach dem einfachen Leben hörbar, nach der neuen Bescheidenheit. Diese Rufe gelten aber nicht den Notleidenden, sondern denen, die es eigentlich nicht nötig haben, Konsumverzicht zu leisten. Tut Askese not? Wird Askese zum Bedürfnis? Es scheinen tatsächlich Trends der Bescheidenheit beobachtbar zu sein, in der Mode (simple chic), im Design (Minimalismus), in der Wohnkultur, im gehobenen Konsum halt. Aber dieser Purismus der Gebrauchsgüter macht nicht Halt vor Dingen des Verbrauchs.

Ein Beispiel: Aldi bot vor einigen Jahren zum ersten Mal einen Champagner an, in Regalen neben italienischem Wein für 2,98 DM. Nach einiger Zeit verschwand er aus den Regalen und dies löste einen Sturm der Entrüstung aus: Die Kunden wollten ihren Aldi-Champagner wiederhaben und sie gewannen. Er gehört seitdem zum Repertoire. Nun ist Aldi kein Hort von Luxusgütern, so kostete der Champagner anfänglich auch *nur* 15,98 DM (manchmal zum Aktionspreis von 14,98 DM; innerhalb von zwei Jahren stieg der Preis allerdings auf 19,98 DM). Für viele mag ein prickelndes Getränk in 0,75l-Flaschen für diesen Preis zu teuer zu sein, aber es gab einen anderen Teil, der wusste, dass ein Champagner bisher nur für wenigstens das Zwei- bis Dreifache zu haben war. Aber was führt Personen, die wissen, was Champagner „wert" ist (erst später erwies er sich im Test als ebenbürtig zu teureren), was führt Personen, die über die Wertigkeit kaltgepressten jungfräulichen Olivenöls („extra virgine" und dann auch für nur 4,29 DM) trefflich philosophieren können, in diese neue Bescheidenheit bzw. zu(m) Aldi?

Die Zeitschrift „Die Woche" berichtet im März 1998 über das „Modell Aldi" und erkennt es als „Futterstelle des Mittelstandes und der Besserverdienenden". Die Zeitschrift stellt die Frage: „Ist Aldi also eine Firma, die den Luxus unter die Leute bringt?" (Die Woche v. 27. März 1998: 31) und antwortet selbst: „Im Prinzip ja". Aber, hier hört die Analyse der Zeitschrift auf. Aldi wird zum Kult, nicht weil er den Luxus bringt oder erschwinglich macht (wenn er erschwinglich ist, ist er kein Luxus mehr), sondern Aldi wird zum Kult, weil dort für weniger Geld das Gleiche zu erstehen ist. Warum soll man für Produkte gleicher Qualität mehr bezahlen als bei(m) Aldi? Man kann sich den (sozialen) Luxus leisten, zu(m) Aldi zu gehen bzw. auf den Preis zu schauen: Preisminimalismus.

Die Hochglanz-Frauenzeitschrift „Elle" liefert die ästhetische Legitimation und schreibt in ihrer Elle-mailbox unter dem Titel „Aldi surprise": „Das Interieur beschränkt sich auf Neonlicht, Steinfußboden und Pappkartons, das Sortiment ist minimal. Eine eingeschworene Gemeinde empfindet gerade die Aldi-Reduktion aufs Wesentliche als pures Vergnügen" (Elle Nr. 3 / März 1997: 46). Der (öffentliche) Kult wird losgetreten von Astrid Paprotta und Regine Schneider mit ihrem Buch „Al(di)dente. 30 Tage preiswert schlemmen. Ein Discounter wird erforscht". Das „Zeit-Magazin" zieht nach mit einem Bildbeitrag „Die Aldianer": „Der Laden ist plötzlich nicht mehr peinlich, sondern ein Muss" (Zeit-Magazin Nr. 25, 13. Juni 1997: 16 ff).

Bei(m) Aldi treffen sich die Leute, die auf den Pfennig schauen; die einen, weil sie es müssen und die anderen, weil sie es wollen bzw. glauben zu wollen. Hier treffen sich Menschen, die entweder von unfreiwilliger Not oder freiwilliger (neuer) Askese getrieben sind. Not und Askese scheinen enge Verwandte, aber sie unterscheiden sich wie Tag und Nacht.

Die Aufgabe, die sich dem Autor stellt, heißt: Wie kommt es, dass eine „ausufernde Konsumkultur" bei vielen Menschen ein Bedürfnis nach dem „Anderen" hervorruft und als freiwillig gewählte Askese erscheint? Ist es nicht lediglich eine neue Erfahrungsmöglichkeit (Aldi als pures Vergnügen) oder eine distinktive Lebensstil-Option (Aldi ist in)? Gibt es in der Wüste etwas zu erfahren und macht diese Erfahrung oder Distinktion ohne „Andere" einen Sinn? Meine Analyse soll zeigen, dass neue Erfahrungsmöglichkeiten zu finden und neue distinktive Lebensstil-Optionen zu entwickeln, auf das Gegenteil der Askese weist bzw. die neue Askese etwas anderes ist als Askese.

Zielt Distinktion auf Abgrenzung, zumal durch obere, gebildete oder „ähnliche“ Schichten, neigt der Geschmack zum Luxus, zur Prätention oder zur Beflissenheit, nicht zur Ritualisierung von Notwendigkeiten. Wir werden diesen Gedanken weiter unten aufgreifen.

Auf der oben genannten Folie der andauernden Belastung der derzeitigen sozialpolitischen Konstellation kommt ein Verdacht auf. Darf überhaupt noch geprotzt werden? Darf z. B. ein Erbe der Kondensmilchherstellung und zugleich einfallsreicher und erfolgreicher Mensch in ganz anderen Metiers seinen Reichtum und seinen auf Luxus zielenden Geschmack noch zeigen? Karl Lagerfeld hat angekündigt, ein Kloster zu bauen mit Zellen als Gästezimmer.

Reduziert sich der vermeintliche Konsumverzicht auf den Verzicht auf die Marke und nicht auf den Gegenstand? Ist das Verzicht aus Askese oder nicht eher Verzicht als Vergnügen? Auch hier hilft das Beispiel Aldi weiter: Der Verzicht auf die Marke versteckt den Verzicht auf den Verzicht z. B. des Champagners. Askese als Luxus? Zumindest teilweise, denn man kriegt nicht alles bei(m) Aldi; das Geschäftsprinzip lautet: „Ein streng begrenztes Sortiment von Dingen des täglichen Lebens in bester Qualität zu niedrigsten Preisen“ (Die Zeit v. 19. März 1998: 26). Die These, dass Aldi ein Arme-Leute-Laden sei, scheint widerlegt (die Aldi-Tüte ist nicht mehr der „Türkenkoffer“), aber der Mittelstand erlaubt sich den Luxus, auf den Pfennig zu schauen; Verzicht auf unnötige Ausgaben. Die Spezies, von der wir sprechen wollen, kennt noch einen anderen „Sport“: die Schnäppchen-Jagd (Schnäppchen sind im Rheinland Konsumerfolge, d. h. das Erstehen von Waren zum geringstmöglichen Preis; das schönste Schnäppchen ist der Kauf eines Gegenstandes, an dem der Händler nicht mehr verdient; letztendlich eine Illusion). Aber die Spezies, von der wir sprechen, wartet nicht auf den Sommer- oder Winterschlussverkauf, um Restposten zu ergattern und um als Schlussverkaufsware produzierte Artikel zu erstehen. Sie will die legitimen Güter preiswert und nicht die billigen Güter. Die neuen Asketen, so unsere vorläufige Arbeitskategorie, suchen den Fabrikverkauf, sie bescheiden sich. Einkaufsmöglichkeiten, die preiswert Waren anbieten, galten als Geheimtipp und wurden so gehandelt; aber wenn Tipps gehandelt werden, bleiben sie nicht mehr geheim. „Komplette Übersicht aller Geheimtipps“ lautet der Aufhänger eines Fabrikverkaufsführers (Fabrikverkauf in Deutschland 99/00 1999). Einkaufsführer haben einen Markt und es ist kein Zufall, dass Einkaufs-(Schnäppchen-)führer erst in den 90er Jahren erscheinen. Preiswert zu sein konstituiert sich für die Anbieter nicht durch Gewinnverzicht, sondern man ist preisgünstig, weil man Zwischenhändler und Einzelhändler als Kostenträger ausschaltet. Aber man kann sie nur ausschalten, wenn Zwischen- und Einzelhändler keinen zusätzlichen, preiswerten Service anbieten (können). Wird solcherart Service nicht angeboten, tötet sich der Mittelstand selbst. Das Argument, man fährt nicht 600 Kilometer (mit der Bahn nach Metzingen, den Rest des Weges mit dem Taxi zu Hugo Boss), um einen Anzug zu kaufen, sticht. Aber die allgemeine Mobilität der neuen Asketen reicht, um auch diese Effekte mitzunehmen. Dies führt uns zu einer einfachen Einsicht: „Askese ist zunächst also Tat und nicht Abstinenz“ (Gronemeyer 1998: 22).

Askese meint eine spezifische „Übung“ und „Zucht“, die ursprünglich den Verzicht auf Verhaltens- und Verbrauchsgewohnheiten meint, die körperliche Lust befriedigen.

Aber die *neue* Askese zeigt, wie Gronemeyer meint, eine *neue* Qualität; der „Verzicht (wird) nicht von den Menschen, sondern von den Dingen erwartet (ebd.: 71). Er vermutet: „Sparsam soll der Motor, die Waschmaschine, die Glühbirne, der Ölbrenner sein“ (ebd.). „Der ökologische Rucksack der Dinge (wird) leichter“ (ebd.: 72). Aber es geht nicht nur um das Ökologische, auch nicht nur um das Ökonomische: Preis-wert müssen die Dinge sein und man bewertet die Dinge neu.

Runtergebrochen auf alltägliche Dinge, auf vermeintliche Dinge der Notwendigkeit, entdecken wir ähnliche, weitere Phänomene: Man trinkt Bier aber ohne Alkohol. Man kaut Kaugummi, aber ohne Zucker. Man verbraucht Fett, aber ohne Cholesterin. Man isst Würstchen, aber ohne Fleisch. Man „vergnügt“ sich, aber ohne Gefahr der Reue. Man entkleidet die Dinge von ihrer Eigenheit, um das eigene Vergnügen zu sichern: Askese Light. Der Chef der Puritaner in den 90er Jahre, der Präsident der USA, Bill Clinton, kennt das Prinzip: Er hat Marihuana genossen, aber ohne zu inhalieren; er hat außereheliche Beziehungen genossen, aber ohne Koitus (ohne Sex wie er selber sagt). Zudem gebiert dieser Trend Blüten: „Natural American Spirit“ ist eine Zigarette „back to the roots“: keine Zusätze, keine Aroma- und Konservierungsstoffe, keine Abbrennbeschleuniger und keine plakative Werbung. „Natural American Spirit“ kommt daher wie Öko-Wein, und sie kostet 6 Mark pro Schachtel (Alegra Nr.5 / Mai 1999: 207 f).

Die ökologische wie die ökonomische Verschlankung der Welt der Dinge, die *neue* Askese, führt letztendlich zu einem *Verzicht auf den Verzicht*, aber nur teilweise. Der ökologisch gefestigte, auch bei(m) Aldi einkaufende, auf Schnäppchen-Jagd befindliche Konsument ohne finanzielle Not, pflegt die Teilzeit-Askese. Andere im eigenen Milieu „unverdächtige“ Bereiche des Konsums oder „geheime“ Facetten des Verhaltens werden weiterhin gepflegt. Der Habitus führt dazu. Das Geld, das man spart bei(m) Aldi oder durch ein kostenfreies Girokonto, fließt in kulturelle Konsumtion: Das Huhn muss frei laufend aufgewachsen sein; nur Eier von diesen Hennen. Superfeine 100er-Wolle („Priestertuch“) ist besser als Mischgewebe und genauso komfortabel wie Kaschmir. Oper live ist besser als CD etc. Man verzichtet, aber nicht ganz; man kauft bei(m) Aldi, aber nicht alles. Der italienische Feinkosthändler braucht um seinen Umsatz nicht zu fürchten. Facetten des Habitus schimmern durch. Nicht grundsätzliche Askese, sondern Habitus-Askese. „Vor uns eine Kultur der Askese, so oder so: Der eine verzichtet aus Überdruss auf die Karibik, der andere aus Geldmangel auf Mallorca“ (Gronemeyer 1998: 18).

2. Energiereservoirs: Alltägliche „Bewährung", Konsumhemmung und moralische Entlastung

Aber bei aller Zeitdiagnostik dieser Trends und Moden stellt sich die Frage, wie lässt sich dies erklären? Auf welchem Hintergrund können wir entscheiden, ob es sich um Trends und Moden handelt oder wir etwa tiefgreifendem strukturellen Wandel auf der Spur sind? Dies erfordert einen Gang in das Dunkel der Theorie, um die Dinge zu erhellen.

Gerade das Thema Askese führt uns schnell und ohne Umwege in die Theorie, die Gesellschaftsgeschichte und zu Max Weber, der Askese als einen Erklärungsbegriff für die Entwicklung der Moderne benutzt. Weber sieht in den in „psychologischen und pragmatischen Zusammenhängen der Religionen gegründeten praktischen Antrieben zum Handeln" einen zentralen Ansatzpunkt (Weber 1947: 238) für die Ausgestaltung von Lebensführungen der Menschen, die sich institutionalisiert verfestigen und zu spezifischen Ordnungskonfigurationen gerinnen. Eine spezifische, die „praktisch-rationale Lebensführung" ist Ausgangspunkt und Grundlage eines spezifischen Wirtschaftsethos: Der Idealtypus des „innerweltlichen Asketen" als Prototyp des calvinistischen Protestantismus wirkt als Motor gesellschaftlicher Entwicklung im Okzident, denn für Max Weber gilt:

„Interessen (materielle wie ideelle), nicht: Ideen, beherrschen unmittelbar das Handeln der Menschen. Aber: die ‚Weltbilder', welche durch ‚Ideen' geschaffen wurden, haben sehr oft als Weichensteller die Bahnen bestimmt, in denen die Dynamik der Interessen das Handeln fortbewegte" (ebd.: 252). Und Weltbilder waren ursprünglich religiös bestimmt.

Für Weber war das Spezifische des asketischen Protestantismus als Lösung der Spannung zwischen der Deutung von „Welt" und „Gott" der Gedanke der „Gnadenwahl", die calvinistische Prädestinationslehre. Der Gedanke, zu den Auserwählten zu gehören, und dies durch innerweltliches Handeln (als „Werkzeug Gottes") zu zeigen, führte einmal zu einer Ablehnung aller „gefühlsmäßigen Elemente", jedweder „magischer Mittel der Heilssuche" (ebd.: 95). Hierin sieht Weber die eigentliche prozessuale Bedeutung für die Entwicklung zum heutigen „Rationalismus" in der „Entzauberung der Welt" (ebd.: 94; gleichbedeutend mit der Ausschaltung der Magie als Heilsmittel, ebd.: 114). Zum anderen erzwang diese Haltung eine „konsequente Methode der ganzen Lebensführung" (ebd.: 115).

„Eine penetrante Christianisierung des ganzen Daseins war die Konsequenz dieser Methodik der ethischen Lebensführung, welche der Calvinismus im Gegensatz zum Luthertum erzwang" (ebd.: 124).

Der Bewährungsgedanke bildet die Basis für die psychologischen Antriebe zum Handeln und der Rationalisierung dieses Handelns, das heißt seiner Methodisierung. Max Weber fasst seine Interpretation prägnant wie folgt zusammen und deshalb sei ein längeres Zitat aus der „Protestantischen Ethik" erlaubt:

„Entscheidend aber für unsere Betrachtung war immer wieder, um es zu rekapitulieren, die bei allen Denominationen wiederkehrende Auffassung des religiösen

'Gnadenstandes' eben als eines Standes (status), welcher den Menschen von der Verworfenheit des Kreatürlichen, von der 'Welt', abschneidet, dessen Besitz aber – wie immer er nach der Dogmatik der betreffenden Denomination erlangt wurde – *nicht* durch irgendwelche magisch-sakramentale Mittel oder durch Entlastung in der Beichte oder durch einzelne fromme Leistungen garantiert werden konnte, sondern nur durch *Bewährung* in einem spezifisch gearteten, von dem Lebensstil des 'natürlichen' Menschen unzweideutig verschiedenen Wandel. Daraus folgt für den einzelnen der *Antrieb* zur *methodischen Kontrolle* seines Gnadenstandes in der Lebensführung und damit zu deren *asketischen* Durchdringung. Dieser asketische Lebensstil aber bedeutete eben, wie wir sahen, eine am Gottes Willen orientierte rationale Gestaltung des ganzen Daseins. Und diese Askese war *nicht* mehr ein opus supererogationis, sondern eine Leistung, die jedem zugemutet wurde, der seiner Seligkeit gewiss sein wollte. Jenes religiös geforderte, vom 'natürlichen' Leben verschiedene Sonderleben der Heiligen spielte sich – das ist das Entscheidende – nicht mehr außerhalb der Welt in Mönchsgemeinschaften, sondern *innerhalb* der Welt und ihrer Ordnungen ab. Diese *Rationalisierung* der Lebensführung innerhalb der Welt im Hinblick auf das Jenseits war die Wirkung der Berufskonzeption des asketischen Protestantismus" (ebd.: 162 f).

In seiner Gegenüberstellung „innerweltlicher" und „außerweltlicher" christlicher Askese sieht Weber in der spezifischen Berufsethik der Ersten ein funktionales Äquivalent zur zweiten, der Askese der Mönche, der Klöster des Katholizismus. Der christliche Askese-Gedanke wendet sich. Er dringt in das Alltagsleben der Menschen ein und bestimmt deren Lebensführung. Gerade im Beruf sucht der protestantische Asket seine Bewährung. Diese Haltung führt zu einer Verwerfung des Genusses als Zeitvergeudung: „Das sittlich wirklich Verwerfliche ist nämlich das *Ausruhen* auf dem Besitz, der *Genuss* des Reichtums mit seiner Konsequenz von Müßigkeit und Fleischeslust, vor allem von Ablenkung von dem Streben nach heiligen Leben (ebd.: 166 f). Und: „Zeitvergeudung ist also die erste und prinzipiell schwerste aller Sünden (...) Zeitverlust durch Geselligkeit, 'faules Gerede', Luxus, selbst durch mehr als der Gesundheit nötigen Schlaf – 6 bis höchstens 8 Stunden – ist sittlich absolut verwerflich" (ebd.: 167).

Der Pflichtgedanke zum Beruf, die Demonstration der Bewährung, führt zu einer Rationalisierung dieser Tätigkeit. Bewährung ist dann Erfolg im Beruf und führt zur Leistung, deren Maßstab Besitz und Gütererwerb wird. Die Ethik des asketischen Protestantismus wirkt „gegen den unbefangenen Genuss des Besitzes". Sie wirkt dadurch gegen Konsumtion („speziell die Luxuskonsumtion"; ebd.: 190) und führt zudem zu einer moralischen Entlastung für den Gütererwerb im Sinne des Gewinnstrebens. Besitz stand nicht zur Konsumtion frei, sondern wiederum nur „für notwendige und *praktisch nützliche* Dinge" (ebd.: 191). Gerade in dieser Kombination, der Legitimierung von Erwerb und Besitz (als Ausdruck guter Werke vor Gott) und dem asketischen Verzicht auf Konsumtion, sieht Weber die eigentliche Triebfeder „kapitalistischen" Wirkens. Das Erwerben von Kapital und der religiös begründete

„asketische Sparzwang“ (ebd.: 192) führen zur Kapitalbildung, dem eigentlichen „Geist des Kapitalismus“.

„Einer der konstitutiven Bestandteile des modernen kapitalistischen Geistes und nicht nur dieser, sondern der modernen Kultur: die rationale Lebensführung auf der Grundlage der *Berufsidee*, ist (…) geboren aus dem Geist der *christlichen Askese*“ (ebd.: 202).

Ein Weltbild wird rationalisiert zu einer spezifischen Ethik des Handelns, gerinnt in institutionalisierten Ordnungskonfigurationen und wirkt dort weiter – ohne religiöse Verankerung.

3. Die Wendung zur ständischen Exklusivität: Statthafter Komfort durch moderate Nutzung der Annehmlichkeiten

Max Weber sah bereits zu seiner Zeit, an der Wende zum 20. Jahrhundert, dass Personen, die dem von ihm skizzierten Stil der Lebensführung folgten, nicht immer religiös motivierte Menschen waren und zudem gerade häufig der Kirche indifferent bis feindlich gegenüberstanden. Weber wies daher deutlich auf Wirkungen der Erziehung im asketischen Sinne hin, die durch Tradierung der Lebensführung sich von religiösen Wurzeln auch entledigt (Weber 1947: 197). Aus einer religiös motivierten Lebensführung wird ein spezifisch „bürgerliches Berufsethos“ (ebd.: 198), das erst ohne direkten Rückbezug auf ein religiöses Weltbild seine ökonomische Kraft voll entfaltet. Gerade diese „utilitarische Wendung“ charakterisiert die moderne Zeit. Die christliche, asketische Lebensführung hat in seinen Augen mitgeholfen, die heutige Wirtschaftsordnung aufzubauen, die nun wiederum diesen (allerdings säkularisierten) Lebensstil allen Teilnehmern darin zur Auflage macht.

Aber die „utilitarische Wendung“ hat noch eine weitere Wurzel, die „säkularisierende Wirkung des Besitzes“ (ebd.: 196). Als Beispiel nennt Weber die Klöster: „Wenn die rationelle Wirtschaftsführung hier, an der Stätte streng geregelten Lebens und gehemmter Konsumtion, ihre Wirkung voll entfaltet hatte, so verfiel der gewonnene Besitz entweder direkt (…) der Veradligung oder es drohte doch die klösterliche Zucht in die Brüche zu gehen …“ (ebd.).

Und die säkularisierende Kraft des Reichtums arbeitete auch im inneren Konzept der nicht-säkularisierten Vertreter der Prototypen. „*Nicht Kasteiung* wollte sie dem Besitzenden aufzwingen, sondern Gebrauch seines Besitzes für notwendige und *praktisch nützliche* Dinge. Der Begriff des ‚*comfort*‘ umspannt in charakteristischer Weise den Kreis der ethisch statthaften Verwendungszwecke“ (ebd.: 191). Die Vorstellung vom „*comfort*“ öffnete die Hintertür zum Konsum. Weber selbst nennt die Quäker als Beispiel für eine entsprechende konsequente Entwicklung eines protestantisch – asketischen Lebensstils. Diese verurteilen auf der einen Seite den „Flitter und Schein chevaleresken Prunkes“, in der Regel auf „unsolider ökonomischer Basis ruhend“, auf der anderen Seite „die schäbige Eleganz der nüchternen Einfachheit“ und setzen beidem „die saubere und solide Bequemlichkeit des bürgerlichen ‚home‘

als Ideal entgegen“ (ebd.: 191). Zwar meidet das Quäkertum, wie Max Weber anmerkt (ebd.: 191, Fußnote 1), die „kreatürliche Eitelkeit“ und die Unverhältnismäßigkeit von Ausgaben für „minder notwendige Bedürfnisse“, aber der moderaten Nutzung der Annehmlichkeiten des Lebens stand nichts im Wege (z. B. „Qualität und Solidität der Stoffe“).

Und die Pflege dieser Annehmlichkeiten entwickelt sich, denn es ist eine „ständische Entwicklung im Gang“ (Weber 1972: 535), die mit „Ehre“ zu tun hat, auf die wir hier in diesem Zusammenhang nicht näher eingehen wollen. Aber diese „ständische Entwicklung“ führt zu der „Zumutung einer spezifisch gearteten Lebensführung an jeden, der dem Kreise angehören will“ (ebd.: 535). Soziale Kreise schließen sich. Soziale Ordnungen leben sich ein und es kommt zu Privilegierungen, denn diesbezügliche Lebensführung kostet auch Geld. Weber hat diese Entwicklungen, empirisch getragen durch seine Erfahrungen bei seiner USA-Reise, prägnant auf einen Nenner gebracht, aber leider sind diese Erkenntnisse tief in seinem von seiner Frau posthum zusammengestellten Hauptwerk „Wirtschaft und Gesellschaft“ versteckt. Die Folge „ständischer Gliederung“, d. h. auch die Demonstration „ständischer Ehre“ führt zu einer „Monopolisierung ideeller und materieller Güter und Chancen“ (ebd.: 537), zu „ständischer Exklusivität“ und Distanz. „Denn die maßgebende Rolle der ‚Lebensführung‘ für die ständische ‚Ehre‘ bringt es mit sich, dass ‚Stände‘ die spezifischen Träger aller ‚Konventionen‘ sind: alle ‚Stilisierung‘ des Lebens, in welchen Äußerungen es auch sei, ist entweder ständischen Ursprungs oder wird doch ständisch konserviert“ (ebd.). Und: „Man könnte also … sagen: ‚Klassen‘ gliedern sich nach den Beziehungen zur Produktion und zum Erwerb der Güter, ‚Stände‘ nach den Prinzipien ihres Güterkonsums in Gestalt spezifischer Arten von ‚Lebensführung‘“ (ebd.: 538). Die Zugehörigkeit zu „Ständen“ bzw. spezifischen sozialen Gruppen, d. h. sozialen Schichten, äußert sich durch „Güterkonsum“, denn Lebensführung im 20. Jahrhundert bedeutet natürlich auch eine spezifische Stellung zum *Konsum.* Wir finden hier eine *dritte* Wurzel „utilitarischer Wendung“, weg vom Prototyp christlicher, vornehmlich protestantisch – calvinistischer Askese. Die utilitarischen Erben der innerweltlichen Asketen verzichten auf den Konsumverzicht, kleiden die säkularisierende Wirkung des Besitzes über das bürgerliche Berufsethos in „ständische“ Lebensstile, in denen die Differenz und Exklusivität einer vormals religiösen Auserwähltheit als „ständische“, d. h. soziale gelebt wird. Die Konsumgeschichte des Luxus und der Moden (und der Askese) ist voll mit Beispielen. Die Differenz der sozialen Schichten im Konsum splittet sich im Fortlauf des 20. Jahrhunderts in Massen- und Luxuskonsum und konstituiert seine Differenz in Gütern, von denen die Quäker Max Webers noch nichts wissen konnten.

Im Prozess der Konfektionierung, der Imitate und Plagiate, der Popularisierung knapper Güter, die dann keine mehr sind, d. h. im Prozess der Entwertung differenter und exklusiver Güter als solcher, entdecken wir einen „roll back“ zu den Trägern des „*comfort*“. So sind wir doch (fast) wieder bei den Quäkern. Die Shaker, Ableger der Quäker, schwören dem Besitz ab, kleiden sich schlicht und schmucklos, sie bieten Anzeichen klösterlicher Selbstversorgung und sie bauten Möbel, erst für sich und dann „kapitalistisch" rational für andere. Berühmt geworden ist der Schaukelstuhl, ein Inbegriff der Ruhe, Entspannung und Untätigkeit. Die Shaker bauten sich ihn natürlich nur für Alte und Kranke. Der „Ernst der Shaker" nimmt Einzug in die Kultur der neuen Asketen. „Die Produktästhetik der Shaker ist der Spiegel ihrer Lebensauffassung von der gottgefälligen Einfachheit: Verzicht zu üben, ohne unter Entbehrung zu leiden" (nachzulesen im Katalog Nr. 11 von Manufaktum, Herbst 1998: 141). „Faustregel der Shaker: Mache nichts, was nicht nützlich ist. Aber wenn etwas notwendig und nützlich ist, dann zögere nicht, es schön zu machen" (Simple Chic. Wohnen 1993: 30; das amerikanische Original heißt übrigens Simple Chic. Home (!, d. A.)). Das Shaker-Tischchen (Platte 50 cm Durchmesser, Höhe 67,5 cm) aus massivem Kirschbaumholz – das Holz des Biedermeiers! Jene bürgerlich reduzierte Wohnkultur, die auch den Einzug in die Adelshäuser schaffte – kostet auch nur knapp 1000 DM und steht, so vermuten wir, gleich neben Ikeas „Billy". Die Einfachheit, und zwar die schöne, zieht an mit ihren asketischen Zügen. Der Esstisch der Shaker, am besten drei Meter lang, und das dazugehörige Esszimmer oder die dazugehörige Küche, wird zum Lebensmittelpunkt neu-asketischer Singles oder Kleinstfamilien und ihrer Gäste. Er ist zwar schön, einfach, schlicht und nützlich, aber die Lebensgemeinschaften der Shaker bestanden in der Regel aus bis zu 30 Personen und alle saßen an einem Tisch.

Die „neuen" Asketen entdecken den Güterkonsum der „alten" Asketen. Sie machen die Güter „schön" und über den Preis selten. Sie suchen den Weg zurück nach asketischen Insignien, denn zurück als „Werkzeug Gottes" wollen sie sicher nicht. Bildlich gesprochen: Auf dem nach vorne gerichteten (Eliasschen) Prozesspfad drehen sich einige Habitus-Gruppen um 180 Grad und machen eine Rolle rückwärts. In dieser zweiten (nach-)utilitarischen Wende werden zwar die Negativa der Ersten gewendet, aber es vergrößern sich damit die nach der ersten Wende bewirkten Differenzen. Die neuen Asketen stehlen sich davon und stellen Distanz her. Da sie nicht mehr außerweltlich werden können, aber auch nicht innerweltlich – asketisch wirken wollen, flüchten sie sich in die Esoterik, aber nicht aufgrund irgendwelcher esoterischer Mächte. Sie suchen neue *Distinktionen*. Die einfachen, asketischen Güter bieten ihnen neuerliche Distinktionsgewinne. Daher müssen wir zum zweiten Mal die Zeitdiagnostik verlassen und ins Dunkel der Theorie, um Dinge zu erhellen. Wir wenden uns zu diesem Zweck der Theorie Pierre Bourdieus zu.

4. Die Praxis der Zeichensetzung: Geschmack, Lebensstil und Distinktionsdistanz

Pierre Bourdieu hat definitiv an die Webersche Idee der Stilisierungen der Lebensführung angeknüpft (siehe hierzu Winkler 1989) und in sein Konzept der symbolischen Formen als Mittel sozialer Distinktion eingebaut und auch die von Weber annoncierten Mittel der Distanzierungen und Demonstration von Prestige wie

„Trachten“ (Kleidung), „Speisen“ (Essen und Trinken) und „Kunstausübung“ (Geschmack) in seine Konzeptualisierung übernommen (siehe Bourdieu 1974: 59). Zusätzlich baut er den Gedanken des „Standes“ als „Träger aller Konventionen“ durch den Begriff des Habitus aus (siehe ebd.: 139 und 1982: 277 ff). Zum spezifischen Relais zwischen den objektiven Lebensbedingungen und Lebenslagen und dem manifesten Verhalten von Akteuren wird für Bourdieu der Habitus. Der Habitus ist Produkt einer sozial spezifischen Erziehung von Schule und vor allem von Familie. Der Habitus ist „strukturierte Struktur“ und bewirkt bei Akteuren gleicher oder ähnlicher Soziallagen identische Formen des Handelns, der „Praxis“. Durch Handeln wiederum wirkt er als „strukturierende Struktur“ (Bourdieu 1982: 279). Er ermöglicht den Aufbau je unterschiedlicher Lebensstile, die sich kennzeichnen durch ihre Differenzen. Der Habitus bewirkt Präferenzen, die gesteuert werden auch über den „Geschmack“. Der „Geschmack“ wiederum bewirkt einen „einheitlichen Gesamtkomplex distinktiver Präferenzen“ (ebd.: 283), den Lebensstil. Er verwandelt objektive Phänomene und Gegenstände in „distinkte“ und „distinktive Zeichen“ (ebd.: 278) bzw. „durch ihn geraten die Unterschiede aus der physischen Ordnung der Dinge in die symbolische Ordnung signifikanter Unterscheidungen“ (ebd.: 284). Zudem bewirkt der Habitus eine „fortlaufende Umwandlung der Notwendigkeit in Strategien, der Zwänge in Präferenzen“ (ebd.: 285), eine ins Positive gehende Wendung gesellschaftlicher Determinierung. „Der Geschmack bewirkt, dass man hat, was man mag, weil man mag, was man hat, nämlich die Eigenschaften und Merkmale, die einem de facto zugeteilt und durch Klassifikation de jure zugewiesen werden“ (ebd.: 285 f). Bourdieu hat versucht, den Zusammenhang von Handeln und Habitus in eine „Formel“ zu fassen, die folgendermaßen lautet: (Habitus) (Kapital) + Feld = Praxis. Der Habitus, auch als „inkorporiertes Kulturkapital“, als verinnerlichte und teilweise körpergebundene Kompetenzen und Geschmäcker zu verstehen, führt in Verbindung mit Kapital (neben dem ökonomischen meint dies auch das kulturelle, etwa das institutionalisierte in Form von Bildungstiteln) in spezifischen Handlungsbereichen, in sozialen Feldern wie Bourdieu es nennen würde, zu je spezifischem Handeln, zu Praxis. Die Summe dieser Praktiken macht den jeweiligen Lebensstil einer sozialen Gruppe aus. Dies führt zu wichtigen Implikationen: Die Praxis (also das Handeln) ist mitbestimmt durch das „Produkt“ von Habitus und Kapital, d. h. nichts anderes als: Wenn ein Akteur aktiv wird in den verschiedensten Handlungsfeldern, wird dies mitbestimmt durch seinen Habitus und sein Kapital; der Habitus bestimmt die Präferenzen (und somit auch die Interessen mit), das Kapital die Möglichkeiten. Er wird nur Dinge oder Handlungs- bzw. Verhaltensinitiativen präferieren, die seinen Dispositionen (als Habitus zu Praxisstrategien geworden) entsprechen, in das Konzept seines übergreifenden Lebensstils passen und durch objektive soziale Lagen realisierbar sind.

Ein weiterer Mechanismus, verbunden mit dem Habitus, ist dabei zu berücksichtigen: der Mechanismus der Distinktion, ein weiterer zentraler Begriff im Bourdieuschen Konzept. Die objektiven Differenzen der Verteilung von Gütern und Merkmalen zwischen sozialen Gruppen werden im symbolischen System zu „signifikanten" Unterscheidungen, zu *Distinktionen*. Der „soziale Raum" wird zum „Raum von *Lebensstilen*" „oder Ensemble von *Ständen* (dt. im frz. Original!), durch unterschiedliche Lebensstile ausgezeichnete Gruppe" (Bourdieu 1985: 21).

Jeder Akt des Handelns mit symbolischer Münze (im Rahmen der eigenen Präferenzen, des Habitus und des erzeugten spezifischen Lebensstils) wirkt distinktiv, ob gewollt oder nicht, ob eingesetzt oder nicht. Bereits der Blick in den Einkaufskorb eines anderen in der Schlange an der Kasse eines Supermarkts *verrät* Eß- oder Trinkgewohnheiten und lässt bestimmte Facetten von Lebensstil erraten.

„Distinktion im Sinne von Unterscheidung ist die in der Struktur des sozialen Raums angelegte Differenz, wahrgenommen entsprechend der auf die Struktur abgestimmten Kategorien" (ebd.: 21 f). Maßeinheit ist dabei das symbolische Kapital, einsetzbar in allen Lebensbereichen, in allen denkbaren sozialen Feldern.

Distinktion ermöglicht nun, das erst einmal statisch scheinende Konzept der durch Habitus bedingten Lebensstile zu dynamisieren. Distinktion kann und wird eingesetzt zur bewussten Abgrenzung und zur Bestimmung des Wertes von Symbolen, und die Bewertung der Symbole bzw. die Gruppen, die die legitime Bewertung vollziehen, können sich ändern. Symbole können in Besitz genommen werden, exklusiv und selten gemacht werden. Je höher die soziale Lage, umso mehr wird distinguiert, und umso mehr Distinktionsgewinne werden erwirtschaftet. Gerade zwischen unterschiedlichen Fraktionen auf horizontalen ökonomischen Ebenen vollzieht sich ein ständiger Kampf um die legitime Definition und Aneignung von Kultur- und Konsumgütern, der Güter selbst, deren Legitimität und das Monopol der Normierung.

Neben die Mechanismen der Abgrenzung treten nun aber auch Mechanismen der Aneignung, und dies betrifft vor allem Gruppen der aufsteigenden Mittelschichten, die sich an den legitimen Gütern orientieren. Historisch ist dies nachvollziehbar an der zunehmenden Aneignung von Bildungstiteln oder etwa der Öffnung von Museen für die breite Öffentlichkeit. Im ersten Fall steht für eine sozialdemokratische Bildungspolitik etwa dahinter, die Legitimität der Bildung anzuerkennen („Bildung ist Macht", „Schick dein Kind länger auf höhere Schulen") und die lineare Verknüpfung von Bildungsgrad und Einkommenschance aufrechtzuerhalten, *nicht* zu nivellieren, sondern in den Genuss der damit verbundenen Reputationen als Distinktionschancen zu gelangen. So hat sich das Bildungsniveau in der Bundesrepublik Deutschland auch deutlich erhöht: 1995 verfügten unter den 20 bis unter 30-jährigen 56,4 % über einen „höherwertigen" Bildungsabschluss (Realschulabschluss, Fachhochschulreife, Abitur), während sich dieser Anteil bei den ab 60-jährigen lediglich auf 20,4 % belief (Statistisches Bundesamt 1997: 69). Im zweiten Fall bleibt ebenfalls die Legitimität, diesmal eines „offiziellen" Kunstgeschmacks, bestehen und wird nur objektiviert und zugänglich gemacht, mit Erfolg, wie die hohen Einschaltquoten der Fernsehreihe „100 Meisterwerke" in den 80er Jahren oder die Besucherrekorde von Kunstmuseen oder auch die Verhüllung des Reichstagsgebäudes in Berlin 1995 durch Christo bezeugen. Es entstehen Prozesse der Popularisierung durch Aneignung mittlerer Schichten; nur – und das ist die Kehrseite der Medaille

– der dadurch erzeugte Distinktionsverlust wird aufgefangen durch Extravaganzen der Bildung und Kultur, die Distinktionsdistanz wird wieder hergestellt, erzeugt Neues, beständig oder als Mode, im Fall der Bildung in Form von Privatschulen, nicht nur und eher im geringeren Maße durch sozial bedingte Exklusivität von Eliteschulen, sondern in der Neubelebung alter Bildungsinhalte (Montessori, Steiner etc.), im Fall der Kultur in der Verlagerung der Kunst auf Kunstmärkte und Galerien und z. B. in der Diskreditierung der Reichstagsverhüllung als Dekoration und Spektakel (eben Massenkultur). Aneignung vertreibt Habitus – Gruppen aus angestammten Revieren der Distinktion, denn dieser Mechanismus „entwertet".

5. Die Dynamik der Distinktionskreativität: Kleinbürgerliche Ideale, sozialer Aufstieg und sozial verträglicher Snobismus

Theoretische Elemente und zeitdiagnostisches Material sind nun in genügender Menge zusammengetragen, um die Frage, was sich hinter der neuen Askese versteckt, und die Frage, warum gerade jetzt neue Askese sich entwickelt, zu beantworten.

Ausgehend von Max Weber sollte gezeigt werden, dass der Entwicklung der Moderne ein asketisches Modell zugrunde lag, das durch eine „utilitarische Wendung" sich ihrer religiös – asketischen Begründung entledigte und in Form von Lebensführung und Lebensstil sich sozial verfestigte. Die bereits im reinen Konzept angelegte Konsumorientierung auf praktisch – nützliche Dinge öffnet sich mit dem säkularisierten Modell dem Güterkonsum. Die Verwendung der Güter wurde zum Ausweis der Zugehörigkeit nicht mehr zu religiösen, sondern zu sozialen Gruppen. Bourdieu führte diesen Pfad mit den Begriffen Distinktion und Habitus fort. Habitus als Träger identischer Formen des Handelns, des Geschmacks und der Präferenzen strukturiert den Raum der Lebensstile, in dem die sozialen Gruppen durch Distinktionen wirken.

Aber dieser Raum der Lebensstile ist in Bewegung. „Legitime" Definitionen über die soziale Wertigkeit von Gütern und Dingen und ihre Symbolik sind nicht endgültig und ständig in Gefahr. Dies führt zu einer ständigen Suche nach Lebensstil – Optionen, nach neuen Distinktionsmöglichkeiten und ist zum einen abhängig von den Distinktionsphantasien sozialer Gruppen. Distinktionskreativität ist umso höher, je mehr die bisherigen symbolischen Güter durch Aneignung bedroht werden. Zum anderen hängen sie von gesellschaftlichen Definitionsmöglichkeiten ab, die auch verloren gehen können.

Die Politik der Bildungsbeflissenheit, d. h. die Orientierung der mittleren Schichten an den „oberen" Schichten führte dazu, dass zunehmend hohe gesellschaftliche Positionen von Absolventen dieser Aufstiegsstrategie erreicht wurden. Sie konnten zunehmend Positionen besetzen, in denen man in die Lage versetzt ist, die Legitimität von Gütern mitzubestimmen, mitzudefinieren, was symbolisch legitim distinktiv ist. Aber dabei ist zu berücksichtigen: Unsicher, was denn eigentlich der

„wahre“ legitime Geschmack ist, erkennend, dass der „alte“ legitime Geschmack nicht der eigene ist, besinnt man sich auf die eigenen, einfachen und bescheidenden Wurzeln. Als Aufsteiger löst man das Problem des Parvenues am elegantesten dadurch – wenn man dann endlich die ökonomischen Mittel hat –, den anderen den Besitz an legitimen Güter streitig zu machen: Als Teilhaber an der Definitionsmacht, verunsichert in Bezug auf den legitimen Geschmack, frönt man dem Purismus, der zum einen eine historische, der Entwicklung der Moderne adäquate Wurzel hat und durch seine Einfachheit auch auf den Kern der eigenen Herkunft weist, und daher – bevor man etwas falsch macht – Sicherheit bietet.

Vielleicht sind die Bildungsbeflissenen nur angekommen in den Zentren der Definitionsmacht, vielleicht beginnen sie zu definieren, was legitim ist und hängen an ihren alten Habitusstrukturen, da ihnen nichts besseres einfällt. Sie *stilisieren* erfahrene kleinbürgerliche Ideale wie Bescheidenheit, einfaches Leben und investierte „asketische Energien“ (Bourdieu 1982: 528), die für die Aneignung von Bildungskapital in den Aufstiegsstrategien nötig waren. Aus diesem Fundus ergeben sich die Güter und Symbole, die distinktiv bearbeitet werden. Herrad Schenk, als Apologetin des einfachen Lebens, weiß sehr wohl, dass „die selbstgewählte Form des Verzichts, ein Privileg der Privilegierten“ ist und hält „diese Art von Snobismus aber doch für sozial verträglicher“ (Interview mit der Zeitschrift Elle Oktober 1997: 176). Der Zwang zur Distinktion entkleidet aber diese symbolischen Güter von ihrem Kern: Die „neue“ Bescheidenheit scheint keine Bescheidenheit, die „neue“ Askese scheint keine Askese, anscheinend ist das „neue“ einfache Leben kein einfaches Leben.

Man muss erkennen, oder auch wieder entdecken, dass man nicht einsehen kann, für ein halbes Pfund (guter) Butter eine Mark mehr zu zahlen, nur weil sie woanders gekauft war als bei(m) Aldi; man entdeckt auch, dass für einen Gebrauchsgegenstand doch erhebliche Preisunterschiede vorhanden sind, und überlegt, ob es auf die 50 Mark denn noch ankommt (das wären 25 Pfund Butter). Man feilscht im Alltag um die Pfennige und gibt Unmengen Geld für die Güter der neuen Askese aus. Es existiert kein konzises Bild mehr. Damit sind wir wieder bei(m) Aldi angekommen, mit dem wir begonnen haben und wollen damit auch schließen: Wie die FAZ im Juni 1999 berichtet, sind die Gründer des Discounters und ihre Familien die reichsten Deutschen. Mit einem Vermögen von 25,3 Milliarden DM gehören sie zu den zehn reichsten Männern der Welt.

Literatur

Alegra, Nr.5, Mai 1999
Bourdieu, Pierre (1974): Zur Soziologie der symbolischen Formen. Frankfurt.
Bourdieu, Pierre (1982): Die feinen Unterschiede. Frankfurt.
Bourdieu, Pierre (1985): Sozialer Raum und ‚Klassen‘. Leçon sur la leçon. Frankfurt.
Der Spiegel, Nr. 40 vom 29. September 1997.
Die Woche vom 27. März 1998.
Die Zeit vom 19. März 1998.
Elle, Nr. 3, März 1997.
Elle, Nr. 10, Oktober 1997.

Fabrikverkauf in Deutschland – 99/00. Der große Einkaufsführer. Komplette Übersicht aller Geheimtipps. 9. Aufl. Stuttgart 1999.
Gronemeyer, Reimer (1998): Die neue Lust an der Askese. Berlin.
Manufaktum Katalog Nr.11, Herbst 1998.
Papretta, Astrid/Schneider, Regina (1996): Al(di)dente. 30 Tage preiswert schlemmen. Ein Discounter wird erforscht. Frankfurt.
Simple Chic. Wohnen 1993. München.
Statistisches Bundesamt (Hrsg.) (1997): Datenreport 1997. Bonn.
Statistisches Bundesamt (1999): Sozialhilfe in Deutschland. Entwicklung und Strukturen. http//www.bma.de/de/sozialhilfe/stabu.htm.
Weber, Max (1947): Gesammelte Aufsätze zur Religionssoziologie. Bd 1. 4. Aufl. Tübingen.
Weber, Max (1972): Wirtschaft und Gesellschaft. (5. rev. Auflage, Studienausgabe, bes. von Johannes Winckelmann). Tübingen.
Winkler, Joachim (1989): Monsieur le professeur! Anmerkungen zur Soziologie Pierre Bourdieus. In: Sociologia Internationalis 27 (1), 5–18.
Zeit-Magazin Nr. 25 vom 13. Juni 1997.

Entsolidarisierungsprozesse und der Triumph der Mikromoralen

Frank Nullmeier

1. Einleitung

In der Debatte über Sozialstaat und Entsolidarisierung dominiert eine begriffliche Gegenüberstellung: die von Eigeninteresse versus gemeinschaftlichem Wohl, von individuellem Nutzen versus Tugend und moralischem Verhalten. Vergessen wird dabei, dass außerdem ein Handeln von großer sozialer Bedeutung ist, das sich am Vergleich mit anderen, seien es Einzelne oder Gruppen, ausrichtet. Eine Gesellschaft lebt nicht allein aus der Alternative von Eigeninteressiertheit oder solidarischer Gemeinschaftlichkeit, sie bildet zugleich ein Netz aus wechselseitig vergleichendem Erleben und Beobachten. Dann wird die relative Stellung zum anderen und die Position in einem größeren Vergleichsfeld zum Motiv des eigenen Handelns. Es ist diese Arbeit der Relationierung und Positionierung, das Bemühen um Status, Prestige, Anerkennung, Wertschätzung, Achtung und Selbstachtung, das an der Reaktion des anderen und in vergleichender Betrachtung mit ihm gewonnene Selbstwertgefühl, das ein eigenes Feld bildet zwischen Eigennutz und gesamtgesellschaftlicher Solidarität. Zwischen den Einzelnen und die große Gemeinschaft schieben sich eine Vielzahl von sozialen Gruppen und sozialen Kategorien, auf die sich partikulare Interessen ebenso wie normative Überlegungen beziehen können. Die Selbstverortung in diesem Netz der Sozialität, das bestimmt ist durch Gruppenzugehörigkeiten mit ausgebildeten kollektiven Identitäten, Rollenzuschreibungen und auch Zuordnungen zu sozialen Kollektivkategorien, die keinerlei Gruppenzusammenhang und Gemeinschaftlichkeit entwickeln, bildet einen zentralen Ansatzpunkt für alltägliche Solidaritäten, deren Verwebung, Überschneidung und Entgegensetzung erst den Grad sozialer Einheit und Differenz einer Gesellschaft bilden. Statt der großen Solidarität einer im Streben nach Gemeinwohl verbundenen Bürgerschaft ist auf die kleinen Solidaritäten ebenso zu achten wie auf die sozialen Konkurrenzen und Relationierungen, die eine Gruppe begründen und in die Position einer Über- oder Unterordnung versetzen[1]. Ob Integration und Konflikt, Inklusion oder Ausgrenzung in

1 Egoistische Handlungsorientierungen lassen sich als Maximierung des Nutzens von A definieren, gemeinwohlorientierte Handlungsweisen (bezogen auf eine nationalstaatlich verfasste Gesellschaft) in einer utilitarisch geprägten Sprache als Maximierung des Nutzens von A, B, C, D, ... N als Gesamtheit aller BürgerInnen. Sozialkomparative Orientierungen haben dagegen die Struktur, auf die Diffe-

den gesellschaftlichen Beziehungen dominieren, lässt sich an den Kategorien, Aussagen, Maßstäben und Bewertungen ablesen, die das Reden übereinander, den Diskurs des sozialen Vergleichens beherrschen. Es macht einen zentralen Unterschied, ob in der politischen Öffentlichkeit und in der Alltagskommunikation soziale Vergleiche vorherrschen, die von ökonomischen, ethnischen, sozialen, religiösen Kategorien, Kategorien des Alters, des Geschlechts oder der sozialversicherungsrechtlichen Stellung bestimmt sind, von Gegensätzen zwischen Arm und Reich, Mann und Frau, Jung und Alt oder von feinsinnigen Abstufungen des Mehr oder Weniger oder der Andersheit von Lebensstil und Kultur. Es macht einen Unterschied, ob diese sozial strukturierenden Kategorien mit Bewertungen verbunden sind, die wechselseitige Hochachtung, Wertschätzung und Konformitätsstreben nahe legen oder auf den Willen zum Besonderen, das Verlangen nach Differenz, Ungleichheit oder Gleichheit gerichtet sind. Ein solches Sich-Vergleichen kann in Gerechtigkeitsargumentationen eingebunden sein oder sich als unreflektierter Ausdruck eines Ressentiments zeigen, es kann moralisch, emotional, habituell oder wertbezogen bestimmt sein, es kann sich unreflektiertesten Affekten von der Faszination bis zum Neid ebenso verdanken wie einer rationalen Interessenkalkulation oder der Mikromoralität einer egalitären und weitgehend konform gehenden Kleingruppe. Es kann derart in Denken, Handeln und Körperlichkeit verankert sein, dass die Signale der Distanzierung, der Distinktion und Differenzbetonung gar nicht zu Bewusstsein gelangen, die Scheidung zwischen „denen“ und „uns“, „mir“ und „ihnen“, „ihm“ und „uns“ zur Selbstverständlichkeit geworden ist.

Aber die Landschaft des sozialen Vergleichens, diese Welt der wechselseitigen Positionierungen, kann sich auch in kurzen Zeiträumen verändern: Neue Kategorien tauchen auf und verdrängen die alten, neue Bereiche des sozialen Lebens werden wichtiger, andere treten in den Hintergrund. Maßstäbe und Bewertungen verschieben sich, die Vergleiche fallen schärfer aus, Differenzen werden deutlicher akzentuiert, Ungleichheiten sind gewollt oder Konformität durch das Streben nach Andersheit abgelöst.

Will man das Schicksal von Sozialstaat und Solidarität erfassen, ist daher nicht nur auf die Rolle des Eigeninteresses und seines Gegenübers, einer Moralität der Gemeinschaftsorientierung, zu achten, sondern gerade auch auf Wandlungen in diesem Feld sozial vergleichenden, komparativen Handelns und Redens. Zu fragen ist dann: Was sind die politisch handlungsleitenden Gruppenkategorien, welche Vergleiche werden in der politischen Öffentlichkeit, den Massenmedien, den wissenschaftlichen Fachöffentlichkeiten und im Alltagsleben angestellt, was sind die relevanten Vergleichsgruppen, was die wichtigsten Vergleichsmaßstäbe? In welchen Kategorien ordnet man das soziale Geschehen und wie werden dadurch die Positionen im sozialen Raum verteilt?

renz zwischen A und B bezogen zu sein, sei es als Maximierung, Minimierung oder Fixierung dieser Differenz (relationale Handlungsorientierungen), bzw. auf die Position von A gegenüber allen anderen B, C, D, ... N in einem Feld (positionale Orientierungen).

In diesem Beitrag soll der Versuch gemacht werden, einige Veränderungen des sozialen Vergleichsdenkens in der bundesdeutschen Gesellschaft, ausgehend von der aktuellen Sozialstaatsdiskussion, aufzuzeigen. In einem ersten Schritt wird die Solidaritäts- und Differenzierungsstruktur des tradierten Sozialstaates skizziert (2.), bevor in den folgenden Kapiteln Tendenzen geschildert werden, die den sozialstaatlichen Konsens zunehmend zerstören. Neben dem Bedeutungsanstieg sozialer Komparativität durch erweiterte Vergleichsmöglichkeiten und dem Aufstieg eines neuen, marktbezogenen Statusdenkens (3.) spielen die veränderte globale Wettbewerbskultur (4.), die Übertragung des Denkens in Gewinn und Verlust auf soziale Gruppen (5.) sowie die damit verbundene neuerliche Betonung von Generationen, nun als Verlierer- und Gewinnergenerationen (6.), eine zentrale Rolle in der Ausbildung einer von tradierter sozialstaatlicher Solidarität entfernten Mikromoral. Der Sozialstaat selbst kann nun in jenen Begriffen gefasst werden, die zur Auflösung seiner moralischen Infrastruktur führen: Er ist der Verlierer der Veränderungsbewegungen im sozialen Vergleichsdiskurs (7.).

2. Der „alte" Sozialstaat und die Einkommensstatusgesellschaft

Soziale Kategorien, ihre vergleichende Bewertung und Maximen der politischen Gestaltung sozialer Differenzen sind in den sozialstaatlichen Institutionen, in ihren Regelungsformen, Verfahrensweisen und Legitimationskonstrukten fest verankert. Im sozialstaatlichen Gefüge sind Positionierungen vorentschieden und rechtlich abgesichert. Sie bilden Verkörperungen des Aufrechterhaltens wie Infragestellens von Status und relativer Bedeutung einzelner Gruppen. Die politische Akzeptanz eines Institutionengefüges wie des Sozialstaates[2] ist davon abhängig, dass diese institutionenbewehrten Positionierungen – wie immer vereinfacht sie wahrgenommen werden – durch normative Konzepte einer guten Positionsanordnung und Verteilungsordnung legitimiert erscheinen. Zugleich müssen diese rechtlich geschützten Positionierungen aber auch eine motivationale Kraft entfalten, sie müssen die Institution durch ihren „Anreiz"charakter mit Leben erfüllen. Die Institution muss so angelegt sein, dass sie Handlungsorientierungen zu reproduzieren hilft, die die Institution begleiten müssen, will diese im Sinne ihrer Zielvorstellungen funktionieren. Ein Blick auf die Positionierungen und Legitimations- und Motivationsformen bundesdeutscher Sozialstaatlichkeit mag daher am Anfang stehen, bevor Veränderungen im politischen und sozialstaatlich relevanten Motivations- und Moralhaushalt skizziert werden können.

Der bundesdeutsche Sozialstaat beruht neben der fundamentalen Trennung von Sozialhilfe und Sozialversicherungen, von Armuts- und Arbeiterpolitik (vgl. Leibfried/Tennstedt 1985), auf zwei grundlegenden statusbezogenen Fundamenten:

2 Vgl. hierzu die empirischen Untersuchungen von Roller (1992) und Mau (1997, 1998).

1. der berufsständischen Gliederung des Systems der sozialen Sicherung, die bis heute nicht abgebaut werden konnte, die z. T. sogar noch Ausbautendenzen aufweist (z. B. Alterssicherung von freien Berufen), mit der Sonderstellung von Beamten, Richtern und Soldaten, Bauern, bestimmten Gruppen von Freiberuflern, Selbständigen, Abgeordneten und Ministern. Weit davon entfernt, ein durchgehendes Sozialsystem für alle BürgerInnen zu bieten, differenziert der bundesdeutsche Sozialstaat nach Berufs- und Erwerbsgruppen. Die berufsständische Differenzierung schafft ein System von Teilsolidaritäten und sozialen Gruppen, das – meist verbandsförmig organisiert und geschützt – eine höchst komplexe Arena politischer Ansprüche, sozialer Abgrenzungen und Abstufungen schafft, in der kleinste rechtliche Veränderungen als (gruppen)identitätsbedrohende Verschiebungen im Raum der sozialstaatlich gesicherten Positionen misstrauisch beäugt und bekämpft werden.

2. der Fundierung des Systems der Sozialversicherungen in der Vorstellung der Einkommensstatussicherung. Innerhalb der berufsständischen Systeme zählt als Differenzierungsmaßstab vorrangig die Höhe des Einkommens. Dieser Maßstab lässt eine hochgradig feinteilige Abstufung zu, gradualisiert und individualisiert die Positionsdifferenzen und vermeidet die Entstehung und Befestigung von weiteren internen Gruppenidentitäten. Diese finden innerhalb der Skala der Einkommensdifferenzen keinen hinreichenden Halt, die Differenzierung nach „arm" und „reich" erweist sich dafür als viel zu grob. Dort allerdings, wo höheren Einkommensgruppen Exit-Optionen im Rahmen der breiten Sozialversicherungssysteme eröffnet werden wie z. B. durch Beitragsbemessungsgrenze, Versicherungsfreiheit etc. (vgl. Nullmeier/Vobruba 1994), finden sich qualitative Differenzen in die ansonsten auf marginale Differenzen achtende Logik des Einkommensstatus und begründen jeweils einen Sonderstatus. Innerhalb des weiten Raums der die Sozialversicherungen beherrschenden Kategorien von Angestellten und Arbeitern findet sich eine normative Logik, die auf der Verknüpfung und Durchdringung von drei Gerechtigkeitstypen beruht: *Leistungsgerechtigkeit* wird über die Bindung von Beitragszahlung und Sozialleistungen an die Arbeitseinkommenshöhe realisiert. Mit der Anpassung der Sozialleistungen an die (Netto-)Lohnentwicklung als Teilhabe am ökonomischen Ertrag (zumindest einem Teil desselben) einer Gesellschaft wird das Prinzip *Teilhabegerechtigkeit* bedient. *Bedarfsgerechtigkeit* schließlich verkörpert sich im Bereich der monetären Transfers in den prozentualen Sätzen, in denen Arbeitslosengeld und -hilfe, Unterhaltsgeld und Kurzarbeitergeld etc. vom bisherigen Verdienst berechnet werden bzw. sich die lebensstandardsichernde Rentenhöhe eines „Standardrentners" als Prozentsatz des aktuellen durchschnittlichen Nettoeinkommens bestimmt. Die monetäre Bedarfsgerechtigkeit des bundesdeutschen Sozialversicherungsstaates ist dabei eine Gerechtigkeit der *Statusbedarfe*. Die bundesrepublikanische Gesellschaft wird sozialstaatlich zur *Einkommensstatusgesellschaft* überformt, wobei dem Bedarfsmoment sozialer Sicherungssysteme die Aufgabe zukommt, den *relativen sozialen Status* bei Auftreten von sozialen Risiken jeweils zu erhalten, schnelle Abwärtsmobilität jedenfalls zu verhindern. Die zentrale komparative Logik des bundesdeutschen Sozialstaatsmodells liegt in der strikten Übertragung von Einkom-

mensdifferenzen im Erwerbsleben in Einkommensdifferenzen bei Sozialtransferbezug. Dieses Dreieck von Gerechtigkeitsprinzipien erzeugt zusammen mit einer Reihe von Normalitätsfiktionen zugleich eine sozialstaatlich sanktionierte *Ordnung sozialer Wertschätzung* und öffentlicher Anerkennung bzw. Nicht-Anerkennung. Sozialrecht ist – wie eine Vielzahl von Studien gezeigt hat – nicht neutral gegenüber geschlechtlicher Arbeitsteilung[3], gegenüber Formen des Zusammenlebens, gegenüber Familienstand und Lebensverläufen. Es institutionalisiert Wertschätzungen lebenslanger Arbeitstätigkeit und „bestraft" Lücken im Arbeitsleben, es fordert Erwerbstätigkeit in einem Normalarbeitsverhältnis und verpflichtet zur Bekundung von Arbeitsbereitschaft (vgl. Vobruba 1990). In der Definition der Anspruchsvoraussetzungen und der Verknüpfung von Sozialleistungshöhen mit bestimmten Vorleistungen werden Lebenslagen und -verläufe, familiales Verhalten und Lebensstil ebenso bewertet und normiert wie Einkommenshöhen und Berufskarrieren bis hin zur Konstruktion von Sozialleistungssystemen als Systeme der „Belohnung".

Die beiden statusbezogenen Elemente, die Einkommensstatusorientierung und die berufsständische Differenzierung, richten sich auf individuelle wie gruppenmäßige Formen der Statussicherung und Abgrenzung. In einem abgestuften System von Gruppendifferenzen, die jeweils genutzt werden, um intern Regeln für individuelle Statusdifferenzen zu bilden, ohne zugleich einen Vergleich mit anderen Gruppen eingehen zu müssen, ergeben sich eine Vielzahl von komparativen Perspektiven, die sich nicht mehr in Dualismus und direkte Antagonismen von zwei Gruppierungen überführen lassen. Unübersichtlichkeit ist ebenso ein Kernmerkmal wie die Zerstreuung der Vergleichbarkeit, der Ausschluss einer Zentralperspektive, die Verhinderung des direkten Deutungszugriffs auf eine Vergleichs- und Verteilungsdimension. Die Zerstreuungseffekte auf der Ebene von diversen Statusgruppen gehen oft einher mit strikter, auf der Basis von Arbeitseinkommen standardisierter, Individualisierung. Die Kontinuität einkommensbezogener Sozialleistungsberechnung verbindet sich mit den Unterschieden zwischen den gruppenbezogenen ständischen Sicherungssystemen zu einer komplexen Komparatistik sozialstaatlich vermittelter Einkommens- und Lebenslagen. Eine klare Konfliktlinie Kapital – Arbeit zerschellt innersozialstaatlich an den diversen statusmäßigen Abstufungen, die mit differenzierten Selbstkategorisierungen einhergehen. Die innere Struktur des Sozialstaates erzeugt auch nach der großen Vereinheitlichungsbewegung der Anspruchsvoraussetzungen und Leistungen bei Arbeitern und Angestellten eine Vielzahl von Vergleichsmöglichkeiten durch Vorgabe von (nicht aneinander und aufeinander angepassten) unterschiedlichen Regelungssystemen, Kategorisierungen und Zugangsmöglichkeiten, die das Entstehen komparativer Orientierungen entlang sozialrechtlicher Kategorien geradezu provozieren. Die Konfliktpotentiale der sozialstaatlich erzeugten oder verstärkten komparativen Orientierungen werden allerdings durch

3 Vgl. zu der Wirkungsweise von sozialpolitischen Normalisierungen am Beispiel der geschlechtsspezifischen Folgen der gesetzlichen Rentenversicherung: Gerhard u. a. (1988), Gather u. a. (1991), Veil u. a. (1992); zur Arbeitsmarktpolitik: Maier (1996).

die Konstruktion einer übergeordneten Gemeinschaftlichkeit zurückgehalten, der Wirtschafts- oder „Leistungsgemeinschaft“, die auf der Verschränkung von Leistungsgerechtigkeit mit bedarfs-, d. h. statusangemessener Teilhabe am gesamtwirtschaftlichen Ertrag basiert. Erst Bedarf und Teilhabe ermöglichen den symbolisch-politischen Beweis, dass das Leistungsstreben nicht sozial desintegrativ wirken muss, dass es nicht zu einer anarchischen Gesellschaft auseinanderstrebender Individuen führt. Die sozialstaatliche Grundkonstruktion überführt die Chaotik des Marktprozesses in die relative Ruhe einer statusbewahrenden Leistungsgemeinschaft, in der Moralität und Gemeinwohl zur praktischen Geltung gebracht sind. Die vorpolitische Marktgesellschaft wird zur sozialstaatlichen Leistungsgesellschaft fortgebildet und kann die komparativen Bestrebungen als interne Momente und Bestandteile einer großen sozialen Kooperation integrieren.

Die tragenden Momente dieser Konstruktion: die berufsständische Gliederung, die Differenzierung nach Erwerbseinkommen, die graduelle statt dichotomische Sicht sozialer Ungleichheiten, die Integration von drei Gerechtigkeitsprinzipien zu einer sozialstaatlich geformten Leistungsgemeinschaft als „sittlichem“ Zusammenhang, all diese Momente sind in den vergangenen Jahren zunehmend unter politischen und ökonomischen Druck geraten. Soweit Sozialstaatlichkeit betroffen ist, nimmt Entsolidarisierung die Form des langsamen, aber sich eher beschleunigenden Zerbrechens dieser Momente an, ohne – und darin liegt die besondere Brisanz der gegenwärtigen Entwicklungen – dass es zur Ausbildung neuer normativer Makrostrukturen sozial(staatlich)er Integration kommen würde. Die Kritik an berufsständischem und statusorientiertem Denken ist oft nur allzu berechtigt, hat das oben skizzierte Sozialstaatsmodell seine legitimatorischen Wurzeln doch vorrangig in den 50er Jahren. Aus den Bruchstücken eines intensiver Kritik unterzogenen und von sozialen Veränderungen überholten Sozialstaatskonzepts formt sich jedoch keine neue Moralität, die gesamtgesellschaftlichen Charakter besitzt. An die Stelle einer Wahrnehmung der Gesellschaft als komplex statusdifferenzierten und sozialstaatlich überformten Marktgesellschaft treten scharf akzentuierte, ja aggressive soziale Vergleiche und auf Absetzung von anderen Gruppen bezogene Handlungsorientierungen, treten dichotomische Sichtweisen sozialer Ungleichheit jenseits der alten Gegensätze von Arbeit und Kapital (Verlierer-Gewinner, „mover-stayer“, Drinnen-Draußen, junge Generation – ältere Generation). Die sozialstaatlich befriedete Statusgesellschaft wandelt sich in eine aggressive Marktgesellschaft, in der der Wettbewerb zum konkurrentenorientierten Wettkampf wird, in dem es Verlierer und Gewinner gibt, kaum mehr aber eine Integration zum relativen Fortkommen und Wohl aller. An die Stelle einer nicht unwesentlich im Sozialstaat kulminierenden, in sich vielfältig gestaffelten Makromoral treten auf den Einzelnen konzentrierte Mikromoralen und egoistische Amoralitäten. Deren Gestalt und die sie hervorrufenden Prozesse gilt es in den folgenden Kapiteln zu erläutern.

3. Der Bedeutungsanstieg des sozialen Vergleichs und der Wandel zum Marktstatus

Das Auftreten sozialer Vergleiche und die Orientierung des eigenen Handelns an ihnen variiert. Der Sozialpsychologe Festinger (1954) hat die Entstehung sozialer Vergleiche auf die fehlende Möglichkeit zurückgeführt, eigene Überzeugungen und Fähigkeiten direkt an der natürlichen Umwelt zu überprüfen. Daraus kann gefolgert werden, dass im Zuge einer abnehmenden Möglichkeit der Direktüberprüfung und in dem Maße, wie der subjektive wie öffentliche Wissensvorrat von Elementen geprägt sind, die von Experten vorgegeben werden, die Wahrscheinlichkeit des Auftretens sozialer Vergleiche steigt. Setzt man „Natur“ dagegen als variablen Inhalt, so könnte die These abgeleitet werden, dass soziale Vergleiche dann häufiger auftreten, wenn das Soziale selbst nicht mehr als „Natur“ und Gegebenheit begriffen wird. Bereits bei Alexis de Tocqueville findet sich die These, dass soziale Vergleiche in dem Moment auftreten, in dem die gesellschaftlichen Grundlagen von ständischer Differenzierung auf „Gleichheit“ umgestellt werden. In Fortsetzung dieser Denkrichtung wäre aus dem Ende der geschlossenen religiösen und Klassenmilieus und der ökonomischen wie medialen Globalisierung eine Vergrößerung des Ausmaßes sozialer Vergleichsbetrachtungen zu schließen. Eine offene Gesellschaft ohne Milieu-Substitute für die gefallenen ständischen Schranken, eine Gesellschaft der Individualisierten, die sich weniger Hindernissen und „constraints“ denn Optionen und Risiken gegenübersieht, ist prädestiniert für den sozialen Vergleich. Es muss hier nicht entschieden werden, welche dieser Hypothesen eine richtigere Kausalkette konstruiert, es genügt, dass beide die Zunahme sozialer Vergleiche unter heutigen Bedingungen nahe legen. Daraus kann zwar nicht eine Zunahme komparativer Orientierungen abgeleitet werden, doch ist die notwendige Bedingung für das Auftreten derselben, die vergleichende Wahrnehmung des sozialen Feldes, in einer weitaus größeren Anzahl von Fällen gegeben. Durch die massenmediale Erschließung der Welt eröffnen sich zudem weitere Vergleichshorizonte.

Angesichts der Fülle sich bietender Vergleichsmöglichkeiten wird das Verlangen, eine Wahl zu treffen, die doch so etwas wie Authentizität realisiert, drängend. Sighard Neckel hat den Kulturwandel im Verlaufe der 80er Jahre auf den Nenner einer folgenreichen „Verwandlung des Bildes von Subjektivität, in der die Suche nach dem ‚wahren, authentischen‘ Ich vom Training des funktionalen Ich abgelöst wurde, das nichts so sehr fürchtet, wie den anderen unterlegen zu sein“, gebracht (vgl. Neckel 1991: 174). Die Vermeidung von Unterlegenheit geschieht jedoch nicht in einer ängstlich defensiven, offen konformistischen Form, sondern in der Selbstpräsentation und -stilisierung als souveränes, in jeder Hinsicht kompetentes und funktionsfähiges Wesen, das sich auf Erfolg und Überlegenheit hin auslegt und zugleich eine an Besonderheit und Differenz reiche Individualität vorweisen muss, um auch nur jene gesellschaftlichen Leistungsnormen zu erfüllen, die auf die Darstellung der eigenen Person gerichtet sind. Die Norm der Präsentation als erfolgreich agierende Individualität und der soziale Zwang zur Inszenierung einer ausgeprägten personalen Identität macht Selbstdarstellung zur „Leistung" (vgl. Neckel 1991: 177), die es durch den Einsatz immer ausgefeilterer Impressions-Techniken zu steigern gilt (vgl. Mummendey 1995: 135 ff). Vor dieser Anforderung und sozialen Erwartung gibt es kaum eine Rettung in den Hafen kollektiver Identitätsbestimmung. Der Rückzug auf Gemeinsames entlastet den Einzelnen nicht von der Forderung, selbst seine Person zu einer erfolgreichen zu machen, ja er wird vielmehr als anachronistisches Bemühen in einer auf Individualität angelegten Moderne ausgelegt. Als Ort der Selbstpräsentation sind nur wenige geschützte Bereiche bereits vorhandener Vertrautheit und Vergemeinschaftung existent, die wesentlichen Kontakte spielen sich in offenen Strukturen ab, die eine Vielzahl von möglichen Fortgängen der Kommunikation zulassen. Jeder Schritt ist daher prekär, kaum einer entlastet von der Verantwortung, für den Stellenwert und die Anerkennung der eigenen Person bedeutsam zu sein. Die Stabilisierung der eigenen Identität, der Selbstschätzung und Selbstachtung hängt vom eigenen *„Marktwert"* ab. Identitätsbestimmung ist nicht mehr möglich durch Gruppen- oder Milieubezug (vgl. Vester 1997), sondern nur in einem höchst-individualisierenden System der Relationierungen von Eigenschaften, Charakteren, Fähigkeiten und dem jeweiligen Angebot. Die stärker isolierte Betrachtung des Einzelnen, verbunden mit einer Einbeziehung immer weiterer Persönlichkeitsbereiche und -merkmale in einen gesellschaftsweiten und zudem konsequenzenreichen Bewertungsprozess (statt nur die Merkmale Bildung, Beruf, Einkommen zur Grundlage der sozialen Einschätzung einer Person zu verwenden) erzeugt interne Veränderungen in der Art des Statusbezuges, die als Übergang vom *(Einkommens-)Schichtstatus* zum *Marktstatus* beschrieben werden können. Der Schichtstatus hatte seinen Bezug allein im Arbeitsmarkt und in der Berufsdifferenzierung. Der Marktstatus ist die Verallgemeinerung der Marktbindung des Status über den engeren Bereich von Arbeit und Berufstätigkeit hinaus. Veränderungen im Sozialcharakter, die eine Verschiebung von Autorität und Hierarchie in Richtung Konkurrenz und Markt darstellen, sind bereits in den 40er und 50er Jahren in den USA entdeckt worden. Bekannt sind die Thesen von David Riesman vom Wandel des innen- zum außengeleiteten Typs, die „Marketing-Charaktere" bei Erich Fromm und Vance Packards „status seekers" (vgl. Doehlemann 1996). Es ist jedoch zu fragen, ob mit dem Individualisierungs- und Pluralisierungsschub der 70er und 80er Jahre sich nicht innerhalb dieser charakterlichen Zuwendung zum Markt noch einmal Veränderungen abgespielt haben. Pluralisierung bedeutet die Auflösung der Einheitlichkeit eines Bewertungsrahmens. Dieser war aber in den 50er Jahren eindeutig gegeben. Der Begriff der Schicht sollte gerade dies andeuten: eine im Wesentlichen gesellschaftsweit einheitliche Bewertung von Lebenslagen und Verhaltensweisen, die jedem seinen Platz in einer hierarchischen, aber durchlässigen Anordnung zuweist.

In der vom Marktstatus regierten Gesellschaftswelt der 90er Jahre hat die Pluralisierung der Lebensstile eine Vielzahl von einzelnen Maßstäben hervorgebracht, um die herum sich eigene Märkte mit jeweils eigenen „Schicht"hierarchien gebildet haben – ohne dass die Dominanz der ökonomischen Dimension gebrochen wäre. Die Vervielfältigung bedingt zugleich auch eine Verfeinerung der Statussuche, denn neben der Wahl des richtigen Ortes, des richtigen Marktes, sind – angesichts der Vielfalt der Anforderungen an das Selbstmanagement – die Möglichkeiten des Abstiegs bereits bei kleinsten Fehltritten erheblich. Es gibt keine grundlegende Absicherung in einem breiten System von gesellschaftsweiten Schichten mehr, die sich durch weitgehende Ähnlichkeit in Lebenseinstellungen, Verhaltensweisen und Überzeugungen auszeichnen. An die Stelle breiter Schichten mit geringer Binnendifferenzierung tritt ein System von vielen, z. T. eng, z. T. gar nicht miteinander verwobenen Märkten für Statusgüter und Statussuche, in dem viel feinere Abstufungen, aber auch größere Brüche möglich sind. Von einem riesigen gesamtgesellschaftlichen, auf den Bereich Arbeit begrenzten Markt mit wenigen Stufen, vielen Übergängen und breiter Besetzung jeder einzelnen Stufe führt der Weg zu einem alle gesellschaftlichen Äußerungen erfassenden Markt der Märkte mit feinsten Graddifferenzen und strikten Abgrenzungen, geringerer Besetzungszahl der einzelnen Märkte und Hierarchiestufen, aber einer allseits geltenden Logik der Marktanpassung, egal auf welchem Markte das Engagement gerade stattfindet. Die Vielzahl der Lebensstil- und sozialörtlich differenzierten Märkte wird sozial integriert und regiert durch die Logik der Marktorientierung, des individuellen – auf den jeweiligen Markt abgestimmten – Marketings, der Bewertung der eigenen Identität anhand des erreichten Marktwertes. Im Bewusstsein der erheblichen Variabilität möglicher Lebensentwürfe, Lebensstile, Biographien und Karrieren und im Wissen um die lebenspraktische Wählbarkeit eines gewissen, nicht unerheblichen Teils dieser Möglichkeiten wird die eigene Identität zum Gegenstand eines hochgradig selbstreflexiven Unternehmens bei permanenter gedanklicher Präsenz des gerade nicht Selektierten. Und die einzelnen Stationen der eigenen Biographie werden zu Bauelementen in der Konstruktion der eigenen, Vielfältiges und Widersprüchliches integrierenden oder auch nur nebeneinander fügenden „Patchworkidentität“, in der Erfahrungsfülle und – vielfalt gleichsam aufgehoben sind. Statusunsicherheit und Erfahrungsvielfalt bezeichnen die zwei Seiten dieses Individualisierungsprozesses. Desintegrationsgefahren stehen neuen Möglichkeiten variabler Integration gegenüber, ohne dass bisher vorauszusehen wäre, ob sich erhöhte Toleranz und soziale Experimentierfreudigkeit als Folge der Erfahrungsvielfalt oder Ressentiments als Folge von Statusunsicherheit und Abstiegsängsten ergeben (vgl. Berger 1996).

4. Standortdebatte und der Aufstieg des Agonalen

Mit der Verallgemeinerung des Marktlichen in der Zuweisung von Status und Wertschätzung wird die jeweilige Ausgestaltung des Zentralmechanismus jeden Marktes, des Wettbewerbs, zur entscheidenden Größe. Die öffentliche Auseinandersetzung über die Zukunft der Bundesrepublik Deutschland wird seit einigen Jahren beherrscht von der „Standortdebatte“, die auf die Erweiterung des internationalen ökonomischen Wettbewerbs mit der Forderung nach ökonomiezentriertem politischen Wettbewerb zwischen Nationen und Verstärkung der betrieblichen wie nationalen Wettbewerbsfähigkeit reagiert. Auf extensiv erweiterten Wettbewerb soll mit Intensivierung des Wettbewerbs reagiert werden[4]. Welche Art des Wettbewerbs beherrscht diese Diskussion? Es ist weder die klassische Form eines am Konkurrenten völlig desinteressierten, allein auf Leistungssteigerung ausgerichteten und per Mengenanpassung funktionierenden Wettbewerbs noch ein vorwiegend schädigendes Verhalten, das den Wettbewerb durch den offenen Kampf ersetzt. Was der Standortdiskurs leistet, ist eine Deutung der neuen Realitäten internationaler Ökonomie in der Richtung eines stark agonalen Wettbewerbsdenkens[5]. Die Forderung nach einem Übertreffen des Konkurrenten wird als eine auch zwischen Nationen angemessene Reaktion auf die „Herausforderungen" von Globalisierung[6] und Internationalisierung der Märkte gewertet. Es genügt nicht mehr die Steigerung der eigenen Anstrengungen zur Verbesserung der Kostenstruktur und zur Entfaltung von Produkt- und Produktionsinnovationen. Verlangt ist die intensive Beobachtung der Konkurrenten und die Entwicklung von strategischen Zügen, die geeignet sind, die Innovationen und Verbesserungen auf Seiten der Konkurrenten zu überbieten. Statt von auf sich selbst bezogenem „Egoismus" angetrieben zu sein, verlangt ein agonales Wettbewerbsverständnis eine relationale oder positionale Bestimmung der eigenen Handlungsweisen. Dieser Agonismus gewinnt zum Teil sogar „heroische" Züge, da bei der geringen Zahl der Wettbewerber dem jeweils besten (d. h. der dominanten Nation und ihrer Unternehmens- bzw. politischen Kultur) Züge besonderer Überlegenheit zugeschrieben werden. Die Idee des Gewinnens (und Verlierens) erhält in der Sphäre internationaler ökonomischer Austauschprozesse wachsende Bedeutung, obwohl sie mit erweiterten Formen internationaler Kooperation einhergeht. Die Lage der Nation wird nicht nach dem absoluten Wohlstand und dessen Steigerung bestimmt, sie wird nicht mehr mit dem Hinweis auf die außen- oder innenpolitischen Feinde analysiert. Auch ist nicht die militärische Dominanz oder die sicherheitspolitische Positionierung ausschlaggebend. Bestimmend wird vielmehr die relative internationale Wettbewerbsposition einer Nation. Die Nation selbst wird zu einem ökonomischen Positionsgut (vgl. Hirsch 1976) und mit ihr alle Einzelpolitiken. Womit nur noch solche Politikentwürfe Vorrang erhalten, die relative Vorteile gegenüber Nationen ausgleichen oder diese übertreffen, mag das die Wohlfahrtslage der national Betroffenen kurz-, mittel-, langfristig verbessern oder nicht. In der

4 In der Standortdiskussion tauchen als Minderheitsposition auch Stimmen auf, die die Grenzen der Intensivierung und Verschärfung der Standort- und Weltmarktkonkurrenz betonen und vor einer *ruinösen Standortkonkurrenz* warnen (vgl. Scharpf 1994: 159). Nicht zu finden sind jedoch Beiträge, die eine einigermaßen exakte Grenze zwischen ruinösem Wettbewerb und angemessener wie erfolgreicher Wettbewerbsintensivierung benennen könnten.

5 „Agonal" leitet sich vom griechischen „Agon" für Wettkampf her und wurde in dieser adjektivischen Form vom Historiker Jacob Burckhardt in seiner „Griechischen Kulturgeschichte" (1898–1902) in die geisteswissenschaftliche Theorie eingeführt. Es bezeichnet das Bestreben, „immer der erste zu sein". Im Rahmen einer Typologie der Wettbewerbsformen wird der Begriff hier für Marktkonstellationen verwendet, bei denen die Beteiligten nicht nach Leistungssteigerung, sondern nach dem Sieg über ihre Konkurrenten, nach dem ersten Platz streben, also eine auf Sieg zentrierte positionale Orientierung besitzen.

6 Zur Diskursanalyse der bundesdeutschen Globalisierungsdebatte, siehe Stykow/Wiesenthal (1996).

Standortdebatte[7] wird unterstellt, dass der Nationalstaat ein kollektiver Akteur sei, werden einige wenige Nationen – in relativ schnellem Wechsel: Japan, USA, Großbritannien, Neuseeland, die ostasiatischen „Tigerstaaten", schließlich die Niederlande – zu Hauptkonkurrenten oder Vorbildern eigenen Handelns stilisiert, woraus sich eine generelle Förderung der Logik komparativer Orientierungen ergibt. Positionsmaximierung in der ökonomischen Dimension verbindet sich mit einer Anzahl weiterer komparativer Orientierungen, darunter der, einen relativen Abstieg gegenüber ökonomischen Rivalen auf jeden Fall zu vermeiden. Die soziale Folge des Standortdiskurses liegt darin, komparative Orientierungen, insbesondere die des agonalen Typs, zu fördern. Erster oder zumindest Zweiter zu sein, gegenüber anderen zu gewinnen und seine Position dadurch zu bewahren oder zu steigern, wird zu einem gesellschaftlich höchst anerkannten Denk- und Handlungsmuster, auch auf der Ebene des sozialen Alltagslebens.

5. Neuklassifikation des Sozialen: Gewinner – Verlierer – Überflüssige

Wenn tradierte Identitäten wie Familie, Klasse, Schicht, Bildungsstand, Religion, Ethnos und Nation immer weniger angerufen werden können, weil die Marktlichkeit und Konkurrenz in allen wesentlichen Dimensionen von Individualität wirksam wird

7 In der Standortdiskussion werden zwei Aspekte eng miteinander verknüpft: der Standortwettbewerb zwischen Nationalstaaten und die Wettbewerbsfähigkeit nationaler Industrien (die staatliche Förderung der internationalen Wettbewerbsfähigkeit „deutscher" Unternehmen). Mit der wachsenden Ausrichtung nationaler Unternehmen auf den Weltmarkt ist eine Entkoppelung der Stellung des Standorts Deutschland von der Wettbewerbsstellung spezifisch deutsch(-stämmig-)er Industrien zumindest denkmöglich. Aus der Sicht des Nationalstaates charakterisiert den Standortwettbewerb eine doppelte Orientierung: Der Standort muss sowohl für die eigenen Unternehmen wie für das internationale Kapital und ansiedlungswillige Unternehmen bzw. Direktinvestitionen attraktiv gestaltet werden. Die eigene Industrie, deren Wettbewerbsfähigkeit durch staatliche Wachstums- oder Industriepolitik gestützt wird, ist gegenüber diesem Nationalstaat zugleich immer potentiell „landflüchtig". Die nationale Industrie wird zur abwanderungsfähigen „Kundschaft" des Nationalstaates. Wettbewerbsfähigkeit mithin ist ein Attribut von Unternehmen und Wirtschaftszweigen bzw. der in einer Region angesiedelten Unternehmen und Branchen. „Wenn eine Region als wettbewerbsfähig qualifiziert wird, dann ist damit gemeint, dass die dort ansässigen Unternehmen auf ihren Märkten gegenüber den Konkurrenten aus anderen Regionen bestehen können" (vgl. Härtel 1995: 14). Standortqualität ist dagegen ein Attribut von Regionen, die im Wettbewerb mit anderen Regionen in der Werbung um unternehmerisches Engagement stehen. Geht es nur um die Frage der Wettbewerbsfähigkeit nationaler Industrien, spitzt sich die Debatte in der Bundesrepublik auf die Frage „Industriepolitik ja oder nein" zu und erfasst vorrangig die Forschungs- und Technologiepolitik. Unter Kostengesichtspunkten wird zudem die gesamte Sozial- und Steuerpolitik als Hindernis erhöhter Wettbewerbsfähigkeit dargestellt. Steht aber die Standortqualität zur Debatte, sind darüber hinaus potentiell alle Politikbereiche Gegenstand der Betrachtung. Damit wird das gesamte Regelungsgefüge des Nationalstaates in eine Identitätsbestimmung als Weltmarktakteur hineingestellt, der Staat wird in all seinen Handlungsfeldern zum Standortanbieter, zum „Verkäufer" territorialer Bindungen. Die organisatorisch durch Vernetzungen, Verflechtungen, aber auch Entkoppelungen, Enthierarchisierungen und Heterogenität geprägte „Einheitlichkeit" des Staates wird in der Standortdebatte durch die Konstruktion des Staates als Konkurrent auf dem internationalen Markt der Standorte über ein gemeinsames Deutungsmuster zu steigern gesucht (vgl. Hengsbach 1997: 228 ff).

und die Abgeschlossenheiten der genannten Identitäten durchbricht, entwickelt sich die Marktlage der Individualitäten, die relative Veränderung des eigenen Standes im Konkurrenzkampf der Individuen selbst zur Quelle neuer Formen der Kategorisierung und neuer Formen *sozialer* Identität. Je mehr dieser Wettbewerb mit dem Einsatz der ganzen Individualität als agonaler Wettbewerb bestimmt ist, desto eher wird eine Zweiteilung des Sozialen in Gewinner und Verlierer plausibel. Wenn die zentrale gesellschaftliche Institution zur Verteilung von Anerkennung und materialen Ressourcen der Markt ist oder als „Markt", als weithin unstrukturierte offene Situation mit Angebot und Nachfrage, erlebt wird, auf diesem Markt aber agonale, positionsmaximierende Orientierungen vorherrschen, werden Strukturen allein in Kategorien des Wettkampfes erkennbar.

Das gilt insbesondere dann, wenn die Märkte selbst eine Tendenz zu Ungleichheit und Monopolisierung statt zu Standardisierung aufweisen. Frank/Cook (1995, 1997) haben gezeigt, dass auf einer Vielzahl von Märkten eine immer kleinere Anzahl von Personen immer höhere Einkommen erzielen kann, während die vormalige breite Verdiener-Mittelschicht schwindet. Diese Quasi-Monopolisierung des Marktes durch einen oder wenige „Superstars" lässt sich keineswegs als Mangel an Wettbewerb interpretieren. Ganz im Gegenteil ist die Intensität des Wettbewerbs auf derartigen Märkten stark ausgeprägt. Unmittelbare distributive Folge derartiger Marktstrukturen ist die Spreizung der Einkommensskala mit enorm hohen Einkommen bei einer recht kleinen Elite und stagnierenden, nur leicht anwachsenden oder gar sinkenden Einkommen bei einer großen Zahl von Mitbewerbern. Solche Märkte mit extremer Spreizung (Winner-Take-All-Märkte) können nur in Kategorien von Verlierern und Gewinnern erfahren werden. Statt der Kategorien einer vom Produktionsprozess beherrschten Abhängigkeit und daraus folgenden Ausbildung von sozialen Milieus sind damit Kategorien benannt, die allein aus der relativen Stellung innerhalb einer hierarchisch gerade nicht vorgeformten, vielmehr offenen Institution wie dem Markt resultieren.

Bereits in den 80er Jahren hatte sich mit der Abwendung von Stand, Schicht und Klasse neben der damals in den Sozialwissenschaften vorherrschenden Kategorisierung nach Lebensstilgruppen auch das Paar *„Modernisierungsgewinner – Modernisierungsverlierer"* etabliert. Es war von einem starken Zeitmoment geprägt: Der unausweichliche, unwiderstehliche, sich in die Zukunft hinein weiter verlängernde Prozess der Modernisierung wurde vorgestellt als eine am einzelnen vorbei oder über ihn hinwegstrebende Schicksalsmacht, die die Zeit selbst ist. In diesem Begriffspaar ist zudem der agonale Bezug direkt zum Ausdruck gebracht, wenn der Modernisierungsprozeß – partiell oder insgesamt – als Nullsummenspiel interpretiert wird. „Modernisierung" ist dabei jedoch ein austauschbares Benennungselement. Selbst schon an die Stelle von „Rationalisierung" gerückt, weicht es nun der „Globalisierung". In der spezifischen Mischung aus Individualisierung und Kontingenz, aus individuell zu verantwortendem Bemühen innerhalb bekannter Spielregeln und dem Glück, das die Zufälligkeiten sozialer und ökonomischer Konjunkturen gönnen oder versagen, erhält das Paar „Gewinner/Verlierer" seine eher noch zunehmende Signifikanz.

Dieser agonalen Klassifikation parallel läuft eine soziale Kategorisierung nach Graden der zeitlichen und räumlichen Mobilität. Die Definition von Sozialstrukturen steuert aufgrund der Beschleunigung ökonomischer Prozesse und der Verflüssigung hergebrachter sozialer Schranken bei gleichzeitig gesteigertem Grad an Ungleichheitserzeugung auf Begriffspaare zu, die Bewegung im Raum und in der Zeit oder eben Bewegung in einem jeder Schließungstendenz fernen Spiel bezeichnen. Raum, Zeit, Spiel werden dabei als offene, durch keine Zugangsregeln und innere Barrieren strukturierte Felder verstanden. Allein ihre innere Dynamik erzeugt Positionierungen. Auf Bewegung in Raum und Zeit rekurrierende begriffliche Konstruktionen von Sozialstruktur können „Mobilitäts- und Schnelligkeitsklassen" (vgl. Narr 1995: 352) genannt werden. Seit die Sozialstrukturforschung im Zuge der Verzeitlichung ihrer Betrachtungsweise mit temporal ausgerichteten Kollektivkategorisierungen arbeitet, bietet sie neue Deutungsmuster an oder theoretisiert bereits alltagsweltlich vorhandene, die das Reservoir möglicher Selbstdeutungen und Entwürfe von Identität erweitern. Die Kategorien von „stayer" und „mover" (vgl. Berger 1996: 18) sowie die der „Langsamen" und „Schnellen", der „Mobilen" und „Immobilen", von „Flexiblen" und „Starren" können durchaus als Anwärter für sich weit verbreitende Deutungen gelten. Solche *Mobilitätsklassen*[8] sind dadurch gekennzeichnet, dass sie auf Beweglichkeit in Raum und/oder Zeit als primärem Merkmal abstellen, erst sekundär und davon abgeleitet den Bezug zu Einkommen, Besitz, etc. herstellen. Diese Mobilitätsklassen diskriminieren damit auch in durchaus unterschiedlicher Weise. In der räumlichen Dimension zeigt sich Mobilität und Flexibilität in dem Wechsel zwischen weit auseinander liegenden Orten, in der häufigen Kommunikation mit Personen, die auf anderen Kontinenten, in anderen Weltregionen beheimatet sind. In der zeitlichen Dimension zeigt sich Flexibilität eher als Verkürzung von Zeithorizonten, als schnelles Umschalten und Ergreifen neuer Möglichkeiten, im Aufspringen auf einen neuen, gerade erst angefahrenen „Zug". Den „Langsamen", „die dem immer rapideren Wandel ihrer sozialen Umwelten nicht mehr folgen können oder unter den ihnen auferlegten Änderungen leiden", stehen die „Schnellen" gegenüber, die nicht nur das Tempo mithalten, sondern sogar selbst bestimmen können (vgl. Berger 1996: 42). Territorial bestimmte Mobilitätsklassen sind auch durch die räumliche Reichweite von Abwanderungs-Optionen beschreibbar. Denn nicht nur Unternehmen treffen nationalstaatsunabhängig ihre Standortentscheidungen, auch die Bürger werden freier in der Wahl des Wohnsitzes, der Wahl ihres Arbeitsplatzes, der Wahl des Ortes ihres Einkommensbezuges und ihrer Vermögenshaltung und in kleinen Segmenten auch bei der Wahl ihrer Staatsangehörigkeit. Die mobilen „weltoffenen", globalen oder regionalen (Europa-)Eliten, die sich zwi-

8 Berger (1996) hat neuere sozialstrukturelle Entwicklungen unter dem Titel „Verzeitlichung sozialer Ungleichheit" zu fassen gesucht und entsprechende Gruppen in zeitlich bestimmten Kategorien näher bestimmt.

schen den Metropolen bewegen, stehen in einer derartigen Kategorisierung den immobilen „Provinzlern" gegenüber, die auf enge räumliche Kontexte festgelegt sind – und unter eng ist hier der nationale Rahmen zu verstehen. Parallel zur Kategorisierung nach Gewinnern und Verlierern verlaufen diese Terminologien, weil die Haltung zum Markt in beiden Fällen zum neuen Kriterium der Unterscheidung von sozialen Großgruppierungen wird: Den Markt als Chance zu begreifen, Risikobereitschaft zu zeigen und sich als Mover zu erweisen bedeutet danach (idealtypisch), auch zu den Gewinnern zu gehören; den Markt als Bedrohung anzusehen, darauf mit Strategien der Sicherung zu reagieren, ohne sich zu bewegen, also Stayer zu sein, macht zum Verlierer.

Erhalten derartige Kategorien und Denkweisen öffentliche Dominanz, dann werden sich auch Konflikte in dem dichotomen Muster als Auseinandersetzungen zwischen Globalisierungs-, Modernisierungs-, Rationalisierungs-, Internationalisierungsgewinnern und eben solchen Verlierern darstellen lassen. Die neuen Konfliktlinien würden sich dann entlang der *Mobilitätsdimension* entwickeln: Die Interessen und Bestrebungen der Mobilen stehen gegen die der Nichtmobilen. Diese Linie ist nicht mit der von Arbeit und Kapital identisch. Zwar sind Kapitalinteressen ganz überwiegend auf die Seite der mobilen Interessen zu zählen – sieht man von jenen Sektoren des Produktionskapitals ab, die nur für lokale oder nationale Märkte produzieren können –, doch auf Seiten der Arbeit verläuft eine Spaltung mitten durch die gehobenen und höheren Einkommens- und Berufsbereiche. Während sich bestimmte Berufsgruppen europäisieren und internationalisieren, wird das für viele Berufs- und Personengruppen nicht gelten. Sie werden nur auf lokalen Arbeitsmärkten überhaupt eine Beschäftigungschance haben. In den komparativen Orientierungen, die derartige Konflikte begleiten, könnte sich neben normativen Motiven der Verletzung sozialer Gerechtigkeit und dem weniger reflektierten *Mobilitätsneid* auf Seiten der „Verlierer" vor allem das Bemühen um Wahrung der erreichten Position, um Positionssicherung und Abstiegsvermeidung durchsetzen. Dem stünde auf Seiten der „Gewinner" *Stabilitätsverachtung* und die Denunziation jedes Bestrebens nach Positionssicherung (bis zur Stützung des genauen Gegenteils eines reinen Veränderungswunsches) gegenüber. Jede Form der Besitzstandsgerechtigkeit wie des rein konsequenzenorientierten Bestrebens nach Positionssicherung erscheint den (potentiellen) Gewinnern als illegitimes Motiv, während es aus der Sicht der potentiellen Verlierer nur die Alternative zwischen Positionssicherung und offener Hinnahme einer Verschlechterung gibt, da alles Streben nach Positionsverbesserung sich als illusionär erwiesen hat[9].

9 Auch die poststruktralistisch-postmoderne Diskussion hat in den 80er Jahren mit der Betonung des Differenten, der individuellen Besonderheit und Andersheit, der kulturellen Vielfalt, Beweglichkeit und Pluralität Wirkungen auf das motivationale Milieu ausgeübt, und zwar in Richtung einer Delegitimierung von Konformität, Differenzminimierung und Positionsbewahrung. So geraten derartige Motive sowohl von Seiten neoliberaler Diskurse als auch von Seiten „linker" Diskurse unter Druck. Weder Konformität und Orientierung am Durchschnitt noch Strategien des Sich-Abfindens mit dem Gegebenen stehen in der politischen Öffentlichkeit hoch im Kurs. Obwohl angesichts wachsender

Eine nicht bloß binäre Sicht der Konfliktlagen hat Claus Offe (1996) präsentiert, in dem er jedem (Nullsummen-)Spiel folgende Dreierkonstellation unterstellt: „Jedes Spiel codiert drei Klassen von Personen: (a) Gewinner, (b) Verlierer und (c) Nicht-Kompetente, Nicht-Teilnahmeberechtigte, Überflüssige. Der verteilungspolitische Ausgleich zwischen (a) und (b) und die Niveausteigerung der Ressourcen, die für die Befriedung des Verhältnisses zwischen (a) und (b) benötigt werden, hat die Befestigung der gegen (c) gerichteten Barrieren zur Folge. ... Diese Dreiteilung des Spektrums von Lebenschancen führt zur Differenzierung von ‚Verlierern' und ‚Untauglichen'. Nicht die Verlierer sind marginalisiert (paradox könnte man sogar sagen: Wenn man bloß Verlierer ist – in institutionalisierten Verteilungskämpfen, in formalen Bildungs- und Gesundheitseinrichtungen, auf Märkten und in Wahlen-, dann hat man schon gewonnen, weil man über die Statusrechte eines legitimen Teilnehmers verfügt)" (vgl. ebd.: 274 f). Die Linie zwischen Verlierern und Gewinnern hat demnach ganz andere Bedeutung als die zwischen Ausgeschlossenen und Verlierern (vgl. ebd.: 282). Zwar können Konflikte an beiden Linien durchaus als Verteilungskämpfe interpretiert werden, doch ist das Moment der Schließung, Exklusion und Nicht-Anerkennung allein an der Linie zwischen Verlierern und „Überflüssigen" wirksam. Offe wertet die sozialen Ungleichheiten an der Linie Gewinner-Verlierer als weitaus weniger schwerwiegend als an der Linie zwischen „Überflüssigen" oder „Unterklasse"[10] und Gewinnern/Verlierern. Dass dem auch entsprechend weitreichende Chancen auf Entstehen und politische Wirksamkeit eines Konflikts an dieser Linie gegenüberstehen, ist damit jedoch noch nicht behauptet. Bedeutsam könnte hier sein, dass gerade die Verlierer zunehmend in Konflikt mit den Ausgeschlossenen und dem ihnen unterstellten Ziel der Positionsverbesserung geraten. Während sich für die Verlierer die Positionsverbesserung als ausgeschlossen zeigt, werden die Bemühungen einer noch nicht gänzlich ausgeschlossenen Gruppierung von Marginalisierten als (erfolgreiches) Bemühen um Verbesserung interpretierbar. Demgegenüber können sich bei jenen, die sich in der Verlierergruppe befinden, durchaus Tendenzen entwickeln, selbst die Positionssicherung als maßgebliche Orientierung fahren zu lassen und ganz auf Vermeidung des Absturzes auf den untersten Platz umzustellen. Daraus könnten sich Konflikte höchst konfrontativen Charakters entwickeln.

Ängste vor zukünftigen Entwicklungen eine Vielzahl von Anstrengungen sich auf „Besitzstandswahrung" richtet, real also dem egoistischen oder komparativen Ziel der Positionssicherung untergeordnet ist, wird heute in der politischen Öffentlichkeit gerade diese positionale Orientierung der Statussicherung als zutiefst illegitim dargestellt. Die Schere zwischen öffentlichem Bekenntnis zur Veränderung und realen Sicherungsstrategien im Kleinen und Großen schreitet voran, solange es noch Möglichkeiten der Sicherung gibt, aber keine attraktive, d. h. aussichtsreiche Orientierungsalternative zu diesem defensiven Motiv.

10 Zur bundesdeutschen Debatte über die Entstehung einer Unterklasse und die heutige Armutsdynamik vgl. Hanesch u. a. (1994), Leibfried/Voges (1992), Hanesch (1995), Leibfried u. a. (1995), Hübinger (1996), Wacquant (1997), Kronauer (1997).

6. Generationengerechtigkeit

Sobald von Bildungspolitik, Staatsverschuldung und Alterssicherung die Rede ist, taucht heute die Figur der „Generation“ auf. Rentenpolitische Konzeptionen werden daran gemessen, ob sie die alte Generation auf Kosten der jüngeren begünstigen und eine Ausbeutung der Jungen durch die Alten darstellen. Eine Bildungsoffensive wird zur Förderung einer bisher vernachlässigten jungen Generation für erforderlich gehalten, die noch dazu durch Staatsverschuldung und ökologischen Raubbau mit enormen Zukunftsbelastungen bedacht ist. Die Publizistik ruft den „Krieg der Generationen“ aus (vgl. Bräuninger u. a. 1998), Vertreter der jungen Generation sprechen vom „Generationenbetrug“ (vgl. Tremmel 1996) und der Eigensucht der Älteren. Generationskonflikte stehen im Verdacht, auf Wahlergebnisse entscheidend einzuwirken, sodass auch eine Änderung des Wahlrechts dahingehend erwogen wird, das zahlenmäßige Übergewicht der Alten über die Jungen durch besondere Konstrukte auszugleichen.

Doch die Konstitution der Jungen zu einer „Generation“ im öffentlichen Raum ist keineswegs eine Folge innerer Übereinstimmungen. Die Vielfalt der Jugendkulturen, Lebensentwürfe und Stile ist viel zu groß, die Gegnerschaften zwischen ihnen viel zu tief, als dass eine innere Einheit der jungen Generation erwachsen könnte. Als Generation wird sie in der Öffentlichkeit inszeniert – und zwar in und durch ihre Entgegensetzung zur älteren Generation. Das Lebenselixier der jungen Generation ist ihr Gegenüber. Nur an der älteren Generation kann sie sich als jüngere festmachen und zumindest in einem massenmedial gepflegten Bild zusammenfinden. Eine Differenzierung zwischen den „Alten“, den über 60-jährigen, und der mittleren Generation der 30 bis 60-jährigen ist dabei von geringerer Bedeutung, können sie doch als Träger der jetzigen sozialen Entwicklung gemeinsam als „herrschende Generation“ der „Älteren“ gefasst werden. Die duale Konstruktion und Aufteilung des sozialen Raums macht die Vorstellung einer einfachen Konfliktkonstellation möglich und trägt dazu bei, dass die Opposition (im Namen) der Jüngeren sich ganz überwiegend von einer Sprache moralischer Empörung tragen lässt (vgl. Schüller 1995).

In den Mittelpunkt dieser normativen Aufladung der Generationendebatte steht die Generationengerechtigkeit und deren Realisierung in der gesetzlichen Alterssicherung. Sozialstaatsanalysen bemühen zur Wirkungsanalyse von Umbauten im Gefüge der sozialen Sicherung ebenfalls die Kategorien Verlierer/Gewinner (vgl. Lessenich 1996: 217 ff). Im Rahmen einer Versicherungslogik, die auf die Äquivalenz von Beiträgen und Leistungen achtet und sowohl in einer rein monetären Variante als auch in einer demographischen Variante vertreten wird, werden bestimmte Altersgruppen und Generationen als Gewinner/Verlierer identifiziert. Die von geringen Beitragszahlungen, hohen Renten und längerer Lebenserwartung begünstigte Generation der heutigen Rentner gilt als „Gewinner“, während die jetzige Jugend mit der zu erwartenden Kombination aus hohen Beiträgen, abgesenkten Renten bei einer allerdings mindestens ebenso langen Lebenserwartung, aber weit mehr Problemen auf dem Arbeitsmarkt während der aktiven Beschäftigungszeit, „Verlierer“ ist. Im

Kontext einer monetären Fassung des Versicherungsarguments wird die Generationengerechtigkeit als Kriterium an der Höhe der „Renditen" festgemacht, die einzelne Kohorten im Lebenslauf erwirtschaften können. Nicht die Abstimmung zwischen verschiedenen Formen von Gerechtigkeit wird hier zum Thema sozialstaatlicher Legitimationsdiskurse. Vielmehr findet eine Übertragung von Markt-, insbesondere Kapitalmarktkategorien auf das sozialstaatliche System statt. Ein Absinken der Rendite bei den jüngeren Jahrgängen gilt als Zeichen wachsender Generationenungerechtigkeit. Die Verletzung der Gleichheit der Renditen bildet den Hintergrund dieser Selbstcharakterisierung als „Verlierergeneration". Als politische Zuspitzung der Suche nach intergenerationeller Gerechtigkeit sind Anforderungen an ein gesetzliches Alterssicherungssystem zu werten, von dem verlangt wird, dass in jeder Generation ein gleich hohes Verhältnis zwischen Beitragsaufwendungen und der Summe der späteren Rentenzahlungen erzielt werden kann. Generationengleichheit erscheint dann als Gleichheit der aus einem Sicherungssystem zu erzielenden Renditen. Die Transformation eines auf Leistungsgerechtigkeit und sozialen Ausgleich gerichteten Systems in ein System der Kapitalanlage, dessen Erfolgsmaßstab allein die Rendite ist, geht einher mit einem sozialen Vergleich, in dem dieses ökonomische Vergleichskriterium Rendite an dem Maßstab numerischer Gleichheit ausgerichtet wird. Während Vertreter der älteren Generation und des etablierten Rentensystems mit dem Hinweis auf die besonderen Belastungen und Leistungen der RentnerInnengeneration antworten, ist im Generationendiskurs der jüngeren Generation die abstrakte Gleichheit ausschlaggebendes Prinzip.

Ein innerer Widerspruch dieser Generationsargumentation liegt darin, dass die ältere Generation zum einen als diejenige angesehen wird, die eine einmalig hohe Wohlstandsposition besitzt, die keine Generation vor ihr erlangt hat und nach ihr je wieder gewinnen wird. Diesem nüchternen Befund wird aber eine Forderung beigefügt, die ihn ungültig machen müsste. Denn es wird sowohl eine generelle Chancengleichheit der Generationen gefordert als auch speziell die Gleichstellung mit der vorangegangenen – was sich mit deren Außerordentlichkeit nicht vereinbaren lässt. So empirisch einleuchtend die Selbsteinschätzung als schlechter gestellte Generation ist, so aussichtslos muss dann das Anrennen gegen die Ausnahmestellung einer Generation erscheinen. Die auf Generationen gemünzte Gleichheitsformel wird jedoch zum Transporteur eines Festhaltens an einem bei anderen bereits erreichten Niveau der Lebenshaltung, das auch für einen selbst weiterhin gelten soll. Doch darin erweist sich der Generationendiskurs der Jungen als die Kehrseite der Besitzstandswahrung aufseiten der Alten. Die vom Einkommensstatuserhalt zum Renditedenken gewandelte Haltung zum Sozialstaat bündelt sich im Generationenbegriff, weil dieser es erlaubt, Gerechtigkeitsformeln anzuschließen. Während die Sphäre des Gerechten und Moralischen sich versperrt, rekurriert man nur auf individuelles Streben nach Höchstrenditen und Marktstatusmehrung. Das Renditekalkül moralisiert sich durch den Verweis auf abstrakte Gleichheit zwischen den Generationen.

Von *Mikromoral* ist zu reden, weil die eigenen Renditekalküle, die Selbstmanagementstrategien zur Steigerung des Marktstatus, agonale Orientierungen und der vorrangige Blick auf die Rolle als Verlierer oder Gewinner mit dem Attribut moralischer Überlegenheit versehen sind. Sie sind nicht bloß Elemente eines notwendigen Anpassungsprozesses an schwierige Bedingungen oder Folgen eines anderen, aber leider verfehlten Projektes. Vielmehr treten sie im Modus moralischer Berechtigung, als Vertretung des Gerechten und als Ausdruck des Berechtigten, auf. So ist die junge Generation weniger eine soziale Gruppe denn eine Kategorie, in der sich individuelles Streben sozialisieren, moralisieren und dadurch zugleich verstärkt zu politischem Ausdruck bringen lässt.

7. Sozialstaat der Verlierer und Verlierer Sozialstaat?

Mit jeder weiteren Verfestigung einer sozialen Strukturierung in Gewinner, Verlierer und Unterklasse werden auch die Differenzen zwischen einem auf Stayer angelegten System sozialer Sicherung[11], den zunehmend auch vom Sozialstaat ausgegrenzten Angehörigen einer Unterklasse und den Interessen von Movern größer. Schließlich gerät das gesamte sozialstaatliche Gefüge erst in den Ruf, dann auch in die Rolle eines Stayers, während die individuelle, private Vorsorge als der optionale, mobile Weg in die selbstgestaltete und selbstgesicherte Zukunft gilt. Die pure Stabilität der Sozialversicherungssysteme, die ihnen als Alltags-Image wie als sozialwissenschaftlich bestätigte Deutung anhängt, und die sich trotz der mindestens jährlichen Änderungen in den einzelnen Gesetzeswerken durchsetzt, macht sie verdächtig als unmoderne, überholte, provinzielle Einrichtung. Die Immobilität des Kernsystems sozialer Sicherung – in der Bundesrepublik symbolisiert in den seit mehr als einem Jahrzehnt wiederholten Satz „Die Renten sind sicher“ – lässt es zu einem Instrument einer absteigenden und kleiner werdenden „Klasse“ werden. Der *Sozialstaat* wird zum Sozialstaat des *nicht-mobilen Teils* der Bevölkerung und er beruht zunehmend auf der Umverteilung innerhalb dieses nicht-mobilen Teils der Bevölkerung. In dem Maße, wie sozialstrukturelle Lagen mit Hilfe raumzeitlicher Sozialkategorien wie „mover-stayer“ interpretiert werden, rückt der Sozialstaat selbst als eine Schließungsstruktur gegenüber den offenen Märkten sozialstrukturell auf die Seite einer Gruppe, der Stayer. Statt eine sozialstrukturübergreifende Institution zu sein, entwickelt er sich zu einer Interessenwahrungsmaschinerie im Sinne einer von drei gesellschaftlichen Großgruppen. Statt sozialintegrativen Charakter zu besitzen, wird er zu einer partikularen Einrichtung. Die Zuschreibung einseitiger Interessenausrichtung macht den eigenen moralischen und politischen Rückzug aus dieser Institution plausibel. So werden die normativen Grundlagen des Sozialstaates zerstört, indem er sich als Veranstaltung partikularer und dazu rückwärts gewandter, auf Dauer ohnehin untergehender Kräfte und Interessen darstellt. Dem Sozialversi-

11 Der bundesdeutsche Sozialstaat mit seinen vielfältigen Mechanismen der Einkommensstatussicherung ist bereits durch die Art seiner rechtlichen Regelungen und der dominanten institutionellen Fassung als Sozialversicherungsstaat eine Verkörperung eines „stayer“.

cherungsstaat der Globalisierungsverlierer könnte schließlich als Sozialstaat der Ausgegrenzten – wie die Entwicklung in den Vereinigten Staaten zeigt – ein polizeilicher Sozialkontrollstaat (vgl. Wacquant 1997) gegenüberstehen, während die Gewinner in einer annähernd vollkommenen Marktgesellschaft mit höchstens rudimentären Sozialstaatseinsprengseln leben.

Aus den Zerfallsprodukten der Makromoral sozialstaatlicher Solidarität, wie immer sie durch berufsständische Grenzen beschränkt, durch Statusbewahrung moderiert und durch den Kapital-Arbeit-Konflikt in ihren Wirkungen begrenzt war, entwickeln sich vorerst nur schwache Gruppenbindungen, die selbst noch getragen sind von den Mikromoralen kalkulierender Individuen. In der Aufwertung des individuellen Marktanpassungs- und Maximierungsdenkens zu einem moralisch gerechtfertigten, in sich ethisch anspruchsvollen Vorstellungskomplex erhält das auf den Marktstatus achtende Verhalten der sich als Wettbewerber verstehenden Individuen seine Legitimation und Würde. Bis hin zu aggressiv agonalem Verhalten erstreckt sich diese Neubewertung des Wettbewerblichen. Gegenüber diesen Mikromoralen muss die bestehende Sozialstaatlichkeit versagen. Die Alternative einer in der Bundesrepublik nie angestrebten bürgerschaftlich-universalen Ausrichtung des Sozialstaates besitzt noch wenig politische Chancen, die vorhandene berufsständische und statusdifferenzierende Sozialstaatlichkeit der ErwerbsbügerInnen verliert mit dem Wandel des Beschäftigungssystems und den Produktionsstrukturen ihre Grundlage. Die zentralen Inhalte des sozialstaatlichen Modells werden hinfällig, weil bereits die Grundidee der lebenslangen und für alle Bedarfslagen geltenden Sicherung dem Charakter des Mobilen, Positionalen und Agonalen widerspricht. Alle Muster der neuen Sozialkategorien der Mover, Gewinner und Sieger fehlen dem alten Sozialstaat: Optionalität, Globalität, Flexibilität, Schnelligkeit. Der Sozialstaat wird zur sozial absteigenden Einrichtung.

Literatur

Berger, Peter A. (1996): Individualisierung. Statusunsicherheit und Erfahrungsvielfalt. Opladen.

Bräuninger, Bettina u. a. (1998): „Alterslast“ und „Krieg zwischen den Generationen“? Generationsbeziehungen in aktuellen Sachbuchtexten. In: Zeitschrift für Bevölkerungswissenschaft 23 (1), 3–18.

Doehlemann, Martin (1996): Absteiger. Die Kunst des Verlierens. Frankfurt/M.

Festinger, Leon (1954): A Theory of Social Comparison Processes. In: Human Relations 7, 117–140.

Frank, Robert H./Cook, Philip J. (1995): The Winner-Take-All Society. New York u. a.

Frank, Robert H./Cook, Philip J. (1997): Die Winner-take-all-Gesellschaft. In: Blätter für deutsche und internationale Politik 42 (1), 91–99.

Gather, Claudia u. a. (Hrsg.) (1991): Frauen-Alterssicherung. Lebensläufe von Frauen und ihre Benachteiligung im Alter. Berlin.

Gerhard, Ute u. a. (Hrsg.) (1988): Auf Kosten der Frauen. Frauenrechte im Sozialstaat. Weinheim, Basel.

Hanesch, Walter (Hrsg.) (1995): Sozialpolitische Strategien gegen Armut. Opladen.

Hanesch, Walter u. a. (1994): Armut in Deutschland. Reinbek.

Härtel, Hans-Hagen (1995): Standortqualität, Wirtschaftswachstum und internationale Wettbewerbsfähigkeit. In: Erhard Kantzenbach, Otto G. Mayer (Hrsg.), Deutschland im internationalen Standortwettbewerb. Baden-Baden, 13–20.

Hengsbach, Friedhelm (1997): Der Gesellschaftsvertrag der Nachkriegszeit ist aufgekündigt. Sozioökonomische Verteilungskonflikte als Ursache ethnischer Konflikte. In: Wilhelm Heitmeyer (Hrsg.), Was hält die Gesellschaft zusammen? Frankfurt/M., 207–232.

Hirsch, Fred (1976): Social Limits to Growth. Cambridge/Mass.

Hübinger, Werner (1996): Prekärer Wohlstand. Neue Befunde zu Armut und sozialer Ungleichheit. Freiburg/Br.

Kronauer, Martin (1997): „Soziale Ausgrenzung" und „Underclass": Über neue Formen der gesellschaftlichen Spaltung. In: Leviathan 25 (1), 28–49.

Leibfried, Stephan u. a. (1995): Zeit der Armut. Lebensläufe im Sozialstaat. Frankfurt/M.

Leibfried, Stephan/Tennstedt, Florian (Hrsg.) (1985): Politik der Armut und die Spaltung des Sozialstaats. Frankfurt/M.

Leibfried, Stephan/Voges, Wolfgang (Hrsg.) (1992): Armut im modernen Wohlfahrtsstaat. Opladen.

Lessenich, Stephan (1996): Umbau, Abbau, Neubau? Der deutsche Sozialstaat im Wandel. Eine Provokation. In: Leviathan 24 (2), 208–221.

Maier, Friederike (1996): Arbeitsmarkt und Geschlechterverhältnis. Frauenarbeit als Gegenstand politischer Regulierung. In: Teresa Kulawik, Birgit Sauer (Hrsg.), Der halbierte Staat. Grundlagen feministischer Politikwissenschaft. Frankfurt/M., New York, 175–205.

Mau, Steffen (1997): Ideologischer Konsens und Dissens im Wohlfahrtsstaat. Zur Binnenvariation von Einstellungen zu sozialer Ungleichheit in Schweden, Großbritannien und der Bundesrepublik Deutschland. In: Soziale Welt 48 (1), 17–37.

Mau, Steffen (1998): Zwischen Moralität und Eigeninteresse. Einstellungen zum Wohlfahrtsstaat in internationaler Perspektive. In: Aus Politik und Zeitgeschichte B 34–35, 27–37.

Mummendey, Hans Dieter (1995): Psychologie der Selbstdarstellung. Göttingen u. a.

Narr, Wolf Dieter (1995): Zehn unerhörte Herausforderungen gegenwärtiger Politik (und Politikwissenschaft). In: Karlheinz Bentele u. a. (Hrsg.), Die Reformfähigkeit von Industriegesellschaften. Fritz W. Scharpf. Festschrift zu seinem 60. Geburtstag. Frankfurt/M., New York, 339–361.

Neckel, Sighard (1991): Status und Scham. Zur symbolischen Reproduktion sozialer Ungleichheit. Frankfurt/M., New York.

Nullmeier, Frank/Vobruba, Georg (1994): Gerechtigkeit im sozialpolitischen Diskurs. In: Dieter Döring u. a., Gerechtigkeit im Wohlfahrtsstaat. Marburg, 11–66.

Offe, Claus (1996): Moderne „Barbarei": Der Naturzustand im Kleinformat? In: Max Miller, Hans-Georg Soeffner (Hrsg.), Modernität und Barbarei. Soziologische Zeitdiagnose am Ende des 20. Jahrhunderts. Frankfurt/M., 258–289.

Roller, Edeltraud (1992): Einstellungen der Bürger zum Wohlfahrtsstaat der Bundesrepublik Deutschland. Opladen.

Scharpf, Fritz W. (1994): Optionen des Föderalismus in Deutschland und Europa. Frankfurt/M., New York.

Schüller, Heidi (1995): Die Alterslüge. Für einen neuen Generationenvertrag. Berlin

Stykow, Petra/Wiesenthal, Helmut (Hrsg.) (1996): Globalisierung ökonomischen Handelns und ihre Folgen für politische Steuerung. Forschungsberichte der Arbeitsgruppe Transformationsprozesse in den neuen Bundesländern an der Humboldt-Universität zu Berlin. Heft 8. Berlin.

Tremmel, Jörg (1996): Der Generationsbetrug. Plädoyer für das Recht der Jugend auf Zukunft. Frankfurt/M.

Veil, Mechthild u. a. (Hrsg.) (1992): Am modernen Frauenleben vorbei. Verliererinnen und Gewinnerinnen der Rentenreform 1992. Berlin.

Vester, Michael (1997): Kapitalistische Modernisierung und gesellschaftliche (Des-) Integration. Kulturelle und soziale Ungleichheit als Problem von „Milieus" und „Eliten". In: Wilhelm Heitmeyer (Hrsg.), Was hält die Gesellschaft zusammen? Frankfurt/M., 149–203.

Vobruba, Georg (1990): Lohnarbeitszentrierte Sozialpolitik in der Krise der Lohnarbeit. In: Ders. (Hrsg.), Strukturwandel der Sozialpolitik. Frankfurt/M., 11–80.

Wacquant, Loic J. D. (1997): Vom wohltätigen Staat zum strafenden Staat: Über den politischen Umgang mit dem Elend in Amerika. In: Leviathan 25 (1), 50–66.

F. Freizeitwelten

Freizeit: das wahre Leben?

Heinz-Günter Vester

„Es gibt kein vollkommenes Leben.
Es gibt nur Fragmente."
James Salter (1998: 47)

1. Freizeit – kein Thema für die deutsche Soziologie?

Freizeit ist in der deutschen Soziologie ein marginales Thema. Die Zahl der Veröffentlichungen zur Soziologie der Freizeit ist niedrig, die institutionelle Verankerung der Freizeitsoziologie schwach. Freizeit wird angesehen als eine diffuse Luxusdomäne, der sich wissenschaftlich zuzuwenden als wenig seriös erachtet wird. Die Erkundung der Freizeit scheint in der deutschen Soziologie nicht mainstream-fähig. Typischerweise wird etwa im Sonderheft der *Kölner Zeitschrift für Soziologie und Sozialpsychologie* (Friedrichs u. a. 1998) unter dem Leitthema „Die Diagnosefähigkeit der Soziologie" über diverse soziale Entwicklungstendenzen verhandelt, über soziale Ungleichheiten, Wertewandel, soziale Bewegungen und die Informationsgesellschaft debattiert, doch beim Thema Freizeit ist Fehlanzeige zu vermelden.

Die Freizeitindustrie – wie immer man diese statistisch abgrenzen mag – zählt zu den potentesten Wachstumsbranchen. Langfristig gesehen nehmen Umfang und Bedeutung der freien Zeit zu, und zwar sowohl im Verhältnis zur Arbeitszeit als auch bezogen auf die durchschnittliche Lebenserwartung der Menschen, auch wenn man berücksichtigt, dass für Fahrten zum Arbeitsplatz sowie für Fort- und Weiterbildung immer mehr Zeit aufzuwenden ist. Im internationalen Vergleich der Dauer von Urlaubszeiten nimmt Deutschland eine Spitzenstellung ein. In Anbetracht dieser Situation, die dem Schlagwort von der Freizeitgesellschaft eine gewisse Plausibilität verleiht, ist das Desinteresse, mit dem die deutsche Soziologie dem Themenkomplex Freizeit begegnet, höchst beklagenswert. Dabei scheint es sich um eine für die deutsche Soziologie typische Ignoranz zu handeln, wie das in der amerikanischen, britischen und französischen Soziologie durchaus vorhandene Interesse an *leisure* und *loisir* zeigt. Ähnliches wäre zu sagen für die Beachtung, die dem freizeitverwandten Themenbereich Tourismus zuteil wird. Erscheinen im allgemeinen Bewusstsein die Deutschen als Reiseweltmeister – eine zwar undifferenzierte, aber nicht unbegründete Vorstellung –, haben sich dafür deutsche Soziologinnen und Soziologen bislang kaum interessiert. Ausnahmen bestätigen wie immer die Regel (Hahn/Kagelmann 1993; Vester 1993b, 1998, 1999; Bachleitner u. a. 1998).

Das zarte Pflänzchen der Freizeitsoziologie führt in Deutschland ein kümmerliches Dasein, auch deshalb, weil ihm die geistige Befruchtung vorenthalten wird, die sie durchaus erhalten könnte, wenn man den Blick über den Zaun des Schrebergartens deutscher Freizeitsoziologie auf die andernorts mehr oder weniger blühenden Landschaften der Freizeitforschung richten würde. International existieren mehrere renommierte Fachzeitschriften zur Freizeitforschung (*Journal of Leisure Research, Leisure Sciences, Leisure Studies, Loisir et Société*), die hierzulande ebenso wenig zur Kenntnis genommen werden wie die zahlreich vorhandenen englischsprachigen Monographien und sogar Lehrbücher zur Freizeitforschung. Obwohl die deutsche Soziologie inzwischen das Schlagwort Globalisierung aufgegriffen hat, ist ihr Erscheinungsbild in vielen Bereichen – nicht nur in der Freizeitsoziologie – von Provinzialismus geprägt.

Das Desinteresse der soziologischen Zunft an der Freizeit könnte darauf zurückzuführen sein, dass die Definition von Freizeit nicht einfach ist. Was genau Freizeit ist, ganz konkret auch, wie sie sich abgrenzen und bemessen lässt, ist ein Problem alltagsweltlicher wie wissenschaftlicher Definitionen. Entsprechend hat auch der Forschungsgegenstand Freizeit ausfransende Ränder (vgl. Vester 1988). Überschneidungen etwa mit Tourismus, Sport, Konsum, Medien sind gegeben, bzw. eine Freizeitsoziologie tritt in Konkurrenz – oder auch Kooperation – zu einer Reihe soziologischer Teildisziplinen, die ebenfalls Mühe haben, ihre Existenzberechtigung zu behaupten. Aber auch von etablierteren Bindestrichsoziologien wie der Familien- und der Jugendsoziologie wird das Themenfeld Freizeit berührt. Und existentielle Dimensionen der Lebensführung wie Religiosität und Sexualität, Ernährung und Gesundheit, denen sich wiederum mehr oder weniger ausdifferenzierte spezielle Soziologien zuwenden (sollten), haben Bezug zur Freizeit. Von daher könnte man systematische Argumente gegen die Notwendigkeit einer Freizeitsoziologie anführen. Gleichwohl, Nichtexklusivität des Forschungsgegenstandes ist durchaus keine Besonderheit der Freizeitsoziologie. Auch der Themenkomplex Arbeit wird schließlich von mehreren soziologischen Bindestrichsoziologien behandelt. Wie immer man die wissenschaftliche Bearbeitung des Themenfeldes Freizeit auf- und zuteilt, kann und sollte die Soziologie nicht darüber hinwegsehen, dass Freizeit als kultureller Sinngehalt wie als empirischer Sachverhalt existiert, sowohl psychische Größe als auch soziale Tatsache ist.

2. Die Suche nach Sinn und Identität in der Freizeit

Dass die Freizeitwelt von eminenter ökonomischer Bedeutung ist, kann kaum bestritten werden. Die Entwicklung der entsprechenden Unternehmen, Branchen und Märkte hat das längst bestätigt. Allein die wirtschaftliche Bedeutung der Freizeit wäre auch für die Soziologie Grund genug, Freizeit in den Rang eines wichtigen Forschungsgegenstandes zu erheben. Über ihre ökonomische Bedeutung hinaus ist Freizeit aber auch eine Sphäre, in der Sinn gesucht, gestiftet und gefunden wird

– oder auch abhanden kommt. Mehr oder weniger sinnvoll und genußreich wird in der Freizeit gelebt, persönliche und soziale Identitäten werden in und durch Freizeit her- und dargestellt. Soziologie als eine Wissenschaft, die sich mit Sinn, Handeln, Kommunikation, Interaktion und Identität befasst, kann daher kaum den Sinnbereich Freizeit aussparen.

2.1 Individualisierung und Erlebnisgesellschaft

Die Gesellschaften, die das Erbe des Typus westliche Industriegesellschaft angetreten haben und die als postmodern zu bezeichnen es gute Gründe gibt (Bauman 1992; Crook u. a. 1992; Vester 1993a; Welsch 1987; Zima 1997), sind durch die Gleichzeitigkeit von Prozessen der Differenzierung und Ent- oder Dedifferenzierung gekennzeichnet, eine Gleichzeitigkeit, die den Eindruck von Unübersichtlichkeit hinterlässt. Durch eben diese Koexistenz von Differenzierung und Dedifferenzierung ist auch das Verhältnis von Arbeit und Freizeit in der postmodernen Gesellschaft charakterisiert. Neue Formen der sozialen Organisation, der zeitlichen (Ent-) Strukturierung und der räumlichen Ver- bzw. Entortung verflüssigen die Unterscheidungen zwischen Arbeitsplatz und Lebensraum, zwischen Arbeits- und Freizeitkontakten, zwischen beruflicher Qualifikation und persönlicher Bildung. Identität und Sinn werden nicht allein in der Sphäre der Arbeit, sondern auch in der Freizeitwelt gesucht und gebildet (vgl. Ragheb 1996). Allerdings lässt das Bemühen um die Konstitution des Selbst und die Fundierung von Sinnhaftigkeit auch die analytische Trennung von Arbeit und Freizeit als wenig sinnvoll erscheinen, in der Theorie wie in der Praxis. Existentielle Dimensionen wie Körperlichkeit (vgl. Veijola/Jokinen 1994), Sexualität und Emotionalität lassen sich nicht für den einen oder anderen Bereich reservieren. Sinnerfüllung und die Herstellung eines Selbst setzen womöglich gerade die Transzendierung der Grenzen zwischen künstlich getrennten Sinnsphären voraus.

In den gängigen Diagnosen der Gegenwartsgesellschaft wird zumindest indirekt auf die Freizeit Bezug genommen. Während der Begriff „Freizeitgesellschaft" zu einem politischen Kampfbegriff herabgesunken zu sein scheint, mit dem vor angeblich schwindender Arbeitswilligkeit und ungezügeltem Hedonismus gewarnt wird, erfreuen sich in der deutschen Soziologie und im Feuilleton Begriffe wie Risikogesellschaft (Beck 1986; Nassehi 1997), individualisierte Gesellschaft (Schroer 1997) oder Erlebnisgesellschaft (Schulze 1992; Funke 1997) einer gewissen Beliebtheit – sei es, um angeblich zentrale Strukturmerkmale gegenwärtiger Gesellschaften (industrieller oder postindustrieller, hoch-, spät-, postmoderner oder sonst wie moderner Art) zu benennen, oder sei es, um eine diffuse Stimmungslage mit einem schillernden Etikett zu bannen. Gemeinsam ist diesen Begriffen, dass sie alten Gewissheiten, Traditionen und Institutionen ihre Selbstverständlichkeit ebenso absprechen wie deren Vermögen, den Menschen dauerhafte Sinnerfahrungen zu verschaffen, mit stabilen Orientierungsangeboten zu versorgen oder mit kohärenten Identitäten auszustatten.

Insbesondere der Begriff „Individualisierung“ erfreut sich großer Beliebtheit, die wohl daher rührt, dass sich unter diesem Catchword jeder vorstellen kann, was er mag. Unter der so genannten Individualisierungs*these* wird „Individualisierung“ für eine bunte Palette von zum Teil modischen Phänomenen behauptet. Als Etikett für diffus und vage umrissene Phänomene muss „Individualisierung“ herhalten, zur Erklärung der Tatbestände taugt sie jedoch wenig. Von einer Individualisierungs*theorie* kann wohl kaum die Rede sein, wenn man wissenschaftstheoretische Minimalanforderungen an den Theoriebegriff stellt. Aber Schlagworte sind nun einmal dafür bekannt, eine faszinierende Eigendynamik zu entfalten.

Die Individuen, so der Tenor der Individualisierungsthese, werden aus überkommenen Strukturen entlassen, die aus einer veralteten Moderne stammen, und sie werden in neue Freiräume versetzt, in denen der Individualismus die Richtschnur darstellt. „Der oder die Einzelne selbst wird zur lebensweltlichen Reproduktionseinheit des Sozialen“ (Beck 1986: 209). Die eigentlich banale Erkenntnis, dass mit jeder Freisetzung, ja mit Leben überhaupt, Risiken und Chancen verbunden sind, wird zur scheinbar überraschenden Erkenntnis einer trivialexistentialistischen Soziologie hochstilisiert. Weitgehend entlassen aus institutionellen Einbindungen und Beengungen entwerfen die Individuen ihre Biographien, werden zu Identitätsbastlern, zu Identitäts-Patchworkern, die „ihr eigenes Leben“ feiern. Dass sich dessen Schwerpunkt nicht länger in den überkommenen Strukturen von Erwerbsarbeit, Ausbildung und Familie befindet, liegt auf der Hand. Die Eigentlichkeit des Lebens findet statt in einem eigentümlichen Zwischenbereich, jenseits von privat und öffentlich, befreit aus dem Gehäuse der Institutionen und dennoch institutionenabhängig, in einer eigentümlichen „Gleichzeitigkeit von Individualisierung, Institutionalisierung und Standardisierung“ (Beck 1986: 210).

Zwar lassen sich auch die Vertreter der Individualisierungsthese kaum auf die genauere empirische Analyse der Freizeitwelt ein, doch zweifellos werden die Erfahrungsbereiche und Aktivitäten, die herkömmlicherweise der Freizeit zuzurechnen sind, als relevant und markant für die Individualisierung erachtet. Für die Selbstfindung des Individuums, so der gängige Befund, verlieren die traditionellen Identifikationsangebote seitens Beruf, Familie und Religion an Bedeutung, während Erlebnisse, die vor allem außerhalb dieser klassischen Institutionen zu finden sind, nicht allein um ihrer selbst willen, sondern auch als Identitäts- und Distinktionsmarker nachgefragt werden. Erlebnisse, woraus immer diese bestehen mögen, stellen ein zentrales Sinnangebot dar, aus dem die Subjekte ihre individuelle Auswahl treffen und sich somit in ihrer Individualität konstituieren.

Erlebnisorientierungen sowie die Ressourcen zur Erlebnisgenerierung sind nicht gleichmäßig über alle Bevölkerungsgruppen einer Gesellschaft verteilt, wie auch die Vorstellungen davon, was ein Erlebnis darstellt, unterschiedlich sein dürften. Gerhard Schulze (1992) unterscheidet in seiner Gesellschaftsdiagnose verschiedene Milieus, in denen der Erlebniskategorie unterschiedliche Bedeutung zukommt.

Gleichwohl universalisiert er „Erlebnis“ zur zentralen Kategorie der Gesellschaft und ihrer Diagnose. Der Befund der „Erlebnisgesellschaft“ legt die Vermutung nahe, dass die Erlebnissuche von der Ereignisindustrie und der Event Culture bedient und zugleich stimuliert wird. Darüber hinaus regt sich der Verdacht, dass dem erlebnisorientierten Individuum eine hedonistisch-narzisstische Persönlichkeitsstruktur entspricht. Der natürliche Narzissmus von Subjekten wird durch die Erlebnisgesellschaft verlängert und kultiviert, eine Kultur des Narzissmus fördert die Ausprägung narzisstisch fixierter Identitäten.

Dass die Selbstorientierung des erlebnishungrigen Ereigniskonsumenten und die individualistische Feier des „eigenen Lebens“ möglicherweise zu fragwürdigen Resultaten der Selbsterschaffung führen könnten, ist von amerikanischen Beobachtern (Riesman u. a. 1950; Bell 1976; Lasch 1979; Bellah u. a. 1985) mit zum Teil kulturkritischer Schärfe, auch Einseitigkeit, gesehen worden, lange bevor die einschlägigen Schlagworte in der deutschen Soziologie Marktwert erzielten (vgl. van der Loo/van Reijen 1997: 178 ff). Dass das Vertrauen, das die Individualitätstheoretiker in die Eigentlichkeit des Subjektivitätserlebnisses setzen, möglicherweise etwas naiv ist, lässt sich von den amerikanischen Kritikern des Individualismus ebenso lernen wie schon aus der Negativen Dialektik Theodor W. Adornos ableiten: „Wo das Subjekt seiner selbst ganz gewiss sich fühlt, in der primären Erfahrung, ist es wiederum am wenigsten Subjekt“ (Adorno 1980: 50).

2.2 Ästhetisierung der Lebenswelt

Besondere Faszinationskraft erhält die Vorstellung von einer erlebnisorientierten, individualistischen Sinn- und Identitätsfindung durch die Einbeziehung der ästhetischen Dimension der Lebensführung. Diente der Begriff „Lebensstil“ in der Freizeitforschung schon sehr früh – längst bevor er in der deutschen Sozialstrukturanalyse populär wurde (Müller 1992) – als schlichtes analytisches Instrument, Freizeitverhalten zu beschreiben und zu klassifizieren (Havighurst/Feigenbaum 1959; vgl. Vester 1988: 58 ff), werden mit ihm mittlerweile immer stärker die expressiven und ästhetischen Komponenten der Selbstverwirklichung hervorgehoben. In der Konsumkultur konnotieren mit „Lebensstil“ Individualität, Selbstausdruck und ein Gefühl für den eigenen Stil (Featherstone 1991: 83). Man könnte von einer Ästhetisierung der Begrifflichkeit sprechen, die sich an die reale Ästhetisierung anpasst, die in der Lebenswelt, und der Freizeit im Besonderen, festzustellen ist. Das Vordringen der Ästhetik und des ästhetischen Bewußtseins ist ein zentrales Merkmal postmoderner Kultur, wobei sich Begriff und Inhalte der Kultur zugleich verändern (vgl. Featherstone 1991; Vester 1993a). Mit dem Verwischen der Grenzen zwischen Hoch- und Trivialkultur, zwischen Kunst und Kommerz gehen Kulturalisierung und Ästhetisierung der Konsum- und Freizeitwelt einher. Während ehemals sakrale Bereiche wie Kunst und Religion profaniert werden, erhalten einst profane Konsum- und Freizeitaktivitäten gleichsam sakrale Weihen. Kirchen und Theater verkommen zu gewöhnlichen Spielstätten, während Kaufhäuser zu Konsumtempeln hochstilisiert werden. Aus rekreativen Freizeitaktivitäten wie Essen und Trinken werden Aktionen stilbewusster Kreativität. In einer ästhetisierten Lebenswelt oder einer zumindest mit den Zeichen des Ästhetischen ausstaffierten räumlichen Umwelt wird von den Subjekten die Selbstinszenierung und -stilisierung ästhetisch betrieben. In den postmodernen Shopping Malls, touristischen Erlebnisparks und Erlebniswelten kann sich das Subjekt als ästhetische Größe erleben (vgl. Tomlinson 1990; Shields 1992; Vester 1996b; Rieder u. a. 1998).

Zwischen einer oberflächlichen und einer tiefergründigen Ästhetisierung unterscheidet Wolfgang Welsch (1996). Zu den ästhetischen Oberflächenphänomenen zählt er das allenthalben zu beobachtende urbane face-lifting und die wachsende Bedeutung, die dem Design der Alltagsgegenstände zukommt. Die alltäglichen Dinge werden ästhetisch aufpoliert, die Alltagsrealität wird mit ästhetischen Elementen ausstaffiert. Diese Entwicklung geht einher mit einem Hedonismus, der Teil einer ökonomischen Strategie ist. Die ästhetische Verpackung wird zum eigentlichen Inhalt, nicht nur in der Werbung, sondern auch in der ästhetischen, auf Design setzenden Ausschmückung von Medieninhalten oder in der Gestaltung von Computer-Software und -animation.

Die Ästhetisierung auf der Oberfläche der Objekte, mit der die alltägliche Arbeitswelt verschönert und die Freizeitwelt zur genussvollen Erlebniswelt hochstilisiert werden, fördert zugleich auch eine weiter- oder tieferreichende Ästhetisierung. Das Ästhetische als solches, die ästhetische Dimension in der Erfahrung und die ästhetischen Momente und Komponenten der Kultur beanspruchen Priorität. Nicht nur in der Alltagswelt ist das Ästhetische im Vormarsch, auch in Bereichen wie Wissenschaft und Ethik gewinnen ästhetische Kriterien an Boden gegenüber Wahrheitsansprüchen oder moralischen Kriterien.

Wenn die Freizeitwelt Ästhetik und ästhetisches Selbstverhältnis vor allem in Form der Oberflächenästhetik begünstigt, mag das auch simulative Momente von Kultur und Identität verstärken, den Prozess der Identitätsbildung zu einem des schönen und spaßigen Scheins werden lassen. Noologische, tiefgründiger emotionale und moralisch-ethische Komponenten der Identitätsbildung kommen dann zu kurz oder werden dem Diktat der Ästhetik unterworfen. Nicht die schöne Seele, sondern der gestylte Körper werden zur Norm, nicht das „große Gefühl", sondern das kommode Spaßereignis.

Ob die von Welsch und anderen (vgl. Hoffmann/Hornung 1996) registrierte Ästhetisierung des postmodernen Lebens tatsächlich auch zu einem stärker ausgeprägten ästhetischen Selbstverhältnis der Individuen führt, wäre genauer zu prüfen. Dass die Möglichkeiten zur ästhetischen Selbstinszenierung in der Freizeitsphäre größer sein dürften als in der Arbeitswelt, ist anzunehmen; schon allein deshalb, weil Freizeit im Gegensatz noch zur abwechslungsreichsten Berufstätigkeit potentiell pluraler und heterogener ist. Während in der Arbeitswelt trotz aller Entdifferenzierungstendenzen doch Prinzipien der Arbeitsteilung, Rationalisierung und Effizienz ihr Recht beanspruchen, bieten sich im Bereich der Freizeit größere Möglichkeiten zur

Entgrenzung und zum gleichsam promiskuitiven Flanieren zwischen heterogenen Sinnbereichen. So werden denn auch folgerichtig der Flaneur als Sozialtypus der postmodernen Erlebniswelt und das Flanieren als charakteristische Freizeit- und Reiseform (wieder)entdeckt (vgl. Tester 1994; Wearing/Wearing 1996).

2.3 Auflösung des Selbst

Die hypertrophe Betonung der Bedeutung des Subjekts, die Individualisierung der Erfahrungswelt und die Ästhetisierung der Selbstentwürfe, stellt *eine* Tendenz dar, die in der postmodernen Freizeitsphäre bemerkbar ist. Dem stehen Tendenzen gegenüber, die das Gegenteil von Individualität und Subjektivität bedeuten und eher die Dezentrierung und Auflösung des Selbst belegen, wie sie auch in Teilen der postmodernen Philosophie und Literatur beschworen werden (vgl. Zima 1997: 109 ff). Gerade die Ästhetisierung der Lebenswelt und des Selbstverhältnisses in der postmodernen Freizeitwelt ist imstande, Subjektivität auszuhöhlen, Identität zur leeren Hülse werden zu lassen und die Figur des Individuums als nicht haltbare Reminiszenz modernistischer wie romantischer Ideologien der Lächerlichkeit preiszugeben.

Schon Erving Goffman (1959) hat auf die Bedeutung der Selbstpräsentation und des Selbstmanagement im modernen Alltag hingewiesen. Das Selbst ist eine mehr oder weniger gelungene „Vorstellung“ – im doppelten Wortsinn –, ein kognitiver Inhalt und eine Bühnenshow. Und mit dem Begriff und Titel „gender advertisements“ macht Goffman (1979) deutlich, dass sogar eine so zentrale Komponente des Selbst wie die Geschlechtsidentität weniger eine Substanz ist als ein Produkt ritueller Darstellung, wenn nicht gar kommerzieller Präsentation. Das Selbst lässt sich mit Goffman als ein semiotischer Prozess auffassen, der weniger von der substantiellen Bedeutung der Zeichen als von der Performance und Simulation des Zeichenhaften lebt. Nun könnte man sagen, dass die Erfordernisse, das Selbst zu präsentieren und zu managen, Identitäten zu stilisieren und zu ästhetisieren, mit der Entwicklung von der Moderne zur Postmoderne noch zugenommen haben. Ganze Industrien und Märkte sind entstanden, in denen der Handel mit Strategien und Techniken, Gesten und Chiffren der Selbstidentifizierung und -darstellung zu ungeahnter Blüte gekommen ist. Was auf den Basaren marktgängiger Identitätsarbeit gehandelt wird, sind längst nicht mehr biographische Geschichten mit existentiellem Tiefgang und Lebensphasen überdauernder Kontinuität. Angeboten und nachgefragt, gehandelt und verhandelt werden mehr oder weniger formatierte und standardisierte Zeichen und Gesten für Identität und Individualität. Gerade aber deren leichte Konsumierbarkeit und Austauschbarkeit lassen das Selbst-Produkt zur handelsüblichen Ware mit immer kürzeren Verfallszeiten werden.

Diese Konstellation ist nicht selbstherrlich von Subjekten hergestellt, sondern hängt mit einem veränderten Zeitverständnis und hektischeren Rhythmen des sozialen Lebens zusammen. Der Zwang allein schon zur temporalen Flexibilität – Präsenz, Verfügbarkeit, Mobilität, Ansprechbarkeit – fördert Nichtfestlegung. Im öffentlichen Leben macht sich soziale und kulturelle Amnesie breit, die für langfristig angelegte Prozesse kaum Zeit lässt. Die Bereitschaft zu Geduld und Langsamkeit schwindet nicht nur in der Freizeitwelt des Hier und Jetzt (vor allem im Medienkonsum: Zapping und Switching). Auch in Politik und Wirtschaft sind längere Zeithorizonte schwer zu vermitteln.

Die Arbeit am Selbst – gleichgültig, ob in der Arbeitswelt oder der Freizeit – pflanzt den Subjekten keine Identitätskerne mit fest umrissenen Konturen ein, sondern gerät zur Fassadenkosmetik. Die Vorliebe für glänzende Fassaden und schillernde Oberflächen hängt auch mit der Verflachung der Bilder und des visuellen Raumes zusammen. Visualität ist durch das Medium Fernsehen geprägt, das zweidimensional ist. Daran vermag auch die Dreidimensionalität des virtuellen Raumes nichts zu ändern, der ja wiederum auf der zweidimensionalen Fläche des Bildschirms abgebildet wird.

Die Veränderung von Raum- und Zeiterfahrungen bedingt ihrerseits veränderte Motivationsstrukturen. Tendenziell wird Motivation durch Simulation ersetzt. Betroffenheit lässt sich ebenso simulieren wie der Eventcharakter des Geschehens. Hingegen lassen sich anhaltendes Interesse und verlässliches Engagement in einer Konstellation der schnelllebigen und vordergründigen Reizflächen weitaus schwieriger gewinnen. Dabei ist Simulation nicht länger bloße Imitation, sondern avanciert zum Produktions- und Vermarktungsprinzip (vgl. Welsch 1996: 4).

Ein weiteres Organisationsprinzip postmoderner Arbeits- und Freizeitwelten, die so genannte McDonaldisierung der Gesellschaft (Ritzer 1993, 1998), trägt das ihre dazu bei, nicht etwa Individuation und Individualisierung zu befördern, sondern Identitäten zu standardisieren, das Selbst auszuhöhlen, wenn nicht aufzulösen. „McDonaldisierung“ steht für Rationalisierungstendenzen wie Effizienz, Kalkulierbarkeit, Vorhersehbarkeit und Kontrollierbarkeit, die gerade auch im Konsum- und Freizeitbereich um sich greifen. Der Freizeitmensch sucht Rationalität auch im Irrationalen. Die scheinbar irrationale Welt der Erfahrungen und Erlebnisse wird durch Freizeitindustrien rationalisiert, ohne dass Standardisierung und Vielfalt, Spontaneität und Berechenbarkeit Gegensätze zu sein brauchen. Im touristischen Bereich findet ein jeder das auf ihn verlässlich zugeschnittene Abenteuerreiseangebot, und auf immer professioneller organisierten Kontaktbörsen und Sexmärkten werden der Fast-food-Industrie analoge Service-Menüs angeboten.

Bei aller Individualisierungsbeschwörung und Erlebnisbegeisterung ist die postmoderne Lebenswelt also auch von Tendenzen durchzogen, die auf Dezentrierung des Subjekts, Standardisierung von Individualität, Verflachung von Identität, Aushöhlung oder Auflösung des Selbst hinauslaufen. Postmoderne Selbstentwürfe oszillieren somit zwischen pseudo-individualistischer Selbstüberschätzung, Trivialisierung des Selbst und der Erfahrung der Selbstauslöschung.

3. Identifikation und Zivilisation

Dass die Freizeit die Arbeit als Identitätslieferant völlig ersetzen könnte, ist wohl mehr Hoffnung als Realität. Umgekehrt stellt die Vorstellung, dass Identität im Wesentlichen nicht in der Freizeitsphäre gebildet werde, sondern mittels herkömmlicher Identifikationsangebote, die aus Geschlechtszugehörigkeit, sozialer Herkunft sowie nationaler, ethnischer und religiöser Zugehörigkeit resultieren (Roberts 1997: 13), eine grobe Vereinfachung dar, die verkennt, dass eben auch diese Identifikationsflächen in der und durch die Freizeit Kontur gewinnen. Nicht zu verkennen ist freilich, dass jenseits der Alternative Arbeit-Freizeit die Thematisierungen des Selbst auch in anderen sozialen Bereichen und Diskursen stattfinden, etwa in der Familie und der Politik (Vester 1984). Auch erfolgt die Konstruktion individueller Identitäten keineswegs im ahistorischen und asozialen Vakuum, sondern im Spannungsfeld kollektiver Identitäten (vgl. Vester 1996a).

Voraussetzung für viele identitätsfördernde Erlebnisse und Aktivitäten in der Freizeit ist eine materielle Grundversorgung, die den Zugang zu vielfältigen Freizeitoptionen gestattet. Das ist aber nicht mehr als eine notwendige Bedingung für die Identitätsarbeit. Darüber hinaus setzt eine hinreichende Identitätsbildung evaluative und emotionale Prozesse voraus, d. h., Präferenzen für Dinge und Personen sowie affektive Bindungen an eben diese. Owen Flanagan (1996: 158 f) verbindet „Identität" „to the strength of one's identifications – to absorption in some end or ends, whatever that end or those ends might be". Damit ist nicht unbedingt ein festes Fundament der Selbstbestimmung gemeint, wohl aber ein Gravitationszentrum der Selbstfindung. Als ein solches mag die Arbeit gegenüber der Freizeit den Vorteil haben, dass sie für die meisten Menschen insoweit wichtig ist, als sie die Grundlage der materiellen Existenz darstellt. Bedeutsam ist die Arbeitssphäre für viele auch einfach dadurch, dass man mit und in ihr, nolens volens, einen Großteil seiner Zeit verbringt, dass man sich ihr mit Energieaufwand widmet. Auch die Tatsache, dass man Zeit zusammen mit Arbeitskolleginnen und -kollegen verlebt, verleiht der Arbeitszeit soziale Bedeutung. Doch ist die Frage zu stellen, wie stark und weitreichend diese Bedeutsamkeit wirklich ist, wie unverzichtbar und zu welchem Grad sie frei gewählt ist. Und wie wichtig ist einem umgekehrt das, womit man die Freizeit ausfüllt? – Auf jeden Fall haben Bedeutsamkeit und auf ihr beruhende Identifikationen auch mit affektiven, emotionalen Prozessen zu tun. Emotionen und Emotionalität gehören zum Sinnerlebnis und geben ihm Kontur, in der Arbeitswelt wie in der Freizeitsphäre. Die Erfahrung von Sinn und des Selbst vermittelt sich nicht allein über „kalte" Kognitionen, sondern auch über Emotionen, deren Rolle im sozialen Leben die Soziologie allerdings erst zu thematisieren begonnen hat (Vester 1991) und der sinnvollerweise auch in der Freizeitsoziologie eine größere Aufmerksamkeit zukommen sollte.

Vermag die organisierte Freizeit – die Freizeitindustrie, die Ereignis- und Spaßkultur – etwas anzubieten, das wichtig in dem Sinne ist, dass man sich mit ihm „identifizieren" kann? – *Fun* und *action*, *thrill* und *flow*, *sensation* und *excitement*

Erlebnisqualitäten, die in einer zum *adventure* (Vester 1987) erhobenen Freizeit erfahren werden können. Bedeutsamkeit bedarf aber auch der Verläßlichkeit und Beständigkeit, die in einer bunt schillernden Freizeitwelt mit ihren schnell sich ändernden Reizen und Fassaden zu raren Erfahrungen werden. Bindungen an und Identifikationen mit längerlebigen kulturellen Gütern könnten die Freizeit zu einer anhaltenden Sinnerfahrung werden lassen sowie die Identitätsbildung und Selbstwerdung in und durch Freizeit nachhaltig beeinflussen. Kultur und interkulturelle Kommunikation, aber auch Natur und Umwelt offerieren Identifikationsangebote bzw. stellen Ressourcen der Selbstfindung dar, die in der Freizeit auszuschöpfen und zu pflegen sind. Diese Zusammenhänge genauer zu thematisieren, zählt zu den bislang kaum angegangenen Aufgaben der Freizeitsoziologie.

In der Identifikation und Evaluation von Objekten und Aktivitäten, mit denen man sich identifiziert, könnte dann auch eine sehr praktische Aufgabe der Freizeitsoziologie liegen. Immerhin birgt Freizeit auch das Potential von Freiräumen, in denen sich Kreativität entfalten kann, die für die kreativ Tätigen bedeutsam und identitätsfördernd ist, und darüber hinaus auf die Kreativität in anderen gesellschaftlichen Bereichen zurückzustrahlen vermag. Damit wäre Freizeit eben doch mehr als nur eine Residualgröße der Arbeit oder eine Sphäre erlebnishungriger Individualisierung. Vielleicht lässt sich Freizeit sogar als eine soziale Figuration begreifen, in der the „quest for excitement“ (Elias/Dunning 1986) nicht nur befriedigt, sondern auch zivilisiert und kultiviert wird (Dunning/Rojek 1992; Dunning 1996). Weit davon entfernt, allein schon das „wahre Leben“ auszumachen, wäre die Figuration Freizeit somit von eminenter Bedeutung, nicht allein für die Lebensführung der Individuen, sondern auch für die Zivilisierung der Gesellschaft.

Literatur

Adorno, Theodor W. (1980): Negative Dialektik. 2. Auflage. Frankfurt/M.

Bachleitner, Reinhard u. a. (Hrsg.) (1998): Der durchschaute Tourist. Beiträge der sozial- und kulturwissenschaftlichen Tourismusforschung. München.

Bauman, Zygmunt (1992): Intimations of Postmodernity. London, New York.

Beck, Ulrich (1986): Risikogesellschaft. Auf dem Weg in eine andere Moderne. Frankfurt/M.

Bell, Daniel (1976): The Cultural Contradictions of Capitalism. New York.

Bellah, Robert N. u. a. (1985): Habits of the Heart. Individualism and Commitment in American Life. New York.

Crook, Stephen u. a. (1992): Postmodernization. Change in Advanced Society. London u. a.

Dunning, Eric (1996): On problems of the emotions in sport and leisure. Critical and counter-critical comments on the conventional and figurational sociologies of sport and leisure. In: Leisure Studies 15, 185–207.

Dunning, Eric/Rojek, Chris (Hrsg.) (1992): Sport and Leisure in the Civilizing Process. Critique and Counter-Critique. London.

Elias, Norbert/Dunning, Eric (1986): Quest for Excitement. Sport and Leisure in the Civilizing Process. Oxford.

Featherstone, Mike (1991): Consumer Culture and Postmodernism. London u. a.

Flanagan, Owen (1996): Self Expressions. Mind, Morals, and the Meaning of Life. New York, Oxford.

Friedrichs, Jürgen u. a. (Hrsg.) (1998): Die Diagnosefähigkeit der Soziologie. (Sonderheft 38 der Kölner Zeitschrift für Soziologie und Sozialpsychologie.) Opladen.

Funke, Harald (1997): Erlebnisgesellschaft. In: Georg Kneer u. a. (Hrsg.), Soziologische Gesellschaftsbegriffe. Konzepte moderner Zeitdiagnosen. München, 305–331.
Goffman, Erving (1959): The Presentation of Self in Everyday Life. Garden City/New York.
Goffman, Erving (1979): Gender Advertisements. New York.
Hahn, Heinz/ Kagelmann, Hans J. (Hrsg.) (1993): Tourismuspsychologie und -soziologie. Ein Handbuch zur Tourismuswissenschaft. München.
Havighurst, Robert J./Feigenbaum, Kenneth (1959): Leisure and life style. In: American Journal of Sociology 64, 396–405.
Hoffmann, Gerhard/Hornung, Alfred (Hrsg.) (1996): Ethics and Aesthetics. The Moral Turn to Postmodernism. Heidelberg.
Lasch, Christopher (1979): The Culture of Narcissism. American Life in an Age of Diminishing Expectations. New York.
Loo, Hans van der/Reijen, Willem van (1997): Modernisierung. Projekt und Paradox. 2. Auflage. München.
Müller, Hans-Peter (1992): Sozialstruktur und Lebensstile. Der neuere theoretische Diskurs über soziale Ungleichheit. Frankfurt/M.
Nassehi, Armin (1997): Risikogesellschaft. In: Georg Kneer u. a. (Hrsg.), Soziologische Gesellschaftsbegriffe. Konzepte moderner Zeitdiagnosen. München, 252–279.
Ragheb, Mounir G. (1996): The search for meaning in leisure pursuits. Review, conceptualization and a need for a psychometric development. In: Leisure Studies 15, 245–258.
Rieder, Max u. a. (Hrsg.) (1998): ErlebnisWelten. Zur Kommerzialisierung der Emotionen in touristischen Räumen und Landschaften. München.
Riesman, David u. a. (1950): The Lonely Crowd. A Study of the Changing American Character. New Haven.
Ritzer, George (1993): The McDonaldization of Society. An Investigation Into the Changing Character of Contemporary Social Life. Thousand Oaks/CA u. a.
Ritzer, George (1998) The McDonaldization Thesis. Explorations and Extensions. London u. a.
Roberts, Kenneth (1997): Same activities, different meanings. British youth cultures in the 1990s. In: Leisure Studies 16, 1–15.
Salter, James (1998): Lichtjahre. Roman. Berlin.
Schroer, Markus (1997): Individualisierte Gesellschaft. In: Georg Kneer u. a. (Hrsg.), Soziologische Gesellschaftsbegriffe. Konzepte moderner Zeitdiagnosen. München, 157–183.
Schulze, Gerhard (1992): Die Erlebnisgesellschaft. Kultursoziologie der Gegenwart. Frankfurt/M., New York.
Shields, Rob (Hrsg.) (1992): Lifestyle Shopping. The Subject of Consumption. London, New York.
Tester, Keith (Hrsg.) (1994): The Flaneur. London.
Tomlinson, Alan (Hrsg.) (1990): Consumption, Identity, and Style. Marketing, Meanings, and the Packaging of Pleasure. London, New York.
Veijola, Soile/Jokinen, Eeva (1994): The body in tourism. In: Theory, Culture & Society 11, 125–151.
Vester, Heinz-Günter (1984): Die Thematisierung des Selbst in der postmodernen Gesellschaft. Bonn.
Vester, Heinz-Günter (1987): Adventure as a form of leisure. In: Leisure Studies 6, 237–249.
Vester, Heinz-Günter (1988): Zeitalter der Freizeit. Eine soziologische Bestandsaufnahme. Darmstadt.
Vester, Heinz-Günter (1991): Emotion, Gesellschaft und Kultur. Grundzüge einer soziologischen Theorie der Emotionen. Opladen.
Vester, Heinz-Günter (1993a): Soziologie der Postmoderne. München.
Vester, Heinz-Günter (1993b): Tourismussoziologie. In: Heinz Hahn, Hans J. Kagelmann (Hrsg.), Tourismuspsychologie und -soziologie. Ein Handbuch zur Tourismuswissenschaft. München, 36–43.
Vester, Heinz-Günter (1996a): Kollektive Identitäten und Mentalitäten. Von der Völkerpsychologie zur kulturvergleichenden Soziologie und interkulturellen Kommunikation. Frankfurt/M.
Vester, Heinz-Günter (1996b): Die Shopping Mall. Eine touristische Destination der Postmoderne. In: Gruppendynamik 27, 57–66.
Vester, Heinz-Günter (1998): Die soziale Organisation des Tourismus. Ein soziologischer Bezugsrahmen für die Tourismuswissenschaft. In: Tourismus Journal 2, 133–154.
Vester, Heinz-Günter (1999): Zur Theorie des Tourismus. Soziologische Theorien als Wegweiser zum Verständnis des Tourismus. München.
Wearing, Betsy/Wearing, Stephen (1996): Refocussing the tourist experience: the flâneur and the choraster. In: Leisure Studies 15, 229–242.
Welsch, Wolfgang (1987): Unsere postmoderne Moderne. Weinheim.

Welsch, Wolfgang (1996): Aestheticization process. Phenomena, distinctions and prospects. In: Theory, Culture & Society 13, 1–24.
Zima, Peter V. (1997): Moderne/Postmoderne. Gesellschaft, Philosophie, Literatur. Tübingen, Basel.

Die Lage ist hoffnungslos, aber nicht ernst! (Erwerbs-)Probleme junger Leute heute und die anderen Welten von Jugendlichen

Ronald Hitzler und Michaela Pfadenhauer

Arbeitslosigkeit, Drogenprobleme, Autoritätskonflikte, Lehrstellenmangel, Schulsorgen, schlechte oder keine Ausbildung, Perspektivlosigkeit, Zukunftsängste, Gewalterfahrungen, Kriminalitätsfurcht, Finanznöte, Politikverdrossenheit, Unengagiertheit, Orientierungskrise usw.: Die Befunde seriöser, repräsentativer Erhebungen belaufen sich summa summarum darauf, dass sich die Probleme junger Leute heute nachgerade von Tag zu Tag höher „aufeinanderstapeln". Vor diesem Hintergrund stellen wir im Folgenden die Frage, ob sich gegenwärtig (Langzeit-)Tendenzen abzeichnen, die eine Neubestimmung des traditionell als solchem hypostasierten Gegensatzes zwischen freizeitkultureller Neigung hie und arbeitskultureller Orientierung da nahe legen.

1. Strukturelle Veränderungen der Erwerbsarbeit

Eindeutig steht in „flächendeckend" angelegten Untersuchungen Arbeitslosigkeit – sowohl als konkrete eigene Erfahrung als auch als mehr oder minder diffuse Angst – ganz oben sowohl auf der persönlichen als auch auf der gesellschaftsbezogenen Sorgenliste junger Leute[1]. „Arbeitslosigkeit" hat damit die jugendspezifischen Zentralthemen der vorhergehenden Bewegungs- und Protestgenerationen wie „Frieden", „Umwelt", „Emanzipation" usw., aber auch traditionelle Jugendprobleme wie „Generationenkonflikt", „Sexualität" und Ähnliches aus dem Zentrum der Aufmerksamkeit junger Leute heute verdrängt[2]. Junge Leute beschäftigen sich demgegenüber gegenwärtig vor allem und ganz pragmatisch insbesondere mit Fragen des Übergangs von der schulischen zur beruflichen Ausbildung und von der Ausbildung in den Beruf, mit Fragen mittel- und längerfristiger Berufsperspektiven und Er-

1 Dies ist ein zentraler Befund der vom Jugendwerk der Deutschen Shell 1997 herausgegebenen 12. Jugendstudie.

2 Allerdings gibt es auch erste Anzeichen dafür, dass sich in diesen Tagen unter jungen Leuten allmählich die Erkenntnis einschleicht, seit über fünfzig Jahren wieder zur ersten Kriegsgeneration in Deutschland zu werden (vgl. Hitzler/Pfadenhauer 1999b). Ob dies eine „Renaissance" herkömmlicher „emanzipativer" politischer Strategien gegenüber als ungerecht empfundenen Zu- und Umständen zur Folge haben könnte, ist derzeit nicht absehbar (vgl. zum Konzept von „emancipatory politics" und „life politics" Giddens 1991 und 1997 sowie Hitzler/Pfadenhauer 1998c und 1999a).

werbschancen, mit Fragen der Verwirklichung von Zukunftsvorstellungen, von Lebensentwürfen, von Identitäten.

Dass dieser gleichsam „altkluge" Lebenspragmatismus sozusagen *allgemein* verbreitet ist, ist zwar „neu", vor dem Hintergrund tiefgreifender struktureller Veränderungen der Erwerbsarbeit allerdings ist dieser Befund wenig überraschend[3]. Als viel diskutierte Dimensionen der Veränderung sind so unterschiedliche Phänomene zu benennen wie

- Globalisierung und deren Auswirkungen auf die Wirtschafts- und Beschäftigtenstruktur (vgl. Beck 1997 und 1998; Reich 1993; Rifkin 1995),
- neue Formen der Arbeitsorganisation infolge wissenschaftlich-technischen Fortschritts (vgl. Kern/Schumann 1984a und 1984b; Joachim/Seifert 1991; Godehardt/Worch 1995),
- die Erosion der so genannten Normalarbeitszeitverhältnisse (vgl. Beck 1986: v. a. 220–248; Mückenberger 1985a, 1985b und 1989; Osterland 1990; Kohli 1994),
- der Anstieg des durchschnittlichen Bildungsniveaus und die faktische Entwertung von Bildungsabschlüssen (vgl. Lutz 1983; Beck 1986),
- der Rückgang des produzierenden Gewerbes (bzw. des sogenannten „zweiten Sektors") und die Ausweitung des Dienstleistungsbereichs (bzw. des „dritten Sektors") (vgl. Bell 1976; Gershuny 1981; Littek u. a. 1991; Häußermann/Siebel 1995),
- quantitative und qualitative Verschiebungen zwischen Groß-, Klein- und Mittelbetrieben (vgl. Ohmae 1991; Reich 1993),
- das Verhältnis von Arbeitszeit und Freizeit (Hörning u. a. 1990a und 1990b; Kohli 1994) und
- Ursachen und Entwicklung der Arbeitslosigkeit (Beck 1999; Kommission für Zukunftsfragen 1997a; Heinze 1984 und 1998).

Die Diskussion über dergestalte Veränderungen der Erwerbsarbeit ist, wie gesagt, keineswegs neu. Aber während in den zurückliegenden Jahrzehnten diese Veränderungen der Erwerbsarbeit für junge Menschen im langjährigen Mittel (deutlich) mehr Chancen als Risiken mit sich gebracht haben[4], scheint die Gleichung „Junge Menschen = Modernisierungsgewinner" (vgl. generell dazu z. B. Baethge 1987 sowie Baethge u. a. 1988) gegenwärtig eben *nicht* mehr aufzugehen: Längst nicht mehr nur konjunkturelle Krisen, sondern tatsächlich strukturelle Einbrüche verschlechtern hierzulande – und zwar erheblich und gleichsam epidemisch – die Arbeitsmarktchancen junger Leute[5].

3 Zum Strukturwandel der Erwerbsarbeit vgl. im Überblick Offe (1984), Daheim/Schönbauer (1993), Beckenbach/Treeck (1994); zur Auswirkung auf die Jugend(forschung) vgl. Brock (1989).

4 Nicht vernachlässigt werden soll dabei allerdings, dass solcherlei Veränderungen der Erwerbsarbeit nicht nur regional unterschiedliche Konsequenzen zeitigen, sondern dass z. B. der Konjunktureinbruch Mitte der siebziger Jahre generell eine überproportional hohe Jugendarbeitslosigkeit zur Folge hatte (vgl. dazu Braun/Weidacher 1976).

5 Vgl. dazu den vom Ministerium für Arbeit, Gesundheit und Soziales (MAGS) des Landes Nordrhein-Westfalen (1997) herausgegebenen Arbeitsmarktbericht 1997.

Offizielle Jugendpolitik ist dementsprechend gegenwärtig auch hauptsächlich Arbeitsqualifikations-, Arbeitsmotivations- und Arbeitsmarktpolitik für junge Leute. Die einschlägigen, bürokratisch eingerichteten, aufgezogenen, durchgezogenen und nicht selten auch nur noch durchgehaltenen Programme reichen von unspezifischen Jugendhilfemaßnahmen über Qualifikationsprojekte, Bildungsangebote, Trainings für Schwervermittelbare, individuelle Entwicklungspläne, Orientierungshilfen, Integrations- und Kompensationsmodelle, Resozialisierungskonzepte, Förderpakete und sonstige Sicherungsleistungen bis hin zu Arbeitsplatzsubventionen und der Finanzierung von „bedarfsgerechten" Bauten und Ausstattungen[6]. – Hinter all dem stehen nach wie vor die Annahmen, a) dass es darum geht, jungen Leuten im späteren Erwachsenenalter einen sogenannten „stabilen Status" in der Gesellschaft zu verschaffen bzw. zu ermöglichen, b) dass ein solcher „stabiler Status" typischerweise an bestimmte, heute bereits als solche erkenn- und prognostizierbare Berufe gebunden sei, und c) dass Arbeitsplatz- oder gar Karrierechancen in solchen „zukunftssicheren" Berufen wiederum von bestimmten, konventionellen Qualifikationen und Zertifikaten abhängen.

„Sorge" bereitet den einschlägig befaßten Politikern und Bürokraten deshalb vor allem, dass die Anzahl der Ausbildungsverträge von Jahr zu Jahr sinkt, und dass inzwischen in manchen Regionen insgesamt *weniger* Ausbildungsverträge angeboten als von jungen Leuten nachgefragt werden. Dazu kommt, dass nach wie vor die weitaus meisten *Ausbildungs*plätze im sogenannten „zweiten Sektor" (im Produktionsbereich) angeboten werden, während hier nur noch etwa die Hälfte der *Arbeits*plätze zu finden ist (dazuhin eben mit rückläufiger Tendenz). Anders ausgedrückt: Die Hälfte der Auszubildenden erlernt Berufe, in denen längerfristig nur noch ein Viertel der Erwerbstätigen beschäftigt (werden) wird. Nochmals anders ausgedrückt: Dort, wo immer weniger ausgebildete Leute gebraucht werden, finden wir ein ausdifferenziertes Angebot an Ausbildungsprofilen. Dort, wo der Personalbedarf zunimmt bzw. zunehmen wird, sind hingegen die Angebote für eine profilierte Ausbildung rar. Hinzu kommt, dass die heutige Form der Berufs*ausbildung* nur unzulänglich und immer weniger auf die tatsächlichen Anforderungen bei der späteren Berufs*ausübung* vorbereitet. Und schließlich sind bei all diesen Diagnosen und Prognosen die im Zuge der Globalisierung noch zu gewärtigenden (bzw. vor allem die noch gar nicht abzusehenden) Turbulenzen am europäischen, am deutschen und unabweisbar eben auch (nochmals) am jeweils regionalen Arbeitsmarkt noch gar nicht mit „eingerechnet".

Im Hinblick auf Arbeitsmarktentwicklungen und auf die daraus sich ergebenden „durchschnittlichen" Chancen und Risiken eines „durchschnittlichen" jungen Menschen erscheint dementsprechend – d. h. also sozusagen „flächendeckend" gesprochen – die Lage für junge Leute heute ziemlich *hoffnungslos*. Zugleich aber (und das ist „eigentlich" nur für altösterreichische Zyniker *kein* Widerspruch) nehmen, etwas

6 Vgl. auch dazu den Arbeitsmarktbericht 1997 sowie den von der Robert-Bosch-Stiftung (1995) herausgegebenen Band 1: „Jugendhilfe und Arbeitsförderung".

näher bzw. „tiefer" betrachtet, viele *Jugendliche* – anders als die Erwachsenen bzw. im Gegensatz zu diesen – die Lage anscheinend *nicht* (besonders) *ernst*.

2. Zur Diskrepanz zwischen Jugendalter und Jugendlichkeit

Dieser scheinbare „Widerspruch" lässt sich unseres Erachtens nun zumindest teilweise auf ein Kategorisierungsproblem zurückführen: Der Begriff „Jugendliche" ist (heute mehr denn je) *nicht* identisch mit den Begriffen „junge Menschen" bzw. „junge Leute": Junge Leute sind Menschen im Alter etwa zwischen 15 und 25 Jahren. Jugendliche hingegen sind (heute) Menschen grundsätzlich unbestimmten Alters, aber mit einer bestimmten mentalen Disposition[7]. Zwar korrelieren die Lebensphase zwischen 15 und 25 hie und Jugendlichkeit da (noch) sehr hoch miteinander, aber die beiden Phänomene sind keineswegs identisch. D. h., nicht alle jungen Leute sind Jugendliche, und nicht alle Jugendlichen sind junge Leute (vgl. dazu auch Lüders 1997). Gerade die in Repräsentativerhebungen gewonnenen Erkenntnisse über die neuen, „pragmatischen" Relevanzen bei jungen Leuten, deuten – auch nach Auffassung der untersuchenden Wissenschaftler (Fritzsche 1997 und Münchmeier 1997) – darauf hin, dass viele der heute 15 bis 25-jährigen „Jugendlichkeit" im Sinne einer genuin un-erwachsenen existentiellen Orientierung frühzeitig verabschieden.

Auf der anderen Seite stehen eben die Erkenntnisse nicht-repräsentativ ambitionierter, d. h. so genannter qualitativer Jugendstudien oder besser: explorativ-interpretativer Untersuchungen, d. h. auf Verstehen hin angelegter Erkundungen spezifischer Kulturen, Milieus und Szenen Jugendlicher[8]. Grosso modo lässt sich derartigen ebenso wie unseren eigenen Studien[9] entnehmen, dass in solchen kulturellen, milieuhaften, szenischen Lebensräumen und Sozialzusammenhängen die Frage des tatsächlichen Alters von Teilnehmern und Mitgliedern zurücktritt bzw. dass das Alter mehr oder weniger unwesentlich wird gegenüber der je als „richtig", „akzepta-

7 Damit intendieren wir also eine andere Dimension der Diversifizierung als die, die gemeint ist, wenn die Pluralität bzw. Heterogenität (der Orientierungen) junger Leute heute gegenüber der (als obsolet geltenden) Vorstellung von *der* heutigen Jugend thematisiert wird (vgl. dazu z. B. Lenz 1986 und 1988; vgl. aber auch bereits Scheuch 1975).

8 Vgl. dazu z. B. so unterschiedliche Fallstudien wie Berking/Neckel (1990), Bohnsack (1997), Bucher (1997), Corsten u. a. (1997), Cremer (1992), Eckert/Wetzstein (1999), Farin (1998), Hartmann (1996), Helmers (1998), Henkel u. a. (1994), Kane (1998), Klein (1999), Lau (1992), Müller/Jäger (1998), Nolteernsting (1997), Richard (1995a), Roccor (1993), Russo (1998), Schmiedke-Rindt (1998), Scholder (1997), Soeffner (1993), Trümper (1997), Vogelgesang (1991), (1998) und (1999), Waldmann (1996), sowie die Beiträge in Ferchhoff u. a. (1995) und in SPoKK (1997). – Zur Methodenkritik an der zeitgenössischen Jugendkultur-Ethnographie vgl. Neumann-Braun/Deppermann (1998).

9 Die Datenbasis, auf die wir bei unseren Ausführungen rekurrieren, ist – neben dem einschlägigen Forschungsstand im allgemeinen – zum einen eine inzwischen fast vier Jahre dauernde *Ethnographie* der Technoszene (also eine Art „Innensicht" der „fremden" Welt von Techno-Musik-Fans bzw. von Technoiden – vgl. dazu z. B. Hitzler 1998b; Hitzler/Pfadenhauer 1998a und 1998b; Pfadenhauer 1999), und zum anderen eine Art *„Kartographie"* von Jugendszenen, die wir derzeit im Auftrag des Ministeriums für Frauen, Jugend, Familie und Gesundheit (MFJFG) des Landes NRW erstellen (vgl. dazu Hitzler/Bucher 1999).

bel" (oder, wie man neuerdings sagt: der als „korrekt") angesehenen – und angesagten – Einstellung.

Gerade im Hinblick wiederum auf die Frage der Einstellung bzw. der Gesinnung allerdings mahnen nun viele der so genannten „Berufsjugendlichen" bzw. der beruflich mit „Jugend" befassten Leute mittleren und fortgeschritteneren Alters aktuell einen Mangel an ihrer Meinung nach jugendtypischen Idealen an. Diesem aus Fach- und Kulturzeitschriften ebenso wie aus den Publikumsmedien sattsam bekannten Befund können wir als schlichtem Faktum zustimmen; keineswegs zustimmen können wir jedoch den üblichen *Konnotationen* bzw. *Deutungen* dieses Befundes: Es ist zwar unübersehbar, dass vieles von dem, was für das Gros vorhergehender Generationen *deren* Jugendlichkeit essentiell ausgemacht hat bzw. gerade in der Retrospektive noch eklatanter ausmacht, weder für die jungen Leute von heute noch gar für Jugendliche „an der Wende vom 20. zum 21. Jahrhundert" (Ferchhoff 1999) relevant ist. Aber damit ist eben nicht etwa „Jugendlichkeit" schlechthin irritiert bzw. gefährdet, sondern lediglich eine bestimmte, unseres Erachtens zeitgebundene, ideologische „*Füllung*" von Jugendlichkeit.

Anders ausgedrückt: Historisch im Wesentlichen „hinter uns" liegt eine relativ lange Phase der jugendlichen Kulturen bzw. Kultivierungen des Protestes, des Aufbegehrens gegen zu viel Bequemlichkeit, gegen zu viel Wohlstand, gegen zu viel Unbeweglichkeit, gegen zu viel politische Beharrung und bürgerliche Saturiertheit (genauer betrachtet also gegen eine alles andere als „hoffnungslose" gesellschaftliche Gesamtlage – vgl. dazu z. B. Breyvogel 1983 und Dowe 1986). Während am Ende dieser Phase der Protest-Bewegungen jene fast tragisch demotivierte, habituell sozusagen über-ernste „Generation X" stand bzw. steht[10], haben wir es heute, angesichts tatsächlich zunehmend *desolater* Zustände, mehr oder weniger allenthalben, mit einer „Kohorte" bekennender Hedonisten, mit Spaß-Karrieristen und Karriere-Spaßvögeln[11], mit „Flexecutives" (Medosch 1999), mit einer „Generation XTC" (Böpple/Knüfer 1996), und vielleicht auch schon, wenn man dem „Stern" (Nr. 13/1999) glauben will, mit einer „Generation Y" zu tun – jedenfalls im Hinblick auf die den so genannten Zeitgeist „prägende" Mentalität (d. h. also eben *nicht* als Durchschnittshaltung junger Leute von heute, sondern als typische *Attitüde* derer, die heute „Jugendlichkeit" verkörpern).

Nochmals: Wenn sich Erwachsene, sei es „privat" bzw. „persönlich" oder sei es „offiziell" bzw. „qua Amt" ihrer eigenen Auffassung nach über Jugendliche Gedanken machen, sich um Jugendliche sorgen, dann sorgen sie sich in aller Regel tatsächlich um *junge Leute*. Sie sorgen sich darum, daß die jungen Menschen sich einordnen in für *alle* Altersgruppen „bekömmliche" Regeln des Zusammenlebens, dass sie ihren Platz finden in den generationenübergreifenden sozialen Gefügen,

10 So der Titel des 1991 erschienenen Bestsellers von Douglas Coupeland; vgl. dazu auch Meyer (1997) und Epstein (1998).

11 Möglicherweise symptomatisch für die damit gemeinte Attitüde ist vielleicht ein Werbespruch der Münchner Techno-Veranstaltungsorganisation „Die Partysanen": „Wir scheißen Euch einfach zu mit Spaß!"

dass sie sich zu integrieren lernen und sich integrieren lassen im Laufe ihres Erwachsenwerdens. Die Probleme, die angeblich Jugendliche haben, sind dementsprechend zum größten Teil Probleme, die junge Menschen haben, weil sie eben eine bestimmte Lebensphase, nämlich die des Übergangs von der Kindheit zum Erwachsenendasein, durchlaufen.

Jugendliche, wie wir sie untersuchen, also Menschen mit einer bestimmten, prinzipiell altersunabhängigen, dezidiert oder beiläufig un-erwachsenen Grundeinstellung zum Leben[12], haben diese *phasen*spezifischen Probleme nicht – jedenfalls nicht typischerweise. Das typische Problem von Jugendlichen (gleich welchen Alters) ist, dass Erwachsene Probleme mit *ihnen* haben – was sich dann symptomatisch in einer langen Reihe von Detailproblemen manifestiert, die allesamt im Zusammenhang stehen mit Fragen der ökonomischen, rechtlichen, moralischen, politischen, ja vielleicht sogar der historischen Verantwortungsbereitschaft und Verantwortlichkeit[13].

Die Frage etwa, welche Lebensplanung unter den gegebenen Umständen noch vernünftig sein könnte, suspendieren Jugendliche (in dem von uns gemeinten Sinne) symptomatischerweise zugunsten der Orientierung an den multiplen Optionen eines wie auch immer gearteten Hier-und-Jetzt, während Erwachsene im Rekurs auf die von ihnen typischerweise beanspruchte „Lebenserfahrung" z. B. die prospektive Unabdingbarkeit oder wenigstens Nützlichkeit einer projektierten Reihe von Bildungszertifikaten und/oder anderweitigen biographischen „Vorsorgemaßnahmen" erwägen.

Das Haupt- bzw. Grundproblem des Jugendlichen (heute) ist also, dass der Erwachsene Probleme mit ihm hat. *Nicht* der Jugendliche hat also – sozusagen wie schon immer – seine Probleme mit dem Erwachsenen, weil er Probleme mit dem Erwachsenwerden hat. Probleme mit dem Erwachsenen und dem Erwachsenwerden sind vielmehr typische Probleme des *jungen Menschen* (praktisch aller Generationen, seit darüber überhaupt geschrieben wird). Der Jugendliche im hier gemeinten Sinne ist hingegen *nicht* (mehr) der unfertige Erwachsene. Der Jugendliche ist eher das Pendant zum Erwachsenen – heutzutage aber viel weniger im Verstande eines „Gegenentwurfs" (wie das eventuell und in gewisser Hinsicht für die Protest-Kulturen gegolten haben mag), als vielmehr im Sinne eben eines dem Erwachsenen genuin fremdartig Anderen[14].

Mental-Kids haben also „eigentlich" keine Probleme mit den Erwachsenen, weil sie *weder* so sein wollen wie Erwachsene noch *nicht* so sein wollen wie Erwachse-

12 Zur besseren Unterscheidbarkeit von „jungen Leuten" könnte man die so verstandenen Jugendlichen – allerdings *gegen* ihr symptomatisches Selbstverständnis – auch als „Mental-Kids" bezeichnen.

13 An einem Beispiel aus unserem aktuellen Forschungskontext illustriert: Die Frage, inwiefern eine „wilde" (Techno-)Party in einer einsturzgefährdeten Bauruine ein Problem ist, diskutieren Erwachsene zwischen ordnungsamtlichen Genehmigungsverfahren und kategorischem Imperativ. Mental-Kids hingegen wollen einfach tanzen (vgl. dazu z. B. Hitzler/Pfadenhauer 1998c).

14 In Kategorien von Alfred Schütz (vgl. z. B. 1971a und 1971b) ausgedrückt: Der „normale, hellwache Erwachsene" ist sozusagen der Wahrer (und Wächter) pragmatischer Alltagsrationalität schlechthin, dem andere Sinnwelten stets – bis auf weiteres – defizitär, irregulär, irreal, gefährlich oder zumindest eben befremdlich erscheinen.

ne[15]. Denn in ihren Augen lösen Erwachsene einerseits zwar (manche) Probleme, andererseits erzeugen sie (dabei) aber auch Probleme. Vor allem jedoch *verwalten* Erwachsene Probleme. Jugendliche verweigern sich sozusagen diesen Problemen bzw. Problemstellungen von Erwachsenen. Und vor allem deshalb sind Jugendliche selber eines dieser Probleme – ein Problem, das Erwachsene vielleicht weder ignorieren noch tolerieren können, weil das so verstandene „Prinzip Jugend" die Erwachsenen-Welt – und aus der Sicht von Erwachsenen damit die Welt schlechthin – unterminiert.

Anders als – laut Repräsentativumfragen – für die Altersgruppe der jungen Menschen ist für die Mental-Kids dementsprechend eben auch die Erfahrung von bzw. die Angst vor Arbeitslosigkeit *nicht* das Hauptproblem – jedenfalls nicht typischerweise: Wie wir bei unseren Erkundungen jugendlicher Lebens-Welten vielmehr zutage fördern, löst sich bei Jugendlichen (im mentalen Sinne) der tradierte Gegensatz zwischen Freizeitvergnügen hie und Arbeits(markt)problemen da auf. Das Prinzip „Freizeit *versus* Arbeit" transformiert sich demgegenüber in das Prinzip „Freizeit *als* Arbeit" und „Arbeit *durch* Freizeit"[16].

3. Neue Formen der Vergemeinschaftung: posttraditional

Jugendkulturell gesehen entwickeln, verstetigen und vermehren sich neue bzw. neuartige Vergemeinschaftungsformen[17], deren wesentlichstes Kennzeichen darin besteht, dass sie eben nicht mit den herkömmlichen Verbindlichkeitsansprüchen einhergehen, welche üblicherweise aus dem Verweis auf (wie auch immer geartete) Traditionen oder auf ähnliche soziale Lagen resultieren, sondern dass sie auf der *Verführung* je einzelner Menschen zur habituellen, intellektuellen, affektuellen und vor allem ästhetischen Gesinnungsgenossenschaft basieren (vgl. dazu Hitzler 1999a, aber auch Bauman 1995). Diese Verführung ist typischerweise *nicht* in- oder exkludierend, d. h. sie schließt *nicht* grundsätzlich bestimmte Menschen ein oder aus. Diese Verführung kann z. B. auf einem Musikstil basieren, auf einer Sportart, einer politische Idee, einer bestimmten Weltanschauung, auf speziellen Konsumgegenständen (Autos, Filme etc.) oder auch auf Konsum-Stil-Paketen (auf den „angesagten" Dingen) usw.

15 Die Einstellung „des" Jugendlichen zum Erwachsenen, zur Welt des Erwachsenen basiert heute sozusagen auf dem Prinzip der „toleranten Ignoranz".

16 Ein Wandel in den Einstellungen zur Arbeit *generell* wird bekanntlich ja ohnehin seit vielen Jahren diagnostiziert; vgl. Baethge u. a. (1988), Baethge (1994), Fürstenberg (1993), Voß (1994), Heidenreich (1996).

17 Diese neuartigen, von uns als „posttraditional" etikettierten Gemeinschaften (vgl. Hitzler 1998a; Hitzler/Pfadenhauer 1998a) unterscheiden sich von überkommenen bzw. „eingelebten" Gemeinschaftsformen vor allem dadurch, dass man nicht in sie hineingeboren und auch nicht sozusagen selbstverständlich in sie hineinsozialisiert wird, sondern dass sich der einzelne eben *freiwillig* dafür entscheidet, sich zeitweilig einzubinden in eine (mehr oder weniger professionell) vororganisierte Interessengruppierung.

Für Jugendliche (weit signifikanter als für Erwachsene) scheint diese sozusagen „individualisierte" Form der Vergemeinschaftung nun nicht mehr nur zur wie auch immer zu ertragenden „Normalität" zu werden, sondern bereits zu einer zunehmend kompetent gehandhabten Selbstverständlichkeit: Insbesondere in solchen Vergemeinschaftungsformen, die wir als *„Szenen"* bezeichnen[18], finden Mental-Kids Verbündete für ihre Interessen, Kumpane für ihre Neigungen, Partner ihrer Projekte, Komplementäre ihrer Leidenschaften, kurz gesagt: Gesinnungsfreunde, denn Szenegänger teilen das Interesse am jeweiligen Szene-Thema. Sie teilen auch typische Einstellungen und entsprechende Handlungs- und Umgangsweisen. Das bedeutet im Gegenzug: *Kultur* von Szenen konstituiert sich vorwiegend im je sozial akzeptierten Wissen von den „richtigen" Verhaltensweisen, Attribuierungen, Codes, Signalen, Emblemen, Zeremonien, Attitüden, Wissensbeständen, Relevanzen, Kompetenzen usw. (vgl. dazu auch Soeffner 1989 und 1992). Ansonsten sind Teilnahmen, ja Mitgliedschaften signifikant „offen", d. h. z. B. im Hinblick auf Zugänglichkeit hie und Desinteresse da kaum reguliert oder sonstwie sanktioniert.

So etwas wie „Gemeinschaft" wird im Grunde also durch die wechselseitige „Beglaubigung" der Zugehörigkeit durch die Szene-"Mitglieder" (re-)produziert. Im Umgang miteinander auf szenetranszendente biographische Attribuierungen, wie etwa die Herkunft der beteiligten Personen, deren Berufe, deren Bildung oder deren „hintergründige" Besitzverhältnisse zu rekurrieren, ist im Szene-Alltag in der Regel nur bedingt hilfreich, denn Gemeinschaft konstituiert sich hier eben *nicht* aufgrund vorgängiger gemeinsamer Standes- und Lebenslagen-Interessen, sondern aufgrund des Glaubens an eine gemeinsame Idee bzw. aufgrund der (vermeintlichen) Bestätigung der tatsächlichen Existenz dieser gemeinsamen Idee durch bestimmte Kommunikationsformen und/oder kollektive Verhaltensweisen. Genauer betrachtet werden Gemeinschaft und Identitäten auch nur im je aktualisierten Rahmen der *konstituierten* Szene (re-)produziert. Nun ist Szene-Engagement aber eben symptomatischerweise ein Teilzeit-Engagement. Dazwischen liegen Phasen der Engagiertheit in anderen Lebensbereichen, sei es in Ausbildung, Beruf, Familie oder einer anderen Szene. Während dieser Zwischenphasen ist das Bewusstsein der Zugehörigkeit zu der einen Szene (vermutlich) nur latent vorhanden. D. h., szenetypische Vergemeinschaftung ist sozusagen notwendig sequentialisiert in eine Abfolge von Latenzen und Aktualitäten.

Wenn es in heutigen jugendkulturellen Szenen[19] also kaum noch um Verpflichtungen geht, sondern nur noch um gelingende oder misslingende Verführungen zur

18 Szenen sind thematisch fokussierte, ästhetisch orientierte soziale Netzwerke: Jede Szene hat ein zentrales „issue", ein „Thema", auf das die Aktivitäten der Szenegänger hin ausgerichtet sind. Szenen begreifen wir als prototypische Gesellungsformen individualisierter Einzelner in Gesellschaften am Übergang zu einer „anderen" Moderne. Im Zuge eines Langfristtrends ist unseres Erachtens von einer Verszenung der Gesamtgesellschaft auszugehen (vgl. dazu Gebhardt u. a. 1999).

19 Bis in die 80er Jahre hinein wurden (jugend-)kulturelle Kollektivierungsformen vornehmlich mit Begriffen wie „Subkultur" (vgl. Greven/Willems 1995; Vaskovics 1995), „Peer-group" (vgl. Machwirth 1994) oder „Milieu" (vgl. Bohnsack 1989) beschrieben. Im Zuge der Individualisierungsprozesse insbesondere der letzten dreißig Jahre hat sich die gesellschaftliche Situation jedoch derart

Teilhabe, dann muss irgendwie und von irgendwem Sorge dafür getragen werden, dass solche Teilhaben attraktiv sind bzw. bleiben. Dergestalt etablieren sich insbesondere in Jugend-Szenen von uns so genannte *„Organisationseliten“*[20]. Diese rekrutieren sich zumindest größtenteils (und essentiell) aus langjährigen Szenegängern, welche auf der Basis ihres umfangreichen Wissens um ästhetische Kriterien in der Szene – in der Regel: unter anderem – Geselligkeiten, v. a. Veranstaltungen (vor-)produzieren und im Zuge dieser Tätigkeiten zumeist kommerzielle Chancen nicht nur erkennen, sondern auch nutzen.

Infolgedessen lässt sich in den meisten Szenen ein – mehr oder weniger ausgeprägter – Trend zur Kommerzialisierung feststellen (vgl. dazu exemplarisch Deese u. a. 1996). Ein von kritischen Analytikern oft entweder übersehener oder missachteter „positiver“ Effekt dieser Kommerzialisierung besteht z. B. darin, dass sich dadurch für nicht wenige Jugendliche – teils situative, teils längerfristige – Arbeits- und Erwerbsmöglichkeiten eröffnen, die diesen nicht nur Spaß machen, sondern ihnen oft auch generelle Organisations- und andere einkommensrelevante Leistungskompetenzen vermitteln. Da viele dieser, von Außenstehenden und Nichtbeteiligten in der Regel gescholtenen und gerügten, Kommerzialisierungsschübe von Szenegängern selber ausgehen, lässt sich im Hinblick darauf unseres Erachtens auch nur bedingt von einer Kolonialisierung jugendlicher Lebens-Welten durch die so genannte Kulturindustrie sprechen (vgl. dazu z. B. Schulze 1993 sowie Herhoffer 1994 und Richard 1995b).

Jedenfalls und zumindest vergrößert Kommerzialisierung schlechthin die finanziellen Potentiale (in) einer Szene. Und diese finanziellen Potentiale eröffnen und vermehren unter anderem z. B. die Chancen für bezahlte Arbeit. D. h., insbesondere die sogenannte „Kommerzialisierung“ der Jugendkultur(en) macht diese selber zu veritablen Ressourcenquellen für Leute, die sich den Spaß nicht durch die Arbeit verderben und zugleich die Arbeit durch den Spaß nicht vermiesen lassen (wollen).

verändert, dass diese Konzepte nicht mehr angemessen greifen. Ein Wechsel der Beschreibungsweise von Kollektivierungsformen zeichnet sich seit etwa Mitte der 80er Jahre ab – mit dem Begriff der „Jugendkultur“ (Baacke 1985; Ferchhoff 1990; Baacke/Ferchhoff 1995). Im Zuge der Rede von „Jugendkulturen“ wird der Szenebegriff als alltagsweltlich erfahrbare Konkretisierung von Jugendkultur eingeführt (vgl. Thole 1991; Becker u. a. 1983; Eckert/Wetzstein 1999; Strzoda 1996). Spuren *theoretischer* Auseinandersetzung mit dem Szenebegriff finden sich bei Vollbrecht (1995: 34) und Barthelmes (1998: 226, 231 f). Eher zur begrifflichen Verwirrung trägt wohl Hettlage (1992: 350 ff) bei, wenn er im Rahmen einer kommerzialisierungskritischen Metaphorik zur heutigen Jugendmusikkultur „Szene“ sowohl als „multimediales Ereignis“, als auch als „medientechnische Organisation“, als auch als „Show-Business“ bezeichnet.

20 Mit dem Begriff der Elite intendieren wir weniger die Vorstellung von je szenespezifischen Macht- oder Funktionseliten als vielmehr die aufgrund bzw. infolge ihrer Aktivitäten privilegierten Erbringer bestimmter, für die Entwicklung und Perpetuierung von Szenen notwendiger Leistungen – wie z. B. solche der Organisation (d. h. der Planung, Vorbereitung, Durchführung und Abwicklung) von Events. Um diesen Szenekern gruppieren sich „harte Szenefreaks“, die dadurch Zugang zu vielerlei Privilegien erhalten und dem Szenekern gleichzeitig als „Seismographen“ für Trends dienen. Den quantitativ größten Anteil stellen allerdings die regelmäßigen, gut integrierten Szenegänger, die die Erlebnisangebote der Organisationselite nutzen, ohne mit ihr persönlichen Kontakt zu pflegen (vgl. zum dabei zugrunde gelegten Elitebegriff auch Dreitzel 1962).

Ressourcenquelle, Arbeit, Einkommen, Profitchancen usw. – das streut dabei so ungefähr von der Option, für ein paar Mark „eben mal mitanzupacken“, wenn bei irgendeiner Veranstaltung gerade „Not am Mann (bzw. an der Frau)“ ist, bis hin zur Chance, ganze Freizeitkonzerne hochzuziehen, (relativ) dauerhaft und (mehr oder minder) „regulär“ andere Menschen zu beschäftigen (übrigens auch offiziell auszubilden) und dabei wohlhabend zu werden.

4. Szene als „Arbeitsmarkt“ – am Beispiel „Techno“

Um diesen Befund an einem Beispiel zu konkretisieren: In einem Handlungsfeld wie dem der Produktion von Jugendszene-Veranstaltungen finden wir zunächst vor allem Leute, die sich am ehesten in die populärwissenschaftliche Kategorie der „Job-Hopper“ einordnen lassen. Bei den von uns bislang vor allem untersuchten Mitgliedern von Techno-Veranstaltungsorganisationen z. B. haben wir es oft mit Ausbildungs- und Studienabbrechern zu tun, die ihr ursprüngliches *Freizeit*vergnügen zur Grundlage des Broterwerbs machen, die also ihre Idee von „Selber-Spaß-haben“ mehr oder minder gelingend kombinieren mit dem Erwerbsziel, anderen „Spaß“ zu bereiten (vgl. dazu z. B. Hitzler 1998b; Hitzler/Pfadenhauer 1999a und Pfadenhauer 1998).

Wesentlich aus solchem Personal heraus hat sich in den vergangenen Jahren aber das entwickelt, was wir eben als „Organisationselite“ bezeichnen. Von in der Regel kleineren, illegalen Partys einmal abgesehen, managt diese Organisationselite inzwischen die gesamte Infrastruktur der Techno-Szene (bzw. genauer: der – gegen Avantgarde-Szene und diverse Subkultur-Szenen abzugrenzenden – Party-Szene *in* der Techno-Szene), also z. B. die Produktion und Distribution von Informationen, die einschlägigen Clubs, das so genannte DJ-Booking, die techno-spezifischen Vinyl- und CD-Labels, und zum Teil auch den Handel mit Szene-Kleidung und Szene-Accessoires. Eine weitere, wichtige Funktion der Organisationselite besteht darin, möglichst finanzkräftige *Sponsoren* für die Techno-Szene zu interessieren und zu aktivieren, d. h. Firmen bzw. Marken (wie z. B. „Camel“, „Sony“, „Red Bull“) dazu zu animieren, in Szene-Publikationen Anzeigen zu schalten und gegen entsprechendes finanzielles Engagement auf Groß-Veranstaltungen „präsent“ zu sein. Vor allem aber bildet bzw. stellt diese Organisationselite eben das Personal, das für die Planung, Koordinierung und Durchführung so genannter Techno-Events unabdingbar ist.

Dass derlei freizeitkulturelle Angebote erlebenswerte Ereignisse darstellen bzw. zumindest beinhalten müssen, wenn sie sich heutzutage auf dem „Markt“ multipler Optionen behaupten sollen, das ist – spätestens seit Gerhard Schulzes Deklaration der „Erlebnisgesellschaft“ (1992) – eine sozialwissenschaftlich triviale Einsicht. Erlebenswerte Ereignisse haben aber *zwei* Dimensionen: eine qualitative und eine quantitative bzw. eine der Intensivierung und eine der Extensivierung. Sehr vereinfacht gesagt:

Zielt ein Ereignis-Angebot stark auf Erlebnis-Intensivierung ab, reagieren die Nutzer des Angebots intendiertermaßen mit einer starken Bindung an dieses Angebot. Daraus resultiert sozusagen beiläufig jedoch auch die Tendenz zur quantitativen *Einschränkung* des potentiellen Nutzerkreises. Club-Leben bzw. Club-Kultur z. B. hat für die, die – warum auch immer – daran partizipieren, typischerweise einen starken Erlebniswert. Dieser starke Erlebniswert basiert jedoch wesentlich auch auf dem Bewusstsein von Distinktion, also darauf, dass „die Vielen" draußen vor der Tür, auch vor der mentalen und emotionalen Tür bleiben. Es gilt, mehr oder weniger radikal: Rein kommt, wer drin ist.

Zielt ein Ereignis-Angebot stark auf Erlebnis-Extensivierung ab, nehmen die Nutzer des Angebots dieses eher beiläufig wahr, bzw. sie nehmen es sozusagen „mit", sofern es situativ in ihr je eigenes Relevanzschema paßt. Daraus resultiert zwar einerseits die Tendenz zur quantitativen Ausweitung des potentiellen Nutzerkreises, andererseits aber „verflacht" der Erlebniswert der jeweiligen Ereignis-Teilnahme. Die Super-Party an jedem Wochenende in jedem „Nest" z. B. konterkariert sich gleichsam selber. Denn woran alle mehr oder weniger jederzeit partizipieren können, das verliert eben seine punktuelle und individuelle Besonderheit. Es gilt dann, wiederum mehr oder weniger radikal: Wo jeder ist, ist keiner mehr „zu Hause".

Vor diesem Hintergrund meint die Frage nach dem Event-Potential von Veranstaltungen, ob bzw. inwiefern es dem organisatorischen Kern einer Szene gelingt, erlebenswerte Ereignisse anzubieten, die *sowohl* die Außeralltäglichkeit der Teilnahme und damit die relative Besonderheit des Teilnehmers *als auch* die mentale und emotionale Zugänglichkeit des in Frage stehenden Events auch für den Gelegenheitsteilnehmer hinlänglich gewährleisten. Das ist natürlich eine dilemmatische Problemstellung, die unter den gegebenen kulturellen Bedingungen wahrscheinlich für *jede* Art von Event-Produzenten – zumindest auf Dauer – unlösbar ist.

Im („idealisierten") Gegensatz aber zum traditionellen Unternehmer (vgl. zu dessen Handlungsprofil Brosziewski 1997) orientiert sich der *szenetypische* Event-Produzent nicht oder jedenfalls kaum an solcherlei zur Vorsicht und Zurückhaltung gemahnenden zweckrationalen Erwägungen. Er wägt überhaupt eher wenig ab, setzt in der Regel hoffnungsvoll auf das Gelingen seiner Unternehmungen und schließt die Möglichkeit des Scheiterns weitgehend aus seinen Überlegungen aus. D. h., er rekurriert lieber auf (erlebten) Erfolg statt auf potentielle Risiken. Anders ausgedrückt: Er zieht Unsicherheiten gar *nicht* ins Kalkül, sondern blendet sie als (tatsächlich) unberechenbaren Faktor aus.

Vereinfacht gesagt: Der *szenetypische* „Macher" scheint seine ganze Organisations- bzw. Produktionsarbeit als eine Art (Kinder-)Spiel zu begreifen und auch zu betreiben. Insbesondere sein Umgang mit finanziellen Ressourcen hat etwas Spielerisches: Er überblickt eben *nicht* sein ständig „im Fluss" befindliches Gesamtbudget und verausgabt (infolgedessen) Einnahmen oft schon wieder, noch ehe die tatsächlichen Kosten „gecheckt" oder gar gedeckt sind. Geld (wenn es denn vorhanden ist) scheint für ihn vor allem da zu sein, um (schnell) ausgegeben zu werden. Kurz: In seiner dezidiert hedonistischen Spaßorientierung und der Lust am Konsum verhält sich auch das Mitglied der Organisationselite vor allem als Mitglied der *Szene*. Und vermutlich ist der Szene-Macher gerade deshalb und auch in dem Maße (längerfristig und relativ) erfolgreich, *weil* er und *wie* er – zumindest im Zweifelsfall – nicht zweckrational agiert, sondern wertrational[21], d. h. (ganz selbstverständlich) bezogen auf die kulturellen Besonderheiten und zu großen Teilen impliziten Verhaltenskodizes *seiner* Szene[22].

Das, was wir – in Abgrenzung zum *modernen* professionellen Handeln (vgl. dazu Meuser 1997) – „*postmodernen* Professionalismus" nennen (vgl. Pfadenhauer 1998), resultiert bei der Organisationselite also wesentlich aus der „unverkrampften", weil sozusagen – im Sinne Berger/Luckmanns (1969) – habitualisierten Kombination aus einer dergestalt erkennbaren, szene-intern „überzeugenden" Überzeugung hie und einem „unschuldigen" Geschäftssinn da. Infolgedessen können wir wohl ohne weiteres davon ausgehen, dass die Mitglieder von Organisationseliten einen wesentlichen, komplexen Einfluss auf die Entwicklung und Ausgestaltung „ihrer" Szenen haben – d. h. sowohl auf deren Binnenkohäsion als auch auf deren Außenattraktivität. Somit betrachten wir die Organisationseliten als unabdingbar für die Konstitution und vor allem für die Verstetigung von Szenen.

Zugleich aber dürften die Handlungsspielräume, die Stabilisierungs- und Perpetuierungschancen, der ökonomische Erfolg, das Selbstverständnis, die Legitimität der Organisationseliten hochgradig von den Leistungsbedürfnissen und Leistungserwartungen in den jeweiligen Szenen abhängen. D. h., sozusagen „im Gegenzug" definieren und bewerten, akzeptieren, bezweifeln oder verwerfen die „gemeinen" Szenegänger („laufend") die von den Eliten zu erbringenden Leistungen. *Alle* Szene-Mitglieder sind mithin *aktiv* involviert in die im posttraditionalen Sinne „gemeinschaftliche Bastelarbeit" an ihrer je spezifischen, freizeitlichen Erlebniswelt (vgl. genereller dazu auch Hartmann/Haubl 1996 sowie Ferchhoff 1999).

All das lässt sich womöglich pointiert verdichten in einem Imperativ und in einer Lebensmaxime, die uns *beide* in den Jugend-Szenen, also in den zentralen Erfahrungs- und Erlebniswelten der Mental-Kids, nicht immer, aber unseres Erachtens immer signifikanter begegnen. Der Imperativ lautet (mit Roberto Blanco): „Ein bisschen Spaß *muss* sein!"[23], und die Lebensmaxime lautet (von einem Teilnehmer an Techno-Veranstaltungen einmal vor der Fernsehkamera formuliert): „Wer hart feiert, muss auch hart arbeiten können!"

21 Im Gegensatz zum zweckrationalen Handeln, das sich eben durch die Kalkulation von Zweck, Mittel, Kosten, Folgen und Nebenfolgen kennzeichnen lässt, bedeutet wertrationales Handeln die Realisierung festgesetzter Werte ohne Rücksicht auf Kosten und Nebenfolgen (vgl. dazu bereits Weber 1972: 12 f).

22 Das wirkt sich, wie wir festgestellt haben, unter anderem etwa auf die Auswahl des Personals aus, das als wichtigstes Qualifikationskriterium so etwas wie „Stallgeruch" mitbringen, also auf langjährige Szene-Erfahrung(en) zurückgreifen können muss.

23 Winfried Gebhardt hat neuerdings einige Konnotationen dieses Imperativs im Hinblick auf die Geltung der sogenannten „Goldenen Regel" (der Trivial-Version des kategorischen Imperativs) in pluralistischen Gesellschaften erörtert (vgl. Gebhardt 1999).

Wenn wir dergestalt davon ausgehen, dass künftig Arbeiten und Spaß haben allenfalls noch in der konkreten Situation, nicht hingegen als grundsätzlich miteinander *un*vereinbar angesehen werden (können), dann stellt sich vor diesem Hintergrund die Frage, ob die heute beobachtbaren Mental-Kids vielleicht so etwas wie Pioniere einer *anderen* Moderne sein könnten[24]. Wir vermuten jedenfalls, dass *ihnen* jene kompetenten Akteure „von morgen" durchaus ähneln könnten, die *sowohl* die berufsförmige Leistungserbringung, über die der Mensch der „klassischen" Industriemoderne wesentlich sein Selbstverständnis ausgebildet und stabilisiert hat, *als auch* den Freizeit-Hedonismus, der zum prägenden „lifestyle" des überflüssig gewordenen Produzenten in der verdämmernden Spätmoderne geworden ist[25], gleichsam dialektisch „aufzuheben" vermögen in einem (gegenwärtig vielleicht noch ganz „unerhörten") *Ineinander* von Leistungserbringungen und Leistungsbeanspruchungen.

Im Übrigen sprechen dafür, dass dieses Kompetenzprofil des „Sowohl – als auch" typisch bzw. symptomatisch werden könnte für die Pioniere einer anderen Moderne, keineswegs „nur" existentiell-professionelle Strategien, wie wir sie – unseres Erachtens exemplarisch – in der Techno-Szene beobachten und rekonstruieren können. Darauf deuten bereits fast ebenso deutlich repräsentativ erhobene Wertorientierungen junger Leute von heute hin, bei deren Auflistung vor allem eben (auch) die *Gleichzeitigkeit* von Leistungs- und Genußorientierung auffällt (vgl. nochmals Jugendwerk der Deutschen Shell 1997: 298 ff). Und darauf weist schließlich auch eine Reihe sozialstatistisch relevanter, aktueller Befunde hin[26].

5. Dienstleistungen „rund um die Uhr" im Arbeit-Freizeit-Konglomerat

Die Situation auf dem bundesdeutschen Arbeitsmarkt wird insbesondere seit Anfang der achtziger Jahre durch anhaltend hohe und weiter steigende Arbeitslosigkeit geprägt. Die so genannte Beschäftigtenbilanz ist also nach wie vor negativ, d. h. dass über die verschiedenen Branchen und Sektoren hinweg mehr Arbeitsplätze „abge-

24 Die Rede von der „anderen" Moderne verweist auf Veränderungen, die bislang wohl nur in ihren Früh- und Vorformen erkennbar sind und in diesen mit ganz heterogenen Umständen korrelieren, wie sie z. B. Ulrich Beck (1986) unter dem Etikett der „Risikogesellschaft", Gerhard Schulze (1992) mit der „Erlebnisgesellschaft", Peter Gross (1994) mit der „Multioptionsgesellschaft", Anthony Giddens (1993) mit der „posttraditionalen Gesellschaft", Herbert Willems (1998) mit der „Inszenierungsgesellschaft", Beck u. a. (1996) aber auch als „Zweite bzw. Reflexive Moderne", Richard Münch (1998) als „globalisierte Dritte Moderne" und Zygmunt Bauman (1999) als „zivilisatorische Wildnis der Postmoderne" beschreiben.

25 Zygmunt Bauman (1995) zufolge ist die Phase, die wir hier als „verdämmernde Spätmoderne" bezeichnen, und die er als „Postmoderne" etikettiert, ja wesentlich dadurch gekennzeichnet, dass es nicht mehr die Stellung zum Produktionsprozess bzw. zur Erwerbsarbeit ist, die dem Einzelnen seinen Platz im sozialen Raum zuweist. An deren Stelle tritt vielmehr die Orientierung am und auf (vergnüglichen) Konsum. Ein postmoderner Szene-Profi ist, ganz in diesem Sinne, deshalb auch ein solcher Akteur, der vom Konsumspaß anderer nicht nur profitiert, sondern dessen Profitinteressen sich in seinen eigenen Konsumspaß „integrieren".

26 Im Wesentlichen stützen wir uns dabei nochmals auf den vom Ministerium für Arbeit, Gesundheit und Soziales (MAGS) des Landes Nordrhein-Westfalen herausgegebenen Arbeitsmarktbericht 1997.

baut" als geschaffen werden. Denn bekanntlich werden ja seit längerer Zeit schon in den typisch industriegesellschaftlichen Arbeitsfeldern (v. a. in der Produktion von Waren) immer weniger Arbeitskräfte gebraucht – außer eben im sogenannten „dritten Sektor"[27]: Hier steigt nicht nur die Zahl der Arbeitsplätze nach wie vor an, die Beschäftigen erbringen hier auch den größten Teil des Bruttosozialprodukts, also der Wertschöpfung der Bundesrepublik Deutschland.

Allerdings erfassen, ebenso bekanntermaßen, die so genannten Rationalisierungswellen auch immer mehr und immer schneller verschiedene Branchen im „dritten Sektor": insbesondere die traditionellen Dienstleitungsorganisationen wie Verwaltung, Handel, Banken, Versicherungen, Verkehr und (Print-)Medien. Die tatsächlichen *Zuwächse* an Arbeitsplätzen finden wir hingegen im Bereich der sogenannten „sonstigen Dienstleistungen", d. h. z. B. in der Rechts- und Wirtschaftsberatung, im Gesundheits- und Veterinärwesen, in der Gebäudereinigung, im Kulturbereich, in Wissenschaft und Publizistik, in Werbung und Marketing, und insbesondere in Gastronomie und Hotellerie.

Dass sich diese vielfach diagnostizierte Entwicklung aller Wahrscheinlichkeit nach im kommenden Jahrhundert nicht nur fortsetzen, sondern wohl noch intensivieren wird, hängt nämlich damit zusammen, dass „morgen" weit mehr noch als „heute" viele und immer mehr Menschen mit verschiedenen Zeitbudgets und mit ganz unterschiedlichen Interessen zusammenleben werden. Infolgedessen verwandelt sich – insbesondere im urbanen Raum – das soziale Leben mehr und mehr in eine „rund um die Uhr"-Veranstaltung. Gegenwärtig ist es zwar immer noch etwas anderes, ob man frühmorgens um drei Uhr oder nachmittags um drei Uhr in der Stadt unterwegs ist. Aber tendenziell schließt sich der 24-Stunden-Kreis immer mehr: Praktisch zu jeder Zeit kann man „irgendwo" nachgerade jede Art von Geselligkeit, von Arbeit, von Konsum- und Freizeitmöglichkeiten usw. finden. Mehr und mehr wird „alles" jederzeit verfügbar. Dieser Trend resultiert wesentlich daraus *und* bewirkt zugleich, dass die einzelnen Menschen eben nicht mehr klar strukturiert in bestimmten Zeiträumen ihrer Erwerbsarbeit nachgehen oder „Freizeit" haben, sondern sozusagen in „Schichten" rund um die Uhr arbeiten, sich vergnügen und schlafen.

Konstatierbar ist dabei derzeit eine kritische Phase des Übergangs von der „klassischen" Normalarbeitszeit-Gesellschaft zur „Rund-um-die-Uhr"-Gesellschaft, in der die Verhältnisse noch nicht so gut eingespielt sind: Menschen, die zu (noch) ungewöhnlichen Zeiten arbeiten, haben im Hinblick auf ihre kulturelle Lebensqualität noch immer deutliche Nachteile gegenüber anderen Leuten. Das meint vor allem, dass die Angebote für die Zeit außerhalb *ihrer* Arbeitszeit bislang (noch) spärlicher, eingeschränkter sind als für die anderen. Um aber ungewöhnliche Arbeitszeiten attraktiver zu machen, werden die kulturellen Teilnahmemöglichkeiten sukzessive verbessert (werden). Das wiederum bedeutet, dass andere Menschen zu wieder anderen Zeiten arbeiten müssen, damit für die jeweils Nichtarbeitenden Kulturangebote

27 Diese Entwicklung hat Bell (1976) bereits sehr früh konstatiert; vgl. aktueller Häußermann/Siebel (1995).

bereitstehen. Leistungsnachfrage und Leistungserbringung „rund um die Uhr" bedingen und ermöglichen sich so wechselseitig.

Eher über kurz als über lang wird man es in Gesellschaften wie der unseren infolge alldessen als „normal" empfinden, sich seine Zeitteile je individuell aus dem sozialen 24-Stunden-, Sieben-Tage-, 12-Monate-Budget zu schneiden und in ganz „idiosynkratischen" Mischungen aus Arbeiten und „Feiern" wieder zusammenzubasteln (vgl. Hitzler 1987 und Hitzler/Honer 1994b). Während derweil die industriegesellschaftliche „Normalbiographie" im Sinne des Lebens innerhalb relativ stabiler „Parameter" (wie Schulbildung, Berufsausbildung, stabiles Beschäftigungsverhältnis, Familiengründung, Wohlstandserzeugung, Absicherung, sichere Rente usw. – die „real" vielleicht ohnehin nie existiert hat[28]) auch ideologisch sozusagen lautlos in sich zusammenfällt.

6. Fazit

Nach dem Ende der soziokulturellen Normalität von Normalerwerbsbiographien wird so etwas wie „Lebenserfolg" vermutlich *unabdingbar* mit der individuellen Fähigkeit verbunden sein zum flexiblen Zusammenbasteln der je eigenen Existenz aus je (zufällig) zuhandenen bzw. sich eröffnenden (Erwerbs-)Chancen[29]. Denn das, was vermutlich das Wachstumspotential der sogenannten „sonstigen Dienstleistungen" wesentlich ausmacht, ist eben die Tendenz zur *Auflösung* der Trennung von Erwerbszeit und Freizeit, ist das Unterlaufen kulturell eingelebter bzw. tarifrechtlich „erkämpfter" Zeitordnungen, wie sie von Strukturkonservativen (der verschiedensten politischen und moralischen Couleur) nach wie vor reklamiert werden.

Die Pioniere einer anderen Moderne werden infolge dieser, der typisch modernen, institutionellen *Differenzierung* entgegenlaufenden, *Diffundierung* von Lebensbereichen, Zeitsegmenten und Handlungslogiken somit eben *nicht* Spezialisten oder gar Hyper-Spezialisten sein, sondern Träger von (und Spieler mit) so genannten Kernkompetenzen und Basisqualifikationen – d. h. von (bzw. mit) Fähigkeiten zur *Struktur*erfassung, von (bzw. mit) Kenntnissen *abstrakter* Verfahrenstechniken *und* von (bzw. mit) *Strategien* der Erfassung und Entsprechung von in „kleinen" sozialen Kontexten je spezifischen Relevanzen. Die Ausbildung solcher Eigenschaften aber wird, und das wird bislang noch weitestgehend übersehen (oder ignoriert), gerade in jenem, zumindest anfänglich zu großen Teilen „schattenwirtschaftlichen" Kon-

28 Ohnehin (als chauvinistisch) kritisiert wurde diese Annahme *einer* Normalbiographie insbesondere von Frauenforscherinnen bereits in den achtziger Jahren im Kontext der Individualisierungsdebatte (vgl. dazu z. B. Beck-Gernsheim 1983; Becker-Schmidt/Knapp 1987).

29 Der Begriff der „Bastelexistenz" bzw. des „Existenzbastelns" verweist hier also auf die Grundsatzlösung der – mit den unter dem Etikett „Individualisierung" verhandelten sozialstrukturellen Veränderungen einhergehenden – generellen Handlungsproblematik, sich sein Leben zusammenstückeln aus dem, was einem dafür je gerade zuhanden ist (vgl. dazu z. B. Hitzler 1994 und 1999b; Hitzler/Honer 1994a und 1996).

glomerat der „Freizeit-Arbeit“ bzw. neudeutscher ausgedrückt: des „leisure-jobbing“ befördert (vgl. dazu Gross/Friedrich 1988; Teichert 1993; Kommission für Zukunftsfragen 1997b), die bzw. das wir symptomatisch eben in Szenen finden.

Nicht nur, aber auch nicht zuletzt aus diesem Grund könnten sich Szenen – unbeschadet von Aufstieg und Niedergang *bestimmter* Szenen – als die individualisierungssymptomatischen Gesellungsgebilde erweisen, die sich am Übergang zu einer „anderen“ Moderne sozusagen „quer legen“ zu überkommenen systemintegrativen Strukturen; genauer: zu den „großen“ institutionell gestützten und verfassten Gesellschaftsbereichen der bisherigen Moderne. Und hervorgebracht, unterhalten, belebt – und zeitweilig wohl auch „bewahrt“ werden könnten diese „anderen“ Gesellungsgebilde durchaus von Menschen, die mental eher jener Disposition entsprechen könnten, die wir hier als „jugendlich“ bezeichnet haben, als jener der alltagsrationalen (normalen, hellwachen) Erwachsenen.

Literatur

Baacke, Dieter (1985): Jugendkulturen und Popmusik. In: Dieter Baacke, Wilhelm Heitmeyer (Hrsg.), Neue Widersprüche. Weinheim, München, 154–174.

Baacke, Dieter/Ferchhoff, Wilfried (1995): Von den Jugendsubkulturen zu den Jugendkulturen – Der Abschied vom traditionellen Jugendsubkulturkonzept. In: Forschungsjournal Neue Soziale Bewegungen 8 (2), 33–46.

Baethge, Martin (1987): Arbeit im gesellschaftlichen Wandel. In: AGJ (Arbeitsgemeinschaft für Jugendhilfe) (Hrsg.), Zukunft der Arbeit – Zukunft der Jugend? Bonn.

Baethge, Martin (1994): Arbeit und Identität. In: Ulrich Beck, Elisabeth Beck-Gernsheim (Hrsg.), Riskante Freiheiten. Individualisierung in modernen Gesellschaften. Frankfurt/M., 245–261.

Baethge, Martin u. a. (1988): Jugend: Arbeit und Identität. Opladen.

Barthelmes, Jürgen (1998): Jugendkulturen sind Alltagskulturen. In: DJI (Deutsches Jugendinstitut) (Hrsg.), Jahresbericht 1997. Augsburg, 225–239.

Bauman, Zygmunt (1995): Ansichten der Postmoderne. Hamburg, Berlin.

Bauman, Zygmunt (1999): Unbehagen in der Postmoderne. Hamburg.

Beck, Ulrich (1986): Risikogesellschaft. Frankfurt/M.

Beck, Ulrich (1997): Was ist Globalisierung? Frankfurt/M.

Beck, Ulrich (1998): Perspektiven der Weltgesellschaft. Frankfurt/M.

Beck, Ulrich (1999): Schöne neue Arbeitswelt. Frankfurt/M., New York.

Beck-Gernsheim, Elisabeth (1983): Vom „Dasein für andere“ zum Anspruch auf ein Stück „eigenes Leben“. In: Soziale Welt 34 (3), 307–340.

Beck, Ulrich u. a. (1996): Reflexive Modernisierung. Frankfurt/M.

Beckenbach, Niels/Treeck, Werner van (Hrsg.) (1994): Umbrüche gesellschaftlicher Arbeit. (Soziale Welt, Sonderband 9). Göttingen.

Becker, Helmut u. a. (1983): Cliquen und Raum. In: Friedhelm Neidhardt (Hrsg.), Gruppensoziologie (Sonderheft 25 der Kölner Zeitschrift für Soziologie und Sozialpsychologie). Opladen, 451-481.

Becker-Schmidt, Regina/Knapp, Gudrun-Axeli (1987): Geschlechtertrennung – Geschlechterdifferenz. Bonn.

Bell, Daniel (1976): Die nachindustrielle Gesellschaft. Frankfurt/M., New York.

Berger, Peter L./Luckmann, Thomas (1969): Die gesellschaftliche Konstruktion der Wirklichkeit. Frankfurt/M.

Berking, Helmuth/Neckel, Sighard (1990): Die Politik der Lebensstile in einem Berliner Bezirk. In: Peter A. Berger, Stefan Hradil (Hrsg.), Lebenslagen, Lebensläufe, Lebensstile. (Soziale Welt, Sonderband 7). Göttingen, 481–500.

Böpple, Friedhelm/Knüfer, Ralf (1996): Generation XTC. Techno und Ekstase. Berlin.

Bohnsack, Ralf (1989): Generation, Milieu und Geschlecht. Opladen.

Bohnsack, Ralf (1997): Adoleszenz, Aktionismus und die Emergenz von Milieus. In: Zeitschrift für Sozialisationsforschung und Erziehungssoziologie 17 (1), 3–18.
Braun, Frank/Weidacher, Alois (1976): Materialien zur Arbeitslosigkeit und Berufsnot Jugendlicher. München.
Breyvogel, Wilfried (Hrsg.) (1983): Autonomie und Widerstand. Essen.
Brock, Ditmar (1989): Jugendforschung als Modernisierungsforschung? In: Sozialwissenschaftliche Literatur Rundschau 12 (18), 61–74.
Brosziewski, Achim (1997): Unternehmerisches Handeln in moderner Gesellschaft. Wiesbaden.
Bucher, Thomas (1997): Die kleine soziale Lebens-Welt der Sportkletterer. München. (Diplomarbeit).
Corsten, Michael u. a. (1997): Techno: Von der Unnatürlichkeit einer Szene. In: Hermann Artmaier u. a. (Hrsg.), Techno – zwischen Lokalkolorit und Universalstruktur. München (Dokumentation zum Workshop im Haus der Jugendarbeit am 24. und 25. Januar 1997), 33–42.
Cremer, Günter (1992): Die Subkultur der Rocker. Pfaffenweiler.
Daheim, Hansjürgen/Schönbauer, Gerd (1993): Soziologie der Arbeitsgesellschaft. Weinheim, München.
Deese, Uwe u. a. (Hrsg.) (1996): Jugend und Jugendmacher. Düsseldorf, München.
Dowe, Dieter (Hrsg.) (1986): Jugendprotest und Generationenkonflikt in Europa im 20. Jahrhundert. Bonn.
Dreitzel, Hans Peter (1962): Elitebegriff und Sozialstruktur. Stuttgart.
Eckert, Roland/Wetzstein, Thomas A. (1999): Soziale Identität, kulturelle Distinktion und Gewalt in Jugendcliquen. In: Jürgen Gerhards, Ronald Hitzler (Hrsg.), Eigenwilligkeit und Rationalität sozialer Prozesse. Opladen, 415–449.
Epstein, Jonathon S. (1998): Generation X, Youth Culture and Identity. In: Ders. (Hrsg.), Identity in a Postmodern World. Malden/Mass., Oxford, 1–23.
Farin, Klaus (1998): Ein anderer Blick. In: Wilfried Breyvogel (Hrsg.), Stadt, Jugendkulturen und Kriminalität. Bonn, 198–208.
Ferchhoff, Wilfried (1990): Jugendkulturen im 20. Jahrhundert. Frankfurt/M., Bern.
Ferchhoff, Wilfried (1999): Jugend an der Wende vom 20. zum 21. Jahrhundert. Opladen.
Ferchhoff, Winfried u. a. (Hrsg.) (1995): Jugendkulturen. Weinheim, München.
Fritzsche, Yvonne (1997): Jugendkulturen und Freizeitpräferenzen: Rückzug vom Politischen? In: Jugendwerk der Deutschen Shell (Hrsg.), Jugend '97. Opladen, 343–378.
Fürstenberg, Friedrich (1993): Wandel in der Einstellung zur Arbeit – Haben sich die Menschen oder hat sich die Arbeit verändert. (Teil I) In: Lutz Rosenstiel u. a. (Hrsg.), Wertewandel. Stuttgart, 17–27.
Gebhardt, Winfried (1999): „Spaß haben und niemandem wehtun!“ Erscheint in: Alfred Bellebaum, Heribert Niederschlag (Hrsg.), Was du nicht willst, dass man dir tu'… Konstanz.
Gebhardt, Winfried u. a. (1999): Szenen-Entwicklungen und Szenen-Events. Koblenz u. a.
Gershuny, Jonathan (1981): Die Ökonomie der nachindustriellen Gesellschaft. Frankfurt/M., New York.
Giddens, Anthony (1991): Modernity and Self-Identity. Cambridge.
Giddens, Anthony (1993): Tradition in der posttraditionalen Gesellschaft. In: Soziale Welt 44 (4), 445–485.
Giddens, Anthony (1997): Jenseits von Rechts und Links. Frankfurt/M.
Godehardt, Birgit/Worch, Andrea (1995): Telearbeit. Opladen.
Greven, Michael T./Willems, Ulrich (1995): Moralische Forderungen in der politischen Gesellschaft. In: Forschungsjournal Neue Soziale Bewegungen 8 (2), 76–90.
Gross, Peter (1994): Die Multioptionsgesellschaft. Frankfurt/M.
Gross, Peter/Friedrich, Peter (Hrsg.) (1988): Positive Wirkungen der Schattenwirtschaft? Baden-Baden.
Häußermann, Hartmut/Siebel, Walther (1995): Dienstleistungsgesellschaften. Frankfurt/M.
Hartmann, Hans A. (1996): The Thrilling Fields, oder: „Bis ans Ende und dann noch weiter“. In: Ders., Rolf Haubl (Hrsg.), Freizeit in der Erlebnisgesellschaft. Opladen, 67–94.
Hartmann, Hans A./Haubl, Rolf (Hrsg.) (1996): Freizeit in der Erlebnisgesellschaft. Opladen.
Heidenreich, Martin (1996): Die subjektive Modernisierung fortgeschrittener Arbeitsgesellschaften. In: Soziale Welt 47 (1), 24–43.
Heinze, Rolf G. (1984): Der Arbeitsschock. Köln.
Heinze, Rolf G. (1998): Die blockierte Gesellschaft. Opladen.
Helmers, Sabine (1998): Digitale Hahnenkämpfe. In: Gerhard Fröhlich, Ingo Mörth (Hrsg.), Symbolische Anthropologie der Moderne. Frankfurt/M., New York, 139–148.
Henkel, Olivia u. a. (1994): Spray City. Berlin.
Herhoffer, Petra A. (1994): Der schrille Markt der coolen Kids. In: Werben & Verkaufen 30, 50–57.

Hettlage, Robert (1992): Musik-"Szene". In: Wolfgang Lipp (Hrsg.), Gesellschaft und Musik. (Sociologia Internationalis, Beiheft 1). Berlin, 333–367.

Hitzler, Ronald (1987): Zeit-Rahmen. In: Österreichische Zeitschrift für Soziologie 12 (1), 23–33.

Hitzler, Ronald (1994): Sinnbasteln. In: Ingo Mörth, Gerhard Fröhlich (Hrsg.), Das symbolische Kapital der Lebensstile. Frankfurt/M., New York, 75–92

Hitzler, Ronald (1998a): Posttraditionale Vergemeinschaftung. In: Berliner Debatte INITIAL 1, 81–89.

Hitzler, Ronald (1998b): Techno – mehr als nur ein Trend? In: Frank Dievernich, Tobias Gößling (Hrsg.), Trends und Trendsurfen. Marburg, 197–215.

Hitzler, Ronald (1999a): Verführung statt Verpflichtung. Erscheint in: Stefan Hradil u. a. (Hrsg.), Gesellschaft ohne Grenzen? Opladen.

Hitzler, Ronald (1999b): Modernisierung als Handlungsproblem. Erscheint in: Friedrich Rapp (Hrsg.), Globale Rationalität. Bochum.

Hitzler, Ronald/Bucher, Thomas (1999): „Jugendszenen (in NRW)". Düsseldorf (Vorbericht zu einer Expertise für das Ministerium für Frauen, Jugend, Familie und Gesundheit (MFJFG) des Landes NRW).

Hitzler, Ronald/Honer, Anne (1994a): Bastelexistenz. In: Ulrich Beck, Elisabeth Beck-Gernsheim (Hrsg.), Riskante Freiheiten. Individualisierung in modernen Gesellschaften. Frankfurt/M., 307–315.

Hitzler, Ronald/Honer, Anne (1994b): Zeitbasteln. In: Sozialwissenschaftliche Informationen 23 (3), 214–221.

Hitzler, Ronald/Honer, Anne (1996): Individualisierung als Handlungsrahmen. In: Archiv für Wissenschaft und Praxis der sozialen Arbeit 23 (2), 153–162.

Hitzler, Ronald/Pfadenhauer, Michaela (1998a): Eine posttraditionale Gemeinschaft. In: Frank Hillebrandt u. a. (Hrsg.): Verlust der Sicherheit? Opladen, 83–102.

Hitzler, Ronald/Pfadenhauer, Michaela (1998b): „Let your body take control!". In: Ralf Bohnsack, Winfried Marotzki (Hrsg.), Biographieforschung und Kulturanalyse. Opladen, 75–92.

Hitzler, Ronald/Pfadenhauer, Michaela (1998c): Existentielle Strategien. In: Sociologia Internationalis 36 (2), 219–239.

Hitzler, Ronald/Pfadenhauer, Michaela (1999a): „We are one different family". In: Ulrich Beck u. a. (Hrsg.), Der unscharfe Ort der Politik. Opladen, 45–61.

Hitzler, Ronald/Pfadenhauer, Michaela (1999b): Tanzendes Mitleid. Zum War-Style der Partyszene. In: Loop Nr. 53, 17.

Hörning, Karl H. u. a. (1990a): Zeitpioniere. Frankfurt/M.

Hörning, Karl H. u. a. (1990b): Den Zeitpionieren auf der Spur. In: Soziale Welt 41 (2), 206–221.

Joachim, Peter/Seifert, Hartmut (1991): Neue Technik und Arbeitszeitgestaltung. Opladen.

Jugendwerk der Deutschen Shell (Hrsg.) (1997): Jugend '97. Opladen.

Kane, Steven (1998): Skateboard. Stuttgart.

Kern, Horst/Schumann, Michael (1984a): Das Ende der Arbeitsteilung? München.

Kern, Horst/Schumann, Michael (1984b): Neue Produktionskonzepte haben Chancen. In: Soziale Welt 35 (1/2), 146–158.

Klages, Helmut (1993): Wertewandel in Deutschland in den 90er Jahren. In: Lutz Rosenstiel u. a. (Hrsg.), Wertewandel. Stuttgart, 1–15.

Klein, Gabriele (1999): Electronic Vibration. Hamburg.

Kohli, Martin (1988): Normalbiographie und Individualität. In: Hans-Georg Brose, Bruno Hildebrandt (Hrsg.), Vom Ende des Individuums zur Individualität ohne Ende. Opladen, 33–53.

Kohli, Martin (1994): Institutionalisierung und Individualisierung der Erwerbsbiographie. In: Ulrich Beck, Elisabeth Beck-Gernsheim (Hrsg.), Riskante Freiheiten. Individualisierung in modernen Gesellschaften. Frankfurt/M., 219–244.

Kommission für Zukunftsfragen der Freistaaten Bayern und Sachsen (Hrsg.) (1997a): Erwerbstätigkeit und Arbeitslosigkeit in Deutschland, Teil II. Bonn.

Kommission für Zukunftsfragen der Freistaaten Bayern und Sachsen (Hrsg.) (1997b): Erwerbstätigkeit und Arbeitslosigkeit in Deutschland, Teil III. Bonn.

Lau, Thomas (1992): Die heiligen Narren. Berlin, New York.

Lenz, Karl (1986): Alltagwelten von Jugendlichen. Frankfurt/M., New York.

Lenz, Karl (1988): Die vielen Gesichter der Jugend. Frankfurt/M., New York.

Littek, Wolfgang u. a. (Hrsg.) (1991): Dienstleistungsarbeit. Berlin.

Lüders, Christian (1997): Jugend ist ein Phantom. In: Televizion 10, 4–8.

Lutz, Burkhard (1983): Bildungsexpansion und soziale Ungleichheit. In: Reinhard Kreckel (Hrsg.), Soziale Ungleichheiten. (Soziale Welt, Sonderband 2). Göttingen, 221–245.

Machwirth, Eckart (1994): Die Gleichaltrigengruppe (peer-group) der Kinder und Jugendlichen. In: Bernhard Schäfers (Hrsg.), Einführung in die Gruppensoziologie. Heidelberg, 248–268.
Medosch, Armin (1999): Achtung, die Flexecutives kommen. In: De:Bug, 22.04.99, 25–26.
Meuser, Michael (1997): Professionen, Profis, Experten. In: Michaela Pfadenhauer (Hrsg.), Explorationen zum Begriff des professionellen Handelns (Dokumentation des 1. Workshops des Arbeitskreises Professionelles Handeln vom 28.02. bis 1.03.1997). München, 7–11.
Meyer, Erik (1997): XY ungelöst. In: SPoKK (Arbeitsgemeinschaft Symbolische Politik, Kultur und Kommunikation) (Hrsg.), Kursbuch JugendKultur. Mannheim, 243–250.
Ministerium für Arbeit, Gesundheit und Soziales (MAGS) des Landes Nordrhein-Westfalen (Hrsg.) (1997): Aktiv für Arbeit in NRW. Analyse – Bilanz – Perspektiven. Arbeitsmarktbericht 1997. Düsseldorf.
Mückenberger, Ulrich (1985a): Die Krise des Normalarbeitsverhältnisses. In: Zeitschrift für Sozialreform 31 (7), 415–434.
Mückenberger, Ulrich (1985b): Die Krise des Normalarbeitsverhältnisses (2. Teil und Schluss). In: Zeitschrift für Sozialreform 31 (8), 457–475.
Mückenberger, Ulrich (1989): Der Wandel des Normalarbeitsverhältnisses unter Bedingungen einer „Krise der Normalität". In: Gewerkschaftliche Monatshefte 4, 211–223.
Müller, Henning/Jäger, Guido (1998): Leben mit der Dose. In: Wilfried Breyvogel (Hrsg.), Stadt, Jugendkulturen und Kriminalität. Bonn, 225–255.
Münch, Richard (1998): Globale Dynamik, lokale Lebenswelten. Frankfurt/M.
Münchmeier, Richard (1997): Die Lebenslage junger Menschen. In: Jugendwerk der Deutschen Shell (Hrsg.), Jugend '97. Opladen, 277–302.
Neumann-Braun, Klaus/Deppermann, Arnulf (1998): Ethnographie der Kommunikationskulturen Jugendlicher. In: Zeitschrift für Soziologie 27 (4), 239–255.
Nolteernsting, Elke (1997): Die neue Musikszene: Von Techno bis Crossover. In: Dieter Baacke (Hrsg.), Handbuch Jugend und Musik. Opladen, 275–292.
Offe, Claus (Hrsg.) (1984): „Arbeitsgesellschaft". Frankfurt/M., New York.
Ohmae, Kenichi (1991): Die neue Logik der Weltwirtschaft. Hamburg.
Osterland, Martin (1990): „Normalbiographie" und „Normalarbeitsverhältnis". In: Peter A. Berger, Stefan Hradil (Hrsg.), Lebenslagen, Lebensläufe, Lebensstile. (Soziale Welt, Sonderband 7). Göttingen, 351–362.
Pfadenhauer, Michaela (1998): Postmoderner Professionalismus. In: Achim Brosziewski, Christoph Maeder (Hrsg.), Organisation und Profession. (Dokumentation des 2. Workshops des Arbeitskreises „Professionelles Handeln" vom 24. bis 25. Oktober 1997). Rorschach, St. Gallen, 73–83.
Pfadenhauer, Michaela (1999): Tanz in den Ruinen. In: Klaus Neumann-Braun (Hrsg.), Viva MTV! Frankfurt/M., 294–307.
Reich, Robert B. (1993): Die neue Weltwirtschaft. Frankfurt/M., Berlin.
Richard, Birgit (1995a): Todesbilder. München.
Richard, Birgit (1995b): Love, peace, unity. Techno – Jugendkultur oder Marketing Konzept? In: Deutsche Jugend 43 (7-8), 316–324.
Rifkin, Jeremy (1995): Das Ende der Arbeit und ihre Zukunft. Frankfurt/M., New York.
Robert-Bosch-Stiftung (Hrsg.) (1995): Jugendhilfe und Arbeitsförderung, Band 1. Gerlingen.
Roccor, Bettina (1993): Heavy Metal. München.
Rosenbaum, Wolf (1991): Krise des Normalarbeitsverhältnisses? In: Zeitschrift für Rechtssoziologie 12 (1), 1–14.
Russo, Manfred (1998): Moderne Wilde. In: Gerhard Fröhlich, Ingo Mörth (Hrsg.), Symbolische Anthropologie der Moderne. Frankfurt/M., New York, 161–178.
Scheuch, Erwin K. (1975): Die Jugend gibt es nicht. In: Hartmut von Hentig u. a. (Hrsg.), Jugend in der Gesellschaft. München, 54–87.
Schmiedke-Rindt, Carina (1998): Express Yourself – Madonna Be With You. Augsburg.
Scholder, Christoph (1997): Kulturexperten. München (Diplomarbeit).
Schütz, Alfred (1971a): Wissenschaftliche Interpretation und Alltagsverständnis menschlichen Handelns. In: Ders., Gesammelte Aufsätze. Band 1. Den Haag, 3–54.
Schütz, Alfred (1971b): Über die mannigfaltigen Wirklichkeiten. In: Ders., Gesammelte Aufsätze. Band 1. Den Haag, 237–298.
Schulze, Gerhard (1992): Die Erlebnisgesellschaft. Frankfurt/M.
Schulze, Gerhard (1993): Vom Versorgungs- zum Erlebniskonsum. In: GDI-Impuls 3, 15–29.

Soeffner, Hans-Georg (1989): Emblematische und symbolische Formen der Orientierung. In: Ders., Auslegung des Alltags – der Alltag der Auslegung. Frankfurt/M., 158–184.
Soeffner, Hans-Georg (1992): Die Ordnung der Rituale. Frankfurt/M.
Soeffner, Hans-Georg (1993): Der Geist des Überlebens. In: Jörg Bergmann u. a. (Hrsg.), Religion und Kultur. (Kölner Zeitschrift für Soziologie und Sozialpsychologie, Sonderheft 36). Opladen, 191–205.
SPoKK (Arbeitsgemeinschaft Symbolische Politik, Kultur und Kommunikation) (Hrsg.) (1997): Kursbuch JugendKultur. Mannheim.
Strzoda, Christiane (1996): Szenen, Gruppen, Stile. In: Silbereisen, Rainer K. u. a. (Hrsg.), Jungsein in Deutschland. Opladen, 57–83.
Teichert, Volker (1993): Das informelle Wirtschaftssystem. Opladen.
Thole, Werner (1991): Familie, Szene, Jugendhaus. Opladen.
Trümper, Sonja (1997): Allzeit bereit? Eine ethnographische Studie über die kleine soziale Lebens-Welt der Pfadfinder. München (Diplomarbeit).
Vaskovics, Laszlo A. (1995): Subkulturen und Subkulturkonzepte. In: Forschungsjournal Neue Soziale Bewegungen 8 (2), 11–23.
Vogelgesang, Waldemar (1991): Jugendliche Videocliquen. Opladen.
Vogelgesang, Waldemar (1998): Inszenierungsrituale von jugendlichen Black-Metal-Fans. In: Herbert Willems, Martin Jurga (Hrsg.), Inszenierungsgesellschaft. Opladen, 163–176.
Vogelgesang, Waldemar (1999): Jugendkulturelle Identitätsinszenierung und Szenengenerierung im Internet. In: Berliner Journal für Soziologie 1, 65–84.
Vollbrecht, Ralf (1995): Die Bedeutung von Stil. In: Wilfried Ferchhoff u. a. (Hrsg.), Jugendkulturen – Faszination und Ambivalenz. Weinheim, 23–37.
Voß, Günter (1994): Das Ende der Teilung von „Arbeit und Leben"? In: Niels Beckenbach, Werner van Treeck (Hrsg.), Umbrüche gesellschaftlicher Arbeit (Soziale Welt, Sonderband 9). Göttingen, 269–294.
Waldmann, Ruth (1996): Der Star Trek Kult um das Raumschiff Enterprise. München (Diplomarbeit).
Weber, Max (1972): Wirtschaft und Gesellschaft. (5. rev. Auflage, Studienausgabe, bes. von Johannes Winckelmann). Tübingen.
Willems, Herbert (1998): Inszenierungsgesellschaft? In: Ders., Martin Jurga (Hrsg.), Inszenierungsgesellschaft. Opladen, 23–80.

G. Entgrenzung und Reterritorialisierung

Zur Regionalisierung der Identitäten und der Konflikte Die Rückkehr des Nationalstaates und die Versuchung der „territorialen Ethnizität" in Mittel- und Osteuropa

Christian Giordano

1. Einführung: Globalisierung und Differenz

Die meisten Theoretiker der Globalisierung wollen uns glauben machen, dass sich die Welt inmitten eines epochalen Umbruchs befindet, in dem sich alle Gesellschaften schrittweise einander annähern und sich dementsprechend immer mehr gleichen. Die begeisterten Befürworter eines solchen Prozesses sehen in der Globalisierung eine Möglichkeit, die Welt zu vereinheitlichen und sie somit chancengleicher und daher gerechter zu gestalten: Globalisierung wäre in diesem Fall eine Garantie für weltweite Demokratisierung. Die radikalen Kritiker hingegen befürchten, dass dieser Prozess die Menschheit in eine öde, stumpfe, eindimensionale Zukunft führen wird, die man mit dem Ausdruck „McDonaldisierung" charakterisieren kann: Globalisierung käme in diesem Fall der Verwirklichung eines erschreckenden „eisernen Käfigs" gleich. Spätestens seit Featherstone wissen wir aber, dass die Realität nuancierter und facettenreicher ist – vor allem was die erwartete Auflösung kultureller Unterschiede betrifft – und dass die Globalisierung sogar zu einer erhöhten Sensibilität für Differenzen im Allgemeinen führt (vgl. Featherstone 1993: 169 ff).

Es ist gewiss unbestreitbar, dass zahlreiche Wirtschaftszweige wie etwa die Finanzmärkte, das Bankwesen, die Versicherungsgesellschaften usw. immer stärker gleichgeschaltet sind. Es ist ebenso richtig, dass die Medien dieselben Filme, Fernsehserien und Werbespots sowie ähnliche Quizspiele und Musikprogramme in Italien, Russland und Malaysia anbieten, und dass in Teheran, London und Denpasar Internet und dieselben Computerprogramme benutzt werden. Man kann jedoch andererseits nicht leugnen, dass heutzutage die Fernsehangebote – auch die der globalisiertesten „Networks" wie etwa CNN – mit Nachrichten und Reportagen aus „fremden" und „fernen" Ländern voll gestopft sind, in denen geradezu ein „Kult der Differenzen" propagiert wird. Auf der anderen Seite wiederum betätigt die Angestellte von Iran Air oder Malaysian Air System ihren Computer, ohne dabei auf das Kopftuch oder andere islamische Normen, Sitten, Konventionen und Bräuche verzichten zu müssen.

Wenn wir noch vor wenigen Jahren wie Featherstone solche Erscheinungen als paradox bezeichneten, sind wir uns heute bewusst geworden, dass wir – wenn man von vereinzelten, tatsächlich homogenisierten Bereichen in äußerst spezialisierten Wirtschaftssektoren absieht – in einer sich immer stärker differenzierenden globalen Landschaft der Kulturen leben (vgl. Appadurai 1990). Diese Tatsache wurde sogar von „McDonald's" nach den finanziellen Verlusten der letzten Jahre voll rezipiert: Die vor kurzem neu ernannte Direktion, die die Firma zur alten Blüte führen soll, setzt auf Diversifizierung des Angebots und Berücksichtigung regionaler Geschmacksausrichtungen (New Straits Times, 7. August 1998). Globalisierung erhöht also nicht nur die Sensibilität für kulturelle Differenzen, sondern sie inszeniert und produziert auch zunehmend Unterschiede, die dann als solche wahrgenommen und regelrecht konsumiert werden (vgl. Kahn 1995: 125).

Inzwischen haben sogar manche dezidierte Vertreter neoliberaler Ideen nach dem Ausbruch der „asiatischen", „russischen" und „lateinamerikanischen Krise" entdeckt, dass Globalisierung eine gigantische Maschinerie ist, die soziale Ungleichheiten erzeugt und verstärkt (Soros 1998).

Wenn die hier skizzierte Tendenz stimmt, dann ist es eigentlich nicht verwunderlich, dass im Globalisierungsprozess immer neue Ab- und Ausgrenzungen im Bereich des Kulturellen Hochkonjunktur haben, die ich mit der Bezeichnung „Regionalisierung der Identitäten und der damit verbundenen Spannungen und Konflikte" charakterisieren möchte.

Es gibt allerdings eine beachtliche Vielfalt von Diskursen und Strategien machtpolitischer, intellektueller und alltäglicher Natur, die sich um die Produktion von Differenzen in einer globalisierten Landschaft bemühen; Ethnizität als Diskurs und Strategie sowie als Prozess stellt zwar eine wichtige, jedoch bei weitem nicht die einzige Möglichkeit dar, Identitätsunterschiede zu konstruieren, zu de- oder zu rekonstruieren. In diesem Sinne darf die „Macht des Ethnischen" nicht nur als Bestandteil der Vergangenheit – d. h. des 19. und der ersten Hälfte des 20. Jahrhunderts –, sondern vielmehr auch als typische Erscheinung der Regionalisierung der Identitäten in der (Post-)Moderne gewertet werden.

Ethnizität ist ihrerseits aber auch ein ausgesprochen mannigfaltiges Phänomen, das je nach Situation, Bedürfnislage und historischem Erfahrungsraum in unterschiedlicher Weise konzipiert wird. Während also in manchen Gegenden Afrikas die Identitäten und die Konflikte durch das Zurückgreifen auf die koloniale Erfindung des „Tribalen" – wie etwa im Krieg zwischen Hutu und Tutsi in Rwanda oder in den gewaltsamen Auseinandersetzungen zwischen segmentären Gruppierungen in Somalia – ethnisiert werden, rekurrieren Identitätsproduzenten in Lateinamerika auf mutmaßliche ethnische Gemeinschaften und Zugehörigkeiten der vorkolumbianischen Zeit, als alles noch „authentisch" war. Im letzten Fall wird dadurch eine Mythologie der „großen Reiche" vor der „conquista" bzw. der vor der Kolonialzeit noch unberührten und heute bedrohten Indianerstämme geschaffen, welche die Basis für die dortige Regionalisierung der Identitäten und Konflikte wie z. B. in Mexiko (Chiapas) oder Guatemala abgibt.

In Westeuropa breitet sich die sog. „Wiederkehr des Regionalen" aus (vgl. Lindner 1994), was eigentlich heißt, dass der Wind der Sezession, der Autonomie und der „devolution“ vom zentralistischen Staat weht. Mit Hilfe von Ethnizitätsvorstellungen und -konstruktionen werden immer weitere regionale Differenzen erzeugt, die nicht selten zur Konzipierung „neuer Nationen“ (Korsika, „Padanien“ usw.) führen.

Schließlich ist Mittel- und Osteuropa nach der „Wende“ einen „traditionelleren“ Weg gegangen. In diesem Teil des Kontinents beruht die Regionalisierung der Identitäten und der Konflikte auf der Rückkehr des Nationalstaates und dem Prinzip der „territorialen Ethnizität“, was in diesem Beitrag in detaillierter Form gezeigt werden soll.

Um Missverständnisse zu vermeiden, sei am Ende dieser Einführung noch nachdrücklich angemerkt, dass die in der Folge untersuchten Sachverhalte in keinster Weise als mittel- und osteuropäische „Exklusivität“ betrachtet werden. Ich bin der festen Meinung, dass die Suche nach Spezifitäten mit Ausschließlichkeitscharakter bzw. „Einzigartigkeiten“ einer Gesellschaft, wie sie allzu oft von den Ethnologen betrieben wird, trügerische Recherchen nach dem „Authentischen“, dem „Essentiellen“, dem „Charakteristischen“ usw. impliziert und unweigerlich zur „wissenschaftlichen“ Bildung von Stereotypen oder gar Vorurteilen führt. Mittel- und Osteuropa stellen für mich als verstehenden Sozialwissenschaftler vielmehr ein „Paradigma“ bzw. eine „Metapher“ dar, mit Hilfe derer die Logik von Denk- und Handlungsweisen generellerer Art, wie sie auch in jeder anderen Gesellschaft dieser Erde in stärker oder schwächer abgewandelter Form vorkommen können, exemplarisch rekonstruiert wird.

2. Der soziologische Charakter von Nationalstaaten

Nationalstaaten sind allzu lang und viel zu oft als geographische Einheiten betrachtet worden. Die soziologischen Implikationen eines solchen politischen Organisationstypus werden dagegen häufig vergessen und die Tatsache, dass der Nationalstaat auch eine Vereinigung von Staatsbürgern ist, die auf Grund einer Reihe von Merkmalen zu ihm gehören, findet relativ wenig Beachtung.

Nicht jedermann kann zu einem spezifischen Nationalstaat gehören, denn nach einer wohl bekannten Aussage Max Webers kann man sagen, dass der Nationalstaat, soziologisch ausgedrückt, einen Verband darstellt, der nur beschränkt nach außen hin offen ist (vgl. Weber 1956: Bd. I, 26). Natürlich führt diese regulierte und limitierte Öffnung nach außen, d. h. gegenüber dem „Anderen“ oder dem „Fremden“, zur Bildung institutioneller Siebungsmechanismen, die Zugehörigkeit und Ausschluss definieren und regeln. Staatsbürgerschaft und Nationalität repräsentieren die grundlegenden Instrumente, die die „Angehörigen“ zum und die „Ausgeschlossenen“ vom Nationalstaat festlegen.

Es ist bekannt, dass sich ein gemeinsames einheitliches Konzept des Nationalstaates in Europa nicht entwickelt hat. Stattdessen kann man von zwei Modellen sprechen, die für die Konstruktion der kontinentaleuropäischen Nationalstaaten von wesentlicher Bedeutung gewesen sind. In diesem Zusammenhang kann man also, es sei dahingestellt, ob zu Recht oder zu Unrecht, zwischen einer französischen und einer deutschen Version des Nationalstaates unterscheiden (vgl. Dumont 1991; Brubaker 1994). Selbstverständlich handelt es sich dabei um zwei Idealtypen im Sinne Max Webers, die in ihrer reinen Form in der Realität nicht vorkommen. Es muss jedoch festgehalten werden, dass sich sämtliche kontinentaleuropäischen Nationalstaaten zwischen diesen beiden Extremen positionieren lassen.

Man hat oft betont, dass das *französische Modell* auf der Idee der „politischen Nation“ beruht. In diesem Sinne wäre der Nationalstaat das Ergebnis einer „politischen Vereinbarung“ zwischen Staatsbürgern. Wie Renan sagte, ist die Nation „un plébiscite de tous les jours“. Diese berühmte Formel will uns eigentlich glauben lassen, dass die „politische Nation“ französischer Provenienz eine „partie ouverte“ oder eine „nation élective“ sei, in der ethnische bzw. religiöse Kriterien keine Relevanz besitzen (vgl. Dumont 1991: 25). In diesem Sinne stellt der Nationalstaat das Ergebnis eines voluntaristischen Aktes der einzelnen „citoyens“ dar, denn wie Montesquieu in seinen „pensées“ schrieb: „Je suis nécessairement homme ... et je ne suis français que par hasard“ (vgl. Montesquieu 1949: 10). Wir wissen jedoch, dass dieses nicht-ethnische Nationalverständnis kurz nach der französischen Revolution stark relativiert worden ist, weil Diskurse mit ethnischem Charakter es überlagert und in seiner Substanz verändert haben. Einige französische Autoren, die diese Modifikationen genau untersucht haben, weisen zu Recht darauf hin, dass der in Frankreich lebende „Fremde“ die Staatsbürgerschaft laut den Verfassungen von 1791 und 1793 erwerben durfte, ohne dabei den Beweis führen zu müssen, ein Franzose geworden zu sein. Etwas vereinfachend formuliert heißt dies, dass die Erlangung der Staatsbürgerschaft vor der Aneignung der Nationalität kam, die hier als Komplex französischer Wesenszüge verstanden wird (vgl. Weil 1988: 192; Lochak 1988: 78). Im Laufe des 19. Jahrhunderts kehrte sich jedoch diese Reihenfolge um. Diese Tatsache führte praktisch zwangsläufig zur Ausbreitung eines „ethnischen Diskurses“, gerade weil die Zugehörigkeitsbestimmung zur „nation élective“ als „politische Gemeinschaft“ immer häufiger den Gebrauch von Kriterien ethno-kultureller Natur wie die Aneignung von Sprachkompetenzen bzw. einer spezifischen Lebensart usw. implizierte.

Obwohl schwächer geworden, wurde aber die ursprüngliche Idee der „citoyenneté“ nie völlig aufgegeben. Vor allem blieb ein „subjektives“ Nationsverständnis übrig (vgl. Sundhaussen 1997: 79), wodurch bis heute dem in Frankreich lebenden „Fremden“ theoretisch die Chance der Assimilation offen gelassen wird. Nach einem solchen Diskurstypus bestehen zwar zweifelsohne ethnische Identitäten, Differenzen und Grenzen, diese sind jedoch nicht unüberwindbar. Jeder Mensch ist auf Grund seines Menschseins fähig, sich anzupassen, wenn er es wünscht und demzufolge ein vollwertiges Mitglied der „Cité“ zu werden, in deren Innerem alle Beziehungen zwischen den Individuen sowie alle Relationen zwischen Personen und öffentlichen Institutionen durch einen sozialen Vertrag reguliert sind.

Ethnische und daher auch nationale Zugehörigkeit sind im Diskurs französischer Prägung niemals endgültig festgelegt, sondern immer durch Akkulturationsprozesse modifizierbar, die ihrerseits die Integration, sprich die Assimilation der „Fremden" begünstigen und vorantreiben. Dank der Assimilation, die freilich auch substantielle Modifikationen der kulturellen Identität eines Individuums mit sich bringt, wird die Aufnahme des „Xenos" in den Schoß der „politischen Gemeinschaft", und zwar der „Nation" legitimiert. Bereits diese extrem reduzierte Darstellung deutet darauf hin, dass das französische Nationsverständnis auf der Vorstellung einer Gesellschaft beruht, die theoretisch „offener" als die von anderen vergleichbaren Modellen ist. Diese Tatsache wird auch durch die zwar nur eingeschränkte, jedoch faktische Geltung des „jus soli" im französischen Rechtssystem bescheinigt. Man muss allerdings betonen, dass der „ethnische Diskurs" in Frankreich durchaus erhebliche Schattenseiten aufweist, denn die gerade angesprochene „Offenheit" im Hinblick auf die Aufnahme von „Fremden" wird von einer erstaunlich schwachen Sensibilität für ethno-kulturelle Differenzen innerhalb des nationalstaatlichen Territoriums konterkariert. Beispielsweise werden Minderheiten, d. h. Gruppen, die sich innerhalb Frankreichs anhand ethno-kultureller Kriterien von der Gesamtgesellschaft differenzieren wollen und Ansprüche auf Autonomie, in welcher Form auch immer, artikulieren, systematisch ignoriert, sogar unsichtbar gemacht. Bestenfalls repräsentieren sie eine unbequeme Realität, die nur mit Unbehagen akzeptiert wird.

Der französische „Assimilationismus" geht also vom Ideal der ethno-kulturellen Homogenität innerhalb des Territoriums der „république une et indivisible" aus. Hiermit stellt sich die Assimilationspolitik als eine logische Konsequenz und als ein wichtiges Element des wohl bekannten zentralistischen Prinzips dar, das zweifelsohne als eines der typischsten Charakteristika des französischen Nationalstaates gilt.

Die *deutsche Version* wird meistens mit dem Adjektiv „ethnisch" versehen, weil der zugrunde liegende Diskurs die Abstammung und die gemeinsame Herkunft betont, obwohl es mir scheint, dass hier eher die Kategorie „Volk" von ausschlaggebender Bedeutung ist.

Bekanntlich hat Herder zusammen mit den Brüdern Grimm den Volksbegriff sowie seine Derivate wie etwa „Volksgeist", „Volksseele" usw. popularisiert. Es wäre jedoch irreführend und zugleich unfair, Herder als radikalen Verfechter einer ethnischen Volksauffassung zu betrachten und somit ihn als den Erfinder des „gefährlichsten Sprengstoffes der modernen Zeit" zu brandmarken (vgl. Talmon 1967: 22; Finkielkraut 1987: 56 ff). Herder betrachtete in erster Linie die Sprache und dementsprechend die sprachlichen Zeugnisse wie etwa Märchen, Dichtungen, Sprichwörter, Redewendungen usw. als die genuinsten Züge des „Volksgeistes" und deshalb auch des „Volkes". Er war also eher, wenn überhaupt, der Vertreter eines deutschen „Kulturpatriotismus" als der Schöpfer eines ethnischen Nationsverständnisses (vgl. Pierré-Caps 1995: 79 ff). Man kann allerdings nicht verleugnen, dass im Laufe des 19. Jahrhunderts zahlreiche Intellektuelle, darunter bekannte Politiker, Künstler, Juristen, Philosophen, Historiker und nicht zuletzt Folkloristen, die sich auf Herder explizit oder implizit bezogen, den Volksbegriff immer deutlicher ethnisch aufgefasst haben. Auf diese Weise wurde die Abstammung, die nicht eine symbolische, sondern ausdrücklich eine physiologische Valenz bekam, zum dual gegliederten Merkmal eines „Volkes" hochstilisiert. Diese Ethnisierung des Volks- und des Nationsverständnisses blieb in Deutschland vorerst eine Angelegenheit gebildeter Kreise. Eine endgültige institutionelle Transformation in Richtung „ethnischer Nation" kam laut dem Historiker Rudolf von Thadden erst viel später, und zwar 1913, als das Prinzip des „jus sanguinis" im Rechtssystem des damaligen deutschen Reiches konsequenterweise eingeführt worden war (vgl. Pierré-Caps 1995: 112). Die Radikalisierung und die Degeneration des „ethnischen Diskurses" in Deutschland hat bekanntlich zum „rassistischen Wahn" des Nationalsozialismus und zum Holocaust geführt, wobei die Nürnberger Gesetze die juristische Eskamotage darstellten. Die Bundesrepublik wie aber auch die frühere DDR könnten kaum als „ethnische Staaten" im engen Sinne des Wortes bezeichnet werden. Beide Länder hatten jedoch an einem ethnischen Volksbegriff, in dem Abstammung und Herkunft weiterhin eine zentrale Rolle spielten, und am Prinzip des „jus sanguinis" festgehalten.

Im Hinblick auf die jetzige Bundesrepublik können wir im Nachhinein mindestens drei ethnologisch und soziologisch relevante Phänomene erwähnen, die die anhaltende Präsenz eines „ethnischen Diskurses" belegen.

1. *Die schlagartige Wiedervereinigung:* Nur mit Hilfe eines ethnischen Volksbegriffes, der auf (vermeintlich) „objektiven" Kriterien wie Abstammung und Herkunft beruht, konnte die Vorstellung der unveränderlichen Einheit des „deutschen Volkes" aufrechterhalten werden. Mit einem „subjektiven" Nationsverständnis, das die Wandelbarkeit der Identitäten zulässt, hätte man die ketzerische Frage stellen können, ob und inwieweit sich die DDR-Bürger nach 50 Jahren Trennung nicht zu einer so eigenständigen Gruppe, welcher Art auch immer, entwickelt haben, dass sie nicht mehr zum „deutschen Volk" gehören. In einem solchen Fall wäre dann vermutlich der Wiedervereinigungsprozess viel langwieriger geworden, denn man hätte beispielsweise das Selbstbestimmungsrecht ins Spiel bringen können. Der ethnisch begründete Volksgedanke erwies sich somit als eine geeignete ideologische Stütze, um die historische Gelegenheit einer erstaunlich rasanten Zusammenführung zu ergreifen.

2. *Die Aussiedlerfrage:* Dank dem ethnischen Volksbegriff konnte den Aussiedlern aus Osteuropa und Zentralasien, die nach dem Fall der Berliner Mauer in großer Zahl nach Deutschland gekommen waren, die Staatsbürgerschaft reibungslos und umgehend verliehen werden. Sie gelten nun als Vollmitglieder des „deutschen Volkes", weil sie einen oder mehrere deutsche Vorfahren nachweisen können, der oder die zu gegebener Zeit nach Russland, Polen, Rumänien, Ungarn usw. ausgewandert war. Sie haben demzufolge die Nationalität ausschließlich nach dem Prinzip der Abstammung und Herkunft bekommen, obwohl die meisten Aussiedler kulturell und manchmal auch somatisch kaum als Deutsche betrachtet werden können.

3. *Die Migrantenfrage:* Deutschland erklärt immer wieder, kein Einwanderungsland zu sein, obgleich die Migranten der sog. „zweiten" und „dritten Generation"

vermutlich definitiv in diesem Land bleiben werden. Als Kinder und Enkelkinder der Zugewanderten aus den ersten Arbeitsmigrationswellen beherrschen sie oft perfekt die deutsche Sprache und verhalten sich grosso modo wie die anderen Gleichaltrigen mit deutscher Nationalität. Im Unterschied zu den Aussiedlern bleiben sie jedoch „Fremde“, weil sie von „objektiven“ Kriterien wie Abstammung und Herkunft zum „türkischen“, „italienischen“, „spanischen“ Volk gehören. So müssen diese z. T. stark akkulturierten „Fremden“, auch wenn sie in Deutschland aufgewachsen sind, für den Erwerb der deutschen Staatsbürgerschaft einen komplizierten Prozess der „Naturalisierung“ durchlaufen, während die Aussiedler ihre Nationalität praktisch automatisch erhalten, weil sie bestimmte, obgleich weit entfernte genealogische Verbindungen vorweisen können.

Eine solche paradoxe Situation hat selbstverständlich zu politischem Streit geführt; eine konkrete Antwort auf dieses Problem ist trotz mehrerer Lösungsvorschläge wie etwa das Projekt der „Schnupperbürgerschaft“ noch nicht in Sicht.

Zum Schluss dieses Abschnittes möchte ich Folgendes festhalten: Die französische Version des Nationalstaates, die auf dem spezifischen „ethnischen Diskurs“ der „subjektiven“ und daher modifizierbaren Differenzen beruht, nimmt den „Fremden“ bzw. den ethno-kulturell „Andersartigen“ erst an, wenn dieser seine ursprüngliche Identität verlässt und sich assimiliert. Die deutsche Version des Nationalstaates, die dagegen auf dem typischen „ethnischen Diskurs“ der „objektiven“ und somit unentrinnbaren Unterschiede beruht, akzeptiert zwar „Fremdheit“ und ethno-kulturelle „Andersartigkeit“, die Träger solcher schicksalhaften Züge werden aber von der Volksgemeinschaft und von der Staatsbürgerschaft grundsätzlich ausgeschlossen. Ethno-kulturelle Minderheiten stehen demzufolge zwischen dem Hammer der Identitätsaufgabe und dem Amboss der Ausgrenzung.

3. Welche Version für Mittel- und Osteuropa? Triumph und Tragödie des Nationalstaates

Bereits in der ersten Hälfte des 19. Jahrhunderts beginnt mit dem Abbröckeln des osmanischen Reiches, des „kranken Mannes am Bosporus“, die zwar langsame, jedoch unaufhaltsame Auflösung der mittel- und osteuropäischen Vielvölkerstaaten. Eine wesentliche Komponente der damaligen „question d'Orient“ war zweifelsohne die schrittweise Entstehung einer Reihe von neuen Staaten im Balkan. Der Weg zur Staatsbildung während dieser *ersten*, extrem zähflüssigen Phase war allerdings dornenreich, denn nach einem langwierigen und häufig blutigen Hin und Her gelang es erst Griechenland (1822), dann später Serbien (1830 und 1878) sowie den vereinigten rumänischen Fürstentümern (1859 und 1878) und schließlich Bulgarien (1878 und 1908), die volle Unabhängigkeit zu erlangen (vgl. Castellan 1991).

In der *zweiten Phase*, als neben dem „kranken Mann am Bosporus“ auch die Habsburger Doppelmonarchie, das zaristische Imperium und zuletzt das deutsche Kaiserreich von unterschiedlich gravierenden Auflösungsprozessen befallen wurden, lässt sich eine deutliche „Beschleunigung der Geschichte" beobachten (vgl. Burckhardt 1978: 116). Man kann also begründet behaupten, dass von 1912 bis um 1920 der „harte Kern" des „Mittel- und Osteuropas der Nationen" entsteht. Der albanische Staatsverband wurde zwischen 1912 und 1914 errichtet, und kurz nach Ende des Ersten Weltkrieges erfolgte fast schlagartig eine regelrechte Legion neuer unabhängiger Staaten, und zwar die Tschechoslowakei, die drei baltischen Republiken, das Königreich der Serben, Kroaten und Slowenen (später in Jugoslawien umgetauft), das wieder vereinigte Polen und das inzwischen von Österreich getrennte Ungarn.

Eine völlig unerwartete und ganz plötzliche Welle neuer Staatenbildungen sowie die Wiederherstellung von bereits in der näheren Vergangenheit bestandenen Staatenverbänden ereignete sich zu Beginn der neunziger Jahre, als die drei pseudo-föderalistischen Länder Mittel- und Osteuropas, d. h. die Sowjetunion, die Tschechoslowakei und Jugoslawien „zusammengebrochen" waren. Im Zuge dieser *dritten Phase* des Staatsbildungsprozesses bekamen Slowenien, Kroatien, Mazedonien, Bosnien, Tschechien, die Slowakei, Estland, Lettland und Litauen ihre „erste" bzw. „zweite" Unabhängigkeit. Diese Bewegung in Richtung einer ethno-politischen Abgrenzung scheint längst noch nicht erlahmt, sodass uns die nächste Zukunft durchaus einige weitere Überraschungen bescheren kann.

Wie man aus dieser skizzenhaften Darlegung entnehmen kann, umfassen diese drei Phasen die stolze Periode von mehr als 150 Jahren. Trotz dieses relativ langen Zeitraumes gibt es allerdings ein wichtiges gemeinsames Merkmal, das sie ganz eng miteinander verbindet: die Wahl des Staatsmodells. Ausnahmslos entschieden sich die Eliten dieser Länder von Griechenland bis Estland – selbstverständlich im Einvernehmen oder gar mit der Komplizität von den so genannten Großmächten der jeweiligen Epoche – für die Errichtung von Nationalstaaten. Es stellt sich nun die Frage, welche Version dieser politischen Verbandsform favorisiert wurde.

Eine der Hauptsorgen, die die Eliten in Mittel- und Osteuropa nach der Unabhängigkeit ihrer Staaten in fast obsessiver Art plagte und z. T. bis heute plagt, betrifft die anhaltende politisch- kulturelle und sozioökonomische Rückständigkeit ihrer Gesellschaften. Die Fragestellung lautet konkret: Warum und wieso haben die Länder dieser Region, in denen eigentlich die „weltbesten Völker" leben, den Anschluss an die führenden Staatsnationen Westeuropas wie Frankreich und Deutschland bisher nicht gefunden? Welche Anworten sich die betroffenen Eliten ausgedacht haben, interessiert uns im Moment nicht. Was hier vielmehr betont werden soll ist die Tatsache, dass ein solcher Gedanke die spezifische Orientierung der politisch herrschenden Klassen, der Intelligenz, z. T. des Militärs und manchmal der höheren Geistlichkeit Mittel- und Osteuropas belegt, die sich trotz ihrer Ambivalenzen, Widersprüchlichkeiten und ideologischen Reformulierungen doch letztendlich um westeuropäische Muster politisch-kultureller und sozioökonomischer Natur bemühen.

Bezeichnend dafür sind beispielsweise die Balkanländer des 19. Jahrhunderts, deren Eliten bewusst eine beschleunigte „Europäisierung" der Gesellschaft unbedingt forcieren wollten. So erfuhr Bulgarien tiefgreifende Reformen, die das traditionell garantierte Gewohnheitsrecht mit einem Korpus von Gesetzen belgischer, französischer und italienischer Provenienz ersetzte. Dies hatte zur Folge, dass die jahrhundertealte patriarchale Familienordnung und die dementsprechende Agrarverfassung zwar nicht völlig zerstört, jedoch kräftig erschüttert wurden. Im gegenwärtigen Litauen nimmt die Parole „Rückkehr nach Europa" die Wertigkeit eines politischen Dogmas an, das sich auch im kleinsten Detail des Alltagslebens widerspiegelt. 1998 wurde sogar die Zeit um eine Stunde vorverlegt, damit auch die Uhren (west) europäisch ticken.

In Übereinstimmung mit den theoretischen Ausführungen von Reinhard Bendix, der die Entstehung von Nationalstaaten soziologisch genau untersucht hat, können wir davon ausgehen, dass die geistigen Führer und die gebildete Öffentlichkeit Mittel- und Osteuropas ihre eigenen Gesellschaften stets im Vergleich mit den tonangebenden Großmächten Westeuropas wahrgenommen haben. Vor allem der französische und der deutsche Sprach- und Kulturraum übten speziell in den ersten zwei Phasen der mittel- und osteuropäischen Staatenbildung eine unleugbare, wenn auch doppeldeutige Faszination aus, sodass es in beiden Fällen angebracht ist, jeweils von *Bezugsgesellschaft* zu sprechen (vgl. Bendix 1980: Bd. 2, 77).

Es ist daher gar nicht erstaunlich, dass in Mittel- und Osteuropa die französische und die deutsche Version des Nationalstaates bei der Konstruktion der dortigen politischen Gemeinschaften eine so eminente Rolle gespielt haben. Vielleicht haben Bukarest, Belgrad und Warschau eher mit Paris geliebäugelt, während Sofia, Riga, Budapest und Zagreb etwas mehr in Richtung Berlin und Wien geschaut haben. Entscheidend ist allerdings dabei, dass sämtliche mittel- und osteuropäischen Eliten Nationalstaaten entwarfen und errichteten, die trotz eigener Spezifitäten eine Kombination der zwei Modelle darstellen. Dies bedeutete konkret, dass das monolithische Prinzip des französischen Staates, der definitionsmäßig „un et indivisible" ist, mit dem ethnischen Volksbegriff deutscher Herkunft vermengt wurde (vgl. Sundhaussen 1997: 80). Hier kommt bereits ein Strukturelement zum Vorschein, das als eines der wichtigsten Ausgangspunkte für die permanenten ethno-politischen Probleme in der Region betrachtet werden kann.

Das beste Beispiel für die merkwürdige Wahl einer hybriden Version des Nationalstaates, die die französische mit der deutschen Tradition zu verbinden versucht, ist vermutlich *Jugoslawien* nach der Einführung der „Königsdiktatur" durch den Monarchen Alexander Karadjordjević im Jahre 1929. Alexander von Jugoslawien führte eine territoriale und zugleich administrative Staatsreform durch, die das Land in neun „banovinen" nach dem französischen System der „départements" aufteilte, ohne dabei die traditionellen ethnischen Räume zu respektieren. Nach diesen Maßnahmen bestand demzufolge Kroatien sowie Bosnien jeweils aus zwei, und das damalige Serbien, das auch Mazedonien einschloss, aus drei *„banovinen"* (vgl. Bataković 1994: 173; Kessler 1997: 114 f). Gleichzeitig erwies sich der König als Verfechter einer radikalen Variante der „jugoslawistischen Ideologie", hinter welcher sich oft großserbische Träume versteckten. Bekanntlich operierte der „Jugoslawismus" mit einem ethnischen Volksbegriff, dessen theoretische Grundlage in den

Studien des Anthropogeographen und Ethnologen Jovan Cvijć zu finden ist. Dieser Autor, der die griffige und erfolgreiche Idee des „dinarischen Komplexes" geschaffen und popularisiert hat, betrachtete das Gebiet Jugoslawiens als eine ethnisch homogene, geopolitische Einheit, denn die verschiedenen südslawischen Völkerschaften, und zwar vornehmlich die Serben, die Kroaten und die Slowenen, hatten sich im Laufe der Jahrhunderte auf Grund zahlreicher Migrationsbewegungen genetisch und kulturell so vermischt, dass sie für ihn eine unauflösbare „dinarische Herkunfts- und Kulturgemeinschaft" bilden (Bataković 1994: 124; vgl. Cvijć 1918).

Rigider Zentralismus, gekoppelt mit starrem Ethnizitätsverständnis, scheint tatsächlich die ideale Basis für die Ausgrenzung und Diskriminierung des „Anderen" bzw. des „Fremden" zu bilden, denn, wie die Geschichte des gesamten 20. Jahrhunderts in besonderer Weise belegt, breitete sich in jedem Nationalstaat Mittel- und Osteuropas ein generalisiertes Gefühl der Gleichgültigkeit und meistens der Verachtung gegenüber den Minoritäten im eigenen politischen Verband aus. Faktisch wurden diese fast überall in der Region Opfer von Zwangsassimilationen, Vertreibungen, Genoziden und Eroberungen rachsüchtiger Nachbarn, die ihre „historischen Rechte" und „Grenzen" wiederherstellen wollten (vgl. Giordano 1997: 186).

Der große Historiker Bibó untersuchte in exemplarischer Weise die Situation nach dem Ersten Weltkrieg in drei Ländern (Polen, Tschechoslowakei und Ungarn), in denen er verschiedene, sowohl auf offizieller Ebene als auch im Alltagsleben vorkommende Diskriminierungsstrategien aufdeckte.

In *Polen* herrschte ein generalisiertes tiefes Gefühl der Geringschätzung gegenüber den katholischen Litauern und den orthodoxen Weißrussen, die im Nordosten des Landes ansässig waren. Diese Gefühle akzentuierten sich beträchtlich in Bezug auf die 6 Millionen Ukrainer, die in den südöstlichen Territorien Polens lebten. Diese verachtende Haltung gegenüber den „schmutzigen", „ignoranten" und „unzivilisierten" Ukrainern kam immer deutlicher zum Ausdruck, vor allem nach dem erfolgreich geführten Krieg gegen die Sowjetunion, als Polen nach dem Frieden von Riga im Jahre 1921 weite Teile Wolhyniens und Ostgaliziens zugesprochen bekam (vgl. Bibó 1993: 141 ff).

Analoge Einstellungen gegenüber spezifischen Minderheiten, wobei besonders die Deutschen und die Ungarn davon betroffen wurden, konnten auch in der damaligen *Tschechoslowakei* beobachtet werden. Zudem kam hinzu, dass dieser stark zentralistisch organisierte Staat jegliche Initiative entmutigte und gar untersagte, die darauf abzielte, die sprachliche und kulturelle Eigenart bzw. Autonomie nichtslawischer Volksgruppen zu bewahren. Es wurde sogar die Aussiedlung bzw. die Vertreibung der bereits erwähnten Minoritäten und speziell der in der Slowakei lebenden Ungarn geplant (vgl. Bibó, 1993: 146 ff).

In *Ungarn*, dem aus territorialer Sicht großen Verlierer des Ersten Weltkrieges in Mittelosteuropa, entwickelte sich dagegen ein Hass gegen alle diejenigen Minderheiten (Kroaten, Rumänen, Serben, Slowaken usw.), die die „historischen Grenzen" des Landes abgelehnt hatten, um sich dem „Mutterland" anzuschließen oder mit vermeintlichen „Schwesternationalitäten" zu vereinigen. Die offizielle Politik, die mit „Identitätsmanagement" beschäftigten intellektuellen „Eliten" sowie breite Schichten der ungarischen Bevölkerung pflegten in der Folge nicht nur irredentistische Ideen, die die Rückgabe der von ungarischer Bevölkerung bewohnten Gebiete wie etwa Siebenbürgen und den südlichen Teil der Slowakei forderten, sondern auch den Traum einer gegebenenfalls gewaltsamen Rückeroberung der „verräterischen" Fremdgruppen und damit die Wiederherstellung von „Großungarn" in seinen „historischen Grenzen" (vgl. Bibó 1993: 145).

Diese Liste von negativen Stereotypen im Alltagsleben und diskriminierenden Maßnahmen der mittelosteuropäischen Nationalstaaten gegenüber minoritären Volksgruppen wird zweifelsohne noch umfassender, wenn *Rumänien*, *Bulgarien*, das Königreich *Jugoslawien* und *Albanien* mit berücksichtigt werden. Als Beispiele ließen sich hier vor allem die Rumänisierungspolitik in Siebenbürgen, die Verleugnung der mazedonischen und albanischen Identität im Kosovo und im damaligen Südserbien, die Missachtung bzw. Unterdrückung „isolierter" Minderheiten wie etwa der Pomaken in den bulgarischen Rodopi, die Gagauzen in Bessarabien usw. aufführen. Alle diese Länder waren durch die Anwesenheit einer numerisch dominanten „Ethnie" charakterisiert, die kompromisslos nach ihrer politisch-kulturellen Vorherrschaft trachtete und die minoritären Volksgruppen im nationalen Territorium mit Verachtung behandelte. Die Gesellschaften dieser Region wurden somit fast ausnahmslos *Ethnokratien*, in denen die Majorität sowohl auf der Ebene der „ethnischen Diskurse" als auch auf dem Niveau der interethnischen Beziehungen im Alltag ihre als selbstverständlich angenommene Überlegenheit gegenüber den ethnisch „Fremden" stets demonstrativ zum Ausdruck brachte. Bibó trifft vermutlich ins Schwarze, wenn er dieses „Recht" auf Überlegenheit der dominanten Ethnien, das man in den Gesellschaften des vorsozialistischen Mittelosteuropa überwiegend findet, als eine leicht modifizierte Version des deutschen Konzeptes vom „Herrenvolk" bezeichnet, nach dem eine spezifische ethno-nationale Gruppe dazu berufen ist, andere als unterlegen betrachtete Populationen zu beherrschen (vgl. Bibó 1993: 172).

Der Gerechtigkeit halber muss allerdings hier hinzugefügt werden, dass auch eine schwach ausgeprägte Sensibilität für ethno-kulturelle Differenz Prozesse der Marginalisierung und Diskriminierung der zur „Titularnation" nicht gehörenden „Fremdgruppen" nicht automatisch mit sich bringt. Tatsächlich hat sich historisch gezeigt, dass in bestimmten Fällen, wie etwa vor dem Zweiten Weltkrieg in *Estland* und *Lettland*, wo zumindest sechs kulturell, sprachlich und religiös unterschiedliche Volksgruppen zusammenlebten, der Alltag durch ein tolerantes und respektvolles „Nebeneinanderleben" charakterisiert war. Gleichzeitig bemühte man sich stets, Interessenkonflikte zu begrenzen, wobei eine „gläserne Wand", wie mehrere Kenner der Situation in den baltischen Staaten während der „ersten Unabhängigkeit" betonen, zwischen den verschiedenen Nationalitäten dauerhaft bestanden hat (vgl. Pistohlkors 1994: 452 ff; Bosse 1986: 329 ff).

Diese zwar distanzierte, jedoch tolerante und relativ entspannte Atmosphäre findet sich vor allem durch die Tatsache bestätigt, dass die Deutschbalten, d. h. die zahlenmäßig größte Minderheit in Estland und Lettland, nach den Unabhängigkeitserklärungen beider Staaten zwischen 1918 und 1919 nicht massiv auswanderten, sondern mit Nachdruck an der nationalstaatlichen „Aufbauarbeit" teilnahmen und stets eine „staatsbejahende, staatsbürgerliche Gesinnung" demonstrierten (vgl. Garleff 1990: 87). Man darf dabei nicht vergessen, dass diese Minorität, die jahrhundertelang eine „fremde" latifundistische Agrarelite dargestellt hatte, anhand konsequent durchgezogener Landesgesetze, die die Konsolidierung des „autochthonen" Klein- und Mittelbesitzes begünstigten, enteignet wurde. Dieser Umverteilungsprozess wurde wohlgemerkt weder als Maßnahme der „ethnischen Säuberung" konzipiert, wie in vielen anderen Ländern Mittel- und Osteuropas von Griechenland bis Polen, noch als solche von den Betroffenen wahrgenommen. Trotz des Verlustes ihrer ökonomischen Vormachtstellung im Agrarsektor erhielten die Deutschbalten leicht die estnische bzw. lettische Staatsbürgerschaft und durften sich sowohl kulturell als auch politisch artikulieren und organisieren.

Die völlige Gleichgültigkeit oder sogar Verachtung minoritärer Gruppen war jedoch nicht nur bei den interethnischen Beziehungen im Alltag oder in innenpolitischen Fragen der Respektierung von Nationalitäten augenscheinlich, sondern auch auf der Ebene internationaler Beziehungen. Die Nationalstaaten des vorsozialistischen Mittel- und Osteuropas setzten ein „braves Gesicht" auf, als sie sich internationalen Übereinkünften über die Rechte von Minderheiten fügten, die – zumindest theoretisch – vom damaligen Völkerbund garantiert wurden. Nachdem sie jedoch die Prinzipien der verschiedenen Verträge, Konventionen und Erklärungen akzeptiert hatten, weigerten sie sich fast immer kategorisch, diese eingegangenen Verpflichtungen zu respektieren.

Horak zeigt uns, dass praktisch jeder Nationalstaat dieser Region, von Estland bis Bulgarien, verschiedenste Dokumente zum sog. Minderheitenschutz unterzeichnet hatte. Der Autor fügt aber hinzu, dass der Völkerbund in der Periode zwischen 1920 und 1931 über 525 Petitionen registrieren musste, die mit der Verletzung der getroffenen Übereinkünfte zusammenhingen. Die Länder, die sich in undiszipliniertester Weise verhielten, waren Polen (155 Petitionen), Rumänien (63 Petitionen), die Tschechoslowakei (60 Petitionen) und das Königreich Jugoslawien (53 Petitionen) (vgl. Horak 1985: 7 ff).

4. Die Politik der ethno-kulturellen „Flurbereinigung"

Die sture Verweigerung der Anerkennung von Differenzen ethno-kultureller Natur innerhalb des eigenen nationalstaatlichen Territoriums führte in Mittel- und Osteuropa zu durchgehenden Homogenisierungsbestrebungen, die sich in einer erschreckenden und längst noch nicht abgeschlossenen Abfolge von Grenzrevisionen, Zwangsassimilationen, Vertreibungen, gelenkten Einwanderungsbewegungen, Deportationen, ethnischen Säuberungen und Kriegen, Genoziden, Restaurationen von und Spaltungen in so genannte „ethnisch reinere" Staatsgemeinschaften usw. konkretisierten.

Versucht man, diese Prozesse der Entmischung in einer Perspektive der „longue durée" zu erfassen, dann lassen sich grosso modo vier virulente und konsequenzenreiche Schübe der ethnischen „Flurbereinigung" in Mittel- und Osteuropa unterscheiden.

1. Die *erste dieser Phasen* betraf vor allem den Balkanraum und spielte sich unmittelbar nach den dortigen Staatsgründungen im 19. Jahrhundert ab, als vor allem die *Türken* sowie die Muslime nicht-türkischer Herkunft die Region verlassen mussten. Selbstverständlich bildeten die Türken als Vertreter des osmanischen Reiches die damals politisch dominante Gruppe; vom Vertreibungsprozess wurden jedoch auch Angehörige anderer Schichten tangiert, denn allein während der großen orientalischen Krise, die zum blutigen russisch-türkischen Krieg führte, sollen um 1,5 Millionen Menschen zwischen 1875 und 1878 repatriiert, sprich zwangsemigriert worden sein (vgl. Sundhaussen 1997: 87).

2. Die *zweite virulente Homogenisierungsphase* verlief zwischen 1913 und 1925 und war vornehmlich durch zwar international anerkannte und garantierte, jedoch forcierte Umsiedlungen gekennzeichnet, die mit dem diplomatischen Euphemismus „Bevölkerungsaustausch" getauft wurden. Einige Beispiele sollen die Entmischungsstrategien dieser Epoche verdeutlichen. Albanische Bevölkerungsanteile aus dem *Kosovo* und aus *Westmazedonien* wurden nach dem Ende der Balkankriege (10.08.1913) vor allem auf Grund ihrer islamischen Zugehörigkeit in die Türkei transferiert. In der Folge wurden die von den Albanern zwangsaufgegebenen Bauernhöfe via Agrarreform serbischen Kolonisten vergeben, die durch ihre Präsenz die ethnische Komposition in beiden Regionen ausgleichen sollten. Die Umsiedlung und die darauf folgende Agrarreform wurde von westeuropäischen Experten in naiver Weise nicht selten als modernisierende Maßnahme und als fortschrittlicher Akt gedeutet, denn dieses Gesetz von 1914 beseitigte ihrer Meinung nach die Relikte des osmanischen Feudalismus – namentlich das Tschiftlik-System; sie beabsichtigte, durch Reserbisierung bzw. Reslawisierung etwas gegen die ethno-demographisch bedingte Albanisierung des Kosovo und Westmazedoniens zu unternehmen (vgl. Roux 1992: 191 ff). Man sollte also, wie die damaligen Parolen hießen, das „nationale Element" in den „befreiten Regionen" und vor allem im „historischen Herzen" Altserbiens verstärken. Die Tatsache, dass diese Homogenisierungspolitik aus Ursachen, die ich hier nicht besprechen kann, scheiterte, wird auch durch das in Jugoslawien immer wieder auftretende Projekt des „Umzugs der Albaner" belegt, an dem erstaunlicherweise Politiker und Intellektuelle des Kalibers von Jovan Cvijæ, Vasa Èubrilovic, Ivo Andric, Ivan Vukotic usw. gearbeitet haben (vgl. Qosja 1995: 135 ff). Bereits diese Anmerkungen deuten aber einige der Grundkomponenten und der wichtigsten ethno-historischen Wurzeln des aktuellen Kosovo-Konfliktes an.

Wesentlich dramatischer verlief indes der so genannte „Bevölkerungsaustausch" zwischen *Griechenland* und der *Türkei*, der im Jahre 1923 vom Lausanner Vertrag nachträglich sanktioniert wurde. Dabei handelte es sich um die Anerkennung von bereits vollzogenen Flucht- und Vertreibungswellen, die mit der militärischen Katastrophe der griechischen Armee während der waghalsigen Kampagne in Kleinasien zusammenhing. Nach der vernichtenden Niederlage wurde Griechenland mit Flüchtlingen von der Küste Westanatoliens regelrecht überflutet, denen man die Griechen aus dem Schwarzen Meer und dem Kaukasus hinzuzählen muss, die seit 1917 vor den Repressionen des bolschewistischen Regimes flohen. Diese traumatischen Erfahrungen prägen bis heute in eminenter Weise das kollektive Gedächtnis aller Schichten der griechischen Gesellschaft und belasten – jenseits des Zypern-Konfliktes – die aktuellen Beziehungen mit der Türkei.

Schließlich sollte man die leise Rumänisierung *Siebenbürgens* und die stille Polonisierung der sich in ethnischer Gemengelage befindenden Gebiete Polens, wo wiederum unter dem Vorwand einer Agrarreform die nur scheinbar freiwillig emigrierten Ungarn und Deutschen durch rumänische Kolonisten bzw. polnische Bauern ersetzt wurden, beachten (vgl. Kocsis/Hodosi Kocsis 1994: 74; Giordano 1988: 184). Nochmals kommt hier deutlich zum Ausdruck, wie fortschrittlich anmutende Landreformen zur Grundlage einer nationalistischen Homogenisierungsstrategie, ja sogar zu einer „ethnischen Säuberung" verwendet werden können. Selbstverständlich bildeten solche Maßnahmen auch eine Antwort auf die vorhergehende Zwangsmagyarisierung rumänischer Bevölkerungsanteile in Siebenbürgen vor dem Ersten Weltkrieg und auf die germanisierende Ansiedlungspolitik, die in der „Ostmark" noch unter Bismarck verordnet wurde.

3. Der *dritte Homogenisierungsschub* umfasst das Jahrzehnt zwischen 1940 und 1950. Er ist von der nationalsozialistischen Vernichtungs-, Umsiedlungs- und Vertreibungspolitik sowie der stalinistischen Deportations- und Säuberungsaktionen geprägt. Neben dem Holocaust der so genannten „transnationalen" Minderheiten (Juden und Roma), der in Mittel- und Osteuropa zwischen Tallin und Thessaloniki bestialisch verübt wurde, sind wir mit gewaltigen Bevölkerungsbewegungen konfrontiert, die die Landkarte dieses Teils des Kontinents tiefgreifend verändern sollte: 11,5 Millionen Deutsche wurden aus den Ostgebieten vertrieben, 3 Millionen Polen ließen sich vor allem in Schlesien und im südlichen Teil Ostpreußens nieder, wobei 2 Millionen von ihnen aus den der Sowjetunion zugewiesenen Regionen stammten. Zwischen Ungarn und der Tschechoslowakei sowie zwischen Jugoslawien und Ungarn wurden Verträge abgeschlossen, die einen gegenseitigen Bevölkerungsaustausch vorsahen. Stalin konsolidierte schließlich seine Eroberungen im Westen der Sowjetunion mit einer Politik der „gelenkten Mobilität", die die Deportation „verräterischer" Bevölkerungsteile nach Sibirien und Zentralasien und den Ersatz durch „treue" Populationen slawischer Herkunft wie etwa Russen, Weißrussen und Ukrainer beinhaltete (vgl. Conte/Giordano 1995: 28 f).

4. Die *vierte virulente Entmischungsphase*, die ich die „Rückkehr der Nationalstaaten" nennen würde, beginnt eigentlich noch im sozialistischen *Bulgarien* mit der „Lösung der Nationalitätenfrage" durch die Vertreibung bzw. Zwangsassimilierung der türkischen Minderheit seit Mitte der achtziger Jahre. Sie setzt sich mit dem Zusammenbruch der drei als multiethnisch und multinational konzipierten Länder fort,

und zwar Jugoslawien, die Tschechoslowakei sowie die Sowjetunion und die darauf folgende Herausbildung einer Konstellation neu- bzw. wiederentstandener Nationalstaaten. Der Bosnienkrieg, so traurig es auch sein mag, paßt in diese tragische „Homogenisierungslogik" völlig hinein. Eigentlich wäre es erstaunlich, wenn er nicht ausgebrochen wäre, wobei das Dayton-Abkommen, ähnlich wie der Lausanner Vertrag von 1923, hinter seiner heuchlerischen Fassade die „ethnische Flurbereinigung" bereits anerkannt und gutgeheißen hat. Inzwischen ist der Konflikt um das Kosovo ausgebrochen und die dortige „humanitäre Katastrophe" hat den bitteren Geschmack eines tragischen Leitmotivs, das sich im Namen der ethnischen Homogenisierung Mittel- und Osteuropas erneut wiederholt. Dabei kann man sich schon die Schlussszene vorstellen: die ethno-territoriale „Entmischung" von Serben und Albanern.

5. Ethnizität und Territorium

Die hier vorgeschlagene Periodisierung setzt lediglich den Akzent auf die vier Höhepunkte eines kontinuierlichen Homogenisierungsprozesses, der allerdings insgesamt zu einem deutlich sichtbaren Abbau der multikulturellen Vielfalt in Mittel- und Osteuropa geführt hat. Es ist eine Tatsache, dass die mittel- und osteuropäischen Länder heutzutage fast ausnahmslos ethnisch und kulturell homogener sind, als sie es noch vor 60 bzw. 100 Jahren waren. Die ideologische Basis und schließlich der Motor für diese langzeitlichen Veränderungen innerhalb der dortigen Gesellschaften beruht auf Ethnizitätsvorstellungen und -konstruktionen, die in der Folge erörtert werden sollen. Bekanntlich stammt die Ethnizitätsdebatte aus dem angelsächsischen und speziell aus dem nordamerikanischen Raum. Sie hing dort zumindest zu Beginn, seit den sechziger Jahren, mit der Erforschung von Migrantenkulturen im urbanen Milieu wie etwa Italo-Amerikanern, AfroAmerikanern und „hispanics" zusammen, die kaum territoriale Ansprüche im Sinne einer eigenen Staatsbildung formulierten. Diese Diskussion breitete sich etwas später auf Kontinentaleuropa aus, wo sich inzwischen regionalistische, autonomistische und separatistische Forderungen immer häufiger anhand „ethnisierter Diskurse" artikulierten. Die Erforschung von Ethnizität sowohl als vorgestellter Komplex ethnischer Merkmale als auch als Prozess der Konstruktion eines „Ethnos" war folgerichtig bis zu diesem Zeitpunkt eher kulturalistisch orientiert. In diesem Sinne spielte das Territorium sowohl in den Alltagsdiskursen als auch in den wissenschaftlichen Auseinandersetzungen eine zwar wichtige, jedoch nicht primäre Rolle. Wesentlich bedeutsamer waren daher Kriterien wie etwa Sprache (Katalonien, Galizien, Okzitanien, Sardinien usw.), Religion (Nordirland) oder eigene Geschichte (Sizilien, „Padanien" usw.).

Die Ethnizitätsvorstellungen und -konstruktionen in Mittel- und Osteuropa, auch diejenigen, die nach dem Fall der Berliner Mauer propagiert wurden, waren dagegen im Vergleich zu den nordamerikanischen und westeuropäischen Ethnizitätskonzepten ausdrücklich territorial orientiert.

Territorialität als wesentlicher Bestandteil von Ethnizität lässt sich als monopolartiger Raumanspruch einer ethnischen Gemeinschaft charakterisieren. Hiermit fühlt sich aber eine Ethnie bzw. Nation berechtigt, den eigenen Raum ausschließlich homogen zu gestalten. Das bedeutet, dass Territorialität exklusiv mono-ethnisch verstanden wird. Hinter diesem Plan steht gewöhnlich die Aspiration, klare ethnische Grenzen festzuschreiben. Aus diesem Grund werden, wie Bibó bereits vor mehr als 50 Jahren feststellte, Wiedergeburt, Stärke, Macht und Wohlstand einer Nation in kartographischen Begriffen gefasst, d. h. mittels Festlegung von territorialen Grenzen (vgl. Bibó 1993: 171).

Die ausgesprochen territorial orientierte Konstruktion von Ethnizität in Mittel- und Osteuropa findet ihren Niederschlag in einer beeindruckenden Anzahl von soziokulturellen und juristischen Zeugnissen. Dabei sollte man nicht vergessen, dass die Begriffe „Staatsbürger“ und „Staatsbürgerschaft“ in fast allen slawischen Sprachen eng mit dem territorial konnotierten Begriff der „Residenz“ und nicht mit der Zugehörigkeit zu einer abstrakten politischen Gemeinschaft zusammenhängen. So weist die polnische Anthropologin Zofia Sokolewicz zu Recht darauf hin, dass der Begriff „obywatel“ ursprünglich dem lateinischen Konzept des „habitator“ entsprach (vgl. Sokolewicz 1996: 93). Am Anfang der Neuzeit umschrieb die Bezeichnung „obywatel“ den Besitzer eines Grundstücks oder den Bewohner einer urbanen Siedlung. Erst am Ende des 18. Jahrhunderts, als Staatsbürgerschaft mit Patriotismus und der Liebe zur „eigenen“ Nation assoziiert wurde, begann man den Terminus „obywatel“ zu verwenden, um die Zugehörigkeits- bzw. Loyalitätsbeziehung eines Individuums zu „seinem“ Staat zu charakterisieren. Für die hier angesprochene Thematik ist es jedoch bezeichnend, dass die Beziehung Bürger-Staat, die auch zugleich die Identität einer Person definiert, bis heute ausschließlich anhand von Ausdrücken bestimmt wird, die mit territorialen Bedeutungen zusammenhängen.

Zudem muss man erwähnen, dass sich die Nationalstaaten Mittel- und Osteuropas seit ihrer meistens „verspäteten“ Unabhängigkeit und bis zum heutigen Zeitpunkt selbst als politisch-territorialen Ausdruck einer ethnischen Gruppe verstehen. In dieser Hinsicht stellt die neue *litauische* Verfassung von 1992 mit ihrem deutlichen „territorialistischen“ und zugleich „völkisch-nationalen“ Charakter zweifellos ein beeindruckendes Beispiel dar. In der Präambel dieses Dokumentes wird explizit sowohl auf die Fähigkeit der Litauer hingewiesen, den eigenen Geist, die Sprache, Sitte und Brauch zu bewahren, als auch das „angeborene Recht“ betont, auf dem Boden der Väter und Vorfahren „zu leben“ und „frei zu schaffen“.

Ähnliche „territorialistische“ Töne, die wiederum mit „völkischen“ Komponenten vermischt werden, lassen sich auch in der Verfassung *Estlands* feststellen, in der von der „Unveräußerlichkeit des Territoriums“ (Land, Wasser und Luft) als Garantie für die „kulturelle Erhaltung“ der Nation gesprochen wird. Analoge Formulierungen finden sich auch in mehreren Verfassungen derjenigen Länder, die aus dem ehemaligen Bundesstaat Jugoslawien hervorgegangen sind.

Ein weiterer Hinweis für die enge Verbindung zwischen Ethnizität und Territorialität ist das bezeichnende Phänomen, dass eine große Anzahl von Flüchtlingen aus

Ungarn, die vor 1989 im Ausland gestorben sind, nach der „Wende" in ihrem Herkunftsland ein zweites Mal feierlich beigesetzt wurden. Diese immer noch andauernde Begräbniswelle legt ein klares Zeugnis ab vom eigenen letzten Willen, d. h. Anspruch, ewig im Gebiet der „Haza" zu ruhen. „Haza" ist aber wiederum eine territorial konnotierte Bezeichnung für Haus, Heimat und Vaterland.

Der heutige Rekurs auf Territorialität als Grundmerkmal von Ethnizität in Mittel- und Osteuropa kommt uns als „archaisch", „romantisch" oder gar „völkisch" vor. Dieser Eindruck entsteht nicht zufällig, denn die „ethnischen Diskurse" um die Nation in diesem Teil des Kontinentes gehen mit dem fast nativistischen Mythos einer idealen, vorsozialistischen Epoche einher, als die mittel- und osteuropäischen Gesellschaften vom „kommunistischen Virus" noch nicht befallen waren. Die neuen „ethnischen Diskurse" in den post-sozialistischen Ländern stehen also – wie die meisten Reformprojekte, die von den Agrarreformen bis hin zur Reprivatisierung verschiedener polit-ökonomischer Sektoren reichen – in Zusammenhang mit der generellen, nach 1989 vorgenommenen Bewertung der Erfahrungen mit dem kommunistischen Totalitarismus. Diese regelrechte Abrechnung mit der sozialistischen Vergangenheit ist durch die Vorstellung geprägt worden, dass sich der Sozialismus als eine verhängnisvolle „Sackgasse" erwiesen hat, aus der man nur fliehen kann, wenn man an den Ausgangspunkt zurückkehrt. Gleichzeitig wird die Zeitspanne zwischen 1945 und 1989 als „schwarzes Loch" gedeutet, in dem die Geschichte keine fortschrittsbringenden Entwicklungsprozesse für Wirtschaft und Gesellschaft gebracht hat. Diese Interpretation der nahen Vergangenheit, die zur ikonoklastischen Praxis der Ausradierung aller an den Sozialismus erinnernden Zeugnisse führte, beruhte aber auch auf der bereits angesprochenen nostalgischen Illusion, dass eine erfolgreiche „Transition" erst möglich sei, wenn die Geschichte in die vor allem von zahlreichen intellektuellen Kreisen idealisierte Epoche des Vorsozialismus „zurückgedreht" würde. Die Rückkehr des Nationalstaates mit seinen Nationalitäts- bzw. Staatsbürgerschaftsauffassungen sowie das Aufkommen entsprechender territoriozentrischer Ethnizitätsdiskurse in Mittel- und Osteuropa sind somit in engem Zusammenhang mit dem gerade angedeuteten Rückgriff auf die Fiktion der „historischen Reversibilität" zu sehen, wonach das Zurückgehen in den Vorsozialismus der einzig richtige Weg zur post-sozialistischen Zukunft darstellt.

Inzwischen sind in Mittel- und Osteuropa nach dem „großen Rausch" der ersten Phase deutliche „Katererscheinungen" aufgetreten, die sich zurzeit in einer Nostalgie für den zwar „schäbigen", jedoch „sicherheitserweckenden" Alltag im Sozialismus widerspiegelt. Diese ernüchterte und oft desillusionierte Haltung materialisiert sich bis zum heutigen Zeitpunkt in der meistens temporären Machtübernahme neokommunistischer Parteien in fast allen Ländern des früheren Ostblocks, und zwar von Lettland bis Albanien. Im Hinblick auf die Ethnizitätskonstruktionen, die wohlgemerkt nicht nur als Monopol rechtsextremer Gruppen in Mittel- und Osteuropa interpretiert werden dürfen, wird dagegen am Prinzip des „monotheistischen Territorialismus" festgehalten, obwohl zweifelsohne die Präsenz „republikanischer" Kreise wie etwa der Tschechischen Republik, die Annahme „liberaler" Verfassungstexte wie etwa in Polen und die Verabschiedung von „vorbildlichen" Minderheitengesetzen wie etwa in Ungarn und Slowenien zu verzeichnen sind. Vor allem aber sind die zuletzt erwähnten Maßnahmen zur Anerkennung ethno-kultureller Differenzen innerhalb der Nationalstaaten durch gravierende Ambivalenzen gekennzeichnet, denn sie entpuppen sich bei genauer Analyse als rechtliche Bestimmungen, die eigentlich beschlossen wurden, um die eigenen, außerhalb des nationalen Territoriums wohnhaften Minderheiten zu „beschützen" (vgl. Pierré-Caps 1995: 46 ff). Somit dienen solche Vorschriften vornehmlich zur Ausübung eines „droit de regard" auf suspekte Nachbarländer (vgl. Yacoub 1995: 170). In diesem Sinne betrifft das ungarische bzw. slowenische Minderheitengesetz die „Fremden" im „eigenen" Staat wie etwa die Slowaken, die Deutschen, die Italiener usw.; sie wurden jedoch in erster Linie für die „eigenen" Minderheiten im „fremden" Staat wie etwa die Ungarn in der Slowakei und in Rumänien oder die Slowenen in Italien ausgedacht.

Was dem Ethnologen bzw. Anthropologen in diesem Zusammenhang auffällt, ist das generalisierte und abgrundtiefe Misstrauen, das die Verhältnisse zwischen den vornehmlich benachbarten Nationalstaaten prägt, wenn es um Probleme der interethnischen Beziehungen geht. Der Anspruch auf einen „droit de regard" im „fremden" Staat impliziert im Endeffekt die Überzeugung, dass minoritäre Gruppen von der Titularnation, der Majorität, per se als unbequeme „Fremdkörper" und als politische „Anomalien" empfunden werden. Dementsprechend fühlt sich das „Mutterland" verpflichtet, die von ihr getrennten Minderheiten mit Hilfe des „droit du regard" zu schützen.

Wenn aber solche Befürchtungen durch einen so deutlichen Rechtsanspruch zum Ausdruck gebracht werden, dann ist es nahe liegend, dass die Doktrin des „monoethnischen Territoriums", d. h. eines Nationalstaates für eine einzelne Nation, in Mittel- und Osteuropa immer noch extrem wirksam ist.

Die Frage, die den Ethnologen bzw. Anthropologen in diesem Kontext interessiert, lautet nun: Wie kommt es, dass diese offensichtlich territoriale Konnotation in den mittel- und osteuropäischen Ethnizitätskonstruktionen eine solche, auf den ersten Blick vielleicht etwas erstaunliche Kontinuität – sprich: Beharrlichkeit – aufweist?

Steven Grosby hat vor kurzem Territorialität als das „transzendentale und primordiale Merkmal moderner Gesellschaften" hochstilisiert (vgl. Grosby 1995: 143 ff). In dieser Weise ließe sich Territorialität als strukturelle und mentale Konstante modernisierter Sozialzusammenhänge definieren. Seine geo-psychologische Betrachtungsweise ist allerdings zu schablonenhaft, um wirklich überzeugend zu sein. Obwohl es außer Zweifel steht, dass Territorialität in modernen Gesellschaften eine zentrale Rolle spielt, wäre es irreführend, sie als einen universellen Zug von Modernität betrachten zu wollen. Darüber hinaus bringt es uns relativ wenig zu wissen, dass Territorialität eine solche allgemeine Erscheinung darstellt.

Um die Kontinuität und Beharrlichkeit territorialer Ethnizitätskonstruktionen in Mittel- und Osteuropa zu deuten, werde ich also nicht auf „transzendentale" bzw. „primordiale" Argumente zurückgreifen, obgleich sie eine nicht zu verleugnende, wenn auch trügerische Anziehungskraft auf den Sozialforscher ausüben. Der Versuch, die gestellte Frage zu beantworten, soll daher auf der Verfolgung zweier Spuren beruhen, die zu zwei plausiblen und zugleich ineinander verflochtenen Interpretationsweisen für die markante Bedeutung des Territorialen bei Ethnizitätskonstruktionen in Mittel- und Osteuropa führen können.

5.1. Die ethno-historische Spur: ethnische Zugehörigkeiten und bäuerliche Identitäten

Die erste Spur lässt sich als ethno-historisch bezeichnen und geht von der Beobachtung aus, dass bäuerliche Lebenswelten auf unserem Kontinent nirgendwo für die gesellschaftliche Gestaltung so prägend gewesen sind wie in Mittel- und Osteuropa. So schreibt Lawrence Krader zu Recht zu diesem Sachverhalt:

> „In Eastern Europe, the peasant preponderates in the life of the society and imposes a stamp on all facets of national life; the entire society is peasant in character, with its component peasant communities. In Western Europe the peasant lives in small communities, enclaved in a larger society whose fundamental impress is urban and industrial" (vgl. Krader 1960: 77).

Diese treffende Feststellung bedarf allerdings einiger Erörterungen. Der Einfluss ruraler Lebensformen und Wertorientierungen bezieht sich, wie uns die etwas „materialistisch" anmutende Bemerkung Kraders glauben lässt, nicht vornehmlich auf die „objektive" Ebene sozialstruktureller Komponenten. Die mittel- und osteuropäischen Gesellschaften waren und sind z. T. heute noch „bäuerlich", und dies nicht nur, weil der landwirtschaftliche Sektor immer noch von so ausschlaggebender Bedeutung ist. Der Kommunismus hat in den meisten Ländern sogar durch forcierte Industrialisierung – darunter auch die der Landwirtschaft – und durch beschleunigte Urbanisierung die dörflichen Gemeinschaften und die bäuerliche Kultur in irreversibler Weise zerstört (vgl. Conte/Giordano 1995: 28 ff; Giordano/Kostova 1995: 54 ff). Die Macht des „Bäuerlichen" in Vergangenheit und Gegenwart konzentriert sich in wesentlich markanterer Weise im Bereich des „Mentalen" oder, präziser ausgedrückt, in der Sphäre des „Ideologischen" und des „Diskursiven".

Noch stärker nämlich als das „konkrete" und „gelebte" Bauernsein wirkte sich bei der Konstruktion der postimperialen Nationalgesellschaften in Mittel- und Osteuropa die von den politischen und intellektuellen Eliten dieses Teils des Kontinents „vorgestellte" und *konzipierte Ruralität* aus. Politiker, Rechtsgelehrte, Historiker, Folkloristen, Philologen, Linguisten, Schriftsteller, bildende Künstler und Komponisten entwickelten eine „bäuerliche Ideologie", die sich innerhalb kurzer Zeit zu einer regelrechten Mythologisierung und Ideologisierung des „Agrarischen" samt seiner als grundlegend betrachteten Institutionen zuspitzte. Von den russischen „Narodniki" bis hin zu einer Schar von Intellektuellen mit verschiedener Ausbildung und voneinander abweichender politischer Zugehörigkeit aus dem Rest Mittel- und Osteuropas bemühten sich alle diese „Produzenten" nationaler Identitäten um die Aufwertung, Hochstilisierung und Revitalisierung der dortigen Ruralität, deren Komponenten von ihnen manchmal so elaboriert wurden, dass sie uns als Erfindungen erscheinen. Die Glorifizierung des „mir", der „obscina" und der „zadruga" im slawischen Sprachraum sind paradigmatisch für diese intellektuelle „Produktion von Bäuerlichkeit" in Mittel- und Osteuropa (vgl. Todorova 1990).

Die gerade skizzierte „bäuerliche Ideologie" der mittel- und osteuropäischen Intelligenz hat vor allem nach dem Ersten Weltkrieg eine eminent politische Valenz angenommen. Während dieser Zeit artikulierten und organisierten sich immer häufiger Bewegungen und Parteien, die agrarpopulistische Ziele verfolgten und die von den bäuerlichen Massen kräftig unterstützt wurden. Es war die Epoche der großen „Bauernparteien", die eine ausschlaggebende Rolle im damaligen politischen Leben Mittel- und Osteuropas spielten. In diesem Zusammenhang ist zweifelsohne der exemplarische Fall von Wincenty Witos zu erwähnen: Er war zwischen 1921 und 1926 dreimal polnischer Premierminister; es gelang ihm 1931, eine Partei zu gründen, die alle Bewegungen mit „agraristischer" Färbung in einer einzigen Oppositionsfraktion zusammenführte (vgl. Conte/Giordano 1995: 16). Zu nennen wären aber hier auch Iuliu Maniu, der Gründer der nationalen Bauernpartei und rumänische Regierungschef zwischen 1928 und 1930, und vor allem Aleksander Stamboliski, der unbestrittene Führer der bulgarischen Agrarunion, sowie Ante und Stjepan Radic, die Führer der Bauernpartei Kroatiens, die alle von der Utopie eines Bauernstaates bzw. einer Bauernrepublik träumten (vgl. Jackson 1974: 288 ff).

Der *Agrarpopulismus der Bauernparteien* Mittel- und Osteuropas mit seiner ruralistischen Rhetorik wurde während der Zwischenkriegszeit bezeichnenderweise von sämtlichen nationalistischen und faschistischen Bewegungen und Diktaturen im genannten Teil des Kontinents in zunehmendem Maße instrumentalisiert. So ist es nicht erstaunlich, dass Corneliu Codreanu, der Begründer der paramilitärischen Organisation „Legion des Erzengels Michael" in Rumänien (die unter dem berüchtigten Namen „Eiserne Garde" wesentlich bekannter ist), sowie die engsten Mitarbeiter des ungarischen Regenten Miklos Horthy wie etwa Gyula Gömbös, die sozialmoralische Überlegenheit bäuerlicher Leitbilder folkloristisch übersteigerten (vgl. Castellan 1984: 82, Castellan 1994: 373; Gallagher 1995: 45 ff).

Nach dem kommunistischen Intermezzo, während dem 50 Jahre lang die Mythologisierung des „Proletariats" anstelle derjenigen des „Bauerntums" mit gleicher Akribie vorgenommen wurde, sind die alten „agraristischen" Gespenster im Geiste der „historischen Reversibilität" wieder belebt worden. Die Agrarreformen in Bulgarien und Rumänien, die durch die Restitutionsgesetze den vorsozialistischen „status quo ante" wiederherstellen sollten, sowie die nostalgischen Parolen der Kleinlandwirtepartei in Ungarn stellen nur einige Zeugnisse dar für die wieder gefundene Vitalität der „bäuerlichen Ideologie" in Mittel- und Osteuropa nach der Wende.

Diese kurze Skizze sollte verdeutlichen, wie die politischen und intellektuellen Eliten Mittel- und Osteuropas immer wieder ihre „gedachte Ruralität" als einen Komplex höchst positiver Verhaltensweisen und Werthaltungen aufgefasst haben und z. T. heute noch auffassen. Die Bauern werden somit als eine „ideale Gruppe" konzipiert, die den „besten", „gesündesten" und vor allem „authentischsten" Teil der Nation bildet. Man könnte fast hinzufügen: Die Bauern sind die Nation selbst! Diese

Vorstellung kommt exemplarisch zum Ausdruck, wenn *ungarische* Politiker und Intellektuelle bei wichtigen Debatten über die Nationalkultur diese in zwei konträre Lager, und zwar in ein „völkisch-bäuerliches“ (nemzetiek) und ein „urbanes“ (urbánok) aufteilen (Frankfurter Allgemeine Zeitung, 7. März 1996). „Nemzetiek“ vertritt in der Regel die positiven Eigenschaften der Magyarität, während „urbánok“ eine sozusagen „entartete“ Identität impliziert, die, wie der rechtsextreme Schriftsteller und Politiker István Csurka zuletzt betont hat, durch die „kontaminierende Präsenz von degenerierten Schichten wie Homosexuellen oder Juden“ verursacht worden sei.

Wenn die Bauern in Mittel- und Osteuropa die positive Referenzgruppe bei der Konstruktion nationaler Identitäten darstellen, dann ist es konsequent, dass die „agrarischen Tugenden“ bzw. das, was sich die politischen und intellektuellen Eliten darunter vorstellen, von der lokalen Ebene des Familien- und Dorfverbandes auf das nationale Niveau der ethnischen Gemeinschaftsbeziehungen übertragen werden. So lässt sich beispielsweise im Balkanraum eine nicht nur metaphorische Übertragung der Familienvorstellungen im Diskurs um die nationale bzw. ethnische Ehre beobachten (vgl. Giordano 1995: 104 ff).

So etwas geschah in einer für die westliche Welt als empörend empfundenen Weise während des Bosnienkrieges, als die rivalisierenden „Ethnien“, um die jeweilige „nationale Ehre“ der Gegner zu schänden, auf die für die agro-pastoralen Gesellschaften des Balkans als klassisch betrachtete Strategie der Beleidigung durch Vergewaltigung der zu den verfeindeten Gruppen gehörigen Frauen mehrmals zurückgegriffen haben.

Hiermit sind wir aber beim eigentlichen Punkt meiner ethno-historischen Argumentationsweise angelangt, denn spätestens seit Redfield ist bekannt, dass die zentrale Tugend in bäuerlichen Kulturen die tiefe innere Verbundenheit mit dem Raum, d. h. die oft mythologisierte Bindung an die „eigene Scholle“, ist (Redfield 1973: 60 ff). In Anbetracht der von den identitätsproduzierenden Eliten fraglos eingenommenen, engen Beziehung zwischen bäuerlichen Lebensformen und Nationalkultur ist es wiederum völlig konsequent, dass Ethnizität in Mittel- und Osteuropa in vorherrschender Weise territorial aufgefasst wird. So lässt sich auch im Fall der Ethnizität, die im Grunde in ganz Mittel- und Osteuropa als „a phenomenon of ‚Gesellschaft‘ which speaks in the idiom of ‚Gemeinschaft‘ (vgl. Gellner 1995: 91) bezeichnet werden kann, eine Vermengung des „Ruralen“ mit dem „Ethnischen“ feststellen. Dies hat zur Folge, dass die Identitätsproduzenten und ihre Gefolgschaften in diesem Teil des Kontinents der Scholle und dem nationalen Territorium per Analogie eine identische „sakrale“ Bedeutung grundlegender symbolischer, politischer und existentieller Natur zuschreiben. In diesem Sinne stellt das Territorium schlichtweg die „geheiligte Scholle“ der „Ethnie“, der „Nation“ und des „Volkes“ dar.

5.2. Die geo-politische Spur: variable Territorien und labile Grenzen

Die zweite Spur kann als „geo-politisch" bezeichnet werden. Ich bin mir bewusst, dass diese Formulierung suspekt erscheinen mag, denn sie erweckt vor allem im deutschen Sprachraum die berüchtigten Gespenster der inzwischen völlig in Verruf geratenen „Geopolitik".

Wenn man die Bezeichnung „geo-politisch" in diesem Zusammenhang verwendet, dann lediglich, um auf das Phänomen der ausgeprägten Unbeständigkeit der Grenzen im Mittel- und Osteuropa der Vergangenheit, der Gegenwart und wahrscheinlich auch der nächsten Zukunft hinzuweisen. Nirgendwo mehr als in seinem mittleren und östlichen Teil sind in Europa die zwischenstaatlichen Trennungslinien seit dem hohen Mittelalter so oft und in so tiefgreifender Weise verlegt worden. Man kann tatsächlich von (national)staatlichen Territorien mit „variabler Geometrie" sprechen, die sich je nach historischer Phase ausdehnen bzw. zusammenziehen. Zur Illustration dieses Sachverhaltes mögen im Rahmen dieses Beitrages nur einige Beispiele genügen. Im 15. Jahrhundert erstreckte sich das Großherzogtum *Litauen* von der Ostsee bis zum Schwarzen Meer. Am Ende des 18. Jahrhunderts verschwand dagegen Litauen bis 1917 völlig von der Landkarte Europas, und nach diesem Zeitpunkt wurde bis heute sein Schicksal durch zwei kurze Unabhängigkeitsperioden und der dazwischenliegenden sowjetischen Fremdherrschaft gekennzeichnet.

Der *polnische* Staat schwankte mehrmals während seiner tausendjährigen Geschichte zwischen der Elbe und der Moskwa. Dabei darf nicht vergessen werden, dass er für ungefähr 150 Jahre aufgrund der preußischen, russischen und österreichischen Fremdherrschaft und der darauf folgenden Dreiteilung im wahrsten Sinne des Wortes von der Landkarte wegradiert worden war.

Zu Beginn des 15. Jahrhunderts umfasste *Ungarn* ein ansehnliches Territorium, das sich zwischen Dalmatien und Siebenbürgen ausbreitete; im Zuge der osmanischen Eroberungen in Südosteuropa reduzierte sich sein Gebiet auf einen dünnen Landstrich nördlich der Donau. Im 19. Jahrhundert, d. h. im Zeitalter der Doppelmonarchie, hatte Ungarn mehr oder weniger die Dimension wieder erreicht, die es im 15. Jahrhundert innehatte. Nach dem Vertrag von Trianon (4. Juni 1920), der Ungarn zum großen Verlierer des Ersten Weltkrieges in Mittel- und Osteuropa machte, erfuhr das Land erneut eine territoriale Schrumpfung: Es verlor zwei Drittel des Staatsgebietes und der Bevölkerung, was noch heute als eine nationale Katastrophe empfunden wird.

Schließlich „pendelte" *Bulgarien* immer wieder zwischen seinen maximalen Grenzen, die um das Jahr 900 unter Zar Simeon I., dessen Reich sich von der Adria bis zum Schwarzen Meer erstreckte, erreicht wurden, und seiner minimalen Ausdehnung nach dem Berliner Kongress von 1878, als das Land zu einem Kleinstaat zwischen der Donau und der Balkankette zusammenschrumpfte. Hierbei soll die Tatsache nicht unerwähnt bleiben, dass Bulgarien während fast 500 Jahren unter dem „türkischen Joch" gestanden hatte und deshalb als politischer Verband gewissermaßen nicht existierte.

Der Vollständigkeit halber könnte man hier noch die Geschichte des Schicksals zahlreicher vorübergehender Reiche aus der mehr oder minder fernen Vergangenheit sowie unzähliger Grenzrevisionen und neuer Staatsbildungen aus diesem Jahrhundert aufzählen. Aber auch in diesen Fällen würde sich nochmals das Leitmotiv der „variablen Geometrie" der Territorien und der Mobilität der Grenzen mit fast obsessiver Monotonie wiederholen.

Interessanter und wichtiger scheint mir daher die Frage nach den *Auswirkungen* dieser historischen Prozesse auf die soziale Konstruktion des kollektiven Bewusstseins und Gedächtnisses in den mittel- und osteuropäischen Gesellschaften. Es ist deutlich sichtbar, dass die gerade skizzierten Merkmale der Vergangenheit bei den Mitgliedern mittel- und osteuropäischer Gesellschaften tiefe Spuren hinterlassen haben. Solch prägende Erfahrungen gehen an den Menschen nicht einfach so vorüber. Sie haben die allgemein verbreitete Überzeugung entstehen lassen, die von den einheimischen politischen und intellektuellen Eliten immer wieder bei der Identitätsarbeit gepflegt und instrumentalisiert wurde, dass die Lebensfähigkeit und sogar das Wohlergehen der eigenen Gruppe, sprich der „Nation", des „Ethnos", des „Volkes" bzw. des „Narod" usw., ausschließlich durch die Anerkennung ihres territorialen Status garantiert werden. Diese negativen Erfahrungen mit der eigenen Geschichte, die selbstverständlich immer neu aktualisiert und daher uminterpretiert, deformiert und nicht selten ins „Mythische" übersteigert wurden, haben sich in Mittel- und Osteuropa so traumatisch ausgewirkt, dass der Kampf um die kollektive Anerkennung fast ausnahmslos mit dem erbitterten und kompromisslosen Kampf um das als geheiligt erklärte Territorium und mit der entsprechenden Festlegung von ewig unantastbaren Grenzen einhergeht. Diese von den „geo-politischen" Gegebenheiten der Vergangenheit beeinflusste akribische Haltung, die das territoriale Prinzip hochstilisiert, lässt sich gegenwärtig nicht nur aufgrund von zwar sehr symptomatischen, jedoch marginal anmutenden Auseinandersetzungen belegen, wie etwa die Kontroverse zwischen Estland und Lettland einerseits und Russland andererseits um zwei Mikro-Gebiete, die Stalin nach 1945 der RSFSR, d. h. der sozialistischen sowjetrussischen Föderation zugewiesen hatte. Man könnte hier auch den ganzen, noch nicht ausgestandenen Jugoslawien-Konflikt anführen. Dieser kann als der radikalste Kampf um Anerkennung definiert werden, bei dem die Festlegung mono-ethnischer Räume für die betroffenen Parteien buchstäblich als ein Problem von Leben und Tod empfunden wird.

Diese extrem territorial zentrierten Vorstellungen und Handlungsstrategien im Gebiet von Ex-Jugoslawien wurden im Film „Underground" von E. Kusturica durch den Rückgriff auf sehr effektvolle Metaphern gezeigt, mit denen der Regisseur in mehreren Szenen die unauflösbare Verschränkung zwischen bäuerlicher Scholle und nationalem Territorium meisterhaft aufzeigt. Mit dieser letzten Bemerkung kommt zum Ausdruck, dass die in diesem Abschnitt verfolgten zwei Spuren – die ethnohistorische und die „geo-politische" – eigentlich so eng miteinander verbunden sind, dass die erste ohne die zweite nicht denkbar ist.

6. Schlußbemerkung

Der vorliegende Beitrag versucht aufzuzeigen, dass die Rückkehr des Nationalstaates in Mittel- und Osteuropa nach der „Wende" mit Ethnizitätsvorstellungen und -konstruktionen verbunden ist, die bereits in der vorsozialistischen Epoche erzeugt und wirksam wurden. Die gegenwärtigen politischen und intellektuellen Eliten Mittel- und Osteuropas haben als Identitätsproduzenten durch den Rekurs auf die vergangenheitsbezogene Vision der „geschichtlichen Reversibilität" an z. T. erfundene, aber auch zugleich meistens als real empfundene „Traditionen" angeknüpft, die während des Sozialismus von der internationalistischen Propaganda zwar überschattet, jedoch nie völlig ausradiert wurden. Denn die totalitären Systeme des früheren Ostblocks waren eigentlich, so paradox dies erscheinen mag, nationalkommunistisch. Nachdem das ideologische Instrumentarium des Sozialismus weggefegt worden war, konnten sich Identitätsprojekte wieder ausbreiten, die ausdrücklich auf territorial zentrierten Ethnizitätskonstruktionen beruhen. Territoriale Ethnizität als konstruierter Komplex räumlicher und ethno-kultureller Identitätsfaktoren bestimmt weiterhin trotz und vermutlich gerade wegen der Globalisierungsimpulse, die bis zum jetzigen Zeitpunkt allerdings nicht so massiv wie im westlichen Teil unseres Kontinentes und in Nordamerika zu spüren gewesen sind, die derzeitige „identitäre Architektur" der Mittel- und Osteuropäischen Nationalgesellschaften. Die Regionalisierung der Identitäten und die damit verbundenen Konflikte richten sich daher paradoxerweise immer noch nach einem „nationalen Identitätenkurs", wie auch der Aufbau neuer Staaten auf den früheren Territorien Jugoslawiens, der Sowjetunion und der Tschechoslowakei verdeutlicht.

Literatur

Appadurai, Arjun (1990): Disjuncture and Difference in the Global Cultural Economy. In: Public Culture 2 (2), 1–24.

Bataković, dušan T. (1994): Yougoslavie – Nations, Religions, Idéologies. Lausanne.

Bendix, Reinhard (1980): Könige oder Volk. Machtausübung und Herrschaftsmandat. 2 Bde. Frankfurt/M.

Bibó, Istvan (1993): Misère des petits Etats d'Europe de l'Est. Paris.

Bosse, Heinrich (1986): Die gläserne Wand. Der lettische Mensch in der deutsch-baltischen Literatur. In: Journal of Baltic Studies 17, 329–349.

Brubaker, Rogers (1994): Staats-Bürger. Deutschland und Frankreich im historischen Vergleich. Hamburg.

Burckhardt, Jacob (1978): Weltgeschichtliche Betrachtungen. Über geschichtliches Studium. München.

Castellan, Georges (1984): Histoire de la Roumanie. Paris.

Castellan, Georges (1991): Histoire des Balkans XIVe-XXe siècle. Paris.

Castellan, Georges (1994): Histoire des peuples de l'Europe centrale. Paris.

Conte, Edouard/Giordano, Christian (1995): Sentiers de la ruralité perdue. In: Etudes rurales 138–140, 11–33.

Cvijć, Jovan (1918): La péninsule balcanique. Paris.

Dumont, René (1991): L'idéologie allemande. France-Allemagne et retour. Paris.

Featherstone, Michael (1993): Global and Local Cultures. In: Jon Bird (Hrsg.), Mapping the Futures. Local Cultures, Global Change. London, 169–187.

Fienkielkraut, Alain (1987): La défaite de la pensée. Paris.

Gallagher, Tom (1995): Romania after Ceausescu. Edinburgh.
Garleff, Michael (1990): Die kulturelle Selbstverwaltung der nationalen Minderheiten in den baltischen Staaten. In: Boris Meissner (Hrsg.), Die baltischen Nationen. Estland, Lettland, Litauen. Köln, 87–107.
Gellner, Ernest (1995): On Nations and Nationalism. In: Borut Brumen, Zmango Smitek (Hrsg.), MESS – Mediterranean Ethnological Summer School. Ljubljana, 85–96.
Giordano, Christian (1988): Agrargesellschaft im sozialistischen System. Zur „Persistenz" der Agrarfrage in Polen. In: Schweizerische Zeitschrift für Soziologie 14 (2), 177–198.
Giordano, Christian (1995): The Balkans. European Periphery, Epicentre of Ethnicity and Landscape of Feuds. In: Anthropological Journal on European Cultures (Ethnicity, Nationalism, Geopolitics in the Balkans II) 4 (2), 95–106.
Giordano, Christian (1997): Affiliation, Exclusion and the National State. Ethnic Discourses and Minorities in East Central Europe. In: Hans-Rudolf Wicker (Hrsg.), Rethinking Nationalism and Ethnicity. The Struggle for Meaning and Order in Europe. Oxford, New York, 175–192.
Giordano, Christian/Kostova, Dobrinka (1995): Bulgarie. Une réforme agraire sans paysans. In: Etudes Rurales 138-140, 157–171.
Grosby, Steven (1995): Territoriality. The transcendental, primordial feature of modern societies. In: Nations and Nationalism 1 (2), 143–162.
Horak, Michael (Hrsg.) (1985): Eastern European National Minorities 1919-1980. A Handbook. Littleton.
Jackson, George D. Jr. (1974): Peasant Political Movements in Eastern Europe. In: Harry A. Landsberger (Hrsg.), Rural Protest. Peasant Movements and Social Change. London, Basingstoke, 259–315.
Kahn, Joel S. (1995): Culture, Multiculture, Postculture. London u. a.
Kessler, Wolfgang (1997): Jugoslawien – Der erste Versuch. Vorgeschichte und Gründung des „ersten Jugoslawien". In: Jürgen Elvert (Hrsg.), Der Balkan. Eine europäische Krisenregion in Geschichte und Gegenwart. Stuttgart, 91–118.
Kocsis, Karoly/Hodosi Kocsis, Eszter (1994): Minoranze ungheresi nel bacino dei Carpazi. Rom.
Krader, Lawrence (1960): The Transition from Serf to Peasant in Eastern Europe. In: Anthropological Quarterly 33 (1), 76–90.
Lindner, Rolf (Hrsg.) (1994): Die Wiederkehr des Regionalen. Frankfurt/M., New York.
Lochak, Daniel (1988): Etrangers et citoyens au regard du droit. In: Catherine Withol de Wenden (Hrsg.), La citoyenneté. Paris, 73–85.
Montesquieu, Charles, de Secondat, baron de la Brède et de Montesquieu (1949): Mes pensées. In: Oeuvres complètes, Vol. 1, Paris, 975–1574.
Pierré-Caps, Stéphane (1995): La multination. L'avenir des minorités en Europe centrale et orientale. Paris.
Pistohlkors, Gert von (Hrsg.) (1994): Deutsche Geschichte im Osten Europas. Baltische Länder. Berlin.
Qosja, Rexhep (1995): La question albanaise. Paris.
Redfield, Robert (1973): The Little Community and Peasant Society and Culture. Chicago.
Roux, Michel (1992): Les Albanais en Yougoslavie. Minorité nationale, territoire et développement. Paris.
Sokolewicz, Zofia (1996): Staatsbürgerschaft und Nationalität. Ein polnisches oder europäisches Dilemma. In: Urs Altermatt (Hrsg.), Nation, Ethnizität und Staat in Mitteleuropa. Wien u. a., 88–101.
Soros, George (1998): The Crisis of Global Capitalism. Open Society Endangered. New York.
Sundhaussen, Holm (1997): Nation und Nationalstaat auf dem Balkan. Konzepte und Konsequenzen im 19. und 20. Jahrhundert. In: Jürgen Elvert (Hrsg.), Der Balkan. Eine europäische Krisenregion in Geschichte und Gegenwart. Stuttgart, 77–90.
Talmon, Jakob L. (1967): Destin d'Israel. L'unique et l'universel. Paris.
Todorova, Maria (1990): Myth Making in European Family History. The Zadruga Revisited. In: East European Politics and Societies 4 (1), 30–76.
Weber, Max (1956): Wirtschaft und Gesellschaft. 2 Bde. (4., neu hrsg. Auflage, bes. von Johannes Winckelmann). Tübingen.
Weil, Paul (1988): La politique française d'immigration (entre 1974 et 1986) et la Citoyenneté. In: Catherine Withol de Wenden (Hrsg.), La citoyenneté. Paris, 187–200.
Yacoub, Joseph (1995): Les minorités. Quelle protection? Paris.

Ansätze europäischer Identität im Global Age Eine Skizze[1]

Hermann Schwengel

1. Einleitung

Martin Albrow hat in seinem Buch: *The Global Age. State and Society beyond Modernity* (1996)[2], und vor allem in einem Aufsatz: *Europa im globalen Zeitalter* (Albrow 1998b) die Konsequenzen der Globalisierung für Europa diskutiert, die unsere von der Epoche der europäischen Nationalstaaten geprägten Vorstellungen von Demokratie in Frage stellen, sowie – und das ist das Thema, um das es hier gehen soll – unseren Begriff der Identität. Theoriegeschichtlich mache ich dabei die vielleicht etwas überraschende Beobachtung, dass die außerordentliche Diffusion der Globalisierungdebatte und die Diffusion der Identitäts- und Lebensstildebatte miteinander vermittelt zu keiner gesteigerten Diffusion führen, sondern Ansätze wechselseitiger Klärung bereitstellen. Ausgehend von Albrows Skizze will ich deshalb zunächst die verschiedenen Motive der Globalisierung in eine Form bringen, die für die Frage nach der europäischen Identität tatsächlich vorbereitet ist, das heißt die die kollektive und politisch-geographische von der individuellen und sozialisationstheoretischen Dimension unterscheiden kann, um sie danach wieder zusammenzusetzen. Albrow hat vier eher deprimierende Szenarien zukünftiger europäischer Entwicklung seinem Aufsatz vorangestellt, die alle gemeinsam haben, die Vermittlung europäischer Identität und der Identität der vielen Europäer und Europäerinnen allzu kompakt und nahezu undurchdringlich zu porträtieren. Eine durch die europäischen administrativen und politischen Institutionen geprägte Identität finde, so ein erstes Szenario, ihr Vorbild eher in alten Kulturen wie der Ägyptens oder Chinas – für Nietzsche war China ein Synonym für bürokratische und kulturelle Versteinerung, so Albrow – als in der Dynamik von Märkten und Nationen. In einem zweiten Bild erscheinen die europäischen Identitäten der Individuen, Gruppen und Regionen durch eine bürokratische Maschinerie unterworfen, sodass sich Identität in diesem Milieu nicht bilden könne. In einem dritten Szenario rührt die Herausbildung institutioneller europäischer Identität von den zuvor pazifizierten Identitäten der Natio-

1 Für die Mitarbeit danke ich Bettina Bretzinger und Sebastian Sigel.

2 In deutscher Ausgabe erschienen unter dem Titel: „Abschied vom Nationalstaat. Staat und Gesellschaft im globalen Zeitalter“ (Albrow 1998a).

nen, Regionen und lokalen Gemeinschaften her, die durch eine abstrakte europäische Identität nicht gebunden werden können und hervorbrechen. Schließlich steht die europäische Identität als historisch imperiale und okzidental-hochmütige der durch Globalisierung ermöglichten Markt- und Identifikationsmacht anderer Nationen und Zivilisationen entgegen, sodass lediglich eine defensive post-historische Identität der Europäer und des Westens – so auch die Quersumme von Fukuyama und Huntington[3] – übrig bleibt. Alle diese vier Bilder machen es nicht möglich, die Differenzierungs- und Sublimierungsgewinne der Debatten um Identität und Lebensstil, die Gesellschaftskritik und Postmoderne verbunden haben, in die Diskussion um Ressourcen, Institutionen und Träger europäischer Identität einzubringen. Diese Diskussion will ich in einem ersten Schritt – jetzt in globalisierungstheoretischer Perspektive – skizzieren, um die Anschlussstellen zwischen beiden Theorie- und Ideenwelten zu identifizieren. In einem zweiten Schritt gilt es dann, die drei empirischen Felder zu beschreiben, auf denen europäische Identität im Prozess der Globalisierung und Identitätsbildung der Individuen im globalisierten Europa vermittelt werden – oder auch nicht: die Ausdehnung des kulturgeographischen Raumes für Prozesse der Identitätsbildung, die Entstehung eines globalen Marktes für tertiäre Bildung, die Aufwertung gesellschaftlicher und individueller Vitalität als knappe Ressource globaler Vergesellschaftung. In einem dritten Schritt wird dieser Vermittlung individueller und kollektiver Identitäten in Europa die politisch-soziologische Unschuld genommen, in dem eine sich nach und nach bildende Elitendifferenzierung als Regierung dieser Prozesse angenommen wird – Regierung in dem umfassenden Sinne, in dem Foucault die Regierung der Disziplinierung verstanden hat (vgl. Foucault 1987). Die elitentheoretische Formatierung europäischer Identität im Global Age gehört, so will ich abschließend argumentieren, zu einem komplexen europäischen verfassungsbildenden Prozess, der sich zunächst nicht in unmittelbarer völker- und staatsrechtlicher Verfassungsgebung ausdrückt, sondern in vermittelten regionalisierungs-, wohlfahrtsgesellschaftlichen und – eben – neuartigen Identitätsbildungsprozessen.

2. Europäische Entwicklung zwischen Markt und Bürokratie, Lokalität und Globalität

Von der alten Moderne – wahrscheinlich der ersten Moderne im Sinne Ulrich Becks – unterscheidet Martin Albrow eine globale Modernität, die nicht die jahrhundertelange Geschichte von Moderne und Modernisierung vergessen lässt, aber Staat, Staatsbürgerschaft und Gesellschaft eine neue Form verleiht. Die Erneuerung auf dem gesamten Gebiet der Sozialwissenschaften, von der Albrow spricht, reicht von der Vitalisierung der historischen Soziologie bis zur Reformulierung der Entscheidungstheorie unter den Bedingungen verschiedener Pfade globaler Moder-

3 Vgl. Fukuyama (1992), Huntington (1996), Schwengel (1999a: 13 ff).

nität. Der Nationalstaat ist für Albrow „eine historisch vorübergehende Form des Staates, die von einem Welt- oder sogar Globalstaat abgelöst wird" (Albrow 1998b: 411 f). Wer den Nationalstaat allerdings einfach – mit einem Fahrstuhleffekt – auf eine europäische Ebene heben will, sieht sich Problemen ausgesetzt. Die Globalisierung technischer Systeme, deren Standardisierung entweder weit über Europa hinausgeht oder im Gegenteil der lokalen Konkurrenz um Qualitätsstandards ausgesetzt ist, hat weniger mit europäischen Grenzen zu tun als die Normbildung der EU. Die Flexibilisierung ökonomischer Strategien, die von der lokalen bis zur globalen Ebene reicht, deren europäische Dimension aber institutionell gerade nicht zu scharf festgelegt werden darf, um die ökonomische Dynamik nicht zu gefährden, macht einen „großen Nationalstaat" Europa wenig wahrscheinlich. Dass aber statt einer Nation Europa ein Europa der Nationen zu erwarten wäre, ist nicht mehr als eine beschwörende Wiederholung der alten gaullistischen Formel unter vollständig veränderten Bedingungen. Es gibt keine Alternative zur Entwicklung einer neuen *Form* des Staates, die dessen nationalen Charakter zurücktreten lässt, ohne historische Erbschaft und kulturelles Gedächtnis[4] nationaler Integration zu vernachlässigen. Die kleineren europäischen Nationen, für die der Weg vom militärisch-politischen zum Handelsstaat leichter war und länger zurückliegt, führen den Umbau des nationalen Staates zum globalen Staat vor, obwohl sie wie die Niederlande und Dänemark ganz unterschiedliche Wege gehen. Der globale Staat ist so weder modernisierter Nationalstaat noch aufklärerischer Weltstaat, sondern ein Staat zwischen Geschichte und Posthistoire, der die Optionen und Zwänge der Globalisierung in seinen politischen, sozialen und kulturellen Haushalt aufnimmt. Öffentliche Themen, Wahlverhalten und Zukunftserwartungen schließen idealtypisch die mit Globalisierung verbundenen Interdependenzen, Risiken und nicht intendierten Nebenwirkungen in die Kalkulation der Eliten wie breiter Alltagskulturen ein. Nicht die Bildung eines europäischen Superstaates steht also bevor, sondern eine „Union globaler Staaten" (vgl. Schwengel 1999b), die die Anpassung an die Risiken und Optionen der Globalisierung mit den Gesellschaften ihrer Mitgliedstaaten teilt, gemeinsame Korridore konkurrierender sozialstruktureller Entwicklungen definiert und auf das wechselseitige Lernen durch Zielvereinbarungen, gemeinsame Fachöffentlichkeiten und die Wirkung erfolgreicher Beispiele setzt (vgl. Streek 1998). Wir können von *konstitutionalistischen Prozessen* sprechen, die noch viel Zeit in Anspruch nehmen werden, aber die Ressourcen zur Verfügung haben, Globalisierung tatsächlich zu verfassen. Insoweit war die Durchsetzung der europäischen Währungsunion der *Beginn* eines konstitutionalistischen Prozesses, an dessen Ende als Krönung keine Staatsbildung steht – so wie für die Kritiker der Währungsunion das gemeinsame Geld am Ende der Staatsbildung stand –, sondern ein *neuartiges* politisches Gebilde. Die Nutzung historischer Individualisierungs- und Vergemeinschaftungschancen, wie sie die Nation in den glücklicheren Fällen entwickelt hatte, wird hier mit der Handlungs- und Gestaltungsbereitschaft global orientierter sozialer Akteure verbunden, für die

4 Zum „kulturellen Gedächtnis" vgl. Raible (1988).

europäische Identität den angemessenen Horizont lokaler wie globaler Strategien bietet.

Albrows zweiter Fall, an dem sich die globale Form Europas zeigt, besteht im „Flottieren der Nationalität" (Albrow 1998b: 415). Es gibt eine wachsende Trennung zwischen Staat und Nation, zwischen dem sentimentalen Beharren einer durch Geburt erworbenen nationalen Identität und der rationalen Verpflichtung, sich für das öffentliche Wohl einzusetzen. Nationalstaaten können nicht länger erwarten, die Nation in dem Maße zu mobilisieren wie das früher gelang, während die Zahl der potentiellen Nationen die der Nationalstaaten bei weitem übersteigt und für viele die Hoffnung auf staatliche Souveränität unerfüllt lassen wird (vgl. ebd.: 416 f). Während dieses Argument eine gewisse Plausibilität für die Bereiche von Sport, Kunst, Unterhaltung und Geschäftsfeld, so die Überschriften Albrows, aufweist, hört der Spaß mit der flottierenden Nationalität auf, wenn es um Zugangschancen zu Arbeitsmärkten, sozialstaatlichen Versorgungs- und familiären Sicherheitsnetzen geht. Hier wird natürlich die Achillesferse der zweiten Moderne spürbar, die in der europäischen Frage leichtfüßig den historischen Boden sozialer Konflikte verlässt, während sich tatsächlich an der Verknüpfung von sozialer und kultureller Frage die europäische Identität entscheidet. Die Gewaltenteilung zwischen gesetzlichen und betrieblichen, kommunalen und privaten Sicherheitsprodukten, zwischen kommunaler und individueller Vermittlung von Sicherheit und Risiko, zwischen unternehmerischer Souveränität und organisatorischer Komplexität weist für Europa – bei verschiedenen Lösungen auf einem Korridor – einen ähnlichen tiefgreifenden konstitutionellen Wandel auf, wie es die Transformation der bürgerlichen Verfassungsstaaten in nationale Sozialstaaten einmal darstellte.

Allerdings hat Albrow recht, wenn er die Wirkung der Globalität auf lokale Beziehungen von der des Nationalstaates auf diese unterscheidet: „Es gab keinen Zweifel in der alten Auseinandersetzung um Lokal- versus Zentralregierung, dass der Moment, in dem sich das Zentrum ins Lokale einmischte, das Ende des Lokalen bedeutete. Aber nun bekommen wir eindrucksvoll gezeigt, dass das Globale, das in das Lokale eintritt, dieses in Wirklichkeit differenziert, ja sogar hervorbringt. Das folgt aus dem Umstand, dass das Globale selbst ohne Zentrum ist und seine Relationen zu den Lokalitäten unendlich variieren" (vgl. ebd.: 417). Die Befreiung der Lokalität, der dritte Fall also, an dem Albrow die Wirkung der Globalisierung auf Europa diskutiert, hat es in sich und wird uns auf die Frage nach den Grundlagen europäischer Identität im Global Age führen. Albrow hebt selbst hervor, dass die Autonomie der Lokalität gegenüber *allen* Zentralen gilt, ob sie regional, national oder europäisch sind; dass sie, können wir ergänzen, eher städtische Konföderationen wie in Kalifornien begünstigen oder ebenso sezessionistische oberitalienische Prosperitätszonen, kann jedenfalls keinen Anlass dafür geben, der europäischen Identität einen unverrückbaren sozialstrukturellen Untergrund zu liefern. Von hier aus, wie Albrow, die Frage der *europäischen Demokratie* anzuschneiden, ob die Erweiterung der klassischen politischen Institutionen der Demokratie wie Parlament und Gerichtsbarkeit der Königsweg sind oder eher eine plebiszitäre, zentrale und normative Öffentlichkeit, die sich von Fall zu Fall einschaltet und mobilisieren lässt, greift vom Ansatz her viel zu kurz. Europäische Identität, um die es gehen muss, verlangt Identitäten der Europäer, das heißt von Individuen, Gruppen und Klassen, die die europäische Ebene wie selbstverständlich in ihren Verwandlungshaushalt (Elias Canetti) einfügen, Europa als dicken Informations- und Kulturknoten in ihren Netzwerken akzeptieren und nutzen und in ihre die Lebensstile prägenden Normen von Alter und Geschlecht, Bildung und Profession integrieren. Es handelt sich aber nicht mehr um das alte soziologische Mikro- und Makroproblem, sondern um die politisch-soziologische Debatte um die sozialgeographische Differenzierung identitätsbildender Räume, die Herausbildung eines globalen Aufstiegs- und Konkurrenzsektors für mittlere Klassen und Lebenslagen und die globale Mobilisierung von Individuen, Familien und gesellschaftsspezifischen Vitalitäten, die im globalen Wettbewerb der Sozialstrukturen entscheidend sind. Bevor wir auf diese bei Albrow nicht vorgesehene Fortsetzung globaler Modernität zu sprechen kommen, gilt es aber, sich die Voraussetzungen der Einfügung der Identitäts- und Lebensstildebatte in den Diskurs der Globalisierung klar zu machen.

3. Identität, Lebensstil und globale Modernität

Nachdem George Herbert Mead die soziologische Identitätsreflexion dem Feld von Philosophie und Psychologie abgerungen hat, ging es darum, den Konstitutionsprozess von Identität differenzierter von der gesellschaftlichen Verfassung – von deren Organisation – her zu denken. Vor allem die Optionen und Risiken der Selbstthematisierung moderner Subjekte, ob sie nun als Identitätsverlust oder Identitätsdiffusion zum Thema gemacht worden sind, waren im Rahmen makrosoziologischer Veränderungen neu zu deuten. Je erfolgreicher aber die Makro-Mikrolücke geschlossen wurde, je stärker wurde das Gewicht der *Temporalisierung* bei der Vermittlung von Identität und gesellschaftlicher Verfassung, während der *Ort* den speziellen Soziologien der Stadt, der Region und der territorialen Institutionen überlassen wurde. Wenn die Befreiung von Lokalität jetzt im Globalisierungdiskurs eine zentrale Rolle einnimmt, so ist die Herausforderung für die soziologische Verknüpfung von Identität und Verfassung offensichtlich.

Parsons und Foucault haben diesen Prozess der Selbstthematisierung moderner Subjekte auf ganz verschiedene Art und Weise formatiert. Für Parsons war Identität ein „Code-Erhaltungs-System (pattern maintenance) der individuellen Persönlichkeit", das die Balance zwischen Ich und Überich hielt und den Prozess der Differenzierung von Systemen in und mit den eigenen Ambiguitäten abfederte (vgl. Parsons 1980: 83 f). Wenn der generalisierte Andere nicht mehr als Einheit konstituiert werden kann, das heißt Gesellschaften weder als einheitliches Normensystem noch als einheitliches Wissenssystem oder gemeinsamer Horizont verstanden werden können, muss das Subjekt die schwierige Integrationsleistung an und für sich vollbringen. Es muss seinen Platz inmitten eines auf allen Ebenen widersprüchlichen sozialen und kulturellen Handlungssystems finden. Bei Parsons wird Identität im Prozess der *Systemdifferenzierung* nicht verloren, sondern bedeutet eine *aufzubauende* funktionale Größe, um in einer von Ambivalenz und Unsicherheit geprägten strukturellen Situation Handeln zu ermöglichen (vgl. ebd.: 84 ff). Für Foucault vollzieht sich die Konstitution des modernen Subjekts als Einheit und Individualität dagegen in einem Prozess der gewaltsamen Isolation und Unterwerfung des „Subjektum" unter eine Beobachtungsinstanz, für die das Benthamsche Panoptikum als paradigmenbildend gesehen wird (vgl. Foucault 1976). Im Unterschied zu Mead ist das foucaultsche Ich nicht diejenige Instanz, die den im Selbst internalisierten gesellschaftlichen Normen gegenübertreten oder über sie hinaus gehen kann, jedenfalls solange die Figur der Lebenskunst nicht entwickelt war. Für Foucault geht dieses Ich immer schon als die eigentliche *repressive* Größe, als Beobachter und Kontrolleur seiner selbst, in den Konstitutionsprozess der Identität ein. Das Drama des modernen Subjekts besteht darin, eine Identität bilden zu müssen, die als Ursprung und Ziel, und damit auch als limitierender Rahmen seiner Existenz figurieren kann. Die Identitätsproblematik wird nicht im Kontext makrosystemischer Ausdifferenzierungsprozesse verhandelt, jedenfalls nicht unmittelbar, sondern vor allem im Zusammenhang der Evolution und Institutionalisierung eines spezifischen *Wissens* vom Menschen und seiner Verflechtung mit sozialen Disziplinierungspraktiken. In seiner Geschichte der Sexualität entfaltet Foucault die These, dass moderne Identität als Produkt einer zunehmenden Verwissenschaftlichung des Menschen entstanden sei, der insbesondere durch die Entstehung von Sexualwissenschaften und Psychoanalyse in die Lage gebracht worden sei, sich in der durch diese Wissenschaften erstellten Seins-Kartographien zu verorten und seine sexuelle Identität als manifeste Bestimmung und Begrenzung seiner Existenz aufzufassen (vgl. Foucault 1983). Die von Parsons wie die von Foucault ausgehenden Vermittlungen von Struktur und Subjektivität werden im Laufe der Zeit immer offener und anspruchsvoller, aber auch immer anfälliger und destrukturierter. So wie die Dialektik der Aufklärung ästhetisch und ethisch entschärft werden kann, so die von Disziplinierung und Individuierung dekonstruktiv und reflexiv. Das Individuum reflexiver Modernisierung, das am Ende über die funktionale Größe hinaus zur letzten Reproduktionseinheit des Sozialen wird, und das seine Differenz lebende, den Unterschied inszenierende und jede Identität verflüssigende Postsubjekt werden sich in Zeitdiagnose, Methode und Entfernung von Wirtschaft und Gesellschaft immer ähnlicher, obwohl ihre Ursprünge doch entgegengesetzt waren.

Die Debatte um die gesellschaftliche Konstitution von Lebensstilen, die sich seit Mitte der 80er Jahre entwickelt hat, hat die Dialektik von Komplexität und Entschärfung der Identitätsfrage offenbart. Ulrich Becks Diagnose einer zumindest relativen Auflösung herkömmlicher klassen- und schichtartiger Orientierungsmuster (vgl. Beck 1986) darf inzwischen als weitgehend geteilt angesehen werden. Auch wenn die empirische Kritik die Engführung von Individualisierung und Pluralisierung der Lebensformen an vielen einzelnen Punkten in Frage stellt (Huinink/Wagner 1998), auch wenn eine interessante Historisierung der Evolution von Lebensstilen die Folge von Stand, Klasse und Lebensstil neu aufrollt (vgl. Junge 1996) und Beck selbst in Auseinandersetzung mit der englischen Kultursoziologie seinen zuvor zu soziologistischen Kulturbegriff nachschärft (Beck 1998), war der ursprüngliche Becksche Revisionismus erfolgreich. Damit beginnen aber erst die richtigen Fragen: „Das eigentliche Skandalon (der Beckschen Individualisierungsthese; H. S.) lag in der Unfähigkeit der etablierten Sozial- und Klassenstrukturforschung, eine einfache Frage zu beantworten. Welchen Effekt hat der enorme Zuwachs an Lebenschancen (...) einmal auf die *Verfassung einer Gesellschaft*, ihre Sozial- und Klassenstruktur, *und* auf *die Lebensführung der Menschen*" (Müller 1992: 61, Hervorh. im Original)? Becks Koppelung von Individualisierung an strukturellen Wandel, seine Strukturlastigkeit, zumindest in der ersten Periode, lässt die Schwächen des Konzepts einer Herstellung von Lebensformen durch Strukturen auch in der Individualisierungsthese aufbrechen. Auf der anderen Seite kann *soziologisch* die Herstellung der eigenen Biographie kaum als ein autonomes und individualistisches Projekt formuliert werden, jedenfalls wenn die differenzierungstheoretischen Prämissen weiter gelten sollen. Aus beiden Auflösungsperspektiven – der lebensformspezifischen und der strukturellen – wird sichtbar, dass mit Klassen und Milieus nicht nur die *Verfassungen* von Gesellschaften, sondern auch die *Muster* sozialer Organisation von Identität abgelöst, und d. h. neu formuliert werden müssen. In den auf diese Lage antwortenden Lebensstilkonzepten muss die Dimension der Kultur zunehmend als sozial nutzbarere Ressource zur Abgrenzung wie Identitätsstiftung in Anspruch genommen werden, sei es, dass ein kultureller Sektor in der Gesellschaft oder zwischen den Kommunen angenommen wird, sei es, dass wir mit Bourdieu von einem kulturellen Feld sprechen, dessen sich Akteure auf verschiedene Art und Weise bemächtigen können, sei es als Strukturierung der Alltagsorganisation von Menschen, die relativ unabhängig von objektiven Determinanten zustande kommt. Das Paradox scheint unauflöslich: Die soziale Strukturierung kollektiver und individueller Identitäten macht sich selbst unmöglich, wenn eine Entkoppelung der Lage von möglichen zugehörigen Identitäten angenommen wird, aber nicht zu sehen ist, wie entsprechende Stile wiederum von Institutionen und Organisationen operationalisiert werden können. Die Verbindung zwischen Lebensstil und Sozialstrukturanalyse scheitert bisher daran, dass es der Lebensstiltheorie noch nicht gelungen ist, eine Theorie der Institutionalisierung *und* Differenzierung von Lebensstiltypen zu formulieren. Die Auswege vermögen nicht wirklich zu überzeugen. Stil als Verfeinerung der Stratifikation und als eigenständige Antwort auf Entstrukturierung wird überfordert. Die kultursoziologische Ordnung von Erlebnissemantiken und die Beschreibung von Pionieren und Avantgarden vermögen dem grundlegenden Paradoxon nicht beizukommen. Nicht umsonst kehren eine Reihe von Ansätzen am Ende entnervt in den Schoß der Modernisierungstheorie zurück, wie flexibel und reflexiv auch immer gefasst. Oder sie machen den verbliebenen westlichen Marxismus zum gesellschaftstheoretischen *employer of the last resort*, nämlich durch handlungstheoretische Verfeinerung oder populistische Vergröberung der Bourdieuschen Klassensoziologie. Die immer komplexere und unübersichtlichere Konzeptualisierung des

Habitus – wuchernd wie vor Jahren die Wert-Preis-Transformation – oder die voluntaristische Erweiterung der Stildimensionen durch Ort, Region und Urbanität, die empirische Beschreibung diskontinuierlicher Biographien oder Erwerbsverläufe und askriptiver Merkmale stehen dann nebeneinander. Zwanglos lässt sich von hier eine Brücke zur Untersuchung urbaner Szenen, der berühmten *ethno-, media-, finance- und ideo-scapes*, wie sie Appadurai (1998) eingeführt hat, bauen, die aber von einem ethnologischen und kulturanthropologischen Pluralismus geprägt sind, der sich für die soziologische Verknüpfung von Verfassung und Identität – hier schließt sich der Kreis zu Parsons und Foucault eben nicht – schon lange nicht mehr interessiert. Ethnologie und Kulturanthropologie helfen bei der Emanzipation vom Bann des nationalen Staates wie die Lebensstilsoziologie bei der Emanzipation von Klasse und Milieu, aber beide finden nicht zum gesellschaftlichen Ursprung von Verfassung und Identität zurück.

Natürlich gibt es Ansätze der Revision des Revisionismus. Auf der einen Seite kann man mit Karl Otto Hondrich Individualisierung in die Dialektik von Vergemeinschaftung und Individuierung zurückzwingen (vgl. Hondrich 1996), diesen Zwang mit der Forderung nach stärkerer Differenzierung, wie sie die empirische Sozialforschung erhebt, verbinden und auf diese Weise Ehe, multilokale Familie und Gemeinden – in einer Art europäischem Kommunitarismus – würdigen. Auf der anderen Seite liegt es ebenso nahe, die durch Individualisierung verschärfte Identitätsschwäche durch die konzeptuelle Hervorhebung von *Alterität* kompensieren zu wollen. Beide Revisionen des Revisionismus haben natürlich ihren Punkt, aber auch ihren Preis, denn sie führen nicht zu der Frage zurück, die Marcel Mauss lange vor Parsons und Foucault in seine Definition der Gesellschaft gelegt hat: „Eine Gesellschaft ist eine Gruppe von Menschen, die genügend dauerhaft und genügend groß ist, um eine größere Zahl von Untergruppen in sich zu vereinigen; sie lebt – gewöhnlich – auf einem festgelegten Territorium ...; sie hat eine Verfassung, die ... eigenständig und immer festgelegt ist ... Diese Verfassung ist ... das charakteristische Merkmal jeder Gesellschaft; sie ist gleichzeitig das allgemein gültigste Phänomen innerhalb dieser Gesellschaft" (Mauss 1975: 133). Als hochgerüstete „knowledge broker" stehen wir vor dieser einfachen Definition, deren Relevanz uns die Phänomene der Globalisierung jeden Tag belegen. Da liegt es nahe, mit Ulrich Beck durchzustarten, und die Welt von Risikogesellschaft und Individualisierung unmittelbar mit der von Globalisierung und „cultural studies" zu verkoppeln, die modernisierungstheoretische Figur der Lebensstildifferenzierung mit der globalisierungstheoretischen der Entgrenzung von Räumen, Institutionen und Besitz an kulturellem Kapital zu verbinden (vgl. Beck 1998; aber auch Huinink/Wagner 1998; Junge 1996; Müller 1992). Zu den Prämissen der englischen Globalisierungsdebatte gehört aber gerade, wie man bei Albrow nachlesen kann, dass Modernisierung nicht in Globalisierung übergeht, sondern diffuse Effekte und unverhoffte lokale Emanzipation bei Entwertung struktureller Kompetenzen entstehen. Für die Frage, wie die Veränderung der Lebensführung wiederum Strukturbildung formatiert, eilt aber tatsächlich – so meine eingangs erwähnte überraschende Beobachtung – die Globalisierungs- der Individualisierungsdebatte strukturell zur Hilfe. Insoweit hat Ulrich Beck wieder einmal den richtigen Riecher gehabt, aber die Vermittlungsprozesse, vor allem das Entstehen eines strukturellen Kerns globaler Bürgergesellschaft in den globalen Städten (ebd.), politisch-soziologisch verdeckt, verharmlost und entschärft. Hat man Ulrich Beck eine Weile Strukturlastigkeit vorgeworfen, so müsste im Kontext der Globalisierungsdebatte der Vorwurf Voluntarismus heißen.

4. Raumdifferenzierung und europäische Identität

Dass es bisher zu keiner befriedigenden Theorie der Institutionalisierung und Differenzierung von Lebensstiltypen gekommen ist, kann von einem Defizit zu einem glücklichen „time-lag" werden, wenn durch Globalisierung sich der Rahmen von Institutionalisierung und Differenzierung insgesamt ändert. Drei Phänomene der Globalisierung können wir beobachten, die diesen Schluss nahe legen. Mit der europäischen Währungsunion entstehen nicht nur tiefgestaffelte Arbeits- und Kapitalmärkte, transparente Konsum- und Budgetstrukturen, sondern auch eine gesellschaftliche *Komparatistik* der Einkommen, Mobilitäten und Vermögen. Diese Komparatistik befördert den innereuropäischen wie den Vergleich mit anderen Wirtschafts- und Kulturräumen. Er betrifft nicht nur die sozialökonomischen Lebensverhältnisse und politischen Institutionen, sondern auch die spirituellen Ausdruckschancen und kulturellen Vitalitäten. Dieser Prozess ist auch nicht mit der europäischen Währungsunion entstanden, wird aber durch die gleichzeitig gesteigerte Differenzierung und Homogenität des Geldverkehrs entscheidend gefördert. Wir können geradezu von einer Denationalisierung der bürgerlichen Lebensform sprechen, die ihre Maßstäbe erweitert, flexibilisiert und der Beschleunigung des Geldverkehrs anpaßt. Die Erfahrung globalen Reichtums und globaler Armut, die Anwesenheit der früheren Dritten Welt als konsumierendes Vermögen und Arbeitsangebot vor Ort, die Verknüpfung wohlhabender Städte durch Flugverkehr und Internet mit der ganzen Welt, das Patchwork der Lebensstilenklaven, das eine Reise durch Kalifornien wie eine Reise durch die Welt erscheinen lässt – eine Reihe von Faktoren erweitert den Horizont der „middle-classes", konzentriert ihn zugleich auf die konkreten Bedingungen der Lokalität und eröffnet dem Kosmopolitismus wie den fundamentalistischen Reaktionen, die sich aus der Enge verschiedener Kulturen und Religionen speisen können, in vielen Zwischenschichten der alten Sozialstruktur ihren Raum. Die Denationalisierung der bürgerlichen Lebensform betrifft auch deren sozialstaatliche Komplettierung, wenn die Risikostreuung sozialer Sicherheitsproduktion zwischen privaten, nationalen und globalen Anlagen zunehmen. Risiko- und Sicherungsorientierungen werden weiter, differenzierter und entscheidungsabhängiger. Die Orientierungen scheinen dabei den Tatsachen eher vorauszueilen als ihnen nachzuhinken. Dass das Individuum zur letzten Reproduktionseinheit des Sozialen geworden ist, wird hier eine funktionale empirische Größe. Identität wird in der Beherrschung des *Gleitens* zwischen den lokalen, regionalen, nationalen und globalen Risiko- und Sicherheitsniveaus gewonnen, sie entfernt sich nicht von einer vermeintlich einfacheren und stabileren Sozialstruktur, sondern baut – um in Parsons' Welt zu argumentieren – eine kommunale, europäische und globale auf. Die Erweiterung der europäischen Union nach Süden, durch den Beitritt Spaniens, Portugals und Griechenlands, unterscheidet sich von der Osterweiterung nicht dadurch, dass nicht auch Polen, Tschechien, Ungarn nach Europa zurückkehren wie Spanien und Portugal, auch nicht durch den unterschiedlichen Entwicklungsstand zum Beitrittstermin, wie schwierig die damit verbundenen Probleme auch sein mögen. Vor allem ist mit der Osterweiterung die kulturelle Globalisierungstür geöffnet, das heißt der Identifikationsrahmen wird weiter, Polen wird mit Mexiko, Osteuropa mit Ostasien, die Zerstörung der russischen Sozialstruktur in den dreißiger Jahren mit der heutigen in Nigeria und die Aufstiegschancen in Slowenien mit denen in Argentinien verglichen. Diese Komparatistik verfasst Identität, durchdringt kollektives und kulturelles Gedächtnis und beeinflusst die Erziehungsziele. So entsteht eine *semiperiphere Mitte*, die die schmalen aggressiven mittleren Klassen in großen Schwellengesellschaften mit den breiten, aber unter Druck geratenen „middle-classes" in den alten Zentren verbindet. Aber natürlich ist diese semiperiphere Mitte Arena und Objekt eines sozialen Konflikts, der Protektionismus und unverschämten neuen Reichtum ebenso einschließt wie die Verteidigung früherer Aufstiegschancen und diffusen Erfolgswillen.

Hier zeichnet sich ein zweites Feld von Globalisierungsphänomenen ab, das für unser Thema von Interesse ist. Es bildet sich ein Grenzen überschreitender, differenzierter globaler Bildungsmarkt, der gewiss die primäre und vielleicht die sekundäre Erziehung den lokalen, regionalen und nationalen Institutionen überlässt, während die tertiäre Bildung wissenschaftlicher, professioneller und beruflicher Natur in den Bann globaler Normbildung gerät. Daran beteiligt sind internationale Organisationen mit ihren Förderungs- und Finanzierungsprogrammen, ihren Bewertungs- und Zertifizierungsplänen. Er wird ferner vorangetrieben von großen internationalen Unternehmen und den Verbänden der kleinen und mittleren, die alle Einfluss auf Bildung und Weiterbildung ihres Personals gewinnen wollen, Kompetenz- und Werteentwicklung beeinflussen möchten und Planungssicherheit für ihr zukünftiges Humankapital anstreben. Antrieb kommt natürlich aus den cleveren Elternhäusern – die modernen Menschen sind, wie Anthony Giddens beobachtet hat, clevere Leute geworden –, den Schulen und Hochschulen selbst, den Medien und Künsten. Nicht in erster Linie die Wanderung der Studenten und Dozenten, das wechselseitige Lernen von Berufsbildungssystemen und die Mobilität von Management und Arbeit, sondern die Globalisierung und Differenzierung von Standards – beides gehört zusammen –, der Kampf um die Legitimität von Normen und Rationalitätskriterien, der Wettbewerb um Themen und Bilder, um Intensitäten und Quellen des Charismas tragen in erster Linie die Evolution des globalen Bildungs- und Kultursektors, der zwischen der Lebensführung der Individuen und Gruppen und den gegliederten kommunalen, regionalen und nationalen Institutionen vermittelt. Bildung war es, die den Übergang von Stand zu Klasse einleitete, begleitete und abfederte, Bildung ist es, die die Stratifikation der sich globalisierenden Gesellschaften nach Abschwächung der industriellen Klassen formatiert. Zwischen lokalen und globalen Lehr- und Lerngesellschaften wächst auch hier eine globale Mitte. Dieser Prozess ist auch noch am Anfang, die Machtchancen für die Akteure sind in diesem Feld noch begrenzt, und die Rationalitätskriterien, nach denen Erfolg und Misserfolg in der globalen Lehr- und Lerngesellschaft beurteilt werden, noch unbestimmt. Auch wenn Vorstände und Abläufe großer globaler Unternehmen nach wie vor zu erkennen geben, wo ihr Mutterstandort ist, und viele Neuerungen des Managements wie Moden kommen und gehen, bedeutet die Konkurrenz auf den Güter- und Dienstleistungsmärkten doch wachsende Wahrnehmung und Nutzung weit entfernter konkurrierender Organisationen und Unternehmen. Je stärker aber Güter- und Dienstleistungen zu Angebotspaketen geschnürt werden, Entwicklung und Marketing, Beratung und Service ein immer größeres Gewicht gewinnen und die kulturelle Einbettung des Angebots in Gesellschaften und Kulturen der Nachfrageseite ausschlaggebend wird, umso bedeutsamer und teurer wird die Entwicklung von Rationalitätskriterien, die angemessene Unterscheidungen für Verlagerung, Hierarchietypus und Kommunikationsverhalten bereitstellen. Universelle Beobachtung und universaler Vergleich lösen allgemeine Gehalte des okzidentalen Rationalismus, wie er früher einmal in der Weberschen Bürokratietheorie seinen Ausdruck gefunden hat, aus seiner besonderen europäischen und westlichen Geschichte heraus und ermöglichen eine Kombination dieser universalen Gehalte und ihre Fortentwicklung mit dem Wissen, den Erfahrungen und Emotionen anderer Zivilisationen, Organisationsstrukturen und Kulturtechniken. Diese Dynamik treibt wiederum den Bildungssektor voran, der das dafür notwendige Wissen, die entsprechenden Lehr- und Lernpersönlichkeiten und die notwendige Bildungsbreite bereitstellt. An dieser Stelle setzt natürlich die Hierarchisierung des globalen Bildungssektors ein, die an die frühere Stratifikationsleistung der Bildung nahtlos anknüpft. Die Opportunitätsstrukturen, die dazu geführt haben, dass in den vergangenen drei Jahrzehnten die Mittelklassen in erster Linie von der Bildungsexpansion profitiert haben, setzten sich auf globalisierterer Ebene fort. Zugangschancen zu globalen Einrichtungen, Medien und Lebenswelten treten an die Stelle tradierter Kulturmuster. Die Unabhängigkeit von öffentlichen Diensten der nationalen Gesellschaften wird zu einem Kriterium transnationaler meritokratischer Funktionseliten. Eine seit Jahrzehnten konstante Mobilität tritt in den Dienst globaler hierarchischer Schichtung. Allerdings provoziert diese Entwicklung nicht nur den alten Widerspruch zwischen Modernisierungsgewinnern und -verlierern, Ober- und Unterklassen – diese Widersprüche fangen gut organisierte globale Gesellschaften alle Mal ab –, sondern auch den zwischen unterschiedlichen globalen Entwicklungszielen, Rationalitätskriterien und legitimen Deutungen der Welt. Erneut ist es der globale Bildungssektor, in dem sich sowohl die Persistenz der älteren hierarchischen Ordnung reproduziert als auch der Konflikt um den Charakter der Globalisierung sich aufschaukelt. Wenn Bildung nach wie vor einer der zentralen Motoren der Identitätsentwicklung ist, bietet sich auch hier ein neuer Ansatz der Verknüpfung von Globalisierungs- und Individualisierungstheorie auf entstehender gemeinsamer globaler und europäischer sozialstruktureller Basis.

Auch auf einem dritten Feld ist Globalisierung zu beobachten, die der Debatte um Identität und Lebensstile auf die Beine zu helfen vermag. Weltweit wird eine Lebensführung, die Vitalität mit höchster artifizieller Intelligenz verknüpft, zur knappen Ressource. Sie wird gebraucht in weltweiten Kultur- und Unterhaltungsindustrien, die davon leben, die große Serie mit der lokalen Spezifikation zu verbinden, die Erbschaft an Ethnizität, Religion, Verwandtschaft und Mythologie aufzunehmen, zu verarbeiten und intelligent anzubieten. Die zusammenwachsenden Bio- und Informationswissenschaften heben die Trennung von hoher Kultur und alltäglicher Technik auf, verlangen aber von Management und professioneller Tätigkeit die entsprechende Kompetenz, Intensität und Wissen. Mit artifizieller Intelligenz, informationstechnologischer Sprache und Biowissenschaften wird heute der anthropologische Boden gelockert, auf dem die Industriegesellschaft noch stand. Wenn die Menschen „erst ihr Genom ganz lesen können, was im Prinzip schon in einem Jahrzehnt der Fall sein wird, dann herrscht auch Lesezwang ... Als nächste Endgestalt bedenkenswerter ist das in die Gesetzestafeln des Genoms vertiefte Individuum, das seiner Kontingenz und seiner Einmaligkeit gewahr werden und sich der Unwiederholbarkeit stellen muss. Da ihm aufgegeben wäre, nun wissend seine Naturbedingtheit zu beherrschen und sich ihrer zu bedienen, könnte ihm klar werden, was dem Besitzindividualisten in seinem sterilen Konkurrenzzwang verwehrt ist: dass nun ganz neu die Chance der Vermenschlichung eröffnet ist. Dieser Anblick könnte so fesselnd sein, dass man darüber sogar die Lust am Haben und Halten leicht vergisst" (Koch 1997: 777). Wie Semiperipherisierung der Abhängigkeitsverhältnisse durch Globalisierung und Gradualisierung des Organisationslernens durch Entstehung eines globalen Bildungssektors bedeutet Lockerung der anthropologischen Bodens hier Verknappung und Verteuerung der Rationalitätskriterien. Alter und Geschlecht werden im Kontext dieser knappen anthropologischen Ressourcen neu definiert werden, das Ausschöpfen der Erfahrung intimster lokaler körperlicher Bindung und sublimen In-der-Welt-Seins erhöht das spezifische Gewicht der Identität, einer Identität freilich, die sich ihrer Differenz mehr als bewusst ist. Indem die Elemente früher Sozialisation aus ihrem Kontext gelöst werden zu Elementen einer globalen anthropologischen Ressource, die in zentralen wirtschaftlichen und politischen Sphären genutzt werden, gewinnt die Identität des post-adoleszenten erwachsenen Weltbürgers eine materielle Qualität, die die aufklärerischen Utopien und universalistischen Weltbilder nicht ahnen konnten. Von der artifiziellen Intelligenz zur möglichen Kombinatorik menschlicher und nicht-menschlicher Elemente in hybriden Maschinenwesen wächst und wuchert zusammen, was die industrielle Zivilisation zerlegt und sortiert hat. Wie tief die Einschnitte in die anthropologischen Ressourcen und Bestände sein werden, wie weit die Bearbeitung der Natur gehen wird, wo noch Grenzen zur Lebenswelt der Pflanzen und Tiere in hochtechnologischen Nachbildungen von Naturprozessen bestehen bleiben, können wir uns noch nicht vorstellen. Die Unterscheidungen von Körper und Geist, Natur und Kultur, von Produktion und Reproduktion, von Energie und Gleichgewicht waren immer schon politische Regimes, die Hierarchien bildeten und ihrer Macht und Bedeutung Legitimität zu verschaffen suchten. Esoterische Populismen nutzen die ordnungspolitische Wüste, den Hunger und den Durst nach Orientierung weidlich aus. Eine homogene, den anthropologischen Wandel kontrollierende Expertenklasse ist nicht in der Lage, die gesellschaftliche Urteilskraft zu bündeln, Alternativen zu entwickeln und die Kontexte zu steuern, in denen kulturanthropologische Bildungsprozesse verlaufen. Alle drei Felder, auf denen Globalisierungs- und Individualisierungsdebatte sich begegnen, verlangen nach einer herrschaftssoziologischen Gewichtung der Selektions- und Entscheidungsprozesse, die es mit ungeahnten sozialgeographischen Reichweiten menschlichen Lebens, unübersehbaren Bildungschancen und knappen anthropologischen Ressourcen zu tun haben.

5. Elitendifferenzierung und europäische Identität

Wie gerne identifizierten wir Erwerbsklassen, deren Strategien wir auf diesen skizzierten Feldern verfolgen können, als Kern einer globalen virtuellen herrschenden Klasse. Die Identitäts- und Lebensstildebatte war dadurch definiert, dass sie sich von den klassenstrukturellen Kohäsionsbedingungen emanzipierte, um immer wieder nach gruppenspezifischen und individualistischen Substituten für Nation und Klasse zu suchen. Eine transnationale Bürgergesellschaft, die sich in den großen Städten dieser Welt entwickelt und nach und nach an die Stelle der Nation tritt, ist aber, wie schon angemerkt, ebenso wenig zu erwarten wie eine globale herrschende Klasse, die wir als Freund oder Feind identifizieren und in unseren Identitätshaushalt einfügen können. Weil uns aber der ewig junge allseitige Pluralismus auch schon seit langem nicht mehr befriedigt, der politische Liberalismus, auch in der intelligenten Aufbereitung John Rawls', auf die genannten Fragen kaum Antworten zu bieten hat, bleibt uns nichts anderes übrig, als eine *neue* herrschaftssoziologische Unterscheidung zu entwickeln, die den Konflikt auf den Feldern von Globalisierungs- und Individualisierungsevolution konfiguriert. Es ist die Unterscheidung von *Macht- und Werteliten*, die an die Stelle der Fiktionen eines aufklärerisch-individualistischen globalen Pluralismus und einer radikal-populistischen globalen Klassenformierung tritt. Macht- und Werteliten bedeuten eine voraussetzungsvolle riskante Bildung von Führungsschichten, die die Transformation von Ständen in Klassen, von Status in Vertrag und von Herkunfts- in funktionale Eliten voraussetzt. Wenn sich eine globale sozialstrukturelle semiperiphere Mitte bildet, wenn ein Stratifikation restrukturierender, globaler Bildungssektor entsteht und knappe anthropologische Ressourcen wie Kreativität, Vitalität und Intensität zum Gegenstand konkurrierender ökonomischer und politischer Zivilisationen werden, kann auch das Verhältnis zu Eliten davon nicht unberührt bleiben. Demokratische Elitenherrschaft hatte mit der Entwicklung des Wohlfahrtsstaates Herrschaft transformiert, ohne die kapitalistisch-industriellen Produktionsverhältnisse im Kern anzutasten. Mit der Veränderung der

Produktionsweise selbst entsteht nun die Frage, ob die Verknüpfung von demokratischer Elitenherrschaft und breitem sozialem Pluralismus wieder eingezogen wird – mit den entsprechenden neofeudalen Attitüden und populistischen Reaktionen –, oder eine neue, den veränderten Bedingungen angepasste Elitendifferenzierung einsetzt. Während sich bei der Bildung transnationaler und transgeographischer globaler Netzwerke und sozialer Beziehungen sich die Prinzipien von Selbstorganisation und Politik entgegenstehen und in der politischen Ökonomie die der Organisation von Wettbewerb oder Gerechtigkeit, sind es hier Personen und repräsentative Schichten, die das notwendige riskante alternative Identitätsmanagement – dem betriebswirtschaftlichen Wortbild muss die intellektuelle Substanz noch hinzugefügt werden – betreiben, die Aufstiegs- und Orientierungsprozesse alternativ formatieren und der Konkurrenz um knappe anthropologische Ressourcen alternative Gestalt verleihen. Die von Hegel den europäischen Staaten und Gesellschaften zugeschriebene Fähigkeit, ungeregelte Konflikte in strukturierte Widersprüche zu übersetzen, muss sich auf diesen neuen Feldern bewähren. Es kommen nicht einfach neue Eliten zu den alten hinzu, sondern eine strukturelle Konkurrenz unterschiedlicher Elitetypen muss institutionalisiert, das heißt in rationale Formen gegossen und legitimiert werden. Auf den skizzierten drei Feldern der Vermittlung von Globalisierung und Individualisierung werden Macht- und Werteliten charakteristische strategische Unterschiede aufweisen. Machteliten werden dazu neigen, die semiperiphere Mitte auf der einen Seite besitzindividualistisch und auf der anderen wertkonservativ zu konfigurieren, um die Dynamik des sozialen Wettbewerbs mit anerkannten Werten früherer Modernisierungsprozesse zu vermitteln. Werteliten werden dagegen auf politische Bündnisse zwischen professioneller Intelligenz, bürgerschaftlicher Gesinnung und langfristigen Sicherheitsinteressen von mittleren Klassen auf verschiedenen Wohlfahrtsniveaus setzen. Während der strategische Ansatz der Machteliten also global ist, werden Werteliten stärker auf spezifische europäische und regionale Kompromisse setzen, die erst durch Erfolg und Beispiel Wirkung auf die globale Vergesellschaftung haben. Der funktionale Aufbau von Identität gegenüber beschleunigtem Strukturwandel fällt natürlich entsprechend verschieden aus. Auf dem globalen Bildungsmarkt werden Machteliten hierarchisch differenzierte, selektionsfähige Institutionen präferieren, aber auch Suchprozesse nach knappen Begabungen, Motivationen und Bereitschaften. Werteliten werden demgegenüber breite öffentliche Bildungsprozesse anstreben, die Zugangschancen in verschiedenen Passagen des Bildungsverlaufes erhöhen und die Festlegung der Bildungsinhalte einer größeren Gruppe gesellschaftlicher Akteure, Institutionen und Gruppen öffnen, aber auch die individuellen Entscheidungs- und Beantwortungsbereitschaften ermöglichen und verlangen. Organisationen, Verfahren und Institutionen des globalen Bildungssektors werden, wenn sie nach dem Bild von Macht- oder Werteliten geformt sind, ein unterschiedliches Gesicht gewinnen. Während Machteliten schließlich dazu neigen werden, die vitalen und kreativen anthropologischen Ressourcen zu finden und aufzusaugen, wo und wie immer man an sie herankommt, sie dann bis zur Neige zu nutzen und ihre Erneuerung spontanen Prozessen, der Evolution und Geschichte zu überlassen, müssen Werteliten die Variation, Selektion und Stabilisierung anthropologischer Ressourcen risikoreicher und nachhaltiger betreiben, müssen sich selbst anfälliger darstellen und für Experimente öffnen. Das „Identitätsmanagement", das auf diesem sensitiven Feld von Macht- und Werteliten betrieben wird, sieht natürlich ganz verschieden aus.

Literatur

Albrow, Martin (1996): The Global Age. State and Society beyond Modernity. Cambridge u. a.
Albrow, Martin (1998a): Abschied vom Nationalstaat. Staat und Gesellschaft im globalen Zeitalter. Frankfurt/M.
Albrow, Martin (1998b): Europa im globalen Zeitalter. In: Berliner Journal für Soziologie 8 (3), 411–420.
Appadurai, Arjun (1998): Globale ethnische Räume. In: Ulrich Beck (Hrsg.), Perspektiven der Weltgesellschaft. Frankfurt/M., 11–40.
Beck, Ulrich (1986): Jenseits von Stand und Schicht. In: Ders., Risikogesellschaft. Auf dem Weg in eine andere Moderne. Frankfurt/M., 121–160.
Beck, Ulrich (1998): Wie wird Demokratie im Zeitalter der Globalisierung möglich? In: Ders., Politik der Globalisierung. Frankfurt/M., 7–66.
Foucault, Michel (1976): Überwachen und Strafen. Die Geburt des Gefängnisses. Frankfurt/M.
Foucault, Michel (1983): Der Wille zum Wissen. Sexualität und Wahrheit. Bd. 1. Frankfurt/M.
Foucault, Michel (1987): Das Subjekt und die Macht. In: Hubert L. Dreyfus, Paul Rabinow (Hrsg.), Michel Foucault. Jenseits von Strukturalismus und Hermeneutik. Frankfurt/M., 243–261.
Fukuyama, Francis (1992): Das Ende der Geschichte. Wo stehen wir? München.
Hondrich, Karl-Otto (1996): Lassen sich soziale Beziehungen modernisieren? In: Leviathan 24 (1), 28–44.
Huinink, Johannes/Wagner, Michael (1998): Individualisierung und die Pluralisierung von Lebensformen. In: Jürgen Friedrichs (Hrsg.), Die Individualisierungs-These. Opladen, 85–106.
Huntington, Samuel P. (1996): Der Kampf der Kulturen. Die Neugestaltung der Weltpolitik im 21. Jahrhundert. München, Wien.
Junge, Matthias (1996): Individualisierungsprozesse und der Wandel von Institutionen. In: Kölner Zeitschrift für Soziologie und Sozialpsychologie 48 (4), 728–747.
Koch, Klaus (1997): Im Diesseits des Kapitalismus. In: Merkur 51 (582/583), 763–777.
Mauss, Marcel (1975): Definition der allgemeinen Tatsachen des sozialen Lebens. In: Bruno W. Nikles, Johannes Weiß (Hrsg.), Gesellschaft. Organismus – Totalität – System. Hamburg, 132–141.
Müller, Hans-Peter (1992): Sozialstruktur und Lebensstile. Zur Neuorientierung der Sozialstrukturanalyse. In: Stefan Hradil (Hrsg.), Zwischen Bewusstsein und Sein: Die Vermittlung „objektiver" Lebensbedingungen und „subjektiver" Lebensweisen. Opladen, 57–66.
Parsons, Talcott (1980): Der Stellenwert des Identitätsbegriffs in der allgemeinen Handlungstheorie. In: Rainer Döbert u. a. (Hrsg.), Entwicklungen des Ichs. Königstein/Ts., 68–88.
Raible, Wolfgang (1988): Zwischen Festtag und Alltag. Tübingen.
Schwengel, Hermann (1999a): Der Kampf um die politische Form der Zukunft. In: Ders. (Hrsg.), Globalisierung mit europäischen Gesicht. Der Kampf um die politische Form der Zukunft. Berlin, 9–32.
Schwengel, Hermann (1999b): Globalisierung mit europäischen Gesicht. Der Kampf um die politische Form der Zukunft. Berlin.
Streek, Wolfgang (1998): Vom Binnenmarkt zum Bundesstaat? Überlegungen zur politischen Ökonomie der europäischen Sozialpolitik. In: Stefan Leibfried, Paul Pierson (Hrsg.), Standort Europa. Sozialpolitik zwischen Nationalstaat und europäischer Integration. Frankfurt/M., 369–421.

Schluss: Die Soziologie als Gegenwartswissenschaft Probleme und Potentiale

Johannes Weiß

1. Krisenwissenschaft und Prophetie

Die Soziologie ist, einer bekannten und in vieler Hinsicht auch zutreffenden Behauptung zufolge, in ihrer Gründungsphase als „Krisenwissenschaft" aufgefasst und durchgesetzt worden. Dies gilt gewiss für Auguste Comte, dessen ganzes Denken von der Erfahrung einer „großen", „schrecklichen" Krise und eines „anarchischen Zustands der Geister" (Comte 1973: 35, 42, 51, 69 f) geprägt ist, und natürlich auch für Karl Marx, auch wenn er nicht nur kein Marxist, sondern auch kein – bloßer – Soziologe sein wollte. Und es gilt auch noch für Emile Durkheim, bei dem allerdings schon diejenige methodologische „Einhegung" des Krisenbewusstseins wirksam ist, die dann die klassische deutsche Soziologie etwa bei Tönnies, Simmel und Weber kennzeichnet.

Als Krisenwissenschaft, und zwar auch in dieser moderierten Form, ist die Soziologie nicht die Wissenschaft der Gesellschaft oder des Gesellschaftlichen überhaupt, sondern *ihrer* Gesellschaft. Aus der Auf- und Vordringlichkeit der gesellschaftlichen *Gegenwart* begründet sich die Notwendigkeit dieser neuen Wissenschaft, vor allem der Geschichtswissenschaft gegenüber. Zwar nimmt die sich etablierende Soziologie durchaus Vergangenes in den Blick, so aber, dass dies als Bedingung des Gegenwärtigen und als Verursachungsbereich gegenwärtiger Problemlagen und Krisen gilt. Der deutlichen Absetzung von der Geschichtswissenschaft dient es, dieser ein leitendes Interesse an der Gegenwart des Vergangenen zuzuschreiben und, im direkten Gegenzug, die Vergangenheit der Gegenwart als eigenen Kompetenzbereich zu behaupten. Damit war dann auch die Chance verknüpft, die Zuständigkeit der Soziologie auf das auszudehnen, was aus der so erklärten Gegenwart auf diese zukomme. Wenn die Geschichtswissenschaft ihren höchsten Anspruch und Ehrentitel darin sehen konnte, eine „rückwärts gewandte Prophetie" zu sein, so sollte die neue Gegenwarts- und Krisenwissenschaft ihre eigentliche Erfüllung darin finden, alle Prophetie durch eine streng wissenschaftliche, ebenso umfassende wie zuverlässige Vorhersage zu ersetzen.

2. Theorie als Identität der Soziologie

Rückblickende Kausalerklärung wie vorausblickende Prognose entspringen dem vordringlichen Interesse an der gesellschaftlichen Gegenwart. Dieses Interesse aber artikuliert sich nicht als unvermittelter Ausdruck lebensweltlicher Orientierungs- und Handlungsbedürfnisse, sondern in der Form einer – von eben diesen Bedürfnissen prinzipiell abgesetzten – abstrakt-allgemeinen *Theorie*. Die Gegenwarts- und Krisenwissenschaft Soziologie tritt, und zwar ganz ausdrücklich und programmatisch, als große, umfassende Theorie auf den Plan, und genau darin, nicht etwa in der empirischen Ausrichtung als solcher, liegt nach der durchgehenden Auffassung ihrer Begründer nicht nur ihre Eigenständigkeit, sondern auch ihr Wissenschaftsanspruch begründet. Und tatsächlich ist es ja eine richtige und bis heute, ungeachtet aller ansonsten gebotenen Selbstbescheidung, gültige Einsicht, dass die intellektuelle und fachliche „Identität" der Soziologie mit der Ausbildung und der spezifischen Erklärungskraft ihrer theoretischen Konzeption(en) steht und fällt.

Dieser mit großer Entschiedenheit vorgetragene theoretische Anspruch stand nach der Überzeugung seiner Verfechter keineswegs im Gegensatz zu der ebenfalls sehr ausdrücklichen Absicht, in sehr tiefgreifender und umfassender Weise auf die gesellschaftliche und politische *Praxis* einzuwirken. Ganz im Gegenteil wurde angenommen, dass es, mit Kant ausgedrückt, „nichts Praktischeres als eine gute Theorie" gebe. Darüber hinaus waren nicht nur Durkheim und viele nachfolgende Theoretiker, sondern – entgegen einer üblichen, in marxistischen Kreisen besonders gepflegten Meinung – auch Marx überzeugt, dass die Gesellschaftstheorie ihre praktische Fruchtbarkeit nur dann entfalten könne, wenn ihre Ausbildung sich ohne jeden Einfluss aller außerwissenschaftlichen, etwa politischen Interessen vollziehe.

3. Zeitdiagnose und Problembewältigung

Die Soziologie führt also von Anfang an und unvermeidlich den doppelten Anspruch mit sich, Entscheidendes zur Erhellung und Bewältigung der Problemlagen ihrer jeweiligen Zeit und Gesellschaft beizutragen und diese Aufgabe mit den Mitteln strenger Erfahrungswissenschaft und im Rahmen einer groß angelegten Theorie zu erfüllen. Die Geschichte der Soziologie ist auch eine Geschichte immer neuer Versuche, in einer sehr direkten Weise in gesellschaftliche Wahrnehmungs-, Deutungs- und Handlungsprozesse einzugreifen. Diese Geschichte ist, als Erfolgs- und Misserfolgsgeschichte, bis heute weitgehend ungeschrieben. Viel spricht aber für die Feststellung, dass vor allem soziologische Theoretiker, und nicht empirische Sozialforscher oder Statistiker, einen solchen Einfluss immer wieder gesucht und – nicht immer, aber immer wieder – auch erreicht haben. Dies gilt jedenfalls insoweit, als es in den kulturellen und politischen Orientierungskonflikten nicht um Antworten auf diese oder jene spezielle Frage, sondern um eine übergreifende, vielfältige Erscheinungen und Tendenzen resümierende Deutung der gegebenen Lage und der sich abzeichnenden Zukunft ging.

Ein soziologischer Theoretiker nun, der solches unternimmt, wird zum Zeitdiagnostiker – einem solchen aber, der sein diagnostisches Interesse und seine diagnostische Kompetenz (und Überlegenheit) allein aus seiner Theorie herzuleiten beansprucht. Dazu ist gefordert, dass diese Theorie es erlaubt, bestimmte gesellschaftliche Erscheinungen und Entwicklungen als pathologisch oder krisenhaft zu qualifizieren, sodann eine möglichst erschöpfende Erklärung ihrer Ursachen und Folgen zu liefern und schließlich, da eine Diagnose regelmäßig von einem ausgeprägten Therapiebedürfnis motiviert zu sein pflegt, mit hoher Zuverlässigkeit Auskunft darüber zu geben, wie die „Gesundheit" der Gesellschaft wiederhergestellt und ihr Wohlergehen gefördert werden kann.

Nun gab und gibt es auch weiterhin theoretische Konzeptionen, mit deren Hilfe sich diese dreifache Aufgabe bewältigen lässt. Ein besonders lehrreiches Beispiel ist Fichtes „Theorie des gegenwärtigen Zeitalters", aber auch die aus der Umkehrung Hegels erwachsene Geschichtstheorie von Marx und Comtes Dreistadien-Theorie gehören hierher. Theorien dieser Art ordnen das Ganze einer geschichtlich-gesellschaftlichen Gegenwart derart in den Gang der Menschheitsgeschichte und die in ihr waltenden Gesetzmäßigkeiten ein, dass diese Gegenwart, und zwar auch und gerade in ihren Mängeln und Konflikten, als ein notwendiges Resultat der bisherigen Geschichte und als notwendiges Durchgangsstadium zu einer besseren, wenn nicht vollkommenen Zukunft gedeutet wird. Die Diagnose hebt also darauf ab, das gegenwärtig Gegebene so in ein geschichtliches Großgeschehen einzuordnen, dass mit den Auflösungs- und Krisensymptomen zugleich die Triebkräfte der gesellschaftlichen Gesundung und Erneuerung resp. des Übergangs in eine höhere Existenzform sichtbar werden.

Eine solche Betrachtungsweise impliziert, dass die Theorie mit höchster, eben wissenschaftlicher Allgemeingültigkeit und Verbindlichkeit auch über den Erfahrungshorizont und den Handlungsspielraum der in dieser Zeit lebenden Menschen befindet: extra theoriam nulla salus. Die Frage, was eine derartige Zeit-Diagnose angesichts der Geschichtlichkeit und Endlichkeit individueller Akteure bedeute, stellt sich hier nicht; sie erscheint tatsächlich sinnlos, weil sich alle erwägenswerte Bedeutung nur aus jener theoretischen Perspektive erschließt.

4. Theoretische Anstrengung vs. praktische Handlungsanleitung

Von Theorien dieser Art hat sich die Soziologie, je mehr sie zu einem angemessenen Verständnis ihrer Möglichkeiten fand, verabschieden müssen. Dieser Abschied ist vielen ihrer Theoretiker bis in die Gegenwart hinein sehr schwer gefallen, obwohl er

„an sich“ schon sehr früh, am deutlichsten und entschiedensten wohl von Max Weber, vollzogen worden war[1].

Es ist an dieser Stelle nicht möglich, wahrscheinlich auch nicht nötig, noch einmal im Einzelnen darzulegen, warum soziologische Theorien *als solche* keine Zeitdiagnosen hergeben und auch nicht umstandslos und unvermittelt in solche übersetzt werden können. Dagegen sprechen in der Hauptsache die folgenden Gründe:

1. Keine seriöse soziologische Theorie kann beanspruchen, das Ganze einer gegebenen Gesellschaft oder Kultur zu erfassen und aus einem Prinzip zu erklären, und zwar schon deshalb nicht, weil dieses *eine* Ganze sich nur aus der vorgängigen Verabsolutierung dieses einen Prinzips ergibt. Im Übrigen ist die Vorstellung, das Ganze einer geschichtlichen Lage sei allein und vollständig soziologisch (also aus seinen gesellschaftlichen Ursachen heraus) zu erfassen und zu erklären, gewiss Ausdruck eines einstmals herrschenden, mittlerweile aber doch erledigten Soziologismus der Weltbetrachtung.

2. Theoretische Begriffe und Erklärungen der Soziologie reichen auch dann, wenn sie sowohl auf jene Ganzheitsfiktion wie auf einen soziologischen Alleinerklärungsanspruch verzichten, niemals an das Hier und Jetzt einer geschichtlich gelebten Erfahrungs- und Handlungssituation heran. Zwischen theoretischen Generalisierungen und der Konkretheit solcher Situationen existiert weder ein Verhältnis logischer Subsumption noch ein kontinuierlicher Übergang. Webers bekannte Forderung, die Begriffe und theoretischen Konzeptionen der „sozialen Kulturwissenschaften“ als Idealtypen zu erkennen und zu verwenden, entsprang eben dieser Einsicht.

3. Aus diesen beiden Gründen sowie aus der logischen Differenz von Tatsachen- und Werturteilen folgt, dass sich mit empirisch noch so gehaltvollen und differenzierten Argumenten weder allgemein gültige noch überhaupt irgendwelche Handlungsverpflichtungen verbindlich begründen lassen. Tatsächlich werden soziologische Analysen, ernsthaft betrieben und mit intellektueller Redlichkeit präsentiert, den Willen zu eingreifendem, veränderndem Handeln sehr viel öfter irritieren und schwächen als stärken. Der an Zeitdiagnosen gerichteten Erwartung, mit der Erkenntnis auch die Praxis nicht nur in eine bestimmte Richtung, sondern, wenn eben möglich, auf den einen, alles entscheidenden Punkt hinzulenken, vermögen sie, und zwar aus wissenschaftslogischen Gründen, nicht zu entsprechen.

5. Individuelle und gemeinschaftliche Selbstvergewisserung

Trotz alledem können und sollen Soziologinnen und Soziologen sich nicht in den berühmt-berüchtigten Elfenbeinturm zurückziehen. Es ist vielmehr ihr gutes Recht und, angesichts der mit dieser Wissenschaft unvermeidlich verknüpften Ansprüche und Versprechungen, sogar ihre Pflicht, sich mit ihrer besonderen Kompetenz in die

1 Bei Georg Simmel verhält es sich wohl so, dass er sich aus einer ähnlichen Einsicht heraus am Ende von der Soziologie verabschiedet hat.

Orientierungs- und Handlungskonflikte ihrer Gegenwart einzumischen u worten auf die Frage zu suchen, was an der Zeit sei und woran die in die: lebenden und handelnden Menschen mit sich selbst sind.

Zu diesem Zweck müssen die allen Erfahrungswissenschaften und der Soziologie im Besonderen gesetzten Grenzen erkannt und anerkannt, aber auch in einer offenen und durchsichtigen Weise überschritten werden. Diese Grenzüberschreitung besteht darin, die soziologischen Argumente, und zwar nach Inhalt und Form, in diejenigen lebensweltlichen und lebenspraktischen Kontexte zurückzuholen, in denen allein ein Bedürfnis nach Selbstvergewisserung und Selbstverortung aufkommt und nach Antwort sucht. Die *eine* Zeit und Gegenwart gibt es nur als Korrelat, nämlich als Sinn- und Werthorizont konkreter Lebenszusammenhänge, und diese Perspektivität kann durch eine soziologische Betrachtungsweise weder ersetzt noch nachgeahmt noch als ganze verwissenschaftlicht und zugleich in ihrer sinngebenden und handlungsmotivierenden Bedeutung erhalten oder gar gesteigert werden. Das Subjekt zeitdiagnostischer Selbstbeschreibungen und Selbstbestimmungen ist nicht „die Gesellschaft"[2], auch nicht die moderne Gesellschaft oder die moderne Kultur. Es sind vielmehr die Menschen, die in kleineren oder größeren Kommunikationszusammenhängen, aber auch als vereinzelte Individuen darauf angewiesen sind, auf diese Weise herauszufinden, wer sie sind, wo sie stehen und worauf sie hinauswollen.

Aus diesem Grunde haben zeitdiagnostische Analysen zumindest implizit auch immer mit den Problemen der Identität zu tun: Gemeinschaftliche und individuelle Selbstvergewisserung und Selbstverortung sind der eigentliche Sinn und Zweck solcher Analysen. Insofern zielt eine Sammlung von Untersuchungen, die sich ausdrücklich mit „Identitäten im Wandel" beschäftigen, ins Zentrum dessen, worum es soziologisch informierten Zeitdiagnosen immer zu tun ist. An ihnen sollten sich deshalb die Möglichkeiten, der Nutzen und die Grenzen solcher Bemühungen auch besonders gut ablesen und prüfen lassen.

Bei einer solchen kritischen Prüfung wird besonders darauf zu achten sein, dass die soziologische Selbsterhellung nicht zur Selbstverdunkelung oder Selbstentfremdung wird. Dies geschieht dann, wenn soziologische Zeitdiagnostiker erschöpfend und abschließend darüber befinden zu können glauben, was das gemeinschaftliche oder individuelle „Selbst" ausmachen solle. Zur Exemplifikation des Gemeinten ist nicht nur auf jene materialistischen Gegenwartsdiagnosen (aus der jüngeren Vergangenheit) zu verweisen, die keinerlei außertheoretische Selbstwahrnehmung und Selbstbestimmung zulassen wollten und konnten (vgl. Nixon 1987). Sehr lehrreich ist in dieser Hinsicht vielmehr auch die Konsequenzmacherei, mit der der Zeitdiagnostiker Karl Mannheim (1967: 207) darauf bestand, dass soziologische Aufklä-

2 Deshalb auch nicht ein vom Standpunkt „der" Gesellschaft aus argumentierender Theoretiker wie Bourdieu, der die hegemoniale, geradezu päpstliche Deutungsmacht der – seiner – Soziologie noch einmal aus dem Durkheimschen Satz „Dieu – c'est la société" ableitet (zur Kritik vgl. Weiß 1999). Ganz untauglich für diese Subjektrolle ist natürlich auch die (Menschen-)„Gattung", die nicht nur der junge Marx, sondern auch noch der junge Habermas (1970: 307) hier eingesetzt hatte.

rung auf eine durchgreifende, restlose soziologische „Rationalisierung" des individuellen und gemeinschaftlichen Selbstverständnisses ziele und allein darin ihre Erfüllung finde[3].

6. Richtlinien soziologischer Zeitdiagnosen

Schon ihrer äußeren – sprachlichen und argumentativen – Form nach sollten soziologische Beiträge zur Zeitdiagnose erkennen lassen, dass die sich Äußernden selbst in die zur Frage stehenden Lebenszusammenhänge eingebunden sind. Deshalb ist hier erlaubt, wenn nicht geboten, was in einer streng und rein soziologischen Argumentation keineswegs zulässig wäre, nämlich der Gebrauch des Personalpronomens im ersten Fall, Singular und Plural. In einer solchen Redeweise nämlich kommt unverstellt diejenige Selbstbezüglichkeit zum Ausdruck, die für Zeitdiagnosen konstitutiv ist und deshalb nicht verdeckt bleiben sollte. Diese Reflexivität allein begründet das Interesse an Geschichtlichkeit, nur von ihr her umgrenzt sich, was als gegebene, je eigene Zeit gilt; nur von ihr her, und nicht in irgendeiner objektiven Weise, lassen sich die zu diagnostizierenden Probleme und auch die Zustände bestimmen, die als deren Lösung gelten sollen. (In diesem Sinne ist jede Zeitdiagnose, um beim medizinischen Vokabular zu bleiben, Selbstanalyse, alles verändernde Handeln, das sich daraus ergibt, versuchte Selbsttherapie.)

Soziologische Begriffe, Einsichten und Erklärungen sind, wenn sie zu zeitdiagnostischen Zwecken verwendet werden, in ihrer Bedeutung, Brauchbarkeit und Reichweite in diese Selbstbezüglichkeit eingebunden. Allerdings handelt es sich hier nicht um ein einseitiges Bedingungs- oder Abhängigkeitsverhältnis, sondern um eine dialektische Beziehung. Was an der Zeit sei und wie es mit uns Zeitgenossen stehe, lässt sich rein und streng soziologisch nicht ausmachen; in jedem Fall bleibt ja noch die Frage übrig, was denn an der Soziologie sei. Andererseits sind wir Heutigen, wenn es uns um eine gründliche Erhellung unserer geschichtlichen Lage und unserer Handlungsmöglichkeiten zu tun ist, geradezu genötigt, uns um ein möglichst genaues, solides und allgemein gültiges, also theoretisches Wissen von den gesellschaftlichen Determinanten dieser Lage und dieser Handlungsmöglichkeiten zu bemühen. Diese Nötigung ergibt sich aus der – geschichtlich ebenso wie intellektuell – unhintergehbaren Einsicht, dass nicht nur die Randbedingungen unserer Existenz und nicht nur unsere Sinnhorizonte und Wertvorstellungen, sondern auch die Formen

3 Es wäre spannend und ergiebig, neuere soziologische Zeitdiagnosen unter diesem Gesichtspunkt einer vergleichenden Betrachtung zu unterwerfen. Das Spektrum reicht hier von Niklas Luhmanns sehr programmatischer und radikaler (und also in Aporien führender) Weigerung, sich auf außertheoretische Kommunikationserfordernisse einzulassen, über die immer neuen Versuche von Jürgen Habermas, sich bei seiner Einmischung in öffentliche Kontroversen vom Begründungs- und Unterscheidungspotential der eigenen Theorie je nach Bedarf zu dispensieren oder aber bestimmen zu lassen, bis hin zu Ulrich Beck, bei dem der „Individualismus" nicht nur zum bevorzugten Thema, sondern auch zum Medium der Analyse und zum Rechtfertigungsgrund für einen sehr eigenwilligen Umgang mit den Anforderungen sozial*wissenschaftlicher* Argumentation geworden ist.

unserer kollektiven und intellektuellen Selbstwahrnehmung und Selbstbehauptung, unserer „Identitäten" also, in hohem Maße gesellschaftlich vorgegeben und geprägt sind. Es wäre wenig vernünftig, auf die Naivität und Überheblichkeit mancher – älterer und neuerer – soziologischer Zeitdiagnostiker mit soziologischer Naivität, also mit dem bewussten Verzicht auf soziologische (Selbst-)Aufklärung zu reagieren. Dass die Frage, wer und woran wir sind und was wir zu tun haben, in soziologischen Begriffen nicht einmal zureichend gestellt und erst recht nicht beantwortet werden kann, ist das eine. Dass wir sie mit Hilfe soziologischer Einsichten differenzierter auffassen und besser lösen (können), das andere. Zwar wird neuerdings, auch von soziologischer Seite, behauptet, dass die Breiten- und Tiefenwirkung gesellschaftlicher Determinanten in der post- resp. reflexiv-modernen Gegenwart geradezu sprunghaft abnehme, doch ist das wohl eine vorschnelle, an Oberflächenphänomenen hängen bleibende Annahme. Ganz abgesehen davon, dass es den dabei regelmäßig unterstellten, einfachen Zusammenhang zwischen gesellschaftlicher Bedingtheit und Heteronomie, Entgesellschaftlichung und Autonomisierung nicht gibt, geht es hier weniger um ein Verschwinden gesellschaftlicher Determinationsverhältnisse als darum, dass diese vielfältiger, heterogener, anonymer und weniger sichtbar werden. So folgt aus der – in gewissem Sinne unbestreitbaren – Behauptung eines fortschreitenden Emanzipations- und Individualisierungsprozesses keineswegs, dass es in allen, oder wenigstens in allen wichtigen, Erfahrungs- und Handlungsbereichen zu immer mehr individueller Mündigkeit und Autonomie kommt. Ebenso kurzschlüssig wäre es, aus dem wachsenden Anteil so genannter Singles eine quantitative und qualitative Zunahme an gelebter Singularität (im Sinne von Unverwechselbarkeit, Nonkonformität, Originalität etc.) abzuleiten. Die Individualisierung ist, im Verbund mit der Globalisierung, das beherrschende Thema gegenwärtiger Zeitdiagnosen, jedenfalls soweit dabei eine soziologische Perspektive und Kompetenz beansprucht wird. Diese Perspektive und Kompetenz aber muss sich vor allem in der Fähigkeit zur Unterscheidung erweisen. Und die wichtigsten der – hier wie in anderen Fällen – gebotenen Unterscheidungen beziehen sich auf die vielfachen, häufig tief widersprüchlichen Bedeutungen solcher Leitformeln und deren – wiederum höchst unterschiedliches – Verhältnis zu tatsächlichen Bewusstseinslagen, Motiven und Handlungsweisen.

7. Identitätsbedürfnisse vs. Verunsicherung durch Wissenschaft

Allerdings wird die öffentliche Akzeptanz und Verbreitung zeitdiagnostischer „Angebote" nach aller Erfahrung durch solches Unterscheiden eher behindert als befördert. Gefragt sind einleuchtend-einfache, außerdem mit der je eigenen Interessen- und Stimmungslage gut zusammenstimmende Deutungen. Dies erklärt viel vom Erfolg der Fortschritts- und/oder Verfallstheorien alter Art ebenso wie von der Breitenwirkung einiger neuerer, häufig nur noch mit *einem* Schlüsselbegriff operierenden Interpretationsformeln.

Einem solchen Bedürfnis nach eindimensionalen und absorptiven Erklärungen muss sich die Soziologie verweigern. Gerade wenn das Große und Ganze einer geschichtlichen Situation zur Frage steht, besteht ihre Aufgabe nicht in der Reproduktion und wissenschaftlichen Absegnung existierender oder gar in der Erzeugung neuer Simplifikationen und Gewissheiten, sondern im Aufdecken von Unklarheiten, Komplikationen und Widersprüchen. Soziologische Aufklärung hat gerade das Dunkle, schwer Durchdringliche und kaum Handhabbare soziokultureller Bedingungszusammenhänge aufzuzeigen, die verdeckten und nicht selten tabuisierten Prämissen und Implikationen vorherrschender Bewusstseinslagen und Wertorientierungen zu benennen und zu erklären, dass und warum es, im Allgemeinen wie in concreto, keine prästabilisierte moralische Harmonie zwischen Handlungsabsichten und Handlungsfolgen gibt. Palmströmsches Wunschdenken ist das Gegenteil von Aufklärung und auch gewiss das Letzte, woran man Zeitdiagnosen soziologischer Provenienz und Prägung erkennen sollte. Die soziologische Qualität kann sich allein in der Nüchternheit und Genauigkeit der Analysen und, was deren „praktische" Abzweckung angeht, im differenzierten Abwägen von Handlungs*optionen* erweisen.

Aus diesen Erwägungen folgt, dass gegebene Identitäten und Identitätsbedürfnisse durch eine soziologische Betrachtungsweise in der Regel nicht gestützt und gestärkt, sondern viel eher irritiertwerden. Solche Irritationen lassen sich mit soziologischen Mitteln recht leicht erzeugen, jedoch nur schwer und kaum jemals vollständig auch wieder überwinden. Darin liegt ein bedeutendes, aber selten bedachtes Verantwortungsproblem soziologischer Aufklärung.

8. Zur Kulturbedeutung von nüchterner Aufklärung

Gegen solche Erwägungen und Postulate könnte man von Professionsseite einwenden, dass man ihnen ja zu gern entspräche, doch fehle es sehr bedauerlicherweise an passenden Gelegenheiten und Gegenständen. Dieser Einwand wäre aber nur dann überzeugend, wenn wenigstens *die* Gelegenheiten und Gegenstände, die sich – immerhin – anbieten, 1. überhaupt, 2. mit intellektueller Redlichkeit und Courage sowie 3. unter Beanspruchung aller verfügbaren Fachkompetenz ergriffen würden. Aber lässt sich das, um nur einige der großen „Zeitfragen" zu nennen, etwa im Hin- und Rückblick auf die öffentlichen Kontroversen über das Goldhagen-Buch, über das Holocaust-Mahnmal, über Nation, Nationalstaat, Zuwanderung und Staatsbürgerschaft, über die politischen und kulturellen Voraussetzungen und Folgen einer Europäisierung Europas oder, – last but not least – über die sozial-moralische Bewältigung des Umgangs mit menschlichem Leben und Sterben ernsthaft behaupten?

Tatsächlich erweist sich das zeitdiagnostische Engagement der Soziologie hier, von sehr wenigen löblichen (aber an anderer Stelle zu lobenden) Ausnahmen abgesehen, als außerordentlich schwach. Das hat viele Gründe, und natürlich haben nicht alle mit einer mangelnden Bereitschaft und Fähigkeit von Soziologen/Soziologinnen zu tun. Ganz sicher spielt auch der folgende Tatbestand eine Rolle: Welche Zeitfrage eine soziologisch informierte Zeitdiagnostik sich auch vornehmen mag, immer wird dabei auch die Kulturbedeutung soziologischer Aufklärung selbst zum Problem. Die verändernde Wirkung solcher Zeitdiagnosen beginnt vor jeder praktischen Umsetzung, und sie bezieht sich nicht nur auf den Gegenstand, sondern auch auf das Medium der Diagnose. Das aber gilt für alle Aufklärung, die ihre vormundschaftliche Naivität hinter sich gelassen hat, und macht die Sache im Übrigen nur umso spannender.

Literatur

Comte, Auguste (1973): Plan der wissenschaftlichen Arbeiten, die für eine Reform der Gesellschaft notwendig sind. München.

Habermas, Jürgen (1970): Soziologie als Gegenwartstheorie. In: Ders., Zur Logik der Sozialwissenschaften. Materialien. Frankfurt/M., 285–308.

Mannheim, Karl (1967): Mensch und Gesellschaft im Zeitalter des Umbaus. 2. Auflage. Berlin, Zürich.

Nixon, Charles R. (1987): Das Dilemma der Verantwortlichkeit bei Marx und Weber. In: Stefan Böckler, Johannes Weiß (Hrsg.), Marx oder Weber? Zur Aktualisierung einer Kontroverse. Opladen, 154–184.

Weiß, Johannes (1994): Nichtreflexive Aufklärung. In: Soziologie 4, 64–71.

Weiß, Johannes (1999): Méditations Pascaliennes? In: European Journal of Social Theory 2, Heft 3, 317–320.

Autoren

Dörner, Andreas, PD Dr. phil., geb. 1960; zurzeit Vertreter einer Professur für Politikwissenschaft an der Bergischen Universität GH Wuppertal. Buchveröffentlichungen u. a.: Literatursoziologie, Opladen 1994 (mit L. Vogt); Sprache des Parlaments und Semiotik der Demokratie, Berlin-New York 1995 (Hg. mit L. Vogt), Politischer Mythos und symbolische Politik, Opladen 1995 (überarb. Taschenbuchausgabe Reinbek 1996); Politische Kultur und Medienunterhaltung, Konstanz 2000; Politainment. Zur Transformation des Politischen in der deutschen Mediengesellschaft, Frankfurt/M. (in Arbeit). Daneben zahlreiche Aufsätze zur politischen Theorie und Soziologie sowie zur politischen Kultur- und Kommunikationsforschung.

Faßler, Manfred, Prof. Dr. rer. pol., Dipl. soz.; geb. 1949; Vorstand der Lehrkanzel für Kommunikationstheorie an der Universität für angewandte Kunst Wien und Direktor des Evangelischen Studienwerks e. V. Villigst. Forschungsbereiche: Medien- und Kommunikationsgeschichte in der Moderne; Medienevolution, soziale und transsoziale Diffusion digitaler Medien, Kognitions- und Interaktionstheorie, Kommunikationstheorie, Theorie des Entwerfens komplexer Systeme, Netztheorie. *Veröffentlichungen* (nur Bücher, ausgew.): Mediale Interaktion (1996); Cyberspace (Hg. mit W. Halbach); Was ist Kommunikation? (1997); Alle möglichen Welten (Hg. 1999); Cybermoderne (1999); Ohne Spiegel leben (Hg.1999).

Giordano, Christian, Prof. Dr. phil., geb. 1945; Studium der Soziologie, Geschichte, Kunstgeschichte und Romanistik in Bern und Heidelberg. Seit 1989 ordentlicher Professor für Ethnologie an der Universität Fribourg (Schweiz). Gastprofessuren in Torun, Neapel, Asuncion, Zürich, Neuchâtel, Berlin (Humboldt-Universität) Lausanne, Bern, Salzburg. Forschungsschwerpunkte: Politikethnologie, Bauerngesellschaften, Ethnizität – Mittelmeerraum, Osteuropa, Paraguay. Wichtige neuere Publikationen: Die Betrogenen der Geschichte, Frankfurt/New York, 1992; zusammen mit Eduard Conte (Hg.): Paysans au delà du mur. In: Etudes rurales Paris, 1995: 138–140 (erschienen 1997); zusammen mit Roberta Colombo Dougoud und Elke-Nicole Kappus (Hg.): Interkulturelle Kommunikation im Nationalstaat. Freiburg (Schweiz), 1998.

Gross, Peter, Prof. Dr., geb. 1941; Studium der Soziologie, Nationalökonomie und Betriebswirtschaftslehre an den Universitäten Zürich und Bern. Promotion zum Dr. rer. pol. an der Universität Bern. Habilitation an der Universität Konstanz und Freiburg i. Br. 1980–1989 Professor für Soziologie und Sozialstruktur im internationalen Vergleich an der Universität Bamberg. Seit 1989 Ordinarius für Soziologie an der Universität St. Gallen (HSG). Arbeitsschwerpunkte: Modernisierungstheorie, Gesellschaftliche Innovationen, Management. Letzte Buchveröffentlichungen: Die Multioptionsgesellschaft, Frankfurt am Main 1994 (6. unver. Aufl. 1998); Die Multioptionsgesellschaft. In: Armin Pongs (Hg.): In welcher Gesellschaft leben wir eigentlich? Bd. 1, München 1999, S. 105–127; Ich-Jagd. Im Unabhängigkeitsjahrhundert, Frankfurt am Main 1999.

Hettlage, Robert, Dr. rer. pol., Dr. phil., o. Prof., geb. 1943 in Königsberg/Ostpreußen, Studien der Nationalökonomie, Philosophie und Soziologie in Fribourg /Schweiz, Dr. rer. pol. 1969, Dr. phil. 1971, 1978 Habilitation im Fach Soziologie an der Universität Basel, dort 1978–1981 Privatdozent, seit 1981 Lehrstuhl für Soziologie an der Universität Regensburg. Forschungsschwerpunkte und zahlreiche Veröffentlichungen im Bereich der Wirtschafts-, Kultur- und Entwicklungssoziologie, der Familiensoziologie, der Genossenschafts- und Migrationsforschung, der Europäischen Integration und des Grenzgebiets zwischen Sozialphilosophie und soziologischer Theorie.

Hitzler, Ronald, Prof. Dr., geb. 1950; seit 1997 Universitätsprofessor für Allgemeine Soziologie am Fachbereich 14 der Universität Dortmund; 1995 bis 1997 Lehrstuhlvertreter in München; 1985 bis 1995 Assistent an den Universitäten zu Köln, Bamberg und München; Studium der Soziologie, Politikwissenschaft und Philosophie an der Universität Konstanz. Vorsitzender der Sektion „Politische Soziologie“ der DGS. Wichtigste Arbeitsgebiete: Hermeneutik; dramatologische Anthropologie; Theorie der Individualisierung; Kultur-, Politik- und Berufssoziologie. Aktuelle Forschungsschwerpunkte: Formen sozialen Handelns unter den Bedingungen sozialen Wandels; insbes. Verszenung, Verunsicherung, Professionalisierung.

Knoblauch, Hubert, PD Dr., geb. 1959, studierte Soziologie, Philosophie und Geschichte in Konstanz und Brighton. Prom. 1989; habil. 1995. Forschte und lehrte u. a. in Konstanz, Sankt Gallen, Zürich, Bern, Wien, Berkeley und London. Derzeit Heisenberg-Stipendiat und Visiting Research Fellow am King's College London. Neuere Buch-Veröffentlichungen: Einführung in die Religionssoziologie. Berlin / New York 1999; Alfred Schütz, Die kommunikative Ordnung der Lebenswelt. Frankfurt: Im Druck (Hg. zus. mit H.-G. Soeffner und R. Kurt); Todesnähe, Konstanz 1999 (Hg. zus. mit Hans-Georg Soeffner); Berichte aus dem Jenseits. Mythos und Realität der Nahtoderfahrung. Freiburg 1999; Aesthetic Forms of Communication. Tübingen, (Hg. zus. mit Helga Kotthoff).

Loos, Peter, Dr., M. A., geb. 1965, zuletzt wissenschaftlicher Mitarbeiter am Institut für Schulpädagogik und Bildungssoziologie der Freien Universität Berlin und Lehrbeauftragter am Lehrstuhl für Soziologie I der Otto-Friedrich-Universität Bamberg. Arbeitsbereiche: Jugendsoziologie, Geschlechterforschung, Methoden und Methodologie der qualitativen Sozialforschung; ausgewählte Veröffentlichungen: zusammen mit Bohnsack, Ralf / Schäffer, Burkhardt / Städtler, Klaus / Wild, Bodo (1995): Die Suche nach Gemeinsamkeit und die Gewalt der Gruppe, Opladen; (1999): Zwischen pragmatischer und moralischer Ordnung, Opladen.

Meuser, Michael, M. A., Dr.phil., geb. 1952, Privatdozent für Soziologie an der Universität Bremen. Arbeitsfelder: Soziologie der Geschlechterverhältnisse, Wissenssoziologie, Methoden qualitativer Sozialforschung. Publikationen: Geschlechterforschung und qualitative Methoden, Opladen 1999 (mit Cornelia Behnke); Geschlecht und Männlichkeit. Soziologische Theorie und kulturelle Deutungsmuster, Opladen 1998; Analyse sozialer Deutungsmuster. Beiträge zur empirischen Wissenssoziologie, Pfaffenweiler 1992 (Hg. mit Reinhold Sackmann).

Nullmeier, Frank, Privatdozent Dr. rer. pol., geb. 1957; Politikwissenschaft, Institut für Politische Wissenschaft Universität Hamburg, Wissenschaftlicher Leiter des von der Volkswagen-Stiftung geförderten „Projektes Universitätsentwicklung" der Universität Hamburg. Arbeitsfelder: Sozialstaat und Sozialpolitik, Policy-Analyse, Politische Theorie, Politik und Wissen, Verwaltungsmodernisierung. Veröffentlichungen: Politische Theorie des Sozialstaats, Frankfurt a.M. / New York 1999; Masse, Macht, Emotionen (Hg. zus. mit A. Klein), Wiesbaden / Opladen 1999; Handbuch zur Verwaltungsreform (Hg. zus. mit St. von Bandemer, B. Blanke, G. Wewer), Opladen 1998; Die Transformation der Sozialpolitik. Vom Sozialstaat zum Sicherungsstaat (zus. mit F. W. Rüb), Frankfurt a.M. / New York 1993.

Pankoke, Eckart, Prof. Dr., geb. 1939. Studium der Geschichte, Germanistik und Soziologie in Heidelberg, Hamburg, Münster, Promotion und Habilitation für Soziologie an der Ruhr-Universität Bochum. Seit 1971 Professor für Soziologie an der Universität Essen. Arbeitsschwerpunkte: Gesellschaftsgeschichte und Soziologiegeschichte, gesellschaftlicher Wandel und Steuerung, Organisationssoziologie, Kultursoziologie. Veröffentlichungen in Auswahl: Sociale Frage - Sociale Bewegung - Sociale Politik (1971); Neue Formen sozialer Selbststeuerung (1975 mit Th. Beine und H. Nokielski); Die Arbeitsfrage. Arbeitsmoral, Beschäftigungskrisen und Wohlfahrtspolitik im Industriezeitalter (1990); Gesellschaftslehre (Deutscher Klassiker Verlag 1991); Aufstieg für alle? (Hg. mit S. Hradil) 1996. Mitherausgeber der Zeitschrift „Sociologia Internationalis".

Pfadenhauer, Michaela, Dipl. Pol., geb. 1968; seit 1997 wissenschaftliche Mitarbeiterin am Lehrstuhl für Allgemeine Soziologie am Fachbereich 14 der Universität Dortmund; 1994 bis 1997 wissenschaftliche Mitarbeiterin an der Universität München; 1995 bis 1996 Redakteurin der Fachzeitschrift „Soziale Welt"; Studium der Soziologie und Politikwissenschaft an den Universitäten Erlangen, Bamberg und München. Koordinatorin des Arbeitskreises „Professionelles Handeln". Arbeitsgebiete: Berufssoziologie; Politische Soziologie; Kultursoziologie; Handlungstheorie. Aktuelle Forschungsschwerpunkte: Professionelles Handeln; Ethnographische Analyse der Techno-Szene.

Prisching, Manfred, Prof., Mag. Dr., geb. 1950, Studium der Rechtswissenschaften (Dr. jur. 1974) und der Volkswirtschaftslehre (Mag. rer. soc. oec. 1977), Habilitation 1985. Gastprofessuren an den Universitäten Salzburg, Innsbruck und Linz. 1994 tit.a.o. Univ. Prof. 1995/96 Schumpeter-Gastprofessur an der Harvard University (Cambridge/Boston). Seit Juli 1997 wissenschaftlicher Direktor der Technikum Joanneum (steirische Fachhochschulen). Publikationen: Krisen, Wien-Köln-Graz 1986; Arbeitslosenprotest und Resignation in der Wirtschaftskrise, Frankfurt / New York 1988; Soziologie, Wien-Köln-Graz, 3. Aufl. 1995; Die Sozialpartnerschaft, Wien 1996; Bilder des Wohlfahrtsstaates, Marburg 1996; Die McGesellschaft, Graz / Wien / Köln 1998. Zahlreiche Aufsätze über Wirtschaftstheorie und -politik, Politiksoziologie, Kultursoziologie, sozialwissenschaftliche Theorie und Ideengeschichte.

Reichertz, Johannes, Prof. Dr., geb. 1949, Studium der Germanistik, Mathematik, Soziologie und Kommunikationswissenschaft. Promotion zur Entwicklung der „Objektiven Hermeneutik". Habilitation mit einer soziologischen Feldstudie zur Arbeit der Kriminalpolizei. Seit 1993 Professor für Kommunikationswissenschaft an der Universität Essen. Arbeitsschwerpunkte: Werbe- und Unternehmenskommunikation, qualitative Text- und Bildhermeneutik, Kultursoziologie, Religionssoziologie, Medienanalyse, Mediennutzung, empirische Polizeiforschung. Wichtige Publikationen: (1991) Aufklärungsarbeit. Kriminalpolizisten und Feldforscher bei der Arbeit, Stuttgart. Mit Thomas Unterberg (Hg.) (1998): Tele-Kulturen. Fernsehen und Gesellschaft. Berlin. (Hg.) (1998): Die Wirklichkeit des Rechts. Opladen. Mit Ronald Hitzler und Norbert Schröer (Hg.) (1999). Hermeneutische Wissenssoziologie. Konstanz.

Schwengel, Hermann, Prof. Dr., geb. 1949, Direktor des Instituts für Soziologie der Albert-Ludwigs-Universität Freiburg, Mitherausgeber der Zeitschriften „Ästhetik & Kommunikation" und „Theory, Culture and Society", im Beratergremium der „Sozialen Welt". Arbeiten zum Modernisierungsfeld der Vereinigten Staaten, zum amerikanischen Populismus und Progressivismus (vor allem: Der kleine Leviathan, 1988), zur Soziologie der Politik und Kulturtheorie: (Wer inszeniert das Leben? Hg. mit Fritjof Hager 1996) sowie zahlreiche publizistische Beiträge zu europäischen Fragen. Zuletzt erschien sein Buch: Globalisierung mit europäischem Gesicht. Der Kampf um die politische Form der Zukunft, Berlin 1999.

Vester, Heinz-Günter, geb. 1955. Apl. Prof. Dr. phil. Dr. rer. pol. habil., Institut für Soziologie der Universität München. Arbeitsgebiete: Allgemeine Soziologie, Kultursoziologie, Wissenssoziologie, Emotionsforschung, Freizeit- und Tourismusforschung. Buchpublikationen u. a.: Zeitalter der Freizeit, Darmstadt 1988;

Emotion, Gesellschaft und Kultur, Opladen 1991; Soziologie der Postmoderne. München 1993; Geschichte und Gesellschaft, München 1995; Kollektive Identitäten und Mentalitäten, Frankfurt a.M. 1996; Tourismustheorie. Soziologische Wegweiser zum Verständnis touristischer Phänomene, München 1999.

Vogt, Ludgera, Dr. phil., geb. 1962; wissenschaftliche Assistentin am Institut für Soziologie der Universität Regensburg. Buchveröffentlichungen u. a.: Literatursoziologie, Opladen 1994 (mit A. Dörner); Ehre – archaische Momente in der Moderne, Frankfurt / M. 1994 (Hg. mit A. Zingerle); Sprache des Parlaments und Semiotik der Demokratie, Berlin / New York 1995 (Hg. mit A. Dörner); Zur Logik der Ehre in der Gegenwartsgesellschaft. Differenzierung – Macht – Integration, Frankfurt / M. 1997; Hauptwerke der Soziologie, Stuttgart 2000 (Hg. mit D. Kaesler). Zahlreiche Aufsätze in den Bereichen Kultursoziologie, politische Soziologie, soziologische Theorien und Sozialpolitik.

Weiß, Johannes, Dr. phil., ordentlicher Professor für Soziologie an der Universität-Gesamthochschule Kassel. Forschungsschwerpunkte: Soziologische Theorie, Philosophie der Sozialwissenschaften, Kultursoziologie. Neuere Veröffentlichungen: Weber and the Marxist World (London 1986); Max Webers Grundlegung der Soziologie (2. Aufl., München etc. 1992); Vernunft und Vernichtung. Zur Philosophie und Soziologie der Moderne (Opladen 1993); Handeln und handeln lassen. Über Stellvertretung (Opladen 1998).

Wiesendahl, Elmar, Dr. rer. pol. habil., Professor für Politikwissenschaft an der Universität der Bundeswehr München. Wichtigste Arbeitsfelder: Parteientheorie, empirische Parteienforschung, Demokratietheorie. Jüngste Publikationen: Parteien in Perspektive. Theoretische Ansichten der Organisationswirklichkeit politischer Parteien, Opladen / Wiesbaden 1998; Die Parteien in Deutschland auf dem Weg zu Kartellparteien? In: Hans Herbert von Arnim (Hg.), Adäquate Institutionen: Voraussetzungen für „gute" und bürgernahe Politik? Berlin 1999, S. 48–72; Changing Party Organisations in Germany: How to Deal With Uncertainty and Organised Anarchy? In: German Politics, Vol. 8, 1999, No. 2, S. 108–126.

Winkler, Joachim, Prof. Dr. phil., geb. 1951, Professor für Allgemeine Soziologie am Fachbereich Wirtschaft der Hochschule Wismar; Arbeitsfelder: Soziale Ungleichheit und Lebensstile, Sozialstrukturanalyse, Sozialpolitik, Organisationssoziolgie und Verbandsforschung, Medizinsoziologie und Epidemiologie, Sportsoziologie; Bücher: Verbände im Sport (zus. mit R. Karhausen u. R. Meier), Schorndorf 1985; Das Ehrenamt, Schorndorf 1988; (zus. mit H. Hoffmeister u.a.) Sozialer Status und Gesundheit, München 1992; Soziologie des Sports (Hg. zus. mit K. Weis), Opladen 1995; (zus. mit L. Klaes) Modellmaßnahme teilstationärer Versorgung krebskranker Kinder, Baden-Baden 1996; Sport und Gesundheit (zus. mit L. Klaes u.a.), Frankfurt 1996.